AF889354

# QUE Bee

## From Doubts to Distinction
### Your ICSE 2026 Exams Partner

**GIST OF THE TEXTBOOK**
Crisp & Complete Theory - No need to go back to textbooks!

**ALL TYPES OF LATEST PATTERN QUESTIONS**
Composition Writing, Unseen Passages, Grammar, Extract Based Questions, All in one place!

**Past Exam Questions**
Coverage of all Last 10 Years PYQs with solutions

**COUNCIL-STYLE ANSWERS**
Write responses like an examiner expects

**SAMPLE & SPECIMEN PAPER**
Practice in real-exam mode. Perfect your timing, strategy and confidence.

**arihant**
SUCCESS AND NOTHING LESS

**ARIHANT PRAKASHAN**
(School Division Series)


**ADMINISTRATIVE & PRODUCTION OFFICES**

**Regd. Office**

'Ramchhaya' 4577/15, Agarwal Road, Darya Ganj, New Delhi -110002
Tele: 011- 47630600, 43518550; Fax: 011- 23280316

**Head Office**

Kalindi, TP Nagar, Meerut (UP) - 250002, Tel: 0121-7156203, 7156204

**SALES & SUPPORT OFFICES**

Agra, Ahmedabad, Bengaluru, Bareilly, Chennai, Delhi, Guwahati, Hyderabad, Jaipur, Jhansi, Kolkata, Lucknow, Nagpur & Pune.

**PO No : TXT-XX-XXXXXXX-X-XX**

Published By Arihant Publications (India) Ltd.

For further information about the books published by Arihant, log on to www.arihantbooks.com or e-mail at info@arihantbooks.com

Follow us on

**PRICE** ₹350.00

**PRODUCTION TEAM**

Publishing Manager
**Keshav Mohan**

Project Head
**Yojna Sharma**

Cover Designer
**Bilal Hashmi**

Inner Designer
**Ankit Tyagi**

Page Layouting
**Subhash Chaprana**

Proof Reader
**Shashi**

# QUE Bee

# ICSE

# हिंदी

## कक्षा 9 & 10

## No. of Questions in the Book

खंड (क)

| अध्याय का नाम | प्रश्नों की संख्या |
|---|---|
| लेखन (Composition) | 69 |
| पत्र लेखन (Letter Writing) | 28 |
| अपठित गद्यांश (Unseen Passage) | 13 |
| हिंदी व्याकरण (Hindi Grammar) | 144 |

खंड (ख)

| खंड का नाम | प्रश्नों की संख्या |
|---|---|
| संक्षिप्त कहानियाँ (Short Story) | 71 |
| पद्य भाग (Poetry) | 41 |
| एकांकी संचय (One Act Plays) | 38 |
| नया रास्ता (Novel) | 93 |

*Created by*

**Sunita Tyagi**

*M.A Hindi & History M.Ed,*
*HOD Hindi Retd., St. Mary's Academy,*
*ISC Hindi Coordinater & Team leader.*

***Editor***

*Alka Bhatnagar & Ritika kharbanda*

# From Learner to Leader

## Step-Into the Spotlight

**QUE Bee** is more than just a book - it's a platform for young achievers like you to guide future toppers. If you've cracked the code to smart study or have insights that can make learning easier for others, this is your moment to shine!

### What Can You Share?

- Your study techniques, time management tips, or motivation hacks
- Feedback or suggestions to make QUE Bee even better
- Real experiences that can guide other students through the exam maze

### What's in It for You?

- Your name will be featured in our exclusive Student Panel in the next edition
- Win exciting & surprise rewards for impactful suggestions
- **Get published** - your photo, Ideas-or even interviews can be featured in the book
- **Become a student icon** - recognized and followed by peers across schools

Let your learning become someone else's ladder.
**Be remembered. Be featured. Be the guide.**

SCAN TO SHARE YOUR IDEA

# Index

# Latest Course Structure

## Papers will be set in the following languages:

There will be one paper of **three** hours duration carrying 80 marks and Internal Assessment of 20 marks. The paper will be divided into two sections, Section A and Section B.

| | |
|---|---|
| SECTION A: Language | (40 Marks) |
| SECTION B: Prescribed Texts | (40 Marks) |

## SECTION A LANGUAGE (40 Marks)

This section will consist of four questions, all of which will be compulsory.

1. **Composition** (15 Marks)
   Candidates will be required to write one composition, in the language, which may include short explanations, directions, descriptions or narratives. There will be a choice of subjects, which will be varied and may be suggested by language or other stimuli such as pictures and objects.

2. **Letter** (7 Marks)
   Candidates will be required to write a letter from a choice of two subjects. Suggestions may be given. The layout of the letter with address, introduction, conclusion, etc., will form part of the assessment.

3. **Comprehension** (10 Marks)
   An unseen passage of about 250 words will be given in the language. Questions on the passage will be set for answers in the language, designed to test the candidates' understanding of the content of the passage.

4. **Grammar** (8 Marks)
   This will consist of tests in the use of language vocabulary, syntax and idioms, synthesis in sentence construction, formation of sentences in the language correctly embodying given words or forms. The question will not require any knowledge of grammatical terms.

## SECTION B PRESCRIBED TEXTS (40 Marks)

The question paper will consist of structured and short answer questions. Candidates will be required to answer four questions from ONLY two of the prescribed text books. All questions will be set in the language and candidates will be required to answer in the language. The questions set will be designed to test the candidates' understanding of the subject matter of the prescribed books.

# Latest
## Course Structure

The Class X – ICSE examination paper will be set on the entire syllabus prescribed for the subject. The Class IX internal examination is to be conducted on the portion of this syllabus that is covered during the academic year. The Council has not prescribed bifurcation of the syllabus prescribed for this subject.

Recommended for background work:

- Saras Hindi Vyakaran (Evergreen Publications, New Delhi)
  (Only two of the following books are to be offered)
- Sahitya Sagar: A collection of ICSE Short Stories & Poems. (Evergreen Publications, New Delhi)

## पाठ्यपुस्तकों में संकलित अध्याय

### संक्षिप्त कहानियाँ

1. **बात अठन्नी की** *(सुदर्शन)*
2. **काकी** *(सियारामशरण गुप्त)*
3. **महायज्ञ का पुरस्कार** *(यशपाल)*
4. **नेताजी का चश्मा** *(स्वयं प्रकाश)*
5. **अपना-अपना भाग्य** *(जैनेन्द्र कुमार)*
6. **बड़े घर की बेटी** *(प्रेमचन्द)*
7. **संदेह** *(जयशंकर प्रसाद)*
8. **भीड़ में खोया आदमी** *(लीलाधर शर्मा पर्वतीय)*
9. **भेड़े और भेड़िए** *(हरिशंकर परसाई)*
10. **दो कलाकार** *(मन्नू भण्डारी)*

### पद्य भाग

1. **साखी** *(कबीरदास)*
2. **गिरिधर की कुंडलियाँ** *(गिरिधर कवि राय)*
3. **स्वर्ग बना सकते हैं** *(रामधारी सिंह 'दिनकर')*
4. **वह जन्मभूमि मेरी** *(सोहनलाल द्विवेदी)*
5. **मेघ आए** *(सर्वेश्वर दयाल सक्सेना)*
6. **सूर के पद** *(सूरदास)*
7. **विनय के पद** *(तुलसीदास)*
8. **भिक्षुक** *(सूर्यकान्त त्रिपाठी 'निराला')*
9. **चलना हमारा काम है** *(शिवमंगल सिंह 'सुमन')*
10. **मातृ-मंदिर की ओर** *(सुभद्रा कुमारी चौहान)*

### एकांकी संचय

1. **संस्कार और भावना** *(विष्णु प्रभाकर)*
2. **बहू की विदा** *(विनोद रस्तोगी)*
3. **मातृभूमि का मान** *(हरि कृष्णा 'प्रेमी')*
4. **सूखी डाली** *(उपेन्द्रनाथ 'अश्क')*
5. **महाभारत की एक साँझ** *(भारत भूषण अग्रवाल)*
6. **दीपदान** *(राम कुमार वर्मा)*

**उपन्यास : नया रास्ता** *(सुषमा अग्रवाल)*

## खण्ड (क)

### संक्षिप्त लेखन

किसी भी विस्तृत पाठ, लेख या सूचना को संक्षेप में अर्थात् कम शब्दों में प्रस्तुत करने की प्रक्रिया संक्षिप्त लेखन कहलाती है। संक्षिप्त लेखन का मुख्य उद्देश्य मूल संदेश को स्पष्ट, सटीक और संक्षिप्त रूप से व्यक्त करना है, ताकि पाठक कम शब्दों में विषय की मूल भावना और मुख्य बिन्दुओं का सार सरलतापूर्वक समझ सकें।

ICSE बोर्ड परीक्षा में खंड 'क' में संक्षिप्त हिंदी लेख से संबंधित 5 प्रश्न पूछे जाते हैं जिसमें से एक विषय पर लगभग 250 शब्दों में उत्तर देना होता है। ये विषय निम्नलिखित हैं–

- निबन्ध लेखन
- वर्णनात्मक एवं अनुभव प्रधान लेखन
- प्रस्ताव लेखन
- कहानी लेखन
- चित्र लेखन

### पत्र–लेखन

### अपठित गद्यांश

### व्यावहारिक व्याकरण

# 1

# संक्षिप्त लेखन

किसी विषय के बारे में अपने विचारों को सुगठित रूप में व्यक्त करना निबन्ध या प्रस्ताव कहलाता है। निबन्ध लेखन में विचार परस्पर क्रमबद्धता के साथ बड़े ही प्रभाव पूर्ण ढंग से प्रस्तुत किए जाते हैं। अच्छी प्रस्तुति के लिए विषय का सम्यक ज्ञान होना अतिआवश्यक है। इसमें मुख्यत: सरल व गद्यमय भाषा का ही प्रयोग होता है, परंतु कहीं-कहीं विषय को आकर्षक बनाने के लिए प्रसिद्ध उक्ति, दोहा, काव्य पंक्ति आदि का प्रयोग किया जा सकता है।

## निबन्ध लेखन के अंग

निबन्ध लेखन के तीन मुख्य अंग होते हैं, जो इसे प्रभावी बनाते हैं। ये अंग निम्नलिखित हैं

- **प्रारंभ** इसमें विषय की प्रस्तावना या भूमिका का वर्णन होता है। लेख का यह अंश संक्षिप्त एवं रोचक होना चाहिए।
- **कथ्य विवेचन** यह लेख का प्रमुख भाग होता है। इसमें तर्कपूर्वक विचार, विषय-वस्तु, उदाहरण आदि को प्रस्तुत करना होता है। इसमें भाषा प्रभावमयी होनी चाहिए।
- **उपसंहार** इसमें अपने निष्कर्ष, विचार या सुझावों को इस प्रकार व्यक्त करना होता है, जिससे पाठक पर स्थायी प्रभाव पड़ सके।

## निबन्ध लेखन हेतु ध्यान देने योग्य बातें

- विषय का गंभीरतापूर्वक चिंतन एवं मनन करते हुए उसे सीमित शब्दों में प्रस्तुत करने का प्रयास करना चाहिए।
- विषय-वस्तु से संबंधित नवीन एवं मौलिक तथ्यों का समावेश किया जाना चाहिए।
- सटीक शब्दों के प्रयोग के साथ ही उक्तियों का प्रयोग करना चाहिए।
- भाषा की शुद्धता पर बल दिया जाना चाहिए।
- विषय आकर्षक होना चाहिए, जिससे पढ़ते या सुनते समय व्यक्ति की रुचि बढ़े।
- वाक्यों की पुनरावृत्ति से बचना चाहिए।
- निबन्ध का आरम्भ ऐसा हो कि पाठक के मन में पूरा निबन्ध पढ़ने की इच्छा जाग्रत हो जाए।

## निबन्ध लेखन के प्रकार

निबन्ध लेखन को उद्देश्य और शैली के आधार पर विभिन्न प्रकारों में विभाजित किया जा सकता है। इसके मुख्य प्रकार निम्नलिखित हैं

- **विचार प्रधान/विचारात्मक लेखन** इसमें विचारों से संबंधित पूर्ण लेखन को रखा जा सकता है। यह लेखन कला का सबसे विशाल वर्ग है। इसमें किसी भी प्रकार की विचारधारा, विषय आदि का समावेश होता है। विषय के पक्षीय-विपक्षीय विचार भी इसी के अंतर्गत आते हैं।
- **वर्णनात्मक लेखन** इसके अंतर्गत किसी घटना, चित्रण, वस्तु, स्थान आदि पर लेख लिखा जाता है। इसमें वर्णन तथा चित्रण पर अधिक ध्यान दिया जाता है।
- **भाव प्रधान/भावात्मक लेखन** इसमें मन की भावनाओं से संबंधित सभी विषय; जैसे-करुणा, प्रेम, वात्सल्य, विराग आदि पर लेखन किया जाता है।
- **विवरणात्मक लेखन** इसमें विवरण प्रधान विषयों को प्रमुखता दी जाती है। यह अधिकांश गतकालीन घटना से जुड़ा होता है।

# एग्जाम पैटर्न प्रश्न (15 अंक)

**Q.1** आधुनिक समय में विज्ञापन हमें कहाँ–कहाँ किस रूप में दिखाई देते हैं? उनका हमारे जीवन पर क्या प्रभाव पड़ता है? इस विषय पर अपने विचार निबंध रूप से लिखिए। **[ICSE 2025]**

*उत्तर* **आधुनिक समय में विज्ञापन और उनका प्रभाव**

**प्रस्तावना**

आज के समय में विज्ञापन हमारे जीवन का एक अभिन्न अंग बन चुके हैं। हम जहाँ भी जाते हैं, किसी न किसी रूप में विज्ञापन हमें दिखाई दे जाते हैं। ये केवल अखबारों और टेलीविज़न तक ही सीमित नहीं रहे, बल्कि अब सोशल मीडिया, मोबाइल एप्लिकेशन, वेबसाइट्स, होर्डिंग्स, बसों, ट्रेनों, रेडियो और यहाँ तक कि मोबाइल नोटिफिकेशन के माध्यम से भी हम तक पहुँच जाते हैं।

**विज्ञापन के विभिन्न रूप**

विज्ञापन अनेक रूपों में हमारे सामने आते हैं। टीवी और रेडियो पर ये ऑडियो-वीडियो के माध्यम से हमें आकर्षित करते हैं। सोशल मीडिया और गूगल जैसे प्लेटफार्म पर ये हमारी रुचि के अनुसार प्रदर्शित होते हैं। शॉपिंग मॉल में डिस्काउंट ऑफ़र, न्यूज़पेपर में बड़े-बड़े विज्ञापन, सड़कों पर लगे विशाल होर्डिंग्स हर जगह हमें इनका प्रभाव दिखता है।

**विज्ञापनों का हमारे जीवन पर प्रभाव**

विज्ञापनों का हमारे जीवन पर गहरा प्रभाव पड़ता है। ये हमें नई चीज़ों से परिचित कराते हैं, लेकिन कई बार हमें अनावश्यक खर्चे के लिए भी प्रेरित कर देते हैं।

**सकारात्मक प्रभाव**

- विज्ञापनों के कारण उपभोक्ताओं को नए उत्पादों की जानकारी मिलती है।
- व्यापार और उद्योग का विकास होता है, जिससे रोज़गार के अवसर बढ़ते हैं।
- सामाजिक संदेशों वाले विज्ञापन; जैसे–स्वच्छता अभियान, पर्यावरण संरक्षण आदि जन-चेतना बढ़ाते हैं।

**नकारात्मक प्रभाव**

- आकर्षक विज्ञापन हमें ज़रूरत से ज्यादा खर्च करने के लिए प्रेरित कर सकते हैं।
- कई बार भ्रामक विज्ञापनों के कारण लोग ग़लत उत्पाद खरीद लेते हैं।
- बच्चों पर कार्टून और जंक फूड के विज्ञापनों का नकारात्मक प्रभाव पड़ता है।

विज्ञापन हमारे आधुनिक जीवन का एक महत्त्वपूर्ण हिस्सा बन गए हैं। यदि इन्हें सही तरीके से उपयोग किया जाए, तो ये उपभोक्ताओं और कंपनियों दोनों के लिए लाभदायक हो सकते हैं। लेकिन हमें यह समझदारी रखनी होगी कि हम इनके प्रभाव में आकर अनावश्यक खर्च न करें और जागरूकता के साथ सही उत्पादों का चुनाव करें।

**Q.2** **आधुनिक युग में भूमंडलीय ऊष्मीकरण (Global Warming) किसे कहा गया है? यह हमारी धरती के साथ-साथ मनुष्यों के लिए भी अत्यंत हानिकारक है। इस ग्लोबल वार्मिंग को मनुष्यों तथा सरकार के संयुक्त प्रयासों से कैसे नियंत्रित किया जा सकता है? इसके कारण तथा इससे होने वाले नुकसानों पर अपने विचार प्रस्ताव रूप में लिखिए।** **[ICSE 2025]**

*उत्तर* **भूमंडलीय ऊष्मीकरण** (Global Warming) : एक गंभीर संकट

भूमंडलीय ऊष्मीकरण (Global Warming) आधुनिक युग की एक गंभीर समस्या है, जो पूरे विश्व को प्रभावित कर रही है। यह वह प्रक्रिया है, जिसमें पृथ्वी का औसत तापमान धीरे-धीरे बढ़ रहा है, जिससे जलवायु परिवर्तन और प्राकृतिक आपदाएँ उत्पन्न हो रही हैं। इसका मुख्य कारण मानव गतिविधियों से निकलने वाली ग्रीनहाउस गैसें (कार्बन डाइऑक्साइड, मीथेन, नाइट्रस ऑक्साइड आदि) हैं, जो वायुमंडल में गर्मी को रोककर पृथ्वी के तापमान को बढ़ाती हैं।

**ग्लोबल वार्मिंग के प्रमुख कारण**

- **औद्योगीकरण और प्रदूषण** कारखानों, वाहनों और बिजली संयंत्रों से निकलने वाले धुएँ में ग्रीनहाउस गैसें होती हैं, जो वायुमंडल को हानि पहुँचाती हैं।
- **वनों की कटाई** पेड़-पौधे कार्बन डाइऑक्साइड को अवशोषित करते हैं और ऑक्सीजन गैस छोड़ते हैं, लेकिन वनों की अत्यधिक कटाई के कारण ग्रीनहाउस गैसें वायुमंडल में अधिक मात्रा में फैलती जा रही हैं।
- **प्राकृतिक संसाधनों का अत्यधिक दोहन** कोयला, पेट्रोल और डीजल जैसे ईंधनों का अधिक प्रयोग ग्लोबल वार्मिंग को बढ़ाता है।
- **वाहनों और परिवहन का अत्यधिक उपयोग** आधुनिक जीवनशैली में निजी वाहनों का उपयोग बढ़ गया है, जिससे कार्बन उत्सर्जन भी बढ़ रहा है। पेट्रोल-डीजल आधारित वाहनों से निकलने वाला धुआँ ग्लोबल वार्मिंग को बढ़ाने में महत्त्वपूर्ण भूमिका निभाता है।

**ग्लोबल वार्मिंग के दुष्परिणाम**

- **जलवायु परिवर्तन** ग्लोबल वार्मिंग के कारण अत्यधिक गर्मी, असामान्य वर्षा और बर्फबारी की घटनाएँ बढ़ रही हैं।
- **ग्लेशियरों का पिघलना** हिमखंडों के पिघलने से समुद्र का जलस्तर बढ़ रहा है, जिससे तटीय शहरों के डूबने का खतरा है।
- **सूखा और बाढ़** असंतुलित जलवायु के कारण कहीं सूखा पड़ रहा है, तो कहीं भारी बाढ़ आ रही है।
- **जीव-जंतुओं पर प्रभाव** ग्लोबल वार्मिंग के कारण जीव-जंतुओं पर बहुत नकारात्मक प्रभाव पड़ रहा है तथा कई प्रजातियाँ तो विलुप्त होने के कगार पर हैं, जिससे पारिस्थितिक संतुलन भी बिगड़ रहा है।

**ग्लोबल वार्मिंग को नियंत्रित करने के उपाय**

- **पेड़-पौधे अधिक लगाएँ** ग्लोबल वार्मिंग को नियंत्रित करने के लिए वनों की रक्षा करनी चाहिए और अधिक-से-अधिक पेड़-पौधे लगाए जाने चाहिए।
- **नवीकरणीय ऊर्जा अपनाएँ** सौर और पवन ऊर्जा का उपयोग करें, ताकि जीवाश्म ईंधन की खपत कम हो।
- **प्रदूषण को नियंत्रित करें** वाहनों का कम उपयोग करें, सार्वजनिक परिवहन अपनाएँ और कार्बन उत्सर्जन को कम करें।
- **प्लास्टिक का कम उपयोग करें** ग्लोबल वार्मिंग को नियंत्रित करने के लिए प्लास्टिक का कम उपयोग करना चाहिए और पुनः उपयोग और पुनर्चक्रण (Recycling) को बढ़ावा देना चाहिए।
- **सरकार के प्रयास** सरकार को पर्यावरण संरक्षण कानूनों को सख्ती से लागू करना चाहिए और जागरूकता अभियान चलाने चाहिए।

भूमंडलीय ऊष्मीकरण आज एक वैश्विक समस्या है, जिसका समाधान केवल सरकार ही नहीं, बल्कि प्रत्येक नागरिक की जिम्मेदारी भी है। यदि हम सभी मिलकर अपने पर्यावरण की रक्षा करें और जागरूक बनें, तो इस संकट को नियंत्रित किया जा सकता है। यह न केवल हमारी धरती, बल्कि आने वाली पीढ़ियों के लिए भी आवश्यक है।

**Q.3 कुछ समय पहले किसी अवकाश के समय आप सपरिवार किसी पहाड़ी स्थान पर घूमने गए, दुर्भाग्यवश पर्यटकों की भीड़ के कारण आपको बहुत-सी विकट समस्याओं का सामना करना पड़ा। अपने इस अनुभव का वर्णन प्रस्ताव के रूप में लिखिए।** **[ICSE 2024]**

उत्तर **'पर्यटकों की भीड़ और समस्याएँ'**

**प्रस्तावना**

कुछ समय पहले गर्मी की छुट्टियों में मानसिक शांति और प्राकृतिक सौंदर्य का आनंद लेने के लिए मैंने सपरिवार मसूरी जाने की योजना बनाई। मसूरी, जिसे 'पहाड़ों की रानी' कहा जाता है, अपनी हरी-भरी वादियों, झरनों और शांत वातावरण के लिए प्रसिद्ध है। हमारी यात्रा का उद्देश्य रोज़मर्रा की भागदौड़ भरी जिन्दगी से दूर सुकून के कुछ पल बिताना था, लेकिन दुर्भाग्यवश, अत्यधिक पर्यटकों की भीड़ ने हमारी यात्रा को असुविधाजनक और थकावट भरा बना दिया।

**यात्रा में आई समस्याएँ**

मसूरी पहुँचने पर हमें सबसे पहली समस्या पार्किंग को लेकर हुई। जगह-जगह गाड़ियों की लम्बी कतारें और यातायात के जाम ने हमारी यात्रा की शुरुआत को थका देने वाला बना दिया। इसके बाद, होटल पहुँचने पर चेक-इन में भी काफ़ी समय लगा, क्योंकि होटल के कर्मचारी भी भीड़ से परेशान थे।

जब हमने पर्यटन स्थलों; जैसे– 'कैंपटी फॉल्स' और 'गन हिल' जाने का फैसला किया, तो वहाँ भी हालात खराब थे। पर्यटकों की भारी भीड़ के कारण न तो शांति का अनुभव हो पाया और न ही प्रकृति का सौंदर्य। वहाँ की सड़कें और स्थान कचरे से भरे हुए थे, क्योंकि कई पर्यटकों ने स्वच्छता का ध्यान नहीं रखा। भोजनालयों में भी लंबी प्रतीक्षा के बाद खाना मिला, जिसकी गुणवत्ता औसत थी।

**यात्रा के अनुभव**

हमारी यह यात्रा अपेक्षा के विपरीत काफ़ी निराशाजनक रही। हमने अनुभव किया कि अत्यधिक भीड़ न केवल प्राकृतिक स्थलों की सुंदरता को प्रभावित करती है, बल्कि पर्यावरण को भी नुकसान पहुँचाती है। इतना ही नहीं, ऐसी भीड़ स्थानीय निवासियों और प्रशासन के लिए भी परेशानी का कारण बनती है।

**उपसंहार**

यात्रा के इस अनुभव से मैंने सीखा कि यात्रा का समय और स्थान सोच-समझकर चुनना चाहिए। पर्यटकों को स्वच्छता बनाए रखने, कचरे का सही निपटान करने और पर्यावरण के प्रति अपनी ज़िम्मेदारी निभानी चाहिए। स्थानीय प्रशासन को भी इस तरह की भीड़ को नियंत्रित करने के लिए कदम उठाने चाहिए, जैसे पर्यटकों की संख्या सीमित करना और सख्त नियम लागू करना। इस प्रकार हम प्राकृतिक स्थलों की सुंदरता और शांति को बनाए रख सकते हैं और भविष्य की पीढ़ियों के लिए संरक्षित कर सकते हैं।

**Q.4 तकनीकी विकास ने हमारा जीवन सरल तथा सुगम बना दिया है। किसी एक तकनीक के विषय में विस्तार से बताते हुए यह भी स्पष्ट कीजिए कि यह तकनीक हमारे देश के विकास में सहयोगी कैसे हैं?** **[ICSE 2024]**

उत्तर **तकनीकी विकास**

**प्रस्तावना**

तकनीकी विकास ने आज हमारे जीवन को सरल और सुगम बना दिया है। इसमें इंटरनेट एक ऐसी तकनीक है, जिसने सभी क्षेत्रों में क्रांति ला दी है। इंटरनेट के माध्यम से सूचनाओं का आदान-प्रदान, व्यापार, शिक्षा और चिकित्सा जैसी सेवाओं की पहुँच अब बेहद आसान हो गई है। आज, हम किसी भी जानकारी को पलभर में प्राप्त कर सकते हैं। ऑनलाइन खरीददारी, बैंकिंग सेवाएँ, वीडियो कॉलिंग और सोशल मीडिया जैसे प्लेटफॉर्म ने हमारे जीवन को सुविधाजनक बना दिया है।

शिक्षा के क्षेत्र में ई-लर्निंग प्लेटफॉर्म और ऑनलाइन कक्षाओं ने विद्यार्थियों को घर बैठे पढ़ाई करने के अनेक अवसर प्रदान किए हैं। वहीं, चिकित्सा के क्षेत्र में टेलीमेडिसिन ने दूरस्थ क्षेत्रों में चिकित्सा सेवाएँ पहुँचाने में सहायता की है। यह सब तकनीकी विकास के कारण ही संभव हो पाया है।

**भारत के विकास में सहयोगी**

तकनीकी विकास ने भारत के विकास में महत्त्वपूर्ण भूमिका निभाई है। डिजिटल इंडिया जैसे अभियानों के तहत सरकार ने ग्रामीण और शहरी क्षेत्रों के बीच की दूरी को कम किया है। ई-गवर्नेंस के माध्यम से नागरिक अब सरकारी योजनाओं और सेवाओं का लाभ आसानी से उठा सकते हैं।

ई-कॉमर्स प्लेटफॉर्म; जैसे– अमेज़न और फ्लिपकार्ट ने छोटे और मध्यम व्यापारियों को अपने उत्पादों को देशभर में बेचने का अवसर दिया है। ऑनलाइन भुगतान प्रणाली; जैसे– यूपीआई और डिजिटल वॉलेट्स ने नकद लेन-देन की आवश्यकता को कम कर दिया है, जिससे देश नकदी-रहित अर्थव्यवस्था की ओर बढ़ रहा है।

शिक्षा और स्वास्थ्य में तकनीकी विकास का योगदान दूरदराज के क्षेत्रों में भी विकास का मार्ग प्रशस्त कर रहा है। स्टार्टअप्स और युवा उद्यमियों के लिए यह तकनीक एक प्रेरणा बन चुकी है, जिससे नई नौकरियों और व्यवसाय के अवसर पैदा हो रहे हैं।

**उपसंहार**

तकनीकी विकास ने न केवल हमारे जीवन को सरल बनाया है, बल्कि देश को एक सशक्त डिजिटल प्लेटफॉर्म भी प्रदान किया है। हालाँकि, इसके उपयोग में सतर्कता बरतनी चाहिए, जिससे साइबर अपराधों और

डेटा चोरी जैसी समस्याओं से बचा जा सके। सही दिशा में उपयोग करके यह तकनीक भारत को एक मजबूत और आत्मनिर्भर राष्ट्र बनाने में सहायक सिद्ध हो सकती है।

**Q.5 आज महानगरों में बड़े-बड़े 'शॉपिंग मॉल' स्थान-स्थान पर दिखाई देते हैं। इतने 'शॉपिंग मॉल' बनने के कारणों पर प्रकाश डालते हुए एक प्रस्ताव लिखिए कि जब आप अपने परिवार के साथ किसी मॉल में घूमने गए, तो आप को कहाँ किन-किन चीज़ों ने सबसे अधिक आकर्षित किया तथा कहाँ आपने क्या-क्या खरीदा? [ICSE 2024]**

उत्तर **''शॉपिंग मॉल का आकर्षण और अनुभव''**

**प्रस्तावना**

आज के आधुनिक युग में 'शॉपिंग मॉल' शहरी जीवन का एक महत्त्वपूर्ण हिस्सा बन गए हैं। ये मॉल न केवल खरीददारी के लिए, बल्कि मनोरंजन और सामाजिक मेलजोल के लिए भी प्रमुख स्थान बन चुके हैं। एक छत के नीचे कई प्रकार की सुविधाएँ उपलब्ध होने के कारण ये हर आयु वर्ग के लोगों को आकर्षित करते हैं।

**शॉपिंग मॉल बनने के कारण**

शॉपिंग मॉल के बढ़ते प्रचलन के पीछे कई कारण हैं। सबसे महत्त्वपूर्ण कारण है- लोगों की सुविधा। मॉल में कपड़े, इलेक्ट्रॉनिक्स, गहने और घरेलू सामान जैसी हर चीज़ एक ही स्थान पर मिल जाती है। इसके अतिरिक्त, धूप या बारिश की परवाह किए बिना एक ही छत के नीचे सुविधा उपलब्ध होने के कारण लोग आराम से खरीददारी कर सकते हैं। मॉल में मनोरंजन के साधन; जैसे- मूवी थिएटर, गेमिंग जोन और फूड कोर्ट भी लोगों को आकर्षित करते हैं। साथ ही, ब्रांडेड उत्पाद और आकर्षक छूट भी लोगों को यहाँ खींचती हैं।

**शॉपिंग मॉल का आकर्षण तथा खरीददारी के अनुभव**

पिछले महीने, मैं अपने परिवार के साथ एक बड़े शॉपिंग मॉल गया। जैसे ही हमने मॉल में प्रवेश किया, वहाँ की सजावट और भव्यता ने हमें प्रभावित किया। मॉल के विभिन्न हिस्सों में आकर्षक ब्रांडेड स्टोर्स, खूबसूरत लाइटिंग और संगीत वहाँ के वातावरण को और भी आनंदमय बना रहे थे।

हमने सबसे पहले कपड़ों की खरीददारी की। इसके बाद इलेक्ट्रॉनिक्स सेक्शन से एक नया स्मार्टफोन लिया। फूड कोर्ट में विभिन्न प्रकार के व्यंजनों का आनंद लिया, विशेष रूप से चाट और पिज़्ज़ा का स्वाद अद्भुत था।

**उपसंहार**

शॉपिंग मॉल आज के समय में न केवल खरीददारी, बल्कि मनोरंजन और परिवार के साथ समय बिताने का बेहतरीन स्थान बन गए हैं। ये आधुनिक जीवनशैली के प्रतीक हैं और लोगों की विभिन्न आवश्यकताओं को एक ही स्थान पर पूरा करते हैं। हालाँकि, हमें मॉल में फिजूल खर्च करने से बचना चाहिए और स्थानीय बाज़ारों का भी समर्थन करना चाहिए।

**Q.6 'प्लास्टिक मुक्त भारत स्वच्छ भारत' इस अभियान को सफल बनाने हेतु सरकार तथा अपने प्रयासों पर एक प्रस्ताव लिखिए। [ICSE 2023]**

उत्तर **प्लास्टिक मुक्त भारत स्वच्छ भारत**

''जन-जन को जागृत कर प्लास्टिक दूर भगाएँ।
आओ मिलकर प्लास्टिक मुक्त भारत बनाएँ।।''

**प्रस्तावना**

आज प्लास्टिक धरती पर एक बड़ी समस्या बन गया है। यह सस्ता, हल्का और उपयोग में आसान होने के कारण हर क्षेत्र में प्रयोग होता है, लेकिन इसके पुनर्चक्रण में होने वाली कठिनाई इसे पर्यावरण के लिए खतरनाक बनाती है। प्लास्टिक कचरे से मिट्टी, पानी और वायु प्रदूषण बढ़ रहा है। जल निकायों में प्लास्टिक कचरा समुद्री जीवों के लिए जानलेवा है। इसके दुष्प्रभावों को रोकने के लिए प्लास्टिक का सीमित उपयोग, पुनः उपयोग और इसके विकल्पों का प्रयोग करना अनिवार्य है। सरकार और जनता के सहयोग से ही इस समस्या का समाधान संभव है।

**प्लास्टिक मुक्त भारत अभियान की शुरुआत**

प्लास्टिक मुक्त भारत अभियान की शुरुआत गाँधी जयंती के अवसर पर 2 अक्टूबर, 2019 में हुई थी, जिसकी घोषणा हमारे देश के माननीय प्रधानमंत्री श्री नरेंद्र मोदी जी ने की थी। इस अवसर पर उन्होंने जनता को प्लास्टिक से होने वाली हानि से अवगत कराया था। उन्होंने प्लास्टिक प्रयोग न करके प्लास्टिक मुक्त भारत के निर्माण हेतु जनता से आग्रह किया है।

**भारत को प्लास्टिक मुक्त बनाने हेतु सरकार तथा हमारे प्रयास**

भारत को प्लास्टिक मुक्त बनाने के लिए निम्नलिखित प्रयास किए जा सकते हैं-

- खरीददारी के दौरान प्लास्टिक बैग की जगह कपड़े के थैलों का उपयोग करें।
- प्लास्टिक बैग पर प्रतिबंध को प्रभावी रूप से लागू किया जाए।
- प्लास्टिक कचरे के दुष्प्रभावों को लेकर जागरूकता बढ़ाई जाए।
- टेलीविजन, रेडियो और विज्ञापनों के माध्यम से जागरूकता अभियान चलाए जाएँ।
- प्लास्टिक मुक्त भारत केवल सरकार की नहीं, जनता की भी ज़िम्मेदारी है। अतः एक ज़िम्मेदार नागरिक के रूप में प्लास्टिक प्रदूषण को कम करने में योगदान दें।

**उपसंहार**

आज प्लास्टिक मुक्त भारत की माँग बढ़ती जा रही है, क्योंकि प्लास्टिक भविष्य में गंभीर समस्याएँ पैदा कर सकता है। प्रत्येक नागरिक का कर्त्तव्य है कि वह प्लास्टिक का उपयोग कम से कम करें और देश को स्वच्छ बनाए। यदि हम सभी मिलकर प्रयास करें, तो जल्द ही प्लास्टिक मुक्त भारत का सपना साकार हो सकता है।

''प्लास्टिक से बचना है, मानवता का धर्म निभाना है,
जन-जन की भागीदारी से भारत को स्वच्छ बनाना है।''

**Q.7 समाज में फैली समस्याओं में महँगाई तथा जनसंख्या वृद्धि एक गंभीर समस्या है। इसके कारणों तथा दुष्परिणामों का उल्लेख करते हुए यह भी बताइए कि सरकार तथा जनता इससे मुक्त होने के लिए क्या-क्या प्रयास कर रही हैं? अपने विचारों को प्रस्ताव के रूप में लिखिए। [ICSE 2023]**

उत्तर **महँगाई तथा जनसंख्या वृद्धि : एक गंभीर समस्या**

**प्रस्तावना**

भारत में महँगाई और जनसंख्या वृद्धि यह दो बड़ी समस्याएँ हैं, जो देश की आर्थिक और सामाजिक संरचना को प्रभावित कर रही हैं। वस्तुओं की कीमत लगातार बढ़ रही है, जिससे आम नागरिकों का जीवन कठिन होता जा रहा है। वहीं, जनसंख्या वृद्धि बेरोज़गारी, गरीबी

और अन्य समस्याओं को जन्म दे रही है। यदि इन समस्याओं पर समय रहते ध्यान नहीं दिया गया, तो देश के विकास की गति अवरुद्ध हो सकती है।

**महँगाई के कारण व दुष्परिणाम**

महँगाई के पीछे उत्पादन की कमी, जमाखोरी, माँग और आपूर्ति में असंतुलन तथा मुनाफाखोरी प्रमुख कारण हैं। महँगाई केवल एक आर्थिक समस्या नहीं है, बल्कि यह कालाबाज़ारी, जमाखोरी और गरीबों के लिए आवश्यक वस्तुओं की कमी को भी बढ़ावा देती है। इसके कारण गरीब और मध्यम वर्ग के लोग कई ज़रूरी सेवाओं से वंचित रह जाते है। वहीं, जनसंख्या वृद्धि का मुख्य कारण अशिक्षा, बाल विवाह, परिवार नियोजन की अनदेखी और निर्धनता है तथा बढ़ती जनसंख्या से बेरोज़गारी, भुखमरी, आवास संकट, स्वास्थ्य सेवाओं की कमी और अपराधों में वृद्धि होती है।

**सरकार व जनता के प्रयास**

महँगाई व जनसंख्या वृद्धि दोनों ही समस्याओं के कारण सामाजिक असंतुलन बढ़ता जा रहा है। संसाधनों की कमी के कारण स्वास्थ्य, शिक्षा और आवास जैसी मूलभूत सुविधाओं पर भी नकारात्मक प्रभाव पड़ता है। महँगाई पर नियंत्रण के लिए सरकार को जमाखोरी और कालाबाज़ारी रोकने के सख्त नियम बनाने चाहिए। कृषि और औद्योगिक विकास को भी बढ़ावा देकर उत्पादन बढ़ाना होगा। वहीं, जनसंख्या वृद्धि रोकने के लिए परिवार नियोजन को प्रोत्साहित करना, शिक्षा का प्रसार और लोगों में जागरूकता लाना भी अत्यंत आवश्यक है।

**उपसंहार**

महँगाई और जनसंख्या वृद्धि की समस्याएँ देश के विकास में बाधा बन रही हैं। सरकार द्वारा किए जा रहे प्रयासों के साथ-साथ जनता को भी जागरूक होकर सहयोग करना होगा। यदि सभी नागरिक अपनी ज़िम्मेदारी समझें, तो इन समस्याओं का समाधान संभव है और देश उन्नति की ओर बढ़ सकेगा।

**Q.8** **भारत विविधताओं का देश है। यहाँ के प्रत्येक राज्य की अपनी ही विशेषताएँ हैं। विषय को ध्यान में रखते हुए किसी एक राज्य की यात्रा का वर्णन करें तथा वहाँ के खान-पान, रहन-सहन तथा प्राकृतिक सौंदर्य को स्पष्ट करते हुए प्रस्ताव लिखिए।** **[ICSE 2023]**

उत्तर **राजस्थान : संस्कृति व सौंदर्य की धरोहर**

**प्रस्तावना**

भारत विविधताओं का देश है, क्योंकि यहाँ के लोग विभिन्न भाषाएँ बोलते हैं एवं विभिन्न त्योहार मनाते हैं इसके अतिरिक्त भिन्न-भिन्न धर्मों का पालन करते हैं तथा अलग-अलग पहनावा पहनते हैं। विविधता में एकता ही भारत की पहचान है। भारत के प्रत्येक राज्य की अलग-अलग विशेषताएँ हैं, जिसके कारण वे बहुत प्रसिद्ध हैं, जिनमें से एक राजस्थान है।

**राजस्थान की यात्रा का वर्णन**

राजस्थान भारत के सबसे सुंदर और ऐतिहासिक राज्यों में से एक है। यहाँ की समृद्ध संस्कृति, लोकनृत्य, पारंपरिक वेशभूषा और महल दुनिया भर के पर्यटकों को आकर्षित करते हैं। जब कभी राजस्थान का नाम लिया जाता है, तब हमारी आँखों के सामने थार रेगिस्तान, ऊँट की सवारी, घूमर नृत्य और पारंपरिक आभूषणों से सजे लोग आ जाते है। राजस्थान अपनी अतिथि-सत्कार की परंपरा के लिए भी प्रसिद्ध है, जिससे हर आगंतुक यहाँ बार-बार आने को प्रेरित होते हैं।

**राजस्थान का खान-पान**

राजस्थानी व्यंजन अपने अनोखे स्वाद और मसालों के कारण पूरी दुनिया में प्रसिद्ध हैं। यहाँ के पारंपरिक भोजन में दाल बाटी चूरमा, गट्टे की सब्जी, पिटौर की सब्जी, मावा मालपुआ, घेवर, बीकानेरी भुजिया, पंचकूट, हल्दी का साग और बालूशाही शामिल हैं। राजस्थान की भौगोलिक स्थिति को देखते हुए यहाँ के भोजन में घी, सूखे मेवे और मसालों का अधिक प्रयोग किया जाता है।

**राजस्थान का रहन-सहन व प्राकृतिक सौन्दर्य**

राजस्थान के लोगों का पहनावा रंग-बिरंगा और आकर्षक होता है। पुरुष पगड़ी पहनते हैं, जबकि महिलाएँ घाघरा-चोली और ओढ़नी पहनती हैं। यहाँ के रीति-रिवाज और परंपराएँ लोगों के सादगी भरे जीवन को दर्शाते हैं। राजस्थान की राजधानी जयपुर को गुलाबी नगर कहा जाता है। यहाँ हवा महल, जंतर-मंतर, आमेर किला, जल महल, जयगढ़ किला जैसे दर्शनीय स्थल हैं। इसके अतिरिक्त उदयपुर, जोधपुर, जैसलमेर और चित्तौड़गढ़ के ऐतिहासिक किले और महल यहाँ के गौरवशाली अतीत की झलक देते हैं।

**उपसंहार**

राजस्थान भारत के सबसे खूबसूरत राज्यों में से एक है, जो अपनी समृद्ध संस्कृति, ऐतिहासिक धरोहर और अतिथि-सत्कार के लिए जाना जाता है। यह प्रदेश निरंतर विकास की ओर बढ़ रहा है और यहाँ की समृद्ध विरासत भारत की शान बनी हुई है।

**Q.9** **जीवन में खेलकूद मनोरंजन प्रदान करने के साथ-साथ सुख समृद्धि भी देते हैं। विद्यार्थी जीवन में इसकी उपयोगिता बहुत अधिक है। अपने किसी प्रिय खेल का वर्णन करें तथा यह खेल भविष्य में आपको कैसे लाभांवित कर सकता है? एक निबंध में अपनी भविष्य की योजनाएँ भी बताइए।** **[ICSE Specimen 2022-23]**

उत्तर **खेलों का महत्त्व**

**प्रस्तावना**

हमारे जीवन में खेलकूद का महत्त्वपूर्ण स्थान है। स्वस्थ तन और स्वस्थ मन प्रत्येक व्यक्ति के लिए अत्यंत आवश्यक हैं। इसमें खेलों की महत्त्वपूर्ण भूमिका होती है। खेल स्वास्थ्य और मनोरंजन दोनों ही दृष्टि से महत्त्वपूर्ण होते हैं।

**विद्यार्थी जीवन में खेल की उपयोगिता**

विद्यार्थी जीवन में भी खेलकूद का महत्त्वपूर्ण स्थान है। इसकी उपयोगिता को देखते हुए ही आज शिक्षा के क्षेत्र में खेल को पाठ्यक्रम या एक विषय के रूप में शामिल किया गया है। विद्यार्थी के शारीरिक एवं मानसिक विकास के लिए खेल अत्यंत आवश्यक है। इसी कारण से आज विद्यालयों में पढ़ाई के साथ खेल का समय भी निर्धारित कर दिया गया है।

खेल से विद्यार्थियों में समूह में कार्य करने, सहयोग, परस्पर विश्वास, अनुशासन और आज्ञाकारिता, साहस, सहनशीलता आदि गुणों का विकास होता है।

**मेरा प्रिय खेल हॉकी**

क्रिकेट, बैडमिंटन, हॉकी, फुटबॉल अनेक खेल मैदान में खेले जाते हैं। इन सभी खेलों में से मेरा प्रिय खेल हॉकी है। हॉकी भारत का राष्ट्रीय खेल है। यह भारत के लोकप्रिय खेलों में से एक है। आधुनिक हॉकी का जन्मदाता इंग्लैंड को माना जाता है। यह खेल मैदान में दो दलों के बीच

खेला जाता है। इसमें दोनों दलों के 11-11 खिलाड़ी भाग लेते हैं। इस खेल में दोनों दल स्टिक की सहायता से रबड़ या कठोर प्लास्टिक की गेंद को विरोधी टीम के नेट या गोल में डालने का प्रयास करते हैं। यदि विरोधी दल के नेट में गेंद चली जाती है, तो उसे एक गोल कहा जाता है। जो टीम विपक्षी टीम के विरुद्ध अधिक गोल बनाती है, उसे विजेता घोषित कर दिया जाता है।

**भविष्य की संभावना**

मैं हॉकी में उत्कृष्टता प्राप्त करने के लिए नियमित अभ्यास करता हूँ और साथ ही अपनी पढ़ाई पर भी ध्यान देता हूँ। मेरा सपना है कि मैं एक अच्छा हॉकी खिलाड़ी बनकर देश की सेवा करूँ। हॉकी मेरे भविष्य के लिए बहुत लाभदायक सिद्ध हो सकता है। यदि मैं एक अच्छा खिलाड़ी बन गया तो राज्य या राष्ट्रीय स्तर पर खेलकर अपने माँ-बाप व देश का नाम रोशन कर सकता हूँ। इसके अतिरिक्त खेल जगत में करियर बनाने के अनेक अवसर प्राप्त कर सकता हूँ। जैसे-कोच, खेल विशेषज्ञ और कमेंटेयर आदि।

**उपसंहार**

खेल जीवन की नीरसता को समाप्त करने में सहायक होते हैं। नियमित दिनचर्या में खेलकूद को सम्मिलित करने से व्यक्ति को शारीरिक ऊर्जा और मानसिक बल प्राप्त होता है। अवकाश के समय घरों में खेले जाने वाले खेलों से न केवल मनोरंजन होता है, बल्कि ये आपसी मेल-जोल बढ़ाने में भी सहायक होते हैं। स्पष्टतः खेलकूद जीवन में मनोरंजन प्रदान करने के साथ-साथ सुख-समृद्धि भी देते हैं।

**Q.10** **"परोपकार की भावना लोक-कल्याण से पूर्ण होती है। हमें भी परोपकार से भरा जीवन ही जीना चाहिए।" विषय को स्पष्ट करते हुए अपने विचार लिखिए।** **[ICSE Specimen 2022-23]**

उत्तर **परोपकार : लोक-कल्याण का आधार**

**प्रस्तावना**

परोपकार एक ऐसी महान भावना है, जो व्यक्ति को निःस्वार्थ सेवा और समाजहित के लिए प्रेरित करती है। यह केवल दूसरों की सहायता करने तक सीमित नहीं है, बल्कि इससे पूरे समाज का कल्याण होता है। परोपकार की भावना व्यक्ति को आत्मिक संतोष प्रदान करती है और उसे सच्चे अर्थों में मनुष्य बनाती है।

**भारतीय संस्कृति का सर्वश्रेष्ठ गुण**

परोपकार का अर्थ है बिना किसी स्वार्थ के दूसरों की भलाई के लिए कार्य करना। भारतीय संस्कृति में इसे सर्वश्रेष्ठ गुण माना गया है। हमारे शास्त्रों में कहा गया है-

"परोपकाराय सतां विभूतयः"

अर्थात् सज्जनों की संपत्ति परोपकार के लिए होती है। प्रकृति भी हमें परोपकार का संदेश देती है। सूर्य बिना किसी अपेक्षा के हमें प्रकाश और ऊर्जा प्रदान करता है, नदियाँ अपना जल सबके लिए अर्पित करती हैं, इसी प्रकार हमें भी इसी भावना से अपने जीवन को लोक-कल्याण के कार्यों में समर्पित करना चाहिए। महात्मा गाँधी, मदर टेरेसा और स्वामी विवेकानंद जैसी महान विभूतियों ने अपने परोपकारी कार्यों से संपूर्ण मानवता को प्रेरित किया है।

**जीवन में परोपकार की आवश्यकता**

आज के भौतिकवादी युग में, जहाँ स्वार्थ और प्रतिस्पर्द्धा बढ़ रही है, परोपकार की भावना ही समाज को जोड़ सकती है। यह केवल दूसरों का भला करने तक सीमित नहीं, बल्कि यह हमारे भीतर करुणा, प्रेम और दया के गुणों को विकसित करता है। अतः हमें अपने जीवन में परोपकार को अपनाना चाहिए और समाज के कल्याण के लिए सदैव तत्पर रहना चाहिए।

जैसा कि कहा गया है–

**उपसंहार**

वृक्ष कबहुँ न फल भखै, नदी न संचय नीर
परमार्थ के कारनेसाधुन धरा शरीर।

अर्थात् जैसे वृक्ष अपने फल स्वयं नहीं खाते, नदियाँ अपना जल नहीं पीतीं, वैसे ही संतों का जीवन दूसरों के परम कल्याण और परोपकार के लिए होता है इसलिए हमें भी अपना जीवन परोपकार के लिए समर्पित करना चाहिए।

**Q.11** **स्वच्छता अभियान में सरकारी तंत्र की अपेक्षा नागरिकों की जागरूकता अधिक प्रभावपूर्ण मानी जाती है। जनता के सहयोग से ही देश स्वच्छ एवं सुंदर बन सकता है। आप इस कथन से कहाँ तक सहमत हैं? स्पष्ट कीजिए।** **[ICSE Specimen 2022-23]**

उत्तर **स्वच्छता अभियान और नागरिकों की भूमिका**

**प्रस्तावना**

स्वच्छता किसी भी समाज की प्रगति और स्वस्थ जीवन का मूल आधार होती है। सरकार स्वच्छता अभियान के लिए नीतियाँ बना सकती है, नियम लागू कर सकती है, सफ़ाई के लिए संसाधन उपलब्ध करा सकती है, लेकिन जब तक नागरिक स्वयं जागरूक नहीं होंगे, तब तक स्वच्छता संभव नहीं हो सकती।

**नागरिकों की जागरूकता**

स्वच्छता अभियान को सफल बनाने में नागरिकों की जागरूकता सबसे महत्त्वपूर्ण कारक है। स्वच्छता बनाए रखने के लिए नागरिकों को छोटे-छोटे कदम उठाने चाहिए; जैसे-कचरा कूड़ेदान में डालना, प्लास्टिक का कम उपयोग करना, सार्वजनिक स्थानों पर गंदगी न फैलाना तथा स्वच्छता संबंधी जागरूकता फैलाना आदि। महात्मा गाँधी का सपना था कि भारत न केवल स्वतंत्र हो, बल्कि स्वच्छ और स्वस्थ भी हो। इसी भावना को आगे बढ़ाते हुए 'स्वच्छ भारत अभियान' की शुरुआत हुई, लेकिन इसकी सफलता जनता के सहयोग पर ही निर्भर है।

**स्वच्छता अभियान में सरकार की पहल**

यदि लोग गंदगी फैलाने की मानसिकता बदल लें और स्वच्छता को अपनी आदत बना लें, तो किसी भी अभियान को अधिक प्रभावी बनाया जा सकता है। उदाहरण के लिए, स्वच्छ भारत अभियान के तहत कई शहरों ने अपनी सफ़ाई व्यवस्था में सुधार किया, लेकिन इसका असली परिणाम तभी देखने को मिला, जब नागरिकों ने खुले में कूड़ा डालने की आदत छोड़ी।

हालाँकि सरकार कचरा निपटान, शौचालय निर्माण और सफ़ाई कर्मचारियों की नियुक्ति जैसी सुविधाएँ उपलब्ध कराती है, लेकिन यदि लोग स्वयं सफाई का ध्यान न रखें, तो इन प्रयासों का कोई लाभ नहीं होगा। एक ज़िम्मेदार नागरिक होने के नाते हमें अपने घर, समाज और सार्वजनिक स्थलों की सफ़ाई का ध्यान रखना चाहिए।

**उपसंहार**

स्वच्छता अभियान की सफलता का मूल आधार जनता की भागीदारी और जनता की जागरूकता है। जब प्रत्येक नागरिक स्वच्छता को अपना कर्त्तव्य समझेगा और दूसरों को भी प्रेरित करेगा, तभी हमारा देश स्वच्छ और सुंदर बन सकेगा।

**Q.12** आज विश्व के अधिकांश देश हमारी भारतीय संस्कृति के उपहार 'योग' को अपना चुके हैं। जीवन में योग की अनिवार्यता तथा उससे मिलने वाले लाभों का वर्णन करते हुए अपने विचार लिखिए। **[ICSE Sem II 2022]**

*अथवा* **योग के माध्यम से हम शरीर तथा मन दोनों को स्वस्थ रख सकते हैं, जीवन में योग की अनिवार्यता तथा उससे मिलने वाले लाभों का वर्णन करते हुए अपने विचार लिखिए। [ICSE 2016]**

*उत्तर* **जीवन में योग की अनिवार्यता व लाभ**

**प्रस्तावना**

योगासन शरीर और मन को स्वस्थ रखने की प्राचीन भारतीय प्रणाली है। शरीर को किसी ऐसे आसन या स्थिति में रखना, जिससे स्थिरता और सुख का अनुभव हो, योगासन कहलाता है। योगासन शरीर की आंतरिक प्रणाली को गतिशील करता है। इससे रक्त नलिकाएँ साफ़ होती हैं तथा प्रत्येक अंग में शुद्ध वायु का संचार होता है, जिससे उनमें स्फूर्ति आती है। फलतः व्यक्ति में उत्साह और कार्य-क्षमता का विकास होता है तथा एकाग्रता आती है।

**योग का अर्थ व आवश्यकता**

'योग' 'यज्' धातु से बना है, जिसका अर्थ है-संचालित करना, संबद्ध करना, सम्मिलित करना अथवा जोड़ना। शरीर और आत्मा का मिलन ही योग कहलाता है। यह भारत के छः दर्शनों में से एक है, जिन्हें षड्दर्शन कहा जाता है। इसकी उत्पत्ति भारत में 5000 ई. पू. में हुई थी। लगभग 200 ई. पू. में महर्षि पतंजलि ने योग-दर्शन को योग-सूत्र नामक ग्रंथ के रूप में लिखित रूप में प्रस्तुत किया।

शरीर के स्वस्थ रहने पर ही मस्तिष्क स्वस्थ रहता है। मस्तिष्क से ही शरीर की समस्त क्रियाओं का संचालन होता है। इसके स्वस्थ और तनावमुक्त होने पर ही शरीर की सारी क्रियाएँ भली-भाँति संपन्न होती हैं। अतः योग हमारे शारीरिक, मानसिक, बौद्धिक व आत्मिक विकास के लिए अति आवश्यक है।

**योग के लाभ**

मानसिक और शारीरिक स्वास्थ्य को ध्यान में रखते हुए हमारे जीवन में योग अत्यंत लाभदायक है।

योग शरीर को शक्तिशाली एवं लचीला बनाए रखता है साथ ही तनाव से भी मुक्ति दिलाता है। यह शरीर के जोड़ों एवं मांसपेशियों में लचीलापन लाता है तथा उन्हें मज़बूत बनाता है। यह शारीरिक विकृतियों को दूर करते हुए शरीर में रक्त प्रवाह को सुचारु करता है तथा पाचन तंत्र को मजबूत बनाता है। इन सबके अतिरिक्त यह शरीर की रोग-प्रतिरोधक क्षमता को बढ़ाता है तथा अनेक प्रकार की बीमारियों; जैसे-अनिद्रा, तनाव, थकान, उच्च रक्तचाप, चिंता आदि को दूर करता है, साथ ही शरीर को ऊर्जावान बनाता है। योग के द्वारा शरीर पुष्ट होता है तथा बुद्धि तेज़ होती है।

**उपसंहार**

आज की आवश्यकता को देखते हुए योग शिक्षा अत्यंत अनिवार्य है, क्योंकि सबसे बड़ा सुख शरीर का स्वस्थ होना है। स्वस्थ व्यक्ति ही देश व समाज का हित कर सकता है। अतः आज की भाग-दौड़ भरी ज़िंदगी में खुद को स्वस्थ व ऊर्जावान बनाए रखने के लिए योग बेहद आवश्यक है।

वर्तमान परिवेश में योग न केवल हमारे लिए लाभकारी है, बल्कि विश्व में बढ़ते प्रदूषण व मानवीय व्यस्तताओं से उपजी समस्याओं के निवारण के संदर्भ में इसकी सार्थकता और बढ़ गई है।

**Q.13** वर्तमान समय में डिजिटल होना किसी वरदान से कम नहीं है। इसकी अच्छाइयाँ तथा बुराइयाँ बताते हुए एक प्रस्ताव लिखिए। **[ICSE Sem II 2022]**

*उत्तर* **डिजिटल होना : वरदान या अभिशाप**

**प्रस्तावना**

वर्तमान समय में डिजिटल होने से तात्पर्य है- मनुष्य द्वारा जीवन के प्रत्येक क्षेत्र में तकनीकी उपकरणों व अध्ययन सामग्री का अधिकाधिक उपयोग करना। इसके अंतर्गत कंप्यूटर, इंटरनेट, मोबाइल आदि तकनीकी सेवाएँ आती हैं।

वर्तमान समय एक वैज्ञानिक युग है, जिसमें कंप्यूटर का महत्त्व सर्वोपरि है। आज प्रत्येक क्षेत्र में कंप्यूटर का प्रयोग हो रहा है। रेलवे, हवाई जहाज़, शिक्षा, खेल, पर्यटन आदि प्रत्येक क्षेत्र में आज डिजिटल होने की विशेष भूमिका है।

**डिजिटल होने के लाभ**

डिजिटल से वर्तमान में बहुत लाभ प्राप्त हो रहे हैं। आज डिजिटल होना एक अनिवार्यता बन गई है। विश्व के विकसित देशों में भारत को लाने के लिए भारत सरकार ने भी डिजिटल भारत कार्यक्रम की शुरुआत की है। इस योजना का मुख्य उद्देश्य देश को विज्ञान और तकनीकी के क्षेत्र में सशक्त रूप से आगे बढ़ाकर भारत को डिजिटल बनाना है, क्योंकि आधुनिक युग में जिस देश ने विज्ञान और तकनीक को अपना लिया है, वह देश एक शक्तिशाली और महासत्ता बनकर उभरा है। इस अभियान के अंतर्गत ई-शिक्षा, ई-स्वास्थ्य, डिजिटल लॉकर, राष्ट्रीय छात्रवृत्ति पोर्टल जैसी अनेक अलग-अलग योजनाएँ शुरू की गईं। डिजिटल सेवाओं से ऑनलाइन शिक्षा ई-लॉकर आदि अनेक लाभ हुए हैं। फोन और इंटरनेट की सुविधा ने ऑनलाइन शिक्षा को तो बढ़ावा दिया ही है, साथ ही इससे भ्रष्टाचार में कमी होने के भी अवसर मिले हैं। कर्मचारियों के वेतन से लेकर कार्यालयों के आय-व्यय तक के सारे विवरण व असंख्य खातों के हिसाब भी कम्प्यूटर में सुरक्षित रखे जाते हैं। बिजली, पानी, टेलीफोन, गृह आदि के टैक्स भी कंप्यूटर द्वारा प्राप्त व चुकाए जा सकते हैं। अतः जीवन के हर क्षेत्र में डिजिटल होने के बहुत-से लाभ हैं।

**डिजिटल होने से हानियाँ**

वर्तमान समय में डिजिटल होने का जितना लाभ हुआ है, उतना ही इसका हानिकारक रूप भी हमारे सामने आया है। डिजिटलीकरण ने मनुष्य को सामाजिक रूप से दूर कर दिया है, क्योंकि मानव पूरी तरह से मशीनों पर निर्भर हो चुका है। इंटरनेट के प्रयोग से हमारी कोई भी चीज़ अब गोपनीय नहीं रह गई है। अब हर कोई हमारे बारे में जान सकता है। इससे अपराध को भी बढ़ावा मिला है।

**उपसंहार**

वैज्ञानिकों के अनुसार, विकसित और विकासशील देशों के बीच केवल विज्ञान व तकनीक की ही दीवार है, जो देश इस दीवार को पार कर जाएगा, वही विकसित देशों की श्रेणी में आ जाएगा। अतः हमें डिजिटलीकरण का उपयोग सावधानीपूर्वक करना होगा, जिससे इसका उपयोग सही दिशा व उचित कार्यों में किया जाए।

**Q.14** **पुस्तकालय व्यक्ति को अज्ञान के अंधकार से निकालकर ज्ञान के प्रकाश की ओर ले जाता है। इस कथन को ध्यान में रखते हुए पुस्तकालय के महत्त्व पर प्रकाश डालिए।** **[ICSE Specimen Sem II 2021]**

उत्तर **पुस्तकालय का महत्त्व**

**प्रस्तावना**

हमारे जीवन में पुस्तकालय का विशेष महत्त्व है। पुस्तकालय विद्यार्थियों एवं पाठक वर्ग के लिए ज्ञान का मंदिर है, जहाँ देश-विदेश के विद्वानों द्वारा लिखी ज्ञान-विज्ञान की पुस्तकें अत्यंत सुगमता से प्राप्त हो जाती हैं। पुस्तकालय दो शब्दों के मेल से बना है- पुस्तक + आलय = पुस्तकालय। इसका अर्थ होता है- पुस्तकों का घर।

पुस्तकालय के द्वारा विद्यार्थियों में पुस्तक पढ़ने से संबंधित रुचि का विकास होता है। पुस्तकालय को ज्ञान का भंडारगृह भी कहा जाता है, जहाँ पुस्तकों को संरक्षित करके रखा जाता है। पुस्तकालय में पुस्तकों के अतिरिक्त समाचार-पत्र, पत्रिकाओं को भी संगृहीत किया जाता है। पुस्तकालय समस्त पाठक वर्ग के लिए अत्यंत लाभप्रद साबित होते हैं। जो पुस्तकें शोधार्थियों को बाज़ार में उपलब्ध नहीं हो पातीं वे पुस्तकालय में आसानी से उपलब्ध हो जाती हैं।

**पुस्तकालय के प्रकार**

पुस्तकालय दो प्रकार के होते हैं-निजी पुस्तकालय एवं सार्वजनिक पुस्तकालय। निजी पुस्तकालय वे होते हैं, जिन्हें लोग अपने घरों में स्थापित करते हैं। इस प्रकार के पुस्तकालय पुस्तक प्रेमियों के होते हैं तथा सार्वजनिक पुस्तकालय वे होते हैं, जो विद्यालय, विश्वविद्यालय, राजकीय आदि स्तर पर होते हैं।

भारत सरकार द्वारा स्थापित 'दिल्ली पब्लिक लाइब्रेरी' इसी के अंतर्गत आती है, जहाँ कोई भी व्यक्ति जाकर पुस्तकों, समाचार-पत्रों आदि का अध्ययन कर सकता है।

**पुस्तकालय का महत्त्व**

पुस्तकालय मानव जीवन में महत्त्वपूर्ण भूमिका निभाता है। देश के विकास एवं शिक्षा के प्रचार-प्रसार में पुस्तकालय की उपयोगिता को नकारा नहीं जा सकता। पुस्तकालय की सुविधाओं का लाभ उठाकर मनुष्य जीवन में प्रगति कर सकता है। जो व्यक्ति पुस्तकें खरीदने में असमर्थ होते हैं, वे पुस्तकालय में जाकर पुस्तकें पढ़ सकते हैं।

पुस्तकालय में समय-समय पर प्रकाशित नवीन पुस्तकों का अध्ययन किया जा सकता है। हालाँकि, भारत की बड़ी जनसंख्या के अनुपात में देश में पुस्तकालयों की संख्या कम है।

**उपसंहार**

पुस्तकालय मनुष्य के विकास में सहायक है। पुस्तकालयों में पुस्तकों का चयन करते समय पुस्तकों की गुणवत्ता पर ध्यान दिया जाना अत्यंत आवश्यक है, क्योंकि पुस्तकालय पाठक वर्ग के ज्ञान का स्रोत होते हैं। पुस्तकालय मनुष्य को अंधकार से प्रकाश व अज्ञान से ज्ञान की ओर ले जाने का माध्यम हैं, जहाँ हम शांत वातावरण में पत्र-पत्रिकाओं, पुस्तकों आदि का अध्ययन कर सकते हैं। अतः पुस्तकालय में हमें अनुशासन एवं शिष्टाचार के नियमों का पालन करना चाहिए।

**Q.15** **हर व्यक्ति के जीवन का कोई-न-कोई लक्ष्य होता है। आपके जीवन का क्या लक्ष्य है? इस विषय पर एक लेख लिखिए।** **[ICSE Specimen Sem II 2021]**

उत्तर **मेरे जीवन का लक्ष्य**

**प्रस्तावना**

संसार में प्रत्येक व्यक्ति का अपना उद्देश्य होता है। विद्यार्थी जीवन तो कल्पना तथा उद्देश्य का भंडार होता है। दसवीं कक्षा में आने पर कल्पना साकार करने के लिए विद्यार्थी में लक्ष्य निर्धारित करने की समझ आ जाती है। मेरे पिताजी एक अध्यापक हैं। वे चाहते हैं कि मैं भी अध्यापक बनूँ, किंतु मेरा लक्ष्य कुछ और है।

**मेरे जीवन का उद्देश्य**

मैं उच्च शिक्षा प्राप्त कर डॉक्टर बनना चाहता हूँ। मैं जानता हूँ कि डॉक्टरी करना बहुत ही मुश्किल है। इसके लिए मुझे अपने घर से दूर छात्रावास में रहना होगा। सर्वप्रथम मुझे मेडिकल कॉलेज में प्रवेश के लिए कड़ी मेहनत करनी होगी, फिर एम.बी.बी.एस. का पाठ्यक्रम भी बहुत विस्तृत होता है, लेकिन मैं डॉक्टर बनने हेतु कठिन परिश्रम करने के लिए तत्पर हूँ।

आजकल कई डॉक्टर इस व्यवसाय को केवल धन कमाने का माध्यम मानते हैं। उन्हें लोगों की दुःख-तकलीफ़ से कोई मतलब नहीं होता परन्तु मैं यह कार्य केवल धन कमाने के लिए नहीं करना चाहता, इसलिए मैं डॉक्टर बनकर समाज की सेवा करना चाहता हूँ। मैं गरीबों का इलाज कम-से-कम खर्च में करूँगा और दवाईयाँ भी निःशुल्क दूँगा तथा धनी लोगों से पूरी फीस लूँगा। मेरा प्रयास रहेगा कि नई-नई तकनीकों का प्रयोग कर सस्ता और अच्छा इलाज कर सकूँ।

इस सपने को देखते हुए मैं कल्पना करता हूँ कि आज से दस वर्ष बाद तो मैं एक उच्च श्रेणी का डॉक्टर बन चुका हूँ और ज़रूरतमंद लोगों का इलाज कर रहा हूँ।

**उपसंहार**

मैंने अपने जीवन से जुड़े जो भी सपने देखें हैं, उन सपनों को सच्ची निष्ठा और मेहनत से पूरा करने का प्रयास करूँगा तथा मानव जाति की सेवा करते हुए एक प्रख्यात चिकित्सक बनूँगा। इस अभिलाषा को मैं अपने मन में कब से सँजोए हुए हूँ।

**Q.16** **आपके विद्यालय में एक मेले का आयोजन किया गया था। यह किस अवसर पर तथा किस उद्देश्य से किया गया था? उसके लिए आपने क्या-क्या तैयारियाँ कीं? आपने और आपके मित्रों ने एवं शिक्षकों ने उसमें क्या सहयोग दिया था? इन बिंदुओं को आधार बनाकर एक प्रस्ताव विस्तार से लिखिए।** **[ICSE 2019]**

उत्तर **मेले का आयोजन**

**प्रस्तावना**

पिछले सप्ताह हमारे विद्यालय में बाल मेले का आयोजन किया गया था। बाल दिवस के उपलक्ष्य पर विद्यालय के प्रधानाचार्य ने बाल मेले के आयोजन की घोषणा की थी। इस मेले का मुख्य उद्देश्य छात्रों के मनोरंजन के साथ-साथ उनके ज्ञानार्जन तथा आपसी सहयोग की भावना विकसित करना था।

**मेले के लिए तैयारियाँ**

बाल मेले को लेकर मैं हमेशा से ही उत्सुक रहा हूँ। जब मैंने सुना कि विद्यालय में बाल मेले का आयोजन होने जा रहा है, तो मेरी खुशी का ठिकाना ही नहीं था। मेले के लिए मैंने अपने स्तर पर तैयारियाँ आरंभ कर दीं। इस संदर्भ में मैंने एक भाषण तैयार किया। इस भाषण के लिए मैंने अपने अध्यापक महोदय से कुछ बिंदुओं पर विचार-विमर्श किए, साथ ही मेले में लगने वाले स्टॉल के लिए सैंडविच भी बनाए।

**मित्रों तथा शिक्षकों का सहयोग**

मेरे साथ-साथ मेरे मित्र भी इस मेले को लेकर बहुत उत्साहित थे। मित्रों ने मेरे साथ मिलकर विद्यालय में लगने वाले मेले के लिए मेरे स्टॉल को आकर्षक बनाने तथा स्टॉल में खाद्य पदार्थ बनाकर लाने में अपना पूर्ण सहयोग दिया। मेले का आरंभ प्रधानाचार्य एवं मुख्य अतिथि द्वारा द्वीप प्रज्वलित करके किया गया। उसके बाद सभी शिक्षकों ने विद्यार्थियों के साथ मिलकर मेले को सफल बनाने में अपना सहयोग दिया। अन्य छात्रों ने भी अनेक तरह की खाने-पीने की वस्तुओं के स्टॉल लगाए थे। इस अवसर पर हमारे स्टॉल को प्रथम पुरस्कार प्राप्त हुआ, साथ ही भाषण प्रतियोगिता में मुझे द्वितीय स्थान प्राप्त हुआ। सभी छात्रों ने मेले का आनंद लिया। इस मेले में विभिन्न विषयों पर हुए भाषण प्रतियोगिताओं से सभी का ज्ञानार्जन हुआ। अंत में विजेता छात्रों को पुरस्कार वितरित किए गए तथा प्रधानाचार्य ने सभी विद्यार्थियों तथा शिक्षकों के सहयोग की सराहना करते हुए इसे एक सफल मेला घोषित किया।

**उपसंहार**

इस प्रकार, विद्यालय में लगने वाले बाल मेले का उद्देश्य भी पूर्णतः सफल हुआ। यह मेला मेरे लिए सदैव स्मरणीय रहेगा।

**Q.17 यात्रा एक उत्तम रुचि है। यात्रा करने से ज्ञान तो बढ़ता ही है, साथ ही स्थान विशेष की संस्कृति तथा परंपराओं का परिचय भी मिलता है। अपनी किसी यात्रा के अनुभव तथा रोमांच का वर्णन करते हुए एक प्रस्ताव लिखिए। [ICSE 2019]**

*अथवा* **ज्ञान प्राप्त करने के बहुत से साधन हैं। यात्रा पर जाना भी किसी पाठशाला में जाकर शिक्षा प्राप्त करने से कम नहीं है। ऐसी ही किसी यात्रा का वर्णन कीजिए। बताइए कि उस यात्रा से आपने क्या-क्या सीखा? [ICSE 2012]**

*उत्तर* **यात्राः एक रोमांचकारी अनुभव**

**प्रस्तावना**

यात्रा मानव जीवन का एक अभिन्न अंग है। यात्रा करने से न केवल व्यक्ति का मनोरंजन होता है, बल्कि इससे ज्ञानार्जन में भी वृद्धि होती है, साथ ही व्यक्ति को स्थान विशेष की संस्कृति तथा परंपराओं का परिचय भी मिलता है। मुझे भी यात्रा करने का बहुत शौक है। पिछले वर्ष गर्मियों की छुट्टियों में मैंने अपने मित्रों के साथ भुवनेश्वर की यात्रा की।

**यात्रा के रोमांच का वर्णन**

मैं दिल्ली से रेल यात्रा का आनंद उठाते हुए अपने सभी साथियों के साथ सुबह लगभग दस बजे भुवनेश्वर पहुँच गया था। हमने पहले ही होटल बुक करवा लिया था। वहाँ पहुँचकर सबसे पहले हम होटल में गए। मैं इस शहर के बारे में पहले ही काफी कुछ सुन चुका था। मेरे सभी दोस्त चाहते थे कि उस दिन आराम किया जाए, लेकिन मैं उनके इस विचार से सहमत नहीं था। मेरी व्याकुलता को देखते हुए सभी ने थोड़ी देर आराम करने के बाद तैयार होकर यात्रा पर निकलने का निर्णय लिया। भुवनेश्वर के बारे में जैसा हमने सुना था, उससे कहीं अधिक दर्शनीय पाया। भुवनेश्वर, भारत के खूबसूरत एवं हरे-भरे प्रदेश ओडिशा की राजधानी है। यहाँ की प्राकृतिक सुंदरता देखते ही बनती है। ऐतिहासिक ही नहीं, बल्कि धार्मिक दृष्टिकोण से भी यह शहर भारत के प्रमुख दर्शनीय स्थलों में से एक है। इसे 'मंदिरों का शहर' भी कहा जाता है। हम जिस होटल में ठहरे थे, उसके निकट ही राजा-रानी मंदिर है, इसलिए सबसे पहले हम उसी के दर्शनों के लिए पहुँचे। अगली सुबह हम लोग जल्दी तैयार होकर लिंगराज मंदिर समूह देखने गए। 185 फीट लंबा यह मंदिर भारत की प्राचीन शिल्पकला का अप्रतिम उदाहरण है।

**यात्रा का अनुभव**

भुवनेश्वर की यात्रा इतिहास की यात्रा के समान है। शहर के मध्य स्थित भुवनेश्वर संग्रहालय में प्राचीन मूर्तियों एवं हस्तलिखित ताड़पत्रों का अनूठा संग्रह इतिहास की यात्रा के इस आभास को और भी अधिक बल प्रदान करता है। सैर के बाद हम लोगों ने ओडिशा के पारंपरिक भोजन का आनंद उठाया। भुवनेश्वर की यात्रा को अविस्मरणीय बनाने के लिए हमने कई तस्वीरें खींचीं और बाज़ार से कुछ वस्तुएँ भी खरीदीं। ये वस्तुएँ हमें हमेशा भुवनेश्वर की प्राचीन कला की याद दिलाती हैं।

**उपसंहार**

भुवनेश्वर की यात्रा न केवल मेरे लिए बल्कि अविस्मरणीय यात्रा थी। वास्तव में भुवनेश्वर के वातावरण में पवित्रता और मानसिक शांति का जो अनुभव प्राप्त होता है, उसे शब्दों में बयाँ नहीं किया जा सकता। इस अविस्मरणीय यात्रा से मैं भी डॉ. जॉनसन के इस कथन से पूर्णतः सहमत हो गया कि "यात्रा कल्पना को वास्तविकता में व्यवस्थित कर देती है।"

**Q.18 आजकल देश में आवासीय विद्यालयों (Boarding Schools) की बाढ़-सी आ गई है। आवासीय विद्यालयों की छात्रों के जीवन में क्या उपयोगिता हो सकती है? इस प्रकार के विद्यालयों की अच्छाइयों एवं बुराइयों के बारे में बताते हुए वर्तमान में इनकी आवश्यकता पर अपने विचार लिखिए। [ICSE 2018]**

*उत्तर* **आवासीय विद्यालय : अच्छाई व बुराई**

**प्रस्तावना**

मानव जीवन के विकास में शिक्षा का अहम् योगदान होता है। यद्यपि बालक की शिक्षा का प्रारम्भ घर-परिवार से ही होता है, परंतु औपचारिक शिक्षा ग्रहण करने हेतु उसे विद्यालय में प्रवेश लेना पड़ता है। हमारे देश में विद्यालयों के कई रूप देखने को मिलते हैं; जैसे-निजी विद्यालय, सरकारी विद्यालय, अर्द्धसरकारी विद्यालय, ट्रस्टी विद्यालय, आवासीय विद्यालय (निजी सरकारी) आदि। इन सभी विद्यालयों के नाम भिन्न हैं, परंतु इनका उद्देश्य एक है- बच्चों का सर्वांगीण विकास करना।

**आवासीय विद्यालय की अच्छाइयाँ**

आवासीय विद्यालय एक ऐसा विद्यालय होता है, जहाँ छात्रों को विद्यालयी परिसर में ही रहना अनिवार्य होता है। छात्रों के जीवन पर आवासीय विद्यालय के सकारात्मक एवं नकारात्मक दोनों प्रभाव पड़ते हैं। यदि हम आवासीय विद्यालय के सकारात्म पक्ष का देखें सकारात्मक पर चर्चा की जाए, तो देखा जा सकता है कि आवासीय विद्यालय में कठोर अनुशासन होता है।

विद्यार्थी जीवन में इसी प्रकार के अनुशासन की आवश्यकता पड़ती है। इसका प्रभाव विद्यार्थी के भविष्य पर पड़ता है। आवासीय विद्यालय में छात्र अपने परिवार से दूर रहते हैं। इस परिस्थिति में उन्हें बहुत-सी समस्याओं का सामना करना पड़ता है। इन समस्याओं का समाधान भी छात्रों को

स्वयं ही करना पड़ता है और इस प्रकार वे आत्मनिर्भरता के गुण को अर्जित कर लेते हैं। कहने का आशय यह है कि आवासीय विद्यालय छात्रों को आत्मनिर्भर बनाते हैं। इसी आत्मनिर्भरता के कारण वे अपने भविष्य का निर्धारण करने में भी सक्षम हो जाते हैं। आवासीय विद्यालयों के वातावरण में छात्रों के अंतर्गत सामाजिक गुणों का विकास होता है।

**आवासीय विद्यालय की बुराइयाँ**

इन सभी अच्छाइयों के साथ ही आवासीय विद्यालयों में कुछ बुराइयाँ भी देखी जा सकती हैं। आवासीय विद्यालय में परिवार से अलग रहना एक बच्चे के लिए बहुत बड़ी समस्या होती है। वह अन्य बच्चों की तरह परिवार के साथ सामंजस्य स्थापित नहीं कर पाते। आवासीय विद्यालय में अक्सर विद्यार्थी बुरी संगति में फँस जाते हैं और इस स्थिति से निकल पाने में वह सक्षम नहीं होते। इस कारण वे तनावग्रस्त जीवन व्यतीत करने लगते हैं और स्वयं के जीवन को बर्बादी की कगार पर खड़ा कर देते हैं।

**उपसंहार**

निष्कर्ष रूप से कहा जाए, तो आवासीय विद्यालय की शिक्षा व्यवस्था उच्च दर्जे की जरूर है, परंतु कुछ नकारात्मक पक्ष भी है, जिन पर प्रशासन का ध्यान देना अनिवार्य है।

**Q.19 संयुक्त परिवार के किसी ऐसे उत्सव के आनंद का विस्तार से वर्णन कीजिए, जहाँ आपके परिवार के बच्चे-बुजुर्ग सभी उपस्थित थे। [ICSE 2018]**

उत्तर **संयुक्त परिवार में उत्सव का आनंद**

**प्रस्तावना**

संयुक्त परिवार का सबसे बड़ा आकर्षण यह होता है कि यहाँ हर अवसर को मिल-जुलकर हर्षोल्लास से मनाया जाता है। परिवार में बच्चों से लेकर बुजुर्गों तक, सभी की उपस्थिति एक सामान्य दिन को भी विशेष बना देती है।

**दीपावली का उत्सव**

पिछले वर्ष हमारे परिवार में दीपावली का उत्सव कुछ इसी प्रकार बड़े हर्षोल्लास के साथ मनाया गया था। त्योहार से पहले ही हमारे घर में साफ-सफ़ाई, रंगाई-पुताई और सजावट का कार्य शुरू हो गया था। परिवार के सभी सदस्य, विशेष रूप से बच्चे, उत्साहित थे। माँ और चाची ने घर में स्वादिष्ट मिठाइयाँ और पकवान बनाए, जबकि पिताजी और चाचाजी ने घर की सजावट और रोशनी का प्रबंध किया। दादा-दादी पूरे माहौल को देखकर प्रसन्न हो रहे थे और हमें पुराने समय की दीपावली की कहानियाँ सुना रहे थे।

**परिवार में उत्सव की रौनक**

शाम होते ही हम सभी पारंपरिक परिधानों को पहनकर तैयार हो गए और बच्चे पटाखे और दीपक सजाने में व्यस्त हो गए। सभी ने मिलकर घर के आँगन में दीप जलाए, जिससे पूरा घर जगमगा उठा। फिर हम सबने मिलकर लक्ष्मी पूजन किया, जिसमें दादी ने मंत्रोच्चारण किया और छोटे बच्चों को पूजा के महत्व की जानकारी दी।

पूजा के बाद हम सबने आतिशबाजी का आनंद लिया। बच्चे फुलझड़ी और अनार जलाने में व्यस्त थे, जबकि बड़े लोग बातचीत और हँसी-मज़ाक कर रहे थे। इसके बाद सभी ने एक साथ स्वादिष्ट पारंपरिक व्यंजन का आनंद लिया।

**उपसंहार**

संयुक्त परिवार में त्योहार मनाने का आनंद ही अलग होता है। यह अवसर केवल खुशी और उल्लास ही नहीं, बल्कि परिवार के प्रेम और एकता को भी दर्शाता है। इस प्रकार के उत्सव हमें अपने संस्कृति से जोड़े रखते हैं और हम उन्हें जीवन भर याद रखते हैं। ऐसे त्योहारों में हम एक-दूसरे के और करीब आ जाते हैं, जिससे आपसी प्रेम और सम्मान और भी बढ़ जाता है। ऐसे पारिवारिक उत्सव न केवल हमें हमारी परंपराओं से जोड़ते हैं, बल्कि जीवन में सुखद यादों का अनमोल एहसास दे जाते हैं।

**Q.20 प्रदूषण वर्तमान युग की सबसे बड़ी समस्या है। इसके कारण एवं निदान पर अपने विचार लिखिए। [ICSE 2017]**

उत्तर **प्रदूषण : एक गंभीर समस्या**

**प्रस्तावना**

प्रदूषण आधुनिक युग की सबसे बड़ी समस्याओं में से एक है। यह न केवल पर्यावरण को नुकसान पहुँचाता है बल्कि जीव-जंतुओं और मनुष्यों के स्वास्थ्य पर भी प्रतिकूल प्रभाव डालता है। बढ़ता औद्योगीकरण, शहरीकरण और मानवीय गतिविधियाँ प्रदूषण के स्तर को बढ़ाने में मुख्य भूमिका निभा रही हैं। यदि समय रहते इस समस्या का समाधान नहीं किया गया, तो आने वाली पीढ़ियों के लिए यह विनाशकारी सिद्ध हो सकता है।

**प्रदूषण के प्रकार** प्रदूषण के मुख्य रूप से चार प्रकार होते हैं

(i) **वायु प्रदूषण** कारखानों से निकलने वाला धुआँ, वाहनों से उत्सर्जित जहरीली गैसें, प्लास्टिक और अन्य कचरे का जलना वायु को प्रदूषित करता है। इससे सांस संबंधी रोग बढ़ते हैं।

(ii) **जल प्रदूषण** नदियों, तालाबों और समुद्रों में कारखानों का अपशिष्ट, प्लास्टिक कचरा और घरेलू गंदगी डालने से जल प्रदूषित होता है, जिससे जलचरों और मनुष्यों के स्वास्थ्य पर बुरा असर पड़ता है।

(iii) **ध्वनि प्रदूषण** लाउडस्पीकर, वाहन हॉर्न, पटाखे और मशीनों की तेज आवाजें ध्वनि प्रदूषण बढ़ाती हैं, जिससे मानसिक तनाव और श्रवण क्षमता प्रभावित होती है।

(iv) **भू-प्रदूषण** प्लास्टिक, औद्योगिक कचरा और कृषि में अधिक मात्रा में रसायनों के उपयोग से भूमि की उर्वरता नष्ट होती है और पर्यावरण दूषित होता है।

**प्रदूषण रोकने के उपाय**

- अधिक से अधिक पेड़ लगाना और वन संरक्षण को बढ़ावा देना।
- वाहनों का कम उपयोग करना और सार्वजनिक परिवहन या साइकिल चलाने की आदत डालना।
- जल स्रोतों को स्वच्छ बनाए रखना और औद्योगिक कचरे को जल में बहाने से रोकना।
- ध्वनि प्रदूषण को कम करने के लिए तेज आवाज में संगीत बजाने और अनावश्यक हॉर्न बजाने से बचना।
- प्लास्टिक का कम से कम उपयोग करना और कचरे का सही प्रबंधन करना।
- स्वच्छ ऊर्जा स्रोतों जैसे सौर ऊर्जा और पवन ऊर्जा को अपनाना।

**उपसंहार**

प्रदूषण एक गंभीर समस्या है, लेकिन यदि हम सभी मिलकर इसके समाधान के लिए प्रयास करें, तो इसे नियंत्रित किया जा सकता है। सरकार के साथ-साथ प्रत्येक नागरिक को अपनी ज़िम्मेदारी समझनी होगी और पर्यावरण संरक्षण के प्रति जागरूक होना होगा।

**Q.21 सदाचारी व्यक्ति जीवन के हर पहलू में सकारात्मक सोच रखते हैं। मानव जीवन में सदाचार का महत्त्व स्पष्ट करते हुए समझाइए।** **[ICSE 2017]**

उत्तर **सदाचार : मानव जीवन की आधारशिला**

**प्रस्तावना**

सदाचार का अर्थ है उत्तम आचरण, नैतिकता और सच्चाई के मार्ग पर चलना। यह मानव जीवन का एक महत्त्वपूर्ण गुण है, जो व्यक्ति को समाज में सम्मान और प्रतिष्ठा दिलाता है। एक सदाचारी व्यक्ति न केवल अपने जीवन को सफल बनाता है, बल्कि समाज के लिए भी प्रेरणा का स्रोत बनता है। जीवन के हर पहलू में सदाचार का विशेष महत्त्व है, क्योंकि यह व्यक्ति के विचारों, कार्यों और व्यवहार को सही दिशा प्रदान करता है।

**जीवन के प्रत्येक क्षेत्र में उपयोगी**

सदाचार न केवल व्यक्ति के आत्मिक और नैतिक विकास में सहायक होता है, बल्कि समाज में शांति और सद्भाव बनाए रखने में भी महत्त्वपूर्ण भूमिका निभाता है। इसके अनेक पहलुओं को इस प्रकार दर्शाया गया है

- **व्यक्तिगत जीवन में सदाचार** एक सदाचारी व्यक्ति सदा सत्य बोलता है, न्यायप्रिय होता है और अपने कर्त्तव्यों का पालन करता है। वह कभी भी छल-कपट, ईर्ष्या और घृणा को अपने मन में स्थान नहीं देता, जिससे उसका जीवन शांतिपूर्ण और सुखमय बनता है।
- **समाज में सदाचार का प्रभाव** समाज में यदि सभी लोग सदाचार को अपनाएँ, तो आपसी भाईचारा, प्रेम और सौहार्द बना रहेगा। एक सदाचारी व्यक्ति अपने व्यवहार से दूसरों को भी नैतिकता की राह पर चलने के लिए प्रेरित करता है।
- **आध्यात्मिक और मानसिक शांति** सदाचार केवल बाहरी जीवन को नहीं, बल्कि आंतरिक शांति को भी प्रभावित करता है, जो व्यक्ति सत्य, अहिंसा, प्रेम और परोपकार के मार्ग पर चलता है, उसे मानसिक शांति और आत्मसंतोष प्राप्त होता है।
- **नैतिक शिक्षा में योगदान** परिवार और विद्यालयों में बच्चों को सदाचार सिखाने से वे अच्छे नागरिक बनते हैं और समाज में नैतिक मूल्यों का प्रचार-प्रसार होता है।

**उपसंहार**

सदाचार मानव जीवन को ऊँचाइयों तक पहुँचाने का माध्यम है। यह केवल एक गुण नहीं, बल्कि जीवन की शैली है, जिसे अपनाकर कोई भी व्यक्ति आत्म-संतोष और समाज में आदर प्राप्त कर सकता है। सदाचार से ही समाज में सच्ची उन्नति और शांति संभव है। अतः हमें सदैव सदाचारी बनने का प्रयास करना चाहिए, जिससे हमारा जीवन सार्थक और प्रेरणादायक बन सके।

**Q.22 पुस्तकें ज्ञान का भंडार होती हैं तथा हमारी सच्ची मित्र एवं गुरु भी होती हैं। हाल ही में पढ़ी गई अपनी किसी एक पुस्तक के विषय में बताते हुए लिखिए कि वो आपको पसंद क्यों आई और आपने उससे क्या सीखा?** **[ICSE 2017]**

उत्तर **पुस्तकें : ज्ञान का भंडार**

**प्रस्तावना**

पुस्तकों का हमारे जीवन में विशेष महत्त्व है। शरीर को स्वस्थ रखने में जिस प्रकार शुद्ध व पौष्टिक भोजन की आवश्यकता होती है, ठीक उसी प्रकार मस्तिष्क के पोषण के लिए अच्छी पुस्तकों की आवश्यकता होती है।

**पसंदीदा पुस्तक**

हाल ही में मैंने प्रेमचंद का 'गोदान' उपन्यास पढ़ा। कथा सम्राट प्रेमचंद ने अपने उपन्यास 'गोदान' के माध्यम से अपने देश के किसानों की दयनीय स्थिति का वर्णन किया है। यह उपन्यास भारतीय किसानों की मर्मस्पर्शी, करुण एवं त्रासद स्थिति को दर्शाता है। इसका नायक होरी कर्मफल एवं सामंती व्यवस्था से दबा हुआ है। वह सचेतन पात्र नहीं है, क्योंकि उसे अपनी शक्ति का बोध नहीं है। उसमें विपत्तियों को झेलने की अपार क्षमता है, किंतु वह दमघोंटू व्यवस्था से संघर्ष नहीं कर सकता। उसका जीवन धीमा एवं अस्त है। होरी उन सभी गरीब किसानों की विशेषताएँ लिए हुए है, जो जमींदारों एवं महाजनों की धीमे-धीमे, लेकिन बिना रुके चलने वाली चक्की में पिसा करते हैं।

होरी में सहनशक्ति है, लेकिन व्यवस्था और शोषण के प्रति उसमे वर्गगत चेतना नहीं है। वह निरक्षर, अंधविश्वासी, चेतनाहीन व्यवस्था को सिर झुकाकर स्वीकार करने वाला गरीब भारतीय किसान है, जिसके जीवन की सबसे बड़ी इच्छा दरवाजे पर केवल एक गाय बाँधने की है। होरी से उसकी पैतृक जमीन भी छीन ली जाती है, जिसके पश्चात् वह मज़दूरी करता है और मज़दूरी करते-करते लू लगने से दम तोड़ देता हैं। वही होरी जिसने पहलवान मेहता को पटक दिया था, आज वह लू लगने के कारण मैदान में गिर पड़ता है और मर जाता है।

**पुस्तक की विशेषता**

होरी यदि प्रेमचंद के जमाने का मिटता हुआ किसान है, तो उसका बेटा गोबर नए जमाने का संभावित सर्वहारा (सब को लेकर चलने वाला)। प्रेमचंद ने होरी और गोबर के चित्रण के माध्यम से बाप-बेटे, पुरानी एवं नई पीढ़ी का ही नहीं, बल्कि नए एवं पुराने भारत का चित्रण भी किया है। वास्तव में होरी का चरित्र भारत के अजेय किसान का चरित्र है। 'गोदान' उसके भगीरथ परिश्रम की गाथा है तथा होरी के मरने के बाद गोबर मानो पिता के हत्यारों के लिए एक चुनौती की तरह जीवित रहता है। सरल एवं सहज भाषा प्रेमचंद के लेखन की एक अनन्य विशेषता है।

**उपसंहार**

यह पुस्तक मुझे इसलिए पसंद आई, क्योंकि इसमें जीवन की यथार्थता एवं जटिलता का सजीव चित्रण किया गया है। इस पुस्तक को पढ़कर हमें यह सीख मिलती है कि व्यक्ति केवल आदर्श के आधार पर ही जीवन नहीं जी सकता, इसलिए मनुष्य को यथार्थपरक जिजीविषा को अपने जीवन में अपनाना चाहिए। साहित्यिक अभिरुचि रखने वाले पाठकों को ही नहीं, बल्कि प्रत्येक भारतीय को ग्रामीण भारत की विशेषताओं को जानने-समझने के लिए 'गोदान' जैसा कालजयी उपन्यास एक बार अवश्य पढ़ना चाहिए।

**Q.23 'पर्यावरण है, तो मानव है' विषय को आधार बनाकर पर्यावरण सुरक्षा को लेकर आप क्या-क्या प्रयास कर रहे हैं? विस्तार से लिखिए।** **[ICSE 2017]**

उत्तर **पर्यावरण संरक्षण**

**प्रस्तावना**

हमारे चारों ओर का वह आवरण (वायु, जल, मृदा, पेड़-पौधे तथा जीव-जंतु) जिससे हम सब घिरे हुए हैं, पर्यावरण कहलाता है। मानव हो या अन्य जीव-जंतु, सभी के लिए पर्यावरण एक आधार है। उनकी उत्पत्ति, विकास, वर्तमान स्वरूप एवं भावी अस्तित्व सभी पर्यावरण की परिस्थिति पर निर्भर है। इस प्रकार पर्यावरण तथा मानव का घनिष्ठ संबंध है।

**पर्यावरण व प्रकृति पर प्रभाव**

'पर्यावरण है, तो मानव है' यह कथन पूर्ण रूप से सत्य है। मानव प्रकृति की सर्वश्रेष्ठ रचना है। जब तक हम प्रकृति के कार्य में हस्तक्षेप नहीं करते, तब तक हमारा जीवन सहज और स्वाभाविक गति से चलता रहेगा। विज्ञान की प्रगति के कारण औद्योगिक विकास में हमारी रुचि इतनी बढ़ गई है कि हम प्रकृति के साथ अपने सामंजस्य को प्रायः समाप्त ही करते जा रहे हैं। यही कारण है कि प्रकृति जो हमारी सहचरी है, हमसे दूर होती जा रही है। औद्योगीकरण के कारण पर्यावरण प्रदूषण तीव्र गति से बढ़ता जा रहा है। पर्यावरण प्रदूषण को रोकने के लिए पर्यावरण संरक्षण आवश्यक है। पर्यावरण संरक्षण से तात्पर्य पर्यावरण की सुरक्षा करना है। वृक्ष-वनस्पतियों का मानव जीवन में अत्यधिक महत्त्व है। वे हमारे लिए अत्यंत उपयोगी हैं तथा हमारे जीवन का आधार हैं, परंतु आज हम मानव इनके महत्त्व को न समझते हुए इनकी उपेक्षा कर रहे हैं। हम अपने गौण लाभों को महत्त्व देते हुए इनका लगातार दोहन करते चले जा रहे हैं। परिणामस्वरूप अनेक समस्याएँ मनुष्य के सामने उपस्थित हो रही हैं।

**पर्यावरण संरक्षण के उपाय**

पर्यावरण की सुरक्षा से ही मानव-जीवन की रक्षा संभव है। पर्यावरण सुरक्षा के लिए जंगल व पहाड़ों का होना अत्यंत ज़रूरी है। पर्यावरण की सुरक्षा के लिए हम कई प्रकार के उपाय कर रहे हैं; जैसे अधिक मात्रा में पेड़-पौधे लगाना, पॉलिथीन व प्लास्टिक को उपयोग में न लाकर कपड़े के थैले प्रयोग करना, दिन के समय सूरज की रोशनी का अधिक प्रयोग करना, काम नहीं किए जाने की स्थिति में बिजली से चलने वाले उपकरणों के स्विच बंद करना आदि।

**उपसंहार**

पर्यावरण की सुरक्षा एक गंभीर मुद्दा है। भारत में ही नहीं, बल्कि विश्व में अंतर्राष्ट्रीय स्तर पर इस संबंध में प्रयास किए जा रहे हैं। आज पर्यावरण से उत्पन्न खतरे इतने भयावह होते जा रहे हैं कि विश्व समुदाय इससे चिंतित हो उठा है और पर्यावरण संतुलन के प्रति लोगों को जागरूक करने के उपाय किए जा रहे हैं। आज पर्यावरण संबंधी जो समस्याएँ उत्पन्न हो रही हैं, वे मानवजनित हैं। यदि हम वर्तमान समय में इन समस्याओं के प्रति जागरूक नहीं होंगे, तो स्थिति अत्यंत भयावह हो जाएगी।

**Q.24 पश्चिमी सभ्यता के प्रभाव से फैशन एवं प्रदर्शन की प्रवृत्ति बढ़ती जा रही है, जिसके कारण अनेक प्रकार की समस्याओं का जन्म हो रहा है तथा नैतिक मूल्यों का ह्रास हो रहा है। अपने विचार द्वारा स्पष्ट कीजिए।** **[ICSE 2016]**

उत्तर **पश्चिमी सभ्यता का बढ़ती प्रवृत्ति**

**प्रस्तावना**

आधुनिक युग में भारतीयों का पश्चिमी सभ्यता के प्रति मोह बढ़ रहा है। भारतीय लोग पश्चिमी सभ्यता को अंधाधुंध अपना रहे हैं, जिसके कारण आज भौतिकतावाद को बढ़ावा मिल रहा है। पश्चिमी सभ्यता के प्रभाव में न केवल हमारी संस्कृति व सभ्यता को प्रभावित किया है, अपितु हमारे जीवन के नैतिक मूल्य भी विघटित होते जा रहे हैं। पश्चिमी देशों के प्रति मोह ने फैशन को इतना बढ़ावा दिया है कि फैशन के नाम पर अपराध, अश्लीलता आदि में वृद्धि हो रही है। पश्चिमी सभ्यता से प्रभावित होकर भारतीय लोग न केवल प्रौद्योगिकी, अपितु खान-पान, पहनावे, नैतिक मूल्य आदि सभी क्षेत्रों में उन्हीं की नकल करने लगे हैं।

**पश्चिमी सभ्यता का प्रभाव**

वैश्वीकरण के कारण वर्तमान में अंतर्राष्ट्रीय संबंधों में वृद्धि हुई है, जिससे एक देश की संस्कृति ने दूसरे देश की संस्कृति को प्रभावित किया है। संपूर्ण विश्व में यूरोपीय संस्कृति का प्रभाव इस बात का उदाहरण है। आज युवा वर्ग पश्चिमी सभ्यता को अपनाकर स्वयं को मॉडर्न एवं उच्च समाज अर्थात् उच्चतम स्तर वाले लोग समझते हैं।

इससे यह प्रदर्शित होता है कि युवा अधिक भ्रमित हैं एवं उनका झुकाव पाश्चात्य संस्कृति एवं सभ्यता की ओर अधिक है, जो भारतीय संस्कृति के लिए बहुत दुःख की बात है।

**युवाओं के फैशन के प्रति बदलते मापदंड**

आज युवाओं के लिए फैशन व सौंदर्य के मापदंड ही बदल गए हैं। युवा अपने को पाश्चात्य संस्कृति में ढालने मात्र को ही अपना विकास समझते हैं, जिसके कारण इनके आंतरिक मूल्य और सिद्धांत भी बदल गए हैं। भारत जैसा देश जो एक लंबे समय तक पश्चिमी राष्ट्र का उपनिवेश रहा है, उसके लिए विदेशी लोगों के आचरण और उनके तरीकों को अपनाना कोई नई बात नहीं है, लेकिन कपड़े पहनने के ढंग और तौर-तरीकों में पाश्चात्य प्रभाव से शुरू हुआ वह सिलसिला अब भारत की संस्कृति और मौलिकता तक आ पहुँचा है। पाश्चात्य फैशन और प्रदर्शन की प्रवृत्ति का सबसे अधिक प्रभाव देश का भविष्य कही जाने वाली युवा पीढ़ी पर पड़ा है, जो अब पूरी तरह से विदेशी संस्कृति से ओत-प्रोत हो चुकी है।

**उपसंहार**

स्पष्टतः पाश्चात्य सभ्यता के प्रभाव ने भारतीय युवाओं को विशेष रूप से प्रभावित किया है, जिससे वे श्रेष्ठ व उच्च गुणों की ओर से आँखें मूँद रहे हैं, जो किसी भी प्रकार से लंबी दूरी की सोच के अनुकूल नहीं है।

**Q.25 "सादगी भी लोगों के दिलों में अमिट छाप छोड़ सकती है" कथन को ध्यान में रखते हुए अपने देश के किसी ऐसे व्यक्तित्व के विषय में लिखिए, जिन्होंने 'सादा जीवन उच्च विचार को आधार मानकर अपना जीवन बिताया। आपके ऊपर उस व्यक्ति का प्रभाव किस प्रकार का रहा, यह भी स्पष्ट कीजिए।** **[ICSE 2016]**

*अथवा* **'सादा जीवन उच्च विचार' ही मनुष्य के जीवन को अनुकरणीय और महान बनाते हैं। किसी महान व्यक्ति के अच्छे गुणों का वर्णन कीजिए, जिन्हें आप अपने जीवन में सबसे अच्छा मानते हैं। वह आपके गुरु, माता-पिता या कोई महान व्यक्ति हो सकता है।** **[ICSE 2020]**

उत्तर **सादा जीवन उच्च विचार**

**प्रस्तावना**

'सादा जीवन, उच्च विचार' जन सामान्य में प्रचलित एक सामान्य-सी सूक्ति है, लेकिन इसका अर्थ बहुत ही गहरा है। वास्तव में, यह जीवन को सफल और अर्थपूर्ण बनाने का रहस्य है। जो व्यक्ति इस रहस्य को जान जाते हैं, विश्व उनका अभिनंदन करता है और उनके द्वारा प्रशस्त किए गए मार्ग का अनुकरण करता है।

**सादगी की जीवन में आवश्यकता**

जिस व्यक्ति के आदर्श उच्च होते हैं, उसके विचार स्वतः ही उच्च हो जाते हैं। उच्च विचार वाले व्यक्ति ही आगे बढ़कर विश्व का नेतृत्व कर पाते हैं।

किसी भी प्रकार के आडंबर को अपनाए बगैर जीवन जीना ही सादगी है, फिर वह चाहे रहन-सहन हो या कार्य-शैली। जो व्यक्ति सादगी का सही

अर्थ समझ जाता है, उसके प्रत्येक कर्म और व्यवहार में इसकी झलक मिलती है। यही सादगी व्यक्ति को उच्च विचारों की ओर अग्रसर करती है। टॉलस्टॉय, गौतम बुद्ध, महात्मा गाँधी, स्वामी विवेकानंद, डॉ. राजेंद्र प्रसाद, लालबहादुर शास्त्री, प्रेमचंद आदि कुछ ऐसे महान व्यक्ति हैं, जो सादा जीवन उच्च विचार की कसौटी पर खरे उतरते हैं। इन लोगों के पास सुविधाओं की कोई कमी नहीं थी या फिर इनके जीवन में ऐसे अवसरों की कोई कमी नहीं थी, जिनका लाभ उठाकर ये सुविधा संपन्न बन सकते थे, परंतु इन्होंने अपने जीवन में सादगी को अपनाया और अपने उच्च विचारों के कारण करोड़ों हृदयों पर राज किया।

**गाँधीजी : प्रेरक रूप में**

एक समृद्ध परिवार के होते हुए भी गाँधीजी ने देश की सेवा हेतु उच्च विचारों को ध्यान में रखते हुए सादा जीवन व्यतीत किया। वे वस्त्रों के नाम पर मात्र एक धोती से ही काम चला लेते थे। ऐसा वे सादगी के कारण करते थे। मानव का उत्थान इसी में निहित है। अपने सादगीपूर्ण जीवन व विचारों के द्वारा उन्होंने देश को आज़ाद कराने में महत्त्वपूर्ण भूमिका निभाई तथा देश को सत्य व अहिंसा का पाठ पढ़ाया।

उनके इस प्रकार के विचारों व व्यवहार ने मुझे अत्यधिक प्रभावित किया। उनसे प्रेरित होकर मैंने अपने व्यक्तित्व में सादगी को आत्मसात् किया।

**उपसंहार**

सादगी से चरित्र उज्ज्वल बनता है तथा विचारों में भी शुद्धता आती है, जो व्यक्ति सादगी का आश्रय नहीं लेता, वह सांसारिक द्वेष ईर्ष्या, लड़ाई-झगड़े, स्वार्थ आदि से घिरा रहता है, आधुनिक समय में बहुत सारे लोगों के लिए 'सादगी' एक हास-परिहास का विषय बन चुकी है, परंतु आज हमारे समाज को 'सादा जीवन, उच्च विचार' में निहित आदर्श को अपनाने की आवश्यकता है। इसी में पूरे विश्व का कल्याण और उत्थान निहित है।

**Q.26 वर्तमान युग में इंटरनेट अपनी उपयोगिता के कारण एक आवश्यकता बनता जा रहा है, इस विषय पर अपने विचार प्रकट कीजिए और बताइए कि इंटरनेट जीवन में सुविधा के साथ-साथ मुसीबत किस प्रकार बन जाता है? [ICSE 2013]**

उत्तर **इंटरनेट का महत्त्व**

**प्रस्तावना**

मानव एक विकासशील प्राणी है। उसने समय-समय पर अपनी अवस्था में सुधार एवं परिवर्तन किया है। पाषाणकाल से लेकर वर्तमानकाल तक मानव ने अनेक अवस्थाओं को पार करते हुए अपना विकास किया है। वर्तमान युग विज्ञान का युग है। मानव ने आकाश-पाताल लगभग सभी जगह विज्ञान द्वारा विजय प्राप्त कर ली है। इसी विज्ञान की एक महत्त्वपूर्ण उपलब्धि है- 'इंटरनेट'।

**इंटरनेट की आवश्यकता**

वर्तमान समय में इंटरनेट मानव जीवन की आवश्यकता बन गया है। अब एकल परिवार का युग है, इसी कारण व्यक्ति को अपने समस्त कार्य स्वयं ही करने पड़ते हैं। इंटरनेट ने इस समस्या को काफी हद तक हल कर दिया है। आज मानव घर बैठे ही पूरे विश्व के घटनाक्रम की जानकारी इंटरनेट से प्राप्त कर लेता है। किसी भी परीक्षा के लिए आवेदन इंटरनेट के द्वारा ही संपन्न हो जाता है। टिकट बुक कराना हो, घरेलू सामान मँगवाना हो, बैंक के कार्य, बिल का भुगतान करना हो इत्यादि कार्य घर बैठे ही इंटरनेट द्वारा संभव हो जाते हैं। इसके अतिरिक्त सामाजिक कार्य; जैसे-मेल-जोल बढ़ाने, दोस्तों से बातचीत करने, शादी-विवाह कराने इत्यादि में भी इंटरनेट सहायक हो रहा है।

**इंटरनेट से हानि**

सत्य कहा जाए, तो वर्तमान दौर में इंटरनेट के बिना जीवन की कल्पना करना तक असंभव हो गया है, परंतु हर सिक्के के दो पहलू होते हैं। इसी प्रकार इंटरनेट की कुछ हानियाँ भी हैं; जैसे- कभी-कभी पैसों के लेन-देन में असावधानीवश पैसा गलत हाथों में चला जाता है। अनेक धोखेबाज आजकल साइबर अपराधों को अंजाम दे रहे हैं।

इंटरनेट पर सोशल नेटवर्किंग वेबसाइट्स के द्वारा अनेक कुंठाग्रस्त व अपराधी प्रवृत्ति के लोग भोली-भाली महिलाओं के फोटो इत्यादि प्राप्त कर लेते हैं, उनसे दोस्ती का झूठा जाल बुनते हैं, जिससे उस महिला की ज़िंदगी तथा अस्मिता पर प्रश्नचिह्न लग जाता है। इस तरह के अपराधों के प्रति इंसान को सावधान रहने की आवश्यकता है। तब पूर्णतः उम्मीद है कि इंसान इंटरनेट के संपूर्ण लाभ को प्राप्त कर पाएगा।

**उपसंहार**

अतः इंटरनेट आज के जीवन की आवश्यकता भी है व मुसीबत भी। इसलिए हमें इसका प्रयोग सोच-समझकर करना चाहिए।

**Q.27 बचपन की मधुर स्मृतियाँ मनुष्य के हृदय पर अंकित हो जाती हैं, उन मधुर स्मृतियों की याद आते ही हृदय अनोखे आनंद से भर जाता है और मुँह से अपने आप ये शब्द निकल पड़ते हैं- "काश! वे दिन फिर लौट आते।" अपने बचपन की उन आनंदमय बातों का वर्णन कीजिए, जिन्हें याद कर आप आज भी आनंदित होते हैं। (ICSE 2010)**

उत्तर **बचपन की मधुर स्मृतियाँ**

**प्रस्तावना**

जीवन अनेक अवस्थाओं से गुज़रता है, परंतु बचपन मानव जीवन की सर्वाधिक आनंदमयी अवस्था मानी जाती है। संसार के छल-कपट, अच्छाई-बुराई से परे अपनी मासूमियत और भोलेपन से भरपूर बचपन अपना अलग ही महत्त्व रखता है।

**स्मृतियों की छाप**

बचपन में सच्चाई और ईमानदारी की मूर्ति 'बच्चा' संसार की मलिनता से अछूता रहता है। वह अपने मन का राजा होता है। जहाँ बच्चा किसी भी गलती पर छोटी-सी डाँट पड़ते ही आँसुओं की झड़ी लगा देता है, वहीं वह माँ की गोद में आकर आनंद से भर जाता है। यही स्मृतियाँ मनुष्य के हृदय पर अंकित हो जाती हैं।

**मेरे बचपन की स्मृति**

सभी बच्चों की तरह मेरा बचपन भी बहुत मधुर था। मुझे माता-पिता के साथ-साथ, दादी-दादा का भी भरपूर प्यार मिला। मैं दादीजी के जिगर का टुकड़ा था। सुबह जब दादाजी पूजा करते थे, तो उनके शंख की आवाज सुनकर मैं पूजा स्थल पर पहुँच जाता था। वहाँ पहुँचते ही दादाजी चंदन का टीका लगाकर काजू, किशमिश तथा मिश्री के साथ एक तुलसी का पत्ता प्रसादस्वरूप दे देते थे। दादीजी, दादाजी से कहती थीं कि यह बिना नहाए-धोए पूजा स्थल पर आ गया है। दादाजी हँसकर कहते थे- कोई बात नहीं संस्कार तो आ रहे हैं। मैं बड़े बच्चों के साथ बगीचे के चारों ओर चौकड़ी लगाकर तीन-चार चक्कर लगाता था, पीछे-पीछे दादी भी दौड़ती रहती थीं। जब बड़े बच्चे दूर तक चले जाते थे, तब दादीजी रुक जाती थीं और मैं रोते हुए घर चला आता था, यह कहते हुए कि दूध की मलाई खा जाऊँ गा, तो मक्खन कैसे निकालोगी। दादीजी हँसती थीं और मैं रोता था। फिर दादीजी दूध की मलाई तथा चीनी कटोरी में लाती थीं,

जिसे मैं मजे से खाता था। ये सब याद करके मैं यह कहने से खुद को रोक नहीं पाता कि "काश! वे दिन फिर लौट आते।"

**उपसंहार**

इस प्रकार बचपन की मधुर स्मृतियाँ जीवन में गहरी छाप छोड़ जाती हैं तथा वे जीवनभर याद रहती हैं, साथ ही ये मधुर स्मृतियाँ सर्वदा आनंद प्रदान करती हैं।

**Q.28 'वन हैं तो भविष्य है' आज हम उसी भविष्य को नष्ट कर रहे हैं, कैसे? कथन को स्पष्ट करते हुए जीवन में वनों के महत्त्व पर अपने विचार लिखिए।** **[ICSE 2019]**

उत्तर **'वन हैं तो भविष्य है'**

**प्रस्तावना**

मनुष्य और वनों का संबंध बहुत गहरा है। 'वन हैं तो भविष्य है' कथन का आशय यह है कि मनुष्य का भविष्य वनों पर ही निर्भर है। यदि वन नहीं रहे, तो मनुष्य का जीवन तथा उसका भविष्य खतरे में पड़ सकता है।

**भविष्य को नष्ट करना**

आधुनिकीकरण की अंधी दौड़ के कारण मनुष्य वनों को नष्ट कर अपने भविष्य को भी नष्ट कर रहे हैं। स्वयं के विकास हेतु वे वनों को काटकर उनके स्थान पर बहुमंजिला इमारतें तथा उद्योग धंधों को स्थापित कर रहे हैं। वनों के नष्ट होने के कारण वातावरण का संतुलन बिगड़ रहा है, इसके कारण मनुष्य को अनेक समस्याओं का सामना करना पड़ रहा है, जिसमें सबसे प्रमुख समस्या प्रदूषण है। प्रदूषण के कारण स्वास्थ्य संबंधी अनेक समस्याएँ मनुष्य को घेर रही हैं, जो किसी भी दृष्टि से उचित नहीं है। अतः स्पष्ट है कि मनुष्य को अपने भविष्य को सुरक्षित रखने के लिए वनों को काटने से रोकना होगा।

**वनों का महत्त्व**

वन हमारे लिए विभिन्न प्रकार से लाभदायी हैं। वन के बिना पृथ्वी पर जीवन असंभव है। प्राणदायी ऑक्सीजन के अभाव में प्राणियों का जीवन खतरे में पड़ जाएगा। इसके अतिरिक्त वन वर्षा के आधार हैं, जिससे फसलें पैदा होती हैं तथा वृक्ष मिट्टी को कटने एवं बहने से बचाते हैं। इस प्रकार वे बाढ़ रोकने में अपनी अप्रत्यक्ष भूमिका निभाते हैं। वनों के अनगिनत प्रत्यक्ष लाभ हैं। वन हमें फल, छाया, चारा, पत्तियाँ, गोंद, तेल, शहद, औषधियाँ और बहुपयोगी जड़ी-बूटियाँ प्रदान करते हैं। इसके अतिरिक्त इमारती लकड़ियाँ भी वनों से प्राप्त होती हैं। वन जंगली जीवों और पक्षियों के शरणस्थल हैं। यदि वन न हो, तो प्रकृति की इन खूबसूरत रचनाओं को देखने से हम वंचित रह जाएँगे। पक्षियों का कलरव सुनने के लिए हमारे कान तरस जाएँगे। इन जीव-जंतुओं के बिना दुनिया कैसी लगेगी, इसकी कल्पना करना भी कठिन है। वन दो तरह से प्राकृतिक संतुलन बनाने में सहायक हैं। एक ओर तो वन में रहने वाले अनेक जीव-जंतु छोटे-छोटे कीट-पतंगों को खाकर आहार शृंखला पूरी करते हैं, साथ ही वे मरे जीवों को खाकर सड़न और बीमारी फैलने से भी रोकते हैं, वहीं दुसरी ओर पेड़-पौधे प्राणियों द्वारा छोड़ी गई कार्बन डाइ ऑक्साइड को ग्रहण कर शुद्ध ऑक्सीजन देते हैं। इससे प्रकृति चक्र संतुलित रहता है।

**उपसंहार**

पेड़-पौधे ऋषि-मुनियों की तरह परोपकारी तथा कल्याणकारी होते हैं। वनों के बिना हमारा जीवन संभव नहीं है। अतः वनों को काटने से रोकने बचाने का हर संभव प्रयास करना चाहिए।

**Q.29 आज खेलों में फैला भ्रष्टाचार एक नया ही रूप ले रहा है। विषय को स्पष्ट करते हुए अपने प्रिय खेल का वर्णन कीजिए तथा जीवन में खेलों की आवश्यकताओं पर प्रकाश डालिए।** **[ICSE 2014]**

उत्तर **जीवन में खेलों की आवश्यकता**

**प्रस्तावना**

वर्तमान में जहाँ भी देखिए, वहीं भ्रष्टाचार व्याप्त है। भ्रष्टाचार केवल रिश्वत के रूप में रुपये लेना ही नहीं, बल्कि भाई-भतीजावाद, खाद्य पदार्थों में मिलावट करना, मुनाफाखोरी, अनैतिक ढंग से जान-बूझकर धन संग्रह करना, कानूनों की अवहेलना करना आदि भी भ्रष्टाचार के रूप हैं।

**खेलों में व्याप्त भ्रष्टाचार**

खेलों में भी यही भ्रष्टाचार व्याप्त है। सक्षम अधिकारी अपने अधिकारों का दुरुपयोग करके अयोग्य लोगों का चयन करते हैं। आज समाचार-पत्र हाथ में लेते ही खेल पृष्ठ पर कॉमनवेल्थ घोटाले या मैच फिक्सिंग के मामले प्रकाश में आते रहते हैं, जो अति निंदनीय कृत्य हैं। मैच फिक्सिंग में तो खिलाड़ियों तक का हाथ होने की सूचनाएँ मिलती हैं, जिससे खेल प्रेमियों को गहरा आघात लगता है, वहीं विश्व स्तरीय मंच पर हमारे देश की छवि भी धूमिल होती है।

जीवन में खेलों का अति महत्त्व है। पहले कहा जाता था,

'खेलोगे-कूदोगे होगे खराब', अब कहा जाता है,

'खेलोगे-कूदोगे बनोगे नवाब'।

आज पढ़ाई के साथ ही विद्यालयों में खेलों की आवश्यकता पर भी बल दिया जा रहा है, जिसमें विभिन्न खेल प्रतियोगिताओं का आयोजन किया जाता है। खेल शारीरिक व्यायाम की एक अच्छी प्रक्रिया है। खेल बच्चों के शारीरिक और मानसिक विकास में सहायक होता है और उनमें अनुशासन को विकसित करता है।

**मेरा प्रिय खेल**

मेरा प्रिय खेल क्रिकेट है, जिससे मैं भावनात्मक रूप से जुड़ा हूँ। यह खेल सर्वप्रथम यूरोपीय देश इंग्लैंड से प्रारंभ होकर भारत आया। इस खेल को पहले भारत में शौकिया रूप से नवाबों, राजाओं तथा राजकुमारों ने अपनाया। आजकल तो यह खेल अति लोकप्रिय होकर प्रत्येक जगह खेला जाने लगा है, चाहे वह विद्यालय हो या महाविद्यालय, शहर हो या गाँव। इस खेल में दो टीमें होती हैं। दोनों टीमों में ग्यारह-ग्यारह खिलाड़ी होते हैं। इसका मैदान वृत्ताकार होता है। इस खेल में निश्चित दूरी पर आमने-सामने तीन-तीन विकेट भूमि पर गाड़ दिए जाते हैं। इस खेल में एक अंपायर होता है। अंपायर ही निर्णय देता है कि खिलाड़ी आउट हुआ है या नहीं। खिलाड़ियों द्वारा लगाए गए चौके छक्के, नो बॉल आदि का निरीक्षण भी अंपायर ही करता है। जिस टीम के रन अधिक होते हैं, वही टीम विजयी होती है।

**उपसंहार**

खेल शारीरिक विकास में महत्त्वपूर्ण भूमिका निभाते हैं। अतः खेल में भ्रष्टाचार की भावना कदापि नहीं होनी चाहिए।

**Q.30 त्योहार हमें उमंग एवं उल्लास से भरकर अपनी संस्कृति से जोड़े रखते हैं। आजकल लोगों में त्योहारों को मनाने के प्रति उत्साह एवं आस्था का अभाव देखा जाता है। लोगों की इस मानसिकता के कारण बताते हुए जीवन में त्योहारों के महत्त्व का वर्णन कीजिए। [ICSE 2013]**

उत्तर **त्योहारों का महत्त्व**

**प्रस्तावना**

हमारा देश भारत त्योहारों का देश है। यहाँ राष्ट्रीय तथा धार्मिक दोनों प्रकार के त्योहार बहुत ही उत्साह तथा उल्लास से मनाए जाते हैं। राष्ट्रीय पर्वों में 15 अगस्त, 26 जनवरी, 2 अक्टूबर तथा धार्मिक पर्वों में दीपावली, दशहरा, महाशिवरात्री, होली, रक्षाबंधन, ईद, क्रिसमस और गुरुपर्व आदि मनाए जाते हैं। आजकल लोगों में त्योहार मनाने के प्रति उत्साह एवं आस्था का अभाव देखा जाता है। इसका कारण है स्वार्थ प्रवृत्ति, अति व्यस्त जीवन शैली, धन का अभाव, अपनत्व की कमी, आस्था एवं भावना का मृतप्राय होना आदि। पहले लोग भावनात्मक रूप से जुड़कर आपसी मतभेद तथा रंग, जाति, ऊँच-नीच का भेद-भाव भुलाकर आपस में मिल-जुलकर प्रेमपूर्वक त्योहार मनाते थे, परंतु अब स्थिति बदल गई है।

**त्योहार : समृद्धि व उल्लास के प्रतीक**

प्रायः सभी त्योहार भावना प्रधान हैं; जैसे-दीपावली, होली, दशहरा, ईद, क्रिसमस आदि। भारतीयों के सभी त्योहार जहाँ प्रेम, उत्साह, उपासना के साथ देवी-देवताओं की श्रद्धा से जुड़े हुए है, वहीं वे समृद्धि तथा प्रकाश के प्रदाता भी हैं। होली के समय लहलहाती गेहूँ की खेती, दीपावली के पूर्व धान की उपज आदि इसके सीधे उदाहरण हैं। 'दशहरा' रावण पर राम की विजय के उपलक्ष्य में मनाया जाता है, जिसे हम बुराई पर अच्छाई की जीत के रूप में मनाते हैं।

वर्तमान में असामाजिक तत्त्वों द्वारा त्योहारों के अवसरों पर मद्यपान आदि किया जाता है तथा वे समाज में अशोभनीय व्यवहार का प्रयोग करके त्योहारों की पवित्रता, स्वच्छता तथा उपादेयता (उपयोगिता) को कलंकित करते हैं। हमें इन बुराइयों को छोड़कर त्योहार का आनंद उठाना चाहिए।

**उपसंहार**

त्योहार हमारे देश की सभ्यता एवं संस्कृति के ही परिचायक नहीं होते हैं, बल्कि प्रेम भाईचारा व सुख-समृद्धि के भी परिचायक होते हैं। ये बुराई पर अच्छाई, अन्याय पर न्याय और असत्य पर सत्य की जीत के प्रतीक होते हैं।

**Q.31 वर्षा ऋतु मनुष्यों के साथ-साथ सभी प्राणियों के मन को खुशियों से भर देती है। आप भी किसी ऐसे वर्षा ऋतु के दिन का वर्णन कीजिए, जब आपने अपने परिवार और मित्रों के साथ खूब आनंद मनाया। [ICSE 2025]**

उत्तर **वर्षा ऋतु का आनंददायक दिन**

**प्रस्तावना**

वर्षा ऋतु प्रकृति का वह अनुपम उपहार है, जो सभी प्राणियों के मन को प्रसन्नता से भर देता है। तपती गर्मी के बाद जब पहली बारिश की फुहार धरती पर पड़ती है, तो चारों ओर हरियाली छा जाती है और मौसम सुहावना हो जाता है। वर्षा न केवल खेतों और जंगलों को जीवन देती है, बल्कि हमारे मन को भी उत्साह और उल्लास से भर देती है। मुझे वर्षा ऋतु का हर दिन प्रिय है, लेकिन एक विशेष दिन की याद आज भी मेरे मन में ताजा है, जब मैंने अपने परिवार और मित्रों के साथ वर्षा का खूब आनंद लिया था।

यह घटना पिछले वर्ष की है। जुलाई का महीना था और आसमान में काले-काले बादल उमड़ रहे थे। मैं अपने परिवार के साथ घर की छत पर खड़ा होकर बारिश का इंतजार कर रहा था। कुछ ही देर में तेज हवाएँ चलने लगीं और अचानक मूसलाधार बारिश शुरू हो गई। जैसे ही पानी की बूँदें हम पर पड़ीं, हमारा मन आनंद से झूम उठा। मैंने और मेरे छोटे भाई-बहनों ने छत पर ही भीगने का निश्चय किया और नाचने-कूदने लगे। हमारे माता-पिता भी हमारी खुशी देखकर मुस्कुरा रहे थे।

कुछ देर बाद हमने योजना बनाई कि पास के हरे-भरे मैदान में जाकर वर्षा का आनंद लिया जाए। मेरे कुछ मित्र भी वहाँ पहले से ही मौजूद थे। हमने मिलकर बारिश में फुटबॉल खेला और कीचड़ में लोटपोट होकर खूब मस्ती की। चारों ओर पानी की बूँदें मोतियों की तरह चमक रही थीं, पक्षी भी बारिश में नहाकर चहक रहे थे। चारों तरफ का नजारा ही कुछ निराला था।

घर लौटने के बाद माँ ने हमारे लिए गरमा-गरम पकौड़े बनाएँ। बारिश में गरम पकौड़े खाने का आनंद ही कुछ और था। हम सभी बरामदे में बैठकर बारिश की रिमझिम फुहारों का आनंद लेते रहे और हँसी-मजाक करते रहे। वह दिन मेरे जीवन के सबसे यादगार दिनों में से एक है। वर्षा ऋतु न केवल प्रकृति को हरा-भरा बनाती है, बल्कि हमारे जीवन में भी खुशियों की वर्षा कर देती है।

**Q.32 "प्रेम से सामाजिक तथा राष्ट्रीय संबंध बढ़ते हैं।" प्रस्तुत पंक्ति के आधार पर अपने विचार प्रस्तुत कीजिए। [ICSE 2008]**

उत्तर **प्रेम : सामाजिक तथा राष्ट्रीय संबंध का आधार**

**प्रस्तावना**

मनुष्य एक सामाजिक प्राणी है और प्रेम से ही सामाजिक तथा राष्ट्रीय संबंध बढ़ते हैं। व्यक्ति अपने परिवार, पड़ोस, समाज, राष्ट्र तथा संपूर्ण विश्व से कुछ-न-कुछ शिक्षा प्राप्त करता है।

**प्रेम की महत्ता**

व्यक्ति जिससे कुछ प्राप्त करता है, उसके प्रति समर्पित होना व्यक्ति का एक स्वाभाविक गुण बन जाता है। कहा गया है–

न कोई किसी का मित्र है न कोई किसी का शत्रु। व्यवहार से ही व्यक्ति मित्र तथा शत्रु बन जाता है। विश्व में जितने भी महापुरुष हुए हैं, वे सभी प्रेम, सत्य तथा अहिंसा के पुजारी एवं प्रचारक रहे हैं; जैसे- महात्मा बुद्ध, ईसा मसीह, मुहम्मद साहब आदि। महात्मा गाँधी ने तो प्रेम के साथ अपने दो अस्त्रों-सत्य एवं अहिंसा से देश को आज़ाद कराया तथा संपूर्ण विश्व में प्रेम एवं सहिष्णुता का बिगुल बजाया। हमारी संस्कृति का आधार 'बहुजन हिताय बहुजन सुखाय' रहा है। प्रेम के द्वारा ही लोगों के दिलों को जीता जा सकता है और समाज में व्याप्त बुराइयों को मिटाया जा सकता है। इसी प्रकार प्रेम से ही अन्य देशों के लोगों से हाथ मिलाकर देश को उन्नति के शिखर तक पहुँचाया जा सकता है।

**राष्ट्रीय संबंधों में प्रेम की भूमिका**

प्रेम की भावना व्यक्तिगत व सामाजिक स्तर तक ही सीमित न होकर राष्ट्रीय स्तर पर भी होती है। यह राष्ट्रीय एकता और प्रगति के लिए भी

एक शक्तिशाली है। अपने देश के प्रति प्रेम व देशभक्ति की भावना, हमें अपने राष्ट्र की संस्कृति, इतिहास व मूल्यों का सम्मान करने व रक्षा करने के लिए प्रेरित करती है। जब नागरिक अपने राष्ट्र से प्रेम करते हैं, तो वह सामूहिक रूप से अपने देश के विकास और कल्याण के लिए अधिक इच्छुक होते हैं। प्रेम दूसरे राष्ट्र के प्रति की संख्या को मजबूत करता है।

**उपसंहार**

प्रेम समाज व राष्ट्र में विश्वास व सहयोग को बढ़ावा देता है, नागरिकों को एक साझा उददेश्य के लिए एकजूट करता है, जिससे राष्ट्रीय एकता मजबूत होती है और सांस्कृतिक विरासत समृद्ध होती है। अतः प्रेम केवल व्यक्तिगत भावना न होकर एक मजबूत सामाजिक और राष्ट्रीय शक्ति है।

**Q.33 किसी ऐसी यात्रा का वर्णन कीजिए जब आपको एक रात स्टेशन पर बितानी पड़ी। [ICSE 2017]**

उत्तर **स्टेशन पर एक रात का वर्णन**

मैं और मेरे कुछ मित्रों ने एक दिन वैष्णों देवी जाने का निर्णय किया। हमने अपनी ऑनलाइन टिकट आरक्षित की। हमारी ट्रेन रात 12 बजे की थी। हम सभी मित्र पुरानी दिल्ली रेलवे स्टेशन पर पहुँचे। ट्रेन छूट न जाए, इसलिए हम 8 बजे ही स्टेशन पहुँच गए थे। हम सभी बहुत प्रसन्न थे। एक-एक मिनट का इंतजार हमें सदियों की भाँति लग रहा था। हम सभी को बस 12 बजने का इंतज़ार था। स्टेशन पर बहुत भीड़ थी। अनेक प्रकार की खाद्य-सामग्री व स्टेशनरी (पत्र-पत्रिकाओं) की दुकानें व पटि्टयाँ लगी हुई थीं। हम सभी ने वहाँ खाद्य सामग्री व घर से लाए भोजन को मिलकर खाया। 11:45 बजे अचानक प्लेटफॉर्म अधिकारी ने लाउडस्पीकर द्वारा सूचना दी कि श्री शक्ति एक्सप्रेस 12 बजे नहीं आ पाएगी। कुछ तकनीकी असुविधा के कारण यह ट्रेन अदा प्रातःकाल 5 बजे आएगी। हम सभी परेशान हो गए कि हम यहाँ स्टेशन पर एक रात कैसे व्यतीत करेंगे। फिर हम सोचने लगे कि किस प्रकार और कैसे पूरी रात व्यतीत की जाएगी। हमने देखा कि सभी यात्री अपनी-अपनी सुविधानुसार सोने के लिए स्थान घेरने लगे। हमने भी एक बेंच को घेर लिया, जिस पर हमने अपने-अपने सामान को इकट्ठा करके रख दिया तथा नीचे एक चादर बिछाकर उस पर लेट गए। सभी लोग धीरे-धीरे सोने लगे, परंतु हमें नींद ही नहीं आ रही थी। तभी हमने अंत्याक्षरी खेलने का सोचा। अंत्याक्षरी खेलते-खेलते कब सुबह हो गई हमें पता भी न चला। हम सभी ने हाथ-मुँह धोए और चाय पी। तभी लाउडस्पीकर द्वारा कहा गया कि श्री शक्ति एक्सप्रेस

प्लेटफॉर्म नं. 4 पर आने वाली है। यह सुनते ही हमने अपना-अपना सामान लिया और प्लेटफॉर्म नं. 4 पर पहुँचे, तो देखा कि ट्रेन आ गई थी। हम सभी उसमें चढ़ गए और अपने गंतव्य स्थान के लिए रवाना हुए। इस प्रकार, स्टेशन पर बिताई गई रात हमारे जीवन में अविस्मरणीय बन गई।

**Q.34 कल्पना कीजिए कि आपको किसी प्रसिद्ध व्यक्ति का साक्षात्कार लेने की ज़िम्मेदारी सौंपी गई है। बताइए कि वे प्रसिद्ध व्यक्ति कौन हैं और आप उनसे कौन-कौन-से तीन प्रश्न पूछेंगे व क्यों? [ICSE 2012]**

**उत्तर** सभी के जीवन में बहुत-से महत्त्वपूर्ण दिन आते हैं। मेरे जीवन का अत्यंत महत्त्वपूर्ण दिन वह था, जब हमारे विद्यालय के प्रधानाचार्य जी ने मुझे कैलाश स्टेडियम में आने वाले अपने देश के पूर्व राष्ट्रपति ए.पी.जे अब्दुल कलाम साहब का साक्षात्कार लेने का दायित्व सौंपा।

प्रधानाचार्य जी ने मुझे बताया कल विद्यालय की ओर से परिचय तथा अनुमति-पत्र की व्यवस्था कर दी जाएगी और तुम्हें कल दोपहर दो बजे कैलाश स्टेडियम अवश्य पहुँचना है।

अगले दिन मैं विद्यालय पहुँचा। वहाँ मुझे कार्यालय से साक्षात्कार लेने का अनुमति-पत्र तथा पहचान-पत्र दिलवा दिया गया। मैं स्टेडियम में पहुँचकर पूर्व राष्ट्रपति एपीजे अब्दुल कलाम साहब की प्रतीक्षा करने लगा। थोड़ी देर में कलाम जी स्टेज पर आ गए। उन्हें 'मिसाइल मैन' की उपाधि प्राप्त है। उनका पूरा नाम अबुल पाकिर जैनुलाब्दिन अब्दुल कलाम है। वह हमारे देश के राष्ट्रपति रह चुके हैं।

मैंने उन्हें देखा, जो सामने स्टेज पर विराजमान थे। उनका छोटा कद, उत्साहयुक्त सुदृढ़ शरीर, माथे पर आगे की ओर झुके हुए बाल तथा मनमोहक मुस्कान। अनेक लोग अपनी-अपनी तरह से प्रश्न पूछ रहे थे। वे सभी के प्रश्नों का उत्तर बड़ी ही सहजता से दे रहे थे।

मेरी बारी आने पर मैंने उनका अभिवादन किया और कहा-सर! मैं अपने को अति सौभाग्यशाली समझता हूँ कि मुझे आपका साक्षात्कार करने का अवसर मिला। मेरा पहला प्रश्न है- आपके जीवन का सबसे सुनहरा पल कौन-सा है? वे मुस्कराकर बोले-भारत जैसे विशाल राष्ट्र का राष्ट्रपति बनकर, जनता की सेवा करना जीवन का सबसे सुनहरा पल रहा। मेरा दूसरा प्रश्न है- मिसाइल बनाने की प्रेरणा आपको कहाँ से मिली? उन्होंने उत्तर दिया अपने ग्रंथ रामायण के आधार पर मंचित नाटक में श्रीराम के अग्नि बाण से। मैंने उनसे तीसरा प्रश्न किया इतना उच्च स्थान प्राप्त करने का श्रेय आप किसे देना चाहते हैं? उन्होंने उत्तर

दिया— अपनी माँ को, जिन्हें मैं ईश्वर का प्रत्यक्ष अवतार मानता हूँ।

अंत में मैंने अपने विद्यालय की ओर से निर्मित उन्हीं का चित्र उन्हें उपहारस्वरूप भेंट दिया। सबने तालियाँ बजाई। बाद में, मैं विद्यालय पहुँचा और प्रधानाचार्य जी ने मुझे शाबाशी दी।

**Q.35 कल्पना कीजिए कि आप किसी दूसरे ग्रह की यात्रा पर गए थे, जहाँ आपकी मुलाकात उस ग्रह के प्राणियों से हुई। अपने अनुभवों का वर्णन कीजिए। [ICSE 2006]**

उत्तर **दूसरे ग्रह की यात्रा**

मानव के जीवन में नित्यप्रति कहीं-न-कहीं की यात्रा चलती ही रहती है, किंतु मेरे जीवन की यह यात्रा पृथ्वी ग्रह से अलग दूसरे ग्रह मंगल की है। यह मेरे लिए सदैव स्मरणीय रहेगी। मैं और मेरा मित्र विमान में बैठे और अंतरिक्ष की ओर बढ़े। विमान से बाहर हमें अंधकार ही अंधकार दिखाई दिया। कुछ समय बाद हमें भूख लगी, तो हमने कंप्यूटर में लगा बटन दबाया, जिससे हमें कैप्सूल मिला। हमने दो कैप्सूल पानी के साथ खा लिए और हमारी भूख खत्म हो गई।

अब हमारा विमान मंगल ग्रह के धरातल पर उतरा। हमने अंतरिक्ष के सूट और हेलमेट पहने ही हुए थे। शीघ्र ही हम मंगल ग्रह के वातावरण के अनुकूल ढल गए। हमने आसपास के क्षेत्र का भ्रमण किया। हमारे पैर मंगल गृह के तल को स्पर्श नहीं कर रहे थे, बल्कि हम उड़ते हुए चल रहे थे। अचानक ही हमें एक विशाल आकृति दिखाई दी। उसका चेहरा सपाट और बहुत ही खराब-सा था। वह बहुत ही लंबे कद का था।

पहले तो हम भयभीत हो गए, किंतु बाद में हमें उससे प्राप्त होने वाले संकेतों से वह सही प्रवृत्ति का जीव लगा। उसने हमें अपना घर दिखाया। उसका घर बहुत छोटा और उजाड़ था। उसके घर में अन्य सदस्य भी थे, जो उससे भी लंबे व पतले थे। हमने मंगल ग्रह पर अनेक छोटी-छोटी पहाड़ियाँ देखीं जिन पर कभी न देखी हुई सुंदर झाड़ियाँ एवं लताएँ उगी हुई थीं।

अब समय हो गया था कि हम वापस अपने विमान से पृथ्वी की ओर चलें।

अब हम पुनः अपने विमान पर आ गए और आकर सो गए। ईश्वर की कृपा से हम सुरक्षित मुस्कराते हुए वापस पृथ्वी पर आ गए और भारत आकर हमने ये सभी बातें अपने परिवार और मित्रों को बताई। यह यात्रा मेरे जीवन की सभी यात्राओं में से सबसे अधिक सुखद और सफल रही।

**Q.36 समाज में मद्य-निषेध अनिवार्य रूप से होना ही चाहिए। इस कथन के पक्ष या विपक्ष में अपने विचार प्रस्तुत कीजिए।**
**(ICSE Specimen Sem II 2021)**

**उत्तर पक्ष में**

मद्य का शाब्दिक अर्थ 'मादक' पदार्थ (शराब) है तथा मद्यपान का अर्थ मादक पदार्थ का सेवन करना है। मदिरा एक नशीला पेय पदार्थ है, जिसका प्रयोग लोग नशा करने के लिए करते हैं।

नशा करने के बाद लोग अपनी सुध-बुध खो बैठते हैं और अपराधी प्रवृत्ति की ओर अग्रसर हो जाते हैं। इसके कारण भारत के कई राज्यों में मद्य-निषेध कानून लागू किया गया है। मद्यपान का समाज में अनिवार्य रूप से निषेध होना चाहिए। यह एक सामाजिक बुराई है। यह समाज एवं स्वास्थ्य दोनों के लिए हानिकारक है। हैरानी की बात यह है कि आज पढ़े-लिखे व्यक्ति भी मदिरापान को फैशन मानते हैं।

हमारे देश में सरकार तथा अन्य सामाजिक संस्थाएँ शराबबंदी की बातें करते हैं, परंतु ये सभी किसी-न-किसी रूप में इससे जुड़े हैं। इनके कर्मचारी भी शराब की लत के शिकार हैं। मद्य-निषेध के जो कानून हमारे देश में हैं, उनका विपरीत परिणाम ही सामने आया है। मद्य-निषेध के परिणामस्वरूप अवैध रूप से शराब बेचने व बनाने का कार्य किया जाने लगा। इस का देश व समाज पर बहुत बुरा प्रभाव पड़ा है। मजदूर वर्ग शराब की लत में बहुत बुरी तरह फँसा है। उन लोगों की पारिवारिक स्थिति अत्यंत दयनीय है, जो शराब पीने के कारण अनेक प्रकार के रोग से (लिवर संबंधित) ग्रसित हैं, क्योंकि वे जितना कमाते हैं, उससे अधिक शराब में उड़ा देते हैं।

**विपक्ष में**

मदिरा चाहे किसी भी कारण से पी जाए, परंतु समाज में इसका सम्मान नहीं किया जा सकता। यह पश्चिमी सभ्यता से हमारे देश में प्रचलित हुआ है। हमारे देश में लोग अंग्रेजों की नकल करने को ही अपना गौरव समझते हैं। होली, दिवाली जैसे पवित्र त्योहार या शादी-विवाह में भी लोग शराब को शान एवं खुशी का प्रतीक मानते हैं। समाज में शराब का प्रचलन चाहे जितना भी हो गया हो, परंतु यह एक स्वस्थ समाज के लिए स्वीकार्य नहीं है। नशा करने वाले व्यक्ति पर भरोसा करना बहुत मुश्किल होता है। नशा करने वाले कुछ लोग आपराधिक प्रवृत्ति से भी जुड़े होते हैं।

शराब छुड़ाना देश या समाज के लिए एक विकट समस्या है। इससे धन और स्वास्थ्य दोनों पर विपरीत प्रभाव पड़ता है। इसके लिए सरकार द्वारा जागरुकता कार्यक्रम आयोजित करवाने चाहिए। परिवार में भी इसके संबंध में शिक्षा देनी चाहिए एवं इसके दुष्प्रभावों से सबको अवगत कराया जाना चाहिए।

अतः मैं इस बात से सहमत हूँ कि समाज में मद्य-निषेध कानून अनिवार्य रूप से लागू किया जाना चाहिए, जिससे समाज के सभी वर्गों की भलाई तथा प्रगति हो सके।

**Q.37 "ऊँचे लक्ष्य को प्राप्त करने के लिए माता-पिता तथा अध्यापकों द्वारा बच्चों पर डाला जाने वाला दबाव अनुचित है।" विषय के पक्ष और विपक्ष में अपना उत्तर दीजिए।** **[ICSE 2012]**

उत्तर **पक्ष में**

ऊँचे लक्ष्य को प्राप्त करने के लिए माता-पिता तथा अध्यापकों द्वारा बच्चों पर डाला जाने वाला दबाव अनुचित है। मैं इस विषय के पक्ष में अपने विचार प्रस्तुत करने जा रहा हूँ।

लक्ष्यहीन जीवन सर्वथा निरर्थक है। प्रत्येक बच्चे की एक कल्पना होती है, उसी कल्पना के अनुसार वह लक्ष्य रखता है तथा उसे प्राप्त करने के लिए हमेशा प्रयास करता रहता है। बिना किसी लक्ष्य के व्यक्ति का जीवन पशु जैसा व्यतीत होता है।

सभी विद्यार्थियों में कोई-न-कोई प्रतिभा होती है। खिलाड़ी बनने की प्रतिभा रखने वाला चिकित्सक नहीं बन सकता। चिकित्सक बनने की प्रतिभा रखने वाला लेखक नहीं बन सकता तथा लेखक बनने की प्रतिभा रखने वाला अध्यापक नहीं बन सकता। व्यक्ति अपनी प्रतिभा के अनुरूप ही अपना लक्ष्य निर्धारित करे तथा उसी के अनुरूप ही प्रयास करे, तो सफलता निश्चित ही उसके कदम चूमेगी।

अंग्रेज़ी में भी कहा गया है 'सेट द टारगेट एंड शूट द टारगेट।' यह कदापि आवश्यक नहीं कि इंजीनियर का बेटा इंजीनियर बनेगा तथा अधिवक्ता का बेटा अधिवक्ता, इसलिए बच्चे की रुचि तथा प्रतिभा के अनुरूप ही माता-पिता तथा अध्यापकों को बच्चों का सहयोग करना चाहिए तथा संसाधनों को उपलब्ध कराना चाहिए; जैसे- कोई बच्चा क्रिकेट का खिलाड़ी बनना चाहता है, तो उसे क्रिकेट का कोच उपलब्ध कराना आपका प्रथम कर्त्तव्य तथा नैतिक ज़िम्मेदारी होनी चाहिए। माता-पिता तथा गुरु को बच्चों की निगरानी करनी चाहिए कि बालक कहीं मार्ग से भटक तो नहीं रहा है और उसे पुनः लक्ष्य की ओर प्रेरित करना चाहिए, न कि बच्चों पर लक्ष्य के चयन को लेकर दबाव डालना चाहिए।

**विपक्ष में**

"ऊँचे लक्ष्य को प्राप्त करने के लिए माता-पिता तथा अध्यापकों द्वारा बच्चों पर डाला जाने वाला दबाव अनुचित है।" मैं इस विषय के विपक्ष में अपने विचार प्रस्तुत करने जा रहा हूँ। एक बच्चा केवल कल्पना कर सकता है, वह कोई भी निर्णय लेने में समर्थ नहीं होता। हमारे संस्कारों में शिक्षा दी जाती है कि 'अभिवादनशील अर्थात् सदैव बड़ों की सेवा करने वालों की चार चीजें बढ़ती हैं- आयु, विद्या, यश और बल'। ऐसे में माता-पिता तथा अध्यापकों के विचार तथा दबाव विद्यार्थी को उत्तम लक्ष्य निर्धारित करने में पूर्ण सहयोगी होंगे। जिस प्रकार से एक माली पेड़ों को लगाता है, उनकी सिंचाई करता है, खरपतवार तथा घास निकालता है तथा यदि पेड़ टेढ़ा होने लगता है, तो उसके पास एक बाँस का लट्ठा गाड़कर रस्सी से कसकर बाँध देता है, जिससे पेड़ सीधा हो जाता है, ठीक उसी प्रकार माता-पिता तथा अध्यापकों को भी बच्चों के विकास तथा लक्ष्य निर्धारण में उनकी अभिरुचि को ध्यान में रखते हुए दबाव डालना पूरी तरह उचित है, न कि अनुचित।

बच्चों की अभिरुचि तथा लक्ष्य की कल्पना तो अपने मित्रों, विज्ञापनों, समाचार-पत्रों में प्रकाशित विभिन्न क्षेत्रों में प्राप्त उपलब्धियों को देखकर बदलती रहती है। ऐसे में माता-पिता तथा अध्यापक द्वारा दबाव डालकर ऊँचे लक्ष्य की ओर प्रेरित करना उचित ही है। अंततः मैं यही चाहूँगा कि ऊँचे लक्ष्य को प्राप्त करने के लिए माता-पिता तथा अध्यापकों द्वारा डाला जाने वाला दबाव, दबाव नहीं, बल्कि बच्चे के विकास का प्रथम चरण है। अतः यह उचित है।

**Q.38 "असफलता ही सफलता का आधार है।" विषय के पक्ष या विपक्ष में अपने विचार प्रकट कीजिए।** **[ICSE 2011]**

उत्तर **पक्ष में**

"असफलता ही सफलता का आधार है।" मैं इस विषय के पक्ष में अपने विचार प्रस्तुत करने जा रहा हूँ।

*"ठोकरों से डर न साथी, ये सफलता की निशानी,*
*राह पर जाते देख तुझे कहती है अपनी कहानी।"*

मेरे विचार से असफलता ही सफलता का मार्ग बताती है। दुनिया में जितने भी महान व्यक्ति हुए हैं, वे सभी असफल होकर ही सफल हुए, चाहे सिकंदर हो, चाहे सम्राट अशोक हो या फिर देश को आज़ाद कराने वाले महात्मा गाँधी। सभी ने असफलता के बाद ही सफलता प्राप्त की है। असफल होने को ही लोग विपरीत परिस्थिति भी कहते हैं। जब परिस्थिति कठिन हो तब भी व्यक्ति को अपने पथ पर चलते रहना चाहिए, तभी उसकी जीत होती है।

"उस पथ पर पथिक कुशलता क्या, जिस पथ पर बिखरे शूल न हों।
उस नाविक की धैर्य कुशलता क्या जब धाराएँ प्रतिकूल न हों।।"

किसी को भी सफलता की आशा का त्याग नहीं करना चाहिए। संकट पर संकट आएँ, फिर भी आशा का त्याग न करने वाले का ही सफलता वरण करती है। जैसा

"जिसने मरना सीख लिया है, जीने का अधिकार उसी को,
जो काँटों के पथ पर आया, फूलों का उपहार उसी को।"

आज वर्तमान के प्रधानमंत्री नरेंद्र मोदी को ही ले लीजिए। वे चाय बेचकर लोगों को निःशुल्क जल पिलाकर, मन में सदैव जीत का लक्ष्य रखते थे। परिणामस्वरूप आज वह भारत जैसे विशाल जनतांत्रिक देश के प्रधानमंत्री हैं। अतएव असफलता से हार नहीं माननी चाहिए, असफलता तो सफलता पाने का सोपान होती है।

**विपक्ष में**

"असफलता ही सफलता का आधार है।" मैं इस विषय के विपक्ष में अपने विचार व्यक्त करने जा रहा हूँ।

'असफलता ही सफलता का आधार है', उक्ति सुनने में भले ही अच्छी लगती हो, लेकिन सच्चाई यह है कि असफल व्यक्ति सफल हो ही नहीं सकता, क्योंकि किसी में भी इतना साहस नहीं कि कर्म की गति को टाल सके जैसे- कर्म से व्यक्ति का जन्म होता है। कर्म से ही मृत्यु कर्म से सुख-दुःख, भय तथा अभय होता है। तभी तो कहा गया है-

"बोया पेड़ बबूल का तो आम कहाँ से होय" अर्थात् यदि कर्म असफलता का किया है, तो व्यक्ति सफल कैसे हो सकता है। दुनिया में बहुत से लोग ऐसे हैं, जो असफल हुए और दोबारा सफलता उनसे कोसों दूर चली गई, चाहे वह त्रेतायुग का रावण रहा हो, चाहे द्वापर युग का कंस। ये सभी जीवन में असफल हुए तो असफल ही होते गए।

"जाको प्रभु दारुण दुःख दीना, ताकी मति पहले हर लीना।"

ईश्वर ने जिसे अनेक प्रकार का कष्ट देना चाहा, उसकी बुद्धि को ही नष्ट कर दिया, जिससे वह अकर्मण्य हो जाए या अनुचित कार्य करने लगे। उसके बाद कर्म के अकाट्य नियम के अनुसार उस व्यक्ति को असफलता ही मिलती है, सफलता तनिक मात्र भी नहीं। महाराजा दशरथ हाथी को मारने में असफल रहे और श्रवण कुमार को मार दिया। महाराजा दशरथ श्रवण कुमार के माता-पिता को जल पिलाने में असफल हुए, अंततः अपनी पत्नी को मनाने में भी असफल हुए और अपने प्राणों को त्याग दिया। आज के प्रतिस्पर्द्धी युग में असफलता को सफलता का आधार मानना हर व्यक्ति के लिए उपयुक्त नहीं है। कई छात्र असफल होने पर मानसिक तनाव में आ जाते हैं और आगे प्रयास करने की हिम्मत खो बैठते हैं। कई व्यापारी असफल होकर दिवालिया हो जाति हैं और दोबारा उठने की हिम्मत नहीं कर पाते हैं। अतः यह स्पष्ट है कि असफल व्यक्ति कभी भी सफल नहीं होता।

**Q.39 "अपराध की समाप्ति के लिए मृत्युदंड आवश्यक है।" इस पंक्ति के पक्ष या विपक्ष में अपने विचार दीजिए।** **[ICSE 2006]**

उत्तर **पक्ष में**

"अपराध की समाप्ति के लिए मृत्युदंड आवश्यक है।" मैं इस विषय के पक्ष में अपने विचार प्रस्तुत करने जा रहा हूँ। अपराध की समाप्ति के लिए मृत्युदण्ड आवश्यक है। यह प्रथा बहुत ही प्राचीन है। यह प्रथा राजतंत्र तथा लोकतंत्र दोनों में समान रूप से चलती रही है। यदि समाज में मृत्युदंड का भय समाप्त हो जाएगा, तो व्यक्ति स्वछंद तथा स्वेच्छाचारी हो जाएगा, सर्वत्र जंगलराज हो जाएगा। कानूनविदों से लेकर लेखकों साहित्यिक ने भी दुष्टों के लिए उनके अनुरूप दंड देने की पैरवी की है। यथा रहीम जी ने कहा है

"खीरा सिर ते काटिए, मलियत नौन लगाय।
रहिमन करुए मुखन को, चहियत इहै सजाय।।"

सतयुग से लेकर आज तक दंड का प्रावधान है। दंड के बिना कोई भी समाज अपराध तथा अपराधियों से मुक्त नहीं हो सकता। यदि किसी व्यक्ति ने किसी के प्राण लेने का अपराध किया है, तो उसे मृत्युदंड अवश्य ही मिलना चाहिए, नहीं तो समाज में अत्याचार, दुराचार, भ्रष्टाचार व्याप्त हो जाएगा तथा ईश्वर की सर्वश्रेष्ठ कृति मानव का पूर्ण विनाश होगा। मराठों के सरदार शिवाजी ने एक बार एक मुगल सैनिक को उसकी गलती पर छोड़ दिया। शिवाजी जब पुनः शिकार खेलने जा रहे थे, तब उन्होंने देखा कि वही मुगल दोबारा वही गलती कर रहा है, तब उन्होंने उसे मृत्युदंड दिया। पृथ्वीराज चौहान तथा मोहम्मद गौरी के मध्य अनेक बार युद्ध लड़ा गया। युद्ध के दौरान पृथ्वीराज चौहान ने उसे पकड़ लिया तथा उसको प्राणदान दे दिया। वह इस प्रकार अनेक बार प्राण दान दे चुके थे, लेकिन मोहम्मद गौरी दुष्ट प्रवृत्ति का था। अंत में उसने पृथ्वीराज को बंदी बना लिया और चंदबरदाई भी बंदी बनाए गए। मोहम्मद गौरी ने एक सभा आयोजित की, जिसमे पृथ्वीराज तथा चंदबरदाई की हत्या की योजना थी। चंदबरदाई को इस योजना का पता चल गया और उसने अपने राजा को सचेत किया कि इस बार इसे प्राणदान मत देना और कहा-

"चार हाथ चौबीस गज अँगुल अष्ट प्रमाण।
ता ऊपर सुल्तान है, अब न चूक चौहान।।"

पृथ्वीराज ने अपने शब्द भेदी बाण को छोड़ा और गौरी को मृत्युदंड दिया। अतः मेरा कहना उचित है कि अपराध को रोकने के लिए मृत्युदंड आवश्यक है।

**विपक्ष में**

"अपराध की समाप्ति के लिए मृत्युदंड आवश्यक है।" मैं इस विषय के विपक्ष में अपने विचार प्रस्तुत करने जा रहा हूँ। अपराध की समाप्ति के लिए मृत्यदंड कदापि आवश्यक नहीं है, क्योंकि तुलसीदास जी कहते हैं कि

"सुनहु भरत भावी प्रबल विलखि, कहयो मुनि राऊ।।"

अर्थात् हानि-लाभ, जीवन-मरण, यश-अपयश सब भगवान के हाथ में है। कोई भी अपराधी किसी की हत्या नहीं करता, बल्कि संयोगवश मृत्यु को

प्राप्त हो जाता है। भगवान श्रीकृष्ण ने गीता का उपदेश देते हुए अर्जुन से कहा आत्मा अजर, अमर है। जो इसे मारने वाला जानता है या जो इसे मरा हुआ जानता है, वे दोनों कुछ भी नहीं जानते।

इसलिए मृत्युदंड का प्रावधान ही निरर्थक है।

भारतीय दर्शन के प्रमुख ज्ञाता राष्ट्रपिता महात्मा गाँधी ने भी कहा है- "पाप से घृणा करो पापी से नहीं।"

अनेक उदाहरण ऐसे हैं, जिन्हें दंड से मुक्त कर दिया गया, तो उन लोगों ने महान कार्य किए। साहित्य के क्षेत्र में महर्षि वाल्मीकि उनमें से एक हैं। वे पहले डाकू के रूप में कुख्यात थे, लेकिन बाद में उन्होंने 'रामायण' जैसे महाकाव्य की रचना की। महाभारत काल में जरासंध के कारागार में जितने भी राजा कैदी थे, उन्हें कारागार से मुक्त कराकर भगवान श्रीकृष्ण, अर्जुन तथा भीम ने दंड से मुक्त करा दिया, जिसके परिणामस्वरूप उन्होंने धर्मराज युधिष्ठिर के राजसूय यज्ञ में योगदान देकर एक स्वस्थ समाज के निर्माण में महत्त्वपूर्ण भूमिका निभाई।

अतः स्पष्ट है कि अपराध की समाप्ति के लिए मृत्युदंड आवश्यक नहीं है।

**Q.40 "संसद में महिला आरक्षण आवश्यक है।" इस विषय के पक्ष या विपक्ष में अपने विचार दीजिए।** **[ICSE 2004]**

**उत्तर पक्ष में**

"संसद में महिला आरक्षण आवश्यक है।" मैं इस विषय के पक्ष में अपने विचार प्रस्तुत करने जा रहा हूँ। नारी मानव सभ्यता एवं मानवता का साक्षात प्रतिरूप है और एक माँ के रूप में तो ईश्वर ही है। नारी कोमलता में गुलाब, तो भावुकता में छुई-मुई है। वह एक ओर जहाँ समाज की पोषिका है, तो वहीं दूसरी ओर पुरुष समाज की जन्मदात्री है। उसके विषय में कहा गया है कि

"नारी निंदा मत करो, नारी नर की खान।
नारी के सुत होत हैं, ध्रुव प्रह्लाद समान।।"

नारी ममता की मूर्ति है, गृहलक्ष्मी है और समाजरूपी रथ के एक पहिए के रूप में जानी जाती है।

महिलाओं की उपमा परामर्श के समय मंत्री के समान देते हुए कहा गया है कि 'कार्येषु मंत्री' अर्थात् कार्यों के चयन में वह मंत्री सदृश परामर्शदात्री है। अतः संसद में महिला आरक्षण आवश्यक है, जिससे लोगों को उचित परामर्श मिल सके तथा रथ के एक पहिए की गति प्रदान की जा सके।

इतिहास गवाह है कि भारतीय नारी ने आदिकाल से ही पुरुषों का साथ दिया। चाहे वह युद्ध क्षेत्र में दशरथ की पत्नी कैकेयी रही हो या "आपत्ति काले गृहिणी परीक्षा" का पर्याय बनकर सीता।

चाहे विदुषी के रूप में मैत्रेयी एवं गार्गी या शासन के क्षेत्र में रजिया, चाँदबीबी, झाँसी की रानी लक्ष्मीबाई तथा भूतपूर्व प्रधानमंत्री इंदिरा गाँधी। इन सभी ने अपनी कार्यकुशलता से प्रसिद्धि पाई है।

हमारा देश पुरुष प्रधान समाज का प्रतिनिधित्व करता है, फिर भी वह महिला के बिना अपूर्ण है। उसी तरह हमारी संसद भी महिलाओं के बिना अपूर्ण है। अतः संसद में महिला आरक्षण आवश्यक है।

**विपक्ष में**

"संसद में महिला आरक्षण आवश्यक है।" मैं इस विषय के विपक्ष में अपने विचार प्रस्तुत कर रहा हूँ। यहाँ पक्ष में विचार रखते हुए त्रेतायुग से लेकर आज तक की नारियों की विशेषताओं के बारे में बताया गया है और संसद में महिला आरक्षण को आवश्यक माना, लेकिन मेरे विचार ठीक इसके विपरीत हैं। हमारी मातृ शक्तियाँ, जो समस्त गुणों से संपन्न हैं, यदि वे एक बार भी राजनीति में आ गईं, तो उनकी गुणवत्ता समाप्त हो जाएगी। दशकुमार, चरित के लेखक आचार्य दंडी ने कहा है, "यदि किसी को भ्रष्टाचार देखना हो, तो राजनीतिज्ञ का अवलोकन करे।" इसका भाव यह है कि राजनीति भ्रष्टता की चरम सीमा है। संसद में राजनीतिज्ञों का जमावड़ा होता है, इसलिए संसद में महिलाओं की संख्या निश्चित करने के लिए विधेयक नहीं लाना चाहिए।

समाचार-पत्रों तथा समाचार चैनलों पर आजकल देखा जाता है कि आज संसद भवन में नेतागण पानी की बोतल, कुर्सी, मेज या अपने चश्मे से एक-दूसरे पर प्रहार करते हैं। ऐसी स्थिति में संसद में महिलाओं के लिए आरक्षण का प्रावधान करने का क्या लाभ? क्या महिलाएँ, जहाँ उनकी संख्या नगण्य है, अपने कृतित्व, व्यक्तित्व एवं नेतृत्व शक्ति के बल पर पुरुषों से मुकाबला कर सकती हैं?

संसद में चयनित महिलाएँ किसी भी निर्णय के लिए अपने दल के वरिष्ठ पदाधिकारियों का मुँह देखती रहती हैं। यह वर्ग नारी को अपने बराबर कभी भी देखना पसंद नहीं करेगा। राजनीति में नैतिकता केवल उसके सिद्धांतों और व्यवहार में हो ऐसा आवश्यक नहीं है। मेरे विचार से संसद में महिला आरक्षण आवश्यक नहीं है। अतः मैं संसद में महिलाओं के आरक्षण के विचार से असहमत हूँ।

2

# कहानी लेखन

## कहानी लेखन से आशय

कहानी लेखन, हिंदी गद्य साहित्य की नवीनतम विधा है, जो वर्तमान में अत्यंत लोकप्रिय है। इसके अंतर्गत सामाजिक या व्यावहारिक समस्याओं तथा जीवन मूल्यों को कम-से-कम शब्दों में रोचक रूप में प्रस्तुत किया जाता है।

## कहानी लेखन हेतु ध्यान देने योग्य बातें

- कहानी लेखन करते समय विद्यार्थी को कहानी के तत्त्वों का ध्यान रखना चाहिए।
- परीक्षा में दिए गए मुहावरे एवं लोकोक्ति के अर्थ को अच्छी तरह से समझ लेना चाहिए तथा कहानी इसी पर आधारित होनी चाहिए।
- कहानी मौलिकता एवं रोचकतापूर्ण होनी चाहिए।
- कहानी में कठिन शब्दों का अनावश्यक प्रयोग नहीं करना चाहिए।
- कहानी की भाषा सरल होनी चाहिए।
- कहानी के अंत में दिया गया शीर्षक सार्थक होना चाहिए।
- कहानी के अंत में उससे मिलने वाली शिक्षा का उल्लेख होना चाहिए।

# एग्जाम पैटर्न प्रश्न (15 अंक)

***निम्नलिखित विषय पर 250 शब्दों में संक्षिप्त हिंदी में कहानी लिखिए।***

**Q.1 एक मौलिक कहानी लिखिए, जिसका आरंभ इस वाक्य से हो- "यह मेरे लिए अत्यंत खुशी का पल था।" [ICSE 2025]**

उत्तर **यह मेरे लिए अत्यंत खुशी का पल था**

आज मेरी मेहनत रंग लाई और मैं अपनी आँखों पर विश्वास नहीं कर पा रहा था। मैं हमेशा से एक अच्छा चित्रकार बनना चाहता था, लेकिन आर्थिक समस्याओं के कारण महँगे रंग और कैनवास खरीद पाना मेरे लिए संभव नहीं था। फिर भी, जहाँ मौका मिलता, मैं दीवारों पर, पुराने कागज़ों पर और कभी-कभी मिट्टी पर भी चित्र बनाता। मेरी कला के प्रति यह जुनून मेरे अंदर आत्मविश्वास भरता था।

एक दिन हमारे स्कूल में चित्रकला प्रतियोगिता की घोषणा हुई। यह मेरे लिए एक सुनहरा अवसर था, लेकिन समस्या यह थी कि मेरे पास अच्छे रंग और कैनवास नहीं थे। माँ ने अपनी छोटी-सी बचत से मुझे कुछ रंग और एक सफेद कागज़ दिलाया। मैंने अपनी पूरी मेहनत और लगन से एक चित्र बनाया, जिसमें प्रकृति की सुंदरता और इंसान के संघर्ष को दर्शाया गया था। लेकिन मन में संशय था कि क्या मेरा चित्र दूसरों से अच्छा होगा? क्या मेरी मेहनत रंग लाएगी? यही सोचकर मेरा आत्मविश्वास कभी बढ़ता, तो कभी डगमगा जाता।

प्रतियोगिता के परिणाम के दिन मेरी धड़कनें तेज हो गई थीं। जब परिणाम घोषित हुआ, तो मैं स्तब्ध रह गया, क्योंकि मुझे पहला स्थान प्राप्त हुआ था। मेरी खुशी का तो कोई ठिकाना ही नहीं रहा। मंच पर मेरा नाम पुकारा गया और प्रधानाचार्य जी ने मुझे ट्रॉफी और प्रमाणपत्र दिया। सभी ने ताली बजाकर मेरा हौसला बढ़ाया।

घर पहुँचकर जब मैंने यह खबर माँ-पापा को सुनाई, तो उनकी आँखों से खुशी के आँसू छलक आए। वह दिन मेरे जीवन का सबसे अनमोल पल था, जिसने मुझे सिखाया कि मेहनत, जुनून और आत्मविश्वास से कोई भी सपना पूरा किया जा सकता है।

**Q.2 आपने वहाँ की स्थिति देखी और आपके मुँह से निकला अरे! ऐसा भी होता है क्या? इस वाक्य से आरंभ अथवा अंत करते हुए एक मौलिक कहानी लिखिए। [ICSE 2024]**

उत्तर गर्मी की छुट्टियों में, मैं पहाड़ों की ओर घूमने निकला। ठंडी हवा, हरियाली और पहाड़ों का शांत वातावरण देखकर मन प्रसन्न हो गया।

एक दिन गाइड ने मुझे एक छोटे से गाँव की ओर चलने का सुझाव दिया। गाँव जंगल के बीच स्थित था और वहाँ पहुँचने के लिए पैदल चलना पड़ता था। मैंने सोचा, "क्यों न वहाँ के जीवन को करीब से देखा जाए?"

गाँव पहुँचते ही मैंने देखा कि वहाँ न पक्की सड़कें थीं, न बिजली, और न ही कोई आधुनिक सुविधा। लोग बेहद साधारण कपड़ों में थे और उनकी झोपड़ियाँ मिट्टी की बनी हुई थीं।

मुझे लगा कि यहाँ के लोग कैसे जीते होंगे, उनके जीवन में तो शायद केवल संघर्ष ही होगा, लेकिन अगले ही पल मेरी सोच बदल गई। गाँव के बीचों-बीच एक विशाल पीपल का पेड़ था। वहाँ बच्चों का समूह खेल रहा था, बूढ़े लोग एक साथ बैठे बातें कर रहे थे और महिलाएँ परंपरागत गीत गा रही थीं। उनके चेहरे पर जो संतोष और खुशी थी, वह अद्भुत थी।

मैंने एक वृद्ध से पूछा, "आपके पास न बिजली है, न टीवी, न इंटरनेट। फिर भी आप लोग इतने खुश कैसे रहते हैं?" उन्होंने मुस्कुराते हुए जवाब दिया, "बेटा, खुशी बाज़ार में नहीं मिलती। यह अपनों के साथ बिताए समय, सादगी और संतोष में होती है।"

उन्होंने मुझे गुड़ और मक्के की रोटी खिलाई। उनकी आत्मीयता और सादगी देखकर मुझे अपने शहर के जीवन पर विचार करने का मौका मिला। हमारे पास हर सुख-सुविधा होते हुए भी हम तनाव और असंतोष से घिरे रहते हैं।

वहाँ से लौटते समय मैंने खुद से कहा, "अरे! ऐसा भी होता है क्या?" उस दिन मैंने सीखा कि जीवन का असली सुख भौतिक साधनों में नहीं, बल्कि अपनेपन, सादगी और संतोष में छिपा होता है।

**सीख**

यह कहानी हमें सिखाती है कि सच्चा सुख और संतोष भौतिक सुविधाओं में नहीं, बल्कि सादगी, अपनों के साथ बिताए समय और सकारात्मक दृष्टिकोण में है। आधुनिक जीवन की दौड़ में हम अक्सर यह भूल जाते हैं कि खुशी के लिए बड़ी चीज़ों की आवश्यकता नहीं होती, बल्कि आत्मीयता, सामूहिकता और सरल जीवन ही वह आधार हैं, जो हमारे जीवन को सुखद और संतोषपूर्ण बना सकते हैं। अतः हमें अपनी इच्छाओं को सीमित करते हुए छोटी-छोटी चीज़ों में खुशी ढूँढ़नी चाहिए।

**Q.3** **"कोशिश करने वालों की कभी हार नहीं होती" पंक्ति से आरंभ करते हुए अपने जीवन से संबंधित एक मौलिक कहानी लिखिए।** **[ICSE 2023]**

उत्तर 'कोशिश करने वालों की कभी हार नहीं होती' अर्थात् जो लोग अपने जीवन में एक बार असफल हो जाते हैं, तो वह कभी सफल नहीं हो सकते, यह सोच बिलकुल गलत है, क्योंकि जो व्यक्ति कठिन परिश्रम करता है या अपने लक्ष्य को पाने के लिए प्रयास करता रहता है, वह एक न एक दिन अवश्य ही सफल होता है।

मैं कक्षा 9 का विद्यार्थी था। मैं पढ़ने में बहुत कमज़ोर था। मेरे भाई-बहन हमेशा अच्छे अंकों से उत्तीर्ण होते थे, परंतु मुझे कम अंक मिलने के कारण शर्मिंदा होना पड़ता था। नौवीं कक्षा में मैं दोबारा अनुत्तीर्ण हुआ, तो मुझे बहुत दुःख हुआ। मैंने सोचा कि अब मैं कौन-सा मुँह लेकर घर जाऊँ? इस बदनामी को झेलने की अपेक्षा मर जाना अच्छा है।

मैंने आत्महत्या करने का निश्चय किया। मैं अपने गाँव के निकट सुनसान जंगल में गया। वहाँ एक पेड़ की डाल से रस्सी बाँधते-बाँधते एकाएक मेरी दृष्टि एक मकड़ी पर पड़ी। वह पेड़ पर चढ़ने का प्रयत्न कर रही थी, पर बार-बार नीचे फिसल जाती थी। वह कई बार पेड़ पर चढ़ी और गिरी, फिर भी उसने अपनी कोशिश जारी रखी। अंत में वह पेड़ की डाल पर पहुँच गई।

मकड़ी की यह सफलता देखकर मेरी निराशा गायब हो गई। मकड़ी से मुझे पढ़ाई के लिए जी तोड़ मेहनत करने की प्रेरणा मिली। मैंने सोचा जब छोटी-सी मकड़ी अपने प्रयत्न से सफल हो सकती है तो मैं क्यों नहीं हो सकता? मुझे भी असफलता से निराश नहीं होना चाहिए। मैं घर लौट आया। उस दिन से मैं बहुत ध्यान लगाकर पढ़ने लगा। इस बार परीक्षा में मुसे सफलता मिली।

**सीख**

मनुष्य को असफलता से निराश नहीं होना चाहिए। मेहनत और लगन से काम करते रहने पर ही सफलता मिलती है। इस प्रकार हम कह सकते हैं कि कोशिश करने वालों की कभी हार नहीं होती।

**Q.4** **एक मौलिक कहानी लिखिए, जिसके अंत में ये स्पष्ट हो "जाको राखे साइयाँ मार सके ना कोय।"** **[ICSE Specimen 2023, 2014, 05]**

उत्तर बहुत समय पहले की बात है, किसी गाँव में एक किसान रहता था। उसके पास बहुत बड़ी मात्रा में पशु थे। उन्हीं पशुओं में से एक गधा भी उसके पास था। एक दिन की बात है, वह गधा चरते-चरते एक खेत में जा पहुँचा और उस खेत में चरने लगा। उस खेत में एक पुराना कुआँ था, जिसको वह गधा न देख पाया और चरते हुए उसमें फिसल कर गिर गया, जैसे ही वह गधा उस कुएँ में गिरा, वह ज़ोर-ज़ोर से आवाज़ करने लगा। उसकी आवाज़ सुनकर खेत में काम कर रहे किसान और आस-पास के कई लोग वहाँ इकट्ठा हो गए। कुछ समय में ही गधे के मालिक को यह बात पता चली, तो वह भी वहाँ आ गया। किसान ने स्थिति को परखा। उसे उस गधे पर दया आई, लेकिन उसने मन में सोचा कि इस बूढ़े गधे को बचाने से कोई लाभ नहीं और इसमें मेहनत भी बहुत लगेगी, साथ ही इस कुएँ की भी कोई ज़रूरत नहीं है। उसने बाकी लोगों से कहा की मुझे नहीं लगता कि हम किसी भी तरह इस गधे को बचा सकते हैं, तो आप सभी अपने-अपने काम पर लग जाइए। यहाँ समय मत गँवाइए।

ऐसा कहकर वह आगे बढ़ने लगा। उसको देखकर एक मजदूर बोला कि मालिक इस गधे ने कई वर्षों तक आपकी सेवा की है, इसे ऐसे मरने के लिए छोड़कर मत जाइए। इसे छोड़कर जाने से अच्छा होगा कि हम इसे इसी कुएँ में दफना दें। किसान सहमत हो गया।

गधा यह सब सुन रहा था। अब वह डर गया, गधे को लगा कि उसका मालिक उसे नहीं बचाना चाहता है, परंतु उसने हिम्मत नहीं हारी और भगवान को याद कर वहाँ से निकलने की सोचने लगा। सब लोगों ने मिलकर उस पर मिट्टी डालना शुरू किया। गधे ने सोचा कि कुछ भी हो जाए वह हार नहीं मानेगा। वह पूरी ताकत से उछाल मारने लगा। किसान भी लोगों के साथ मिट्टी डालने लगा। जैसे ही मिट्टी गधे के ऊपर पड़ती वह उसे नीचे गिरा देता और उस मिट्टी के ऊपर खड़ा हो जाता। इस तरह लोग मिट्टी डालते जाते और गधा ऊपर चढ़ता जाता और देखते-देखते ही गधा ऊपर आ गया और अंत में इस प्रकार गधे की जान बच गई।

इसलिए कहा गया है कि "जाको राखे साइयाँ मार सके न कोय।"

**सीख**

इस कहानी से हमें यह सीख मिलती है कि हमें हमेशा कर्म करते रहने चाहिए और भगवान पर विश्वास रखना चाहिए। जब तक ईश्वर की इच्छा नहीं होगी, तब तक हमारा कोई कुछ नहीं बिगाड़ सकता है।

**Q.5 ईमानदारी बरगद के पेड़ की तरह होती है, जिसका प्रभाव देर से पड़ता है, परंतु चिरस्थायी होता है। उपर्युक्त कथन को स्पष्ट करते हुए ईमानदारी पर एक मौलिक कहानी लिखिए। [ICSE Sem II 2022]**

उत्तर ईमानदारी एक ऐसा गुण है, जो धीरे-धीरे अपनी पहचान बनाता है, लेकिन जब यह स्थापित हो जाता है, तो इसका प्रभाव हमेशा रहता है। यह बिलकुल बरगद के पेड़ की तरह है, जो धीरे-धीरे बढ़ता है, लेकिन वर्षों तक अपनी छाया और मजबूती प्रदान करता है।

छोटेलाल एक छोटे से गाँव में रहने वाला किसान था। वह अपनी ईमानदारी और सादगी के लिए जाना जाता था। एक बार गाँव में एक धनी व्यापारी आया, जिसने अपनी ज़मीन पर काम करने के लिए मजदूरों को बुलाया। छोटेलाल भी काम करने गया। व्यापारी ने हर मजदूर को रोज़ के हिसाब से मजदूरी देने का वादा किया।

काम खत्म होने पर व्यापारी ने सभी को उनकी मजदूरी दे दी। छोटेलाल को भी पैसे मिले, लेकिन छोटेलाल ने तुरंत महसूस किया कि उसे दिए गए पैसे बाकी लोगों से ज्यादा हैं। उसने सोचा, "यह गलती से हुआ होगा। मुझे ये पैसे लौटाने चाहिए।"

जब छोटेलाल ने व्यापारी को पैसे लौटाए, तो व्यापारी को आश्चर्य हुआ। उसने पूछा, "तुम्हें किसने देखा? तुम चाहते तो ये पैसे रख सकते थे।" छोटेलाल ने मुस्कुराते हुए कहा, "ईमानदारी मेरा धर्म है भले ही कोई न देखे, पर मैं खुद को धोखा नहीं दे सकता।"

व्यापारी छोटेलाल की ईमानदारी से इतना प्रभावित हुआ कि उसने छोटेलाल को अपने खेतों की देखभाल के लिए स्थायी रूप से रख लिया। छोटेलाल ने अपनी मेहनत और ईमानदारी से व्यापारी का भरोसा जीता और धीरे-धीरे गाँव में सबसे सम्मानित व्यक्ति बन गया।

**सीख**

ईमानदारी का प्रभाव भले ही तुरंत न दिखे, लेकिन यह व्यक्ति की पहचान और प्रतिष्ठा को चिरस्थायी बनाती है। ईमानदारी से अर्जित विश्वास और सम्मान बरगद की छाया की तरह जीवनभर साथ रहता है।

**Q.6 'करत-करत अभ्यास के जड़मति होत सुजान' इस कहावत को आधार बनाकर एक मौलिक कहानी लिखिए। [ICSE Specimen Sem II 2021]**

उत्तर "करत-करत अभ्यास के जड़मति होत सुजान" अर्थात् निरंतर अभ्यास करने से मूर्ख-से-मूर्ख व्यक्ति भी सफलता प्राप्त करता है। कालिदास निरंतर अभ्यास के द्वारा ही उच्चस्तरीय विद्वान बन पाए, वहीं अर्जुन महान धनुर्धर बने, तो केवल अपने परिश्रम और अभ्यास के बल पर। प्राचीनकाल से ही ऋषि-मुनियों द्वारा हम परिश्रम व अभ्यास के महत्त्व को देख व समझ सकते हैं। आज के आधुनिक युग में भी परिश्रम और अभ्यास की महत्ता उतनी ही अधिक है।

एक बालक था। वह पढ़-लिख नहीं सकता था। उसके सहपाठी उसका मज़ाक उड़ाते थे। वह बहुत दुःखी रहता था। परेशान होकर वह किसी ज्योतिष के पास गया। ज्योतिषी ने कहा- "तुम पढ़ नहीं पाओगे। तुम्हारे हाथ में विद्या की रेखा नहीं है।' एक दिन रास्ते में जाते हुए उसने कुएँ की जगह पर रस्सी के निशान को देखा। उसने सोचा यदि कठोर पत्थर पर निरंतर रस्सी की रगड़ के निशान पड़ सकते हैं, तो मैं भी निरंतर पढ़ने का अभ्यास करके विद्वान बन सकता हूँ। फिर उसने पढ़ाई का अभ्यास किया और एक बड़ा विद्वान बन गया।

निरंतर अभ्यास व्यक्ति की कार्यकुशलता को निखारता है। अभ्यास के दौरान कभी-कभी नकारात्मक भाव भी उत्पन्न होते हैं, परंतु उन्हें स्वयं पर हावी नहीं होने देना चाहिए, क्योंकि वह विकास के पथ में बाधा उत्पन्न करते हैं। अभ्यास के द्वारा व्यक्ति अपनी बाधाओं का डटकर मुकाबला करता है तथा विषम परिस्थितियों पर नियंत्रण पा लेता है। अभ्यास ही व्यक्ति को कर्त्तव्य के पथ पर ले जाता है एवं सफलता प्राप्त करने में सहायता करता है। कोई भी व्यक्ति सर्वगुण संपन्न नहीं होता और न ही ज्ञान का भंडार लेकर जन्म लेता है।

**सीख**

हमें निरंतर अभ्यास के द्वारा अपने ज्ञान को बढ़ाने का प्रयास करना चाहिए तथा अपनी योग्यता पर विश्वास होना चाहिए। हमें अपने लक्ष्य की प्राप्ति के लिए निरंतर अभ्यास करते रहना चाहिए, अतिविश्वासी नहीं होना चाहिए, इसलिए कहा गया है

"करत-करत अभ्यास के जड़मति होत सुजान
रसरी आवत जात ते सिल पर परत निशान।"

**Q.7 एक ऐसी मौलिक कहानी लिखो, जिसके अंत में आपके विचार से यह स्पष्ट हो कि 'बिना विचारे जो करे, सो पाछे पछताए।' [ICSE 2020]**

उत्तर "बिना विचारे जो करे, सो पाछे पछताए" अर्थात् किसी भी कार्य को बिना सोच-विचार किए अनायास नहीं करना चाहिए, अन्यथा हानिकारक या नकारात्मक परिणाम भुगतने पड़ सकते हैं। कोई भी कार्य संभावित परिणामों पर सावधानीपूर्वक विचार करने के बाद ही संपन्न करना चाहिए। आतुर होकर काम करने से कार्य बिगड़ जाता है।

बहुत समय पहले की बात है। एक राजा था। उसे पशुओं से बहुत अधिक प्रेम था। उसने अपने राज्य में अनेक प्रकार के पशुओं को पाल रखा था। उन पशुओं में उसे ऐरावत नामक हाथी सर्वाधिक प्रिय था। राजा को ऐरावत के साथ समय व्यतीत करना बहुत अच्छा लगता था। वह जब भी राज्य से बाहर जाता, ऐरावत को अपने साथ ले जाना नहीं भूलता था।

कुछ वर्षों के बाद राजा का पुत्र पैदा हुआ। वह अपने पुत्र को ऐरावत हाथी के साथ खिलाता था। उसकी पत्नी को राजा का ऐसा व्यवहार बिलकुल भी पसंद नहीं था। उसके मन में ऐरावत को लेकर भय बना रहता था कि कहीं ऐरावत उसके पुत्र को किसी प्रकार की क्षति न पहुँचा दे। एक दिन जब रात में सब सो रहे थे, तब अचानक एक विषैला साँप उनके महल में घुस आया। ऐरावत हाथी को जब किसी साँप की उपस्थिति का आभास हुआ, तो उसने सबको जगाने का भरपूर प्रयास किया, किंतु सभी ने उसकी आवाज़ को अनसुना कर दिया। अनहोनी की आशंका से भयभीत हो ऐरावत स्वयं महल के दरवाज़े तोड़कर अंदर घुस गया। जब उसने साँप को राजा के पुत्र के कमरे में घुसते देखा, तो स्वयं भी दरवाज़ा तोड़कर कमरे में घुस गया और साँप को मार डाला। तभी राजा जागकर पुत्र के पास पहुँचा, परंतु वह ऐरावत की पशु भाषा न समझ सका। राजा को लगा कि ऐरावत पागल हो गया है, तभी वह ऐसा व्यवहार कर रहा है। अतः उसने अपने पुत्र को बचाने के लिए ऐरावत को मार डाला। जब राजा को इस सत्य का पता चला कि ऐरावत उसके पुत्र को बचाने के लिए ऐसा व्यवहार कर रहा था, तब उसे अपने बिना सोचे-समझे किए गए कार्य पर बहुत पछतावा हुआ। इसलिए कहा गया है

"बिना विचारे जो करे, सो पाछे पछताए।

**सीख**

इस कहानी से हमें यह सीख मिलती है कि हमें बिना सोचे-विचारे कोई कार्य नहीं करना चाहिए और न कोई निर्णय लेना चाहिए अन्यथा परिणाम अहितकर हो सकता है।

**Q.8 एक मौलिक कहानी लिखिए, जिसका अंत प्रस्तुत वाक्य से पूरा किया गया हो और मैंने राहत की साँस लेते हुए सोचा कि आज मेरा मानव जीवन सफल हो गया। [ICSE 2019]**

उत्तर एक दिन मैं अपने मित्रों के साथ 'कमला नगर' घूमने गया। हम सभी मित्र मस्ती करते हुए घूमने का आनंद ले रहे थे। तभी मेरी नज़र एक बच्चे पर पड़ी, जो वजन तौलने की मशीन लिए बाज़ार में बैठा था। उसके पास एक किताब थी। जब मैंने उस बच्चे से पूछा कि तुम स्कूल जाते हो, तो वह बहुत दीन वचनों के साथ बोला कि हम गरीबों को कौन स्कूल भेजता है? यदि स्कूल जाएँगे, तो काम कौन करेगा, लेकिन मेरा पढ़ने तथा स्कूल जाने का बहुत मन करता है। उसकी बातें सुनकर मुझे बहुत दुःख हुआ कि पढ़ने की आयु में उस बच्चे को काम करना पड़ा रहा है। उस समय तो मैं वहाँ से अपने मित्रों के साथ चला आया, किंतु घर आकर मुझे बार-बार उस बच्चे की बातें याद आने लगीं। मैंने मन-ही-मन निर्णय लिया कि उस बच्चे के लिए मुझे अवश्य कुछ करना चाहिए। अगले ही दिन मैं उस बच्चे से मिलने के लिए फिर से गया। मैंने देखा, वह कल की ही भाँति आज भी वह एक मशीन लिए बाज़ार में बैठा हुआ था। मैं उसके पास गया और उससे पूछने लगा कि यदि तुम्हें स्कूल जाने का मौका मिले, तो तुम स्कूल जाना चाहोगे? उसने 'हाँ' में उत्तर दे दिया, परंतु दूसरे ही क्षण वह शांत हो गया। शायद उसे लगा कि मैं उसके साथ मज़ाक कर रहा हूँ। उसी समय मैंने एक एन.जी.ओ. के विषय में उसे बताया, जो उस जैसे गरीब और असहाय बच्चों को मुफ्त में शिक्षा देती है। मैंने उसके परिवार के सदस्यों से बात करके उसका एन.जी.ओ. में नाम लिखवा दिया। जब वह बच्चा एन.जी.ओ. में पढ़ने के लिए जाने लगा, तो मैंने राहत की साँस लेते हुए सोचा कि आज मेरा मानव जीवन सफल हो गया।

इस प्रकार विपरीत परिस्थितियों में एक-दूसरे की सहायता करना मनुष्य का परम मानवीय गुण है। एक कवि ने कहा है कि मंदिर में दीप जलाने और तिलक लगाने से श्रेष्ठ है कि आप गरीब लोगों का कष्ट दूर कीजिए। प्रत्येक मनुष्य अपने सामर्थ्य के अनुसार ही परोपकार करने में सक्षम है। गरीब असहाय व्यक्ति की सहायता करने में सच्चा परोपकार होता है।

**सीख**

इस कहानी से हमें यह सीख मिलती है कि हमें अपने सामर्थ्य के अनुसार ज़रूरतमंदों की सहायता करनी चाहिए। दूसरों की सहायता करना ही सच्चा धर्म है।

**Q.9 एक ऐसी मौलिक कहानी लिखिए, जिसके अंत में यह वाक्य लिखा गया हो- "अंततः मैं अपनी योजना में सफल हो सका या हो सकी।" [ICSE 2018]**

उत्तर मैं बचपन में अक्सर अपने दादाजी से एक बात सुना करता था कि तुम्हारा जीवन तभी सफल है, जब तुम दूसरों के काम आ सको। तब ये बातें मेरे समझ में नहीं आती थीं, लेकिन पिछले दिनों मेरे साथ एक ऐसी घटना घटी, जिसने मुझे अंदर तक झकझोर दिया और दादाजी की बातें बार-बार स्मरण होकर अपनी सत्यता को सिद्ध करने लगीं। उस रात में ऐसे ही टहलने के लिए घर से बाहर निकला। मन में पहले से ही बहुत-सी बातों को लेकर उधेड़-बुन चल रही थी, तभी अचानक मेरी नज़र सड़क की दूसरी ओर बने कूड़ेदान पर पड़ी।

मैंने देखा, वहाँ सात से आठ साल के कुछ बच्चे कूड़ा उठा रहे थे। एकदम से मेरी नज़र एक बच्चे पर आकर रुक गई। मैं सड़क पार करके उनके पास गया, तो देखा वह बच्चा कूड़ेदान में फेंकी गई खाने से भरी हुई पॉलिथीन ढूँढ़ रहा था और उनमें से खाना निकालकर खा रहा था। मेरा शरीर उस दृश्य को देखकर निःस्तब्ध रह गया।

पूरे रास्ते मेरे मन में वही दृश्य चलता रहा। मैंने घर पहुँचकर निर्णय लिया कि भूख से तड़पते इन बच्चों के लिए अपने स्तर पर कुछ-न-कुछ कार्य अवश्य करूँगा। मैंने अपने कुछ साथियों को इस घटना के विषय में बताया और मिलकर उनकी सहायता करने के लिए कहा। मैंने उन्हें सुझाव दिया कि हम लोग शाम के समय मोहल्ले के ढाबों और रेस्टोरेंट से उनका बचा हुआ खाना सस्ते दामों पर खरीदकर इन बच्चों में बाँट देंगे। सभी ने मेरे निर्णय की प्रशंसा करते हुए अपने स्तर पर सहयोग करने की बात कही।

अगले दिन शाम को हमने अपनी योजना अनुसार कार्य किया और कुछ बच्चों को भोजन कराया। अंततः अपने दोस्तों की सहायता से मैं अपनी योजना में सफल हो सका।

**सीख**

इस कहानी से हमें सीख मिलती है कि यदि संभव हो, तो हमें ऐसे लोगों के लिए अवश्य कुछ कार्य करना चाहिए, जो भरपेट भोजन करने में भी असमर्थ हैं। भूखे को खाना खिलाना सबसे बड़ा परोपकार है।

**Q.10 अरे मित्र! "तुमने तो सिद्ध कर दिया कि तुम ही मेरे सच्चे मित्र हो।" इस पंक्ति से आरंभ करते हुए कोई कहानी लिखिए। [ICSE 2017]**

उत्तर अरे मित्र! "तुमने तो सिद्ध कर दिया कि तुम ही मेरे सच्चे मित्र हो।" यही कथन था उस दिन मनोज का जब सुरेंद्र ने उसे कुछ अज्ञात हमलावरों से बचाया था।

मनोज और सुरेंद्र दोनों बहुत अच्छे मित्र थे। दोनों की आयु में भी ज्यादा अंतर नहीं था। दोनों बचपन से एक साथ रहे थे, एक साथ खेलते, स्कूल जाते थे तथा एक साथ ही दोनों ने कॉलेज में प्रवेश लिया। उनकी मित्रता के चर्चे पूरे गली-मोहल्ले में हुआ करते थे। किसी एक को ढूँढ़ना हो, तो दूसरा अपने आप मिल जाता था।

घटना उस रात की थी, जब मनोज के कॉलेज में पार्टी थी और उसे घर आने में देरी हो गई। बस स्टैंड से घर की दूरी ज्यादा तो नहीं थी, लेकिन रास्ते में रोशनी न होने के कारण पूरे रास्ते में अँधेरा और सन्नाटा पसरा रहता था। मनोज जब घर की ओर लौट रहा था, तो दोनों ओर खड़ी ऊँची-ऊँची झाड़ियों से उसे किसी के गुजरने की आवाज़ आई। वह डर तो रहा था, लेकिन फिर भी वहाँ उस आवाज़ के बारे में जानने के लिए रुक गया। उसने झाड़ियों की ओर कान लगाकर सुनने की कोशिश की, पर उसे कुछ सुनाई नहीं दिया और वह उस आवाज़ को भ्रम मानकर आगे बढ़ गया।

वह थोड़ी दूर ही बढ़ा था कि उसे वह आवाज फिर से सुनाई दी, लेकिन इस बार वह जैसे ही पीछे मुड़ा वैसे ही कुछ लोगों ने उस पर हमला कर दिया और उससे उसका मोबाइल व पैसे छीनने लगे। मनोज उनसे लड़ता रहा और ज़ोर-ज़ोर से सहायता के लिए पुकारने लगा। वहाँ से सुरेंद्र के घर की दूरी ज्यादा न होने के कारण सुरेंद्र बाहर से आने वाले शोर को सुनकर घर से बाहर निकला और टॉर्च लेकर उसी रास्ते की ओर चल दिया, जहाँ से आवाज आ रही थी। थोड़ी दूर चलने पर उसने मनोज को पहचान लिया और ज़ोर-ज़ोर से आवाज लगाते हुए गली के अन्य लोगों को बुलाकर मनोज की सहायता करने के लिए पहुँच गया। जैसे ही मनोज पर हमला करने वाले बदमाशों ने लोगों को आते देखा, वे मनोज को छोड़कर भाग गए।

सुरेंद्र ने जख्मी हालत में रास्ते पर पड़े मनोज को उठाया और उसे घर लेकर आ गया। ऐसी मुसीबत की घड़ी में अपनी सहायता के लिए पहुँचे सुरेंद्र का धन्यवाद करते हुए उस दिन मनोज ने कहा था अरे मित्र ! "तुमने तो सिद्ध कर दिया कि तुम ही मेरे सच्चे मित्र हो।"

**सीख**

इस कहानी से हमें यह सीख मिलती है कि एक सच्चा मित्र ही मुसीबत में पड़े मित्र के काम आता है तथा उसकी सहायता करता है। वास्तव में, सच्चा मित्र वही है, जो संकट में पड़े मित्र की सहायता करे।

**Q.11 'वही मनुष्य है कि जो मनुष्य के लिए मरे' उक्ति को आधार बनाकर एक कहानी लिखिए। [ICSE Specimen 2017, 2011]**

उत्तर सृष्टि के प्रारंभ से ही हम दो प्रकार के मानवों से परिचित होते आए हैं, जिनमें प्रथम हैं सत्य और मानवीय गुणों से युक्त और द्वितीय है असत्य मार्गी और राक्षसीय गुणों से युक्त मानव। यह शाश्वत सत्य है कि बुराई पर भलाई की सदा जीत होती है। सत्य के मार्ग पर चलने वाला गुणी और मानवतावादी दृष्टिकोण रखने वाला मनुष्य सदा श्रेष्ठ होता है। जो इंसान मनुष्यता की भलाई के लिए स्वयं के जीवन को भी झोंक देता है, वह देवता के समान है और वही श्रेष्ठ मानव है। ऐसी ही एक घटना कुछ दिन पहले घटी, जिसने मेरे मन-मस्तिष्क को बहुत अधिक प्रभावित किया है।

पिछले महीनें मैं अपने परिवार के साथ मनाली घूमने गया था और बस में हमारे साथ तीस छात्रों का एक समूह भी था, जो अपने दो अध्यापकों के साथ पिकनिक मनाने आया था। हमने दो दिन एक साथ गुज़ारे और विभिन्न दर्शनीय स्थलों के दर्शन किए। तीसरे दिन हम सब एक साथ व्यास नदी के समीप भ्रमण के लिए गए। मेरे पिताजी ने नदी के बीच में जाने से मना कर दिया,परंतु उस समूह के 15 छात्र नदी के बीच में जाकर फोटोग्राफी करने लगे। कुछ समय उपरांत अचानक तीव्र गति से नदी का जल स्तर बढ़ गया। सभी छात्र चिल्लाने लगे। चारों ओर हाहाकार मच गया। छात्र स्वयं को बचाने के लिए विशाल पत्थर को पकड़े थे। कोई भी छात्रों को बाहर निकालने की हिम्मत न दिखा सका। तभी अचानक दो युवा फरिश्ता बनकर आए और नदी में कूद गए। उन्होंने कठिन संघर्ष करके उन छात्रों को रस्सी द्वारा बाहर निकाला। अब अंतिम छात्र को निकालना शेष था। बचाव करने वाला एक युवा बेहद थक चुका था, किंतु उसने हिम्मत नहीं हारी और उस छात्र को किनारे तक पहुँचा दिया, लेकिन काल के चक्र से वह स्वयं को न बचा सका। अंतिम लहर की तेज़ गति से वह लहरों में समा गया। अगले दिन उसका शव गोताखोरों को प्राप्त हुआ। यह युवा अपने प्राणों की परवाह किए बिना 15 छात्रों की जान बचा गया। इस पूरे दृश्य ने हम सबकी आँखों को नम कर दिया और यह कभी न भूलने वाली घटना बन गई।

**Q.12 एक मौलिक कहानी लिखिए, जिसका आधार निम्नलिखित उक्ति हो "मन के हारे हार है, मन के जीते जीत।" [ICSE 2015]**

उत्तर "मन के हारे हार है, मन के जीते जीत" अर्थात् यदि हमारे मन में किसी कार्य के प्रति दृढ संकल्प है, तो कोई भी कार्य असंभव नहीं है। यदि हमारे मन ने हार मान ली, तो हार निश्चित हो जाएगी और यदि हमारे मन में आत्मविश्वास है, जीतने की इच्छा है, तो जीत निश्चित होती है।

एक बार की बात है, दो राजाओं के बीच भयंकर युद्ध हुआ। जैसा होता है कि युद्ध में एक की ही विजय होती है और एक की हार निश्चित होती है। इस युद्ध में भी ऐसा ही हुआ। एक राजा इस युद्ध में हार गया। उसे जन-धन की बहुत हानि हुई। उसके सैनिक पराजित राजा को ढूँढ़ रहे थे। पराजित राजा अपना जीवन बचाने के लिए भागा-भागा फिर रहा था। उसने छिपते-छिपाते एक गुफा में शरण ली। वह मन से पूरी तरह पराजित हो चुका था। गुफा में छिपा हुआ भी वह मानो अपनी मृत्यु की प्रतीक्षा कर रहा था। उसे इस बात का पूरा विश्वास था कि शत्रु की तलवार कभी भी उसका काम तमाम कर देगी। वह इन्हीं विचारों में खोया हुआ था कि उसकी नज़र एक मकड़ी पर पड़ी, जो गुफा के दरवाज़े पर जाला बनाने में व्यस्त थी। उसकी कोशिशें बार-बार नाकाम साबित हो रही थीं, लेकिन उसने प्रयास करना नहीं छोड़ा। राजा ने सोचा कि वह बेकार ही प्रयत्न कर रही है। भला आधार के बिना जाला कैसे बन सकता है, लेकिन थोड़ी देर बाद राजा ने देखा कि मकड़ी जाला बनाने में सफल हो गई। कुछ ही समय में पूरी गुफा के मुँह पर जाला बनाया जा चुका था। तभी शत्रु सैनिक वहाँ आ पहुँचे, लेकिन खोह के मुँह पर मकड़ी का जाला बना देख लौट गए। करीब आई हुई मृत्यु तो टल गई, पर राजा एक गहरे विचार में पड़ गया। उसने सोचा कि मैं स्वयं तन-मन से पराजित था। अतः मैंने मकड़ी को भी हारा हुआ मान लिया, लेकिन वह छोटी-सी मकड़ी हारी हुई नहीं थी। वह बार-बार गिरकर भी निराश और परास्त नहीं हुई। क्या मैं मनुष्य होकर भी इस मकड़ी से दुर्बल हूँ? उसने अपने मन को मजबूत किया और संकल्प लिया कि वह अपने शत्रुओं को अवश्य पराजित करेगा। वह तुरंत उस गुफा से बाहर आया। अब वह एक हताश-निराश एवं पराजित राजा नहीं था, वरन् मजबूत इरादे वाला व्यक्ति था, जिसे हर हाल में विजय प्राप्त करनी थी। उसने अपने साथियों को एकत्र किया और अंत में अपने शत्रु को हराकर अपना राज्य पुनः प्राप्त किया। अतः यह सच ही है कि

"मन के हारे हार है, मन के जीते जीत"

**सीख**

प्रस्तुत कहानी से हमें यह शिक्षा मिलती है कि हमें अपने मन को मजबूत और दृढ़ संकल्प करके कार्य करना चाहिए, तभी हमें सफलता प्राप्त हो सकती है।

**Q.13 एक मौलिक कहानी लिखिए, जिसका आधार निम्नलिखित उक्ति हो "परिश्रम ही सफलता का सोपान है।" [ICSE 2013]**

उत्तर "परिश्रम ही सफलता का सोपान है",अर्थात् मेहनत करने से ही सफलता मिलती है। प्रत्येक इंसान अपने कर्म और मेहनत के बल पर ही अपना भविष्य निर्मित करता है। कुछ लोग जन्मजात प्रतिभाशाली होते हैं,परंतु वे निरंतर कठिन मेहनत के बल पर ही कामयाबी पाते हैं, जो परिश्रम से जी चुराते हैं, वे अपने जीवन को नष्ट कर लेते हैं।

मेरे मित्र के बड़े भाई ने वर्ष 2005 में एल.एल.बी. की परीक्षा पास की,परंतु घर की आर्थिक स्थिति ठीक न होने के कारण उन्होंने आगे की पढ़ाई छोड़कर नौकरी करनी आरंभ कर दी। इसके साथ ही वे प्रतियोगी परीक्षाओं की तैयारी भी करने लगे।

वर्ष 2017 तक नियमित अध्ययन और मेहनत के बावजूद उन्हें कामयाबी नहीं मिली,परंतु उन्होंने हार नहीं मानी। एक वकील के अधीन कार्य करते हुए उन्होंने एल.एल.एम. की परीक्षा दी और प्रथम श्रेणी से उत्तीर्ण हुए। उसके बाद पुनः एक अध्यापक के परामर्श से परीक्षाओं की तैयारी आरंभ की। उन्हें सफलता मिली और उन्होंने क्लर्क की नौकरी प्राप्त की। अब थोड़ा आर्थिक स्थिति में सुधार हो गया था,परंतु मन में अभी भी 'जज' बनने की इच्छाशक्ति कम नहीं हुई थी। उन्होंने पुनः स्वयं को अध्ययन करने के लिए तैयार किया। दिन में कार्यालय से आने के बाद वे रात 10 से 2 बजे तक प्रतिदिन

मेहनत और लगन से परीक्षा की तैयारी करते थे। अपने शुरू के प्रयासों में उन्हें असफलता मिली, जिससे वह मायूस तो हुए,परंतु स्वयं पर उन्हें पूरा विश्वास था। अपने अंतिम प्रयास को लक्षित करते हुए उन्होंने 3 महीने के लिए कार्यालय से अवकाश लेकर दिन-रात अथक परिश्रम किया और परीक्षा दी। एक महीने पश्चात् रिजल्ट आया और इस बार उनकी मेहनत और विश्वास का फल उन्हें मिला। उन्होंने प्रथम रैंक के साथ जज की परीक्षा पास की और परमात्मा की कृपा से उनको हमारे शहर में ही पद सँभालने का अवसर मिला। उन्हें नियमित अभ्यास, कठोर परिश्रम और आत्मविश्वास से ही लक्ष्य की प्राप्ति हुई।

**सीख**

इस कहानी से हमें यह सीख मिलती है कि परिश्रम कभी निष्फल नहीं होता। मेहनत करने से ही सफलता पाई जा सकती है।

**Q.14 एक मौलिक कहानी लिखिए, जिसका आधार निम्नलिखित उक्ति हो "दूर के ढोल सुहावने"** **[ICSE 2010]**

उत्तर 'दूर के ढोल सुहावने' अर्थात् दूर से सब आकर्षक और लुभावना लगता है, लेकिन पास जाने पर ही वास्तविकता का पता चलता है। यह एक कटु सत्य है कि मानव का वास्तविक परिचय उसके व्यवहार व आचरण से ही पता चलता है अन्यथा दूर से तो सब आकर्षक ही प्रतीत होते हैं।

मेरी माताजी के दूर के रिश्ते के एक भाई थे। माताजी उनका खूब सम्मान एवं प्रशंसा करती थीं। दस वर्षों के अंतराल के बावजूद वह उनसे पुराने स्नेह की उम्मीद रखती थीं। वह उनके बारे में सदैव यही कहती थीं कि वे अत्यंत नेक व मिलनसार हैं। माताजी जब भी उनसे फोन पर बात करतीं, तब वे उनके घर दिल्ली आने का मौखिक निमंत्रण देते रहते थे। इसी स्नेह को हकीकत मानकर माताजी उनका गुणगान करती रहती थीं। एक दिन उन्होंने उनसे मिलने का निश्चय कर लिया, इसकी सूचना उनको दे दी गई। मैं माताजी सहित बस द्वारा दिल्ली की ओर रवाना हुआ। माताजी बेहद खुश और भावुक थीं। उन्होंने अत्यंत स्नेह से अपने हाथों से बने कुछ पकवान और एक स्वेटर साथ रख लिया। दिल्ली पहुँचने पर उन्हें सूचना दे दी गई थी,परंतु उन्होंने व्यस्तता दिखाते हुए थोड़ा इंतज़ार करने को कहा। इस घटना से माताजी थोड़ी विचलित हुई,परंतु मेरे समझाने पर शांत हो गईं। एक घंटे पश्चात् उनका ड्राइवर अकेले आया, जबकि वे घर पर मौजूद थे।

हम उनके घर पहुँचे, ड्राइवर ने हमें बैठक में बैठाया। कुछ समय पश्चात् उनके आने पर माताजी अत्यंत भावुक हो गईं और हालचाल पूछने लगीं। उनके व्यवहार से हमें ऐसा प्रतीत हो रहा था, कि वे हमसे मिलकर ज्यादा प्रसन्न नहीं हुए, तब माताजी ने उन्हें सस्नेह पकवान तथा स्वेटर भेंट किए,परंतु उन्होंने कोई बहाना बनाते हुए वह भेंट ड्राइवर को दे दी।

इस घटनाक्रम से माताजी का हृदय व्यथित हो चुका था। मैंने तब माँ को सँभाला और यथार्थ को समझाने की कोशिश की। अब वहाँ ठहरना माताजी को कष्टप्रद हो रहा था। हमने किसी तरह रात गुजारी और अगले दिन प्रातःकाल ही अपने घर के लिए प्रस्थान कर गए। घर पहुँचने पर मैंने माताजी को सांत्वना दी, तब माताजी शांत हुईं। मैंने उन्हें स्पष्टतः समझाया कि देखा आज यह उक्ति चरितार्थ हो गई है कि

'दूर के ढोल सुहावने होते हैं।''

**सीख**

इस कहानी से हमें यह सीख मिलती है कि दूर से अच्छी और लुभावनी लगने वाली प्रत्येक वस्तु और व्यक्ति अच्छा नहीं होता। अतः जो हमारे पास है, उसका महत्त्व समझना चाहिए।

**Q.15 एक मौलिक कहानी लिखिए, जिसका आधार "अतिथि देवो भवः" उक्ति हो।**

उत्तर "अतिथि देवो भवः" अर्थात् कि अतिथि देवतास्वरूप होता है। भारतीय संस्कृति में अतिथि को ईश्वर के समान माना गया है। अतिथि के सेवा-सत्कार से बढ़कर कुछ पुण्य नहीं है। अतः घर आने वाले प्रत्येक अतिथि के पूर्ण सम्मान किया जाना चाहिए। हमारे देश में ऐसा माना जाता है कि अतिथि के रूप में साक्षात् ईश्वर ही हमारे घर आते हैं, इसलिए उनके आदर-सत्कार में किसी प्रकार की कमी नहीं रखनी चाहिए।

कुछ समय पहले की बात है। मैं घर पर अकेला था। ग्रीष्मावकाश होने के कारण मैं अक्सर घर अकेला ही रहता था, क्योंकि मम्मी-पापा दोनों अपने-अपने कार्यालय चले जाते थे कार्यालय जाने से पहले मम्मी मुझे रोज़ समझाकर जाती कि मैं किसी भी अनजान व्यक्ति को अंदर घर में प्रवेश न करने दूँ। एक दिन जब मैं घर पर अकेला था तो एक बुजुर्ग अंकल ने घर का दरवाज़ा खटखटाया। मैंने दरवाज़ा खोला, तो उन अनजान अंकल को देखकर उनसे सवाल-जवाब करने लगा। उन्होंने मुझसे कहा कि वे मेरे दूर के रिश्ते के दादाजी हैं। मैंने उन्हें दरवाज़े पर ही खड़ा करके, मम्मी-पापा दोनों को फ़ोन किया,परंतु उमसें बात न हो सकी। जब मैं दरवाजे पर गया, तो वह बुजुर्ग दादाजी खड़े-खड़े थक चुके थे। अतः संस्कारवश मैंने उन्हें अंदर बुला लिया और उनके लिए पानी लेकर आया। पानी पीने के बाद वह थोड़ा सहज हुए। फिर मैंने उनके लिए चाय-नाश्ता का भी प्रबंध कर दिया।

हम दोनों ने साथ बैठकर चाय-नाश्ते का आनंद लिया। फिर उन्होंने मुझे अपने और अपने परिवार वालो के बारे में बताया तथा मुझे ज्ञानवर्द्धक बाते भी बताईं। मुझे उनके साथ समय बिताने में बहुत आनंद आया। उन्होंने मुझसे कहा कि 'मुझे तुम्हारे साथ बहुत मज़ा आया। तुमने मुझे जो मान-सम्मान दिया है, मैं उसे कभी नहीं भुला सकता। आज तुमने 'अतिथि देवो भवः' की उक्ति को सार्थक कर दिया।'' फिर वह जाने लगे। उनके जाने से मैं मन-ही-मन बहुत दुःखी हो रहा था, किंतु उनके साथ बिताए पल मेरे हृदय पर सदैव के लिए अंकित हो गए थे। मम्मी-पापा के आने पर मैंने उन्हें पूरा वृत्तांत सुनाया। थोड़ी देर के लिए वे मुझ पर बहुत क्रोधित हुए। अचानक उनका ध्यान उस बुजुर्ग के थैले पर पड़ा, जिसे वे मेरे घर पर ही भूल गए थे। उस थैले में मिले पहचान-पत्र को देखकर पिताजी ने कहा कि वह बुजुर्ग उनके गाँव के रिश्तेदार हैं, जो अब हमारे शहर में ही रहने लगे हैं।

**सीख**

यह सत्य है कि हमें अनजान व्यक्ति पर भरोसा नहीं करना चाहिए,परंतु साथ ही हमें घर आए व्यक्ति का अपमान न करके उन्हें आदर-सत्कार देना चाहिए, क्योंकि यही भारतीय संस्कृति की पहचान है।

3

# चित्र लेखन

### चित्र लेखन से आशय

चित्र लेखन एक ऐसी शैली है, जिसमें हम चित्र को देखकर मन में उठने वाले भावों को शब्दबद्ध करते हैं। इससे हमारी कल्पनाशक्ति तथा बौद्धिक क्षमता का पता चलता है। किसी दिए गए चित्र के विवरण को शब्दों में व्यक्त करने की प्रक्रिया को चित्र वर्णन कहते हैं। इसमें चित्र में दिखाए गए दृश्य, वस्तुएँ, व्यक्ति, उनका भाव, परिवेश और उनकी गतिविधियों का वर्णन किया जाता है। इसका उद्देश्य पाठक को चित्र का सजीव अनुभव कराना होता है। चित्र वर्णन लेखन में कल्पना और शब्दों का सजीव उपयोग महत्त्वपूर्ण है। यह कौशल साहित्यिक लेखन, निबंध या रचनात्मक लेखन में बहुत उपयोगी होता है।

### चित्र वर्णन के समय ध्यान रखने योग्य बातें

- सबसे पहले चित्र का भली-भाँति अवलोकन कर लेना चाहिए, जिससे उसके हर पक्ष को अच्छी तरह से समझा जा सके।
- कई बार चित्रों के साथ शब्दों की सूची भी दी जाती है। ऐसे में उन शब्दों का चित्रों के साथ मिलान करते हुए इस पर विचार करें कि किस प्रकार अपनी बात को रोचक तरीके से कहा जाए।
- भाषा सरल तथा स्पष्ट होनी चाहिए। वाक्य न अधिक बड़े हों और न ही अधिक छोटे हों।
- वाक्यों का चयन इस प्रकार होना चाहिए कि वे एक-दूसरे से संबंधित हों न कि विरोधाभासी तथ्यों को प्रकट करते हों।
- यदि चित्र के साथ शब्द सूची दी हुई है, तो उन शब्दों में आवश्यकतानुसार लिंग, वचन, कारक, काल आदि का परिवर्तन किया जा सकता है। इस बात का विशेष ध्यान रहे कि चित्र में जो बात कही जा रही है, उसका मूलभाव परिवर्तित न हो।
- चित्र में स्थित एक ही भाव अथवा विचार को आगे बढ़ाना चाहिए।
- चित्र वर्णन में भूमिका अथवा उपसंहार आदि की आवश्यकता नहीं होती। अत: इससे बचना चाहिए।
- यदि हो सके, तो चित्र का केंद्रीय भाव प्रारंभ अथवा अंत में अवश्य लिखना चाहिए।
- लेखन संक्षिप्त, लेकिन सटीक एवं प्रभावी होना चाहिए।

## एग्जाम पैटर्न प्रश्न (15 अंक)

**Q.1 नीचे दिए गए चित्र को ध्यान से देखिए और चित्र को आधार बनाकर उसका परिचय देते हुए कोई लेख, घटना अथवा कहानी लिखिए, जिसका सीधा व स्पष्ट संबंध चित्र से होना चाहिए। [ICSE 2024]**

**उत्तर** यह एक गाँव का दृश्य है, जहाँ चारों ओर पानी ही पानी दिखाई दे रहा है। इसमें दो टूटे हुए कच्चे मकान दिखाई दे रहे हैं तथा झोंपड़ियाँ टूटकर तहस-नहस हो चुकी हैं। दो व्यक्ति इन टूटी झोंपड़ियों को साफ़ करने में लगे हुए हैं। चारों ओर फैले पानी को देखकर यह प्रतीत होता है कि निश्चय ही यहाँ बाढ़ आई होगी, जो कि एक प्राकृतिक आपदा है।

यह चित्र बाढ़ की आपदा का चित्रण करता है, जिसने गाँव के निवासियों के जीवन को प्रभावित किया है। चारों ओर पानी का बहाव इस स्थान के क्षतिग्रस्त होने का भयावहता को दर्शाता है। चित्र में टूटे हुए मकान व झोंपड़ियाँ दिखाई दे रही हैं, जो वहाँ के निवासियों के संघर्ष व उनकी पीड़ा को अभिव्यक्त कर रहे हैं। चित्र में कुछ लोग टूटे घरों को समेटने और सामान को बचाने में लगे हुए हैं। इस चित्र के माध्यम से हमें यह अनुभव होता है कि बाढ़ के कारण यहाँ के लोग किस प्रकार की मुश्किलों का सामना कर रहे हैं, क्योंकि बाढ़ ने इनके क्षेत्र को नष्ट कर दिया है।

प्राकृतिक आपदाओं में से एक आपदा बाढ़ हमारे समाज के लिए एक बहुत बड़ी चुनौती है, जो जीवन और संपत्ति को खतरे में डाल देती है। बाढ़ से पीड़ित लोगों के लिए यह एक अत्यंत पीड़ादायक और अविस्मरणीय समय होता है। बाढ़ एक प्राकृतिक आपदा है, जो अक्सर भारी वर्षा का परिणाम होती है। बाढ़ में किसी भी क्षेत्र में जल बहाव और उचित जल निकासी व्यवस्था की कमी के कारण अत्यधिक पानी जमा हो जाता है। बाढ़ के कई अन्य प्राकृतिक कारण भी हैं; जैसे-नदियों और समुद्रों में पानी का अतिप्रवाह, बाँधों के टूटने से समतल क्षेत्रों में पानी का अतिप्रवाह, ग्लेशियरों के अचानक पिघलने से तटीय क्षेत्रों में पानी का प्रवाह, तूफ़ान और सुनामी इत्यादि। अन्य प्राकृतिक आपदाओं की तरह बाढ़ भी विनाश का कारण बन जाती है।

दुनियाभर में कई देशों के नगरों, कस्बों और गाँवों को भयंकर बाढ़ का सामना करना पड़ा है, जिसने कई हजारों-लाखों जीवों का जीवन छीन लिया तथा कई बहुमूल्य संपदाएँ, पेड़-पौधों आदि को नष्ट कर दिया। बाढ़ से लोगों का जीवन अव्यवस्थित हो जाता है। जहाँ गंभीर बाढ़ आती है, वहाँ जन-धन की हानि तो होती ही है, साथ ही सब कुछ सामान्य होने में महीनों लग जाते हैं। किसी स्थान विशेष पर कई दिनों से जमा हुआ पानी भी विभिन्न बीमारियों के फैलने का कारण बनता है। बाढ़ आने से अकाल का खतरा भी बढ़ जाता है। बाढ़ के प्रभावों में मानवीय, सामाजिक और आर्थिक नुकसान सम्मिलित होते हैं। बाढ़ के दौरान लोगों को अपने घरों को छोड़कर सुरक्षित स्थानों की तलाश करनी पड़ती है, जो उनके लिए अत्यधिक कष्टदायक होता है। संपत्ति का नुकसान होने के कारण लोगों की आर्थिक स्थिति पर भी प्रभाव पड़ता है, क्योंकि बाढ़ के कारण कई लोग अपनी मूल्यवान संपत्ति खो देते हैं।

बाढ़ से बचाव के उपायों को अपनाकर हम अपने समुदाय को सुरक्षित बना सकते हैं। हालाँकि वर्तमान में सरकार इस मुद्दे को गंभीरता से ले रही है और समस्या को नियंत्रित करने के कठोर कदम उठाए जा रहे हैं। सरकार को बाढ़ की समस्या और प्रभावित क्षेत्रों में क्षति से बचने के लिए अच्छी जल निकासी व्यवस्था का निर्माण करना चाहिए।

**Q.2** **नीचे दिए गए चित्र को ध्यान से देखिए और चित्र को आधार बनाकर कोई लेख, घटना अथवा कहानी लिखिए, जिसका सीधा व स्पष्ट संबंध चित्र से होना चाहिए।** **[ICSE 2023]**

*उत्तर* प्रस्तुत चित्र में कुछ बालिकाओं को दिखाया गया है। उनकी वेशभूषा देखकर ऐसा लग रहा है कि वे किसी सरकारी विद्यालय की बालिकाएँ हैं। चित्र में एक बालिका के हाथ में एक पोस्टर प्रतीत हो रहा है, जिस पर अखबार की कुछ कटिंग चिपकाई गई हैं। इस पर कुछ वाहनों के चित्र दिखाई दे रहे हैं। बालिकाओं की देखने की स्थिति से यह पता चल रहा है कि उनके सामने अध्यापक हैं, जो उनको पढ़ा रहे हैं। ऐसा प्रतीत हो रहा है कि अध्यापक उनको यातायात के साधनों के विषय में बता रहे हैं कि आज हम यातायात के साधनों द्वारा दूर-दूर तक बिखरे गाँवों को शहरों से जोड़ रहे हैं। यातायात के साधनों के विकास से राष्ट्र समृद्ध और शक्तिशाली बनता जा रहा है। यातायात के साधनों द्वारा तैयार माल, खाद्यान्न, कृषि उपजें तथा खनिज उत्पाद माँग के अनुसार सुविधापूर्वक भेजे जाते हैं। सुरक्षा की दृष्टि से यातायात के साधनों का बहुत महत्त्व है। बाह्य आक्रमण के समय सेना तथा आवश्यक सामग्री लड़ाई के मोर्चे तक यातायात के साधनों द्वारा आसानी से पहुँचाई जाती है। आधुनिक युग अंतर्राष्ट्रीय संपर्क का युग है। राष्ट्र का औद्योगिक तथा आर्थिक विकास यातायात के साधनों पर ही निर्भर करता है।

अतः हम कह सकते हैं कि यातायात के साधन जितने सुलभ और द्रुतगामी होंगे, देश में आर्थिक विकास भी उतनी ही तीव्रता से होगा।

**Q.3** **नीचे दिए गए चित्र को ध्यान से देखिए और चित्र को आधार बनाकर उसका परिचय देते हुए कोई लेख, घटना अथवा कहानी लिखिए, जिसका सीधा व स्पष्ट संबंध चित्र से होना चाहिए।** **[ICSE Specimen 2023]**

*उत्तर* प्रस्तुत चित्र देखकर ऐसा प्रतीत होता है कि यह चित्र भारत के किसी पिछड़े हुए इलाके या गाँव का है। यहाँ किसी सार्वजनिक स्थान पर बैठकर बच्चे पत्तल में खाना खा रहे हैं। पत्तल में खाने को देखकर ऐसा प्रतीत हो रहा है कि इन बच्चों के लिए ऐसे खाने का प्रबंध किया गया है, जिससे उनको आवश्यक पोषण मिल सके।

भारत के कई ऐसे राज्य हैं, जहाँ पर लगभग आधी आबादी गरीबी रेखा से नीचे जीवन-यापन कर रही है जिस कारण यह आबादी कुपोषण का शिकार हो जाती है। इनको दिन में दो बार तो क्या, एक बार का खाना भी नहीं मिल पाता है, जिसके परिणामस्वरूप बच्चे कमज़ोर हो जाते हैं तथा अनेक बीमारियों का शिकार हो जाते हैं अर्थात् कुपोषित हो जाते हैं। ऐसे में सरकार का यह प्रयास होना चाहिए कि वह गरीबी रेखा से नीचे जीवन-यापन करने वाले परिवारों को सरकारी सहायता उपलब्ध करवाएँ।

कहा जाता है कि बच्चे देश का भविष्य होते हैं और उनमें देश को परिवर्तित करने की क्षमता होती है, परंतु ऐसा तभी संभव होगा, जब देश के प्रत्येक बच्चे को पोषण युक्त भोजन प्राप्त होगा। इसके लिए देश एवं समस्त राज्यों की सरकारों तथा देश के सक्षम व्यक्तियों को आगे आकर हमारे बच्चों के हितों के लिए कार्य करने होंगे। तभी हमारे देश से गरीबी और कुपोषण को दूर किया जा सकता है। समाज के जागरूक नागरिकों को भी गरीबों की सहायता करनी चाहिए, जिससे कोई भी बच्चा भूखा न रहे।

शिक्षा और पोषण साथ-साथ चलने चाहिए। यदि बच्चों को सही दिशा मिलेगी, तो वे भविष्य में अपने और अपने परिवार की स्थिति सुधार सकेंगे। इसलिए यह हमारी नैतिक ज़िम्मेदारी है कि हम अपने आस-पास के गरीब और जरूरतमंद बच्चों की सहायता करें और एक ऐसे समाज का निर्माण करें, जहाँ हर बच्चे को पर्याप्त भोजन और बेहतर भविष्य मिल सके।

**Q.4 नीचे दिए गए चित्र को ध्यान से देखिए और चित्र को आधार बनाकर उसका परिचय देते हुए कोई लेख, घटना अथवा कहानी लिखिए, जिसका सीधा व स्पष्ट संबंध चित्र से होना चाहिए।**

**[ICSE Sem II 2022]**

उत्तर प्रस्तुत चित्र में लड़की एक विद्यालय की छात्रा लग रही है और प्रसन्न होकर एक पौधा लगा रही है। संभवतः उनके विद्यालय में वन महोत्सव कार्यक्रम के दौरान पौधारोपण का कार्यक्रम आयोजित हुआ होगा, जिसके अंतर्गत वह पौधा लगा रही है।

वस्तुतः वृक्ष हमारे जीवन की प्रमुख आवश्यकता हैं। यदि वृक्ष नहीं होंगे, तो हम भी जीवित नहीं रहेंगे। वृक्षों से हमारा अभिन्न संबंध है। वृक्षों की आवश्यकता सर्वोपरि होने के कारण हमें इनका रक्षण व रोपण करना चाहिए। मनुष्य का जीवन ऑक्सीजन पर निर्भर है और ऑक्सीजन हमें पेड़-पौधों से ही प्राप्त होती है। अतः कहा जा सकता है कि वृक्ष ही हमारे जीवन का आधार हैं। वृक्ष के बिना मानव जीवन का धरती पर कोई अस्तित्व नहीं रहेगा। यदि हमें पर्यावरण को बचाना है, तो पृथ्वी पर अधिकाधिक संख्या में पौधारोपण करना होगा। प्रत्येक व्यक्ति का दायित्व होना चाहिए कि अपने पूरे जीवन में कम-से-कम एक वृक्ष तो अवश्य ही लगाए।

पेड़-पौधें हमें केवल फल, सब्जी ही प्रदान नहीं करते, अपितु जीवन की अन्य मूलभूत आवश्यकताओं की पूर्ति भी करते हैं।

मनुष्य अपने स्वार्थों की पूर्ति हेतु पृथ्वी से लगातार वनों को काटता जा रहा है। कृषि के लिए भूमि प्राप्त करना, घरों व कारखानों का निर्माण करना, फर्नीचर बनाने एवं लकड़ी का उपयोग ईंधन के रूप में करना आदि के लिए मनुष्य द्वारा वनों की कटाई की जा रही है, जिसके कारण वातावरण में प्रदूषण की मात्रा बढ़ती जा रही है और स्वच्छ हवा प्रदूषित होती जा रही है। यदि ऐसा ही चलता रहा, तो एक दिन पृथ्वी से सारे वृक्ष समाप्त हो जाएँगें और साँस लेने के लिए ऑक्सीजन नहीं बचेगी और पृथ्वी से जन-जीवन पूर्ण रूप से नष्ट हो जाएगा।

अतः आवश्यक है कि पृथ्वी पर प्रकृति का उचित संतुलन बनाए रखने हेतु हम निरंतर वृक्षारोपण करें, जिससे पृथ्वी पर वनों का अभाव न हो सके और जीवन का अस्तित्व बना रहे। वृक्षारोपण ही एकमात्र यह विकल्प है कि पृथ्वी पर वनों का अभाव न हो। इसी गंभीर समस्या पर ध्यान देते हुए सरकार ने नई वन नीति की घोषणा करके 'वन महोत्सव' को प्रेरित किया है। इससे वन रोपण के कार्य में तेज़ी आई है।

**Q.5 नीचे दिए गए चित्र को ध्यान से देखिए और चित्र को आधार बनाकर उसका परिचय देते हुए कोई लेख, घटना अथवा कहानी लिखिए, जिसका सीधा संबंध चित्र से होना चाहिए।**

**[ICSE Specimen Sem II 2021]**

उत्तर प्रस्तुत चित्र में एक छोटी बालिका हाथ में एक बर्तन में दूध लेकर सामने बैठे कुत्ते को पिलाने का प्रयास कर रही है। कुत्ता शांत भाव से बैठा हुआ दिखाई दे रहा है। यह चित्र किसी सड़क का लग रहा है। इसमें बालिका का कुत्ते के प्रति प्रेम भाव स्पष्ट दिखाई दे रहा है। बचपन सबसे सुंदर समय होता है। इस समय बालक का मन साफ़, स्वच्छ तथा निश्छल होता है। वह न केवल अपने परिवार, बल्कि अन्य प्राणियों के प्रति प्रेम भाव से परिपूर्ण होता है। यह चित्र मानवता का सबसे सुंदर उदाहरण प्रस्तुत कर रहा है। हमारे जीवन में पशु-पक्षी बहुत ही महत्त्वपूर्ण भूमिका निभाते हैं। हम जिस समाज में रहते हैं, वहाँ गाय, कुत्ता आदि पशु दिखाई देते हैं। कुछ लोग पशुओं के प्रति अच्छा व्यवहार नहीं करते हैं, लेकिन यह हमारी नैतिक ज़िम्मेदारी बनती है कि हम उनसे से प्रेम रखें तथा उनके साथ अच्छा व्यवहार करें। कुत्ता एक वफ़ादार जानवर समझा जाता है। उसके प्रति हमारे मन में सहानुभूति होनी चाहिए। कभी-कभी देखा जाता है कि कुत्ता अपने मालिक के प्रति वफ़ादारी व्यक्त करने हेतु अपनी जान तक खतरे में डाल देता है। हम जैसा उसे दिखाते हैं, वह वैसा ही करता है। न केवल पालतू पशु, बल्कि सड़क पर घूमते आवारा पशु भी प्रेम के बदले प्रेम ही देते हैं। मनुष्य में सोचने, समझने तथा तर्क करने की शक्ति अन्य जीव जंतुओं से अधिक होती है। मनुष्य चालाक होता है, लेकिन जानवर चालाक नहीं होते। वह किसी से छल-कपट करना नहीं जानते। वह तो अपना कर्त्तव्य ईमानदारी से निभाते हैं, इसलिए हमें पशुओं से प्रेम करना चाहिए। पशु भी प्रकृति का एक रूप हैं। अतः उन्हें भी प्रेम पाने का पूरा अधिकार है। हमें प्रत्येक जीव के प्रति प्रेम तथा दया भाव रखना चाहिए। मानवता का यही धर्म है। पालतू पशुओं के साथ आवारा पशुओं का भी ध्यान आवश्यक रखना चाहिए।

**Q.6** नीचे दिए गए चित्र को ध्यान से देखिए और चित्र को आधार बनाकर उसका परिचय देते हुए कोई लेख, घटना अथवा कहानी लिखिए, जिसका सीधा व स्पष्ट संबंध चित्र से होना चाहिए। **[ICSE 2020]**

**उत्तर** प्रस्तुत चित्र में किसी ऐसे स्थल या क्षेत्र को दिखाया गया है, जहाँ अत्यधिक वर्षा होने या बाढ़ आने के कारण पानी भर गया है। इस चित्र में कुछ राहत बचाव दल के व्यक्ति दिखाई दे रहे हैं, जो वहाँ के लोगों को बाहर निकाल रहे हैं। वहाँ के घर एवं गाड़ियाँ पानी में डूबी हुई दिखाई दे रही हैं। बाढ़ एक प्राकृतिक आपदा है, जो वर्षा के अत्यधिक होने या किसी नदी के बाँध टूटने आदि के कारण आती है। अत्यधिक वर्षा होने के कारण जो बाढ़ आती है, उसे प्राकृतिक तथा बाँध टूटने के कारण आई बाढ़ को अप्राकृतिक माना जाता है। बाढ़ चाहे प्राकृतिक हो या अप्राकृतिक दोनों ही स्थिति में जनमानस को भारी हानि होती है।

जहाँ बाढ़ आती है; वह क्षेत्र पानी में डूब जाता है। यहाँ तक कि कई बार स्थिति इतनी भयावह हो जाती है कि पशु या आदमी उस पानी में बह जाते हैं। वहाँ के लोगों के पास खाने-पीने व अन्य आवश्यक सामान का अभाव हो जाता है एवं यातायात ठप्प हो जाता है। कई लोग तो घर की छत पर रहने को विवश हो जाते हैं, क्योंकि उनके घरों में पानी भर जाता है और बिजली आदि की सुविधा भी समाप्त हो जाती है। वहाँ के लोगों की दशा दयनीय एवं असहनीय हो जाती है। कुछ लोगों को अपना घर छोड़कर सरकार द्वारा बनाए गए कैंप में रहना पड़ता है।

बाढ़ में फँसे लोगों तक राहत पहुँचाना सरल नहीं होता है फिर भी सेना के जवान एवं स्वयं सेवक संघ के लोग वहाँ के लोगों तक खाने-पीने का सामान एवं अन्य आवश्यक वस्तुएँ पहुँचाते हैं। यहाँ तक कि वे वहाँ के लोगों को हेलीकॉप्टर या नाव की सहायता से बाहर निकालकर सुरक्षित स्थल तक लाने का कार्य भी करते हैं। बचाव दल के सदस्य एवं भारतीय सेना एक मसीहा की भाँति ही उन तक राहत पहुँचाते हैं तथा उन्हें इस मुसीबत से बाहर निकालने का कार्य करते हैं।

बाढ़ आना एक प्राकृतिक आपदा है, जिसे मानव कभी नहीं रोक सकता है, लेकिन हम इस स्थिति से स्वयं को बचाने के लिए कुछ तैयारी कर सकते हैं। जिन क्षेत्रों में बाढ़ आने की संभावना अधिक होती है, वहाँ बड़े-बड़े बाँधों का निर्माण किया जा सकता है, जिससे अत्यधिक मात्रा में जल को संचित किया जा सके तथा जल निकास का अधिक प्रयास किया जा सके। सरकार द्वारा आपदा की सूचना जनता तक पहुँचाने की व्यवस्था की जानी चाहिए, जिससे कि लोगों को यथासंभव सुरक्षित स्थान पर पहुँचने का समय मिल सके और लोगों की जान-माल की को हानि कम हो।

**Q.7** नीचे दिए गए चित्र को ध्यान से देखिए और चित्र को आधार बनाकर उसका परिचय देते हुए कोई लेख, घटना अथवा कहानी लिखिए, जिसका सीधा व स्पष्ट संबंध चित्र से होना चाहिए। **[ICSE 2019]**

प्रस्तुत चित्र बालक द्वारा अपने कार्य को निष्ठापूर्वक किए जाने को दर्शाता है। यह चित्र बालक द्वारा मज़दूरी करने के दृश्य को दिखाता है। बालक ने मिट्टी खोदने के लिए हाथ में फावड़ा लिया है। यह दृश्य बाल श्रम जैसी समस्या को इंगित करता है। बाल श्रम आज हमारे समाज के लिए अभिशाप बन रही है। बचपन एक बालक के जीवन का स्वर्णिम समय होने के साथ ही उसके शारीरिक व मानसिक विकास का बहुमूल्य समय होता है। उस आयु में घर की आर्थिक स्थिति कई बालकों को पैसे कमाने को बाध्य कर देती है।

आज़ादी के इतने वर्षों के बाद भी आज हमारा समाज उच्च वर्ग व निम्न वर्ग में विभक्त है। निम्न वर्ग के लोग अपनी मूलभूत आवश्यकताओं की पूर्ति न होने के कारण अपने बच्चों को कारखानों, फैक्ट्रियों आदि में कार्य करने के लिए भेज देते हैं। भारत अंग्रेज़ों की गुलामी से तो आज़ाद हो गया, परंतु गरीबी ने आज भी निम्न वर्ग को बेड़ियों में बाँधा हुआ है। यह चित्र हमारे समाज में फैली निर्धनता व आर्थिक समस्या की ओर संकेत करता है।

भारत सरकार द्वारा बच्चों की शिक्षा के लिए कानून बनाए गए, जिसमें बालकों के लिए 'शिक्षा के अधिकार' को आवश्यक बताया गया है। इसमें सभी बालकों के लिए 'निःशुल्क व अनिवार्य' शिक्षा का प्रावधान है, परंतु फिर भी आज हमारे समाज में बाल श्रम प्रमुख समस्या बनी हुई है। वर्तमान में भी 16 वर्ष की आयु से कम के बालक कारखानों में काम करते हैं तथा उच्च वर्ग उनका शोषण करते हैं।

बाल श्रम एक विकराल समस्या का रूप धारण करता जा रहा है। आज जगह-जगह विभिन्न नुक्कड़-नाटक, जागरुकता अभियान आदि चलाए जाते हैं, लेकिन जब तक भारत का प्रत्येक नागरिक इस गंभीर समस्या पर चिंतन या मनन नहीं करेगा अर्थात् इस समस्या के समाधान के लिए प्रयत्न नहीं करेगा, तब तक इस समस्या से मुक्ति पाना कठिन होगा।

इस चित्र में बालक अपनी दृढ़ इच्छाशक्ति और लगन से कार्य तो कर रहा है, परंतु दूसरी ओर वह अपने शिक्षा के अधिकार को खो रहा है। अतः संविधान के 86वें संशोधन का ध्यान रखते हुए हमें इस समस्या के प्रति सचेत हो जाना चाहिए तथा बालक की शिक्षा के अधिकार को संरक्षित कर उसे पढ़ने का अवसर प्रदान करके उसके शारीरिक व मानसिक विकास में वृद्धि करने हेतु प्रयास करना चाहिए, तभी हमारा देश पूर्णरूप से आज़ाद कहा जाएगा।

**Q.8** **नीचे दिए गए चित्र को ध्यान से देखिए और चित्र को आधार बनाकर उसका परिचय देते हुए कोई लेख, घटना अथवा कहानी लिखिए, जिसका सीधा व स्पष्ट संबंध चित्र से होना चाहिए।** **[ICSE 2018]**

**उत्तर** प्रस्तुत चित्र में कुछ बालक व बालिकाएँ दिखाई दे रहे हैं, जो शायद विद्यालय से घर आ रहे हैं। उनकी वेश-भूषा देखकर वे किसी सरकारी विद्यालय के विद्यार्थी लग रहे हैं। उनके पास बैग हैं, जिनमें किताबें हैं। उनके पास टैबलेट जैसा यंत्र भी दिखाई दे रहा है, जो शायद उन्हें विद्यालय से प्राप्त हुआ होगा। यह वर्तमान शिक्षा में विज्ञान एवं प्रौद्योगिकी के महत्त्व को दर्शाता है।

वर्तमान समय में विद्यार्थियों की पुस्तकों की जगह कंप्यूटर, लैपटॉप, टैबलेट इत्यादि ने ले ली है। अब विद्यार्थी शिक्षा के लिए शिक्षण सहायक सामग्रियों में ग्लोब व मानचित्रों का प्रयोग करने के साथ-साथ कंप्यूटर का भी प्रयोग करते हैं। उन्हें कोई भी प्रोजेक्ट पूरे करने हों, उनमें वैज्ञानिक आविष्कार का प्रयोग अवश्य होता है। शिक्षक अब केवल विद्यालय तक ही सीमित नहीं रहे, बल्कि कंप्यूटर व इंटरनेट के रूप में प्रत्येक क्षण विद्यार्थियों के साथ जुड़े रहते हैं। प्रस्तुत चित्र में सरकारी विद्यालय के विद्यार्थियों को दिए गए टैबलेट्स विज्ञान एवं प्रौद्योगिकी के इसी महत्त्व को रेखांकित करते हुए प्रतीत होते हैं।

शिक्षा किसी भी परिवार, समाज एवं राष्ट्र की उन्नति एवं प्रगति का एकमात्र रास्ता है। शिक्षा वह हथियार है, जो लोगों में चेतना का विकास करती है और समाज एवं राष्ट्र को दिन-प्रतिदिन बेहतर-से-बेहतर बनाने में महत्त्वपूर्ण भूमिका निभाती है। हमारी सरकारें भी शिक्षा के इस महत्त्व को पहचानती हैं। वे यह नहीं चाहती कि हमारे सरकारी विद्यालयों के बच्चे निजी विद्यालयों के बच्चों से पीछे रहें, इसलिए वह उन विद्यार्थियों को हर संभव सहायता प्रदान करने के लिए तत्पर रहती है। प्रस्तुत चित्र शिक्षा के इसी महत्त्व को रेखांकित करता है।

**Q.9** **प्रस्तुत चित्र को ध्यान से देखिए और चित्र को आधार बनाकर उसका परिचय देते हुए कोई लेख, कहानी अथवा घटना लिखिए, जिसका सीधा व स्पष्ट संबंध चित्र से होना चाहिए।** **[ICSE 2017]**

**उत्तर** प्रस्तुत चित्र में दो महिलाएँ तथा दो बालिकाएँ दिखाई दे रही हैं, जिनकी गोद में एक-एक टोकरी रखी हुई है तथा वे हाथ से कुछ बनाने में व्यस्त हैं। टोकरी में कुछ पत्ते तथा तंबाकू दिखाई दे रहा है। अतः वह बीड़ी बना रही हैं।

बीड़ी बनाने का काम समस्त भारत में फैला हुआ है और इसमें महिलाएँ तथा बच्चियाँ बहुतायत मात्रा में जुड़ी हैं। नीति निर्माताओं एवं प्रशासकों का ध्यान अभी तक इस ओर नहीं गया है। लाखों की संख्या में ग्रामीण और शहरी गरीब महिलाएँ कामगार अपना परिवार इससे पालती हैं। उत्तर प्रदेश के इलाहाबाद जिले में बीड़ी बनाने वाला देश का सबसे बड़ा उद्योग है, जिसमें-लाखों कामगार काम करते हैं। गरीब परिवारों में भी बहुत परिवार ऐसे हैं, जो सरकारी गरीबी रेखा से नीचे आते हैं और जिनकी आय का प्रमुख स्रोत बीड़ी बनाना ही है। हालाँकि इस प्रणाली को गैर कानूनी घोषित किया जा चुका है, परंतु फिर भी यह अभी तक जारी है।

लगभग 50% महिलाएँ इस उद्योग से जुड़ी हैं, जो कांट्रेक्टर द्वारा दिए गए कच्चे माल को घर ले जाती हैं और प्रतिदर के हिसाब से कार्य करती हैं। बीड़ी बनाने की प्रक्रिया सरल है और इसमें बहुत कम कौशल की आवश्यकता होती है। अतः कुछ बच्चे एवं अपाहिज लोग भी इस काम को कर लेते हैं। बीड़ी बनाने का अधिकांश कार्य घरों पर किया जाता है, जिसे फैक्ट्री नहीं कहा जा सकता और न ही निर्माता फर्म। बीड़ी बनाने की सरल प्रक्रिया तथा सामान घर ले जाने की सुविधा ने ही महिलाओं का ध्यान अपनी ओर खींचा है। वास्तव में, देखा जाए, तो औरतों से अधिक लड़कियाँ इस काम में जुटी हुई हैं।

एक शोध में पाया गया है कि बीड़ी उद्योग से जुड़े परिवार द्वारा अपना काम बच्चों में बाँट दिया जाता है। इससे बड़े परिवार की आय के साथ-साथ प्रति व्यक्ति आय में भी वृद्धि होती है। इसके लाभ के अतिरिक्त इससे होने वाली हानियाँ कहीं अधिक हैं। एक स्थिति में बैठकर घंटों काम करना, गंदी जगह में बैठना और दिन-रात तंबाकू सूँघना मजदूरों के स्वास्थ्य पर बुरा प्रभाव डालता है।

**Q.10** **नीचे दिए गए चित्र को ध्यान से देखिए और चित्र को आधार बनाकर उसका परिचय देते हुए कोई लेख, घटना अथवा कहानी लिखिए। जिसका सीधा संबंध चित्र से होना चाहिए।** **[ICSE Specimen 2017]**

**उत्तर** प्रस्तुत चित्र में चिमनियों से निकलने वाले धुएँ को दिखाया गया है। यहाँ पर बहुत सारी चिमनियाँ दिखाई दे रही हैं, जिनमें से काला धुआँ निकल रहा है, जो वातावरण को प्रदूषित कर रहा है। चारों ओर भारी मात्रा में कचरा फैला हुआ है, जो वायु प्रदूषण व भूमि प्रदूषण को बढ़ा रहा है। यह चित्र महानगरों में स्थापित कल-कारखानों का है। यहाँ चौबीस घंटे कल-कारखानों से काला तथा ज़हरीला धुआँ निकलता रहता है, जो स्वच्छ वातावरण में फैलकर उसे प्रदूषित कर रहा है। इसके कारण मानव को अनेक प्रकार की स्वास्थ्य संबंधी परेशानियों का सामना करना पड़ रहा है तथा अस्वच्छ वातावरण में जीना पड़ रहा है। इस प्रकार, स्वच्छ वायु में साँस लेना दूभर हो गया है। यह समस्या वहाँ अधिक है, जहाँ आबादी अधिक होती है और वृक्षों का अभाव होता है।

प्रदूषण के कारण मानव के स्वस्थ जीवन को खतरा उत्पन्न हो गया है। खुली हवा में लंबी साँस लेने तक को आदमी तरस गया है। अशुद्ध वायु शरीर में पहुँचकर घातक बीमारियाँ पैदा करती है। पर्यावरण प्रदूषण के कारण न समय पर वर्षा होती है और न ही सर्दी-गर्मी का चक्र ठीक प्रकार से चलता है। सूखा, बाढ़, ओला वृष्टि आदि प्राकृतिक प्रकोपों का कारण भी प्रदूषण है। प्रदूषण को बढ़ाने में कल-कारखाने, वैज्ञानिक साधनों का अधिकाधिक उपयोग; जैसे— फ्रिज, कूलर, ऊर्जा संयंत्र आदि का योगदान हैं। वृक्षों की अंधाधुंध कटाई भी इसका एक प्रमुख कारण है। घनी आबादी वाले क्षेत्रों में हरियाली न होने से प्रदूषण बढ़ा है। इस प्रकार, प्रदूषण को रोकने तथा उससे बचने के लिए अधिकाधिक वृक्ष जाने चहिए। हरियाली की मात्रा अधिक होनी चाहिए, सड़कों के किनारे घने वृक्ष हाने चाहिए, आबादी वाले क्षेत्र खुले तथा एवं हवादार होने चाहिए। कल-कारखानों को आबादी से दूर रखना चाहिए और उससे निकलने वाले प्रदुषित कचरे को नष्ट करने के उपाय सोचने चाहिए।

**Q.11 नीचे दिए गए चित्र को ध्यान से देखिए और चित्र को आधार बनाकर कहानी अथवा लेख लिखिए, जिसका सीधा व स्पष्ट संबंध चित्र से होना चाहिए।** **[ICSE 2014]**

*उत्तर* प्रस्तुत चित्र में कुछ महिलाएँ पानी के बर्तनों के साथ लंबी कतार में खड़ी हैं, जिससे यह प्रतीत होता है कि यह क्षेत्र जल संकट से जूझ रहा है। वे शायद कई घंटों से पानी भरने के लिए इंतज़ार कर रही हैं, क्योंकि पानी की उपब्लधता बहुत सीमित है। जल जीवन का आधार है, लेकिन बढ़ती जनसंख्या, जल संसाधनों के अत्यधिक दोहन और जल प्रबंधन की कमी के कारण जल संकट एक गंभीर समस्या बनता जा रहा है।

भारत में कई ऐसे क्षेत्र हैं, जहाँ पीने योग्य जल की कमी है गाँवों और शहरी झुग्गियों में लोग दिनभर पानी की खोज में इधर-उधर भटकते रहते हैं। खासतौर पर महिलाओं को इस समस्या का अधिक सामना करना पड़ता है, क्योंकि वे घर-गृहस्थी का मुख्य दायित्व निभाने के साथ-साथ पानी लाने की जिम्मेदारी भी निभाती हैं। पानी की कमी केवल दैनिक जीवन को ही प्रभावित नहीं करती, बल्कि स्वास्थ्य पर भी प्रतिकूल प्रभाव डालती है। साफ पानी के अभाव में लोग कई प्रकार की बीमारियों का शिकार हो जाते हैं।

जल संकट से निपटने के लिए हमें जल संरक्षण के उपाय अपनाने होंगे। वर्षा जल संचयन एक कारगर उपाय हो सकता है, जिससे भूमिगत जल स्तर को बढ़ाया जा सकता है। जल पुनर्चक्रण और कुशल जल प्रबंधन प्रणाली अपनाकर जल की बर्बादी को रोका जा सकता है। साथ ही लोगों को जल के महत्त्व के प्रति जागरूक करना आवश्यक है। सरकार को भी इस दिशा में ठोस कदम उठाने चाहिए; जैसे-नए जल स्रोतों का विकास करना, पाइपलाइन सुधार और जल वितरण प्रणाली को मजबूत करना आदि।

यदि हमने जल संरक्षण की दिशा में अभी से कोई प्रयास नहीं किए, तो आने वाले वर्षों में यह संकट और भी भयावह रूप ले सकता है। अतः 'जल ही जीवन है' इस तथ्य को समझते हुए हमें जल बचाने के ठोस प्रयास करने चाहिए, ताकि आने वाली पीढ़ियाँ जल संकट का सामना न करें और सबको स्वच्छ पेयजल उपलब्ध हो सके।

**Q.12 नीचे दिए गए चित्र को ध्यान से देखिए और चित्र को आधार बनाकर कहानी अथवा लेख लिखिए, जिसका सीधा व स्पष्ट संबंध चित्र से होना चाहिए।** **[ICSE 2013]**

*उत्तर* प्रस्तुत चित्र में सेना के कुछ जवान नज़र आ रहे हैं, जिनमें से दो जवानों की गोद में एक बालिका शिशु है। सभी जवान उसकी मासूम गतिविधियों से वात्सल्यता का अहसास कर रहे हैं, वे प्रसन्न भी हैं और शायद बालिका के जन्म से संबंधी वार्ता भी कर रहे हैं।

पिछले माह की बात है, सेना के कुछ जवान अपने मिशन के समापन के बाद छुट्टियाँ लेकर अपने-अपने घरों की ओर जाने के लिए तैयार थे। विभाग द्वारा जवानों के लिए रेलगाड़ी में एक बोगी आरक्षित कर दी गई थी। वे जवान स्टेशन पर जैसे ही अपनी बोगी में चढ़े, तभी उन्हें एक बालिका के रोने की आवाज़ सुनाई दी। उन्होंने देखा एक नवजात बालिका कपड़े में लिपटी खिड़की के पास वाली सीट पर ज़ोर-ज़ोर से रो रही है। शायद कोई उसे वहाँ छोड़कर चला गया था। जवानों ने उसे गोद में उठाया और चुप कराने लगे। बाद में किसी ने यह जानकारी दी कि सेना के एक अधिकारी ने उस बालिका को कानूनी प्रक्रिया पूरी करने के उपरांत गोद ले लिया है। सभी जवान खुशी-खुशी उस बालिका को दुआएँ दे रहे थे। हमारे देश में बालक-बालिका के संबंध में प्रचलित भेदभाव अत्यंत गंभीर विषय है। आधुनिक युग में भी लिंग भेदभाव की समस्या यथावत् विकराल रूप धारण किए हुए है। अनेक परिवार पुत्र प्राप्ति के मोह में पुत्रियों की हत्या कर देते हैं या फिर जन्म के बाद इस तरह उन्हें मरने के लिए छोड़ देते हैं।

यह एक गंभीर विषय है कि किस प्रकार कोई माता-पिता अपने अंश तथा कलेजे के टुकड़े को अपने से अलग कर देते हैं? ऐसे निर्दयी माता-पिता हेतु सख़्त सज़ा का प्रावधान होना चाहिए। हमारे देश में लड़के-लड़की में भेदभाव करने एवं लड़के को श्रेष्ठ समझने की मानसिकता अत्यंत प्रबल है। उत्तर भारत में यह समस्या अधिक है। प्रशासन व न्यायपालिका को इस गंभीर समस्या के समाधान के लिए कठिन प्रयास करने होंगे।

बालिकाओं की शिक्षा एवं उत्थान के लिए और अधिक सार्थक योजनाएँ लानी होंगी। महिलाओं को शिक्षा व रोज़गार से जोड़ना होगा तथा समाज को पूर्ण जागरूक करना होगा, जिससे इस विकराल समस्या को यथासंभव कम किया जा सके।

**Q.13** नीचे दिए गए चित्र को ध्यान से देखिए और चित्र को आधार बनाकर उसका परिचय देते हुए कोई लेख, घटना अथवा कहानी लिखिए, जिसका सीधा संबंध चित्र से होना चाहिए। **[ICSE 2025]**

*उत्तर* इस चित्र में दो छोटे बच्चे सीढ़ियों पर बैठे हैं। एक बच्चा दूसरे बच्चे के बालों में कंघी कर रहा है, जिससे यह प्रतीत होता है कि वे एक-दूसरे की देखभाल कर रहे हैं। यह चित्र स्नेह, अपनापन और संघर्ष भरे जीवन की झलक को दर्शाता है।

रवि और उसकी छोटी बहन गुड़िया सड़क के किनारे बनी सीढ़ियों पर बैठे थे। उनके माता-पिता रोज़ की तरह काम पर चले गए थे और घर की सारी ज़िम्मेदारी रवि पर आ गई थी। हालाँकि वह खुद भी बहुत छोटा था, लेकिन अपनी बहन की देखभाल में कोई कमी नहीं छोड़ता था।

गुड़िया सुबह से परेशान थी, उसके बाल उलझे हुए थे और वह बार-बार रो रही थी। रवि को समझ नहीं आ रहा था कि वह अपनी बहन को कैसे शांत कराए। तभी उसे पास में पड़ी एक पुरानी कंघी मिली। उसने बड़े प्यार से गुड़िया के बाल सँवारने शुरू कर दिए। गुड़िया भी चुपचाप बैठी रही। बाल सँवारते-सँवारते रवि ने हल्के से गुड़िया के सिर पर थपकी दी और मुस्कुराकर बोला, 'देख, अब तू कितनी सुंदर लग रही है!' यह सुनकर गुड़िया बहुत खुश हो गई। शायद यही दुनिया का सबसे अनमोल व बिना किसी स्वार्थ का रिश्ता था।

रवि को यह एहसास था कि जीवन कठिन है, लेकिन अपनी बहन की मुस्कान उसकी सबसे बड़ी खुशी थी। उसे पढ़ाई भी करनी थी, घर के छोटे-छोटे काम भी सँभालने थे, लेकिन उसके लिए सबसे महत्त्वपूर्ण था - अपनी बहन का ख्याल रखना। उसे यह पता था कि उसके माता-पिता कड़ी मेहनत कर रहे हैं, इसलिए वह उनके काम में किसी भी तरह की परेशानी नहीं बढ़ाना चाहता था।

भले ही वे बच्चे थे, लेकिन परिस्थितियों ने उन्हें समय से पहले ही बड़ा बना दिया था। उनके पास महँगे खिलौने या शानदार कपड़े नहीं थे, लेकिन उनके पास आपसी प्रेम, समझदारी और एक-दूसरे के प्रति समर्पण की भावना थी।

**Q.14** नीचे दिए गए चित्र को ध्यान से देखिए और चित्र को आधार बनाकर कहानी अथवा लेख लिखिए, जिसका सीधा व स्पष्ट संबंध चित्र से होना चाहिए। **[ICSE 2010]**

*उत्तर* प्रस्तुत चित्र में बहुत-से बच्चे दिखाई दे रहे हैं, जो अपनी कक्षा में अध्ययनरत हैं। उनमें तीन बालकों के हाथ में स्लेट है, जिस पर कुछ लिखा हुआ है। देखने में ये बच्चे प्राथमिक स्तर के विद्यार्थी प्रतीत होते हैं। इन बच्चों को देखकर अनायास ही बालपन की स्मृतियों ने मुझमें एक कंपन-सी पैदा कर दी।

बालपन को जीवन का श्रेष्ठ काल कहना उचित होगा। बचपन के दिन तनावरहित व मस्ती-भरे होते थे और सभी मित्र होते थे। किसी से कोई भेदभाव नहीं था। निःस्वार्थ और अबोध हृदय केवल खेलने और मस्ती का अर्थ समझता था, परंतु हमारे देश में सभी बच्चों को ऐसा बचपन नसीब नहीं होता।

भारत सरकार ने शिक्षा का अधिकार कानून के अंतर्गत सभी बच्चों की शिक्षा को अनिवार्य कर दिया है। इस कानून के तहत देश में प्राथमिक तथा उच्च प्राथमिक स्तर पर निःशुल्क शिक्षा की व्यवस्था की गई है। इसके साथ ही बालकों के स्वास्थ्य को ध्यान में रखते हुए निःशुल्क भोजन (मिड-डे-मील) की व्यवस्था भी की गई है।

हमारे देश में आज भी लाखों बच्चे ऐसे हैं, जो कुपोषण का शिकार हैं। उन्हें न पर्याप्त खाना मिलता है और न ही उचित शिक्षा। कहते हैं– बच्चे देश का भविष्य होते हैं, लेकिन जिस देश के बच्चे शिक्षा से वंचित हों, कुपोषित हों, वे देश के भविष्य को भला किस प्रकार सँवार सकते हैं?

यदि हम बच्चों में देश का भविष्य देखते हैं, तो हमें आज उन्हें वे सभी अवसर उपलब्ध कराने होंगे, जिससे उनके व्यक्तित्व का सर्वांगीण विकास हो सके। इस दिशा में 'शिक्षा का अधिकार' निश्चय ही सराहनीय कदम है, लेकिन हमें यह भी सुनिश्चित करना होगा कि इस अधिकार का लाभ समाज के सभी वर्गों के बच्चों को मिले, जिससे शिक्षा का प्रचार-प्रसार हो। जिस प्रकार, इस चित्र में बच्चों के चेहरों पर मुस्कान है, ठीक उसी तरह भारत के हर बच्चे के चेहरे पर मुस्कान और खुशी होनी चाहिए।

# 4

# पत्र लेखन

## पत्र लेखन से आशय

पत्र लेखन एक लेखन शैली है, जिसमें किसी व्यक्ति या संस्था को संदेश, सूचना, विचार, अनुभव या भावनाएँ लिखित रूप में भेजी जाती हैं। यह संचार का एक महत्त्वपूर्ण माध्यम है, जिसका उपयोग व्यक्तिगत और औपचारिक दोनों उद्देश्यों के लिए किया जाता है।

## पत्र के प्रकार

पत्र के सामान्यत: दो प्रकार होते हैं

1. औपचारिक पत्र
2. अनौपचारिक पत्र

## पत्र के अंग

पत्र को जिस क्रम में लिखा जाता है, वे पत्र के अंग कहलाते हैं। सामान्यत: किसी भी पत्र में निम्नलिखित अंग होते हैं

- **शीर्षक या प्रारंभ** पत्र में सर्वप्रथम शीर्षक के रूप में पत्र लिखने वाले का नाम व पता लिखा जाता है। तत्पश्चात् पत्र लिखने की तिथि का उल्लेख किया जाता है। परीक्षा में पूछे गए औपचारिक एवं अनौपचारिक पत्र में भेजने वाले का पता व नाम का उल्लेख न होने पर परीक्षा भवन लिखा जाता है। यह सब पत्र के बाएँ ओर सबसे ऊपर लिखा जाता है। उसके बाद पत्र प्राप्तकर्ता का पता लिखा जाता है। तत्पश्चात् औपचारिक पत्रों के अंतर्गत विषय का उल्लेख सीमित शब्दों में स्पष्ट रूप से किया जाता है, जबकि अनौपचारिक पत्रों में इसका उल्लेख नहीं होता।
- **संबोधन का उल्लेख** पत्र में संबोधन का महत्त्वपूर्ण स्थान होता है। औपचारिक पत्र के अंतर्गत मान्यवर, महोदय आदि सूचक शब्दों का प्रयोग किया जाता है तथा अनौपचारिक पत्र के अंतर्गत पूजनीय, स्नेहमयी, प्रिय आदि सूचक शब्दों का प्रयोग किया जाता है।
- **अभिवादन अथवा शिष्टाचार संबंधी शब्दों का उल्लेख** पत्र में संबोधन के अनुरूप ही अभिवादन या शिष्टाचार संबंधी शब्दों का प्रयोग किया जाता है। इसका प्रयोग अनौपचारिक पत्रों में बड़ों के लिए प्रणाम, नमस्कार, सादर चरण-स्पर्श तथा छोटों के लिए आशीर्वाद, शुभाशीष, चिरंजीव रहो आदि शब्द-सूचक का प्रयोग किया जाता है। औपचारिक पत्रों में इसका प्रयोग नहीं किया जाता।
- **विषय-वस्तु** विषय-वस्तु पत्र लेखन का महत्त्वपूर्ण अंग है। इसे पत्र का मुख्य भाग भी कहते हैं। इस भाग में अपने भावों एवं विचारों को प्रकट किया जाता है।
- **समाप्ति अथवा अंत** पत्र के अंत में अपने विषय में लिखते हुए पत्र को समाप्त किया जाता है। औपचारिक पत्र में धन्यवाद लिखते हुए भवदीय, प्रार्थी, आज्ञाकारी आदि शब्द-सूचक का प्रयोग किया जाता है तथा अनौपचारिक पत्र में प्यारा, स्नेहाकांक्षी, हितैषी, शुभाकांक्षी इत्यादि शब्दों का प्रयोग किया जाता है। औपचारिक व अनौपचारिक दोनों पत्रों के अंत में यदि परीक्षा में, पूछे गए पत्र में नाम व पता का उल्लेख न किया गया हो, तब वहाँ क. ख. ग. का प्रयोग किया जाता है।

### पत्र लिखने के लिए ध्यान देने योग्य बातें

- पत्र लिखते समय लिखने वाले तथा पत्र प्राप्त करने वाले का नाम व पता, दिनाँक के साथ लिखा जाना चाहिए।
- पत्र का विषय स्पष्ट होना चाहिए तथा अनावश्यक बातों को पत्र में नहीं लिखना चाहिए।
- पत्र लिखते समय क्रमबद्धता का विशेष ध्यान दिया जाना चाहिए।
- पत्र का आकार संक्षिप्त तथा विषय के अनुकूल होना चाहिए। कम शब्दों में अधिक बात कहने का प्रयास करना चाहिए।
- पत्र की भाषा सरल, सामान्य, मधुर एवं आदरसूचक एवं शुद्ध होनी चाहिए।
- पत्र अधूरा नहीं होना चाहिए अर्थात् पत्र को इस प्रकार समाप्त किया जाना चाहिए कि पत्र का संदेश स्पष्ट हो सके।

## औपचारिक पत्र

प्रधानाचार्य, पदाधिकारियों, व्यापारियों, ग्राहकों, पुस्तक विक्रेता, संपादक आदि को लिखे गए पत्र 'औपचारिक पत्र' कहलाते हैं। औपचारिक पत्र उन लोगों को लिखे जाते हैं, जिनसे हमारा निजी या पारिवारिक संबंध नहीं होता है।

औपचारिक पत्रों को निम्नलिखित वर्ग में विभाजित किया जा सकता है

1. आवेदन पत्र/प्रार्थना-पत्र 2. कार्यालयी पत्र 3. संपादकीय पत्र 4. शिकायती पत्र 5. व्यावसायिक पत्र

**औपचारिक पत्र के संबोधन, अभिवादन तथा अभिनिवेदन**

| पत्र के प्रकार | पत्र पाने वाले | संबोधन | अभिनिवेदन |
|---|---|---|---|
| प्रार्थना-पत्र/आवेदन-पत्र | प्रधानाचार्य/संबंधित अधिकारी | महोदय/महोदया, मान्यवर | आपका आज्ञाकारी, कृपाकांक्षी, भवदीय |
| शिकायती पत्र | संबंधित अधिकारी | महोदय/महोदया | भवदीय, भवदीया, प्रार्थी |
| संपादकीय पत्र | संपादक | महोदय/महोदया | भवदीय/भवदीया |
| व्यावसायिक पत्र | पुस्तक विक्रेता , बैंक प्रबंधक, व्यावसायिक संस्था | श्रीमान/महोदय/महोदया | भवदीय/भवदीया , आपका |
| कार्यालयी पत्र | संबंधित अधिकारी | मान्यवर, महोदय/महोदया | भवदीय/भवदीया, विनीत |

## औपचारिक पत्र का प्रारूप

अपने क्षेत्र में भारी यातायात के कारण होने वाली असुविधाओं का वर्णन करते हुए क्षेत्र के सांसद को पत्र लिखकर उन्हें दूर करने का अनुरोध कीजिए।

**भेजने वाले का पता**
सर्वप्रथम जिसके द्वारा पत्र भेजा जाता है, उसका पता लिखा जाता है।

परीक्षा भवन,
दिल्ली।

**दिनांक**
पते के बाद, जिस दिन पत्र लिखा जाता है, उस दिन की दिनांक लिखी जाती है।

**दिनांक** 12 जनवरी, 20XX

**प्राप्त करने वाले का पता**
जिसके लिए पत्र लिखा जा रहा है, उसका पता लिखा जाता है।

सेवा में,
श्रीमान सांसद,
शालीमार बाग, दिल्ली।

**विषय**
इसके अंतर्गत मुख्य विषय लिखा जाता है।

**विषय** राष्ट्रीय राजमार्ग के यातायात को नियंत्रित करने के संदर्भ में।

**संबोधन**
इसके अंतर्गत पत्र प्राप्त करने वाले को माननीय या महोदय लिखकर संबोधित किया जाता है।

महोदय,

**पत्र का मुख्य भाग**
यह पत्र का मुख्य भाग होता है। इस भाग को पैराग्राफ में बाँटकर लिखना चाहिए।

आपके क्षेत्र का जागरूक नागरिक होने के नाते मैं आपका ध्यान राष्ट्रीय राजमार्ग के यातायात की ओर दिलाना चाहता हूँ। हमारे नगर के जिस भाग से राष्ट्रीय राजमार्ग (दिल्ली-देहरादून) गुजरता है, वहाँ हमेशा दुर्घटनाओं का खतरा बना रहता है। नगरवासी लंबी दूरी के वाहनों और नगर की भीड़ से परेशान रहते हैं।

यह समस्या स्थायी है। इसका समाधान करने के लिए दीर्घकालीन और सुविचारित योजना का होना अत्यंत आवश्यक है। मेरा आपसे विनम्र निवेदन है कि आप एक सांसद होने के नाते अपने प्रभाव का प्रयोग करते हुए अपने नगर से गुज़रने वाले राष्ट्रीय राजमार्ग पर एक लंबा पुल बनवाएँ। इसी से समस्या का स्थायी समाधान निकल सकता है। आशा है कि आप मेरे सुझाव पर ध्यान देते हुए इस पर शीध्र कार्यवाही करेंगे।

**सराहनीय समापन या अभिनिवेदन**
पत्र की समाप्ति धन्यवाद के साथ की जाती है।

धन्यवाद।
प्रार्थी
क.ख.ग.

**लिखने वाले या प्रेषक का नाम**
पत्र के अंत में जो पत्र लिख रहा है, उसका पूरा नाम लिखा जाता है। यदि परीक्षा में नाम नहीं दिया, तब उसके स्थान पर क.ख.ग. लिखना चाहिए।

## अनौपचारिक पत्र

सगे-संबंधियों, मित्रों, रिश्तेदारों, परिचितों आदि को लिखे गए पत्र अनौपचारिक पत्र कहलाते हैं। इन्हें व्यक्तिगत पत्र भी कहा जाता है। इस प्रकार के पत्रों में व्यक्ति से संबंधित सुख-दुःख, हर्ष, उत्साह आदि का वर्णन किया जाता है। अनौपचारिक पत्रों की भाषा आत्मीय व हृदय को स्पर्श करने वाली होती है।

**अनौपचारिक पत्रों में आने वाले संबोधन, अभिवादन तथा अभिनिवेदन**

| पत्र पाने वाले के साथ संबंध | संबोधन | अभिवादन | अभिनिवेदन |
|---|---|---|---|
| अपने से बड़े संबंधी (माता, पिता, बड़ा भाई/बहन, शिक्षक इत्यादि) | पूजनीया (माता), पूज्य (पिता), आदरणीय, पूजनीय, (माता, बहन) | चरण स्पर्श, सादर प्रणाम | आज्ञाकारी, स्नेहाकांक्षी, प्यारा इत्यादि |
| अपने से छोटे संबंधी (छोटा भाई/बहन, पुत्र, पुत्री, भतीजा, भतीजी इत्यादि) | चिरंजीवी, प्रिय, केवल नाम | शुभाशीर्वाद, प्रसन्न रहो | शुभेच्छु, शुभाकांक्षी, हितैषी इत्यादि |
| मित्र, सहपाठी | प्रिय, मित्रवर, केवल नाम | सप्रेम नमस्कार, नमस्ते | तुम्हारा सहृदय, मित्र इत्यादि |
| अपरिचित पुरुष | महाशय, श्रीमान (नाम), महोदय | नमस्ते, नमस्कार | भवदीय/भवदीया, हितैषी |
| अपरिचित महिला | महाशया, श्रीमती (नाम), महोदया | नमस्ते, नमस्कार | भवदीय/भवदीया, हितैषी |

## अनौपचारिक पत्र का प्रारूप

आप दिव्यांशु गुप्ता हैं। आप स्थानीय संगठन के अध्यक्ष हैं। आप अपने क्षेत्र में स्वच्छ भारत अभियान के तहत एक स्वच्छता कार्यक्रम आयोजित करना चाहते हैं। इस स्वच्छता कार्यक्रम में अपने मित्र को आमंत्रित करने के लिए उसे पत्र लिखिए।

**भेजने वाले का पता** — सर्वप्रथम जिसके द्वारा पत्र भेजा जाता है, उसका पता लिखा जाता है।

परीक्षा भवन
उत्तर प्रदेश।

**दिनांक** — पते के बाद, जिस दिन पत्र लिखा जाता है, उस दिन की दिनांक लिखी जाती है।

**दिनांक** 12 अगस्त, 20XX

**संबोधन** — इसके अंतर्गत पत्र प्राप्त करने वाले को प्रिय या मेरे प्रिय लिखकर संबोधित किया जाता है।

प्रिय मित्र

**अभिवादन** — इसके अंतर्गत अभिवादन या शिष्टाचार संबंधी शब्दों का प्रयोग किया जाता है।

सप्रेम नमस्ते!

**पत्र का मुख्य भाग** — यह पत्र का मुख्य भाग होता है। इस भाग को पैराग्राफ में बाँटकर लिखना चाहिए।

आशा करता हूँ कि तुम सकुशल होंगे। मैं यह पत्र 'स्वच्छ भारत अभियान' के संबंध में लिख रहा हूँ।
मित्र! मैं प्रधानमंत्री के स्वच्छता अभियान से बहुत प्रभावित हूँ। अपने आस-पास के परिवेश को सुंदर बनाने एवं स्वास्थ्य संबंधी परेशानियों से बचने के लिए स्वच्छता अत्यंत आवश्यक है। मैं चाहता हूँ कि इस अभियान में अपने क्षेत्र के युवा बढ़-चढ़कर भाग लें और स्थानीय परिवेश को साफ़-सुथरा रखने में अपना योगदान दें। इस कड़ी में, मैं तुम्हें 'स्वच्छ भारत अभियान' का हिस्सा बनने के लिए आमंत्रित करता हूँ। इसे युवा संगठन के अध्यक्ष का नहीं, अपितु मित्र का स्नेहशील निमंत्रण समझना।

मुझे आशा ही नहीं, वरन् पूर्ण विश्वास है कि तुम निमंत्रण को स्वीकार करते हुए आगामी रविवार को इस अभियान का हिस्सा बनने के लिए संगठन के कार्यालय में अवश्य उपस्थित रहेंगें। घर पर सभी बड़ों को मेरा प्रणाम कहना।

**सराहनीय समापन या अभिनिवेदन** — पत्र की समाप्ति या अभिनिवेदन धन्यवाद के साथ की जाती है।

तुम्हारा मित्र
दिव्यांशु

**लिखने वाले का नाम** — पत्र के अंत में जो पत्र लिख रहा है, उसका पूरा नाम लिखा जाता है। यदि परीक्षा में नाम नहीं दिया, तब उसके स्थान पर क.ख.ग. लिखना चाहिए।

# एग्जाम पैटर्न प्रश्न (7 अंक)

## औपचारिक पत्र

***निम्नलिखित विषयों पर हिंदी में लगभग 120 शब्दों में पत्र लिखिए।***

**Q.1 आपको आधार कार्ड बनवाने की आवश्यकता पड़ गई है, उस आवश्यकता को स्पष्ट करते हुए अपना आधार कार्ड बनवाने के लिए जनसेवा केंद्र के अधिकारी को अनुरोध-पत्र लिखिए। [ICSE 2025]**

परीक्षा भवन,
नई दिल्ली।
**दिनांक** 11 मार्च, 20XX
सेवा में,
जनसेवा केंद्र अधिकारी,
कश्मीरी गेट,
नई दिल्ली।
**विषय** आधार कार्ड बनवाने हेतु अनुरोध-पत्र।
मान्यवर,
सविनय निवेदन है कि मुझे अपने व्यक्तिगत और शैक्षणिक कार्यों के लिए आधार कार्ड बनवाने की आवश्यकता है। मेरा नाम रवींद्र कुमार शर्मा है और मैं दरियागंज, दिल्ली का निवासी हूँ। अभी तक मेरा आधार कार्ड नहीं बना है, जिसके कारण मुझे विभिन्न सरकारी और निजी कार्यों में कठिनाइयों का सामना करना पड़ रहा है।

आज के समय में आधार कार्ड एक आवश्यक दस्तावेज़ बन चुका है। मुझे बैंक खाता खोलने, परीक्षा फॉर्म भरने, सरकारी योजनाओं का लाभ प्राप्त करने तथा अन्य महत्त्वपूर्ण कार्यों के लिए इसकी आवश्यकता पड़ रही है। अतः आपसे अनुरोध है कि कृपया मुझे आधार कार्ड बनवाने की प्रक्रिया में सहायता करें तथा आवश्यक दस्तावेज़ों की जानकारी प्रदान करें।

कृपया मेरे आवेदन को शीघ्र स्वीकृत करने की कृपा करें। आपकी सहायता के लिए मैं सदा आभारी रहूँगा।

सधन्यवाद।
भवदीय
क.ख.ग ।

**Q.2 आप गाँव में स्थित किसी विद्यालय में गए। वहाँ की खराब स्थिति देखकर उसके सुधार हेतु शिक्षा मंत्री को पत्र लिखिए। [ICSE 2024]**

परीक्षा भवन,
राजस्थान।
**दिनांक** 21 मार्च, 20XX
सेवा में,
माननीय शिक्षा मंत्री,
शिक्षा मंत्रालय
राजस्थान।
**विषय** विद्यालय की चिंताजनक स्थिति की जानकारी एवं सुधार हेतु।
महोदय,
मैं गाँव-रामपुरा, जिला-जयपुर (राजस्थान) का निवासी हूँ।इस पत्र के माध्यम से मैं आपका ध्यान इस ओर आकर्षित करना चाहता हूँ कि राजकीय बाल मंदिर उच्च माध्यमिक स्कूल नामक विद्यालय हमारे गाँव में स्थित है और मुझे यह बताते हुए खेद है कि इसकी वर्तमान स्थिति अत्यंत चिंताजनक है। विद्यालय की दीवारें और कमरे जर्जर अवस्था में हैं। शौचालय भी बहुत ही गंदे और बदबूदार हैं, जहाँ से हमेशा दुर्गंध आती रहती है। विद्यालय में शिक्षकों का अभाव है। शिक्षकों के अभाव के कारण अध्यापन की गुणवत्ता में कमी हो रही है तथा छात्रों को उचित मार्गदर्शन नहीं मिल पा रहा है।

यहाँ के विद्यार्थियों को पूर्ण रूप से उच्च स्तर की शिक्षा प्राप्त करने का अवसर नहीं मिला है। यह गाँव के बच्चों के भविष्य के लिए अत्यंत चिंताजनक विषय है।

अतः मेरा आपसे अनुरोध है कि आप इस मुद्दे पर गंभीरता से ध्यान दें और विद्यालय के सुधार हेतु आवश्यक कदम उठाएँ।

आपकी कार्यवाही से हम सभी गाँववासी आपके आभारी रहेंगे।

धन्यवाद।
भवदीय
क.ख.ग.

**Q.3 आपने एम.आई (MI) कंपनी अथवा किसी अन्य कंपनी का मोबाइल ऑनलाइन खरीदा था। उसमें कुछ खराबी आ गई है। वह अभी गारंटी टाइम में भी है। उसे बदलने का अनुरोध करते हुए उस कंपनी के प्रबंधक को पत्र लिखिए। [ICSE 2023]**

परीक्षा भवन, दिल्ली।
**दिनांक** 27 मार्च, 20XX
सेवा में,
प्रबंधक महोदय,
ऑनलाइन सेवा कंपनी, दिल्ली।
**विषय** खराब मोबाइल फ़ोन बदलने के संबंध में।
महोदय,
सविनय निवेदन यह है कि मैंने एक सप्ताह पहले आपकी ऑनलाइन कंपनी से एप्पल का एक फ़ोन मँगवाया था। जब वह फ़ोन आया था, तब तो वह ठीक से काम कर रहा था, लेकिन अब एक सप्ताह बाद वह ठीक से काम नहीं कर रहा है, जिसकी वजह से मैं अपना काम समय पर पूरा नहीं कर पा रहा हूँ। फ़ोन ठीक से चार्ज भी नहीं हो रहा है। जैसे ही मैं फ़ोन खोलता हूँ, वह बंद हो जाता है, जिसके कारण मुझे बहुत परेशानी उठानी पड़ रही है। अभी यह फोन 'गारंटी टाइम' में है।

अतः मेरा आपसे निवेदन है कि मेरे फोन को जल्द से जल्द बदलने की कृपा करें।

धन्यवाद।
भवदीया
क.ख.ग.

**Q.4 आपके क्षेत्र में मलेरिया तथा डेंगू का प्रकोप बढ़ गया है। इसकी रोकथाम के लिए नगर-निगम के अध्यक्ष को पत्र लिखिए।** **[ICSE Specimen 2022-23]**

परीक्षा भवन,
दिल्ली।
**दिनांक** 22 अक्टूबर, 20XX
सेवा में,
स्वास्थ्य अधिकारी,
नगर निगम,
भलस्वा, दिल्ली।
**विषय** मलेरिया और डेंगू के बढ़ते प्रकोप की रोकथाम हेतु।
महोदय,
सविनय निवेदन यह है कि मैं भलस्वा दिल्ली का निवासी हूँ। इस पत्र के माध्यम से मैं आपका ध्यान हमारे क्षेत्र में बढ़ रहे मलेरिया और डेंगू के प्रकोप की ओर आकर्षित करना चाहता हूँ। पिछले कुछ दिनों से हमारे मोहल्ले में मच्छरों का आतंक बढ़ता जा रहा है, जिसके कारण हमारे क्षेत्र में मलेरिया और डेंगू के मरीजों की संख्या में वृद्धि होती जा रही है।

अभी दो दिन पहले ही हमारी गली में एक बुजुर्ग तथा दो बच्चों की डेंगू व मलेरिया की चपेट में आने के कारण मृत्यु हो गई। इसके अतिरिक्त अन्य लोगों में भी डेंगू व मलेरिया के लक्षण देखे जा रहे हैं। पहले भी सफ़ाई कर्मचारियों व मोहल्ले के विधायक को इस बात की जानकारी दी गई थी, परंतु उनकी ओर से कोई उचित कार्यवाही नहीं की गई। यदि समय रहते इन मच्छरों की रोकथाम के लिए उचित कदम न उठाए गए, तो पूरा मोहल्ला डेंगू तथा मलेरिया की चपेट में आ जाएगा।

इसकी रोकथाम के लिए मोहल्ले की नालियों की नियमित सफाई की जानी चाहिए तथा कूड़े को प्रतिदिन हटाया जाना चाहिए, साथ ही मच्छरों के प्रकोप को कम करने के लिए कीटनाशक दवाओं का छिड़काव भी किया जाना चाहिए, आशा है कि आप इस दिशा में अवश्य कार्यवाही करेंगे।

उचित कदम की प्रतीक्षा में,
धन्यवाद।
भवदीय
क.ख.ग.

**Q.5 एक दिन आप किसी होटल में गए। वहाँ आपने बालश्रम होते हुए देखा। इसकी शिकायत करते हुए महिला एवं बाल विकास मंत्री को पत्र लिखिए।** **[ICSE Sem II 2022]**

परीक्षा भवन,
दिल्ली।
**दिनांक** 5 मार्च, 20XX
सेवा में,
श्रीमान बाल विकास मंत्री,
लखनऊ।
**विषय** बालश्रम की शिकायत हेतु।
महोदय,
सविनय निवेदन यह है कि कल मैं अपने परिवार के साथ लखनऊ के खाना-खजाना होटल में सपरिवार खाना खाने गया था। वहाँ मैंने कुछ अनुचित कार्य होते देखा, जो मुझे अपराध की श्रेणी में लगा। वास्तव में, वहाँ मैंने 10-12 वर्ष के बच्चों को फटेहाल व गंदी अवस्था में कार्यरत् देखा। उनके चेहरे से स्पष्ट झलक रहा था कि वे वहाँ मजबूरीवश कार्य कर रहे हैं, जोकि बाल श्रम की श्रेणी में आता है। मैं चाहता हूँ कि आप इसे अपने संज्ञान में लेकर होटल के अधिकारियों व मालिकों के विरुद्ध कार्यवाही करें, क्योंकि इतने छोटे बच्चों से कार्य कराना अनुचित है।

आशा है कि आप मेरी शिकायत को गंभीरता से लेंगे और शीघ्र ही इस पर कार्यवाई करेंगे।
सधन्यवाद।
भवदीय
क.ख.ग.

**Q.6 विद्यालय की विज्ञान प्रयोगशाला को अत्याधुनिक बनाने की आवश्यकता समझाते हुए विद्यालय के प्रधानाचार्य को पत्र लिखिए।** **[ICSE Specimen Sem II 2021]**

परीक्षा भवन,
दिल्ली।
**दिनांक** 22 दिसंबर, 20XX
सेवा में,
प्रधानाचार्य महोदय,
प्रतिभा विकास विद्यालय,
पहाड़गंज,
दिल्ली।
**विषय** विज्ञान-प्रयोगशाला को अत्याधुनिक बनाने हेतु।
महोदय,
सविनय निवेदन यह है कि मैं आपके विद्यालय की कक्षा दसवीं 'ब' की छात्रा हूँ। मेरी विज्ञान विषय में बहुत रुचि है। मैं विद्यालय की प्रयोगशाला में कुशल प्रशिक्षण पाना चाहती हूँ, परंतु प्रयोगशाला में उपयुक्त उपकरण नहीं हैं। हमारे विद्यालय की प्रयोगशाला के उपकरण बहुत पुराने हो चुके हैं तथा विद्यार्थियों की वर्तमान आवश्यकता के अनुरूप नहीं हैं।

आधुनिक युग में जीवन में प्रत्येक क्षेत्र में विज्ञान की बढ़ती उपयोगिता से परिचित होंगे। विज्ञान की विषय-वस्तु को प्रायोगिक कार्यों द्वारा सरलता से आत्मसात् किया जा सकता है, इसलिए प्रयोगशाला में नवीन तथा आधुनिक उपकरणों की अनिवार्यता है।

अतः आपसे विनम्र निवेदन है कि विद्यालय की विज्ञान प्रयोगशाला को अत्याधुनिक बनाने हेतु आवश्यक कदम उठाएँ। आशा है कि आप हमारी इस प्रार्थना को स्वीकार करते हुए एक नवीनतम तथा आधुनिक उपकरणों से युक्त प्रयोगशाला का निर्माण अवश्य करेंगे।
धन्यवाद।
आपकी आज्ञाकारी शिष्या,
क. ख. ग.

**Q.7 आपके मोहल्ले में आए दिन चोरियाँ हो रही हैं। उनकी रोकथाम के लिए थानाध्यक्ष के गश्त बढ़ाने हेतु पत्र लिखिए।** **[ICSE 2020]**

परीक्षा भवन, दिल्ली।
**दिनांक** 21 मार्च, 20XX

सेवा में,
श्रीमान थानाध्यक्ष महोदय,
सिविल लाइंस, दिल्ली।

**विषय** मोहल्ले में अपराधों की रोकथाम हेतु।

महोदय,

मुझे बहुत ही खेद के साथ लिखने के लिए विवश होना पड़ रहा है कि पिछले एक माह से हमारे क्षेत्र में अपराधों की संख्या में एकाएक तेज़ी आ गई है। चोरी की घटनाएँ अत्यधिक बढ़ गई हैं। प्रत्येक दिन कार, स्कूटर आदि की चोरी हो रही है। यहाँ दिन-दहाड़े चलते हुए राहगीरों को अपराधियों द्वारा लूटा जा रहा है तथा विरोध करने पर गोली तक मार दी जाती है। पिछले ही सप्ताह लुटरों ने एक 60 वर्ष के बुजुर्ग से उनकी पेंशन के दो हज़ार रुपये लूटकर उन्हें बुरी तरह से घायल कर दिया।

अतः आपसे विनम्र निवेदन है कि विषय की गंभीरता को देखते हुए मोहल्ले के निवासियों के लिए पर्याप्त सुरक्षा का प्रबंध करें और इस क्षेत्र में पुलिस की गश्त बढ़ाने की कृपा करें, जिससे बढ़ते हुए अपराधों पर रोक लगाई जा सके।

सधन्यवाद।
प्रार्थी
क.ख.ग.

**Q.8 दिन-प्रतिदिन बढ़ते हुए जल संकट की ओर ध्यान आकर्षित करते हुए नगरपालिका के अध्यक्ष को एक पत्र लिखिए, जिसमें वर्षा के जल का संचयन करने के लिए व्यापक स्तर पर परियोजना चलाने का सुझाव दिया गया हो। [ICSE 2019]**

परीक्षा भवन,
दिल्ली।

**दिनांक** 9 मार्च, 20XX
सेवा में,
नगरपालिका अध्यक्ष,
दिल्ली नगर निगम,
आजादपुर, दिल्ली।

**विषय** जल संकट की ओर ध्यान आकर्षित कराने हेतु।

महोदय,

इस पत्र के माध्यम से मैं आपका ध्यान आज़ादपुर क्षेत्र में पेयजल की समस्या की ओर आकर्षित करना चाहता हूँ। इस क्षेत्र में पिछले पंद्रह दिनों से पेयजल की आपूर्ति ठीक ढंग से नहीं हो रही है। आजकल इस क्षेत्र में जल का संकट इतना गहरा है कि यहाँ के निवासियों का जीना दूभर हो गया है। नलों में सुबह-शाम केवल आधे घंटे ही पानी आता है, जोकि साफ नहीं होता और न ही पीने योग्य होता है।

वर्तमान समय में सीमित जलराशि का बड़ा भाग प्रदूषित हो चुका है, फलस्वरूप पेयजल की समस्या उत्पन्न हो गई है, इसलिए जल संसाधन, संरक्षण और संवर्धन की आवश्यकता है, जिसमें जनता का सहयोग अपेक्षित है।

इस संदर्भ में, मैं वर्षा के जल को संचयन करने के लिए व्यापक स्तर पर परियोजना चलाने का सुझाव देना चाहता हूँ। ऐसी परियोजनाएँ बनाई जाएँ, जिससे जल का संचयन किया जाए, ताकि उस जल का उचित प्रयोग किया जा सके। आशा करता हूँ कि आप इस दिशा में उचित कदम उठाएँगे, जिससे जल संकट की समस्या से निपटा जा सके।

धन्यवाद।

भवदीय
क.ख.ग.

**Q.9 आप अपने विद्यालय के सफ़ाई अभियान दल के नेता हैं। एक योजना के अंतर्गत आप छात्रों के एक दल को किसी इलाके में सफ़ाई के प्रति जागरूक करने हेतु ले जाना चाहते हैं। अपने विद्यालय के प्रधानाचार्य/प्रधानाचार्या जी को इसके लिए स्वीकृति हेतु पत्र लिखिए। [ICSE 2018]**

परीक्षा भवन,
दिल्ली।

**दिनांक** 16 मार्च, 20XX
सेवा में,
श्रीमान प्रधानाचार्य जी,
राजकीय बाल विद्यालय,
पंजाबी बाग,
दिल्ली।

**विषय** सफाई के प्रति लोगों में जागरूकता फैलाने हेतु स्वीकृति पत्र।

महोदय,

सविनय निवेदन यह है कि मैं, विद्यालय के सफ़ाई अभियान दल का नेता हूँ। महोदय, हमारे विद्यालय के निकट ही भगत कॉलोनी है, जहाँ गलियों में गंदगी फैली रहती है। पानी नालियों से बाहर निकलकर सड़कों पर बहता रहता है, जिस कारण वहाँ अनेक प्रकार के रोगों के फैलने का डर बना रहता है।

महोदय, स्वच्छ भारत अभियान के द्वारा माननीय प्रधानमंत्री संपूर्ण देश के लोगों को अपने आस-पास के वातावरण को स्वच्छ रखने का संदेश दे रहे हैं। विद्यालय के सफ़ाई अभियान दल का नेता होने के कारण हमने निर्णय किया है कि हम भगत कॉलोनी के लोगों को सफाई के प्रति जागरूक करके उन्हें सफ़ाई का महत्त्व व गंदगी से होने वाले नुकसान के विषय में बताना चाहते हैं।

अतः हमारा आपसे अनुरोध है कि लोगों को स्वच्छता के प्रति जागरूक करने के लिए हमारे दल को स्वीकृति प्रदान करें। आपकी अति कृपा होगी।

धन्यवाद।

आपका आज्ञाकारी शिष्य
क.ख.ग

**Q.10 आपके क्षेत्र में एक ही साधारण-सा सरकारी अस्पताल है, जिसके कारण आम जनता को बहुत अधिक परेशानियों का सामना करना पड़ रहा है। उन परेशानियों का उल्लेख करते हुए एक और सुविधायुक्त सरकारी अस्पताल खुलवाने का अनुरोध करते हुए स्वास्थ्य अधिकारी को पत्र लिखिए। [ICSE 2017]**

परीक्षा भवन
दिल्ली।

**दिनांक** 18 अप्रैल, 20XX
सेवा में,
स्वास्थ्य अधिकारी,

स्वास्थ्य मंत्रालय, दिल्ली।

**विषय** सुविधायुक्त सरकारी अस्पताल खुलवाने हेतु।

माननीय महोदय,

मैं आपका ध्यान अपने क्षेत्र भलस्वा गाँव की ओर ले जाना चाहती हूँ। भलस्वा गाँव में अस्पताल की कमी से आम जनता को इलाज संबंधी कई कठिनाइयों का सामना करना पड़ रहा है।

हमारे क्षेत्र की जनसंख्या बीस हज़ार से भी अधिक है। पूरे क्षेत्र में केवल एक ही साधारण-सा सरकारी अस्पताल है, जिसमें आवश्यक सुविधाएँ भी उपलब्ध नहीं हैं। यहाँ न तो इलाज के लिए उचित मशीनें हैं और न ही उचित चिकित्सक।

इस स्थिति में आम जनता को इलाज के लिए दूर-दराज के क्षेत्रों में जाना पड़ता है। इसका फायदा झोलाछाप डॉक्टर उठाते हैं, जो यहाँ आस-पास दुकानें खोलकर बैठे हैं और मनमाना पैसा वसूलते हैं। महिलाओं और वृद्धों को इलाज के लिए दूरस्थ अस्पतालों में ले जाने पर बहुत परेशानी होती है। अनेक वृद्ध तो अस्पताल पहुँचते-पहुँचते ही दम तोड़ देते हैं। ऐसे में यहाँ चिकित्सीय सुविधा होना अनिवार्य हो जाता है।

अतः आपसे प्रार्थना है कि व्यक्तिगत रुचि लेकर यहाँ एक सुविधायुक्त सरकारी अस्पताल खुलवाने की कृपा करें। हम क्षेत्रवासी आपके आभारी रहेंगे।

सधन्यवाद।

भवदीया

क.ख.ग.

**Q.11 आजकल टेलीविजन द्वारा विभिन्न चैनलों पर अंधविश्वास तथा तंत्र-मंत्र से संबंधित कार्यक्रम दिखाकर जनता को भ्रमित किया जा रहा है। भारत सरकार के सूचना एवं प्रसारण मंत्री को इसकी जानकारी देते हुए ऐसे कार्यक्रमों पर रोक लगाने का अनुरोध कीजिए। [ICSE 2016]**

परीक्षा भवन,

दिल्ली।

**दिनांक** 15 अप्रैल, 20XX

सेवा में,

सूचना एवं प्रसारण मंत्री,

भारत सरकार,

नई दिल्ली।

**विषय** अंधविश्वास तथा तंत्र-मंत्र से संबंधित कार्यक्रम दिखाकर जनता को भ्रमित करने हेतु।

महोदय,

सविनय निवेदन यह है कि आजकल टेलीविजन पर अंधविश्वास तथा तंत्र-मंत्र बढ़ाने वाले अनेक कार्यक्रम प्रसारित किए जा रहे हैं, जो समाज के लिए अत्यंत घातक हैं। इन कार्यक्रमों के कारण जन सामान्य का दृष्टिकोण संकुचित होता है। इसका बच्चों एवं अशिक्षित लोगों पर अत्यधिक दुष्प्रभाव पड़ता है। उनके मस्तिष्क का विकास वैज्ञानिक एवं आधुनिक दृष्टिकोण के साथ नहीं हो पाता। इसके अतिरिक्त, इसके कारण समाज के लोगों के बीच अनेक भ्रांतियाँ भी फैलती हैं। आज 21वीं सदी में दूरदर्शन के चैनलों द्वारा इस प्रकार के अंधविश्वासों व तंत्र-मंत्र को बढ़ावा देने वाले कार्यक्रम दिखाना अत्यंत शर्मनाक एवं मूर्खतापूर्ण है।

अतः मेरा आपसे निवेदन है कि ऐसे कार्यक्रम दिखाने वाले चैनलों को इसके विरुद्ध आवश्यक निर्देश दिए जाएँ या उन्हें पूरी तरह प्रतिबंधित कर दिया जाए।

धन्यवाद।

भवदीय

क.ख.ग.

**Q.12 आपके क्षेत्र में सड़कों पर अधिक पानी जमा हो जाता है, क्योंकि अधिकांश सड़कें टूटी हुई हैं। जगह-जगह 'स्पीड ब्रेकर' यातायात में सहायक न होकर बाधक बन गए हैं। परिस्थिति की पूर्ण जानकारी देते हुए नगर निगम के अधिकारी को पत्र लिखिए। [ICSE 2013]**

परीक्षा भवन,

दिल्ली।

**दिनांक** 19 जुलाई, 20XX

सेवा में,

मुख्य स्वास्थ्य अधिकारी,

नगर निगम,

दिल्ली।

**विषय** टूटी सड़कों एवं गतिरोधकों के कारण होने वाली असुविधाओं के संदर्भ में।

माननीय महोदय,

मैं आपका ध्यान हमारे क्षेत्र के सड़क मार्ग नं. 07 की ओर आकर्षित करना चाहता हूँ, क्योंकि पिछले काफी समय से इस मार्ग पर अत्यधिक परेशानी होने लगी है। सड़कें पूर्णतः टूट चुकी हैं, रास्ता ऊबड़-खाबड़ हो गया है, जिस कारण मार्ग पर जगह-जगह पानी जमा होने लगा है। इस दूषित वातावरण में वहाँ से गुज़रना कठिन हो गया है और गंदगी व कीचड़ के कारण बीमारियाँ फैलने का खतरा भी बना हुआ है।

वहीं कर्मचारियों ने अत्यधिक गतिरोधक (स्पीड ब्रेकर) बना दिए हैं, जिससे यह मार्ग और संकरा हो गया है। गंदगी और थोड़ी-थोड़ी दूरी पर बने गतिरोधकों के कारण इस मार्ग से गुज़रना जोखिम भरा काम है।

मान्यवर, आपसे विनम्र अनुरोध है कि हमारी समस्या को समझें तथा इसके समाधान हेतु संबंधित अधिकारी को यथाशीघ्र निर्देश दें, जिससे हमें शीघ्र इस समस्या से राहत मिल सके।

सधन्यवाद।

भवदीय

क.ख.ग.

**Q.13 आपने नया कंप्यूटर खरीदा है, किंतु खरीदने के एक महीने बाद ही उसमें खराबी आ गई। आपकी शिकायत पर दुकानदार ने कोई ध्यान नहीं दिया। कंपनी के मुख्य मैनेजर को पत्र लिखकर घटना की जानकारी देते हुए अनुरोध कीजिए कि वे आपके साथ न्याय करें। [ICSE 2011]**

परीक्षा भवन,

दिल्ली।

**दिनांक** 09 अगस्त, 20XX

सेवा में,

मुख्य प्रबंधक महोदय,

शिवम कंप्यूटर्स,

गुड़गाँव।

**विषय** कंप्यूटर में खराबी होने की सूचना देने हेतु।

महोदय,

मैं इस पत्र के माध्यम से आपके पास अपनी शिकायत दर्ज कराना चाहता हूँ। मैंने 'एकता कंप्यूटर' से आपकी कंपनी का एक कंप्यूटर पिछले माह ही खरीदा था, परंतु आरंभ से ही मुझे अत्यंत परेशानी हो रही है। इसका सी.पी.यू. सही से काम नहीं कर रहा है और स्क्रीन भी धुँधली-सी हो गई है। मैंने इसकी शिकायत स्थानीय दुकानदार से की, परंतु आज 10 दिन बीत जाने के बाद भी कंप्यूटर ठीक नहीं किया गया। पुनः शिकायत करने पर उनके कर्मचारी ने असभ्य भाषा का प्रयोग किया।

महोदय, इस प्रकार के व्यवहार से मुझे अत्यंत निराशा हुई है और यह घटना आपकी कंपनी की प्रतिष्ठा के लिए चिंताजनक है। मैं विवशतापूर्वक आपको यह पत्र लिख रहा हूँ और आशा करता हूँ कि आप मेरी समस्या का समाधान करेंगे और में मेरा सहयोग करेंगे।

सधन्यवाद।

भवदीय

क.ख.ग.

**Q.14** **आप पिछले दो दिनों से विद्यालय में ठीक समय पर उपस्थित नहीं हो पा रहे थे। प्रधानाचार्य को विद्यालय में विलंब से पहुँचने का कारण बताते हुए क्षमादान के लिए पत्र लिखिए।** **[ICSE 2010]**

परीक्षा भवन,

दिल्ली।

**दिनांक** 11 जुलाई, 20XX

सेवा में,

प्रधानाचार्य महोदय,

अखिल भारतीय शिक्षा संगठन,

मेरठ।

**विषय** विलंब से विद्यालय पहुँचने के संदर्भ में क्षमादान पत्र।

महोदय,

मैं आपके विद्यालय में कक्षा दस 'अ' का विद्यार्थी हूँ। मेरी माताजी का स्वास्थ्य पिछले दो दिनों से सही नहीं है। मुझे उनकी देखभाल के साथ-साथ प्रातःकालीन सभी घरेलू कार्य भी स्वयं करने पड़ रहे हैं। इस कारणवश पिछले दो दिनों से मैं विद्यालय में विलंब से पहुँच रहा हूँ।

मैं भली-भाँति समझता हूँ कि अनुशासन व समय-प्रबंधन विद्यालय व विद्यार्थी दोनों के लिए अत्यंत महत्त्वपूर्ण हैं। मैं विश्वास दिलाता हूँ कि मैं भविष्य में यथाशीघ्र सभी कार्य निपटाकर समय पर विद्यालय पहुँच जाऊँगा। अतः आपसे प्रार्थना है कि मेरी इन दो दिनों की गलती को क्षमा करें तथा कक्षा अध्यापक को संबंधित निर्देश दें। आशा है आप समस्या को समझते हुए मुझे क्षमा कर देंगे।

सधन्यवाद।

आपका आज्ञाकारी शिष्य

क.ख.ग.

कक्षा दस (क)

**Q.15** **आप किसी पत्रिका के नियमित ग्राहक बनना चाहते हैं। पत्रिका के प्रकाशक से पत्र लिखकर पूछिए कि पत्रिका का वार्षिक मूल्य क्या है और आपको वह पत्रिका क्यों पसंद है?** **[ICSE 2007]**

परीक्षा भवन,

दिल्ली।

**दिनांक** 04 मई, 20XX

सेवा में,

प्रकाशक महोदय,

साहित्य अकादमी,

दैनिक भास्कर,

नई दिल्ली।

**विषय** पत्रिका की वार्षिक सदस्यता एवं मूल्य की जानकारी हेतु।

महोदय,

मैं आपकी पत्रिका 'दैनिक भास्कर' का नियमित पाठक हूँ और मुझे इसकी विषय-वस्तु अत्यंत रोचक एवं ज्ञानवर्द्धक लगती है। इसमें प्रकाशित लेख, समाचार, साहित्यिक रचनाएँ और समसामयिक विषयों पर लेखन न केवल मनोरंजक होता है, बल्कि ज्ञानवर्द्धक भी होता है। विशेष रूप से साहित्य, इतिहास और समसामयिक घटनाओं से संबंधित लेख मुझे बहुत रुचिकर लगते हैं।

मैं आपकी पत्रिका की वार्षिक सदस्यता लेना चाहता हूँ। कृपया मुझे यह जानकारी देने की कृपा करें कि पत्रिका की वार्षिक सदस्यता का मूल्य क्या है और इसे प्राप्त करने की प्रक्रिया क्या होगी। यदि कोई विशेष छूट या अन्य लाभ वार्षिक ग्राहकों के लिए उपलब्ध हैं, तो कृपया उसकी जानकारी भी दें।

आपके शीघ्र उत्तर की प्रतीक्षा में।

सधन्यवाद।

भवदीय

क.ख.ग.

# अनौपचारिक पत्र

***निम्नलिखित विषय पर हिंदी में लगभग 120 शब्दों में पत्र लिखिए।***

**Q.1** **आपके एक मित्र ने हाल ही में किसी नए विद्यालय में प्रवेश लिया है लेकिन वहाँ के कुछ पुराने विद्यार्थी उसे परेशान कर रहे हैं। इस स्थिति का हिम्मतपूर्वक सामना करने की सलाह देते हुए अपने इस मित्र को एक पत्र लिखिए।** **[ICSE 2024]**

परीक्षा भवन,

दिल्ली।

**दिनांक** 21 मार्च, 20XX

प्रिय मित्र सुदेश,

सप्रेम नमस्ते!

मुझे खुशी है कि तुमने हाल ही में एक नए विद्यालय में प्रवेश लिया है। मुझे यह जानकर दुःख भी हुआ कि तुम्हें वहाँ के कुछ पुराने विद्यार्थियों की तरफ से परेशानी का सामना करना पड़ रहा है। यह स्थिति सहनीय नहीं है, लेकिन इसका सामना करना आवश्यक है। पहले तुम अपने अनुसार प्रेमपूर्वक उन्हें समझाने का प्रयास करो।

यदि फिर भी वे ना सुधरें, तो अध्यापक, स्कूल काउंसलर या अन्य किसी शिक्षक से भी यह बात कर सकते हो। वह विद्यालय के नियम और

नीतियों के अनुसार तुम्हारे अधिकारों को संरक्षित करने में तुम्हारी सहायता करेंगे।

सबसे महत्त्वपूर्ण बात, तुम्हें बिलकुल भी डरना या घबराना नहीं है। हमेशा यह याद रखना है कि किसी भी विकट परिस्थिति में तुम्हारा परिवार और तुम्हारे मित्र हमेशा तुम्हारे साथ हैं।

अपना ध्यान रखना और हिम्मत बनाए रखना। यदि तुम्हें कोई भी समस्या हो, तो तुम मुझे बेझिझक बता सकते हो। मैं तुम्हारे साथ हूँ।

तुम्हारा प्रिय मित्र

सुनील।

**Q.2 इस बार आपने आजादी का अमृत महोत्सव एक अनाथ आश्रम में छोटे बच्चों के साथ मनाया। उन बच्चों के साथ बिताए हुए पल तथा खुशियों का वर्णन करते हुए अपने मित्र को पत्र लिखिए।**

परीक्षा भवन, **[ICSE Specimen 2023]**

दिल्ली।

**दिनांक** 30 मार्च, 20XX

प्रिय मित्र रोहित

नमस्कार।

आशा करता हूँ कि तुम सकुशल होंगे और घर के अन्य सदस्य भी कुशल-मंगल होंगे। प्रिय मित्र रोहित, मैं तुम्हें यह बताना चाहता हूँ कि इस बार हमारे देश भारत को स्वतंत्र हुए 75 वर्ष पूरे हो चुके हैं। इस खुशी में पूरा देश आज़ादी का अमृत महोत्सव मना रहा है, तो मैं भी इस उत्सव को मनाने के लिए एक अनाथ आश्रम में गया था। वहाँ मैंने आश्रम के छोटे-छोटे बच्चों के साथ इस उत्सव को मनाया। इस अवसर पर मैंने उन बच्चों को उपहार तथा उनकी ज़रूरत की चीज़ें दीं तथा पूरे दिन बहुत मस्ती भी की। मैंने बच्चों के साथ मिलकर खेल खेले, पौधे लगाए, कार्ड बनाए, झूला-झूला और बहुत खेल-कूद किया, जिससे उन बच्चों को बहुत खुशी हुई और मुझे भी मेरा बचपन याद आ गया।

अतः आशा करता हूँ कि तुम भी मेरी बातों को पढ़कर खुश होंगे और कभी अवसर मिले, तो तुम भी इन बच्चों से मिलने अवश्य आना। तुम्हें यहाँ आकर बहुत अच्छा लगेगा।

तुम्हारा मित्र

पंकज

**Q.3 आपका भाई अधिकांश समय मोबाइल फ़ोन के उपयोग में बिताता है। मोबाइल फ़ोन का अधिक उपयोग करने से होने वाली हानियों का उल्लेख करते हुए उसे पत्र लिखिए। [ICSE Specimen 2022-23]**

परीक्षा भवन,

दिल्ली।

**दिनांक** 03 जून, 20XX

प्रिय अनुज,

शुभाशीष।

हम सब यहाँ पर कुशलमंगल हैं और साथ ही कामना करते हैं कि तुम भी कुशलपूर्वक होंगे। आज सुबह ही माताजी तुम्हें याद करके भावुक हो रही थीं।

मेरे पास आज तुम्हारे अध्यापक महोदय का फोन आया था। उन्होंने मुझे जानकारी दी कि आजकल पढ़ाई से ज्यादा मोबाइल फोन पर तुम्हारा वक्त गुज़रता है। तुम घर की आर्थिक स्थिति से भली-भाँति परिचित हो कि पिताजी ने कितनी कठिनाइयों से तुम्हें छात्रावास पढ़ने के लिए भेजा है, जिससे तुम कामयाब हो सको। आजकल मोबाइल फोन आवश्यक है, परंतु यह केवल मित्रों-परिवार इत्यादि संबंधियों से आवश्यक बातचीत के लिए है। इसके अतिरिक्त इसका अत्यधिक उपयोग करना बेहद हानिकारक है। इससे समय तो व्यर्थ होता ही है, साथ ही यह मानसिक और शारीरिक पीड़ा भी देता है।

इससे एकाग्रता में भी कमी आती है, इसलिए उम्मीद है कि भविष्य में तुम मोबाइल फोन का अत्यधिक उपयोग नहीं करोगे तथा पूर्ण एकाग्रचित्त होकर शिक्षा पर ध्यान दोगे। माता-पिता की ओर से तुम्हें स्नेह व आशीर्वाद तथा मेरी ओर से ढेर सारा प्यार।

तुम्हारा अग्रज

जतिन

**Q.4 आपकी बड़ी बहन डॉक्टर बनना चाहती है, जिसके लिए वह ज़ोरों-शोरों से तैयारी कर रही है। उस परीक्षा में वह सफल हो जाए, ऐसी कामना करते हुए अपनी बड़ी बहन को पत्र लिखिए। [ICSE Sem II 2022]**

परीक्षा भवन,

दिल्ली।

**दिनांक** 18 अक्टूबर, 20XX

आदरणीय दीदी

सादर प्रणाम।

मुझे यह सुनकर बहुत खुशी हुई कि आप डॉक्टर बनने के लिए काफ़ी मेहनत कर रही हैं और इसमें प्रवेश पाने के लिए खूब ज़ोरो-शोरों से प्रयास कर रही हैं। कल चाचा जी मेरे पास आए थे और उन्होंने ही मुझे यह सूचना दी। वैसे मैं जानता हूँ कि आप बचपन से ही बहुत मेहनती हैं और आपने प्रत्येक परीक्षा अच्छे अंकों और प्रथम श्रेणी से उत्तीर्ण की है। अतः मेरी ईश्वर से यह कामना है कि आपका मेडिकल में प्रवेश पाने का प्रयास सफल हो और आप आगामी मेडिकल प्रवेश परीक्षा में अच्छे अंकों से उत्तीर्ण हों।

वैसे मेरा आपसे एक सुझाव है कि मेरा एक मित्र अनुभव शर्मा हमारी कॉलोनी में ही रहता है। उसने कुछ दिनों पहले ही एम बी.बी.एस. की परीक्षा उत्तीर्ण कर एम.डी. में प्रवेश लिया है। मैं आपको उसका पता व फोन नं. भेज रहा हूँ। वह आपका संभवतः उचित मार्गदर्शन कर सकता है।

एक बार पुनः मैं आपकी परीक्षा में उत्तीर्ण होने की ईश्वर से कामना करता हूँ। आप अनुभव शर्मा से सुझाव अवश्य ले लेना। आशा है कि इससे आपको अच्छे अंक लाने में अवश्य सफलता मिलेगी।

माता-पिता व आपको मेरा प्रणाम। छोटी को आशीर्वाद व स्नेह।

आपका अनुज

वैदिक शर्मा

**Q.5 आपका छोटा भाई किसी दूसरे शहर में पढ़ने गया है। वहाँ पर वह खेलने के लिए समय नहीं निकाल पा रहा है। खेलों का महत्त्व समझाते हुए उसे एक पत्र लिखिए। [ICSE Sem II 2021]**

परीक्षा भवन,

दिल्ली।

**दिनांक** 22 दिसंबर, 20XX

प्रिय अनुज साहिल,

स्नेह आशीष।

आज ही तुम्हारा पत्र मिला। यह जानकर बहुत खुशी हुई कि तुमने स्वयं को छात्रावास के वातावरण में ढाल लिया है, साथ ही तुम्हारी पढ़ाई भी सही चल रही है। तुम खूब मन लगाकर पढ़ रहे हो, लेकिन मुझे ज्ञात हुआ है कि तुम केवल पढ़ने में लगे रहते हो और खेलों की ओर ध्यान नहीं देते हो। इसी कारण तुम्हारा स्वास्थ्य बिगड़ गया है।

तुम भली-भाँति जानते हो कि पढ़ाई के साथ-साथ खेलों का भी हमारे जीवन में विशेष महत्त्व है। खेलों से तन और मन स्वस्थ रहता है तथा शरीर हृष्ट-पुष्ट होता है। खेलने से शरीर के सभी अंगों की कसरत हो जाती है। इससे शरीर स्वस्थ तथा मजबूत बनता है। खेलों से शरीर को चुस्ती-फुर्ती तथा शक्ति मिलती है। इस प्रकार खेल मनुष्य के शारीरिक और मानसिक विकास में महत्त्वपूर्ण भूमिका निभाते हैं।

आशा है तुम मेरी बात से सहमत होंगे और अपने जीवन में खेलों को महत्त्व दोगे तथा खेलों में भाग लोगे।

माताजी और पिताजी की ओर से आशीर्वाद।

तुम्हारा अग्रज

राघव

**Q.6 आप अपने परिवार के साथ किसी सुंदर शहर की यात्रा करके आए हैं। आपने वहाँ क्या-क्या देखा? वह शहर इतना प्रसिद्ध क्यों है? अपने मित्र को पत्र लिखकर इसका वर्णन करें। [ICSE 2020]**

परीक्षा भवन,

दिल्ली।

**दिनांक** 22 अक्टूबर, 20XX

प्रिय मित्र रोहित,

प्यार भरा नमस्कार।

आशा है कि तुम स्वस्थ और प्रसन्न होंगे। इस पत्र के द्वारा मैं, तुम्हें अपनी यात्रा के विषय में बताना चाहता हूँ। पिछले सप्ताह, मैं अपने परिवार के साथ भुवनेश्वर की यात्रा पर गया था। भुवनेश्वर भारत के खूबसूरत एवं हरे-भरे प्रदेश ओडिशा की राजधानी है। यहाँ की प्राकृतिक सुंदरता देखते ही बनती है। ऐतिहासिक ही नहीं, धार्मिक दृष्टिकोण से भी यह शहर भारत के प्रमुख धार्मिक स्थलों में से एक है। इसे 'मंदिरों का शहर' भी कहा जाता है।

हम जिस होटल में ठहरे थे, उसके निकट ही राजा-रानी मंदिर है, इसलिए सबसे पहले हम उसी के दर्शन के लिए पहुँचे। अगली सुबह हम लिंगराज मंदिर देखने गए। 185 फीट ऊँचा यह मंदिर भारत की प्राचीन शिल्पकला का अप्रतिम उदाहरण है। मंदिरों की दीवारों पर निर्मित मूर्तियाँ शिल्पकारों की कुशलता की परिचायक हैं।

यह शहर मंदिरों के लिए बहुत प्रसिद्ध है, क्योंकि यहाँ के मंदिर विश्वभर में ख्याति प्राप्त हैं। भुवनेश्वर संग्रहालय में प्राचीन मूर्तियों एवं हस्तलिखित ताड़पत्रों का अनूठा संग्रह है। इस यात्रा का मेरे परिवार ने खूब आनंद लिया।

शेष मिलने पर।

आंटी-अंकल को मेरा प्रणाम।

तुम्हारा अभिन्न मित्र

केशव

**Q.7 आप अपने परिवार के साथ किसी एक प्रदर्शनी को देखने गए थे। वहाँ पर आपने क्या-क्या देखा? वहाँ कौन-कौन-सी चीजों ने आपको आकर्षित किया? जीवन में उनकी क्या उपयोगिता हैं? अपना अनुभव बताते हुए अपने प्रिय मित्र को पत्र लिखिए। [ICSE 2019]**

परीक्षा भवन,

दिल्ली।

**दिनांक** 9 मार्च, 20XX

प्रिय मित्र विनोद,

सप्रेम नमस्ते!

आशा करता हूँ कि तुम सकुशल होंगे। मैं इस पत्र के माध्यम से तुम्हें हस्तकला प्रदर्शनी के संदर्भ में बताना चाहता हूँ। दिल्ली एक महानगर है। वर्षभर, यहाँ छोटी-बड़ी अनेक प्रदर्शनियाँ लगती रहती हैं।

महात्मा गाँधी की जयंती पर प्रगति मैदान में प्रतिवर्ष लगने वाली प्रदर्शनी की कोई समानता ही नहीं है। इस वर्ष मुझे इस प्रदर्शनी को देखने का अवसर मिला। मैं अपने परिवार के सदस्यों के साथ हस्तकला प्रदर्शनी देखने गया। इस प्रदर्शनी में भारत के कोने-कोने से आए कलाकारों ने अपनी कला के प्रदर्शन हेतु स्टॉल लगाए हुए थे, जिनमें कश्मीरी कढ़ाई वाली शॉल, गलीचे, लकड़ी के बने फर्नीचर, राजस्थान के बंधनी काम के वस्त्र, तमिलनाडु की ताम्र मूर्तियाँ आदि अनेक हस्तकला से संबंधित वस्तुएँ थीं। वहाँ हाथ से बनी सुंदर मूर्तियों, बिहार की मधुबनी चित्रकारी तथा जूट के बने बैग ने मुझे बहुत आकर्षित किया।

हस्तकला भारत की सांस्कृतिक कला को जीवित रखते हैं और इनके माध्यम से राज्यों की सांस्कृतिक झाँकियों की झलक देखने को मिलती है। इस प्रदर्शनी में मनोरंजन के भी अनेक साधन उपलब्ध थे। प्रत्येक स्टॉल बहुत विशाल और सुंदर था तथा उसमें सभी वस्तुएँ अच्छी तरह से रखी हुई थीं।

स्टॉल के बाहर उन प्रदेशों के लोकनृत्य तथा लोकगीतों का आयोजन भी किया गया था। यह सब बहुत ही आकर्षक था। इस प्रकार यह प्रदर्शनी मुझे बहुत अच्छी लगी।

शेष फिर कभी।

अंकल-आंटी को मेरा नमस्कार कहना।

भवदीय

क.ख.ग.

**Q.8 पिछले महीने कुछ प्रयासों द्वारा आपके विद्यालय के छात्रों ने कुछ धनराशि एकत्रित कर मूक-बधिर विद्यालय के विद्यार्थियों की सहायता की थी। इसका वर्णन करते हुए अपने मित्र को एक पत्र लिखिए और बताइए कि हमें समाज के विकलांग लोगों के प्रति कैसा व्यवहार रखना चाहिए व उनकी सहायता के लिए किस प्रकार के प्रयास करने चाहिए। [ICSE 2018]**

परीक्षा भवन,

दिल्ली।

**दिनांक** 16 मार्च, 20XX

प्रिय सुरेंद्र,

नमस्कार।

आशा करता हूँ कि तुम सकुशल होंगे और घर के अन्य सदस्य भी कुशल-मंगल से होंगे।

प्रिय मित्र सुरेंद्र, मैं तुम्हें अपने विद्यालय के छात्रों द्वारा किए गए प्रशंसनीय कार्य से अवगत कराना चाहता हूँ। हमारे विद्यालय के निकट में ही एक मूक-बधिर विद्यार्थियों का विद्यालय है। विद्यालय में शिक्षकों की संख्या तो पूर्ण है, लेकिन विद्यार्थियों के लिए आवश्यक शिक्षण सहायक सामग्रियों का अभाव था।

विद्यार्थियों की इस समस्या का समाधान करने के लिए हमारे विद्यालय के लिए कुछ विद्यार्थियों ने विद्यालय के छात्रों से कुछ धनराशि एकत्रित करके उनके लिए आवश्यक सामग्रियाँ उपलब्ध कराके उनकी सहायता की। हमें भी विद्यार्थियों से सीख लेकर भिन्न-भिन्न रूप से विकलांग बच्चों की सहायता करनी चाहिए।

विकलांग बच्चों को भी देश के भविष्य निर्माण में सहायक बनाने का कार्य केवल सरकार या उनके माता-पिता का ही नहीं है, अपितु उसमें संपूर्ण समाज का योगदान भी आवश्यक है।

अतः आशा है कि तुम भी मेरी बातों से सहमत होंगे और अपने स्तर पर उनकी सहायता करने का प्रयास करोगे। छात्रों के कुछ अन्य कार्यों का वर्णन मैं, तुम्हें अगले पत्र में बताऊँगा।

तुम्हारा मित्र

राजेंद्र

**Q.9 ओलंपिक में अपने देश के बढ़ते कदम देखकर आपको बहुत ही प्रसन्नता हो रही है। इस वर्ष के ओलंपिक की उपलब्धियों को बताते हुए अपने मित्र को पत्र लिखिए। [ICSE 2017]**

परीक्षा भवन,

दिल्ली।

**दिनांक** 24 अप्रैल, 20XX

प्रिय मित्र सौरभ,

नमस्कार!

आशा है कि तुम कुशलपूर्वक होंगे। मुझे यह बताते हुए अत्यंत हर्ष हो रहा है कि पेरिस ओलंपिक 2024 में भारत ने शानदार प्रदर्शन किया और कुल 6 पदक (1 रजत, 5 कांस्य) अपने नाम किए। हालाँकि, भारत इस बार 71वें स्थान पर रहा, लेकिन कई एथलीटों ने अद्भुत प्रदर्शन कर देश का नाम रोशन किया।

इस बार के ओलंपिक में नीरज चोपड़ा ने भाला फेंक में रजत पदक जीतकर इतिहास रच दिया और वह भारत के पाँचवें दो बार के ओलंपिक पदक विजेता बने। मनु भाकर ओलंपिक शूटिंग में पदक जीतने वाली भारतीय महिला बनीं। इसके अतिरिक्त, भारत ने निशानेबाजी में तीन पदक जीते और लक्ष्य सेन बैडमिंटन के सेमीफाइनल में पहुँचने वाले पहले भारतीय बने।

हालाँकि, हमें कहीं-कहीं हार का सामना भी करना पड़ा, लेकिन मुझे पूरा विश्वास है कि आने वाले ओलंपिक में हम और भी बेहतर प्रदर्शन करेंगे।

पत्र का उत्तर अवश्य देना। तुम्हारे पत्र की प्रतीक्षा में।

तुम्हारा मित्र

अंकुर

**Q.10 अस्वस्थ दादाजी के स्वास्थ्य की जानकारी लेने के लिए दादीजी को पत्र लिखिए। [ICSE Specimen 2017]**

परीक्षा भवन,

दिल्ली।

**दिनांक** 16 मई, 20XX

पूज्य दादीजी,

सादर प्रणाम।

मुझे ज्ञात हुआ कि दादाजी का स्वास्थ्य काफ़ी समय से ठीक नहीं है। मैं उनके स्वास्थ्य को लेकर अत्यंत चिंतित हूँ। मुझे पूरा विश्वास है कि आप दादाजी का पूरा ध्यान रखती होंगी, किंतु फिर भी मैं उनके स्वास्थ्य के विषय में जानना चाहता हूँ।

पिछली बार दादाजी का स्वास्थ्य समय पर दवाई न लेने के कारण बिगड़ गया था। क्या अब वे समय पर दवाई लेते हैं? आप उनको समय पर दवाई देना तथा उनके खाने-पीने का भी ध्यान रखना। साथ ही साथ उन्हें कुछ समय खुली हवा में सैर आदि भी करवाना, जिससे कि वे जल्दी स्वस्थ हो जाएँ। मैं शीघ्र ही आप दोनों से मिलने आऊँगा। आप अधिक चिंता न करें तथा दादाजी को भी हौंसला दें। आपके पत्र की प्रतीक्षा में।

दादाजी को मेरा प्रणाम कहिएगा।

आपका पोता

महेश

**Q.11 वर्ष 2011 में दिए जाने वाले 'बच्चों के वीरता पुरस्कार' के लिए आपको चुना गया है। अपने मित्र को पत्र द्वारा प्रसन्नता तथा उत्तेजना की भावनाओं से अवगत कराते हुए उस घटना का संक्षिप्त वर्णन कीजिए, जिसके कारण आपको इस पुरस्कार के लिए चयनित किया गया। [ICSE 2011]**

परीक्षा भवन,

दिल्ली।

**दिनांक** 16 मई, 20XX

प्रिय मित्र राज,

सस्नेह नमस्ते।

बहुत दिनों से तुम्हारा कोई पत्र नहीं मिला। आशा करता हूँ कि तुम सकुशल होंगे। मुझे, तुम्हें यह बताते हुए अत्यंत हर्ष हो रहा है कि अभी-अभी मुझे सरकार द्वारा भेजा गया पत्र प्राप्त हुआ, जिसमें लिखा है कि मुझे वर्ष 2011 के वीरता पुरस्कार के लिए चयनित कर लिया गया है और गणतंत्र दिवस के अवसर पर मुझे यह पुरस्कार राष्ट्रपति द्वारा प्रदान किया जाएगा। पूरा परिवार इस सूचना को पाकर गौरवान्वित अनुभव कर रहा है।

यह सब तुम्हारे सहयोग और सलाह का परिणाम है अन्यथा न हम वह घटना सरकार को बताते और न ही आज यह पुरस्कार प्राप्त होता।

आज फिर पुनः उस घटना का स्मरण हो गया। मैं रात को 8 बजे छत पर खड़ा था। अचानक मुझे पड़ोस वाले घर से कुछ शोर सुनाई दिया। मैंने जाकर देखा कि 2-3 नकाबपोश बुजुर्ग दंपत्ति को बाँध रहे हैं और उनका एक साथी लूट-पाट कर रहा है। मैंने तुरंत 100 नंबर पर फोन करके घटना की पूर्ण जानकारी पुलिस को दे दी।

पुलिस ने तत्काल कार्यवाही करते हुए घर पर धावा बोलकर सभी लुटेरों को गिरफ्तार कर लिया व बुजुर्ग दंपत्ति को सकुशल बचा लिया गया। बुजुर्ग दंपत्ति ने हमें खूब दुआएँ दीं। मैं बहुत प्रसन्न हूँ और मैं चाहता हूँ कि उस दिन तुम भी पूरा दिन मेरे साथ ही मौजूद रहो।

तुम्हारे पत्र की प्रतीक्षा में।

तुम्हारा मित्र

रजत

**Q.12 आप अपने मित्रों के साथ किसी पर्वतीय क्षेत्र की यात्रा के लिए गए थे। वहाँ के प्राकृतिक सौंदर्य का वर्णन करते हुए अपनी माताजी को पत्र लिखिए।** **[ICSE 2010]**

परीक्षा भवन,

दिल्ली।

**दिनांक** 06 मई, 20XX

पूजनीय माताजी,

सादर प्रणाम।

मैं यहाँ कुशलपूर्वक हूँ तथा कामना करता हूँ कि आप भी सपरिवार सकुशल होंगी। आपका स्वास्थ्य ठीक है न? आपकी बड़ी याद आती है। माताजी, मैंने आपको बताया था कि इस बार मेरी और मेरे मित्रों की वार्षिक परीक्षा अच्छी हुई है, इसलिए इस बार हम कुछ मित्रों ने मनाली जाने का निश्चय किया।

हम सब तय कार्यक्रम के अनुसार इस पर्वतीय प्रदेश की यात्रा हेतु वहाँ पहुँच गए थे। वहाँ का मौसम बहुत ही ठंडा तथा मनमोहक था। पर्वतीय क्षेत्रों में कार द्वारा यात्रा करना बहुत ही रोमांचकारी व मज़ेदार अनुभव सिद्ध हुआ। पहले दिन हम प्रातःकाल ही हिडिंबा मंदिर में गए।

वहाँ के अप्रतिम सौंदर्य, शांति और देवदार के वृक्षों ने हृदय को बड़ा सुकून प्रदान किया। उसके बाद हम रोहतांग दर्रे पर बर्फीले पहाड़ों पर पहुँचे तथा वहाँ खूब आनंद लिया। दूसरे दिन हमने घाटी तथा बाज़ार जाने की योजना बनाई और कुछ खरीददारी की और रात को हॉस्टल के लिए रवाना हो गए

मैं यहाँ बहुत खुश हूँ और आप सबको याद करता रहता हूँ। घर लौटकर आपको यात्रा का अनुभव विस्तार से बताऊँगा। मेरी चिंता न करें, मैं पूरी तरह सुरक्षित और स्वस्थ हूँ।

पिताजी को प्रणाम व गुड़िया को प्यार।

आपका पुत्र

नयन

**Q.13 आपके विद्यालय में 'विज्ञान प्रदर्शनी' का आयोजन किया गया, जिसमें आपने भी बढ़-चढ़कर भाग लिया था, इसके परिणामस्वरूप आपको क्या लाभ मिला था? इस विषय पर अपने मित्र को पत्र लिखकर बताइए।** **[ICSE 2025]**

गली नंबर 15, शास्त्री नगर,

जयपुर।

**दिनांक** 11 मार्च, 20XX

प्रिय मयंक,

सस्नेह नमस्ते!

कैसे हो मित्र? आशा करता हूँ तुम और तुम्हारा परिवार कुशलपूर्वक होंगे। मैं तुम्हें हमारे विद्यालय में आयोजित विज्ञान प्रदर्शनी के बारे में बताना चाहता हूँ, जिसमें मैंने बढ़-चढ़कर भाग लिया।

इस प्रदर्शनी में मैंने 'सौर ऊर्जा से चलने वाली कार' का मॉडल प्रस्तुत किया। इसे तैयार करने में काफी मेहनत लगी, लेकिन इससे मुझे विज्ञान के व्यावहारिक पहलुओं को समझने का अवसर मिला। मेरे प्रदर्शन को निर्णायकों ने खूब सराहा और मुझे सर्वश्रेष्ठ मॉडल का पुरस्कार भी मिला।

इस अनुभव ने मेरा आत्मविश्वास और बढ़ा दिया है। अब विज्ञान के प्रति मेरी रुचि और गहरी हो गई है। मैं अब और नए-नए प्रयोग करने के लिए उत्साहित हूँ। अगली बार तुम भी इसमें जरूर भाग लेना। तुम्हारे पत्र की प्रतीक्षा रहेगी।

तुम्हारा मित्र

मोहित

# 5

# अपठित गद्यांश

अपठित गद्यांश वह लेख या अनुच्छेद होता है, जो पाठ्यक्रम में शामिल नहीं होता और जिसे छात्रों को पहली बार पढ़ने के लिए दिया जाता है। इसका उद्देश्य यह जाँच करना होता है कि छात्र किसी गद्यांश को पढ़कर उसकी विषय-वस्तु को समझ सकते हैं या नहीं। अपठित गद्यांश से संबंधित प्रश्न छात्र की पढ़ने, समझने और उत्तर देने की क्षमता का आकलन करते हैं। यह गद्यांश आमतौर पर किसी विषय पर आधारित होता है और उसमें दी गई जानकारी के आधार पर छात्रों से प्रश्न पूछे जाते हैं। इसका उद्देश्य छात्रों की भाषा समझ, विश्लेषण और तर्क क्षमता को परखना होता है।

## अपठित गद्यांश को हल करने के तरीके

अपठित गद्यांश को हल करने के लिए निम्नलिखित चरणों का पालन किया जा सकता है

- **गद्यांश को ध्यान से पढ़ें** गद्यांश को शुरुआत से अंत तक दो बार पढ़ें। पहली बार समझने की कोशिश करें कि गद्यांश का मुख्य उद्देश्य या विषय क्या है?
- **मुख्य बिंदुओं को पहचानें** गद्यांश के मुख्य विचार, विषय और महत्त्वपूर्ण तथ्यों को चिह्नित करें।
- **प्रश्नों के उद्देश्य को समझना** गद्यांश पढ़ने के बाद उससे संबंधित प्रश्नों को ध्यानपूर्वक पढ़ें। यह सुनिश्चित करें कि आप प्रश्न का उद्देश्य समझ रहे हैं।
- **संदर्भ के आधार पर उत्तर दें** उत्तर लिखते समय गद्यांश में दिए गए तथ्यों या संदर्भों का उपयोग करें। उत्तर सटीक और गद्यांश से संबंधित होने चाहिए।
- **प्रश्न के प्रकार को समझें**
  **प्रत्यक्ष प्रश्न** उत्तर गद्यांश में स्पष्ट रूप से मिलेगा।
  **अप्रत्यक्ष प्रश्न** इनका उत्तर गद्यांश की गहराई से समझने पर मिलेगा।
- **शब्दार्थ और व्याख्या** कठिन शब्दों या वाक्यों का अर्थ या व्याख्या पूछी जा सकती है।
- **भाषा पर ध्यान दें** उत्तर को सरल, स्पष्ट और शुद्ध भाषा में लिखें।
- **समय का ध्यान रखें** उत्तर लिखते समय, समय प्रबंधन का ध्यान रखें जिससे सभी प्रश्नों के उत्तर दिए जा सकें।
- **पुन: पढ़कर जाँचना** अंत में एक बार सभी प्रश्नों के उत्तरों को पुन: ध्यानपूर्वक पढ़कर जाँच लेना चाहिए।

# एग्जाम पैटर्न प्रश्न (10 अंक)

*निम्नलिखित गद्यांश को ध्यान से पढ़िए और उसके नीचे लिखे प्रश्नों के उत्तर हिंदी में लिखिए। उत्तर यथासंभव आपके अपने शब्दों में होने चाहिए।*

**Q.1** एक उथला तालाब मछलियों से भरपूर था। उसमें तीन विशालकाय मछलियाँ भी रहती थीं, जो पक्की सखियाँ थीं। इनमें पहले वाली मछली दूरदर्शी एवं दीर्घकाल की बात सोचने वाली थी, दूसरी मछली की प्रतिभा ठीक समय पर काम करने वाली थी, परंतु तीसरी मछली आलसी और प्रत्येक काम को देरी से करने वाली थी। एक दिन कुछ मछुआरों ने इस कम गहराई वाले तालाब से पानी की छोटी-बड़ी नालियाँ बनाकर पानी को नीचे वाली भूमि की ओर प्रवाहित करना प्रारंभ कर दिया, ताकि पानी कम होने से वे सुगमता से वहाँ की मछलियाँ तथा दूसरे जल-जीवों को पकड़ सकें।

सरोवर के घटते जलस्तर को देखकर दूरदर्शी मछली ने अपनी दोनों सखियों से कहा-"सखियों! ऐसा जान पड़ता है कि हमारे ऊपर संकट के बादल घिरने लगे हैं। जब तालाब का पानी कम हो जाएगा, तो मछुआरे हमें शेष मछलियों के साथ आसानी से पकड़ सकते हैं, अतः हमें जलाशय का पानी कम होने से पूर्व ही किसी अन्य सरोवर में पहुँचने का मार्ग ढूँढना चाहिए। बुद्धिमान वही है, जो आने वाले संकट को पहले से ही अपनी नीति द्वारा मिटा देता है।" इस पर साधारण बुद्धि वाली मछली कहने लगी- "हे सखियों! तुम्हारी बात सर्वथा उचित है, परंतु मेरे विचारानुसार हमें अभी तालाब छोड़ने की शीघ्रता नहीं करनी चाहिए।" उसी समय तीसरी मछली अपनी सखियों से कहने लगी- "जब मेरे ऊपर संकट आएगा तो उसी समय मैं अपने बचाव का उपाय करूँगी। अभी तो मैं जी भरकर अन्य छोटे जीवों तथा मछलियों को खाकर आराम से सोना चाहती हूँ। बाद में जो होगा देखा जाएगा।"

जब तीनों सखियाँ संकट की इस घड़ी में भी एक मत नहीं हो सकीं, तो परम बुद्धिमान दूरदर्शी मछली रात को ही वहीं से पानी की नालियों द्वारा निकलकर किसी दूसरे गहरे जलाशय में चली गई। कुछ समय पश्चात् मछुआरों ने देखा कि तालाब का सारा पानी लगभग बाहर निकल चुका है, तो उन्होंने अपना जाल बिछाकर अनेक मछलियों सहित दोनों मछलियों को भी उसमें फँसा लिया। दूसरी मछली जब जाल में फँस गई तो उसने जान-बूझकर अपनी श्वास रोक ली तथा निश्चल होकर मरने का ढोंग करने लगी। जब मछुआरों ने देखा कि वह मछली तो मर चुकी है, तो उन्होंने उसे अपने जाल से निकालकर फेंक दिया। वह किसी तरह घिसटती हुई एक जलाशय में समा गई और इस प्रकार उसने अपने प्राणों की रक्षा की, परंतु आलसी तथा मूर्ख तीसरी मछली भाग्य पर भरोसा करती हुई जाल में फँसी तड़पती रही। मुसीबत के समय उसे अपनी मृत्यु को निकट आते देख कुछ भी सूझ नहीं रहा था। मछुआरों ने आते ही अन्य मछलियों के साथ उसे भी जाल से निकाला और उसे उठाकर बाजार में बेचने के लिए चल पड़े।

ऋषियों तथा विद्वानों ने धर्म शास्त्रों में लिखा है, जो प्राणी संकट आने से पहले ही अपने बचाव के लिए उपाय सोचे, उसे दूरदर्शी और जो ठीक समय आने पर आत्मरक्षा के बारे में विचार करे, उसे साधारण बुद्धि कहा जाता है। एक अन्य प्रकार का जीव भी होता है जिसे दीर्घसूत्री कहा जाता है। ऐसा व्यक्ति अपने आलस्य के कारण घोर संकट को प्राप्त करता है। जो व्यक्ति सोच समझकर सावधान होकर कार्य करता है वह निश्चय ही अपनी इच्छानुसार फल प्राप्त करता है। कार्य को भविष्य पर छोड़ने वाला व्यक्ति जीवन में उन्नति नहीं कर सकता। सच है 'आलस्य मनुष्य का सबसे बड़ा शत्रु है।' **(ICSE 2025)**

**प्रश्न**

(i) तीनों मछलियाँ कहाँ रहती थीं? प्रत्येक की विशेषता बताइए। **(2)**

(ii) मछुआरों ने जलाशय के जल को किस ओर प्रवाहित कर दिया और क्यों ? **(2)**

(iii) दूरदर्शी मछली ने अपनी दोनों सखियों को क्या सलाह दी? क्या उन्होंने उसकी बात मानी? स्पष्ट कीजिए। **(2)**

(iv) पहली और दूसरी मछली ने अपनी जान कैसे बचाई? **(2)**

(v) तीसरी मछली को किस संकट का सामना करना पड़ा? प्रस्तुत गद्यांश में निहित संदेश भी लिखिए। **(2)**

**उत्तर**

(i) तीनों मछलियाँ एक उथले तालाब में रहती थीं। पहली मछली दूरदर्शी थी और भविष्य में आने वाले संकट को पहले से भाँपकर उसका हल निकालने में सक्षम थी। दूसरी मछली साधारण बुद्धि वाली थी, जो समय आने पर निर्णय लेने में सक्षम थी। तीसरी मछली आलसी और लापरवाह थी, जो हर कार्य को टालती रहती थी और संकट आने पर ही उपाय करने की सोचती थी।

(ii) मछुआरों ने जलाशय के जल को नालियों द्वारा नीचे की ओर प्रवाहित कर दिया, ताकि तालाब का जलस्तर कम हो जाए और वे वहाँ की मछलियों तथा अन्य जलजीवों को आसानी से पकड़ सकें।

(iii) दूरदर्शी मछली ने अपनी सखियों को सलाह दी कि तालाब का जल कम होने से पहले ही किसी अन्य सुरक्षित जलाशय में चले जाना चाहिए, क्योंकि जब पानी सूख जाएगा तो मछुआरे उन्हें पकड़ लेंगे। दूसरी मछली ने उसकी बात को आंशिक रूप से माना और तालाब छोड़ने में जल्दबाज़ी नहीं की। तीसरी मछली ने उसकी बात को पूरी तरह नज़रअंदाज़ कर दिया और आलस्य में पड़कर कहा कि वह संकट आने पर उपाय करेगी।

(iv) पहली मछली ने अपनी दूरदर्शिता का परिचय देते हुए रात में ही जल की नालियों के माध्यम से दूसरे जलाशय में पहुँचकर अपनी जान बचा ली। दूसरी मछली ने संकट के समय अपनी चतुराई का परिचय दिया। जब वह जाल में फँसी, तो उसने अपनी श्वास रोककर मरी हुई होने का ढोंग किया। मछुआरों ने उसे मरा समझकर जाल से निकालकर फेंक दिया और वह किसी तरह घिसटती हुई जलाशय में जाकर बच गई।

(v) तीसरी मछली आलसी और लापरवाह थी, उसने संकट को पहले से भाँपकर कोई उपाय नहीं किया। जब मछुआरों ने जाल डाला, तो वह उसमें फँसकर तड़पती रही, उसे कोई उपाय न सूझा। अंततः मछुआरों ने उसे पकड़ लिया और उसे बाज़ार में बेचने के लिए ले गए।

इस गद्यांश का मुख्य संदेश यह है कि हमें आने वाले संकट का पूर्वानुमान लगाकर पहले से ही उसका समाधान ढूँढ लेना चाहिए। दूरदर्शी व्यक्ति ही सफलता प्राप्त करता है, जबकि आलसी और लापरवाह व्यक्ति संकट में फँसकर नष्ट हो जाता है। कार्य को टालने वाला आलसी व्यक्ति जीवन में उन्नति नहीं कर सकता, क्योंकि आलस्य मनुष्य का सबसे बड़ा शत्रु है।

**Q.2** **दक्षिण पूर्वी एशिया के दो छोटे किंतु महत्त्वपूर्ण देश हैं– कंबोडिया और लाओस। कई वर्ष पहले की बात है– इन दोनों देशों में पहले अच्छी मित्रता हुआ करती थी, लेकिन अब ये दो पड़ोसी देश आपस में युद्ध करने की तैयारी कर रहे थे। झगड़ा दोनों देशों में बहने वाली एक नदी को लेकर था। नदी का नाम 'मीकांग' था, जो लाओस से निकलकर कंबोडिया में बहती थी। दोनों देशों के लिए यह नदी बहुत महत्त्वपूर्ण थी, साथ ही दोनों देशवासी उसे पूजते भी थे। नदी के पानी की सिंचाई से दोनों देशों के खेत हरे-भरे रहते थे। दोनों देश मीकांग को जीवनदायिनी समझते थे। दोनों का उस पर दावा था। इस मामले को लेकर स्थिति इतनी बिगड़ गई कि एक बार वे एक-दूसरे पर हमला करने को तैयार हो गए और अपनी-अपनी सेनाएँ लेकर आमने-सामने खड़े हो गए। अचानक महात्मा बुद्ध वहाँ युद्ध भूमि में पहुँच गए। उन्होंने युद्ध के लिए तैयार देशों की विशाल सेनाएँ देखीं। महात्मा बुद्ध को इस प्रकार वहाँ अचानक देखकर दोनों की सेनाओं में खलबली मच गई। बुद्ध ने दोनों देशों के राजाओं, मंत्रियों तथा अन्य अधिकारियों को अपने पास बुलाया। दोनों सेनाओं के बीच खड़े होकर उन्होंने उन सभी से प्रश्न किया कि वे लोग आपस में युद्ध करने क्यों जा रहे हैं? बुद्ध को दोनों सेनाओं से यही जवाब मिला कि उनके जीवन की आधार 'मीकांग' नदी के जल के लिए यह युद्ध होने जा रहा है। बुद्ध ने पुनः प्रश्न किया कि नदी के जल और मानव के रक्त दोनों में से कौन अधिक मूल्यवान है? एक स्वर में दोनों ओर से जवाब मिला कि मानव का रक्त निःसंदेह नदी के जल से अधिक मूल्यवान है। भगवान बुद्ध ने दोनों पक्षों को समझाते हुए कहा कि शायद दोनों देशों की आपसी ईर्ष्या के कारण स्थिति इतनी बिगड़ गई थी कि उन्हें लगने लगा था कि इस नदी के जल को बाँटने की समस्या का हल केवल युद्ध से ही हो सकता है।**

**बुद्ध ने उन्हें समझाया कि समस्याओं का हल युद्ध के द्वारा निकालना संभव नहीं है। महात्मा बुद्ध की बातों को सुनकर दोनों सेनाओं में शांति छा गई और दोनों पक्षों के लोग सोच में पड़ गए। महात्मा बुद्ध के सुझाव के अनुसार उन दोनों देशों ने मिलकर एक शांति सभा बनाई। उस शांति सभा ने दोनों देशों के दावे को ध्यान से सुना। उन्होंने दोनों देशों में जाकर असली स्थिति को अपनी आँखों से स्वयं देखा और समझा कि यह नदी तो इन दोनों के लिए ही समान महत्त्व रखती है।**

**फिर इसके लिए विवाद कैसा? इसी विषय पर खूब सोच-विचार करने के बाद अंत में उस सभा ने एक दिन ऐसा निर्णय दिया कि दोनों देश मान गए। आखिरकार उनके बीच होने वाला युद्ध टल गया और दोनों देशों में फिर से मित्रता हो गई। इसलिए कहते हैं कि मनुष्य का विवेक और समझ एक ऐसी शक्ति होती है, जिसके द्वारा मानव हिंसात्मक और सर्वनाशकारी युद्धों तक को रोक सकता है और शांति के साथ प्रेमपूर्वक जीवन बिता सकता है तथा दूसरों के लिए प्रेरणा भी बन सकता है।**

**[ICSE 2024]**

**प्रश्न**

I. **कंबोडिया और लाओस कहाँ स्थित हैं और पहले इन दोनों देशों के आपसी संबंध कैसे थे?** **(2)**

II. **कौन-सी नदी इन दोनों देशों के लिए बहुत महत्त्वपूर्ण थी और क्यों?** **(2)**

III. **एक दिन अचानक महात्मा बुद्ध कहाँ पहुँच गए थे? वहाँ जाकर उन्होंने अपने पास किसे और क्यों बुलाया?** **(2)**

IV. **अंत में कंबोडिया और लाओस के बीच की समस्या को किस प्रकार सुलझाया गया?** **(2)**

V. **इस कहानी से मिलने वाली उन शिक्षाओं को लिखिए, जो आज के समय में भी विश्व में शांति बनाए रखने में काम आ सकती हैं।** **(2)**

**उत्तर**

I. कंबोडिया और लाओस दक्षिण-पूर्वी एशिया में स्थित हैं। पहले इन दोनों देशों के आपसी संबंध बहुत अच्छे थे तथा दोनों में बहुत अच्छी मित्रता हुआ करती थी।

II. 'मीकांग' नदी लाओस से निकलकर कंबोडिया में बहती थी, इसलिए इन दोनों देशों के लिए बहुत महत्त्वपूर्ण थी। इसके जल की सिंचाई से उनके खेत हरे-भरे रहते थे और दोनों देश इसे जीवनदायिनी मानकर पूजते थे। जहाँ दोनों देशों की सेनाएँ एक-दूसरे पर हमला करने के लिए आमने-सामने खड़ी थीं।

III. एक दिन अचानक महात्मा बुद्ध युद्ध भूमि में पहुँच गए थे। वहाँ जाकर उन्होंने दोनों देशों के राजाओं, मंत्रियों और अन्य अधिकारियों को अपने पास बुलाया, क्योंकि वे युद्ध के लिए तैयार थे और महात्मा बुद्ध हिंसात्मक और सर्वनाशकारी युद्धों को रोकना चाहते थे।

IV. अंत में, महात्मा बुद्ध ने उन्हें समझाया कि नदी के जल से मानव का रक्त अधिक मूल्यवान है और उन्हें युद्ध करके रक्त नहीं बहाना चाहिए। दोनों देशों के बीच एक शांति सभा का आयोजन हुआ, जिसमें समस्या के बारे में सोच-विचार करने के बाद अंत में सभा ने एक ऐसा निर्णय दिया कि दोनों देश मान गए।

V. इस कहानी से हमें यह सीखने को मिलता है कि शांति और सहमति के रास्ते हमेशा उत्तम होते हैं। विवादों को समझ और सहमति से हल किया जा सकता है और यह केवल युद्ध से ही नहीं, बल्कि विवेक और समझ के द्वारा भी हो सकता है। मानवता के लिए शांति और सहमति को हमेशा प्राथमिकता देनी चाहिए।

**Q.3** **बसंत ऋतु का आगमन हो चुका था, परंतु कोयल और मोर उदास थे। जंगल के राजा ने एक जाँच आयोग का गठन करवाया, जिसका प्रमुख कौवे को बनाया गया। कौवे द्वारा पता चला कि कोयल और मोर एक ही घर की मुंडेर पर बैठे थे कि तभी उनकी नज़र घर पर चल रहे टेलीविज़न पर पड़ी, जिस पर नृत्य का कार्यक्रम दिखाया जा रहा था। दोनों ही बड़े चाव से कार्यक्रम देखने लगे। नृत्यांगना मोर पंख पहनकर नाच रही थी, गायिका मधुर स्वर में गा रही थी। कार्यक्रम की समाप्ति पर दोनों को सम्मानित किया गया। यह कार्यक्रम देखकर दोनों उदास हो गए। वे सोचने लगे कि हम दिन-रात मधुर वाणी और मनमोहक अदाओं से सबका मन बहलाते हैं, परन्तु हमारी प्रशंसा में किसी ने कुछ नहीं कहा।**

कौवे को जब इन बातों का पता चला, तो उसने दोनों को समझाया कि पक्षियों में सबसे अधिक निरादर की भावना से मुझे देखा जाता है। मेरे सारे गुणों को ताक पर रख दिया जाता है। हम आस-पास से गंदगी साफ कर देते हैं। हम अन्य पक्षियों की तरह झगड़ते नहीं है। हमारे जैसा भाईचारा तो मनुष्यों में भी नहीं होता। जब हमारा साथी मर जाता है, तो हम सभी एकत्र होकर काँव-काँव कर अपना दुःख प्रकट करते हैं। हम मित्रों और मेहमानों के आगमन की सूचना देते हैं। लोग हमारी कद्र नहीं करते। गीता के उपदेश की तरह हम अपने कार्य को करते हैं, फल की इच्छा नहीं करते। क्या तुम आज तक प्रशंसा और पुरस्कार के लिए गाते और नाचते रहे। इस पर्यावरण को खुश रखने में क्या तुम्हारी सबसे अहम भूमिका नहीं है? कौवे की बातें उन दोनों की समझ में आ गईं। उसी समय जंगल में काले बादल छा गए। कोयल और मोर झूम-झूम कर नाचने और गाने लगे। सारे जंगल में खुशी की लहर दौड़ गई। उनके साथ-साथ सभी पशु-पक्षी, पेड़-पौधे झूमने, गाने और चहचहाने लगे। मोर नाचता रहा, उसके आँसू बहते रहे। कौवे ने कहा, भगवान कृष्ण तुम्हारे पंख अपने सिर पर लगाते हैं। क्या इससे भी बढ़कर तुम्हारा पुरस्कार हो सकता है? इसी भाव से कोयल को भी समझाया कि तुम ही तो बसंत के आगमन की सूचना देती हो। आमों की बहार आने की खुशियाँ देती हो। यह सब सुनकर दोनों की आँखों में खुशी के आँसू थे।

**[ICSE 2023]**

**प्रश्न**

I. मोर और कोयल क्यों उदास थे? **(2)**

II. जंगल के राजा ने उनकी उदासी का पता लगाने के लिए क्या किया? **(2)**

III. कौवे ने अपना उदाहरण क्या कहकर दिया? **(2)**

IV. कौवे की बातों का दोनों पर क्या प्रभाव पड़ा? **(2)**

V. उन्हें अपने-अपने पुरस्कार किस रूप में प्राप्त हुए थे? **(2)**

**उत्तर**

I. मोर और कोयल इसलिए उदास थे, क्योंकि कोयल अपनी मधुरवाणी से और मोर अपने मनमोहक अंदाज़ से सबका दिल बहलाते हैं, फिर भी किसी ने उनकी प्रशंसा कभी नहीं की।

II. जंगल के राजा ने कोयल और मोर की उदासी का पता लगाने के लिए जाँच आयोग का गठन करवाया, जिसका प्रमुख कौवे को बनाया गया था।

III. कौवे ने अपना उदाहरण देकर कहा कि हम आस-पास में होने वाली गंदगी को साफ़ करते हैं तथा हम झगड़ते भी नहीं है। जब हमारा कोई साथी मर जाता है, तो हम सभी एकत्र होकर दुःख प्रकट करते हैं। हम लोगों को मित्र तथा मेहमान के आने की सूचना देते हैं, फिर भी लोग हमारी कद्र नहीं करते हैं।

IV. कौवे ने उन्हें समझाया कि गीता के उपदेश की तरह हम अपने कार्य करते हैं, किंतु फल की इच्छा नहीं करते। कौवे की यह बात मोर व कोयल के समझ में आ गईं। वे दोनों झूम-झूम कर जंगल में नाचने लगे और चारों ओर खुशियों की लहर दौड़ गई।

V. कोयल और मोर को उनके अपने-अपने पुरस्कार प्रकृति से प्राप्त हुए थे। मोर को भगवान कृष्ण ने सम्मानित किया, क्योंकि वे उनके पंख को अपने मुकुट में स्थान देते हैं, वहीं कोयल को बसंत ऋतु के आगमन की सूचना देने और आमों की बाहर लाने का सौभाग्य प्राप्त है। यही उनकी सबसे बड़ी प्रशंसा और पुरस्कार था।

**Q.4** संत कबीर ने स्थान-स्थान पर जाकर पर्याप्त भ्रमण किया था। घुमक्कड़ होने के कारण ही उनकी भाषा में अरबी, फारसी, भोजपुरी, मगधी, पंजाबी, राजस्थानी आदि अनेक भाषाओं के शब्द आ गए हैं। उनकी बोलचाल की अनपढ़ भाषा विविध आंचलिक शब्दों, उक्तियों तथा अपभ्रंश शब्दों से युक्त है, इसलिए आचार्य रामचंद्र शुक्ल इसे सधुक्कड़ी भाषा कहकर पुकारते हैं। वैसे उनकी भाषा किसी प्रकार की हो, परंतु उन्हें भाषा पर पूर्ण अधिकार था। वे जानते थे कि किस भाव को व्यक्त करने के लिए कौन-सा शब्द उपयुक्त होगा। यही कारण है कि भाषा चुपचाप उसी भाव को प्रकट करने लगती है। इसी ओर संकेत करते हुए आचार्य हजारी प्रसाद द्विवेदी ने लिखा है– "भाषा पर कबीर का जबरदस्त अधिकार था। वे वाणी के डिक्टेटर थे। जिस बात को उन्होंने जिस रूप में प्रकट करना चाहा, उसे उसी रूप में भाषा से करवा दिया है–बन आया है तो सीधे-सीधे नहीं तो दरेरा देकर। भाषा कबीर के सामने कुछ लाचार सी नज़र आती है। उसमें मानो हिम्मत नहीं है कि इस लापरवाह फक्कड़ को इनकार कर सके। जैसी ताकत कबीर की भाषा में है, वैसी बहुत कम लेखकों में पाई जाती है। इस प्रकार बोलचाल की चलताऊ तथा विविध भाषाओं के शब्दों से युक्त तथा व्याकरण के बंधनों से मुक्त भाषा के माध्यम से कबीर ने गंभीर विषय को अत्यंत सरल रूप प्रस्तुत किया है। आचार्य हजारी प्रसाद द्विवेदी का कथन सत्य ही है। सच पूछा जाए, तो आज तक हिंदी में ऐसा जबरदस्त व्यंग्य लेखक द्वारा पैदा ही नहीं हुआ। उसकी साफ चोट करने वाली भाषा, बिना कहे भी सब कुछ कह देने वाली शैली अत्यंत सही, किंतु अत्यंत तेज प्रकाशन अनन्य असाधारण है। **[ICSE Specimen 2023]**

**प्रश्न**

I. कबीर का स्वभाव कैसा था और उसके कारण उन्हें क्या कहा जाता था? **(2)**

II. कबीर की भाषा में कौन-सी विशेषताएँ पाई जाती हैं? **(2)**

III. आचार्य शुक्ल ने कबीर की भाषा के विषय में क्या कहा है? **(2)**

IV. आचार्य हजारी प्रसाद द्विवेदी जी ने कबीर की भाषा के संबंध में क्या कहा है? **(2)**

V. कबीर की भाषा को मुक्त भाषा क्यों कहा गया है? **(2)**

**उत्तर**

I. कबीर का स्वभाव फक्कड़, स्वतंत्र और निडर था। वे सामाजिक बंधनों और आडंबरों की परवाह नहीं करते थे। वे अपने विचारों को स्पष्ट रूप से प्रकट करते थे। इसी कारण वे घुमक्कड़ माने जाते थे और उनकी भाषा भी मुक्त प्रवाह वाली थी।

II. कबीर की भाषा में कई प्रकार की विशेषताएँ पाई जाती हैं। उनकी भाषा अरबी, फारसी, भोजपुरी, मगही, पंजाबी, राजस्थानी आदि के शब्दों से युक्त है। इसमें आंचलिक शब्दों, उक्तियों और अपभ्रंश शब्दों का समावेश है।

यह व्याकरण के बंधनों से मुक्त, सरल, सहज और प्रभावशाली है और इसमें व्यंग्य की तीव्रता और प्रभावशाली अभिव्यक्ति की क्षमता है।

III. आचार्य रामचंद्र शुक्ल ने कबीर की भाषा को सधुक्कड़ी भाषा कहा है। यह भाषा विविध भाषाओं और बोलियों के मिश्रण से बनी थी और संतों तथा फक्कड़ों द्वारा प्रयुक्त की जाती थी।

IV. आचार्य हजारी प्रसाद द्विवेदी ने कहा है कि कबीर का भाषा पर जबरदस्त अधिकार था। वे अपनी बात को जिस रूप में कहना चाहते थे, भाषा को उसी रूप में ढाल लेते थे। उनकी भाषा इतनी प्रभावशाली थी कि वह बिना कहे भी बहुत कुछ कह देती थी और व्यंग्य करने में अत्यंत कुशल थी।

V. कबीर की भाषा को मुक्त भाषा इसलिए कहा गया है, क्योंकि यह व्याकरण के कठोर नियमों से बँधी नहीं थी। इसमें बोलचाल की भाषा, विभिन्न क्षेत्रों की बोलियों और अपभ्रंश शब्दों का समावेश था। इस भाषा का उद्देश्य विचारों को सरल, सहज और प्रभावी रूप से व्यक्त करना था, न कि व्याकरणिक नियमों का पालन करना।

**Q.5** **जापान के विरुद्ध दूसरे विश्व महायुद्ध में अमेरिका ने अणुबम का प्रयोग किया। वर्ष 1945 की गर्मियों में जापान खंडहरों का देश बन गया। लाखों व्यक्ति मर गए थे। 40% नगर नष्ट हो गए थे। शहर की आबादी आधी रह गई थी। भूखा जापान, चिथड़ों में लिपटी जनता दीन-हीन, स्तब्ध, हैरान और क्षत-विक्षत हो गई थी। जापान में न कोयला होता है, न लोहा, न तेल और न ही यूरेनियम। बस थोड़ी-सी कृषि योग्य भूमि। इस पराजय, दुःख और विनाश के बावजूद भी जापान फिर खड़ा हो गया। वह दुनिया का सबसे अधिक विकसित और औद्योगिक राष्ट्र बन गया। यह चमत्कार कैसे हुआ? जापान की समृद्धि और प्रगति के लिए संभवतः राष्ट्रीय गुणों को टटोलना होगा, जो कि वहाँ की जनता की स्वाभाविक खूबियों और चरित्र से मिलता है।**

**जापान की पराजय के पश्चात् एक अमेरिकी व्यापारिक संस्था ने अपनी शाखा जापान में खोली। उसने शाखा में सभी कर्मचारी जापानी रखे। अमेरिकी नियम के अनुसार, जापान में सप्ताह में पाँच दिन काम करने का निश्चय किया गया। दो दिन शनिवार और रविवार की छुट्टी रखी गई। उसने सोचा था कि उसकी उदारता का जापानी कर्मचारी और कारीगर स्वागत करेंगे, लेकिन यह देखकर संस्था के व्यवस्थापक को आश्चर्य हुआ कि जापानी कर्मचारी इस व्यवस्था का सामूहिक विरोध कर रहे थे। उसने कर्मचारियों को बुलाया और उसका कारण पूछा।**

**जापानी कर्मचारी एक आवाज में बोले-"हमें कष्ट है। हम दो दिन खाली नहीं रहना चाहते। हमारे लिए सप्ताह में केवल एक दिन का ही अवकाश काफी है। ज्यादा आराम से हम प्रसन्न नहीं होंगे। इससे हम आलसी बन जाएँगे, मेहनत के काम में हमारा दिल नहीं लगेगा, हमारा स्वास्थ्य गिरेगा। हमारा राष्ट्रीय चरित्र गिरेगा। अवकाश की वजह से हम व्यर्थ ही घूमेंगे-फिरेंगे, हम फिजूलखर्ची करेंगे। जो छुट्टी हमारी सेहत बिगाड़े तथा आदत खराब करे, आर्थिक स्थिति खराब करे, हमें ऐसा अवकाश नहीं चाहिए।"**

**अमेरिकी व्यवस्थापक ने अपनी टोपी सिर से नीचे उतारी। उसने जापानी कारीगरों का अभिवादन करते हुए कहा - "आप जापानी भाइयों की समृद्धि और सफलता का रहस्य आपका परिश्रम और लगन है। आप कभी भी बीमार तथा गरीब नहीं रह सकते।"** **[ICSE 2020]**

**प्रश्न**

I. **जापान में विनाशकारी दुर्घटना कब और कैसे हुई? उसका क्या परिणाम हुआ?** **(2)**

II. **उस देश के पास अपने प्राकृतिक संसाधन क्या हैं? वह पुनः विकसित और समृद्ध राष्ट्र कैसे बना?** **(2)**

III. **व्यापार की दृष्टि से जापान में कौन आया? उसके आश्चर्यचकित होने का क्या कारण था?** **(2)**

IV. **जापानी कर्मचारी उस व्यापारिक संस्था का विरोध क्यों कर रहे थे? उन्होंने व्यवस्थापक से क्या कहा?** **(2)**

V. **व्यवस्थापक पर कर्मचारियों की बात का क्या प्रभाव पड़ा? उसने उनसे क्या कहा?** **(2)**

**उत्तर**

I. जापान में विनाशकारी दुर्घटना वर्ष 1945 में हुई, क्योंकि दूसरे विश्वयुद्ध में अमेरिका ने जापान के विरुद्ध अणुबम का प्रयोग किया था, जिसके परिणामस्वरूप जापान पूरी तरह से नष्ट हो गया। वहाँ लाखों व्यक्ति मर गए, 40% नगर नष्ट हो गए थे, शहर की आबादी आधी रह गई थी और भूखा जापान, चिथड़ों में लिपटी जनता दीन-हीन, स्तब्ध, हैरान और क्षत-विक्षत हो गई थी।

II. जापान के पास कोई प्राकृतिक संसाधन नहीं हैं- केवल थोड़ी-सी कृषि योग्य भूमि है और इसके अतिरिक्त जापान की जनता की कार्य के प्रति लगन, मेहनत, ईमानदारी, कड़ी मेहनत आदि उनके मुख्य प्राकृतिक संसाधन हैं।

III. अमेरिकी व्यापारिक संस्था व्यापार की दृष्टि से जापान में आई और उसने जापान में अपनी शाखा खोली। संस्था ने अमेरिकी नियमों के अनुसार सप्ताह में पाँच दिन काम करने का निश्चय किया तथा शनिवार व रविवार की छुट्टी रखी गई, लेकिन संस्था के संस्थापक को आश्चर्य हुआ कि जापानी कर्मचारी इस व्यवस्था का सामूहिक विरोध कर रहे थे।

IV. जापानी कर्मचारी व्यापारिक संस्था का विरोध शनिवार, रविवार का अवकाश रखने के कारण कर रहे थे। उन्होंने व्यवस्थापक से कहा कि हमें कष्ट हैं। हम दो दिन खाली नहीं रहना चाहते। हमारे लिए सप्ताह में केवल एक दिन का ही अवकाश काफी है। हम इससे प्रसन्न नहीं हैं। इससे हम आलसी बन जाएँगे, मेहनत के काम में हमारा मन नहीं लगेगा, हमारा स्वास्थ्य गिरेगा, हमारा राष्ट्रीय चरित्र गिरेगा तथा अवकाश की वजह से हम व्यर्थ ही घूमेंगे-फिरेंगे तथा फिजूलखर्ची करेंगे, इसलिए हमें ऐसा अवकाश नहीं चाहिए।

V. व्यवस्थापक जापानियों की बातों से बहुत प्रभावित हुआ। उसने अपनी टोपी सिर से नीचे उतारी और कारीगरों का अभिवादन करते हुए कहा "आप जापानी भाइयों की समृद्धि और सफलता का रहस्य आपका परिश्रम और लगन ही है। आप कभी भी बीमार तथा गरीब नहीं रह सकते।

**Q.6** **एक रियासत थी। उसका नाम था- कंचनगढ़। वहाँ बहुत गरीबी थी। लोग या कामचोर थे और धरती में कुछ उगता न था। चारों ओर भुखमरी थी। एक दिन राजा कंचनदेव राज्य की दशा से चिंतित हो उठे। अचानक उनके पास एक साधु आए। राजा ने उन्हें प्रणाम किया। राजा ने साधु को अपने राज्य के बारे में बताया और कुछ उपाय करने की प्रार्थना की। साधु मुस्कराकर बोले- "कंचनगढ़ के नीचे सोने की खान है।" इतना कहकर साधु चले गए।**

**राजा ने खुदाई करवाई। वहाँ सोने की खान निकली। राजा का खजाना सोने से भर गया। राजा ने अपने राज्य में जगह-जगह मुफ्त भोजनालय बनवाए, दवाखाने खुलवाए, चरागाह बनवाए तथा अन्य सुख-सुविधा के साधन उपलब्ध करा दिए। अब वहाँ कोई दुःखी नहीं था। सब लोग खुश थे। धीरे-धीरे लोग आलसी हो गए। कोई काम नहीं करता था। भोजन तक मुफ्त में मिलने लगा था। मंत्री ने राजा को बहुत समझाया**

और कहा–"महाराज, लोग आलसी होते जा रहे हैं। उनको काम दिया जाए।" परंतु राजा ने मंत्री की बात को टाल दिया।

कंचनगढ़ की समृद्धि को देखकर पड़ोसी रियासत के राजा को ईर्ष्या हुई। उसने अचानक कंचनगढ़ पर चढ़ाई कर दी और माँग की– "सोना दो या लड़ो।" कंचनगढ़ के आलसी लोगों ने राजा से कहा–"हमारे पास बहुत सोना है, कुछ दे दीजिए। बेकार खून क्यों बहाया जाए?" राजा ने लोगों की बात मान ली और सोना दे दिया। कुछ दिनों बाद उसी पड़ोसी राजा ने कंचनगढ़ पर फिर चढ़ाई कर दी। इस बार उसका लालच और बढ़ गया था। इसी प्रकार उसने कई बार चढ़ाई कर-करके कंचनगढ़ से सोना ले लिया। यह सब देखकर राजा का मंत्री बहुत परेशान हो गया। वह राजा को समझाना चाहता था, किंतु राजा के सम्मुख कुछ बोलने की हिम्मत नहीं हो पा रही थी। अंत में उसने युक्ति से काम लिया।

एक दिन वह मंत्री कंचनदेव को घुमाने के लिए नगर के पूर्व की ओर बने गुलाब के बाग की ओर ले गया। राजा कंचनदेव ने देखा कि बाग में दाने बिखरे पड़े हैं। कबूतर दाना चुग रहे हैं। थोड़ी दूर कुछ कबूतर मरे पड़े हैं। कुछ भी समझ में न आने पर राजा ने मरे हुए कबूतरों के बारे में मंत्री से पूछा।

मंत्री ने बताया–"महाराज, इन्हें शिकारी पक्षियों ने मारा है।" राजा ने पूछा–"तो कबूतर भागते क्यों नहीं" "भागते हैं, लेकिन लालच में फिर से आ जाते हैं, क्योंकि उनके लिए यहाँ, आपकी आज्ञा से दाना डाला जाता है।" मंत्री ने बताया। राजा से कहा– "दाना डलवाना बंद कर दो।" मंत्री ने वैसा ही किया।

राजा अगले दिन फिर घूमने निकले। उन्होंने देखा कि दाना तो नहीं है, किंतु कबूतर आ-जा रहे हैं। राजा ने मंत्री से इसका कारण पूछा। मंत्री ने बताया– "महाराज, इन्हें बिना प्रयास के ही दाना मिल रहा था। ये अब दाने-चारे की तलाश की आदत भूल चुके हैं, आलसी हो गए हैं। शिकारी पक्षी इस बात को जानते हैं कि कबूतर तो यहीं आएँगे। अतः वे इन्हें आसानी से मार डालते हैं।"

राजा चिंता में पड़ गए। उन्होंने शाम को मंत्री को बुलाकर कहा–"नगर के सारे मुफ्त भोजनालय बंद करवा दो, जो मेहनत करें, वही खाए। लोग निकम्मे और आलसी होते जा रहे हैं और हाँ, एक बात और। मैं अब शत्रु को सोना नहीं दूँगा, बल्कि उससे लड़ाई करूँगा। जाओ, सेना को मज़बूत करो।" मंत्री राजा की बात सुनकर बहुत खुश हो गया। **[ICSE 2019]**

**प्रश्न**

I. राजा कंचनदेव की चिंता का क्या कारण था? उन्होंने साधु से क्या प्रार्थना की? **(2)**

II. साधु ने राजा को क्या बताया? उसके बाद राजा ने राज्य के लिए क्या-क्या कार्य किए? **(2)**

III. पड़ोसी राजा के आक्रमण करने पर कंचनगढ़ का राजा क्या करता था और क्यों? **(2)**

IV. कबूतरों की दशा कैसी थी? उस दशा को देखकर राजा ने क्या सीखा? **(2)**

V. राजा ने मंत्री को क्या आदेश दिए? आदेश सुनकर मंत्री की क्या स्थिति हुई? **(2)**

**उत्तर**

I. राजा कंचनदेव की चिंता का कारण उनके राज्य में व्याप्त गरीबी तथा भुखमरी की स्थिति थी। उन्होंने साधु से इस विकट स्थिति से बाहर निकलने के लिए कुछ उपाय करने की प्रार्थना की।

II. साधु ने राजा को बताया कि कंचनगढ़ के नीचे सोने की खान है। राजा ने खुदाई करवाई खान से निकले सोने से खजाना भर गया। उसके बाद राजा ने राज्य के लिए जगह-जगह मुफ्त भोजनालय बनवाए, दवाखाने खुलवाए, चारागाह बनाए तथा अन्य सुख-सुविधा के साधन उपलब्ध करवाने के कार्य किए।

III. पड़ोसी राजा के आक्रमण करने पर कंचनगढ़ का राजा उन्हें सोना दे देता था, क्योंकि कंचनगढ़ के आलसी लोगों ने राजा को ऐसा करने को कहा कि हमारे पास बहुत सोना है, उसमें से कुछ सोना पड़ोसी राजा को दे दीजिए, बेकार में क्यों खून बहाया जाए। अतः राजा ने उनकी बात मान ली।

IV. कबूतरों की दशा आलसी मनुष्य के समान हो गई थी। वह अपने आलस के कारण दाने की तलाश भी नहीं कर रहे थे। उनकी दशा को देखकर राजा ने यह सीखा कि वह नगर के लोगों को आलसी व निकम्मा नहीं बनने देगा और अब वह शत्रु को सोने भी नहीं देगा, बल्कि उनसे युद्ध करेगा।

V. राजा ने मंत्री को यह आदेश दिया कि नगर के सभी मुफ्त भोजनालय बंद करवा दो, जो मेहनत करेगा, वही खाएगा। जाओ! जाकर सेना को मज़बूत करो। राजा का आदेश सुनकर मंत्री बहुत खुश हुए।

**Q.7** सूर्य अस्त हो गया था। पक्षी चहचहाते हुए अपने नीड़ की ओर जा रहे थे। गाँव की कुछ स्त्रियाँ अपने घड़े लेकर कुएँ पर जा पहुँची। पानी भरकर कुछ स्त्रियाँ तो अपने घरों को लौट गईं, परंतु चार स्त्रियाँ कुएँ की पक्की जगत पर ही बैठकर आपस में बातचीत करने लगीं। तरह-तरह की बातचीत करते-करते बात बेटों पर जा पहुँची। उनमें से एक की उम्र सबसे बड़ी लग रही थी। वह कहने लगी– "भगवान सबको मेरे जैसा ही बेटा दे। वह लाखों में एक है। उसका कंठ बहुत मधुर है। उसके गीत को सुनकर कोयल और मैना भी चुप हो जाती हैं। सच में, मेरा बेटा तो अनमोल हीरा है।" उसकी बात सुनकर दूसरी अपने बेटे की प्रशंसा करते हुए बोली– "बहन मैं तो समझती हूँ कि मेरे बेटे की बराबरी कोई नहीं कर सकता। वह बहुत ही शक्तिशाली और बहादुर है। वह बड़े-बड़े पहलवानों को भी पछाड़ देता है। वह आधुनिक युग का भीम है। मैं तो भगवान से कहती हूँ कि वह मेरे जैसा बेटा सबको दे।" दोनों स्त्रियों की बात सुनकर तीसरी भला क्यों चुप रहती? वह भी अपने को रोक न सकी। वह बोल उठी–"मेरा बेटा साक्षात् बृहस्पति का अवतार है। वह जो कुछ पढ़ता है, एकदम याद कर लेता है। ऐसा लगता है बहन, मानों उसके कंठ में सरस्वती का वास हो।"

तीनों की बात सुनकर चौथी स्त्री चुपचाप बैठी रही। उसका भी एक बेटा था, परंतु उसने अपने बेटे के बारे में कुछ नहीं कहा। जब पहली स्त्री ने उसे टोकते हुए पूछा कि उसके बेटे में क्या गुण है, तब चौथी स्त्री ने सहज भाव से कहा– "मेरा बेटा न गंधर्व-सा गायक है, न भीम-सा बलवान और न ही बृहस्पति-सा बुद्धिमान।" यह कहकर वह शांत बैठ गई। कुछ देर बाद जब वे घड़े सिर पर रखकर लौटने लगीं, तभी किसी के गीत का मधुर स्वर सुनाई पड़ा, गीत सुनकर सभी स्त्रियाँ ठिठक गईं। पहली स्त्री शीघ्र ही बोल उठी– "मेरा हीरा गा रहा है। तुम लोगों ने सुना, उसका कंठ कितना मधुर है।" तीनों स्त्रियाँ बड़े ध्यान से उसे देखने

लगीं। वह गीत गाता हुआ उसी रास्ते से निकल गया। उसने अपनी माँ की ओर ध्यान नहीं दिया।

थोड़ी देर बाद दूसरी का बेटा दिखाई दिया। दूसरी स्त्री ने बड़े गर्व से कहा, "देखो मेरा बलवान बेटा आ रहा है। वह बातें कर रही थी कि उसका बेटा भी उसकी ओर ध्यान दिए बगैर निकल गया।" तभी तीसरी स्त्री का बेटा उधर से संस्कृत के श्लोकों का पाठ करता हुआ निकला। तीसरी ने बड़े गद्गद् स्वर में कहा "देखो, मेरे बेटे के कंठ में सरस्वती का वास है। वह भी माँ की ओर देखे बिना आगे बढ़ गया। वह अभी थोड़ी दूर गया होगा कि चौथी स्त्री का बेटा भी अचानक उधर से आ निकला। वह देखने में बहुत सीधा-सादा और सरल प्रवृत्ति का लग रहा था। उसे देखकर चौथी स्त्री ने कहा, "बहन, यही मेरा बेटा है।" तभी उसका बेटा पास आ पहुँचा। अपनी माँ को देखकर रुक गया और बोला, "माँ लाओ, मैं तुम्हारा घड़ा पहुँचा दूँ। माँ ने मना किया, फिर भी उसने माँ के सिर से पानी का घड़ा उतारकर अपने सिर पर रख लिया और घर की ओर चल पड़ा। तीनों स्त्रियाँ बड़े ही आश्चर्य से देखती रहीं। एक वृद्ध महिला बहुत देर से उनकी बातें सुन रही थी। वह उनके पास आकर बोली, "देखती क्या हो। यही सच्चा हीरा है।" **[ICSE 2018]**

**प्रश्न**

I. पहली तथा दूसरी स्त्री ने अपने-अपने बेटे के विषय में क्या कहा? **(2)**

II. तीसरी स्त्री ने अपने बेटे को 'बृहस्पति का अवतार' क्यों कहा? **(2)**

III. पहली स्त्री द्वारा पूछे जाने पर चौथी स्त्री ने क्या कहा? **(2)**

IV. चौथी स्त्री के बेटे ने अपनी माँ के साथ कैसा व्यवहार किया, यह देखकर तीनों स्त्रियों को कैसा लगा? **(2)**

V. बच्चों को अपने माता-पिता के साथ कैसा व्यवहार करना चाहिए? समझाइए। **(2)**

**उत्तर**

I. पहली स्त्री ने अपने बेटे के विषय में कहा कि "मेरा बेटा लाखों में एक है। उसका कंठ बहुत मधुर है। उसके गीत को सुनकर कोयल और मैना भी चुप हो जाती हैं। सच में मेरा बेटा तो अनमोल हीरा है।" दूसरी स्त्री ने अपने बेटे के विषय में कहा कि मेरे "बेटे की बराबरी कोई नहीं कर सकता। वह बहुत ही शक्तिशाली और बहादुर है। वह बड़े-बड़े पहलवानों को भी पछाड़ देता है। वह आधुनिक युग का भीम है।"

II. तीसरी स्त्री ने अपने बेटे को 'बृहस्पति का अवतार' इसलिए कहा, क्योंकि वह उसे बुद्धिमान मानती है। वह जो कुछ पढ़ता है, उसे तुरंत याद कर लेता है। बृहस्पति ज्ञान एवं शिक्षण का प्रतिनिधित्व करते हैं। इसी कारण तीसरी स्त्री ने अपने बेटे को बृहस्पति का अवतार माना।

III. पहली स्त्री द्वारा पूछे जाने पर कि तुम्हारे बेटे में क्या गुण है, चौथी स्त्री ने सहज भाव से कहा कि "मेरा बेटा न गंधर्व-सा गायक हैं, न भीम-सा बलवान और न ही बृहस्पति-सा बुद्धिमान" अर्थात् उसके बेटे में अन्य तीनों स्त्रियों के बेटों के समान कोई गुण नहीं हैं।

IV. चौथी स्त्री के बेटे ने अपनी माँ के साथ उचित व्यवहार किया। उसने अपनी माँ के सिर से पानी के घड़े को उतारकर अपने सिर पर रखकर घर पहुँचाया। इस प्रकार उसने अपनी माँ की सहायता की। यह देखकर तीनों स्त्रियाँ आश्चर्यचकित रह गईं।

V. बच्चों को अपने माता-पिता के साथ सद्व्यवहार करना चाहिए तथा उनकी सेवा करनी चाहिए, साथ ही उनके दैनिक कार्यों में सहायता भी करनी चाहिए। जिस प्रकार गद्यांश में चौथी स्त्री के बेटे ने उसकी सहायता की, उसी प्रकार हमें भी अपने माता-पिता की सहायता करनी चाहिए।

**Q.8** अंतरिक्ष यात्री नियुक्त होने के दो वर्ष पश्चात् ही वर्ष 1996 में कल्पना के जीवन में यह अवसर आया, जबकि उन्हें अंतरिक्ष यान कोलंबिया के अट्ठारह दिवसीय अंतरिक्ष अभियान का सदस्य चुना गया। इस तरह वे अंतरिक्ष भ्रमण करने वाली पहली भारतीय महिला बन गई। बाद में उन्होंने अंतरिक्ष के अपने अनुभवों के बारे में कहा- "मैं यान की खिड़की से ही अपनी धरती पर हो रहे दिन और रात वाले भागों को निहारती रहती। महाद्वीप और महासागर धीरे-धीरे घूमते रहते और धरती अपने सौंदर्य की मनोहारी छटा बिखेरती रहती। मैं यह देखकर हैरत में पड़ जाती कि सिर्फ 60 मिनट में हमारा यान धरती की परिक्रमा कर लेता है- सिर्फ 60 मिनट, मैं सोचती कि हमारा ग्रह वास्तव में कितना लघु, कितना क्षण भंगुर है।"

कल्पना चावला को अंतरिक्ष यात्रा का दूसरा अवसर 17 जनवरी, 2003 को मिला, जबकि वे सौलह दिवसीय अभियान के लिए एक बार फिर कोलंबिया यान में अपने छः सहयोगियों समेत सवार हुई, किंतु इस बार कोलंबिया की वापसी की यात्रा सुरक्षित न रह सकी। कल्पना समेत छः अंतरिक्ष यात्री दुर्घटना के शिकार होकर काल-कवलित हो गए।

आज कल्पना चावला नहीं हैं, लेकिन अपने पीछे ये दृढ़ निश्चय और कठिन परिश्रम के द्वारा असंभव को संभव बनाने वाली विस्मयकारी विरासत छोड़ गई हैं।

आसमान की ऊँचाइयों को नापते हुए भी कल्पना ने अपनी जड़ों की विस्मृति नहीं की। वे अपने शहर व अपने स्कूल 'टैगोर बाल निकेतन' के संपर्क में जीवनभर बनी रहीं। उन्हीं के प्रयासों का फल है कि प्रतिवर्ष उनके स्कूल से दो छात्राओं को नासा अपने यहाँ आमंत्रित करता है। कल्पना भारतीय युवाओं विशेषकर लड़कियों के लिए प्रेरणा का प्रकाश-स्तंभ हैं। **[ICSE Specimen 2017]**

**प्रश्न**

I. कल्पना चावला किस विद्यालय में पढ़ती थीं? उनकी वजह से आज विद्यालय को क्या सौभाग्य प्राप्त है? **(2)**

II. कल्पना चावला को प्रथम बार अंतरिक्ष अभियान का सदस्य कब चुना गया? यान की खिड़की से वे क्या निहारा करती थीं? **(2)**

III. अंतरिक्ष-यान कितने मिनट में पृथ्वी की परिक्रमा पूरी कर लेता है? उसे देखकर कल्पना अपने मन में क्या विचार करती थीं? **(2)**

IV. कल्पना को दूसरी यात्रा का अवसर कब मिला और वापसी में क्या घटना घटी? **(2)**

V. कल्पना चावला के जीवन से नवयुवतियों को क्या शिक्षा मिलती है? **(2)**

**उत्तर**

I. कल्पना चावला 'टैगोर बाल निकेतन' विद्यालय में पढ़ती थीं। उन्हीं के प्रयासों के कारण आज विद्यालय को यह सौभाग्य प्राप्त है कि प्रतिवर्ष उनके विद्यालय से दो छात्राओं को नासा अपने यहाँ आमंत्रित करता है।

II. कल्पना चावला को प्रथम बार अंतरिक्ष अभियान का सदस्य अंतरिक्ष यात्री नियुक्त होने के दो वर्ष पश्चात् ही वर्ष 1996 में अंतरिक्ष-यान कोलंबिया के अट्ठारह दिवसीय वह अंतरिक्ष अभियान का सदस्य चुना गया। इस तरह से वह अंतरिक्ष भ्रमण करने वाली पहली भारतीय महिला बन गईं। यान की खिड़की से वे अपनी धरती पर हो रहे दिन और रात वाले भागों को निहारा करती थीं।

III. अंतरिक्ष-यान 60 मिनट में पृथ्वी की परिक्रमा पूरी कर लेता है। उसे देखकर कल्पना अपने मन में विचार करती है कि हमारा ग्रह वास्तव में कितना लघु, कितना क्षण-भंगुर है।

IV. कल्पना को दूसरी यात्रा का अवसर 17 जनवरी, 2003 को मिला जब वह कोलंबिया यान में अपने छः सहयोगीयों के साथ सवार हुईं, किंतु उनकी वापसी की यात्रा सुरक्षित न रह सकी। वापसी के समय कल्पना समेत छः अंतरिक्ष यात्री दुर्घटना के शिकार होकर काल-कवलित (मृत) हो गए।

V. कल्पना चावला के जीवन से नवयुवतियों को यह शिक्षा मिलती है कि अपने दृढ़ निश्चय और कठिन परिश्रम के द्वारा असंभव कार्य को भी संभव बनाया जा सकता है। कल्पना भारतीय युवाओं विशेषकर लड़कियों के लिए प्रेरणा का प्रकाश-स्तंभ हैं।

**Q.9** **पंजाब में उस वर्ष भयंकर अकाल पड़ा था। उन दिनों वहाँ महाराणा रणजीत सिंह का राज था। उन्होंने यह घोषणा करवा दी, "महाराज के आदेश से शाही भंडार-गृह हर जरूरतमंद के लिए खुला है। प्रत्येक जरूरतमंद एक बार में जितना अनाज उठा सके, ले जाए।" यह घोषणा सुनते ही गाँवों व शहरों से जरूरतमंदों की भीड़ राजमहल में उमड़ पड़ी। उन दिनों लाहौर में एक सद्गृहस्थ बूढ़े सज्जन रहते थे। वे कट्टर सनातनी विचारों के थे। उन्होंने जीवन में कभी भी किसी के आगे अपना हाथ नहीं फैलाया था। अँधेरा होने पर वह शाही भंडार के दरवाजे पर पहुँचे। द्वार खुला था, किसी तरह की कोई जाँच-पड़ताल नहीं हुई। उन्होंने बड़े संकोच से अपनी चादर को फैलाया, उसके कोने में थोड़ा-सा अनाज बाँध लिया। ज्यादा अनाज उठाना उनके लिए मुश्किल था। इतने में पगड़ी बाँधे एक व्यक्ति वहाँ आया। उसने कहा, "भ्राताजी आपने तो काफी कम अनाज लिया है।" बूढ़े सज्जन ने कहा, "असल में, मैं बूढ़ा लाचार हूँ। इस अकाल में तो थोड़ा अनाज लेना ही सही है, जिससे सब जरूरतमंदों को मिल जाए।"**

**उस व्यक्ति ने बूढ़े की गठरी खोल दी। उसमें भरपूर अनाज भर दिया। बूढ़े सज्जन ने कहा, "मैं इतना अनाज नहीं उठा सकता और न ही इसकी मज़दूरी का पैसा दे सकता हूँ।" इतने में उस अजनबी ने बूढ़े की गठरी अपने कंधों पर ले ली और बूढ़े के पीछे-पीछे चल पड़ा। जब वे बूढ़े के घर के द्वार पर पहुँचे, तो वहाँ दो बच्चे उनकी प्रतीक्षा कर रहे थे। उन्हें देखते ही वे बोले- "बाबा, कहाँ चले गए थे?" बूढ़ा खामोश रहा। अजनबी ने कहा, "घर में कोई बड़ा लड़का नहीं है?" बूढ़ा बोला, "लड़का था, लेकिन काबुल की लड़ाई में शहीद हो गया। अब बहू है तथा मेरे ये पोते हैं।" वह अजनबी बोला, "भाई जी धन्य हैं आप, जिनका बेटा देश के लिए शहीद हो गया।" रोशनी में बूढ़े ने उस अजनबी को पहचान लिया। वे खुद महाराज रणजीत सिंह थे। बूढ़े ने पोतों से कहा, "इनके सामने दंडवत प्रणाम करो" और स्वयं भी प्रणाम करने लगे और थोड़ी देर बाद बोले, "आज मुझसे बड़ा पाप हो गया। आपसे बोझा उठवाया।" "नहीं, यह पाप नहीं, मेरा सौभाग्य था कि मैं शहीद के परिवार की सेवा कर सका। आप सबकी सेवा करना मेरा फ़र्ज है। अब आप जीवन-भर हमारे साथ रहिए और हमें कृतार्थ कीजिए।"** **[ICSE 2017]**

**प्रश्न**

I. **राज्य को किस विपत्ति का सामना करना पड़ा था? उन दिनों वहाँ के राजा कौन थे और उन्होंने उस समस्या का क्या समाधान निकाला?** **(2)**

II. **राजा ने राज्य में क्या घोषणा करवाई और क्यों?** **(2)**

III. **बूढ़े आदमी के बारे में आप क्या जानते हैं? उनका पूर्ण परिचय दीजिए।** **(2)**

IV. **बूढ़े आदमी ने थोड़ा-सा अनाज ही क्यों लिया था? कारण स्पष्ट करते हुए बताइए कि उस अजनबी व्यक्ति ने उस बूढ़े की सहायता कैसे की?** **(2)**

V. **इस गद्यांश से मिलने वाली शिक्षाओं पर प्रकाश डालिए।** **(2)**

**उत्तर**

I. पंजाब राज्य को भयंकर अकाल का सामना करना पड़ा था। उन दिनों वहाँ के राजा महाराणा रणजीत सिंह थे। उन्होंने उस समस्या का यह समाधान निकाला कि शाही भंडार-गृह के द्वार खोल दिए, जिससे हर जरूरतमंद अनाज ले सकता है।

II. राजा ने राज्य में यह घोषणा करवाई कि "महाराज के आदेश से शाही भंडार-गृह हर ज़रूरतमंद के लिए खुला है। प्रत्येक ज़रूरतमंद एक बार में जितना अनाज उठा सके, ले जाए।" यह घोषणा इसलिए करवाई गई, क्योंकि राज्य में भयंकर अकाल पड़ा था।

III. सद्गृहस्थ बूढ़े सज्जन लाहौर में रहते थे। वे कट्टर सनातनी विचारों के थे। उन्होंने जीवन में कभी किसी के आगे हाथ नहीं फैलाया था। बूढ़े आदमी का एक लड़का था, जो काबुल की लड़ाई में शहीद हो गया था। अब बहू और दो पोते उसके साथ रहते हैं।

IV. बूढ़े आदमी ने थोड़ा-सा अनाज इसलिए लिया था, क्योंकि ज्यादा अनाज उठाना उसके लिए मुश्किल था। अजनबी व्यक्ति अर्थात् महाराणा रणजीत सिंह ने बूढ़े की गठरी में भरपूर अनाज भर दिया तथा गठरी को अपने कंधों पर रखकर उसके घर के द्वार तक पहुँचा दिया। इस प्रकार उन्होंने उस बूढ़ें व्यक्ति की सहायता की।

V. इस गद्यांश से हमें यह शिक्षा मिलती है कि व्यक्ति पद में बड़ा होने से महान् नहीं बनता, बल्कि अपने व्यवहार एवं कर्मों के द्वारा महान् बनता है। जैसे महाराणा रणजीत ने अकाल के समय उचित निर्णय लेकर जनता को भूखे मरने से बचाया, साथ ही यह शिक्षा मिलती है कि व्यक्ति को किसी के आगे हाथ नहीं फैलाने चाहिए अर्थात् स्वावलंबी बनना चाहिए तथा स्वार्थपूर्ण जीवन नहीं जीना चाहिए।

**Q.10** **बहुत समय पहले एक गाँव में हरिहर नाम का एक दयालु, सीधा और सच्चा किसान रहता था। वह खेती-बाड़ी का काम करता था। वह पूरा दिन अपने खेत में जी-तोड़ मेहनत करता था और शाम का समय ईश्वर की प्रार्थना में बिताता था। जीवन में उसकी मात्र एक इच्छा थी कि वह उडुपि के मंदिर में भगवान श्रीकृष्ण के दर्शन करना चाहता था। उडुपि**

कर्नाटक का प्रमुख तीर्थस्थान है। वह अपनी गरीबी के कारण तीर्थयात्रा की इच्छा पूरी नहीं कर पाता था। इसी तरह कुछ वर्ष बीत गए। समय के साथ-साथ हरिहर की आर्थिक स्थिति भी सुधरती गई। अब उसने तीर्थयात्रा की योजना बनाई। उसकी पत्नी ने उसके लिए पर्याप्त भोजन बाँध दिया।

हरिहर तीर्थयात्रियों के एक दल के साथ उडुपि की ओर चल दिया। मार्ग में उसे एक स्थान पर एक बूढ़ा आदमी मिला। उसकी दशा बहुत ही दयनीय थी। वह कई दिनों से भूखा-प्यासा था और पीड़ा के कारण कराह रहा था। जैसे ही हरिहर की नज़र उस पर पड़ी, उसका हृदय करुणा से भर गया। उसने बूढ़े के पास जाकर पूछा, "बाबा, क्या तुम भी तीर्थयात्रा करने उडुपि जा रहे हो?" बूढ़े आदमी ने उत्तर दिया, मेरा एक बेटा बीमार है और दूसरे बेटे ने भी तीन दिनों से कुछ नहीं खाया। फिर मैं तीर्थयात्रा कैसे करूँ।"

हरिहर समझता था कि दीन-दुखियों की सेवा ही ईश्वर की सबसे बड़ी सेवा है, इसलिए उसने उडुपि जाने से पहले उस बूढ़े के घर जाने का निश्चय किया। उसके साथियों ने उसे बहुत समझाया। "बहुत मुश्किल से तुमने धन एकत्र किया है, अगर यह नष्ट हो गया, तो फिर तुम कभी तीर्थयात्रा नहीं कर पाओगे।" हरिहर पर उनकी बातों का कोई प्रभाव न पड़ा। वह बूढ़े के घर पहुँचा। उसने सबसे पहले घर के सभी व्यक्तियों को भरपेट भोजन कराया। फिर वह बीमार बच्चे के लिए दवा ले आया। उसने बूढ़े आदमी को खेत में बोने के लिए बीज भी ला दिए। वह कुछ दिन वहाँ रुका। उसने बूढ़े आदमी के बेटे की सेवा की, जिससे वह कुछ दिनों में स्वस्थ हो गया, लेकिन इन सारे कार्यों में उसके सारे पैसे खर्च हो गए।

अब उसने तीर्थयात्रा बीच में ही छोड़कर वापस घर लौटने का निश्चय किया। उसे उडुपि न जा पाने का बिलकुल भी दुःख न था, क्योंकि वह जानता था कि उसने अपना सारा धन दीन-दुखियों की सेवा में खर्च किया था। घर पहुँचकर उसने अपनी पत्नी को सारी बातें बता दीं। पत्नी भी इस पर प्रसन्न हुई, क्योंकि वह भी धार्मिक स्वभाव की महिला थी। उस रात हरिहर ने सपने में भगवान श्रीकृष्ण को देखा, जो उससे कह रहे थे, "हरिहर तुम मेरे सच्चे भक्त हो। तुमने उस बूढ़े आदमी की सहायता की और अपनी इच्छा का बलिदान कर दिया। वह बूढ़ा आदमी कोई और नहीं मैं ही था। तुम्हारी परीक्षा के लिए मैं उस बूढ़े आदमी का वेश धारण कर वहाँ आया था। तुम मेरे सच्चे सेवक हो।" इस तरह हरिहर बगैर तीर्थयात्रा पर गए पुण्य का भागीदार बना। **[ICSE 2016]**

**प्रश्न**

I. हरिहर क्या काम करता था? उसकी एकमात्र इच्छा क्या थी? **(2)**

II. हरिहर को तीर्थयात्रा के मार्ग में कौन मिला? उसकी क्या स्थिति थी? **(2)**

III. हरिहर ने बूढ़े व्यक्ति की सहायता कैसे की? **(2)**

IV. हरिहर ने घर लौटने का निश्चय क्यों किया? वहाँ लौटने पर हरिहर ने क्या स्वप्न देखा? **(2)**

V. इस गद्यांश से आपको क्या शिक्षा मिलती है? **(2)**

**उत्तर**

I. हरिहर खेती-बाड़ी का काम करता था। वह पूरा दिन खेत में जी-तोड़ मेहनत करता और शाम को ईश्वर की भक्ति करता था। जीवन में उसकी एकमात्र इच्छा यह थी कि वह उडुपि के मंदिर में भगवान श्रीकृष्ण के दर्शन करना चाहता था, जो दक्षिण कर्नाटक का प्रमुख तीर्थस्थान है।

II. हरिहर की तीर्थ यात्रा के मार्ग में एक बूढ़ा आदमी मिला, जिसकी दशा बहुत ही दयनीय थी। वह कई दिनों से भूखा-प्यासा था और पीड़ा के कारण कराह रहा था। जैसे ही हरिहर की नज़र उस बूढ़े आदमी पर पड़ी, उसका हृदय करुणा से भर गया।

III. हरिहर जानता था कि दीन-दुखियों की सेवा करना ही ईश्वर की सबसे बड़ी सेवा है, इसलिए तीर्थयात्रा के लिए एकत्र किए गए धन को लेकर हरिहर बूढ़े आदमी के घर पहुँचा। पहले उसने सभी को भरपेट भोजन कराया, फिर वह बीमार बच्चे के लिए दवा ले आया, उसने बूढ़े आदमी को खेत में बोने के लिए बीज लाकर दिए। कुछ दिन बूढ़े आदमी के घर रुककर उसके बेटों की सेवा की। इस प्रकार, हरिहर ने बूढ़े व्यक्ति की सहायता की।

IV. बूढ़े आदमी की सहायता करने में हरिहर के सारे पैसे खर्च हो गए, इसलिए उसने अपनी तीर्थयात्रा को बीच में ही छोड़कर वापस घर लौटने का निश्चय किया। घर लौटने पर हरिहर ने अपने स्वप्न में भगवान श्रीकृष्ण को देखा, जो उससे कह रहे थे कि तुम ही मेरे सच्चे भक्त हो। तुमने बूढ़े आदमी की सहायता करके अपनी इच्छा का बलिदान दिया। वह बूढ़ा आदमी मैं ही था अर्थात् मैं वेश बदलकर तुम्हारी परीक्षा ले रहा था।

V. प्रस्तुत गद्यांश से हमें कठिन परिस्थितियों में दूसरों की सहायता करने की शिक्षा मिलती है। जिस प्रकार हरिहर ने अपनी इच्छा का बलिदान करके कठिन परिस्थितियों में अपना जीवन व्यतीत कर रहे बूढ़े आदमी की सहायता की, ठीक उसी प्रकार हम सभी को यह शिक्षा ग्रहण करना चाहिए कि हमें भी सर्वदा दूसरों की सहायता करने के लिए तत्पर रहना चाहिए।

**Q.11** महान् रसायनशास्त्री आचार्य नागार्जुन को अपनी प्रयोगशाला के लिए दो सहायकों की आवश्यकता थी। अनेक युवक उनके पास आए और निवेदन किया कि वे उन्हें अपने सहायक के रूप में नियुक्त कर लें, लेकिन परीक्षा लेने पर सभी प्रत्याशी अयोग्य सिद्ध हुए। अंत में आचार्य निराश हो गए। उनकी निराशा का कारण यह था कि युवकों में रसायनशास्त्र के ज्ञाता तो बहुत थे और अपने विषय से परिचित भी, लेकिन एक रसायनशास्त्री के लिए जो एक पवित्र ध्येय होता है, उसका सभी में अभाव था। प्रत्याशियों में से किसी को अपने वेतन की चिंता थी, किसी को अपने परिवार की, तो किसी को अपना भविष्य उज्ज्वल बनाना था, पर आचार्य नागार्जुन को ऐसे सहायक की आवश्यकता नहीं थी। उनके मन और विचार में कुछ और ही था। निराश होकर उन्होंने सहायक की आवश्यकता होते हुए भी स्वयं ही सारा कार्य करने का निश्चय कर लिया।

कुछ दिन बाद ही दो युवक आचार्य के पास आए। उन्होंने उनसे निवेदन किया कि वे उन्हें अपना सहायक नियुक्त कर लें। आचार्य ने पहले तो उन्हें लौटा देना चाहा, लेकिन युवकों के अधिक आग्रह पर उन्होंने उनकी परीक्षा लेने का निश्चय किया। आचार्य ने दोनों युवकों को एक पदार्थ देकर दो दिन के भीतर ही उसका रसायन तैयार कर लाने को कहा। दोनों युवक पदार्थ लेकर अपने घर लौट गए। दो दिन बाद एक युवक रसायन तैयार करके सुबह-सुबह ही उनके पास पहुँचा और रसायन का पात्र उन्हें देते हुए बोला "लीजिए आचार्य जी, रसायन तैयार है।" रसायन के पात्र की ओर बिना देखे ही आचार्य ने प्रश्न किया, "तो रसायन तैयार कर लिया तुमने?"

रसायन का पात्र एक ओर रखते हुए युवक ने कहा, 'जी हाँ'। आचार्य ने दूसरा प्रश्न किया, "रसायन तैयार करते समय किसी भी प्रकार की कोई बाधा तो उपस्थित नहीं हुई?" युवक ने सकुचाते हुए उत्तर दिया, "बाधाएँ तो बहुत आई थीं, लेकिन मैंने किसी भी बाधा की चिंता किए बिना अपना कार्य चालू ही रखा तथा रसायन तैयार कर लिया। यदि मैं बाधाओं में उलझ गया होता, तो रसायन तैयार हो ही नहीं सकता था। एक ओर तो पिता के पेट में भयंकर शूल था, दूसरी ओर माता ज्वर से पीड़ित थी। ऊपर से मेरा छोटा भाई टाँग तुड़वाकर पीड़ा से कराह रहा था, परंतु ये बातें मुझे रसायन बनाने से विचलित नहीं कर सकीं।" तभी दूसरा युवक खाली हाथ आकर वहाँ खड़ा हो गया। आचार्य जी ने उससे पूछा, "रसायन कहाँ है?" युवक ने झिझकते हुए उत्तर दिया, "आचार्य जी, मैं क्षमा चाहता हूँ। मैं रसायन तैयार नहीं कर सका, क्योंकि जाते समय मार्ग में एक वृद्ध व्यक्ति मिल गया था। वह एक सड़क दुर्घटना में घायल हो गया था। मेरा सारा समय उसकी सेवा में ही व्यतीत हो गया।"

आचार्य ने पहले युवक से कहा, "तुम जा सकते हो। मुझे तुम्हारी आवश्यकता नहीं। रसायनशास्त्री यदि पीड़ा से कराहते हुए व्यक्ति की उपेक्षा करे, तो वह अपने शास्त्र में अपूर्ण है।" दूसरे युवक को उन्होंने अपना सहायक नियुक्त कर लिया। भविष्य में वही युवक उनका दायाँ हाथ बना और उन्हें अति प्रिय लगने लगा। **[ICSE 2014]**

**प्रश्न**

I. आचार्य को कैसे सहायकों की आवश्यकता थी और क्यों? **(2)**

II. आचार्य की निराशा का क्या कारण था? निराश होकर उन्होंने क्या किया? **(2)**

III. आचार्य ने दोनों युवकों की परीक्षा लेने का क्या उपाय सोचा तथा क्यों? **(2)**

IV. दूसरा युवक रसायन क्यों तैयार नहीं कर सका? इससे उसके चरित्र का कौन-सा गुण स्पष्ट होता है? **(2)**

V. आचार्य ने अपना सहायक किसे और क्यों चुना? **(2)**

**उत्तर**

I. आचार्य नागार्जुन को अपनी प्रयोगशाला के लिए दो ऐसे सहायकों की आवश्यकता थी, जो आत्मीय रूप एवं पूर्ण तन्मयता से उनका सहयोग कर सकें। इसके साथ ही उन सहायकों का ध्येय भी पवित्र होना चाहिए, जिससे वे पूर्ण मानवीयता तथा ईमानदारी से कार्य कर सकें।

II. अनेक युवकों ने आचार्य के पास आकर सहायक बनने का अनुरोध किया। अपने विषय के अच्छे ज्ञान व भली-भाँति परिचय के बावजूद वे सब अपने स्वार्थ, वेतन, परिवार आदि के लिए अत्यधिक चिंतित प्रतीत हुए, परंतु उनमें पवित्र ध्येय का अभाव था। इसी कारण आचार्य जी अत्यंत निराश हुए और अंततः उन्होंने पूरा कार्य स्वयं करने का निश्चय किया।

III. आचार्य ने दानों युवकों की परीक्षा लेने के लिए उन्हें एक पदार्थ देकर दो दिनों में रसायन तैयार करने का आदेश दिया।

वस्तुतः आचार्य उनके मानवीय एवं नेक दृष्टिकोण की परीक्षा लेना चाहते थे कि उनमें निःस्वार्थ पवित्र ध्येय मौजूद भी है या नहीं।

IV. दूसरा युवक अपने मानवीय व निःस्वार्थ उद्देश्य के कारण अपना रसायन तैयार नहीं कर पाया, क्योंकि उसे मार्ग में एक घायल वृद्ध व्यक्ति मिल गया था और उसने उनकी सेवा-सुश्रूषा को ही प्रथम उद्देश्य समझा। इसी कारण समय व्यतीत हो गया। इस घटना से उसके मानवतारूपी ध्येय का पता चलता है।

V. आचार्य नागार्जुन ने द्वितीय युवक को, उसके पवित्र निःस्वार्थ ध्येय व मानवीय गुण से प्रसन्न होकर, अपना सहायक चुना और आगे चलकर वही युवक उनका दायाँ हाथ भी बना।

**Q.12** राणा संग्राम सिंह वीरगति प्राप्त कर चुके थे। चित्तौड़ के सिंहासन पर उनके बड़े पुत्र विक्रमादित्य बैठे, किंतु उनकी अयोग्यता के कारण राजपूत सरदारों ने उन्हें गद्दी से हटा दिया। राणा साँगा के छोटे पुत्र उदयसिंह राज्य के उत्तराधिकारी घोषित किए गए, किंतु वे अभी छः वर्ष के बालक थे। अतएव दासी-पुत्र बनवीर को उनका संरक्षक और उनकी ओर से राज्य का संचालनकर्ता बनाया गया, क्योंकि महारानी करुणावती का भी स्वर्गवास हो चुका था।

राज्य का लोभ मनुष्य को मनुष्य नहीं रहने देता। बनवीर भी राज्य के लोभ से पिशाच बन गया। उसने सोचा कि यदि राणा साँगा के दोनों पुत्रों को मार दिया जाए, तो चित्तौड़ का सिंहासन उसके लिए निष्कंटक हो जाएगा। इसी विचार से एक रात नंगी तलवार लिए वह अपने भवन से निकला। उसने लालच में अंधे होकर विक्रमादित्य की हत्या कर दी।

राजकुमार उदयसिंह सायंकाल का भोजन करके सो चुके थे, उनका पालन-पोषण करने वाली पन्ना धाय को बनवीर के बुरे अभिप्राय का कुछ पता न था। कीरत बारी रात में जूठे पत्तल हटाने आया। उसने पन्ना को बनवीर द्वारा विक्रमादित्य की हत्या का समाचार दिया। बारी उस समय वहीं था और बनवीर का यह कुकृत्य देखकर किसी प्रकार भागता हुआ पन्ना के पास आया। उसने कहा-'वह यहाँ आता ही होगा'।

पन्ना चौंकी और उसे अपना कर्त्तव्य स्थिर करने में क्षणभर भी न लगा। उसने बालक उदयसिंह को उठाकर बारी को दे दिया और कहा-"इन्हें लेकर चुपचाप निकल जाओ। मैं तुम्हें बेरिस नदी के तट पर मिलूँगी।"

उदयसिंह सो रहे थे, उन्हें टोकरे में लिटाकर, ऊपर से पत्तलें ढककर बारी राजभवन से निकल गया। इधर पन्ना ने अपने पुत्र चंदन को कपड़ा ओढ़ाकर उदयसिंह के पलंग पर सुला दिया। दोनों बालक लगभग एक ही अवस्था के थे। अपने स्वामी के बालक और राज्य के उत्तराधिकारी की रक्षा के लिए उस धर्मनिष्ठ धाय ने अपने कलेजे के टुकड़े का बलिदान करने का निश्चय कर लिया था।

नंगी रक्त सनी तलवार लिए बनवीर कुछ क्षणों के बाद ही आ धमका। उसने कड़क कर पूछा-'उदय कहाँ है?'

पन्ना धाय ने अँगुली से अपने सोते पुत्र की ओर संकेत कर दिया। तलवार उठी और उस अबोध बालक का सिर धड़ से अलग हो गया। बनवीर चला गया। कर्त्तव्यनिष्ठ पन्ना धाय के मुख से न चीख निकली, न नेत्रों से आँसू गिरे। उसे तो अभी अपना धर्म निभाना था, उसका हृदय फटा जा रहा था। पुत्र का शव लेकर वह राजभवन से निकली।

बेरिस नदी के तट पर उसने पुत्र का अंतिम संस्कार किया और चित्तौड़ के नन्हें निंद्रित अधीश्वर को लेकर रात्रि में ही चित्तौड़ से बाहर निकल गई। बेचारी धाय! कोई उसे आश्रय देकर बनवीर से शत्रुता मोल लेना नहीं चाहता था। अतः वह एक से दूसरे ठिकानों में भटकती फिरी। अंत में देयरा के आशाशाह ने उसे आश्रय दिया।

बनवीर को उसके कर्म का दंड मिलना था, मिला। राणा उदयसिंह जब गद्दी पर बैठे, पन्ना धाय की चरणधूलि अपने मस्तक पर लगाकर उन्होंने अपने को धन्य माना। पन्ना चित्तौड़ की सच्ची धात्री सिद्ध हुई और सेवक धर्म के आदर्श का पाठ दुनिया को सिखा गई। पन्ना धाय की उज्ज्वल कीर्ति अमर है। **[ICSE 2011]**

**प्रश्न**

I. बनवीर कौन था? लोभ में पड़कर उसने क्या सोचा? **(2)**

II. पन्ना धाय को बनवीर के बुरे अभिप्राय का कब व किस प्रकार पता चला? **(2)**

III. पन्ना धाय ने क्या निर्णय लिया और क्यों? **(2)**

IV. पन्ना धाय बेरिस नदी के तट पर क्यों पहुँची? उसे अनेक ठिकानों पर क्यों भटकना पड़ा? **(2)**

V. प्रस्तुत गद्यांश से आपको क्या शिक्षा मिली? **(2)**

**उत्तर**

I. बनवीर दासी का पुत्र था। राणा साँगा की मृत्यु के उपरांत उनके बड़े पुत्र विक्रमादित्य को अयोग्यता के कारण गद्दी से हटा दिया गया। इसके पश्चात् उदयसिंह को उत्तराधिकारी घोषित कर बनवीर को उनका संरक्षक बनाया गया तथा राज्य संचालन का भार सौंपा गया, परंतु लोभ के वशीभूत होकर उसने राजा के दोनों पुत्रों की हत्या करने की योजना बनाई, जिससे वह स्वयं चित्तौड़ के सिंहासन पर कब्ज़ा कर सके।

II. बनवीर अपने लक्ष्य के वशीभूत रात में नंगी तलवार द्वारा विक्रमादित्य की हत्या कर देता है तथा उदय की हत्या के लिए बढ़ता है, परंतु तभी जूठी पत्तल उठाने वाला बारी, उसे विक्रमादित्य की हत्या करते देख लेता है। बारी तुरंत उदय की संरक्षिका पन्ना धाय को पूरी घटना बताकर बनवीर के क्रूर कृत्य तथा उसके इरादों की जानकारी देता है।

III. पन्ना धाय को जब उदयसिंह के प्राण संकट में नज़र आए, तो उन्होंने अपनी कर्त्तव्यपरायणता का परिचय देते हुए अपने पुत्र चंदन को उदय के स्थान पर लिटाकर बलिदान कर देने का निर्णय लिया, जिससे राज्य के उत्तराधिकारी की रक्षा हो सके।

अपने इस कर्त्तव्य द्वारा उन्होंने अपनी कर्त्तव्यनिष्ठता का परिचय दिया तथा चित्तौड़ के उत्तराधिकारी को बचाने के लिए अपने पुत्र तक का बलिदान दे दिया।

IV. पन्ना धाय के बेरिस नदी के तट पर पहुँचने के मुख्य दो कारण थे— प्रथम तो नदी का तट नगर के बाहर होने के कारण उदयसिंह के लिए सुरक्षित था तथा द्वितीय पन्ना धाय को अपने मृत पुत्र का अंतिम संस्कार भी करना था। इसके पश्चात् वह रात्रि के अँधेरे में ही 'उदय' को लेकर चित्तौड़ से बाहर निकल गई, परंतु बनवीर के भय से किसी ने उसे आश्रय नहीं दिया। अतः उसे अनेक जगह भटकना पड़ा।

V. प्रस्तुत गद्यांश से यह प्रेरणा मिलती है कि मानव को अपनी कर्त्तव्यपरायणता के लिए सर्वस्व त्याग करने से भी नहीं हिचकिचाना चाहिए एवं अपने कर्त्तव्य पालन के लिए कठिन-से-कठिन परिस्थितियों में भी सदैव तत्पर रहना चाहिए।

**Q.13** काशी नरेश ने कोसल पर आक्रमण कर दिया था। कोसल के राजा की चारों ओर फैली कीर्ति उन्हें असह्य हो गई थी। युद्ध में उनकी विजय हुई। पराजित नरेश वन में भाग गए थे, किंतु प्रजा उनके वियोग में व्याकुल थी और विजयी को अपना सहयोग नहीं दे रही थी। विजय के गर्व से मत्त काशी नरेश प्रजा के असहयोग से क्रुद्ध हुए। शत्रु को सर्वथा समाप्त करने के लिए उन्होंने घोषणा करा दी–"जो कोसलराज को ढूँढ लाएगा, उसे सौ स्वर्ण मुद्राएँ पुरस्कार में मिलेंगी।"

इस घोषणा का कोई प्रभाव नहीं हुआ। धन के लोभ में अपने धार्मिक राजा को शत्रु के हाथ में देने वाला अधम वहाँ कोई नहीं था। कोसलराज वन में भटकते घूमने लगे। जटाएँ बढ़ गईं, शरीर कृश हो गया। वे एक वनवासी के समान दिखने लगे। एक दिन उन्हें देखकर एक पथिक ने पूछा–"यह वन कितना बड़ा है? वन से निकलने तथा कोसल पहुँचने का मार्ग कौन-सा है?"

नरेश चौंके! उन्होंने पूछा–"आप कोसल क्यों जा रहे हैं?"

पथिक ने कहा–"विपत्ति में पड़ा व्यापारी हूँ। माल से लदी नौका नदी में डूब चुकी है। अब द्वार-द्वार कहाँ भिक्षा माँगता एवं भटकता डोलूँ। सुना है कि कोसल के राजा बहुत उदार हैं। अतः उनके पास जा रहा हूँ।"

"तुम दूर से आए हो, वन का मार्ग बीहड़ है। चलो, तुम्हें वहाँ तक पहुँचा आऊँ।" कुछ देर सोचकर राजा ने पथिक से कहा।

पथिक के साथ वे काशी नरेश की सभा में आए। अब उन जटाधारी को कोई पहचानता न था। काशी नरेश ने पूछा–"आप दोनों कैसे पधारे?" तब उस महात्मा ने कहा– "मैं कोसल का राजा हूँ। मुझे पकड़ने के लिए तुमने पुरस्कार घोषित किया है। अब पुरस्कार की वे सौ स्वर्ण मुद्राएँ इस पथिक को दे दो।" सभा में सन्नाटा छा गया। सब बातें सुनकर काशी नरेश अपने सिंहासन से उठे और बोले–"महाराज! आप जैसे धर्मात्मा, परोपकारी-निष्ठ को पराजित करने की अपेक्षा उसका चरणाश्रित होने का गौरव कहीं अधिक है। यह सिंहासन अब आपका है। मुझे अपना अनुचर स्वीकार करने की कृपा कीजिए।"

व्यापारी को मुँह माँगा धन प्राप्त हुआ। कोसल और काशी उस दिन से मित्र राज्य बन गए।

मानव जीवन की सार्थकता परहित के लिए बलिदान करने की भावना में निहित है। मनुष्य के चरित्र की परीक्षा उसके परोपकारी कामों के आधार पर होती है न कि व्यक्तिगत वैभव अर्जन पर। जो मनुष्य सबके दुःख दूर करने में जितना प्रयत्नशील होता है, वह उतना ही सभ्य, सुसंस्कृत एवं उच्च विचारों वाला माना जाता है, क्योंकि परोपकार का विशद भाव ही मानव की अंतरात्मा की महानता की कसौटी है। **[ICSE 2008]**

**प्रश्न**

I. कोसल पर आक्रमण किसने और क्यों किया था? **(2)**

II. काशी नरेश ने क्या घोषणा की और क्यों कराई थी? **(2)**

III. पथिक ने कोसलराज से क्या कहा था? उसके कथन को सुनकर कोसलराज ने क्या निर्णय लिया? **(2)**

IV. कोसलराज को सभा में कोई क्यों न पहचान पाया था? सभा में सन्नाटा क्यों छा गया था? **(2)**

V. प्रस्तुत गद्यांश से आपको क्या शिक्षा मिली? **(2)**

**उत्तर**

I. कोसल नरेश अत्यंत दयालु, परोपकारी व धर्मात्मा प्रवृत्ति के थे। उनका गौरव सर्वत्र फैला हुआ था। इसके विपरीत काशी नरेश ईर्ष्यालु प्रवृत्ति के थे, जिस कारण कोसल नरेश की कीर्ति उन्हें असहनीय थी। अपना अधिकार स्थापित करने हेतु उन्होंने कोसल पर आक्रमण कर दिया तथा विजय प्राप्त की।

II. कोसल नरेश पराजय के साथ ही जंगलों में छिप गए तथा अत्यंत खोजने पर भी नहीं मिले। कोसल की प्रजा राजभक्त थी तथा इसी कारणवश उन्होंने काशी नरेश को किसी तरह का सहयोग नहीं किया। विजय के अहंकार तथा प्रजा के असहयोग से क्रुद्ध होकर काशी नरेश ने यह घोषणा कर दी कि जो भी कोसल नरेश को खोजकर लाएगा, उसे सौ स्वर्ण मुद्राएँ दी जाएँगी।

III. कोसल नरेश दीर्घ वन जीवन के कारण अस्त-व्यस्त वेशभूषा वाले हो गए थे, जिस कारण उन्हें कोई न पहचान पाता था। इसी तरह एक पथिक ने जंगल में कोसल जाने का मार्ग पूछा। पथिक ने अपनी विपत्ति बयान की तथा उसकी नाव डूब जाने की घटना बताई और अब वह कोसल नरेश की उदारतावश उनसे सहायता माँगने जाना चाहता था। इस कथन को सुन कोसल नरेश भावुक हो गए तथा उस पथिक के साथ काशी नरेश के पास पहुँचे, जिससे इनाम रूपी सौ स्वर्ण मुद्राएँ पथिक को दिला सकें।

IV. काफ़ी दिनों तक जंगल में निवास करने के कारण हुई अस्त-व्यस्त दशा के कारण कोई कोसल नरेश को न पहचान सका। काशी नरेश द्वारा उन दोनों के आने का कारण पूछने तथा कोसल नरेश द्वारा खुद की पहचान बताने और उस पथिक की सहायता हेतु सौ स्वर्ण मुद्राओं के आग्रह की पूरी बात सुनकर सभा में सन्नाटा छा गया था।

V. प्रस्तुत गद्यांश से हमें शिक्षा मिलती है कि मानव की महानता उसके पवित्र परोपकारी रूप से ही है। मनुष्य का चरित्र धन-धान्य से नहीं, उसके बलिदान, कर्त्तव्य तथा परोपकार से आँका जाता है। अतः दुःख हरने वाला मानव ही श्रेष्ठ व सभ्य मानव है।

# 6

# हिंदी व्याकरण

## पर्यायवाची शब्द

पर्यायवाची वे शब्द होते हैं, जिनका अर्थ समान या एक जैसा होता है, लेकिन उनका उच्चारण और रूप भिन्न होता है। इन्हें समानार्थक शब्द भी कहा जाता है। पर्यायवाची शब्दों का प्रयोग भाषा को प्रभावशाली और सुंदर बनाने के लिए किया जाता है। इनका प्रयोग साहित्य में वाक्यों को विविधता देने के लिए बहुत उपयोगी होता है।

**उदाहरण**

- **सूर्य**- सूरज, दिनकर, भास्कर, रवि।
- **नदी**- सरिता, तटिनी, तरंगिणी, आपगा।
- **पृथ्वी**- धरती, भूमि, वसुंधरा, क्षिति।

| शब्द | पर्यायवाची |
|---|---|
| अतिथि | अभ्यागत, मेहमान, पाहुना, आगंतुक। |
| अग्नि | पावक, आग, दहन, ज्वाला, अनल। |
| अन्वेषण | अनुसंधान, खोज, छानबीन, शोध। |
| अश्व | तुरंग, हय, घोड़ा, घोटक, बाजि। |
| असुर | दानव, राक्षस, निशाचर, दैत्य। |
| अध्यापक | आचार्य, गुरु, शिक्षक। |
| अनुपम | अद्वितीय, अनोखा, अनूठा, अद्भुत। |
| अंधा | नेत्रहीन, सूरदास, दृष्टिहीन , चक्षुविहीन। |
| अंधकार | तम, तिमिर, अँधेरा, तमस। |
| आँख | नयन, दृग, चक्षु, नेत्र, लोचन, अक्षि। |
| आभूषण | गहना, भूषण, अलंकार, जेवर। |
| आश्रम | मठ, विहार, कुटी, संघ। |
| इनाम | पुरस्कार, पारितोषिक, आनंदकार। |
| इंद्र | देवेंद्र, सुरेंद्र, देवराज, सुरेश। |
| ईश्वर | परमात्मा, परमेश्वर, भगवान, प्रभु, जगदीश। |
| उग्र | प्रचंड, उत्कट, तीव्र, विकट। |

| शब्द | पर्यायवाची |
|---|---|
| उत्पन्न | पैदा, उद्भव, आविर्भाव, प्रादुर्भाव। |
| उत्सव | समारोह, पर्व, जलसा, जश्न। |
| उद्यान | उपवन, बगीचा, बाग, वाटिका। |
| उद्धार | मुक्ति, छुटकारा, निस्तार, रिहाई। |
| उदाहरण | दृष्टांत, नमूना, निदर्शन, उद्धरण। |
| ऋषि | मुनि, साधु, संन्यासी, तपस्वी। |
| ओज | तेज, शक्ति, बल, वीर्य। |
| कमल | राजीव, सरोज, पंकज, जलज। |
| कमला | रमा, लक्ष्मी, लोकमाता, हरिप्रिया। |
| कामदेव | मदन, रतिपति, मनोज, अनंग। |
| कुबेर | धनद, यक्षराज, किन्नरेश, राजराज। |
| काक | कौआ, काग, वायस, पिशुन। |
| कोयल | पिक, कोकिल, परभृत, बसंतदूत। |
| क्रोध | गुस्सा, आक्रोश, रोष, अमर्ष। |
| कृष्ण | गोपाल, गिरिधर, मोहन, मुरारी, केशव, मुरलीधर। |
| खल | दुर्जन, दुष्ट, धूर्त, कुटिल। |

| शब्द | पर्यायवाची |
|---|---|
| गणेश | गणपति, एकदंत, लंबोदर, गजानन। |
| गंगा | भागीरथी, मंदाकिनी, जाह्नवी, देवनदी, सुरसरि। |
| गाय | गौ, सुरभि, धेनु, गौरी। |
| घर | सदन, धाम, भवन, गृह। |
| चंद्रमा | शशि, चाँद, सुधाकर, मयंक। |
| छवि | ज्योति, शोभा, कांति, प्रभा, चमक। |
| जहर | गरल, विष, हलाहल। |
| जल | पानी, नीर, पय, सलिल, अंबु, तोय। |
| झंडा | ध्वज, पताका, केतु, निशान। |
| तलवार | असि, खड्ग, कृपाण, शमशीर। |
| तालाब | सरोवर, पुष्कर, जलाशय, पद्माकर। |
| तरंग | लहर, ऊर्मि, वीचि, हिलोर। |
| तीर | बाण, शर, सायक, शिलीमुख। |
| दिन | दिवस, वासर, वार, दिवा। **[2024]** |
| दीन | दरिद्र, रंक, कंगाल, निर्धन। |
| दुःख | पीड़ा, कष्ट, विषाद, वेदना। |
| देव | देवता, सुर, निर्जर, वृंदारक। |
| धनुष | धनु, पिनाक, सारंग, कमान। |
| नर्क | यमलोक, यमपुर, नरक, यमालय। |
| नारी | स्त्री, कामिनी, महिला, कांता, घरनी। |
| निंदा | दोषारोपण, अपवाद, बुराई, भर्त्सना। |
| पंडित | विद्वान्, बुद्धिमान, विज्ञ, सुधी। |
| पत्नी | वधू , गृहिणी, स्त्री, भार्या। |
| पर्वत | गिरि, पहाड़, शैल, भू-धर। |
| पुरुष | मनुज, आदमी, नर, मनुष्य। |
| पत्थर | पाषाण, वज्र, पाहन, शिला। |
| पुष्प | कुसुम, सुमन, फूल, प्रसून। |
| प्रकाश | ज्योति, चमक, प्रभा, आलोक। |
| पैर | पाँव, पद, चरण, पग। |

| शब्द | पर्यायवाची |
|---|---|
| प्रसन्नता | हर्ष, खुशी, आह्लाद, मोद। |
| फल | फलम्, बीजकोश, रसाबाद, उपज |
| बादल | मेघ, जलद, नीरद, पयोद, घन, वारिद। |
| बिजली | चपला, चंचला, दामिनी, विद्युत। |
| ब्राह्मण | भू-सुर, द्विज, भू-देव, विप्र। |
| बाल | अलक, केश, कुंतल, कच। |
| बर्फ | तुषार, हिम, तुहिन। |
| भ्रमर | मधुप, मधुकर, अलि, भौंरा। |
| भाई | अनुज, अग्रज, भ्राता, भ्रातृ। |
| भय | डर, विभीषिका, भिति। |
| भिक्षा | भीख, याचना, माँगना, खैरात। |
| भूख | क्षुधा, आहारेच्छा, बुभुक्षा, अन्नलिप्सा। |
| मोर | केकी, शिखंडी, नीलकंठ, मयूर। |
| मृत्यु | निधन, मरण, देहांत, देहावसान। |
| मूढ़ | मूर्ख, अज्ञानी, निर्बुद्धि, गँवार। |
| मीत | सहचर, सखा, सुहृद, मित्र। |
| महादेव | शिव, शंकर, शंभू, महेश। |
| यमुना | कालिंदी, सूर्यसुता, रवितनया, भानुजा। |
| यम | सूर्यपुत्र, धर्मराज, दंडधर, कृतांत। |
| रक्त | खून, लहू , रुधिर, लोहित, शोणित। |
| रमा | इंदिरा, हरिप्रिया, कमला, श्री, लक्ष्मी। |
| राजा | नरेश, महीप, नरेंद्र, नृप। |
| रावण | दशानन, लंकेश, लंकापति, दशशीश। |
| लता | वल्लरी, वल्ली, बेली, लतिका। |
| लौह | अयस, लोहा, सार। |
| लक्ष्मण | लखन, शेषावतार, रामानुज, शेष। |
| वायु | हवा, पवन, समीर, अनिल, बयार। |
| स्वर्ग | देवलोक, सुरलोक, इंद्रलोक। |
| शरीर | देह, तन, काया। |
| सरस्वती | वाणी, वागीश्वरी, वीणाधारिणी, शारदा। |

# विगत वर्षों की परीक्षाओं में पूछे गए पर्यायवाची शब्द

| शब्द | पर्यायवाची शब्द | |
|---|---|---|
| दिन | दिवस, वार, दिवा, वासर | **[2024, 06]** |
| अग्नि | पावक, आग, दहन, अनल | **[2023]** |
| तालाब | सर, सरोवर, पोखर | **[2023]** |
| अनुराग | नेह, प्रेम, लगाव | **[2022-23]** |
| कपड़ा | वस्त्र, वसन, पट, चीर | **[2020, 10]** |
| भाग्य | किस्मत, नियति, तकदीर | **[2020, 11]** |
| सुगंध | महक, खूशबू, सुवास | **[2020]** |
| आदेश | आज्ञा, निर्देश, अनुदेश | **[2019]** |
| शिक्षक | गुरु, आचार्य, अध्यापक | **[2019]** |
| इच्छा | कामना, लालसा,चाह अभिलाषा | **[2019, 07,03]** |
| धनवान | धनी, अमीर, संपन्न, समृद्ध | **[2018]** |
| किनारा | कूल, तट, कगार, छोर | **[2018]** |
| दूध | दुग्ध, क्षीर, गोरस, पय | **[2018]** |
| आनंद | प्रसन्नता, खुशी, हर्ष, उल्लास | **[2017]** |
| पुत्र | बेटा, सुत, तनय, आत्मज | **[2017]** |
| राक्षस | निशाचर, दानव, दैत्य, पिशाच | **[2017]** |
| स्वतंत्र | आज़ाद, मुक्त, स्वाधीन, वंधनमुक्त | **[2016]** |
| बादल | मेघ, जलद, वारिद, धन | **[2016]** |
| बाधा | अड़चन, विघ्न, रुकावट, अडंगा | **[2014]** |

| शब्द | पर्यायवाची शब्द | |
|---|---|---|
| पीड़ा | दर्द, वेदना, कष्ट, तकलीफ़ | **[2014]** |
| मार्ग | राह, पथ, रास्ता, सड़क | **[2013]** |
| माता | माँ, जननी, मातृ, पितामही | **[2013]** |
| पुत्री | दुहिता, सुता, आत्मजा | **[2012, 08]** |
| घमंड | अहंकार, दर्प, मान, अभिमान | **[2012, 09]** |
| पवित्र | शुद्ध, पावन, निर्मल, स्वच्छ | **[2011]** |
| मछली | मत्स्य, मीन, जलचर, मकर | **[2010]** |
| आकाश | नभ, व्योम, अंबर, गगन | **[2009, 05]** |
| उन्नति | विकास, प्रगति, तरक्की, अभ्युदय | **[2008]** |
| रात | रात्रि, रजनी, निशा, रैन | **[2007]** |
| मंदिर | देवालय, देवस्थान, देवगृह, शिवालय | **[2006]** |
| अमृत | सोम, सुधा, पीयूष, अमिय | **[2006]** |
| पक्षी | खग, पंछ, विहंग, नभचर | **[2006]** |
| देवता | सुर, देव, निर्जर, वृंदारक | **[2005]** |
| पृथ्वी | धरती, वसुधा, धरा, भूमि | **[2005]** |
| भ्रम | संशय, संदेह, शंका, भ्रांति | **[2004]** |
| समुद्र | सागर, सिंधु, जलधि, वारिधि | **[2004]** |
| अज्ञान | मूर्खता, जड़ता, अविधा अविवेक | **[2004]** |

# एग्जाम पैटर्न प्रश्न

**Q.1** 'अग्नि' का पर्यायवाची बताइए **[ICSE 2023]**
(a) अनल-अनिल (b) वासर-पावन
(c) पावक-अनल (d) पवन-पाहुना

**Q.2** 'तालाब' का पर्यायवाची बताइए **[ICSE Specimen 2023]**
(a) सरि-सरिता (b) सर-सरोवर
(c) तड़ाग-पराग (d) पोखर-पाथर

**Q.3** अनुराग का पर्यायवाची बताइए **[ICSE Specimen 2021 Sem I]**
(a) प्रेम-ममता (b) राग-विराग
(c) आदर-बिरादर (d) नेह-प्रेम

**Q.4** 'शिव' का पर्यायवाची है
(a) शिवालय (b) रुद्र
(c) रुद्राक्ष (d) हरि

**Q.5** 'सूरज' किसका पर्यायवाची है?
(a) अंशुमाली (b) आदित्य
(c) भास्कर (d) ये सभी

**Q.6** हिमांशु का पर्यायवाची शब्द है
(a) कलकंठ (b) सुधाकर
(c) उत्कृष्ट (d) शार्दूल

**Q.7** जाह्नवी का पर्यायवाची शब्द है
(a) संसार (b) जानने वाली
(c) सुरसरि (d) जहन्नुम

**Q.8** 'हिरण्य' का पर्यायवाची है
(a) कुरंग (b) सारंग
(c) कंचन (d) केशरी

**Q.9** 'माहवार' किसका पर्यायवाची है?
(a) महावर (b) मंगलवार
(c) प्रतिमाह (d) महावत

**Q.10** 'जीभ' का पर्यायवाची है
(a) वचन (b) रसना
(c) ध्वनि (d) जीव

**Q.11** 'तरंग' किसका पर्यावाची है?
(a) क्षीण (b) काया
(c) ऊर्मि (d) प्रतिकृति

**Q.12** 'इंद्र' का पर्यायवाची है
(a) पुरंदर (b) महेश
(c) महीसुर (d) देवासुर

**Q.13** 'मृषा' किस शब्द का पर्यायवाची है?
(a) मिथ्या (b) मृत्यु
(c) मुक्ति (d) मित्र

**Q.14** 'आनंद' का पर्यायवाची है
(a) सहकार (b) स्पृहा
(c) प्रमाद (d) प्रमोद

**Q.15** 'सिवा' शब्द का पर्यायवाची है
(a) शंकर (b) अतिरेक
(c) रिश्तेदार (d) अलावा

**Q.16** मृगेंद्र का पर्यायवाची है
(a) अहि (b) कुरंग
(c) हय (d) शार्दूल

**Q.17** 'युद्ध' का पर्यायवाची शब्द है–
(a) रण (b) समर
(c) संग्राम (d) ये सभी

**Q.18** निम्न में से 'लक्ष्मी' का पर्यायवाची शब्द कौन-सा है?
(a) श्री
(b) पुष्पासव
(c) राज्ञी
(d) महीसुर

**Q.19** 'वस्त्र' के उचित पर्यायवाची शब्दों का जोड़ा चुनकर लिखिए **[ICSE 2025]**
(a) पर-वसन (b) आवरण-पर्दा
(c) अस्त्र-शस्त्र (d) अंबर-आकाश

## उत्तरमाला

| | | | | | | | | | | | | | | | | | | | |
|---|---|---|---|---|---|---|---|---|---|---|---|---|---|---|---|---|---|---|---|
| 1. | (c) | 2. | (b) | 3. | (d) | 4. | (b) | 5. | (d) | 6. | (b) | 7. | (c) | 8. | (c) | 9. | (c) | 10. | (b) |
| 11. | (c) | 12. | (a) | 13. | (a) | 14. | (d) | 15. | (d) | 16. | (d) | 17. | (d) | 18. | (a) | 19. | (a) | | |

# विपरीतार्थक (विलोम) शब्द

विपरीतार्थक शब्द उन शब्दों को कहते हैं, जिनका अर्थ एक–दूसरे के विपरीत (उल्टा) होता है। इन्हें विलोम शब्द भी कहा जाता है।

**रचना के स्रोत**

विपरीतार्थक शब्दों की रचना सामान्यत: निम्न छ: प्रकार से की जा सकती है

1. सामान्य प्रचलित शब्दों द्वारा
2. उपसर्ग परिवर्तन की स्थिति द्वारा
3. सामान्य उपसर्गों के आधार पर
4. स्वतंत्र शब्दों द्वारा
5. लिंग परिवर्तन द्वारा
6. एक साथ आने वाले विपरीतार्थी शब्दों द्वारा

| शब्द | विलोम शब्द |
|---|---|
| अंतरंग | बहिरंग |
| अंतर्द्वंद्व | बहिर्द्वंद्व |
| अंतर्मुखी | बहिर्मुखी |
| अकर्मक (बिना कर्म के) | सकर्मक (कर्म सहित) |
| अकाल | सुकाल |
| अमृत | विष |
| अचल | चल |
| अक्षत (अखंडित) | विक्षत (खंडित) |
| असक्षम (असमर्थ) | सक्षम (समर्थ) |
| अस्तित्व | अनस्तित्व |
| अनुकूल | प्रतिकूल |
| अर्थ | अनर्थ |
| अल्पायु | दीर्घायु |
| आहार | निराहार |
| आर्य | अनार्य |
| आचार | अनाचार |
| एकत्र | विकीर्ण |
| एकाग्र | चंचल |
| एकता | अनेकता |
| एकांगी (एक अंग वाला) | अनेकांगी/सर्वांगीण |
| एकपक्षीय | बहुपक्षीय |
| एकाधिकार | सर्वाधिकार |
| एकाग्रचित्त | अन्यमनस्क |
| एषणा (इच्छा) | अनैषणा |

| शब्द | विलोम शब्द |
|---|---|
| एकल | बहुल |
| एकमुखी | बहुमुखी |
| ऐच्छिक | अनैच्छिक |
| ऐश्वर्य | अनैश्वर्य |
| ऐहिक | पारलौकिक |
| ऐतिहासिक | अनैतिहासिक |
| ओछा | गंभीर |
| कर्कश (कठोर) | मधुर (मीठा) |
| कलंकित | निष्कलंक |
| कनिष्ठ (लघु) | ज्येष्ठ |
| कर्मठ | अकर्मण्य/निठल्ला |
| कुरूप | सुरूप |
| कृष्ण | शुक्ल |
| काल, सुकाल | अकाल |
| कुशल | अकुशल |
| कृतज्ञ | अकृतज्ञ /कृतघ्न |
| खंडन | मंडन |
| खगोल | भूगोल |
| खाद्य | अखाद्य |
| संधि | विग्रह |
| क्षणिक | शाश्वत |
| सौभाग्य | दुर्भाग्य |
| श्लाघा | निंदा |
| सरस | नीरस |

| शब्द | विलोम शब्द |
|---|---|
| आगत (आया हुआ) | अनागत |
| आश्रित | अनाश्रित |
| आकर्षण | विकर्षण |
| आक्रमण | प्रतिरक्षण/अनाक्रमण |
| आत्मविश्वास | आत्मसंशय/संशय |
| आलोक | तिमिर/अंधकार |
| आवश्यक | अनावश्यक |
| आरोही | अवरोही |
| इच्छा | अनिच्छा |
| इहलोक | परलोक |
| इतिश्री(समाप्ति) | श्री गणेश (आरंभ) |
| ईश्वर | अनीश्वर |
| ईश | अनीश |
| ईप्सित (प्रिय) | अनीप्सित |
| ख्यात | कुख्यात |
| खेचर | भूचर |
| खरा | खोटा |
| गोल | चौकोर |
| गणतंत्र | राजतंत्र |
| गुप्त | प्रकट |
| गहरा | छिछला/उथला |
| गद्य | पद्य |
| गृही | त्यागी/संन्यासी |
| गृहीत | त्यक्त |
| ग्राम | नगर |
| गृहस्थ | संन्यासी |
| गरल (विष) | सुधा (अमृत) |
| गरिमा | लधिमा |
| गत | आगत |
| गौरक्षक | गौभक्षक |
| गमन | आगमन |
| घर | बाहर |
| घात | प्रतिघात |

| शब्द | विलोम शब्द |
|---|---|
| घोषित | अघोषित |
| घोष | अघोष |
| घृणा | प्रेम |
| घना | विरल/छितरा |
| घटित | अघटित |
| चर | अचर |
| चतुर | मूर्ख |
| चल | अचल |
| चाटुकार | स्वाभिमानी |
| चारू (प्रिय) | अचारू |
| चित्र | विचित्र |
| चिर (पुराना) | अचिर<br>(हाल का) |
| चोर | साधु |
| चिकना | खुरदरा |
| चंचल | स्थिर |
| खीझना | रीझना |
| उत्तम | अधम |
| उपमान | व्यतिरेक |
| उत्थान | पतन |
| उत्पत्ति | विनाश |
| उर्वरा (उपजाऊ) | बंजर (अनुपजाऊ) |
| उचित | अनुचित |
| उक्त (ऊपर) | अनुक्त |
| उत्तीर्ण | अनुत्तीर्ण |
| उद्गम | विलय/अंत |
| उद्धत | विनीत/अनुद्धत |
| उषा | संध्या |
| उदार (दयालु) | अनुदार (निर्दय) |
| उष्ण | शीतल |
| उपमेय<br>(उपमा देने योग्य) | अनुपमेय<br>(उपमा न देने योग्य) |
| ऊष्मा | शीतलता |

| शब्द | विलोम शब्द |
|---|---|
| उऋण | ऋण |
| चैन | बेचैन |
| चिंतित | निश्चिंत |
| चिरायु | अल्पायु |
| चिरंतन (शाश्वत) | नश्वर |
| चिरस्थायी | अस्थायी/क्षणिक |
| चपल | स्थिर |
| चेष्टा | निश्चेष्टा |
| छल/छली | निश्छल |
| छादन | प्रकाशन/अनावरण |
| छाया | धूप |
| छात्र | छात्रा |
| छिन्न (अलग) | संलग्न/संबद्ध |
| छूत | अछूत |
| छुटकारा | बंधन |
| छरहरा | मोटा |
| जड़ | चेतन |

| शब्द | विलोम शब्द |
|---|---|
| जटिल | सरल |
| जंगम (चलने वाला) | स्थावर |
| जाति | विजाति |
| जागृत | सुषुप्त |
| जल | थल/स्थल/निर्जल |
| जवानी | बुढ़ापा |
| तरल | ठोस |
| तरुण (युवा) | वृद्ध |
| तट | मझधार |
| तल | शीर्ष |
| तृष्णा | वितृष्णा |
| तर्कपूर्ण | अतर्कपूर्ण |
| तृप्त | अतृप्त |
| तामसिक (तमोगुण संबंधी) | सात्विक (सत्वगुण संबंधी) |
| तीव्र | मंद |
| सज्जन | दुर्जन |

## विगत वर्षों की परीक्षाओं में पूछे गए विलोम शब्द

| शब्द | विलोम शब्द | |
|---|---|---|
| आहार | निराहार | **[2024]** |
| आदि | अंत | **[2023]** |
| अपव्ययी | मित्तव्ययी | **[2021]** |
| अंतरंग | बहिरंग | **[ 2021]** |
| सेवक | दास | **[2020]** |
| बुद्धिमान | मूर्ख | **[2020]** |
| न्याय | अन्याय | **[2020]** |
| स्वदेश | विदेश | **[2020]** |
| अपना | पराया | **[2019]** |
| देव | दानव | **[2019]** |
| नवीन | प्राचीन | **[2019]** |

| शब्द | विलोम शब्द | |
|---|---|---|
| सम्मानित | अपमानित | **[2019]** |
| कीर्ति | अपकीर्ति | **[2018]** |
| निर्मल | मलिन | **[2018]** |
| विजय/जय | पराजय | **[2018]** |
| निर्दोष | दोषी/सदोष | **[2018, 13]** |
| आलस्य | स्फूर्ति | **[2017]** |
| सदाचार | दुराचार | **[2017]** |
| सामिष (माँसयुक्त) | निरामिष | **[2017]** |
| कृत्रिम | प्राकृतिक | **[2017]** |
| उपकार | अपकार | **[2016]** |
| कोमल | कठोर | **[2016]** |

| शब्द | विलोम शब्द |
|---|---|
| नूतन | पुरातन [2016] |
| स्वामी | सेवक/दास [2016] |
| अंत | आदि [2014, 03] |
| पवित्र | अपवित्र [2014] |
| शांत | अशांत [2013, 02] |
| अपमान | सम्मान [2012] |
| निंदा | प्रशंसा/स्तुति [2012, 04] |
| साकार | निराकार [2011] |
| विस्तृत | संकुचित [2011] |
| भाग्यवान | भाग्यहीन [2010] |
| सगुण | निर्गुण [2010] |

| शब्द | विलोम शब्द |
|---|---|
| गुप्त | प्रकट [2009] |
| त्यागी | गृहस्थ [2008] |
| शीतल | उष्ण [2008] |
| मूक | वाचाल [2007] |
| बूढ़ा | जवान [2007] |
| इष्ट | अनिष्ट [2006] |
| विख्यात | कुख्यात [2006] |
| विकास | पतन [2006] |
| उत्तीर्ण | अनुत्तीर्ण [2005] |
| गौण (अमुख्य /अप्रधान) | मुख्य (प्रधान) [2005] |

# एग्जाम पैटर्न प्रश्न

**Q.1** 'निश्चेष्ट' का विलोम शब्द बताइए। **[ICSE 2023]**
(a) सतर्क (b) प्रवेष्ट (c) सचेष्ट (d) सजग

**Q.2** अंतरंग का विलोम शब्द बताइए। **[ICSE 2023]**
(a) बहिरंग (b) काला रंग (c) संगीत (d) रंगीन

**Q.3** 'आदि' का विलोम शब्द बताइए। **[ICSE Specimen 2023]**
(a) आरंभ (b) इत्यादि (c) अंत (d) श्री गणेश

**Q.4** 'अभिज्ञ' का विलोम शब्द बताइए।
(a) अनभिज्ञ (b) नज्ञ
(c) प्रज्ञ (d) चतुर

**Q.5** 'निरर्थक' शब्द का विलोम शब्द बताइए।
(a) सार्थक (b) अर्थक
(c) निरर्थ (d) निपक्ष

**Q.6** 'त्यक्त' शब्द का सही विलोम बताइए।
(a) गृहीत (b) त्याज्य
(c) तुच्छ (d) प्रिय

**Q.7** 'निषिद्ध' का विलोम शब्द बताइए।
(a) विहित (b) संदिग्ध
(c) अनुपयोगी (d) प्रतिबंधित

**Q.8** 'उद्धत' शब्द का विलोम बताइए।
(a) विनय (b) अवनति
(c) अनुदार (d) विनीत

**Q.9** 'सन्मार्ग' शब्द का विलोम बताइए।
(a) सहज मार्ग (b) सुमार्ग
(c) अमार्ग (d) कुमार्ग

**Q.10** 'आविर्भूत' का सही विलोम शब्द बताइए।
(a) अनास्था (b) अनेकता
(c) तिरोभूत (d) अनावृष्टि

**Q.11** 'सूक्ष्म' शब्द का विलोम बताइए।
(a) सूक्ष्म (b) सूक्ष्महीन
(c) स्थूल (d) अस्थूल

**Q.12** 'शोषक' शब्द का विलोम बताइए।

(a) शोषित (b) पोषक
(c) पोसक (d) पोषित

**Q.13** 'कृतज्ञ' का विलोम शब्द बताइए।

(a) कृतघ्न
(b) कृतार्थ
(c) निन्दक
(d) प्रत्युपकार

**Q.14** 'मसृण' का विलोम बताइए।

(a) कम (b) रुक्ष
(c) साबुत (d) काफिल

**Q.15** 'ऋजु' का विलोम शब्द बताइए।

(a) त्रिकोण
(b) सरल
(c) सीधा
(d) वक्र

**Q.16** 'ऐश्वर्य' का विलोम शब्द बताइए।

(a) अनैश्वर्य (b) वैभव
(c) विलासिता (d) दरिद्रता

**Q.17** 'करुण' का विलोम शब्द बताइए।

(a) कृतघ्न (b) कृथित
(c) शीलवान (d) निष्ठुर

**Q.18** 'उद्घाटन' का विलोम शब्द बताइए।

(a) समाप्ति (b) लोकार्पण
(c) विमोचन (d) समापन

**Q.19** 'मिथ्या' का विलोम शब्द कौन-सा है?

(a) आडम्बर (b) धुंधला
(c) दिखाना (d) सत्य

**Q.20** 'निर्मल' का विलोम चुनकर लिखिए **[ICSE 2025]**

(a) कोमल (b) निर्बल
(c) दुर्बल (d) मलिन

## उत्तरमाला

| | | | | | | | | | | | | | | | | | | | |
|---|---|---|---|---|---|---|---|---|---|---|---|---|---|---|---|---|---|---|---|
| 1. | (c) | 2. | (a) | 3. | (c) | 4. | (a) | 5. | (a) | 6. | (a) | 7. | (a) | 8. | (d) | 9. | (d) | 10. | (c) |
| 11. | (c) | 12. | (b) | 13. | (a) | 14. | (b) | 15. | (d) | 16. | (a) | 17. | (d) | 18. | (d) | 19. | (d) | 20. | (d) |

# विशेषण

विशेषण उस शब्द को कहते हैं, जो किसी संज्ञा या सर्वनाम की विशेषता, गुण, दोष मात्रा, संख्या अथवा दशा का बोध कराता है।

विशेष्य–विशेषण जिस शब्द की विशेषता बताते हैं, उन्हें **विशेष्य** भी कहते हैं।

विशेषण की भी विशेषता बताने वाले शब्द **प्रविशेषण** कहलाते हैं; जैसे–

राम बहुत तेज़ दौड़ता है।

राम– (विशेष्य) बहुत– (प्रविशेषण) तेज़– (विशेषण)

सामान्यतः **विशेषण के चार भेद होते हैं**

1. गुणवाचक विशेषण
2. संख्यावाचक विशेषण
3. परिमाणवाचक विशेषण
4. सार्वनामिक विशेषण

**विशेषण की अवस्थाएँ**

मुख्यत: विशेषण की तीन अवस्थाएँ होती हैं।

1. मूलावस्था
2. उत्तरावस्था
3. उत्तमावस्था

# विगत वर्षों की परीक्षाओं में पूछे गए विशेषण शब्द

| शब्द | विशेषण | |
|---|---|---|
| पत्थर | पथरीला | [2024] |
| श्रम | श्रमिक | [2023] |
| अर्थ | आर्थिक | [2021, 22, 23] |
| भारत | भारतीय | [2020] |
| आदर | आदरणीय | [2020] |
| पीड़ा | पीड़ित/पीड़िता | [2020] |
| डर | डरावना | [2020] |
| अपेक्षा | अपेक्षित | [2018] |
| गुण | गुणी | [2018] |
| लोभ | लोभी | [2016] |
| इतिहास | ऐतिहासिक | [2016] |
| धर्म | धार्मिक | [2015] |
| पूजा | पूजनीय | [2015] |
| रसायन | रासायनिक | [2014] |

| शब्द | विशेषण | |
|---|---|---|
| नुकसान | नुकसानदायक | [2014] |
| नीति | नैतिक | [2013] |
| साहित्य | साहित्यिक | [2013] |
| अनुभव | अनुभवी | [2012] |
| दिन | दैनिक | [2011] |
| माया | मायावी | [2011] |
| नमक | नमकीन | [2010] |
| ईमानदार | ईमानदारी | [2010] |
| रोग | रोगी | [2009] |
| परिवार | पारिवारिक | [2009] |
| अहिंसा | अहिंसक | [2008] |
| दर्शन | दर्शनीय | [2008] |
| अच्छा | अच्छाई | [2007] |
| बुद्धि | बुद्धिमान | [2007] |

# एग्जाम पैटर्न प्रश्न

**Q.1** 'श्रम' का विशेषण बताइए। **[ICSE Specimen 2023]**
(a) श्रमिक (b) आश्रमिक
(c) श्रममय (d) श्रमण

**Q.2** 'भारत' का विशेषण बताइए। **[ICSE Specimen 2022-23]**
(a) भारतीयता (b) भारतवर्ष
(c) भारती (d) भारतीय

**Q.3** 'अर्थ' का विशेषण बताइए। **[ICSE Specimen Sem I 2021]**
(a) अर्थी (b) अंकित
(c) आर्थिक (d) अधर्म

**Q.4** 'उत्कर्ष' का विशेषण बताइए।
(a) अपकर्ष (b) अवकर्ष
(c) उत्कृष्ट (d) उत्की

**Q.5** 'आलस्य' शब्द का विशेषण बताइए।
(a) आलसी (b) अलसना
(c) अलसाना (d) आलसीपन

**Q.6** 'मानव' शब्द का विशेषण बताइए।
(a) मनुष्य (b) मानवीकरण
(c) मानवता (d) मानवीय

**Q.7** 'आदर' शब्द का विशेषण बताइए।
(a) आदरकारी (b) आदरपूर्वक
(c) आदरणीय (d) इनमें से कोई नहीं

**Q.8** 'संस्कृति' का विशेषण बताइए।
(a) संस्कृत (b) सांस्कृति
(c) संस्कृतिक (d) सांस्कृतिक

**Q.9** 'पशु' शब्द का विशेषण बताइए।
(a) पाशविक (b) पशुत्व
(c) पशुपति (d) पशुता

**Q.10** 'शिव' का विशेषण बताइए।
(a) शिवेश (b) शंकर
(c) शैव (d) शैल

**Q.11** 'अग्नि' का विशेषण बताइए।
(a) अग्निवेष (b) आग्नेय
(c) अग्निकार (d) अग्निकृत

**Q.12** 'किस्मत' का विशेषण बताइए।
(a) भाग्यशाली (b) बेकिस्मत
(c) किस्सा (d) नसीब

**Q.13** नोंक का विशेषण बताइए।
(a) नुकील (b) नुक्ता
(c) नुकीला (d) नूकिला

**Q.14** 'उपज' का विशेषण बताइए।
(a) उपजाऊपन (b) ऊपजाऊ
(c) उपजाऊ (d) ऊपज

**Q.15** 'अंश' का विशेषण बताइए।
(a) आंशिक (b) अंस
(c) अंशु (d) ये सभी

**Q.16** 'शक्ति' का विशेषण चुनकर लिखिए **[ICSE 2025]**
(a) शक्तिपूर्वक (b) शक्तिशाली
(c) शक्तिदायी (d) शक्तिमय

**Q.17** 'अधिकार' का विशेषण बताइए।
(a) अधिकारिक (b) अधिकार
(c) अधिकारपूर्वक (d) अधिकारपूर्ण

**Q.18** 'धी' का विशेषण बताइए।
(a) धीरज (b) धीरतापूर्वक
(c) धीमा (d) धैर्यपूर्वक

**Q.19** 'लोभ' का विशेषण बताइए।
(a) लाभ (b) लोभी
(c) लालच (d) लुभावना

**Q.20** 'रसायन' का विशेषण बताइए।
(a) रासायन (b) रसानिक
(c) रासायनिक (d) रसतापूर्ण

### उत्तरमाला

| | | | | | | | | | | | | | | | | | | | |
|---|---|---|---|---|---|---|---|---|---|---|---|---|---|---|---|---|---|---|---|
| 1. | (a) | 2. | (d) | 3. | (c) | 4. | (c) | 5. | (a) | 6. | (d) | 7. | (c) | 8. | (d) | 9. | (a) | 10. | (c) |
| 11. | (b) | 12. | (a) | 13. | (c) | 14. | (c) | 15. | (a) | 16. | (b) | 17. | (a) | 18. | (c) | 19. | (b) | 20. | (c) |

## भाववाचक संज्ञा

भाववाचक संज्ञा उन शब्दों को कहते हैं, जो किसी व्यक्ति, वस्तु अथवा स्थान के गुण, दोष अवस्था या भाव को व्यक्त करते हैं। ये संज्ञाएँ अमूर्त (छूने या देखने में न आने वाले) भावों, स्थितियों या गुणों का बोध कराती हैं।

**भाववाचक संज्ञा के उदाहरण**

- **गुण के आधार पर** ईमानदारी, सच्चाई, सुंदरता, बहादुरी
- **अवस्था के आधार पर** बचपन, बुढ़ापा, निर्धनता, रोग
- **भाव के आधार पर** प्रेम, घृणा, क्रोध, दया

**भाववाचक संज्ञा का निर्माण**

| | | भाववाचक संज्ञा |
|---|---|---|
| **जातिवाचक संज्ञा से** | मनुष्य | मनुष्यता |
| **व्यक्तिवाचक संज्ञा से** | ईश्वर | ईश्वरत्व/ऐश्वर्य |
| **सर्वनाम से** | अपना | अपनत्व |

| | | भाववाचक संज्ञा |
|---|---|---|
| **विशेषण से** | भोला | भोलापन |
| **क्रिया से** | पढ़ना | पढ़ाई |

## विगत वर्षों की परीक्षाओं में पूछी गई भाववाचक संज्ञा

| शब्द | भाववाचक संज्ञा में परिवर्तन | |
|---|---|---|
| कमाना | कमाई | [2024] |
| मीठा | मिठास | [2023] |
| उड़ना | उड़ान | [2023-22, 11, 10] |
| सफ़ेद | सफ़ेदी | [2019] |
| युवा | यौवन | [2019] |
| हिंसक | हिंसा | [2019] |
| जागना | जागरण | [2019] |
| अधिक | अधिकता | [2016, 06] |
| भक्त | भक्ति | [2016] |
| साधु | साधुता | [2015] |
| तपस्वी | तपस्या | [2015] |
| अतिथि | आतिथ्य | [2014] |
| निपुण | निपुणता | [2014] |
| ईश्वर | ईश्वरत्व | [2013] |
| उत्तम | उत्तमता | [2013] |
| सेवक | सेवकाई/सेवा | [2012, 09] |

| शब्द | भाववाचक संज्ञा में परिवर्तन | |
|---|---|---|
| बच्चा | बचपन | [2012] |
| एक | एकता | [2011, 10] |
| देव | देवत्व | [2010] |
| राष्ट्र | राष्ट्रीयता | [2009] |
| प्रतिनिधि | प्रतिनिधित्व | [2008] |
| पूर्ण | पूर्णता | [2008] |
| चिकित्सक | चिकित्सा | [2007] |
| घबराना | घबराहट | [2007] |
| मीठा | मिठास | [2006] |
| चढ़ना | चढ़ाई | [2006] |
| लड़का | लड़कपन | [2006] |
| बूढ़ा | बुढ़ापा | [2006] |
| दुःखी | दुःख | [2005] |
| अपना | अपनापन/ अपनत्व | [2005] |
| सज्जन | सज्जनता | [2005] |
| पंडित | पंडिताई/पांडित्य | [2005] |

# एग्जाम पैटर्न प्रश्न

**Q.1** 'मीठा' की भाववाचक संज्ञा बताइए। **[ICSE Specimen 2023]**
(a) मिठाई (b) चीनी
(c) मिश्रित (d) मिठास

**Q.2** 'काला' की भाववाचक संज्ञा बताइए। **[ICSE Specimen 2022-23]**
(a) काली (b) कलिमा
(c) कलात्मक (d) कालिमा

**Q.3** 'उड़ना' की भाववाचक संज्ञा बताइए। **[ICSE Specimen 2021 Sem I]**
(a) चढ़ना (b) उड़ान
(c) पढ़ना (d) पंख फैलाना

**Q.4** पुरुष की भाववाचक संज्ञा बताइए।
(a) पुरुषत्व (b) पौरुष
(c) पुरुष (d) मनुष्य

**Q.5** 'ईश्वर' की भाववाचक संज्ञा बताइए।
(a) ऐश्वर्य (b) ईश्वरत्व
(c) 'a' और 'b' दोनों (d) ईश्वरता

**Q.6** 'राम' की भाववाचक संज्ञा बताइए।
(a) रामत्व (b) रामा
(c) रावणत्व (d) रामायण

**Q.7** 'अपना' की भाववाचक संज्ञा बताइए।
(a) अपनापन (b) आप
(c) आपा (d) अपनत्व

**Q.8** 'निज' की भाववाचक संज्ञा बताइए।
(a) निजत्व (b) निजपन
(c) निजी (d) निरा

**Q.9** 'चौड़ा' की भाववाचक संज्ञा बताइए।
(a) चौड़ापन (b) चौराहा
(c) चौड़ाई (d) चौड़ी

**Q.10** 'अधिक' की भाववाचक संज्ञा बताइए।
(a) अधिकता (b) कमी
(c) ज्यादा (d) आवधिक

**Q.11** 'मिलना' की भाववाचक संज्ञा बताइए।
(a) मिलाप (b) मिलनसार
(c) मिलीभगत (d) मेल

**Q.12** 'मुर्ख' की भाववाचक संज्ञा शब्द चुनकर लिखिए **[ICSE 2025]**
(a) अतानी (b) बेवकूफ
(c) मौखिक (d) मूर्खता

**Q.13** 'भक्त' से भाववाचक संज्ञा बनाइए।
(a) भक्ति (b) भक्तिपन (c) दास (d) दासता

**Q.14** 'उत्तम' की भाववाचक संज्ञा बताइए।
(a) उत्तमता (b) श्रेष्ठ
(c) प्रश्वर (d) उत्तीर्ण

**Q.15** 'पूर्ण' से भाववाचक संज्ञा बताइए।
(a) पूरा (b) पूर्णरूप
(c) पूर्णता (d) पूर्णरूपेण

**Q.16** 'लड़का' से भाववाचक संज्ञा बताइए।
(a) लड़कपन (b) लड़ाई
(c) लड़के (d) छात्र

**Q.17** 'बुरा' से भाववाचक संज्ञा बनाइए।
(a) बुराई (b) बुरे
(c) व्यर्थ (d) निंदा

**Q.18** 'परस्पर' की भाववाचक संज्ञा बताइए।
(a) परस्पर्श (b) पारस्पर्श
(c) परस्परता (d) परस्पर

**Q.19** 'विद्वान' की भाववाचक संज्ञा बताइए।
(a) विदुषी
(b) विधाता
(c) विद्वत्ता (विद्वता)
(d) वरदान

**Q.20** 'राष्ट्र' की भाववाचक संज्ञा बताइए।
(a) राष्ट्री (b) राष्ट्रीय
(c) सौराष्ट्र (d) राष्ट्रीयता

## उत्तरमाला

| | | | | | | | | | | | | | | | | | | | |
|---|---|---|---|---|---|---|---|---|---|---|---|---|---|---|---|---|---|---|---|
| 1. | (d) | 2. | (d) | 3. | (b) | 4. | (a) | 5. | (c) | 6. | (a) | 7. | (d) | 8. | (a) | 9. | (c) | 10. | (a) |
| 11. | (a) | 12. | (d) | 13. | (a) | 14. | (a) | 15. | (c) | 16. | (a) | 17. | (a) | 18. | (c) | 19. | (c) | 20. | (d) |

# मुहावरे

ऐसा वाक्यांश जो लिखने, बोलने या सुनने में अपने शब्दों के सामान्य अर्थ के अतिरिक्त किसी विशेष अर्थ का बोध कराए, वह मुहावरा कहलाता है। यद्यपि बिना मुहावरे के भी अर्थ प्रकट किया जा सकता है, परंतु मुहावरे के समुचित प्रयोग से वाक्य के भाव सौंदर्य में वृद्धि हो जाती है अर्थात् किसी वाक्य के भावों को ऊर्जा तथा सौंदर्य प्रदान करने वाला तत्त्व मुहावरा कहलाता है।

मुहावरा शब्द मूलतः अरबी भाषा का शब्द है। अरबी में इसे 'मुहावरः' कहा जाता है, जिसका अर्थ होता है– 'अभ्यास करना'। उर्दू में यही शब्द 'मुहाविरा' के रूप में प्रयुक्त होता है, जिसका अर्थ है– 'बातचीत करना'। हिंदी में यही मुहावरा शब्द 'रोजमर्रा' व 'पारिभाषिक' शब्द के रूप में प्रयोग किया जाता है।

मुहावरों का प्रयोग इस प्रकार होना चाहिए कि सुनने वाला भी समझ जाए तथा कही हुई बात प्रभावशाली भी हो।

## विगत वर्षों की परीक्षाओं में पूछे गए मुहावरे

| मुहावरा | अर्थ | वाक्य प्रयोग | |
|---|---|---|---|
| **उन्नीस बीस का अंतर** | बहुत कम अंतर होना | परीक्षा के परिणाम में दोनों छात्रों के अंकों में उन्नीस-बीस का ही फर्क था। | **[2024]** |
| **पापड़ बेलना** | संघर्ष करना | सरकारी दफ्तर में हर बार काम निकलवाने के लिए काफी पापड़ बेलने पड़ते हैं। | **[2023]** |
| **घी के दिये जलाना** | खुशी मनाना | भगवान राम 14 साल का वनवास काटने के बाद जब अयोध्या में वापस लौटे, तो अयोध्यावासियों ने अपने घरों में घी के दिये जलाए थे। | **[2021I]** |
| **गले का हार** | बहुत प्रिय | श्री कृष्ण जी सुदामा को इतना प्रेम करते थे कि मानों सुदामा उनके गले का हार हों। | **[2021, 10]** |
| **दाँत पीसना** | क्रोधित होना | शतरंज के खेल में हारने के बाद श्याम दाँत पीसते रह गया। | **[2020]** |
| **घुटने टेकना** | हार मानना | युद्ध भूमि में अंग्रेजों ने भारत के आगे घुटने टेक दिए। | **[2020]** |
| **ज़मीन ताकना** | व्याकुल होना | रमेश परीक्षा परिणाम के इंतजार में जमीन ताकता रहता है। | **[2020, 13]** |
| **चंपत होना** | भाग जाना | पुलिस को आता देख चोर चंपत हो गया। | **[2019]** |
| **डींग हाँकना** | बढ़ा-चढ़ा कर कहना | रवि को भाषा का कोई ज्ञान नहीं है। वह सिर्फ डींग हाँकता रहता है। | **[ 2019]** |
| **आसमान से बातें करना** | काफी ऊँचा होना | दिल्ली में आसमान से बातें करती बहुत-सी इमारतें हैं। | **[2016]** |
| **उड़ती चिड़िया पहचानना** | दूरदर्शी होना | हमसे चाल मत चलो, हम भी उड़ती चिड़िया पहचानते हैं। | **[2018]** |
| **अपना उल्लू सीधा करना** | स्वार्थ सिद्ध करना | श्याम केवल अपना उल्लू सीधा करना जानता है, उसे किसी से कोई लगाव नहीं है। | |
| **आँखों का तारा** | अति प्रिय होना | रोहित ने विद्यालय में सबसे अधिक नंबर प्राप्त किए, जिसकी वजह से वह सभी अध्यापकों की आँखों का तारा बन गया। | **[2017]** |
| **हाथ मलना** | पश्चाताप करना | क्रोध में तुमने अपना घर तो जला ही दिया, अब हाथ मलने से क्या लाभ। | **[2017]** |
| **अपने पैर पर कुल्हाड़ी मारना** | अपना नुकसान स्वयं करना | समय से पहले ही रोहन के पिताजी ने सेवानिवृत्ति का आवेदन देकर अपने पैर पर कुल्हाड़ी मार ली। | |
| **बाल-बाल बचना** | कठिनाई से बचना/ मुश्किल से बचना | चंद्रबाबू नायडू नक्सलवादी हमले में बाल-बाल बच गए। | **[2016]** |

| मुहावरा | अर्थ | वाक्य प्रयोग | |
|---|---|---|---|
| **टका-सा जवाब देना** | साफ़ इनकार कर देना | हर बात पर टका-सा जवाब देना अच्छी आदत नहीं है। | |
| **सिक्का जमाना** | प्रभाव छोड़ना | दीपक ने कक्षा में प्रथम आकर अपना सिक्का जमा लिया। | **[2014]** |
| **आँख पर पर्दा पड़ना** | वास्तविकता का ज्ञान न होना | क्रोध के कारण राज की आँखों पर पर्दा पड़ गया है। | |
| **मुँह में पानी भर आना** | खाने की लालसा होना | रसमलाई देखकर मेरे मुँह में पानी भर आया। | |
| **टाँग अड़ाना** | बाधा डालना | व्यर्थ में ही किसी के कार्यों में टाँग अड़ाना बुरी बात है। | **[2012]** |
| **ज़हर का घूँट पीना** | अपमान सहन करना | बेकसूर होने के बावजूद डाँट पड़ने पर भी राम ज़हर का घूँट पीकर रह गया। | |
| **नाक रख लेना** | इज़्ज़त बचा लेना | बुरे वक्त में मेरी सहायता करके, मोहित ने मेरी नाक रख ली। | **[2011]** |
| **चेहरा उतरना** | उदास होना | राम ने सबके सामने मोहन को डाँटा, तो उसका चेहरा उतर गया। | |
| **मुट्ठी गर्म करना** | रिश्वत देना | सरकारी कार्यालयों में आजकल सभी कार्य मुट्ठी गर्म करने पर ही संभव होते हैं। | |
| **हाथ-पैर मारना** | अत्यंत प्रयास करना | सफलता प्राप्त करने के लिए बहुत हाथ-पैर मारने पड़ते हैं। | **[2009]** |
| **सिर नीचा होना** | अत्यंत शर्मिंदा होना | मेरी असफलता से मेरे माता-पिता का सिर नीचा हो गया। | |
| **कान खड़े होना** | सतर्क होना | रात में पड़ोसी के यहाँ शोर सुनकर मेरे कान खड़े हो गए। | |
| **दोनों हाथों में लड्डू होना** | सभी ओर से लाभ होना | किशन आज वार्षिक परीक्षा में प्रथम आया तथा आज ही उसे छात्रवृत्ति भी मिली। उसके तो दोनों हाथों में लड्डू हैं। | **[2008]** |
| **कान भरना** | चुगली करना | सुनीता को हर वक्त कान भरने की बहुत बुरी आदत है। | |
| **फूला न समाना** | बहुत प्रसन्न होना | मेरे कक्षा में प्रथम आने पर पिताजी फूले नहीं समा रहे हैं। | **[2007]** |
| **दौड़-धूप करना** | अत्यंत प्रयत्न करना | मुझे पढ़ाने के लिए पिताजी ने बहुत दौड़-धूप की है। | |
| **नाकों चने चबाना** | कठिनाई उत्पन्न करना | मेरे भाई ने कुसंगति में आकर पिताजी को नाकों चने चबाने पर मज़बूर कर दिया। | |
| **फलना-फूलना** | उन्नति करना | माता-पिता की सेवा करने पर वे हृदय से फलने-फूलने का आशीर्वाद देते हैं। | |
| **दूर के ढोल सुहावने** | दूर की अनदेखी चीज़ आकर्षक लगती है | पड़ोस के गाँव के प्रधान की बड़ी प्रशंसा सुनी थी कि वह बड़े दयावान और दानी हैं। एक दिन मैं उनके यहाँ गया, तो एक भिखारी को उन्हें बुरी तरह फटकारते हुए देखा। मैंने मन में सोचा कि दूर के ढोल सुहावने ही लगते हैं। | **[ICSE 2006]** |
| **मिट्टी का माधो** | मूर्ख व्यक्ति | हमारे गाँव में एक लड़का है, जिसका मस्तिष्क कुछ अविकसित है। सभी बच्चे उसे मिट्टी का माधो कहकर बुलाते हैं। | |
| **कलई खुलना** | भेद खुलना | धोखे से किया गया व्यापार थोड़े दिन ही चलता है। अंत में उसकी कलई खुल ही जाती है। | |
| **रंग में भंग पड़ना** | चलते काम में बाधा आना | मोहन के घर में शादी की खुशी में नाच-गाना हो रहा था, लेकिन अचानक ही उसके घर में लुटेरों ने आक्रमण करके सब सामान लूट लिया, जिससे शादी के रंग में भंग पड़ गया। | **[2005]** |

| मुहावरा | अर्थ | वाक्य प्रयोग | |
|---|---|---|---|
| **काल के गाल में जाना** | मृत्यु हो जाना | गुजरात में आए भूकंप से हज़ारों आदमी काल के गाल में समा गए। | |
| **मन मसोस कर रह जाना** | इच्छाओं को दबाना | उसे मेला जाने के लिए मना कर दिया गया, तो वह मन मसोस कर रह गया। | |
| **एक न चलना** | कोई उपाय काम न करना | पुलिस के सामने चोर की एक न चली और उसने चोरी का सब माल बता दिया। | |
| **मन भाना** | मन को अच्छा लगना | पिताजी के लाए हुए खिलौने बच्चों को इतने मन भा गए कि वे खाने-पीने की सुध भूल गए। | |
| **आग-बबूला होना** | अत्यधिक क्रोध करना | श्रीकृष्ण की युद्ध-चेतावनी सुनकर दुर्योधन आग-बबूला हो गया और उसने दूत बनकर आए श्रीकृष्ण को बंदी बनाने का आदेश दे दिया। | |
| **अपना-सा मुँह लेकर रह जाना** | अपमान सहकर रह जाना | सेठजी ने किसी बात पर अपने नौकर को ज़ोर से डाँट दिया, तो वह बेचारा अपना-सा मुँह लेकर रह गया। | |
| **आव देखा न ताव** | बिना सोचे-समझे आवेग में आकर काम करना | राम के द्वारा अपशब्द बोलने पर, अध्यापक ने आव देखा न ताव और राम को ज़ोर से तमाचा जड़ दिया। | **[2001]** |
| **आँखों पर पर्दा डालना** | यथार्थ स्थिति को छिपाना | अंकित ने सुधीर की आँखों पर पर्दा डाल दिया है, तभी तो उसने बिना कुछ सोचे-समझे अपनी फैक्ट्री अंकित के नाम कर दी। | |
| **घर का दीपक** | घर की शान बढ़ाने वाला | मोहन को अपने इकलौते पुत्र से बहुत आशाएँ हैं, वह उस घर का दीपक है। | |
| **अंकुर फूटना** | किसी बात का आरंभ होना | राम और श्याम पहले बहुत अच्छे मित्र थे, लेकिन व्यापार में कुछ ऐसी बात हुई कि वे आमने-सामने आ गए और अब उनमें दुश्मनी के अंकुर फूटने लगे हैं। | |
| **आँखें खुलना** | यथार्थ का सामना करना | सोहन के पिता अपने बेटे से व्यापार में सावधानी बरतने की बात करते थे, लेकिन उसने ध्यान नहीं दिया। जब उसे घाटा हुआ, तो उसकी आँखें खुल गईं। | **[2000]** |

# एग्जाम पैटर्न प्रश्न

**Q.1** 'पापड़ बेलना' मुहावरे का अर्थ है **[ICSE Specimen 2023]**
(a) काम करना (b) संघर्ष करना
(c) निश्चिंत होना (d) लज्जित होना

**Q.2** 'पारा उतरना' मुहावरे का अर्थ बताइए।
(a) तापमान कम होना (b) क्रोध कम होना
(c) बुखार उतरना (d) सर्दी पड़ना

**Q.3** 'बाधा डालना' मुहावरे का अर्थ बताइए।
(a) पाला पड़ना (b) रोड़ा अटकाना
(c) बरस पड़ना (d) दाँतों में जीभ होना

**Q.4** 'आँखें फेर लेना' का अर्थ बताइए।
(a) दूसरी तरफ देखना
(b) किसी और की चाहत
(c) उदासीन हो जाना (प्रतिकूल हो जाना)
(d) नाराज़ हो जाना

**Q.5** 'गंगाजली उठाना' मुहावरे का अर्थ बताइए।
(a) गंगा नहाना (b) एक पात्र में गंगाजल भरना
(c) कसम खाना (d) बड़बोलापन

**Q.6** 'अवसर का लाभ उठाना' अर्थ के लिए अपयुक्त मुहावरा बताइए।
(a) बहती गंगा में हाथ धोना
(b) आकाश-पाताल एक करना
(c) फूले न समाना
(d) अंगारों पर पैर रखना

**Q.7** 'किताब का कीड़ा होना' मुहावरे का अर्थ बताइए।
(a) बहुमूल्य वस्तु को नष्ट करने वाला
(b) अनुपयुक्त जगह रहने वाला
(c) बहुत अधिक पढ़ने वाला
(d) ज्ञान का दुश्मन

**Q.8** 'गोल कर जाना' मुहावरे का अर्थ बताइए।
(a) मोटा होना (b) भाग जाना
(c) गुस्सा होना (d) गायब कर देना

**Q.9** नीचे दिए गए मुहावरे का अर्थ बताइए।
'दाग लगाना'
(a) स्पष्ट कहना (b) कलंक लगना
(c) बहुत रुलाना (d) हर संभव कष्ट देना

**Q.10** 'रंग उड़ना' मुहावरे का अर्थ चुनकर लिखिए **[ICSE 2025]**
(a) उड़कर भाग जाना (b) रंग चला जाना
(c) भाग जाना (d) चेहरा फीका पड़ना

**Q.11** 'मिट्टी का माधो' मुहावरे का अर्थ बताइए।
(a) समझदार होना (b) बहुत ही मूर्ख
(c) कृष्णा की मूर्ति (d) मिट्टी की मूर्ति

**Q.12** 'आँख उठाकर न देखना' मुहावरे का अर्थ बताइए।
(a) पलकें बंद रखना (b) आँख न खोलना
(c) उपेक्षा करना (d) तपस्या करना

**Q.13** 'सिर पर सवार रहना' मुहावरे का अर्थ बताइए।
(a) पीछे पड़ना
(b) मरने-मारने पर उतारू होना
(c) भाग जाना
(d) बाधक होना

**Q.14** 'सिर आँखों पर बैठाना' इस मुहावरे का अर्थ बताइए।
(a) बहुत सम्मान देना
(b) बगावत करना
(c) जबरदस्ती का लगाव
(d) पास आकर बैठना

**Q.15** 'घड़ों पानी पड़ जाना' मुहावरे का अर्थ बताइए।
(a) स्नान करना (b) परेशान करना
(c) अत्यंत लज्जित होना (d) सिर पर पानी डालना

**Q.16** 'नाक का बाल होना' मुहावरे का अर्थ बताइए।
(a) अधिक समीप होना (b) कष्ट होना
(c) अधिक प्रिय होना (d) पालतू होना

**Q.17** 'अपना हाथ जगन्नाथ' मुहावरे का अर्थ बताइए।
(a) मनमानी करना
(b) अपना हाथ पूजनीय होता है
(c) अपने आप से काम करना ही उपयुक्त होता है
(d) अपने हाथ से दान करना

**Q.18** 'कलेजे पर साँप लोटना' मुहावरे का अर्थ बताइए।
(a) दु:खी होना
(b) ईर्ष्या से जल उठना
(c) दुश्मनी निकालना
(d) दीनता प्रकट करना

## उत्तरमाला

| | | | | | | | | | | | | | | | | | | | |
|---|---|---|---|---|---|---|---|---|---|---|---|---|---|---|---|---|---|---|---|
| 1. | (b) | 2. | (b) | 3. | (b) | 4. | (c) | 5. | (c) | 6. | (a) | 7. | (c) | 8. | (d) | 9. | (b) | 10. | (d) |
| 11. | (b) | 12. | (c) | 13. | (a) | 14. | (a) | 15. | (c) | 16. | (c) | 17. | (c) | 18. | (b) | | | | |

# विविध (वाक्य, अनेक शब्दों के लिए एक शब्द, काल, श्रुतिसम भिन्नार्थक शब्द)

## वाक्य

शब्दों का वह सार्थक समूह, जो व्याकरणिक नियमों से बँधा होता है, **वाक्य** कहलाता है। वाक्य में शब्द एक निश्चित क्रम में व्यवस्थित रहते हैं और वे मिलकर कोई भावना, विचार या जानकारी प्रकट करते हैं।

**वाक्य के भेद**

**अर्थ के आधार** पर वाक्य के आठ भेद हैं–

1. विधानवाचक 2. निषेधवाचक 3. प्रश्न वाचक 4. आज्ञावाचक
5. संदेहवाचक 6. इच्छावाचक 7. विस्मया दिवाचक 8. संकेतवाचक

**रचना के आधार** पर वाक्य के तीन भेद होते हैं

1. सरल या साधारण वाक्य 2. मिश्र वाक्य 3. संयुक्त वाक्य

### वाक्य रूपांतरण

हिंदी व्याकरण अत्यंत समृद्ध है, इसी कारणवश कई बार बिना अर्थ बदले किसी वाक्य को दूसरे प्रकार के वाक्य में परिवर्तित कर दिया जाता है। वाक्य परिवर्तन की यही क्रिया वाक्य रूपांतरण कहलाती है।

जैसे– **सरल वाक्य** राम ने अपने चाचा के घर भोजन किया।

**परिवर्तित वाक्य** राम ने उस घर में भोजन किया, जो उसके चाचा का था।

### अनेक शब्दों के लिए एक शब्द

भाषा की सबसे बड़ी विशेषता है, उसका संक्षिप्त होना अर्थात् कम शब्दों में बड़ी से बड़ी बात प्रभावशाली ढंग से कह देना। यह तभी संभव है, जब हम बड़े या लंबे वाक्यांशों अथवा अनेक शब्दों के स्थान पर एक शब्द का प्रयोग करें; जैसे–

(i) नीचे लिखा हुआ – निम्नलिखित
(ii) ऊपर कहा हुआ – उपर्युक्त

### काल

क्रिया के जिस रूप से उसके होने या न होने का पता चलता है, उसे काल कहते हैं।
काल के तीन भेद होते हैं

(i) भूतकाल (ii) वर्तमान काल (iii) भविष्यत् काल

### श्रुतिसम भिन्नार्थक शब्द

हिन्दी भाषा में अनेक शब्द ऐसे होते हैं, जो एक–आधा अक्षर या मात्रा के अंतर के बावजूद सुनने में, देखने में व पढ़ने में एकसमान लगते हैं, किन्तु उनके अर्थों में बहुत अंतर होता है। ऐसे शब्दों को 'श्रुतिसम भिन्नार्थक शब्द कहा जाता है; जैसे–

(i) ओर – तरफ
और – तथा
(ii) कर्म – कार्य
क्रम – सिलसिला

## विगत वर्षों की परीक्षाओं में पूछे गए वाक्य

**Q.1** रोगी की <u>दिशा</u> ठीक नहीं हैं। *(रेखांकित शब्द के स्थान पर उचित शब्द का प्रयोग कीजिए।)* **[2024]**

उत्तर रोगी की दशा ठीक नहीं है।

**Q.2** निर्गुण भक्ति के अनुसार ईश्वर का <u>कोई आकार नहीं है</u>। *(रेखांकित वाक्यांश हेतु एक शब्द का प्रयोग कीजिए)*

उत्तर निर्गुण भक्ति के अनुसार ईश्वर निराकार है।

**Q.3** रमेश <u>ईश्वर में बहुत विश्वास</u> रखता है। *(रेखांकित शब्दों के लिए एक शब्द का प्रयोग कर वाक्य पुनः लिखिए।)* **[2020]**

उत्तर रमेश आस्तिक है।

**Q.4** जज ने अपराधी को सजा सुनाई। *('द्वारा' शब्द का प्रयोग करके वाक्य पुनः लिखिए।)* **[2020]**

उत्तर जज द्वारा अपराधी को सजा सुनाई गई।

**Q.5** प्राचीन काल में लोग पत्तों की बनी कुटिया में रहते थे। *(रेखांकित शब्दों का एक शब्द लिखते हुए वाक्य पुनः लिखिए।)* **[2019]**

उत्तर प्राचीन काल में लोग 'पर्णकुटी' में रहते थे।

**Q.6** बीमार होने के कारण सुमन समारोह में नहीं आ सकी। *(इसलिए का प्रयोग कर वाक्य पुनः लिखिए।)* **[2019]**

उत्तर सुमन बीमार है, इसलिए समारोह में नहीं आ सकी।

**Q.7** इतनी आयु होने पर भी वह विवाहित नहीं है। *(नहीं हटाइए, परंतु वाक्य का अर्थ न बदले।)* **[2017]**

उत्तर इतनी आयु होने पर भी वह अविवाहित है।

**Q.8** रामचंद्र जी का आदेश था, इसलिए लक्ष्मण को जाना था। *(सरल वाक्य बनाइए)* **[2017]**

उत्तर रामचंद्र जी के आदेशानुसार लक्ष्मण को जाना था।

**Q.9** मेरे घर में जो नौकर काम करता है, वह भाग गया है। *(सरल वाक्य बनाइए)* **[2016]**

उत्तर मेरे घर में काम करने वाला नौकर भाग गया।

**Q.10** वह दुश्मन की सेना पर टूट पड़ा। *('टूट पड़ा' के स्थान पर 'हमला किया' का प्रयोग कीजिए)* **[2012]**

उत्तर उसने दुश्मन की सेना पर हमला किया।

**Q.11** एक नवयुवक को यह बंधन पसंद नहीं आया। *('पसंद' के स्थान पर 'अच्छा' का प्रयोग कीजिए)* **[2011]**

उत्तर एक नवयुवक को यह बंधन अच्छा नहीं लगा।

**Q.12** कर्त्तव्य का पालन नहीं करने में दुःख है। *('नहीं' हटाइए, किंतु वाक्य का अर्थ न बदले)* **[2008]**

उत्तर कर्त्तव्य का पालन करने में सुख है।

**Q.13** उनका जीवन सुरक्षित था। *('नहीं' का प्रयोग कीजिए, किंतु वाक्य का अर्थ न बदले)* **[2007]**

उत्तर उनका जीवन असुरक्षित नहीं था।

**Q.14** धर्म का मानव-मन पर प्रभाव पड़ता है। *(वाक्य में 'प्रभावित' शब्द का प्रयोग कीजिए)* **[2006]**

उत्तर धर्म से मानव का मन प्रभावित होता है।

**Q.15** मेरा छोटा भाई मेरी बात अवश्य सुनेगा। *(वाक्य में 'चाहिए' शब्द का प्रयोग कीजिए)* **[2005]**

उत्तर मेरे छोटे भाई को मेरी बात अवश्य सुननी चाहिए।

**Q.16** सतत् अध्ययन मनुष्य की आंतरिक सद्प्रवृत्तियों को विकसित करता है। *('सतत् अध्ययन से' का प्रयोग कर वाक्य पुनः लिखिए)* **[2004]**

उत्तर सतत् अध्ययन से मनुष्य की आंतरिक सद्प्रवृत्तियाँ विकसित होती हैं।

**Q.17** कुएँ के मेंढक ने समुद्र नहीं देखा था। *(वाक्य का अर्थ बदले बिना 'नहीं' हटाइए)*

उत्तर कुएँ का मेंढक समुद्र से अपरिचित था।

**Q.18** तुमने छोटों का कभी अपमान नहीं किया। *(स्वीकारात्मक वाक्य में बदलिए)* **[2003]**

उत्तर तुमने छोटों का सदा सम्मान किया।

**Q.19** बाज मनुष्य की-सी भाषा में उदार हृदय राजा से बोला। *('बाज ने' का प्रयोग कर वाक्य पुनः लिखिए।)* **[2003]**

उत्तर बाज ने मनुष्य की-सी भाषा में उदार हृदय राजा से कहा।

**Q.20** तप करने जाते हुए ध्रुव को मार्ग में नारद मिले। *(वाक्य में 'जब' और 'तब' का प्रयोग कीजिए।)* **[2002]**

उत्तर जब ध्रुव तप करने जा रहा था, तब मार्ग में उसे नारद मिले।

**Q.21** ध्रुव के आगे यक्षों की एक न चली और अंत में उन्होंने घुटने टेक दिए। *(वाक्य में 'क्योंकि' का प्रयोग कीजिए)* **[2002]**

उत्तर अंत में यक्षों ने घुटने टेक दिए, क्योंकि ध्रुव के आगे उनकी एक न चली।

**Q.22** वे कारागार में गए, सेवक से सारी बात की जानकारी ली। *(गए के स्थान पर 'जाकर' का प्रयोग कीजिए)* **[2001]**

उत्तर उन्होंने कारागार में जाकर सेवक से सारी बात की जानकारी ली।

**Q.23** महाराज की अनुमति से तीनों फूलदान उनके सम्मुख लाए गए। *('वे' से वाक्य शुरू कीजिए)* **[2001]**

उत्तर वे तीनों फूलदान महाराज की अनुमति से उनके सम्मुख लाए गए।

**Q.24** ये फूलदान मनुष्यों के जीवन से अधिक कीमती नहीं हैं। *('कीमती' की जगह 'कीमत' का प्रयोग कीजिए)* **[2000]**

उत्तर इन फूलदानों की कीमत मनुष्य के जीवन से अधिक नहीं है।

**Q.25** रोम का राजा भीषण रोग से पीड़ित हो गया। *(कर दिया)* **[2000]**

उत्तर भीषण रोग ने रोम के राजा को पीड़ित कर दिया।

**Q.26** राजा के रोग से सारे देश में उदासी छा गई। *(राजा के रोग ने कर दिया)* **[2000]**

उत्तर राजा के रोग ने सारे देश को उदास कर दिया।

**Q.27** एक विशेष औषधि के सेवन से आपके रोग का निदान संभव है। *(निदान कर सकता है)* **[2000]**

उत्तर एक विशेष औषधि का सेवन ही आपके रोग का निदान कर सकता है।

# एग्जाम पैटर्न प्रश्न

**Q.1** निर्देशानुसार उचित वाक्य **[ICSE Specimen 2023]**

निर्गुण भक्ति के अनुसार ईश्वर का कोई आकार नहीं *(रेखांकित स्थान पर एक शब्द का प्रयोग करें)*

(a) निर्गुण भक्ति के अनुसार ईश्वर साकार है।
(b) निर्गुण भक्ति के अनुसार ईश्वर निराकार है।
(c) निर्गुण भक्ति के अनुसार ईश्वर ओंकार है।
(d) निर्गुण भक्ति के अनुसार ईश्वर निर्विकार है।

**Q.2** हमें तैरना नहीं आता *(हमें के स्थान पर 'हम' का प्रयोग कीजिए।)* **[ICSE Specimen 2023]**

(a) हम तैरना नहीं सकता। (b) हम तैर नहीं सकता।
(c) हम तैरना नहीं जानते। (d) हम तैर नहीं पाता।

**Q.3** निर्देशानुसार उचित वाक्य बताइए। **[ICSE Specimen 2022-23]**

धर्म का मानव मन पर प्रभाव पड़ता है। *(वाक्य में 'प्रभावित' शब्द का प्रयोग कीजिए।)*

(a) धार्मिक मानव सबको प्रभावित करता है।
(b) धर्म मानव मन को प्रभावित करता है।
(c) मानव के मान को धर्म प्रभावित करता है।
(d) मन को प्रभावित करने वाला मानव धर्म है।

**Q.4** निर्देशानुसार उचित वाक्य बताइए। **[ICSE Specimen 2022-23]**

रोम का राजा भीषण रोग से पीड़ित हो गया। *(वाक्य में 'कर दिया' का प्रयोग कीजिए।)*

(a) रोम के राजा को भीषण रोग ने पीड़ित कर दिया।
(b) रोम के राजा को एक भीषण रोग ने पीड़ित कर दिया।
(c) रोम के राजा को एक भयानक रोग ने पीड़ित कर दिया।
(d) रोम के राजा को एक रोग ने भयानक पीड़ित कर दिया।

**Q.5** निम्नलिखित रेखांकित वाक्यांश हेतु उचित एक शब्द चुनकर लिखिए **[ICSE 2025]**

ताजमहल देखने योग्य है।

(a) ताजमहल दर्शनीय है (b) ताजमहल अद्‌भुत है
(c) ताजमहल अदर्शनीय है (d) ताजमहल प्रदर्शनी है

**Q.6** निर्देशानुसार उचित वाक्य बनाइए **[ICSE 2025]**

'आजकल महँगाई चर्म सीमा पर है।'

रेखांकित शब्द के स्थान पर उचित शब्द का प्रयोग चुनकर लिखिए

(a) ऊँची (b) चरम
(c) चोटी (d) नीची

**Q.7** निर्देशानुसार उचित वाक्य बताइए।

अंत में विद्यार्थी निराश हो गया। *(वाक्य में 'आशा' शब्द का प्रयोग करें।)*

(a) अंत में विद्यार्थी को आशा न मिली ।
(b) अंत में विद्यार्थी ने आशा की।
(c) अंत में विद्यार्थी को आशा न रही।
(d) उपरोक्त में से कोई नहीं।

**Q.8** निर्देशानुसार उचित वाक्य बताइए।

सिपाही चोर पर टूट पड़ा। *(वाक्य में 'टूट पड़ा' के स्थान पर हमला का प्रयोग करें।)*

(a) सिपाही ने चोर पर हमला किया।
(b) चोर सिपाही पर हमला कर रहे थे।
(c) सिपाही के द्वारा चोरों पर हमला किया गया।
(d) सिपाही ने चोर का सर्वनाश किया।

**Q.9** राम मुझसे घर आने को कहता है। *(मिश्रवाक्य में परिवर्तित करें)*

(a) राम ने मुझसे घर आने को कहा।
(b) राम मुझसे कहता है कि मेरे घर आओ।
(c) राम मुझसे मेरे घर आने के लिए कह रहा है।
(d) राम मुझसे कह रहा था कि मेरे घर आओगे।

**Q.10** अच्छे विचारों का मानव मन पर प्रभाव पड़ता है। *(वाक्य से 'प्रभावित' शब्द का प्रयोग करें)*

(a) अच्छे विचारों ने मानव मन को प्रभावित किया।
(b) अच्छे विचारों से मानव मन प्रभावित होता है।
(c) अच्छे विचारों द्वारा मानव मन को प्रभावित किया गया।
(d) अच्छे विचारों से मानव मन को प्रभावित किया गया।

**Q.11** कर्त्तव्य का पालन नहीं करने में दुःख है। *('नहीं' हटाइए, किंतु वाक्य का अर्थ न बदले)*

(a) कर्त्तव्य का पालन करने में सुख है।
(b) कर्त्तव्य का पालन करना चाहिए।
(c) कर्त्तव्य का पालन करना आवश्यक है।
(d) कर्त्तव्य का पालन नहीं करना चाहिए।

**Q.12** तप करने जाते हुए मुनि को मार्ग में नारद मिले। *(वाक्य में 'जब' व 'तब' का प्रयोग करें।)*

(a) जब मुनि तप करने जा रहा था, तब मार्ग में उसे नारद मिले।
(b) मुनि जब तप कर रहा था, मार्ग में उसे तब नारद मिले।
(c) मुनि जब तप कर रहा है, तब मार्ग में उसे नारद मिलते हैं।
(d) उपरोक्त में से कोई नहीं।

**Q.13** इतनी आयु होने पर भी वह बीमार नहीं है। *(नहीं हटाए, परंतु वाक्य का अर्थ न बदले)*

(a) इतनी आयु होने पर भी वह बीमार था।
(b) इतनी आयु होने पर वह बीमार हुआ।
(c) इतनी आयु होने पर भी वह स्वस्थ है।
(d) इतनी आयु पश्चात् भी वह स्वस्थ है।

**Q.14** तुमने बड़ों का कभी अपमान नहीं किया। *(स्वीकारात्मक वाक्य में बदलें)*

(a) तुमने बड़ों का सम्मान किया।
(b) तुम्हारे द्वारा बड़ों का सम्मान किया गया।
(c) तुमने बड़ों का सदा सम्मान किया।
(d) तुमने सबका सम्मान किया।

**Q.15** आप <u>परिवार के साथ</u> हमारे घर आइएगा। *(रेखांकित स्थान पर एक शब्द का प्रयोग करें)*

(a) आप पारिवारिक रूप पर हमारे घर आइएगा।
(b) आप सपरिवार हमारे घर पधारें।
(c) आप सपरिवार हमारे घर आइएगा।
(d) आप सपरिवार हमारे घर आएँगे।

**Q.16** सूर्योदय हुआ और कुहासा जाता रहा। *(सरल वाक्य में परिवर्तित करें)*

(a) सूर्योदय होने पर कुहासा जाता रहा।
(b) सूर्योदय होता रहा, कुहासा जाता रहा।
(c) सूर्योदय पर कुहासा गया।
(d) सूर्योदय पश्चात् कुहासा जाता रहा।

**Q.17** रमेश, सुरेश से बड़ा है। *(प्रश्नवाचक वाक्य में परिवर्तित करें।)*

(a) रमेश, सुरेश से क्या बड़ा है?
(b) क्या रमेश व सुरेश बड़े हैं?
(c) रमेश बड़ा है, सुरेश छोटा है।
(d) क्या रमेश, सुरेश से बड़ा है?

**Q.18** निर्देशानुसार उचित वाक्य बताइए।

**मेरा छोटा भाई मेरी बात अवश्य सुनेगा।** *(वाक्य में 'चाहिए' शब्द का प्रयोग कीजिए।)*

(a) मेरे भाई को मेरी बात अवश्य सुननी चाहिए।
(b) मेरे छोटे भाई को मेरी बात अवश्य सुननी चाहिए।
(c) मेरा जो छोटा भाई है, उसे मेरी बात अवश्य सुननी चाहिए।
(d) मेरा छोटा भाई मेरी बात माननी तथा सुननी चाहिए।

**Q.19** निर्देशानुसार उचित वाक्य बताइए।

**आज भी मुझे पहाड़ों की चोटियाँ और वहाँ का शीतल वातावरण याद है।** *(वाक्य में 'आता है' शब्द का प्रयोग कीजिए।)*

(a) आज भी हमको पहाड़ों की चोटियाँ और वहाँ का समुद्री वातावरण याद है।
(b) मुझे आज भी पहाड़ों की चोटियाँ और वहाँ का वातावरण याद आता है।
(c) आज भी मुझे पहाड़ों की चोटियाँ और वहाँ का शीतल वातावरण याद आता है।
(d) आज भी हमें पहाड़ों की चोटियाँ तथा शीतल वातावरण याद आता है।

**Q.20** निर्देशानुसार वाक्य शुद्ध करें।

**मुसाफिर धर्मशाला में विश्राम करते हैं।** *(भूतकाल में बदलें)*

**[ICSE Specimen Sem I 2021]**

(a) मुसाफिरों ने धर्मशाला में विश्राम किया।
(b) मुसाफिर धर्मशाला में विश्राम करने जाएँगे।
(c) मुसाफिर धर्मशाला में विश्राम करेंगे।
(d) धर्मशाला में मुसाफिर विश्राम करेंगे।

## उत्तरमाला

| | | | | | | | | | | | | | | | | | | | |
|---|---|---|---|---|---|---|---|---|---|---|---|---|---|---|---|---|---|---|---|
| 1. | (b) | 2. | (c) | 3. | (b) | 4. | (a) | 5. | (a) | 6. | (b) | 7. | (c) | 8. | (a) | 9. | (b) | 10. | (b) |
| 11. | (a) | 12. | (a) | 13. | (c) | 14. | (c) | 15. | (c) | 16. | (a) | 17. | (d) | 18. | (b) | 19. | (c) | 20. | (a) |

## खण्ड (ख)

- साहित्य सागर : संक्षिप्त कहानियाँ
- साहित्य सागर : पद्य भाग
- एकांकी संचय
- नया रास्ता (उपन्यास)

# बात अठन्नी की

*सुदर्शन*

## लेखक का परिचय

सुदर्शन जी का जन्म 1895 ई. में सियालकोट में हुआ था। इनका वास्तविक नाम बदरीनाथ था। ये मूलत: उर्दू में लेखन करते थे। इन्होंने उर्दू में प्रकाशित होने वाले दैनिक-पत्र 'आर्यगजट' के संपादक के रूप में कार्य किया। सुदर्शन जी मुख्यत: समाज व राष्ट्र के कवि थे। इनकी कहानियों का मुख्य उद्देश्य समाज व राष्ट्र को स्वच्छ व सुदृढ़ बनाना था।

इनकी पहली कहानी 'हार की जीत' वर्ष 1920 में सरस्वती पत्रिका में प्रकाशित हुई थी। पुष्पलता, सुप्रभात, सुदर्शन सुधा और पनघट इनके प्रसिद्ध कहानी संग्रह तथा परिवर्तन, भगवती, राजकुमार सागर आदि उपन्यास हैं। इनकी भाषा सहज, स्वाभाविक, प्रभावी एवं मुहावरेदार है। सुदर्शन जी को गद्य व पद्य दोनों में महारत प्राप्त थी। इन्होंने अनेक फिल्मों की पटकथा और गीत भी लिखे। इनका निधन बंबई (मुम्बई) में 16 दिसंबर, 1967 को हो गया।

## कहानी का परिचय

सुदर्शन जी की कहानी 'बात अठन्नी की' में न्याय व्यवस्था पर व्यंग्य किया गया है। यह कहानी एक ऐसे नौकर के इर्द-गिर्द घूमती है, जिसने अपने बीमार बच्चे के इलाज के लिए अपने मित्र से कुछ पैसे उधार लिए थे। बच्चे के ठीक हो जाने पर उसने उधारी लौटाने का प्रयास किया, लेकिन उसमें अठन्नी बाकी रह जाती है। एक दिन जब उसके मालिक ने उसे मिठाई लाने के लिए पाँच रुपये दिए, तो उसने साढ़े चार रुपये की मिठाई खरीदी और बाकी बची अठन्नी से अपना कर्ज़ चुका दिया। मालिक को जब यह पता चला, तो उसने नौकर को छ: महीने की सज़ा दिलवाई। यह निर्णय सुनकर उसके मित्र ने इस दुनिया को अँधेर नगरी कहकर न्याय व्यवस्था पर सवाल उठाया। उसका कहना था कि बड़े अपराधी बच जाते हैं, जबकि गरीबों पर ही कानून का डंडा चलता है। यह न्याय व्यवस्था समाज की अमानवीयता को दर्शाती है।

## कहानी का उद्देश्य

प्रस्तुत कहानी भ्रष्टाचार और ईमानदारी के बीच के संघर्ष को दिखाती है। लेखक का उद्देश्य प्रस्तुत कहानी द्वारा समाज में रिश्वतखोरी की समस्या पर व्यंग्य करना है। उन्होंने कहानी में यह दिखाने का प्रयास किया है कि अमीर लोग चाहे जितनी रिश्वत लें, उनके खिलाफ़ कोई कार्यवाही नहीं होती, जबकि गरीब व्यक्ति अगर थोड़ी-सी भी चोरी करता है, तो उसे बड़ा अपराधी साबित करके सजा मिलती है। इस प्रकार लेखक ने गरीब और अमीर के बीच न्याय व्यवस्था के भेदभाव को दर्शाया है।

## कहानी के शीर्षक की सार्थकता

कहानी का शीर्षक 'बात अठन्नी की' में एक गरीब व्यक्ति अपने मित्र से कुछ पैसे उधार लेता है। सारे पैसे लौटाने के बाद केवल अठन्नी लौटाने में वह स्वयं को असमर्थ पाता है, जिसके लिए वह चोरी कर लेता है और कठोर दंड पाता है। मात्र एक अठन्नी के कारण उसका जीवन बदल जाता है, जो शीर्षक की सार्थकता को पूर्ण करता है।

## संदेश

लेखक प्रस्तुत कहानी के माध्यम से यह संदेश देना चाहता है कि यद्यपि समाज में भ्रष्टाचार व अनैतिकता का बोलबाला है, परंतु हमें उसका अंग न बनकर घूसखोरी व बेईमानी को जड़ से उखाड़ने का प्रयास करना चाहिए।

## पात्र परिचय व चरित्र-चित्रण

**रसीला** एक ईमानदार, कर्त्तव्यनिष्ठ व्यक्ति, जो बाबू जगत सिंह के पास दस रुपये के मासिक वेतन पर नौकरी करता है।

**रमज़ान** रमज़ान जिला मजिस्ट्रेट शेख सलीमुद्दीन के यहाँ चौकीदार है। वह रसीला का सच्चा मित्र तथा एक परोपकारी व्यक्ति है।

**बाबू जगत सिंह** पेशे से इंजीनियर और रिश्वतखोर व्यक्ति हैं।

**शेख सलीमुद्दीन** जिला मजिस्ट्रेट और रिश्वतखोर व्यक्ति है, जो बाबू जगत सिंह के पड़ोस में रहते हैं।

## कहानी का सार

रसीला इंजीनियर बाबू जगत सिंह के यहाँ दस रुपये मासिक वेतन पर नौकर था। उसकी आर्थिक स्थिति बहुत खराब थी। वह गाँव में रह रहे अपने बूढ़े पिता, पत्नी और तीन बच्चों के भरण-पोषण के लिए पूरी तनख्वाह घर भेजता था, किंतु फिर भी परिवार का गुज़ारा मुश्किल से ही होता था। बार-बार वेतन बढ़ाने की प्रार्थना करने पर भी बाबू साहब ने उसकी माँग ठुकरा दी थी।

रमज़ान रसीला का मित्र था, जो जिला मजिस्ट्रेट शेख सलीमुद्दीन का चौकीदार था। गरीब होने के बावजूद वह परोपकारी और सहृदय था। जब रसीला के बच्चे बीमार हुए, तो रमज़ान ने उसकी आर्थिक मदद की। एक बार रसीला ने बाबू साहब को रिश्वत लेते हुए देखा और यह बात रमज़ान को बताई। दोनों ने उच्च वर्ग के पाखंड और गरीबों की दशा पर चर्चा की।

एक दिन बाबू साहब ने रसीला को पाँच रुपये की मिठाई लाने भेजा। उसने साढ़े चार रुपये की मिठाई ली और बची हुई अठन्नी रमज़ान को लौटाकर अपना कर्ज़ उतारता है, लेकिन मिठाई देखकर बाबू साहब को शक होता है। इस बात पर जब रसीला झूठ बोलता है, तो वह उसे पीटते हैं और पुलिस को रिश्वत देकर रसीला को सजा दिलवाते हैं।

अदालत में रसीला अपना अपराध स्वीकार करता है, लेकिन शेख सलीमुद्दीन उसे छः महीने की सज़ा सुना देता है, जबकि वह स्वयं रिश्वत लेता था। रमज़ान ऐसे न्याय को अन्यायपूर्ण बताता है, क्योंकि अमीरों की बड़ी चोरी पकड़ी नहीं जाती, लेकिन गरीबों को मामूली गलती पर भी कठोर सज़ा दी जाती है।

### शब्दार्थ

**तनख्वाह** *वेतन;* **सौगंध** *कसम;* **हठ** *ज़िद;* **पेशगी** *पहले दिया जाने वाला धन (अग्रिम राशि);* **रिश्वत** *घूस;* **इंसाफ** *न्याय;* **पेशी** *अभियोग में उपस्थिति, हाजिरी;* **निर्दयता** *कठोरता;* **साजिश** *षड्यंत्र;* **गुजारा** *निर्वाह;* **मैत्री** *मित्रता;* **गुनाह** *अपराध;* **अठन्नी** *पचास पैसे;* **मुकदमा** *अदालत में पेश किया गया मामला।*

# एग्जाम पैटर्न प्रश्न (10 अंक)

*निम्नलिखित गद्यांशों को पढ़िए और उसके नीचे लिखे प्रश्नों के उत्तर हिंदी में लिखिए।*

**Q.1 वह सोचता, "यहाँ इतने सालों से हूँ। अमीर लोग नौकरों पर विश्वास नहीं करते, किंतु मुझ पर यहाँ कभी किसी ने संदेह नहीं किया। यहाँ से जाऊँ, तो शायद कोई ग्यारह-बारह दे दे, पर ऐसा आदर न मिलेगा।"**

(i) **रसीला के घर की स्थिति कैसी थी? रसीला बार-बार किससे प्रार्थना करता था?** **(2)**

उत्तर रसीला के घर की स्थिति अत्यंत दयनीय थी। वह जो कुछ भी कमाता, उसे अपने घर भेज देता था, किंतु उतने से भी उसके परिवार का गुज़ारा नहीं हो पाता था, इसलिए रसीला बार-बार अपने मालिक बाबू जगत सिंह से अपना वेतन बढ़ाने की प्रार्थना करता था।

(ii) **'वह' शब्द किसके लिए प्रयोग किया गया है? वह क्या सोचता था?** **(2)**

उत्तर 'वह' शब्द 'रसीला' के लिए प्रयोग किया गया है। वह सोचता था कि अमीर लोग नौकरों पर विश्वास नहीं करते हैं, किंतु मुझ पर यहाँ किसी ने संदेह नहीं किया। यहाँ से जाऊँ, तो शायद कोई ग्यारह-बारह दे दे, पर मुझे ऐसा आदर सम्मान नहीं मिलेगा। जो सद्व्यवहार यहाँ मिलता है, वह कहीं भी नहीं मिलेगा।

(iii) **वक्ता अर्थात् रसीला के अनुसार, 'आदर' का महत्त्व उसके वेतन से अधिक क्यों है? यदि आप वक्ता की जगह होते, तो अपनी वर्तमान स्थिति से संतुष्ट रहते या नया अवसर तलाशते?** **(3)**

उत्तर वक्ता अर्थात् रसीला के अनुसार, 'आदर' का महत्त्व वेतन से अधिक है, क्योंकि आदर व्यक्ति के आत्मसम्मान और प्रतिष्ठा को बढ़ाता है। वेतन भले ही जीवन-यापन के लिए आवश्यक है, लेकिन सम्मान और विश्वास से व्यक्ति को अपने कार्य का मूल्य समझ में आता है।

यदि मैं वक्ता की जगह होता, तो यह निर्णय परिस्थितियों पर निर्भर करता। यदि वर्तमान स्थान पर सम्मान, विश्वास और मानसिक शांति है, तो मैं संतुष्ट रहता, लेकिन यदि वर्तमान परिस्थिति से मैं असंतुष्ट होता, तो नया अवसर तलाशता तथा कहीं बेहतर अवसर मिलता, जहाँ वेतन और सम्मान दोनों का संतुलन होता, तो मैं उसे ही प्राथमिकता देता।

(iv) **उपर्युक्त पंक्तियों के आधार पर रसीला के स्वभाव का वर्णन कीजिए। वह अमीर लोगों के लिए नकारात्मक क्यों सोचता था?** **(3)**

उत्तर रसीला का स्वभाव संवेदनशील और विचारशील था। वह आदर्शवादी था और दूसरों के प्रति दयालुता और सहानुभूति रखता था। वह अमीर लोगों के बारे में इसलिए नकारात्मक सोचता था, क्योंकि उसने देखा था कि वे अक्सर गरीबों के प्रति विश्वास और सम्मान नहीं दिखाते। वह महसूस करता था कि अमीर लोग अपनी संपत्ति और स्थिति के कारण नौकरों और अन्य गरीबों को केवल एक साधन के रूप में देखते हैं न कि इंसान के रूप में।

**Q.2 'दोनों घंटों साथ बैठते, बातें करते।'** **[ICSE Specimen 2023]**

(i) **दोनों शब्द से किस-किस की ओर संकेत है? वह दोनों आपस में किस बात पर चर्चा कर रहे हैं?** **(2)**

उत्तर प्रस्तुत गद्यांश में दोनों शब्द से रमज़ान और रसीला की ओर संकेत किया गया है। दोनों में घनिष्ठ मित्रता थी तथा वे घंटों बैठकर एक-दूसरे से अपना सुख-दुःख बाँटते व बातें करते थे।

(ii) **वे दोनों किस-किस के यहाँ काम करते थे? दोनों के व्यक्तित्व की भी व्याख्या करें?** **(2)**

उत्तर रसीला एक सीधा-सादा स्वामिभक्त, ईमानदार व परिश्रमी व्यक्ति है। वह शहर में इंजीनियर जगत सिंह के यहाँ घरेलू नौकर की हैसियत से काम करता है तथा रमज़ान एक सहृदय व्यक्ति है। वह शेख सलीमुद्दीन, जोकि पेशे से मजिस्ट्रेट हैं, उनके यहाँ चौकीदार है।

(iii) **वे दोनों जिन लोगों के यहाँ काम करते थे, उनमें और कौन-सी बात समान थी?** **(3)**

उत्तर रसीला इंजीनियर बाबू जगत सिंह व रमज़ान जिला मजिस्ट्रेट शेख सलीमुद्दीन के यहाँ काम करते थे। बाबू जगत सिंह व शेख सलीमुद्दीन में यह समानता थी कि वे दोनों ही भ्रष्ट, कुटिल व रिश्वतखोर प्रवृत्ति के व्यक्ति थे। दोनों ही पात्र संवेदनहीन थे। उन्होंने अपनी शक्ति का दुरुपयोग करके न्याय को प्रभावित किया था।

(iv) **किस घटना से स्पष्ट होता है कि दोनों में बहुत मित्रता थी? रमज़ान ने रसीला की उदासी को देखकर क्या किया?** **(3)**

उत्तर रसीला पैसों की तंगी को लेकर उदास था और रसीला की उदासी को रमज़ान समझ जाता है। रसीला की आर्थिक तंगी को देखते हुए रमज़ान, रसीला को पाँच रुपये उधार देता है, जबकि रसीला द्वारा अपने मालिक से पैसे माँगने पर वह मना कर देते हैं। इस घटना से ही स्पष्ट होता है कि उन दोनों में गहरी मित्रता थी। दोनों एक-दूसरे के सुख-दुःख को समझते थे।

**Q.3 रमज़ान ने ठंडी साँस भरी। उसने रसीला को ठहरने का संकेत किया और स्वयं कोठरी में चला गया। थोड़ी देर बाद उसने कुछ रुपये रसीला की हथेली पर रख दिए। रसीला के मुँह से एक शब्द भी न निकला। सोचने लगा कि बाबू साहब की मैंने इतनी सेवा की पर दुःख में उन्होंने साथ न दिया। रमज़ान को देखो गरीब है, परंतु आदमी नहीं देवता है। ईश्वर उसका भला करें।** **[ICSE 2020]**

(i) **रमज़ान कौन है? उसका परिचय दीजिए।** **(2)**

उत्तर रमज़ान शेख सलीमुद्दीन के घर का चौकीदार है, जो बहुत ईमानदार, परोपकारी और कर्त्तव्यनिष्ठ व्यक्ति है। उसकी आर्थिक स्थिति कमज़ोर होते हुए भी वह किसी को परेशान देखकर चुप नहीं रह सकता। वह रसीला का सच्चा मित्र है।

(ii) **रसीला ने रमज़ान के बारे में ऐसा क्यों सोचा कि वह गरीब होकर भी देवता के समान है? इससे रमज़ान के चरित्र में कौन-से गुण दिखाई देते हैं?** **(2)**

उत्तर रमज़ान गरीब होते हुए भी देवता के समान है, रसीला ने ऐसा इसलिए सोचा, क्योंकि रमज़ान ने अपनी गरीबी के बावजूद उसकी सहायता की, जबकि बाबू साहब जैसे धनी व्यक्ति ने उसकी कठिनाई में कोई सहायता नहीं की। रमज़ान के निःस्वार्थ और संवेदनशील व्यवहार ने रसीला को गहराई तक प्रभावित कर दिया। इससे रमज़ान के दयालुता, परोपकारिता, त्याग, उदारता जैसे गुण दिखाई देते हैं।

(iii) **रसीला ने रमज़ान को देवता क्यों कहा? समझाकर लिखिए।** **(3)**

उत्तर रसीला ने रमज़ान को देवता इसलिए कहा, क्योंकि रमज़ान ने गरीब होते हुए भी रसीला की सहायता की, जबकि दूसरी ओर बाबू जगत सिंह ने एक धन संपन्न व्यक्ति होते हुए भी कठिन समय में उसकी सहायता नहीं की तथा उसे पेशगी देने से मना कर दिया था। इसी कारण रसीला ने रमज़ान को देवता कहा।

(iv) **कहानी के शीर्षक की सार्थकता पर प्रकाश डालिए।** **(3)**

उत्तर कहानी का शीर्षक 'बात अठन्नी की' में रसीला ने अपने मित्र रमज़ान से पाँच रुपये उधार लिए थे, जिसमें से उसने सारे पैसे लौटा दिए थे, केवल अठन्नी देना बाकी रह गया था। उस अठन्नी को लौटाने के लिए उसने अपने मालिक से चोरी की और वह पकड़ा गया, जिसके कारण उसे कठोर दंड दिया गया। केवल अठन्नी के लिए उसे इतना सब कुछ सहन करना पड़ा। अतः शीर्षक 'बात अठन्नी की'पूर्ण रूप से सार्थक है।

**Q.4 "वह बाहर आया और रमज़ान को सारी बात सुना दी। रमज़ान बोला, "बस इतनी-सी बात ! हमारे शेख साहब तो उनके भी गुरु हैं। आज भी एक शिकार फँसा है। हज़ार से कम तय न होगा। भैया, गुनाह का फल मिलेगा या नहीं, यह तो भगवान जाने, पर ऐसी ही कमाई से कोठियों में रहते हैं और एक हम हैं कि परिश्रम करने पर भी हाथ में कुछ नहीं रहता।"**

(i) **इंजीनियर साहब के रिश्वत लेने की बात रसीला के सामने कैसे आई?** **(2)**

उत्तर एक दिन रसीला ने इंजीनियर साहब को किसी से कमरे में बात करते हुए सुना "बस पाँच सौ! इतनी-सी रकम देकर आप मेरा अपमान कर रहे हैं।" वह समझ गया कि इंजीनियर साहब कमरे में रिश्वत ले रहे हैं।

(ii) **रसीला की नज़रों में पैसा कमाने का आसान तरीका कौन-सा था?** **(2)**

उत्तर रसीला की नज़रों में पैसा कमाने का आसान तरीका अपने मालिक द्वारा कमरे में चुपचाप रिश्वत लेना था। जब उसने सुना कि इंजीनियर साहब कमरे में रिश्वत ले रहे हैं, तो वह सोचने लगा कि यह रुपया कमाने का कितना अच्छा व आसान तरीका है।

(iii) **"हमारे शेख साहब उनके भी गुरु हैं।" शेख साहब कौन थे? इन पंक्तियों के आधार पर शेख साहब के चरित्र पर प्रकाश डालिए।** **(3)**

उत्तर शेख साहब 'जिला मजिस्ट्रेट' थे। उपर्युक्त पंक्तियों के आधार पर कहा जा सकता है कि शेख साहब उन प्रतिष्ठित व्यक्तियों में से एक थे, जो समाज में ईमानदारी व न्यायप्रियता का मुखौटा पहने हुए थे और पीठ पीछे रिश्वत लिया करते थे तथा कचहरी में उसके अनुसार न्याय करते थे। शेख साहब भ्रष्ट व संवेदनहीन व्यक्ति थे।

(iv) **कोठियों में रहने वाले लोगों की किस प्रवृत्ति की ओर संकेत किया गया है एवं किस प्रकार के व्यक्तियों के हाथ कुछ नहीं रहता? उपर्युक्त गद्यांश के आधार पर बताइए।** **(3)**

उत्तर कोठियों में रहने वाले लोगों की रिश्वत लेने की प्रवृत्ति की ओर संकेत किया गया है। जब रसीला को इंजीनियर साहब की रिश्वत लेने की बात पता चलती है, तो वह सोचने लगता है कि पैसा कमाने का यह कितना अच्छा तरीका है, क्योंकि गरीब, मेहनती व ईमानदार लोग जो दिन-रात मेहनत करते हैं, उनके हाथ कुछ नहीं रहता। वे सदैव गरीबी से जूझते रहते हैं।

**Q.5 "रसीला सोचता रहा। मेरे हाथ से सैकड़ों रुपए निकल गए पर धर्म न बिगड़ा। एक-एक आना भी उड़ाता, तो काफ़ी रकम जुड़ जाती। इतने में इंजीनियर साहब ने उसे आवाज़ लगाई, 'रसीला, दौड़कर पाँच रुपये की मिठाई ले आ।' रसीला ने साढ़े चार रुपए की मिठाई खरीदी और रमज़ान को अठन्नी लौटाकर समझा कि कर्ज़ उतर गया।"**

(i) **रसीला के चरित्र में कौन-कौन से गुण उभरकर आते हैं? उसके निर्णयों के आधार पर बताइए।** **(2)**

उत्तर रसीला के चरित्र में ईमानदारी, धर्मनिष्ठा और ज़िम्मेदारी के गुण दिखाई देते हैं। अठन्नी लौटाकर उसने अपने कर्ज़ को चुकाया, जिससे उसके सच्चे और नैतिक स्वभाव का पता चलता है।

(ii) **गद्यांश के अनुसार रसीला को 'धर्म' और 'पैसे' के बीच क्या संघर्ष दिखाई देता है? वर्णन करें।** **(2)**

उत्तर रसीला के लिए 'धर्म' और 'पैसे' के बीच स्पष्ट संघर्ष है। गद्यांश में दिखाया गया है कि वह सोचता है कि यदि वह एक-एक आना भी बचा लेता, तो काफी पैसा जमा कर सकता था, लेकिन उसने अपने धर्म को प्रभावित नहीं होने दिया। यह संघर्ष दर्शाता है कि वह लालच के बजाय अपने मूल्यों और ईमानदारी को प्राथमिकता देता है। गरीब होने के बावजूद भी रसीला पैसों के पीछे नहीं भागता है।

(iii) **यदि रसीला अठन्नी लौटाने के स्थान पर पूरी राशि अपने पास रखता, तो कहानी का नैतिक दृष्टिकोण कैसे बदल सकता था?** **(3)**

उत्तर यदि रसीला अठन्नी लौटाने के बजाय पूरी राशि अपने पास रखता, तो यह उसकी ईमानदारी और धर्मनिष्ठा को नकारात्मक रूप में प्रस्तुत करता। कहानी का नैतिक संदेश बदलकर लालच और अनुचित लाभ उठाने की ओर संकेत करता। इससे यह भी स्पष्ट होता कि वह परिस्थितियों के कारण अपने मूल्यों से समझौता करने को तैयार है।

(iv) **गद्यांश में 'कर्ज़ उतरना' किस संदर्भ में प्रयोग किया गया है? क्या इसे केवल धन के रूप में लिया जाना चाहिए? अपने विचार प्रस्तुत करें।** **(3)**

उत्तर गद्यांश में 'कर्ज़ उतरना' केवल धन के संदर्भ में नहीं, बल्कि नैतिक और धार्मिक ज़िम्मेदारी के संदर्भ में भी प्रयोग किया गया है। रसीला का अठन्नी लौटाना उसकी आत्मा और नैतिकता के प्रति ईमानदारी को दर्शाता है। यह 'कर्ज़' उस मानसिक बोझ को भी इंगित करता है, जो रसीला पर उसकी ईमानदारी बनाए रखने के लिए था। इसे एक सामाजिक और नैतिक दायित्व के रूप में देखा जाना चाहिए

**Q.6 "उसने कोई बहाना न बनाया। चाहता तो वह कह सकता कि यह साजिश है। मैं नौकरी नहीं करना चाहता, इसलिए हलवाई के साथ मिलकर मुझे फँसा रहे हैं, पर एक और अपराध करने का साहस वह न जुटा पाया। उसकी आँखें खुल गई थीं।"** **[ICSE 2017]**

(i) **किसे कौन फँसा रहा था? उसने क्या अपराध किया था?** **(2)**

**उत्तर** इंजीनियर जगतसिंह अपने नौकर रसीला को चोरी के जुर्म में फँसा रहा था, क्योंकि रसीला ने कर्ज़ चुकाने के लिए अपने मालिक की अठन्नी चुराने का अपराध किया था।

(ii) **रसीला कौन है? उसका परिचय अपने शब्दों में कीजिए।** **(2)**

**उत्तर** रसीला एक गरीब व्यक्ति है। वह कई वर्षों से बाबू जगत सिंह के घर दस रुपये मासिक वेतन पर कार्यरत् है। उसके घर की स्थिति अत्यंत दयनीय है। वह किसी तरह मजदूरी कर अपना घर चला रहा है, किंतु फिर भी उसे चोरी के जुर्म में फँसाया जाता है।

(iii) **हमें अपने नौकरों से कैसा व्यवहार करना चाहिए? कहानी के आधार पर उदाहरण देकर समझाइए।** **(3)**

**उत्तर** हमें अपने नौकरों के साथ अच्छा व्यवहार करना चाहिए। कहानी में इंजीनियर जगतसिंह ने अपने नौकर रसीला के साथ दुर्व्यवहार किया। मात्र आठ आने के लिए बाबू जगत सिंह निर्दयता की सारी हद पार कर देता है। वह रसीला द्वारा की गई वर्षों की सेवा भूल जाता है। यहाँ तक कि वह रसीला को घसीटते हुए पुलिस स्टेशन ले जाता है और पुलिस को उसे पीटने के लिए पाँच रुपये की रिश्वत भी देता है। कहानी में बाबू जगत सिंह की निर्दयता एवं क्रूरता के दर्शन होते हैं। मालिक द्वारा नौकर के साथ इस तरह का व्यवहार करना निंदनीय है।

(iv) **इस कहानी में लेखक ने समाज की कौन-सी बुराई को प्रकट करने का प्रयास किया है? क्या वे अपने प्रयास में सफल हुए? समझाकर लिखिए।** **(3)**

**उत्तर** इस कहानी में लेखक ने समाज में व्याप्त रिश्वतखोरी को प्रकट करने का प्रयास किया है कि समाज के उच्च वर्ग के लोग ईमानदारी का मुखौटा पहने रहते हैं। वे खुलेआम रिश्वत लेते हैं, परंतु पुलिस व प्रशासन भी उनका कुछ नहीं बिगाड़ पाता। उनकी चोरी पकड़ी नहीं जाती और वे आराम से अपनी ज़िंदगी गुजार लेते हैं, किंतु रसीला जैसे ईमानदार लोगों को छोटी-सी गलती के लिए भी सजा भुगतनी पड़ती है। लेखक समाज की इस बुराई को सामने लाने के अपने प्रयास में पूर्ण रूप से सफल हुए हैं।

**Q.7 उसकी आँखें खुल गई थीं। हाथ जोड़कर बोला, "हुजूर यह मेरा पहला अपराध है। इस बार माफ़ कर दीजिए। फिर गलती न होगी।" शेख साहब न्यायप्रिय आदमी थे। फिर भी उन्होंने रसीला को छ: महीने की सज़ा सुना दी और रुमाल से मुँह पोंछा।**

(i) **रसीला ने क्या गुनाह किया था? उसका मुकदमा किसके सामने पेश हुआ?** **(2)**

**उत्तर** रसीला ने अठन्नी की बेईमानी करने का गुनाह किया था। उसका मुकदमा शेख सलीमुद्दीन साहब जो जिला मजिस्ट्रेट थे, की कचहरी में पेश किया गया।

(ii) **रसीला चाहता तो झूठ बोल सकता था, लेकिन उसने सच क्यों बोला?** **(2)**

**उत्तर** रसीला चाहता तो झूठ बोल सकता था, परंतु वह झूठ बोलकर एक और अपराध नहीं करना चाहता था। वह जान चुका था कि बेईमानी का नतीज़ा बुरा होता है, इसलिए उसने सब कुछ सच बताकर चोरी करने का अपना अपराध स्वीकार कर लिया।

(iii) **रसीला को उसके द्वारा किए गए अपराध की क्या सज़ा मिली?** **(3)**

**उत्तर** रसीला को अठन्नी की बेईमानी करने के अपराध में छः महीने कैद की सज़ा मिली। यद्यपि रसीला ने जिला मजिस्ट्रेट के समक्ष अदालत में अपना अपराध स्वीकार कर लिया था, फिर भी सज़ा देने में उसके प्रति कोई उदारता नहीं दिखाई गई।

(iv) **शेख साहब का व्यक्तित्व कैसा था? स्पष्ट कीजिए।** **(3)**

**उत्तर** शेख सलीमुद्दीन जिला मजिस्ट्रेट थे। वे बाबू जगत सिंह के पड़ोसी थे। वे रिश्वत लेकर काम करते थे तथा अपने लाभ के अनुसार न्याय करते थे। वे न्याय करने के मामले में अपने विवेक का प्रयोग नहीं करते थे।

रसीला सच बोलकर अपनी गलती मान लेता है, उसके उपरांत भी वे उसे अठन्नी की हेरा-फेरी करने के जुर्म में छः महीने की सज़ा सुना देते हैं। इससे उनके रिश्वतखोर व बेईमान होने का पता चलता है।

**Q.8 सोचने लगा, "यह दुनिया न्याय नगरी नहीं, अँधेर नगरी है। चोरी पकड़ी गई, तो अपराध हो गया। असली अपराधी बड़ी-बड़ी कोठियों में बैठकर दोनों हाथों से धन बटोर रहे हैं, उन्हें कोई नहीं पकड़ता।"**

**(ICSE 2025)**

(i) **उपर्युक्त कथन को सोचने वाला व्यक्ति कौन है? इस कथन का संदर्भ स्पष्ट कीजिए।** **(2)**

**उत्तर** उपर्युक्त कथन को सोचने वाला व्यक्ति 'रसीला' है। प्रस्तुत कथन उस समय का है, जब रसीला को अपने मालिक इंजीनियर बाबू जगत सिंह के लिए मिठाई लाने हेतु दिए गए पैसों में से अठन्नी चुराए जाने के आरोप में गिरफ्तार कर लिया जाता है, तब इस कथन द्वारा रसीला दुनिया की अन्यायपूर्ण न्याय व्यवस्था पर अपनी निराशा व्यक्त करता है।

(ii) **किस व्यक्ति से क्या अपराध हो गया था? कारण स्पष्ट कीजिए।** **(2)**

**उत्तर** रसीला से अपराध हो गया था, क्योंकि उसने अपने मालिक के लिए मिठाई लाने के लिए दिए गए पैसों में से अठन्नी चुराई थी। रसीला के अठन्नी चुराए जाने का कारण था कि जब उसके बच्चे की तबीयत खराब हो जाती है, तो उसका मित्र रमजान बच्चे के इलाज के लिए उसे पाँच रुपये उधार देता है। रसीला ने रमजान का कर्ज चुका दिया था, लेकिन अठन्नी देना शेष था, जिसे चुकाने के लिए रसीला ने अपने मालिक की अठन्नी चोरी की थी।

(iii) **दोनों हाथों से धन बटोरने वाले लोग कौन हैं? पाठ के आधार पर उनकी मानसिकता पर प्रकाश डालते हुए बताइए कि उनके न पकड़े जाने का क्या कारण है?** **(3)**

**उत्तर** दोनों हाथों से धन बटोरने वाले लोग समाज के भ्रष्ट व शक्ति संपन्न वर्ग के लोग हैं, जो अपनी शक्ति व पद का दुरुपयोग करके अनुचित तरीके से धन कमाते हैं, जैसे कि इंजीनियर बाबू जगत सिंह। वे स्वयं को कानून से ऊपर मानते हैं। उन्हें विश्वास है कि वे अपनी शक्ति के प्रभाव से बच सकते हैं। उनके न पकड़े जाने का कारण यही है कि उनके पास शक्ति, पैसा व प्रभुत्व है, जिसके कारण वे कानून को अपने अनुरूप चला सकते हैं।

(iv) **'यह दुनिया न्याय नगरी नहीं, अँधेर नगरी है।' इस कथन का अर्थ स्पष्ट करते हुए कहानी का उद्देश्य बताइए।** **(3)**

**उत्तर** 'यह दुनिया न्याय नगरी नहीं, अँधेर नगरी है'। प्रस्तुत कथन का आशय यह है कि दुनिया में न्याय व्यवस्था निष्पक्ष नहीं है, क्योंकि यहाँ गरीब व कमजोर वर्ग को छोटे-से-छोटे अपराध के लिए भी दंडित किया जाता है, जबकि अमीर, शक्तिशाली व प्रभुत्व संपन्न वर्ग बड़े-से-बड़े अपराध के लिए भी बच जाते हैं। प्रस्तुत कहानी का उद्देश्य समाज में व्याप्त न्याय व्यवस्था व भ्रष्टाचार को उजागर

करना है। यह कहानी हमें यह सोचने पर विवश करती है कि क्या वास्तव में हमारी न्याय व्यवस्था निष्पक्ष है?

**अन्य संभावित प्रश्न**

(i) **शेख साहब के संदर्भ में 'न्यायप्रिय' शब्द का व्यंग्यार्थ स्पष्ट कीजिए।** **(3)**

उत्तर शेख साहब रिश्वतखोर थे। शेख साहब के संदर्भ में 'न्यायप्रिय' शब्द का प्रयोग व्यंग्य के रूप में किया गया है, क्योंकि उनका खुद का रिश्वत लेना गुनाह व अपराध नहीं था, जबकि रसीला की अठन्नी की चोरी के लिए माफी माँगने पर व पहले से ही अपराध का हवाला देने पर भी उसे छः महीने की सज़ा सुना दी।

**Q.9 'रात के समय जब हज़ार, पाँच सौ के चोर नरम गद्दों पर मीठी नींद ले रहे थे, अठन्नी का चोर जेल की तंग अँधेरी कोठरी में पछता रहा था।'**

(i) **'नरम गद्दों पर मीठी नींद' और 'तंग, अँधेरी कोठरी' का प्रतीकात्मक अर्थ क्या है? इसे सामाजिक न्याय के संदर्भ में समझाइए।** **(2)**

उत्तर 'नरम गद्दों पर मीठी नींद' धनाढ्य वर्ग की स्वतंत्रता और 'तंग, अँधेरी कोठरी' गरीब वर्ग को दिए गए कठोर दंड को दर्शाता है। यह सामाजिक न्याय में असमानता और वर्ग भेद को भी उजागर करता है।

(ii) **गद्यांश में 'अठन्नी का चोर' और 'हज़ार, पाँच सौ के चोर' के बीच क्या विरोधाभास है?** **(2)**

उत्तर गद्यांश में 'अठन्नी का चोर' छोटा अपराध करने वाले व्यक्ति (जैसे रसीला) का प्रतीक है, जिसे समाज और कानून से कठोर दंड मिलता है, जबकि 'हज़ार, पाँच सौ के चोर' बड़े अपराधी हैं, (जैसे बाबू जगत सिंह और शेख सलीमुद्दीन) जो अपने प्रभाव और शक्ति के कारण सजा से बच जाते हैं। यह विरोधाभास समाज और न्याय तंत्र की असमानता को उजागर करता है, जहाँ दंड अपराध की मात्रा से अधिक अपराधी की स्थिति पर निर्भर करता है।

(iii) **गद्यांश के आधार पर यह कहा जा सकता है कि न्याय व्यवस्था धनी और निर्धन के लिए भेदभावपूर्ण है। क्या आप इस कथन से सहमत हैं? कारण सहित उत्तर दीजिए।** **(3)**

उत्तर हाँ, यह कथन सही है। गद्यांश में दिखाया गया है कि 'अठन्नी का चोर' मामूली अपराध के लिए जेल में है, जबकि बड़े अपराधी खुलेआम ऐश्वर्यपूर्ण जीवन व्यतीत कर रहे हैं। यह न्याय व्यवस्था में आर्थिक और सामाजिक शक्ति के प्रभाव को दर्शाता है, जहाँ कमज़ोर और गरीब वर्ग को कठोर दंड मिलता है, वहीं धनी और प्रभावशाली लोग कानून का लाभ उठाते हैं।

(iv) **गद्यांश में 'पछताना' किस मानसिक स्थिति को दर्शाता है? रसीला के इस पछतावे का समाज और उसके न्याय तंत्र पर क्या प्रभाव पड़ता है?** **(3)**

उत्तर 'पछताना' अपराधबोध और आत्मसंघर्ष को दर्शाता है। रसीला अपनी गलती और उसके परिणाम पर पछता रहा है, जो उसकी नैतिक जागरूकता को दर्शाता है। यह घटना समाज पर यह प्रभाव डालती है कि छोटे अपराधियों को कठोर दंड देना न केवल उनके लिए अनुचित है, बल्कि न्याय तंत्र की असफलता को भी उजागर करता है। इससे समाज में असंतोष और अन्याय के प्रति अविश्वास बढ़ता है।

## 2

# काकी

*सियारामशरण गुप्त*

### लेखक का परिचय

सियारामशरण गुप्त का जन्म 1895 ई. में चिरगाँव में हुआ था। वे महात्मा गाँधी और विनोबा भावे के विचारों के अनुयायी थे, जिसकी झलक उनकी रचनाओं में देखने को मिलती है। इन्होंने गुजराती, अंग्रेज़ी और हिंदी का अध्ययन घर पर ही किया।

गुप्त जी की प्रमुख रचनाएँ अनाथ, आर्द्रा, दूर्वादल (काव्य खंड), मानुषी (कहानी संग्रह), पुण्यपर्व (नाटक), नारी और गोद (उपन्यास) तथा झूठा सच (निबंध संग्रह) हैं। वर्ष 1962 में इन्हें 'सरस्वती हीरक जयंती' और 'सुधाकर पदक' से सम्मानित किया गया। इनकी भाषा सरल और व्यावहारिक थी। गुप्त जी का निधन 29 मार्च, 1963 को हुआ था।

### कहानी का परिचय

'काकी' एक हृदयस्पर्शी कहानी है, जो बालमन की मासूम भावनाओं और प्रेम को दर्शाती है। इस कहानी के माध्यम से लेखक ने एक बच्चे के निश्छल प्रेम, आशा और कल्पना शक्ति को दर्शाया है। कहानी का मुख्य पात्र 'श्यामू' है जो अपनी काकी के निधन को समझ नहीं पाता तथा उनके वापस लौटने की उम्मीद लगाए रखता है। उसकी मासूम कल्पना उसे पतंग के जरिए काकी को रामजी के घर से बुलाने की प्रेरणा देती है। यह पाठ बच्चों की संवेदनशीलता, उनकी कल्पनाओं और परिवार के प्रति उनके प्रेम को उजागर करता है। कहानी में बालमन की कोमल भावनाओं और वयस्कों द्वारा सच छिपाने की प्रवृत्ति को दर्शाया गया है, जिससे बच्चों के कोमल हृदय पर गहरा प्रभाव पड़ता है।

### कहानी का उद्देश्य

प्रस्तुत कहानी का उद्देश्य बालमन की मासूमियत, स्नेह और भावनात्मक जुड़ाव को दर्शाना है। यह कहानी हमें बताती है कि बच्चों की भावनाएँ कोमल और गहरी होती हैं। वे मातृ वियोग की पीड़ा को सहन नहीं कर पाते हैं। श्यामू भी अपनी काकी को वापस लाने के लिए हर संभव प्रयास करता है, जो उसकी मासूमियत व संवेदनशीलता को दर्शाता है। प्रस्तुत कहानी यह संदेश देती है कि बच्चों से सच्चाई नहीं छिपानी चाहिए, क्योंकि वे रिश्तों को गहराई से महसूस करते हैं। बालकों के मनोभावों को समझना चाहिए। उनके प्रति संवेदनशील होना चाहिए व उनके साथ उग्र व्यवहार कदापि नहीं करना चाहिए।

### कहानी के शीर्षक की सार्थकता

'काकी' शीर्षक अत्यंत सार्थक और उपयुक्त है, क्योंकि पूरी कहानी श्यामू की काकी के इर्द-गिर्द घूमती है। काकी के निधन के बाद श्यामू का उनके प्रति भावनात्मक लगाव, प्रेम और उनकी कमी महसूस करना, कहानी का मुख्य विषय है। श्यामू का मासूम प्रयास, पतंग के जरिए काकी को रामजी के घर से वापस बुलाने की कल्पना, काकी के प्रति उसके गहरे प्रेम और जुड़ाव को दर्शाता है। शीर्षक न केवल कहानी के केंद्रीय पात्र की मनोदशा को दर्शाता है, बल्कि स्नेह, रिश्तों की गहराई और बालमन की संवेदनशीलता को भी प्रकट करता है।

### संदेश

प्रस्तुत कहानी के द्वारा यह संदेश दिया गया है कि बालकों का मन अत्यंत संवेदनशील होता है और वे अत्यंत भावुक होते हैं। अत: उनके मन की भावनाओं व दु:ख को मनोवैज्ञानिक रूप से समझकर उन पर ध्यान देना चाहिए। स्नेह तथा अपनेपन से उनके मन के घावों को भरने का प्रयास करना चाहिए। दंड तथा मार या पिटाई का प्रयोग कदापि नहीं करना चाहिए।

## पात्र परिचय व चरित्र चित्रण

**श्यामू** कहानी का मुख्य पात्र श्यामू है, जो एक मासूम बालक है। वह अपनी माँ से बहुत प्रेम करता है। अपनी अबोधता में वह माँ की मृत्यु को समझ नहीं पाता और उन्हें वापस लाने का प्रयास करता है। वह सरल, संवेदनशील व भावुक बालक है। उसकी कल्पना अद्भुत है।

**विश्वेश्वर** श्यामू के पिता विश्वेश्वर जो पत्नी की असमय मृत्यु के बाद से दुःखी और उदास रहते हैं, अपने पुत्र के प्रति ज़िम्मेदारी को वे भली-भाँति समझते हैं। श्यामू की मासूम हरकतों से अंततः वे उसकी भावनाओं को भी समझने लगते हैं।

**भोला** सुखिया दासी का पुत्र और श्यामू का दोस्त है। वह श्यामू की योजना में मदद करता है, लेकिन डर के कारण विश्वेश्वर की एक डाँट से ही उन्हें सारा सच बता देता है।

## कहानी का सार

एक दिन प्रातः काल नींद खुलने पर श्यामू घर में कोहराम देखता है। घर के सभी लोग उसकी माँ को चारों ओर से घेरकर विलाप कर रहे थे। जब उसकी माँ के पार्थिव शरीर को श्मशान ले जाया जाने लगा, तो श्यामू उपद्रव मचाकर अपनी माँ को श्मशान ले जाने से रोकता है। श्यामू को यह विश्वास दिलाया जाता है कि उसकी काकी मामा के घर गई हैं। किंतु सच अधिक समय तक नहीं छिपता। कुछ दिनों बाद उसे बच्चों के माध्यम से सच्चाई का पता चल जाता है कि उसकी काकी अब इस दुनिया में नहीं हैं। वह अब रामजी के घर चली गई हैं। इस बात से श्यामू बेहद दुःखी हो जाता है और अक्सर अकेले बैठकर आकाश की ओर देखा करता था।

एक दिन उसने आसमान में पतंग उड़ती देखी। उसके मन में विचार आया कि अगर वह पतंग के साथ एक रस्सी बाँधकर रामजी के घर भेजे, तो काकी उसे पकड़कर नीचे लौट सकती हैं। उसने अपने पिता विश्वेश्वर के कोट से चुपचाप एक चवन्नी निकाली और अपने मित्र भोला की मदद से पतंग और डोर मँगवाई। भोला ने पतली डोर के बदले मोटी रस्सी की ज़रूरत के बारे में बताया।

श्यामू ने अगले दिन पिता के कोट से एक रुपया चुरा लिया और भोला से दो अच्छी मजबूत मोटी रस्सी मँगवाईं। उसने योजना बनाई कि वह पतंग पर 'काकी' लिखवाएगा, जिससे पतंग सही जगह पहुँच जाए। जब दोनों अँधेरे कमरे में रस्सी बाँध रहे थे, तभी विश्वेश्वर ने आकर दोनों को पकड़ लिया। उन्होंने चोरी के लिए श्यामू को दो थप्पड़ मारे और उसकी पतंग फाड़ दी। भोला ने डरकर पूरी सच्चाई बता दी कि श्यामू पतंग के जरिए काकी को वापस लाना चाहता था। विश्वेश्वर जब पतंग के फटे हुए टुकड़े पर 'काकी' लिखा हुआ देखते हैं, तो स्तब्ध (आश्चर्यचकित) रह जाते हैं। श्यामू के मासूम प्रेम और उसकी भावना को समझकर वे मौन रह जाते हैं।

### शब्दार्थ

**भूमि शयन** ज़मीन पर सोना; **कुहराम** रोना-कलपना; **आवरण** पर्दा; **अनंतर** उसके बाद; **अंतस्तल** भीतर स्थित; **अन्यमनस्क** जिसका मन कहीं और लगा हो; **उत्कंठित** उत्सुक; **ओछी** छोटी; **समवयस्क** समान आयु का; **अबोध** नासमझ; **विघ्न** बाधा; **उग्र** रौद्र; **मुखबिर** भेद खोलने वाला; **हतबुद्धि** जो कुछ सोचने की अवस्था में न हो; **विलाप** व्याकुल होकर रोना; **आर्द्रता** नमी।

# एग्जाम पैटर्न प्रश्न (10 अंक)

***निम्नलिखित गद्यांशों को पढ़िए और उसके नीचे लिखे प्रश्नों के उत्तर हिंदी में लिखिए।***

**Q.1 उसके मामा के यहाँ गई है, परंतु असत्य के आवरण में सत्य बहुत समय तक छिपा न रह सका। आस-पास के अबोध बालकों के मुँह से ही वह प्रकट हो गया।**

(i) **काकी को दाह-संस्कार के लिए ले जाते देखकर श्यामू की स्थिति कैसी थी?** **(2)**

उत्तर काकी को दाह-संस्कार के लिए ले जाते समय श्यामू की स्थिति ठीक नहीं थी। वह स्वयं को सँभाल नहीं पा रहा था। वह काकी को श्मशान घाट ले जाने नहीं दे रहा था, इसलिए उसने रो-रोकर घर में उत्पात मचा रखा था।

(ii) **श्यामू को कौन विश्वास दिला रहा था और कैसे?** **(2)**

उत्तर जब श्यामू अपनी माँ से बिछुड़ने के कारण अत्यधिक रुदन करने लगा, तब उसे सांत्वना देने हेतु बुद्धिमान गुरुजन ने विश्वास दिलाया कि उसकी काकी उसके मामा के यहाँ गई है।

(iii) **'असत्य के आवरण में सत्य बहुत समय तक छिपा न रह सका।' पंक्ति का अर्थ स्पष्ट कीजिए।** **(3)**

उत्तर 'असत्य के आवरण में सत्य बहुत समय तक छिपा न रह सका।' पंक्ति का अर्थ इस दृश्य से लगाया जा सकता है कि श्यामू के घर के लोग व गुरुजन श्यामू को उसकी माँ की मृत्यु के सत्य से अवगत न करवाकर उसे झूठी तसल्ली देते हैं कि उसकी माँ उसके मामा के घर गई है। उस समय तो वह शांत हो जाता है, लेकिन कुछ दिन बाद श्यामू को माँ की मृत्यु का सत्य ज्ञात हो जाता है, तब यह पंक्ति स्पष्ट हो जाती है, क्योंकि सत्य को हम चाहे जितना छिपा लें, लेकिन बहुत समय तक वह छिपा नहीं रह सकता। सत्य का पता चल ही जाता है।

(iv) **अबोध बालकों ने श्यामू को किस सत्य से अवगत करवाया? बालकों द्वारा सत्य से अवगत करवाना क्या दर्शाता है?** **(3)**

उत्तर अबोध बालकों ने श्यामू को उसकी माँ की मृत्यु के सत्य से अवगत करवाया कि उसकी माँ उसके मामा के घर नहीं गई, अपितु राम जी के पास चली गई है। श्यामू इस सत्य को स्वीकार नहीं कर पाया और कई दिनों तक लगातार रोता रहा। कुछ दिनों पश्चात् उसका मन शांत हो गया, परंतु शोक शांत न हो सका। बालकों द्वारा श्यामू को सत्य से अवगत करवाना उनकी मासूमियत को दर्शाता है।

**Q.2 शोक शांत न हो सका। वर्षा के अनंतर एक दो दिन में ही पृथ्वी के ऊपर का पानी तो अगोचर हो जाता है, परंतु भीतर-ही-भीतर उसकी आर्द्रता जैसे बहुत दिन तक बनी रहती है, वैसे ही उसके अंतस्तल में वह शोक जाकर बस गया था। वह प्रायः अकेला बैठा-बैठा शून्य मन से आकाश की ओर ताका करता।**

(i) **'उसके अंतःस्तल में शोक जाकर बस गया।' यहाँ किसके शोक की बात की गई है व क्यों?** **(2)**

उत्तर यहाँ श्यामू के अंतःस्तल में शोक के जाकर बसने की बात की गई है। श्यामू के अंतस्तल में अपनी माँ (काकी) की मृत्यु का शोक बस गया था। वह अपनी माँ के लिए पहले तो बहुत रोया फिर माँ की कमी उसके दिल में बैठ गई।

(ii) **श्यामू अकेला बैठा-बैठा क्या किया करता था?** **(2)**

उत्तर श्यामू अकेला बैठा-बैठा शून्य मन से आकाश की ओर ताका करता था, क्योंकि उसे इस सत्य की जानकारी हो गई थी कि उसकी काकी (माँ) राम जी (ईश्वर) के घर चली गई है। इस सत्य को जानकर वह कई दिनों तक रोता रहा।

(iii) **पृथ्वी की आर्द्रता की तुलना श्यामू के मन से किस प्रकार की गई है?** **(3)**

उत्तर जिस प्रकार वर्षा के बाद पृथ्वी पर इकट्ठा हुआ पानी तो सूख जाता है, किंतु पृथ्वी के अंदर पानी की नमी बनी रहती है, ठीक उसी प्रकार माँ की मृत्यु पर श्यामू का रोना तो क्रमशः शांत हो गया, किंतु उसका मन अत्यंत दुःखी था।

(iv) **शोक को प्रकृति से जोड़ने का लेखक का उद्देश्य क्या हो सकता है? क्या यह व्यक्ति और प्रकृति के बीच कोई गहरा संबंध स्थापित करता है?** **(3)**

उत्तर लेखक का उद्देश्य शोक को प्रकृति से जोड़कर यह दिखाना है कि जैसे वर्षा का पानी पृथ्वी में समाहित हो जाता है, वैसे ही शोक भी व्यक्ति के भीतर गहरे रूप से बस जाता है। यह व्यक्ति और प्रकृति के बीच गहरे संबंध को दर्शाता है, जहाँ भावनाएँ और प्राकृतिक परिवर्तन एक-दूसरे से जुड़े होते हैं।

**Q.3 उसके अंतस्तल में वह शोक जाकर बस गया था। वह प्रायः अकेला बैठा-बैठा शून्य मन से आकाश की ओर ताँका करता। एक दिन उसने ऊपर आसमान में पतंग उड़ती देखी, न जाने क्या सोचकर उसका हृदय एकदम खिल उठा। विश्वेश्वर के पास जाकर बोला, "काका! मुझे एक पतंग मँगा दो।"** **[ICSE 2019]**

(i) **'उसके' शब्द का प्रयोग किसके लिए किया गया है? उसके दुःखी होने का क्या कारण था?** **(2)**

उत्तर 'उसके' शब्द का प्रयोग अबोध बालक श्यामू के लिए किया गया है। उसके दुःखी होने का कारण उसकी माँ की मृत्यु होना था। वह अपनी माँ से बहुत प्रेम करता था, वह अपनी माँ के वियोग को सहन नहीं कर सका, इसलिए वह बहुत दुःखी था।

(ii) **क्या देखकर उसका हृदय खिल उठा था? उसने अपने पिता से क्या माँगा?** **(2)**

उत्तर श्यामू प्रायः शून्य मन से आकाश की ओर देखा करता था। एक दिन आसमान में उड़ती हुई पतंग देखकर उसका हृदय खिल उठा था। वह पतंग लाने के लिए बहुत उत्सुक था, इसलिए उसने अपने पिता से एक पतंग माँगी।

(iii) **उसने उस चीज़ का प्रबंध कैसे किया? क्या उसके इस कार्य को अपराध कहना उचित होगा?** **(3)**

उत्तर जब विश्वेश्वर ने श्यामू को पतंग मँगाकर नहीं दी और बात टाल दी, तो श्यामू अपने मन की इच्छा पर काबू न पा सका। उसने (श्यामू) उस

चीज (पतंग) का प्रबंध करने के लिए अपने पिता के कोट से पहले चवन्नी तथा दूसरी बार एक रुपया चुराया। इसमें उसने अपने मित्र भोला से सहायता माँगी और उन पैसों से पतंग व रस्सियाँ मँगवाईं, जिससे वह अपनी माँ को वापस ला सके, किंतु उसके इस कार्य को हम अपराध कहेंगे, क्योंकि चोरी करना बुरी बात है। इस प्रकार पैसे चुराकर अपनी इच्छा को पूरा करना किसी भी दृष्टि से उचित नहीं है।

(iv) **विश्वेश्वर ने बालक के साथ कैसा व्यवहार किया? संक्षेप में समझाते हुए उनके इस तरह के व्यवहार का कारण तथा सच्चाई जानने के बाद की स्थिति का भी वर्णन कीजिए। (3)**

उत्तर विश्वेश्वर ने बालक के साथ बुरा व्यवहार किया। उसने क्रोध में आकर श्यामू को दो थप्पड़ मार दिए तथा उसकी पतंग भी फाड़ दी। उसके इस व्यवहार का कारण श्यामू द्वारा चोरी करना था। भोला के मुख से यह सच्चाई जानने के बाद कि श्यामू भैया पतंग तानकर काकी को राम जी के यहाँ से नीचे उतारने की योजना बना रहे थे, विश्वेश्वर हतबुद्धि रह गए और उन्हें अपने किए पर पछतावा भी हुआ। वह सोचने लगे कि वह अपने ही दुःख को बड़ा समझ रहे थे, परंतु उन्होंने बालक के विषय में तो सोचा ही नहीं था, जिसकी माँ की मृत्यु हुई है।

**Q.4 श्यामू पतंग के लिए बहुत उत्कंठित था। वह अपनी इच्छा किसी तरह रोक न सका। एक जगह खूँटी पर विश्वेश्वर का कोट टँगा हुआ था। इधर-उधर देखकर उसने एक स्टूल सरकाकर रखा और ऊपर चढ़कर कोट की जेबें टटोलीं। उनमें से एक चवन्नी चुराकर वह तुरंत वहाँ से भाग गया।**

(i) **श्यामू का पतंग के लिए उत्सुक होने का क्या कारण था? (2)**

उत्तर श्यामू ने जब आसमान में उड़ती हुई पतंग देखी, तो वह यह सोचकर उत्सुक हो गया कि वह भी पतंग में डोर बाँधकर भगवान के पास भेजेगा, जिसके सहारे उतरकर उसकी माँ राम के घर से नीचे आ जाएगी।

(ii) **श्यामू को पतंग उड़ाने की इच्छा कैसे जागी और वह इस इच्छा को पूरा करने के लिए किस हद तक जाता है? (2)**

उत्तर आसमान में उड़ती पतंग को देखकर श्यामू के मन में विचार आया कि राम जी ऊपर रहते हैं और काकी राम जी के पास गई है। वह पतंग के सहारे काकी को नीचे बुला लेगा। यह सोचकर उसके मन में पतंग उड़ाने की इच्छा जागी। इस इच्छा को पूरा करने के लिए वह अपने पिता के कोट से पैसे चुराने के लिए तैयार हो गया।

(iii) **गद्य में दिए गए विवरण के आधार पर श्यामू की शिक्षा और पारिवारिक परिस्थितियों के बारे में क्या अनुमान लगाया जा सकता है? (3)**

उत्तर श्यामू के द्वारा चुराई गई चवन्नी और उत्कंठा को देखते हुए यह अनुमान लगाया जा सकता है कि श्यामू की आर्थिक स्थिति कमज़ोर है और वह अपनी ज़रूरतों को पूरा करने के लिए गलत रास्तों पर भी जा सकता है। उसकी शिक्षा का स्तर भी संभवतः निम्न है, क्योंकि उसने अपने पिता के कोट की जेब से पैसे चुराए। उसकी इस हरकत के पीछे उसकी पारिवारिक परिस्थितियाँ भी हो सकती हैं।

(iv) **'पतंग के लिए उत्कंठित होना' श्यामू की किस प्रकार की स्थिति को दर्शाता है? (3)**

उत्तर 'पतंग के लिए उत्कंठित होना अबोध बालक श्यामू की मासूमियत, उसके बाल मनोविज्ञान तथा मातृ-प्रेम की स्थिति को दर्शाता है। श्यामू अपनी माँ से बहुत प्रेम करता था और माता के वियोग की पीड़ा को वह सहन कर पाने में असमर्थ था, इसलिए पतंग के माध्यम से अपनी माँ को वापस अपने पास लाने की तीव्र इच्छा उसके मन में उत्कंठित हो रही थी।

**Q.5 "देख भोला, किसी को मालूम न होने पाए। अच्छी-अच्छी दो रस्सियाँ मँगा दे। एक रस्सी छोटी पड़ेगी। जवाहर भैया से मैं एक कागज़ पर 'काकी' लिखवा के रखूँगा। नाम की चिट रहेगी, तो पतंग उन्हीं के पास पहुँच जाएगी।"**

(i) **भोला व श्यामू की चिंता का क्या कारण था? (2)**

उत्तर भोला व श्यामू की चिंता का कारण यह था कि वह मोटी रस्सी के लिए पैसे कहाँ से लाएँ, क्योंकि पतंग मँगाने के लिए श्यामू ने पहले ही पिता के कोट की जेब से चवन्नी चोरी की थी।

(ii) **श्यामू ने अपना हमराज किसे व क्यों बनाया? (2)**

उत्तर श्यामू ने सुखिया के दासी पुत्र भोला को अपना हमराज बनाया क्योंकि भोला उसका हमउम्र था और वह उसे अपना मित्र व सच्चा साथी मानकर उस पर विश्वास करने लगा था।

(iii) **"किसी को मालूम न होने पाए। अच्छी-अच्छी दो रस्सियाँ मँगा दे।" यह किसने व किससे कहा? श्यामू जवाहर भैया से पतंग पर क्या लिखवाना चाहता था? (3)**

उत्तर "किसी को मालूम न होने पाए। अच्छी-अच्छी दो रस्सियाँ मँगा दे।" यह कथन श्यामू ने भोला से कहा और श्यामू जवाहर भैया से पतंग पर 'काकी' लिखवाना चाहता था, क्योंकि उनके नाम की चिट रहेगी, तो पतंग सीधे उन्हीं के पास पहुँचेगी।

(iv) **श्यामू ने भोला से क्या लाने को कहा? (3)**

उत्तर श्यामू को जब यह पता चला कि यह डोर पतली है और इसे पकड़कर काकी नीचे नहीं उतर पाएँगी। यदि पतंग में मोटी रस्सी होती, तो 'काकी' आसानी से नीचे उतर पाती। यह सोचकर उसने भोला से अच्छी-अच्छी दो रस्सियाँ लाने को कहा, क्योंकि एक रस्सी छोटी पड़ेगी।

**Q.6 अब रस्सियों की ओर देखकर कहा, 'ये किसने मँगाई?'**

(i) **श्यामू ने रस्सियों का प्रबंध कैसे किया? (2)**

उत्तर श्यामू ने फिर से पिता विश्वेश्वर के कोट से एक रुपया निकाला और भोला को देकर कहा कि अच्छी-सी दो रस्सियाँ मँगा दे, क्योंकि एक रस्सी छोटी पड़ सकती है।

(ii) **श्यामू ने जवाहर भैया से कागज़ पर क्या लिखवाया और क्यों? (2)**

उत्तर श्यामू लिखना नहीं जानता था, इसलिए उसने एक कागज़ पर जवाहर भैया से पतंग पर लगाने के लिए 'काकी' लिखवा लिया। उसका मानना था कि काकी के नाम की चिट होने पर पतंग उन्हीं के पास पहुँच जाएगी।

(iii) **शुभ कार्य में विघ्न के समान कौन प्रकट हुआ तथा उसने क्या किया? (3)**

उत्तर पतंग तानने के शुभ कार्य में विघ्न के समान विश्वेश्वर वहाँ आए। वे बहुत क्रोधित थे। उन्होंने कोट से रुपया निकालने के बारे में उन दोनों को धमकाकर पूछा, तो भोला ने डरकर सब सच बता दिया।

(iv) **श्यामू की योजना के विफल होने के बाद विश्वेश्वर की प्रतिक्रिया और श्यामू के मानसिक विकास के संदर्भ को स्पष्ट करें? (3)**

उत्तर श्यामू की योजना के विफल होने के बाद विश्वेश्वर का क्रोधित होना, किंतु बाद में श्यामू की भावनाओं और मासूमियत देखकर हृदय पिघल जाना व श्यामू के अकेलेपन को समझना आदि श्यामू के मानसिक विकास में महत्त्वपूर्ण भूमिका निभाते हैं। यह श्यामू की भावनाओं, यथार्थ और कल्पना के बीच संघर्ष को दिर्शाता है।

**Q.7 भोला ने कहा, इन्होंने मँगाई थी।**

**कहते थे, 'इनसे पतंग तानकर काकी को राम के यहाँ से नीचे उतारेंगे।' विश्वेश्वर हतबुद्धि होकर वहीं खड़े रह गए। उन्होंने फटी हुई पतंग उठाकर देखी। उस पर चिपके हुए। कागज पर लिखा हुआ था- काकी।**

**[ICSE 2025]**

(i) **भोला कौन था? उसके अनुसार किसने पतंग मँगाई थी? (2)**

उत्तर भोला सुखिया दासी का लड़का व श्यामू का समवयस्क था। उसके अनुसार पतंग श्यामू ने मँगवाई थी, जिससे काकी को राम जी के यहाँ से नीचे उतारा जा सके।

(ii) **पतंग मँगाने का क्या कारण था? स्पष्ट करें। (2)**

उत्तर पतंग मँगाने का कारण काकी को राम जी के यहाँ से अर्थात् स्वर्ग से वापस नीचे उतारना था। बच्चों को लगा था कि वे पतंग की सहायता से काकी को नीचे वापस ला पाएँगे।

(iii) **पत्नी की मृत्यु के बाद विश्वेश्वर का परिचय देते हुए बताएँ कि उनके हतबुद्धि होकर खड़े रह जाने का क्या कारण था? (3)**

उत्तर विश्वेश्वर काकी के पति व श्यामू के पिता थे। वे भी अपनी पत्नी की असमय मृत्यु से दुःखी थे।

विश्वेश्वर के हतबुद्धि होकर खड़े रह जाने का कारण था कि जब उन्होंने श्यामू की मासूमियत, अकेलेपन व काकी के प्रति अटूट प्यार देखा, तो वे आश्चर्यचकित व भावुक हो गए। उन्हें यह देखकर गहरा आघात लगा कि श्यामू अपनी दिवंगत माँ को वापस लाने के लिए कितना व्याकुल था कि उसने पतंग से अपनी माँ को नीचे लाने की योजना बनाई।

(iv) **यह कहानी बच्चों के स्वभाव की किन विशेषताओं को प्रकट करती है? उदाहरण सहित समझाइए। (3)**

उत्तर यह कहानी बच्चों के निम्न स्वभाव को व्यक्त करती है–

**मासूमियत व भोलापन** बच्चों का पतंग के द्वारा काकी को स्वर्ग से वापस नीचे लाना उनकी मासूमियत व भोलेपन को दर्शाता है।

**भावात्मक लगाव** श्यामू को अपनी काकी से बहुत प्यार था। वह उनकी मृत्यु से बेहद दुःखी हैं, इसलिए उन्हें वापस लाने का प्रयास करता है।

**कल्पनाशीलता** बच्चे कल्पना करते हैं कि काकी राम जी के यहाँ स्वर्ग में हैं। वे उन्हें वापस लाने के लिए पतंग का सहारा लेते हैं।

**Q.8 पत्नी की मृत्यु के बाद विश्वेश्वर अन्यमनस्क रहा करते थे। "अच्छा मँगा दूँगा", कहकर वे उदास भाव से कहीं और चले गए।**

(i) **पत्नी की मृत्यु के बाद विश्वेश्वर की क्या स्थिति थी? (2)**

उत्तर विश्वेश्वर की पत्नी की मृत्यु के बाद उसकी स्थिति दुःखी, उदास व विलाप करने वाली थी। पत्नी की मृत्यु के बाद उसका जीवन निराशा से भर गया था।

(ii) **'अन्यमनस्क' शब्द का अर्थ बताइएँ। इन पंक्तियों में कौन-सा भाव व्यक्त हुआ है? (2)**

उत्तर 'अन्यमनस्क' शब्द अर्थ है जिसका मन कहीं और लगा हो। पत्नी की मृत्यु के कारण विश्वेश्वर 'अन्यमनस्क' रहा करते थे। इन पंक्तियों में निराशा, दुःख और विलाप का भाव व्यक्त हुआ है।

(iii) **"अच्छा मँगा दूँगा" किसने कहाँ व क्यों ? (3)**

उत्तर "अच्छा मँगा दूँगा" यह विश्वेश्वर ने श्यामू को कहा। श्यामू ने अपने पिता से पतंग की इच्छा व्यक्त की किन्तु विश्वेश्वर, पत्नी की मृत्यु के बाद अन्यमनस्क रहते थे इसलिए उन्होंने बिना मन के पतंग मँगा दने के लिए उदास भाव से कह तो दिया था किन्तु मँगाना भूल गए थे।

(iv) **लेखक कहानी के माध्यम से क्या संदेश देना चाहता है? (3)**

उत्तर लेखक ने प्रस्तुत कहानी में अबोध व मासूम बालक की मातृ-वियोग की पीड़ा को व्यक्त किया है। इस कहानी के माध्यम से लेखक यह स्पष्ट करना चाहते हैं। कि बालकों का हृदय अत्यंत कोमल एवं संवेदनशील होता है। वे मातृ-वियोग की पीड़ा को सहन नहीं कर पाते हैं। श्यामू भी इसलिए अपने पिता से पतंग मँगवाने की इच्छा व्यक्त करता है।

3

# महायज्ञ का पुरस्कार

यशपाल

## लेखक का परिचय

स्वतंत्रता सेनानी यशपाल जी को हिंदी साहित्य के यशस्वी कथाकार और निबंधकार के रूप में जाना जाता है। इनका जन्म 3 दिसंबर, 1903 को फिरोज़पुर छावनी में हुआ था। इन्होंने प्रारंभिक शिक्षा गाँव में तथा उच्च शिक्षा (बी. ए.) लाहौर में संपन्न की। किशोरावस्था में ही वे क्रांतिकारी गतिविधियों से जुड़े और भगत सिंह व चंद्रशेखर आज़ाद के सहयोगी बने। स्वतंत्रता संग्राम में भाग लेने के कारण उन्हें 6 वर्ष की जेल हुई। जेल से रिहा होने के बाद उन्होंने 'विप्लव पत्र' निकाला और साहित्य सेवा में सक्रिय हो गए। 26 दिसंबर, 1976 में उनका निधन हो गया।

इनकी प्रमुख रचनाएँ पिंजरे की उड़ान, अभिशप्त, ज्ञान दान, फूलों का कुरता, सच बोलने की भूल (कहानी संग्रह) और झूठा सच, दिव्या, दादा कामरेड, देशद्रोही (उपन्यास) आदि हैं। इनकी भाषा सरल, सहज और व्यावहारिक है तथा इनकी रचनाओं में मानवीय संवेदनाएँ, जीवन मूल्य और देशप्रेम स्पष्ट रूप से व्यक्त होता है।

## कहानी का परिचय

प्रस्तुत कहानी एक प्रेरणादायक कहानी है, जो प्राणी मात्र के लिए किए गए निःस्वार्थ सेवाभाव और मानवता के महत्त्व को दर्शाती है। यह कहानी एक धनी व्यक्ति की है, जो अपनी दरिद्रता के कारण यज्ञ बेचने का निर्णय लेते हैं। कुंदनपुर जाते समय रास्ते में भूखे कुत्ते को रोटी खिलाकर वे अपने कर्त्तव्यों का पालन करते हैं। इस कृत्य को सच्चा महायज्ञ माना जाता है और अंत में उन्हें उसका पुरस्कृत रूप मिलता है तथा एक गुप्त खजाना उनके सामने प्रकट होता है। यह कहानी हमें सिखाती है कि असली धर्म और यज्ञ वे हैं, जो निःस्वार्थ भाव से बिना किसी स्वार्थ के दूसरों की सहायता हेतु किए जाते हैं।

## कहानी का उद्देश्य

इस कहानी का उद्देश्य हमें यह बताना है कि सच्चा यज्ञ और धर्म वह है, जो निःस्वार्थ भाव से किया जाए। सेठ ने अपनी दरिद्रता के बावजूद अपने कर्त्तव्यों का पालन करते हुए स्वयं भूखे होते हुए भी भूखे कुत्ते को रोटी दी, जिससे यह सिद्ध होता है कि मानवता की सेवा ही सबसे बड़ा धर्म है। यह कहानी हमें यह भी शिक्षा देती है कि जो कार्य बिना किसी स्वार्थ के किया जाता है, उसका परिणाम सकारात्मक और दिव्य होता है। इस कहानी का उद्देश्य दया, करुणा और नि:स्वार्थ भाव से दूसरों की सेवा करना है।

## कहानी के शीर्षक की सार्थकता

'महायज्ञ का पुरस्कार' शीर्षक कहानी की गहरी सार्थकता को प्रकट करता है। यहाँ पर यज्ञ का अर्थ केवल धार्मिक अनुष्ठान से नहीं, बल्कि उस निःस्वार्थ कार्य से है, जो बिना किसी स्वार्थ के किया जाता है। सेठ ने अपनी दरिद्रता के बावजूद भूखे कुत्ते को रोटियाँ दीं, जो एक महायज्ञ के समान था। प्रस्तुत कहानी से यह सिद्ध होता है कि यथार्थ में सच्चा यज्ञ वही है, जो दूसरों की सेवा में किया जाता है। इस निःस्वार्थ कार्य का पुरस्कार उन्हें एक दिव्य रूप में मिला, जो सेठ और उसकी पत्नी के जीवन को संजीवनी दे गया। अत: यह शीर्षक पूरी कहानी के उद्देश्य को प्रकट करते हुए उस महान कार्य के फल को व्यक्त करता है।

## संदेश

सच्ची जीव सेवा ही असली दान व धर्म है। जो भलाई का कार्य बिना लालच के किया जाए, ईश्वर उसी से प्रसन्न होते हैं; जैसे- सेठ ने स्वयं भूखे होते हुए भी बिना स्वार्थ के उस भूखे कुत्ते को अपना भोजन खिलाकर उत्कृष्ट उदाहरण प्रस्तुत किया। कहानी द्वारा परोपकार की भावना अपनाने के लिए प्रेरित किया गया है, साथ ही सेठ के व्यवहार द्वारा प्रस्तुत कहानी से हमें जीवों के प्रति दयालु व संवेदनशील होने का संदेश भी मिलता है।

## पात्र परिचय व चरित्र चित्रण

**सेठ** सेठ दयालु, धर्मपरायण और परोपकारी थे। कोई भी उनके द्वार से निराश नहीं लौटता था। उन्होंने कुत्ते को भोजन कराकर मानवता का परिचय दिया और सच्चे कर्त्तव्य पर डटे रहे।

**सेठानी** सेठ की पत्नी सेठानी निष्ठावान और धैर्यशील थीं। उन्होंने कठिन समय में सेठ का साथ दिया और ईश्वर पर विश्वास बनाए रखा।

**धन्ना सेठ की पत्नी** धन्ना सेठ की पत्नी बुद्धिमान थी। उन्होंने सेठ के नि:स्वार्थ भाव से किए गए कार्य को महायज्ञ मानते हुए उसे सराहा और उसकी महत्ता समझी।

## कहानी का सार

'महायज्ञ का पुरस्कार' कहानी एक धनी और धार्मिक सेठ की है, जो अत्यंत उदार और दीन-दुखियों के मददगार थे। उन्होंने कई यज्ञ और दान-पुण्य किया, लेकिन समय के साथ उनकी आर्थिक स्थिति खराब हो गई। एक दिन, जब उनका जीवन कठिन हो गया और वे भूखे मरने की स्थिति में आ गए। उस समय यज्ञों के क्रय-विक्रय की प्रथा प्रचलित थी। अत: उनकी पत्नी ने उन्हें एक यज्ञ बेचने का सुझाव दिया। सेठ ने अपने घर से लगभग दस-बारह कोस दूर कुंदनपुर जाने का निश्चय किया, जहाँ एक अमीर सेठ रहते थे। लंबा रास्ता होने के कारण सेठानी ने चार मोटी-मोटी रोटियाँ एक पोटली में बाँधकर सेठ को दे दी थीं। आधा रास्ता पार करने के बाद वे थक गए और एक वृक्ष के नीचे बैठकर खाने के लिए रोटियाँ निकालने लगे, तभी उन्होंने देखा कि एक कुत्ता भूखा और दुर्बल अवस्था में पड़ा है। कुत्ते की भूख से छटपटाहट व ऐसी दशा देखकर उन्होंने एक-एक करके अपनी चारों रोटियाँ कुत्ते को खिला दीं और स्वयं भूखे ही रहे।

जब सेठ कुंदनपुर पहुँचे और यज्ञ बेचने के लिए धन्ना सेठ से मिले, तो धन्ना सेठ की पत्नी ने उन्हें बताया कि आज आपने जो किया, वहीं सच्चा महायज्ञ है। उन्होंने कहा कि नि:स्वार्थ भाव से किसी जीव की मदद करना ही सच्चा यज्ञ है। सेठ की पत्नी ने सेठ जी से आज का महायज्ञ खरीदने की बात कही। सेठ ने यज्ञ बेचने का प्रस्ताव ठुकरा दिया, क्योंकि उन्हें यह समझ में आ गया था कि यह कार्य उनके धर्म के अनुकूल नहीं था। सेठ को खाली हाथ वापस लौटा देखकर सेठानी ने कारण पूछा, तो सेठ ने सारी बात बताई। सेठानी गरीबी में भी धर्म पालन की बात सुनकर प्रसन्न हुई और सेठ जी को धैर्य रखने के लिए कहा। शाम को दीया जलाते समय सेठ की पत्नी ने देखा कि उनके घर में एक गुप्त तहखाना खुला है, जिसमें रत्न और जवाहरात भरे हुए थे। यह सभी उस महायज्ञ का पुरस्कार था, जो सेठ ने भूखे कुत्ते को रोटी खिलाकर किया था। सेठ और सेठानी ने भगवान के चरणों में प्रणाम किया और उनका हृदय कृतज्ञता से भर गया।

### शब्दार्थ

**धर्मपरायण** *धर्म के मार्ग पर चलने वाला;* **अकस्मात्** *अचानक;* **क्रय-विक्रय** *खरीदना-बेचना;* **विपदाग्रस्त** *मुसीबत, संकट;* **कृतज्ञता** *एहसान मानना;* **याचना** *प्रार्थना;* **मूक** *गूँगा;* **बेबस** *लाचार;* **विस्मित** *चकित, हैरान;* **पौ-फटना** *सूर्य की प्रथम किरण के दर्शन;* **आद्योपांत** *शुरू से लेकर अंत तक;* **चौंधियाने** *अधिक प्रकाश के कारण दृष्टि की अस्थिरता;* **कृतकृत्य** *धन्य-धन्य होना;* **नि:स्वार्थ** *बिना किसी स्वार्थ के;* **मानवोचित** *मनुष्य के हित में;* **विलीन** *गायब* **अचरज** *आश्चर्य;* **निस्तब्ध** *बिना हिले।*

# एग्जाम पैटर्न प्रश्न (10 अंक)

*निम्नलिखित गद्यांशों को पढ़िए और उसके नीचे दिए गए प्रश्नों के उत्तर हिंदी में लिखिए।*

**Q.1** **"पर, 'सब दिन होत न एक समान' अकस्मात् दिन फिरे और सेठ को गरीबी का मुँह देखना पड़ा। संगी-साथियों ने भी मुँह फेर लिया और नौबत यहाँ तक आ गई कि सेठ व सेठानी भूखे मरने लगे।"** **[ICSE 2018]**

(i) **'सब दिन होत न एक समान' का कहानी से क्या संबंध है? बुरा समय किसका आया था तथा इससे पहले उनकी स्थिति कैसी थी?** **(2)**

उत्तर 'सब दिन होत न एक समान' इस उक्ति का अर्थ है कि जीवन में हमेशा एक समान परिस्थिति नहीं रहती, जो कि कहानी में सेठ की स्थिति की ओर इंगित करता है। बुरा समय सेठ का आया था। वह पहले बहुत धनी था और अपना बहुत-सा धन गरीबों में बाँटा करता था।

(ii) **अपना बुरा समय दूर करने के लिए सेठ ने क्या उपाय सोचा? इस उपाय के लिए उन्हें किसके पास जाना पड़ा?** **(2)**

उत्तर उस समय यज्ञों को बेचने-खरीदने की प्रथा प्रचलित थी, इसलिए अपना बुरा समय दूर करने के लिए सेठ ने एक यज्ञ बेचने का उपाय सोचा। इस उपाय के लिए उन्हें कुंदनपुर नाम के नगर में रहने वाले सेठ 'धन्ना सेठ' के पास जाना पड़ा।

(iii) **सेठ ने मार्ग में कौन-सा महायज्ञ किया था? क्या वह वास्तव में महायज्ञ था? समझाकर लिखिए।** **(3)**

उत्तर सेठ बहुत ही दयालु व परोपकारी प्रवृत्ति का व्यक्ति था। आधा रास्ता तय करने के बाद जब सेठ भूख से व्याकुल हो उठा, तो उसने सोचा कहीं रुककर भोजन और विश्राम कर लिया जाए, किंतु जैसे ही वह भोजन करने बैठा, तभी उसकी दृष्टि एक दुर्बल कुत्ते पर पड़ी। उसने भूखे-दुर्बल कुत्ते को चारों रोटियाँ खिला दीं। उसके द्वारा भूखे कुत्ते को अपनी चारों रोटियाँ खिलाना ही सेठ का महायज्ञ था। हाँ, वह वास्तव में महायज्ञ था। निःस्वार्थ भाव से किया गया कार्य महायज्ञ ही कहलाता है।

(iv) **प्रस्तुत गद्यांश की कहानी का उद्देश्य लिखिए? मानव का प्रथम कर्त्तव्य क्या है? स्पष्ट कीजिए तथा इसे ईश्वर की वास्तविक उपासना क्यों कहा?** **(3)**

उत्तर 'महायज्ञ का पुरस्कार' कहानी में लेखक ने 'सेठ जी' के माध्यम से इस तथ्य को सजीव ढंग से उजागर किया है कि मानव का प्रथम कर्त्तव्य प्राणियों की सेवा करना है, क्योंकि यही ईश्वर की वास्तविक उपासना है। स्वयं कष्ट सहते हुए अन्य प्राणियों की सेवा करना मानवोचित कार्य होने के साथ-साथ संसार में किया जाने वाला सबसे बड़ा यज्ञ है, जिसका कर्मफल अवश्य मिलता है। यही इस पाठ का मूल उद्देश्य है।

**Q.2** **उन दिनों एक प्रथा प्रचलित थी। यज्ञ के फल का क्रय-विक्रय हुआ करता था।** **[ICSE Specimen 2023]**

(i) **उन दिनों कौन-सी प्रथा प्रचलित थी? इस प्रथा के क्रय-विक्रय से समाज पर क्या प्रभाव पड़ा?** **(2)**

उत्तर उन दिनों यज्ञ के फल के क्रय-विक्रय की प्रथा प्रचलित थी जिसका अर्थ है– खरीदना और बेचना। यज्ञ के फल की क्रय-विक्रय प्रथा से समाज में धर्म और पुण्य का आर्थिक लेन-देन बढ़ा, जो शायद वास्तविक आध्यात्मिकता को प्रभावित करता था।

(ii) **यदि यज्ञ के फल की क्रय-विक्रय प्रथा आज भी प्रचलित होती, तो इसका आधुनिक समाज पर क्या प्रभाव पड़ता? स्पष्ट कीजिए।** **(2)**

उत्तर यदि यज्ञ के फल की क्रय-विक्रय प्रथा आज भी प्रचलित होती, तो यह धार्मिकता को एक आर्थिक लेन-देन तक सीमित कर देती। लोग अच्छाई से नही, बल्कि धन के माध्यम से पुण्य अर्जित करने का प्रयास करते, जिससे धार्मिक और आध्यात्मिक मूल्यों का ह्रास होता और धनवान लोग धर्म पर एकाधिकार स्थापित कर लेते, साथ ही समाज में भेदभाव और असमानता बढ़ जाती व विभिन्न धर्म समूहों के बीच संघर्ष और विवाद उत्पन्न होते हैं।

(iii) **सेठ जी यज्ञ बेचने कहाँ गए थे और क्यों? नगर के लोग सेठ जी के विषय में क्या सोचते थे?** **(3)**

उत्तर सेठ जी यज्ञ बेचने के लिए दस-बारह कोस दूर कुंदनपुर नगर के एक बहुत बड़े सेठ के पास गए थे। कुंदनपुर के धन्ना सेठ जी के विषय में लोग मानते थे कि उनकी सेठानी के पास कोई दैवीय शक्ति है जिससे वह तीनों लोकों की बात जान लेती हैं। सेठ जी ने उन्हें ही अपना यज्ञ बेचने का निश्चय किया, क्योंकि वह धनवान थे और यज्ञ का उचित मूल्य भी चुका सकते थे।

(iv) **सेठानी द्वारा अपना यज्ञ बेचने का सुझाव दिए जाने पर सेठ की क्या प्रतिक्रिया हुई? क्या सेठ यज्ञ बेचने के लिए तैयार हुए?** **(3)**

उत्तर सेठानी द्वारा अपना यज्ञ बेचने के सुझाव दिए जाने पर पहले सेठ बहुत दुःखी हो गए, उन्होंने सपने में भी यज्ञ बेचने का विचार नहीं किया था, परंतु अपनी तंग परिस्थितियों को देखते हुए वह यज्ञ बेचने के लिए तैयार हो गए, क्योंकि उनकी स्थिति बहुत दयनीय हो गई थी। उनके भूखे मरने की नौबत आ गई थी।

**Q.3** **'दूर की मंजिल थी, सो– सेठानी जैसे-तैसे पड़ोसी से थोड़ा-सा आटा माँग लाई और रास्ते के लिए चार मोटी-मोटी रोटियाँ बना पोटली में बाँधकर सेठ को दे दीं। सेठ बड़े तड़के उठे और कुंदनपुर की ओर चल दिए। गर्मी के दिन थे। सेठ ने सोचा कि सूरज निकले, तब तक जितना रास्ता पार कर लूँ, उतना ही अच्छा है।'**

(i) **क्या सेठ और सेठानी का आचरण पारिवारिक ज़िम्मेदारियों को पूरा करने का आदर्श उदाहरण है? क्यों? स्पष्ट कीजिए।** **(2)**

उत्तर हाँ, सेठ और सेठानी का आचरण पारिवारिक ज़िम्मेदारियों को पूरा करने का आदर्श उदाहरण है, क्योंकि वे कठिनाइयों के बावजूद भी अपने कर्त्तव्यों को प्राथमिकता देते हैं। सेठ ने स्वयं भूखे होते हुए भी मरणासन्न कुत्ते को अपनी चारों रोटियाँ खिला दीं।

(ii) **सेठानी ने अपनी आशाओं के बारे में किस प्रकार के संकेत दिए थे, और उनके मन में क्या विचार चल रहे थे?** **(2)**

उत्तर सेठानी ने अपनी आशाओं के बारे में यह संकेत दिया कि वह सेठ की यात्रा से कुछ अच्छे परिणाम की उम्मीद कर रही थीं। उनके मन में यह

विचार चल रहे थे कि सेठ धन्ना सेठ से मिलकर कुछ महत्त्वपूर्ण या लाभकारी सौदा करेंगे, जिससे घर की स्थिति में सुधार हो सके।

(iii) **गद्यांश में वर्णित यात्रा को जीवन के संघर्षों और उद्देश्यों के प्रतीक के रूप में कैसे देखा जा सकता है? अपने शब्दों में लिखें। (3)**

उत्तर गद्यांश में वर्णित यात्रा जीवन के संघर्षों और उद्देश्यों का प्रतीक है, क्योंकि सेठ को सीमित संसाधनों के साथ यात्रा करनी पड़ी, जैसे कि उनके पास केवल चार रोटियाँ थीं। जीवन का यह संघर्ष दिखाता है कि जीवन में व्यक्ति को कठिनाइयों का सामना करना पड़ता है, फिर भी उसे अपने उद्देश्य की ओर बढ़ते रहना होता है। यात्रा के दौरान विश्राम करने का सेठ का निर्णय यह दर्शाता है कि जब मुश्किलें आती हैं, तो थोड़ी राहत ज़रूरी होती है, जिससे फिर से लक्ष्य की ओर आगे बढ़ा जा सके। इस प्रकार गद्यांश में वर्णित यात्रा जीवन की कठिनाइयों और उद्देश्य की ओर निरंतर संघर्ष को प्रतीक रूप में प्रस्तुत करती है।

(iv) **महायज्ञ का पुरस्कार कहानी से आपको क्या शिक्षा मिलती है? सेठ को कैसे विश्वास हुआ कि यही सच्चा महायज्ञ था? (3)**

उत्तर 'महायज्ञ का पुरस्कार' कहानी से हमें यह शिक्षा मिलती है कि हर प्राणी के लिए हमारे मन में प्रेम, करुणा और सहानुभूति की भावना होनी चाहिए और इन्हीं भावनाओं को कर्त्तव्य मानकर सबकी भलाई करनी चाहिए। यही महायज्ञ है। यही सच्चा यज्ञ और सच्चा पुरस्कार होता है। अतः सेठ ने भूखे जीव को अन्न खिलाकर जो पुण्य का काम किया था, वह उसे बेचना नहीं चाहता था। इसी कर्त्तव्य के बदले सेठ के ऊपर ईश्वरीय कृपा हुई।

**Q.4 'सामने वृक्षों का एक कुंज और कुआँ देखकर सेठ ने विचार किया कि थोड़ी देर रुककर भोजन और विश्राम कर लेना चाहिए। यह सोचकर वे कुंज की ओर बढ़े।' [ICSE Specimen 2017]**

(i) **सेठ जी कहाँ जा रहे थे और क्यों? (2)**

उत्तर सेठ जी कुंदनपुर नामक नगर में 'धन्ना सेठ' के पास जा रहे थे, क्योंकि उनके जीवन में अचानक हीं ऐसा वक्त आ गया था कि सेठ व सेठानी को गरीबी का मुँह देखना पड़ा। अतः गरीबी से लड़ने के लिए सेठ एक यज्ञ के पुण्य को बेचने के लिए 'धन्ना सेठ' के पास जा रहे थे।

(ii) **उनकी पोटली में क्या-क्या था? क्या वे भोजन और विश्राम कर पाए? (2)**

उत्तर सेठ की पोटली में चार रोटियाँ और लोटा-डोरी थी, जो सेठानी ने पड़ोसी से आटा माँग कर रास्ते में खाने के लिए बनाकर दी थीं। सेठ भोजन व विश्राम करने के लिए तो रुके, लेकिन भोजन नहीं कर पाए, क्योंकि एक कमज़ोर कुत्ता वहाँ भूख के कारण छटपटा रहा था, जिस पर सेठ को दया आई और उन्होंने अपनी सारी रोटियाँ कुत्ते को खिला दीं।

(iii) **विश्राम के समय के निर्णय से क्या संकेत मिलता है? सेठ यात्रा के दौरान किस प्रकार की मानसिक और शारीरिक चुनौतियों का सामना कर रहे थे? (3)**

उत्तर विश्राम के समय के निर्णय से यह संकेत मिलता है कि सेठ यात्रा के दौरान शारीरिक थकावट और मानसिक तनाव का सामना कर रहे थे। पसीने से लथपथ होने और भूख का सताना यह दर्शाता है कि वह शारीरिक रूप से अत्यधिक थक चुके थे। इस कारण उन्होंने विश्राम करने का निर्णय लिया, जिससे अपनी ऊर्जा को पुनः प्राप्त कर सकें, साथ ही कुत्ते की दयनीय स्थिति ने उन्हें मानसिक रूप से भी प्रभावित किया, जिससे उनकी दया और करुणा जागृत हुई।

(iv) **'महायज्ञ का पुरस्कार' कहानी से लेखक का क्या उद्देश्य है? इससे क्या शिक्षा मिलती है? स्पष्ट कीजिए। (3)**

उत्तर 'महायज्ञ का पुरस्कार' कहानी से लेखक का उद्देश्य यह है कि व्यक्ति को अपने कर्त्तव्यों और कार्यों को निःस्वार्थ भाव से करना चाहिए और दया, करुणा और उदारता का महत्त्व समझना चाहिए। यह कहानी हमें शिक्षा देती है कि निःस्वार्थ कार्यों का कभी-न-कभी पुरस्कार अवश्य मिलता है, चाहे वह तत्काल न हो। इसे एक नैतिक संदेश के रूप में देखा जा सकता है कि अच्छे कर्मों का फल निश्चित रूप से मिलता है, चाहे वह किसी भी रूप में हो।

**Q.5 यह देख सेठ का हृदय दया से भर आया 'बेचारे को कई दिन से खाना नहीं मिला है, तभी तो यह हालत हो गई है।' सेठ ने एक रोटी उठाई और टुकड़े-टुकड़े कर कुत्ते के सामने डाल दी। कुत्ता भूखा तो था ही, धीरे-धीरे सारी रोटी खा गया। अब उसके शरीर में थोड़ी जान आती दिखाई दी।**

(i) **सेठ के हृदय में दया का भाव उत्पन्न होने का कारण क्या था? सेठ के लिए यह दृश्य कैसा था और उसने सेठ पर क्या प्रभाव डाला? (2)**

उत्तर सेठ के हृदय में दया का भाव उत्पन्न हुआ, क्योंकि उन्होंने देखा कि कुत्ता कई दिनों से भूखा था और उसकी हालत बहुत खराब हो गई थी। यह दृश्य सेठ के लिए बहुत दुःखद था और उनकी मानवीय संवेदनाओं ने उन्हें कुत्ते की मदद करने के लिए प्रेरित किया। सेठ ने यह समझा कि कुत्ता भूखा है और उसे खाना देने से उसकी स्थिति में सुधार हो सकता है, जिससे उनके हृदय में दया का भाव जागृत हुआ।

(ii) **कुत्ते की भूख और सेठ की दया को एक-दूसरे से जोड़कर किस प्रकार की मानवीय संवेदनाओं का चित्र प्रस्तुत किया गया है? यह आपको क्या सीख देती है? स्पष्ट कीजिए। (2)**

उत्तर कुत्ते की भूख और सेठ की दया को जोड़कर यह दर्शाया गया है कि जब किसी जीव को कष्ट होता है, तो इंसानियत और करुणा का भाव जागृत होता है। सेठ ने कुत्ते की भूख को महसूस किया और उसकी मदद करने के लिए रोटी दीं, जों मानवता और सहानुभूति का प्रतीक है। यह वाक्यांश हमें सिखाता है कि दूसरों के दुःख को समझकर उनकी मदद करना ही सच्ची मानवता है।

(iii) **उपर्युक्त गद्यांश के आधार पर बताइए कि सेठ द्वारा निःस्वार्थ भाव से कौन-सा कार्य किया गया? यह कार्य उनके व्यक्तित्व का कौन-सा गुण दर्शाता है? (3)**

उत्तर कुंदनपुर जाते समय रास्ते में सेठजी विश्राम करने तथा भोजन करने के लिए पेड़ों के कुंज में रुके और जैसे ही वह भोजन करने बैठे, तभी उनकी दृष्टि भूख से पीड़ित एक दुर्बल कुत्ते पर पड़ी। सेठ को उस कुत्ते पर दया आ गई और उन्होंने स्वयं रोटियाँ खाने के बजाय उस भूखे-दुर्बल कुत्ते को अपनी चारों रोटियाँ खिला दीं। उनके द्वारा भूखे

कुत्ते को अपनी चारों रोटियाँ खिलाना सेठ द्वारा निः स्वार्थ भाव से किया गया कार्य था।

(iv) **कुत्ते को देखकर सेठ के हृदय में कैसा भाव उत्पन्न हुआ? कहानी के आधार पर समझाइए।** **(3)**

उत्तर कुत्ते की दुर्बल स्थिति को देखकर सेठ के हृदय में दया का भाव उत्पन्न हुआ। कुत्ता कई दिनों से भूखा था, जिसके कारण उसकी गर्दन भी नहीं उठ पा रही थी। भूख के कारण उसके शरीर में जान नहीं थी। कुत्ते को ऐसी स्थिति में देखकर सेठ ने भूखे होते हुए भी स्वयं रोटी न खाई और दया भाव के कारण अपनी चारों रोटियाँ कुत्ते को खिला दीं।

**Q.6 सेठ भी अचरज में पड़ गए। दीए की टिमटिमाती रोशनी में उन्होंने ध्यानपूर्वक देखा, तो पता चला कि वह तो किसी चीज़ का ढकना है।**

(i) **संध्या के समय सेठानी द्वारा दीया जलाते समय क्या हुआ?** **(2)**

उत्तर संध्या के समय सेठानी दीया जलाने उठीं, तो किसी चीज़ से उन्हें ठोकर लगी। दीया जलाकर देखा, तो पता चला कि दहलीज के सहारे का पत्थर ऊँचा हो गया है, जिसके बीच में लगे कुंदे से उन्हें ठोकर लगी है।

(ii) **सेठ जी के अचरज में पड़ जाने का क्या कारण था?** **(2)**

उत्तर सेठ जी ने जब दहलीज़ के सहारे एक कुंदे लगे हुए पत्थर को देखा, तो वे अचरज में पड़ गए, क्योंकि शाम तक वहाँ कोई पत्थर उठा हुआ नहीं था, फिर अचानक यह पत्थर कैसे उठ गया।

(iii) **सेठ-सेठानी क्या देखकर चौंक गए?** **(3)**

उत्तर सेठ-सेठानी ने जब कुंदा पकड़कर खींचा, तो पत्थर के हटते ही नीचे जाने की सीढ़ियाँ दिखाई दीं। नीचे जाकर उन्होंने देखा कि वहाँ जवाहरातों से भरा विशाल तहखाना है। यह सब देखकर सेठ-सेठानी चौंक गए।

(iv) **सेठ-सेठानी को किस महायज्ञ का फल प्राप्त हुआ?** **(3)**

उत्तर सेठ-सेठानी ने जब तहखाने में विशाल जवाहरातों का तहखाना देखा, तो उन्हें एक अदृश्य आवाज़ सुनाई दी कि यह सब उनकी निःस्वार्थ भाव से भूखे कुत्ते को रोटियाँ खिलाने व उसकी जान बचाने का पुरस्कार है। सेठ-सेठानी ने यह सुनकर भगवान के चरणों में प्रणाम किया।

# 4

# नेताजी का चश्मा

*स्वयं प्रकाश*

## लेखक का परिचय

स्वयं प्रकाश का जन्म 20 जनवरी, 1947 को इंदौर, मध्य प्रदेश में हुआ था। उन्होंने प्रारम्भिक शिक्षा इंदौर में प्राप्त की और उच्च शिक्षा के साथ लेखन कार्य आरंभ किया। भोपाल में रहकर वे साहित्य सृजन और वसुधा पत्रिका के संपादन से जुड़े रहे। उनके तेरह कहानी संग्रह प्रकाशित हो चुके हैं, जिनमें 'सूरज कब निकलेगा', 'आएँगे अच्छे दिन भी' और 'आदमी जात का आदमी' प्रमुख हैं। उनके चर्चित उपन्यास 'विनय' और 'ईधन' हैं। उन्हें राजस्थान साहित्य अकादमी का रांगेय राघव पुरस्कार, पहल सम्मान, बनमाली पुरस्कार आदि से सम्मानित किया गया। उनकी रचनाएँ मध्यमवर्गीय जीवन के यथार्थ चित्रण के लिए प्रसिद्ध हैं। इनकी भाषा शैली सहज व प्रभावी है। स्वयं प्रकाश जी का निधन वर्ष 2019 में हुआ था।

## कहानी का परिचय

'नेताजी का चश्मा' स्वयं प्रकाश द्वारा लिखित एक प्रेरणादायक कहानी है। इसमें एक छोटे कस्बे में नेताजी सुभाषचंद्र बोस की संगमरमर की मूर्ति पर वास्तविक चश्मा लगाया जाता है, जिसे एक लँगड़ा चश्मेवाला श्रद्धा भाव से बार-बार बदलता रहता है। उसकी मृत्यु के बाद मूर्ति बिना चश्मे के रह जाती है, लेकिन एक दिन बच्चों द्वारा सरकंडे का चश्मा पहनाकर नेताजी को श्रद्धांजलि दी जाती है। यह कहानी देशभक्ति, आदर्शों और मानवीय संवेदनाओं को दर्शाती है।

## कहानी का उद्देश्य

इस कहानी का मुख्य उद्देश्य देशभक्ति, आदर्शों और मानवीय संवेदनाओं को उजागर करना है। यह कहानी दर्शाती है कि सच्ची श्रद्धा और सम्मान किसी भव्यता पर निर्भर नहीं होते, बल्कि भावनाओं की गहराई से प्रकट होते हैं। चश्मेवाला नेताजी की मूर्ति को चश्मा पहनाकर श्रद्धा भाव व्यक्त करता है, जो यह दर्शाता है कि छोटे प्रयास भी सम्मान प्रकट करने के लिए पर्याप्त होते हैं। कहानी यह भी संदेश देती है कि समाज को उन गुमनाम नायकों का आदर करना चाहिए, जिन्होंने देश और समाज के लिए निःस्वार्थ भाव से अपना योगदान दिया।

## कहानी के शीर्षक की सार्थकता

'नेताजी का चश्मा' शीर्षक कहानी के मुख्य प्रतीक और भावना को दर्शाता है। नेताजी की मूर्ति पर चश्मा उनकी पहचान और आदर्शों का प्रतीक है। उनकी मृत्यु के बाद मूर्ति से चश्मे का हट जाना समाज की उदासीनता को दर्शाता है। चश्मेवाला द्वारा चश्मा बदलना नेताजी के प्रति उसके आदर भाव को दर्शाता है। अंत में बच्चों द्वारा सरकंडे का चश्मा लगाना श्रद्धा की भावना को प्रकट करता है, इसलिए यह शीर्षक पूरी तरह उपयुक्त और सार्थक है।

## संदेश

लेखक प्रस्तुत पाठ के माध्यम से देशभक्ति का संदेश देना चाहता है कि देश की रक्षा के लिए प्राणों को न्योछावर कर देना ही मात्र देशभक्ति नहीं है, अपितु देश की समृद्धि व विकास के लिए कार्य करना व देशभक्तों के प्रति आदर-सम्मान का भाव रखना भी देशभक्ति है। हम सभी को देशभक्ति की भावना को कायम रखने की आवश्यकता है, ठीक वैसे ही; जैसे चश्मेवाले और फिर छोटे बच्चों ने उसे कायम रखा।

## पात्र परिचय व चरित्र चित्रण

**हालदार साहब** हालदार साहब एक भावुक एवं संवेदनशील व्यक्ति थे, जो देशभक्तों का सम्मान करते थे। पानवाले का मज़ाक उन्हें अच्छा नहीं लगता था। वे कैप्टन चश्मेवाले की देशभक्ति से प्रभावित थे।

**कैप्टन चश्मेवाला** कैप्टन चश्मेवाला अपने नाम के विपरीत लँगड़ा और कमज़ोर था, जो फेरी लगाकर चश्मे बेचता था। नेताजी के प्रति सम्मान दिखाने के लिए व उनका आदर प्रकट करने के लिए अपने फ्रेमों में से एक फ्रेम मूर्ति पर लगा देता था। वह एक देशभक्त व्यक्ति था।

**पानवाला** पानवाला खुशमिज़ाज़ व्यक्ति था तथा हमेशा पान खाता रहता था। वह कैप्टन का मज़ाक उड़ाता था व उसे पागल कहता था, लेकिन वह उसकी मौत पर शोक भी व्यक्त करता है।

## कहानी का सार

हालदार साहब को काम के सिलसिले में हर पन्द्रहवें दिन एक छोटे कस्बे से गुज़रना पड़ता था। उस कस्बे के मुख्य चौराहे पर नेताजी सुभाषचंद्र बोस की संगमरमर की एक मूर्ति लगी थी। मूर्ति सुंदर और प्रभावशाली थी, पर मूर्ति की आँखों पर एक चश्मे की कसर थी। नेताजी की आँखों पर एक असली चश्मा लगा हुआ था, जो हर बार बदलता रहता था। कभी चौकोर मोटे फ्रेम वाला, तो कभी गोल, कभी धूप का काला चश्मा। हालदार साहब को यह बात बड़ी रोचक लगी और जब उन्होंने पानवाले से इसका कारण पूछा, तो पता चला कि कस्बे का एक लँगड़ा चश्मेवाला है, जिसे लोग कैप्टन कहते हैं, वही मूर्ति पर चश्मा लगाता था। उसे नेताजी की बिना चश्मे वाली मूर्ति आहत करती है, इसलिए जब उसके पास ग्राहक आता है और उसे वैसा ही चश्मा चाहिए होता है जैसा मूर्ति पर लगा होता है, तो कैप्टन नेताजी के चश्मे को उतारकर ग्राहक को बेच देता और बाद में दूसरा चश्मा मूर्ति को पहना देता है। एक बार जब हालदार साहब कस्बे से गुजरे, तो उन्होंने देखा कि मूर्ति पर कोई चश्मा नहीं था। पानवाले से पूछने पर पता चला कि कैप्टन की मृत्यु हो गई है। यह सुनकर हालदार साहब भावुक हो उठे। अगली बार जब हालदार साहब कस्बे से गुज़रे, तो उन्हें न तो मूर्ति की ओर देखने की इच्छा हुई और न ही उनका वहाँ रुकने का मन था, क्योंकि उन्हें पता था वहाँ मूर्ति तो होगी, पर उस पर चश्मा नहीं होगा, क्योंकि कैप्टन मर गया है और मूर्तिकार चश्मा बनाना भूल गया था। यह बात सोचकर वे दुःखी हो जाते हैं। लेकिन जब उनकी नज़र मूर्ति पर गई, तो उन्होंने देखा कि नेताजी की आँखों पर सरकंडे से बना एक साधारण चश्मा लगा हुआ था, जिसे किसी बच्चे ने श्रद्धा से बनाया होगा। यह देखकर हालदार साहब भावुक हो उठे और उनकी आँखें भर आईं कि अभी भी लोगों के हृदय में देशभक्ति की भावना विद्यमान है।

### शब्दार्थ

**ऊहापोह** *अनिश्चय की स्थिति में मन में उत्पन्न होने वाला तर्क-वितर्क*; **कसर** *कमी*; **लक्षित** *ध्यान में आया हुआ*; **सराहनीय** *प्रशंसनीय*; **कौतुक** *आश्चर्य से*; **दुर्दमनीय** *जिसे दबाना कठिन हो*; **दरकार** *ज़रूरत*; **आहत** *दुःखी*; **भूतपूर्व** पहले के समय का; **होम** त्याग; **प्रतिष्ठापित** स्थापित; **सरकंडा** एक पौधा; **शासनावधि**-कार्यकाल।

# एग्जाम पैटर्न प्रश्न (10 अंक)

***निम्नलिखित गद्यांशों को पढ़िए और उसके नीचे लिखे प्रश्नों के उत्तर हिंदी में लिखिए।***

**Q.1 महत्त्व मूर्ति के रंग रूप या कद का नहीं, उस भावना का है, वरना तो देशभक्ति भी आजकल मज़ाक की चीज़ होती जा रही है। दूसरी बार जब हालदार साहब उधर से गुज़रे, तो उन्हें मूर्ति में कुछ अंतर दिखाई दिया। ध्यान से देखा, तो पाया कि चश्मा दूसरा है। [ICSE 2023]**

(i) **यहाँ किस मूर्ति की बात की जा रही है? वह मूर्ति कहाँ स्थित थी? (2)**

*उत्तर* प्रस्तुत गद्यांश में सुभाषचंद्र बोस की मूर्ति की बात की जा रही है, जो टोपी की नोंक से कोट के दूसरे बटन तक कोई दो फुट ऊँची थी। वह मूर्ति शहर के मुख्य बाज़ार के मुख्य चौराहे पर स्थित थी।

(ii) **पहली बार हालदार साहब ने मूर्ति पर कैसा चश्मा देखा था? दूसरी बार उन्हें चश्मे में क्या परिवर्तन दिखाई दिया? (2)**

*उत्तर* पहली बार हालदार साहब ने मूर्ति पर मोटे फ्रेम वाला चौकोर चश्मा देखा था और जब दूसरी बार हालदार साहब ने मूर्ति को देखा, तब उस पर तार के फ्रेम वाला गोल चश्मा था।

(iii) **'कौतुक' का अर्थ लिखकर बताइए कि हालदार साहब का कौतुक क्यों बढ़ने लगा? उन्होंने किस व्यक्ति से क्या प्रश्न किया और क्यों? (3)**

*उत्तर* 'कौतुक' का अर्थ हैरानी होता है। मूर्ति के चश्मे के निरंतर बदलते स्वरूप को देखकर हालदार साहब का कौतुक बढ़ने लगा था। उन्होंने पानवाले से पूछा कि यह नेताजी का चश्मा हर बार कैसे बदल जाता है? हालदार साहब यह समझ नहीं पा रहे थे कि जब भी मैं इस मूर्ति को देखता हूँ, यह बदलती हुई नज़र आती है। यह मूर्ति कपड़े नहीं बदलती, किंतु चश्मा अवश्य बदलती है।

(iv) **मूर्तिकार का नाम बताइए। हालदार साहब के अनुसार मूर्तिकार द्वारा मूर्ति पर पत्थर का चश्मा न बना पाने के क्या-क्या कारण हो सकते थे? (3)**

*उत्तर* मूर्तिकार का नाम मास्टर मोतीलाल था। हालदार साहब के अनुसार मूर्तिकार द्वारा मूर्ति पर पत्थर का चश्मा न बना पाने का कारण समय की कमी या पैसों की कमी भी हो सकती थी या पत्थर का पारदर्शी चश्मा नहीं बन पाया होगा या कुछ बारीकी करते समय टूट गया होगा, इसलिए उस पर संगमरमर का चश्मा नहीं था, बल्कि सचमुच के चश्में का चौड़ा फ्रेम था, जिसे बार-बार बदला जा सकता था।

**अन्य संभावित प्रश्न**

(i) **मूर्ति किसकी थी और मूर्ति को किस प्रकार का चश्मा पहनाया गया था? (2)**

*उत्तर* मूर्ति नेताजी सुभाष चंद्र बोस की थी तथा वह पत्थर की बनी हुई थी। मूर्ति को सामान्य और सचमुच के चश्मे का फ्रेम पहनाया गया था।

(ii) **क्या देख हालदार साहब के चेहरे पर कौतुक भरी मुस्कान फैल गई और क्यों? (2)**

*उत्तर* हालदार साहब जब पहली बार कस्बे से गुज़रे और चौराहे पर पान खाने के लिए रुके, तभी उन्होंने मूर्ति को ध्यान से देखा, तो उनके चेहरे पर कौतुक भरी मुस्कान फैल गई, क्योंकि मूर्ति पत्थर की थी और चश्मा रियल यानी सचमुच का था।

(iii) **किसने नागरिकों के प्रयास की सराहना की है और क्यों? (3)**

*उत्तर* हालदार साहब ने कस्बे के नागरिकों के प्रयास की सराहना की, क्योंकि उन्होंने ने मात्र मूर्ति को ही नहीं देखा, अपितु मूर्ति बनाने के पीछे छिपी देशभक्ति की भावना को भी पहचाना था, इसलिए हालदार साहब ने नागरिकों के प्रयास की सराहना की।

(iv) **मूर्ति बनाने के पीछे छिपी हुई भावना का वर्णन अपने शब्दों में कीजिए। आज के समय में मज़ाक की चीज़ किसे बताया गया है? (3)**

*उत्तर* नेताजी की मूर्ति मात्र रंग-रूप या कद को दर्शाने के लिए ही नहीं थी, अपितु मूर्ति को बनवाने के पीछे लोगों की देशभक्ति की भावना छिपी हुई थी। आज के समय में देशभक्ति की भावना को ही मज़ाक की चीज़ बताया गया है, क्योंकि वर्तमान में देशभक्ति खाली बैठे लोगों के दिमाग की उपज है। आज देशभक्ति के नाम पर लोग केवल अपना स्वार्थ देखते हैं। देशभक्तों की हँसी उड़ाकर स्वयं देश के साथ धोखा करते हैं।

**Q.2 "नेताजी सुंदर लग रहे थे। कुछ-कुछ मासूम और कमसिन। फ़ौजी वर्दी में। मूर्ति को देखते ही 'दिल्ली चलो' और 'तुम मुझे खून दो ........' वगैरह याद आने लगते थे। इस दृष्टि में यह सफल और सराहनीय प्रयास था। केवल एक चीज़ की कसर थी, जो देखते ही खटकती थी।" [ICSE 2017]**

(i) **मूर्ति किसकी थी और वह कहाँ लगाई गई थी? (2)**

*उत्तर* मूर्ति नेताजी सुभाषचंद्र बोस की थी और वह मूर्ति शहर के मुख्य बाज़ार के मुख्य चौराहे पर लगाई गई थी।

(ii) **यह मूर्ति किसने बनाई थी और इसकी क्या विशेषताएँ थीं? (2)**

*उत्तर* यह मूर्ति हाईस्कूल के इकलौते ड्रॉइंग मास्टर मोतीलाल ने बनाई थी। इसकी विशेषता यह थी कि मूर्ति संगमरमर की थी। कोई 2 फीट ऊँची वेस्ट और सुंदर। मूर्ति देखने में एकदम असली लगती थी, जिसे देखते ही 'दिल्ली चलो' और 'तुम मुझे खून दो.......' जैसे नारे याद आने लगते थे।

(iii) **मूर्ति में क्या कमी थी? उस कमी को कौन पूरा करता था और कैसे? (3)**

*उत्तर* मूर्ति में एक ही कमी थी, जो देखते ही खटकती थी। नेताजी की आँखों पर चश्मा तो था, लेकिन संगमरमर का नहीं था। एक सामान्य व सचमुच के चश्मे का काला फ्रेम मूर्ति को पहना दिया गया था। मूर्ति की इस कमी को कैप्टन चश्मेवाला पूरी करता था। पैर से अपाहिज होने के बावजूद वह नेताजी की मूर्ति को रोज़ नया चश्मा पहना देता था।

(iv) **नेताजी का परिचय देते हुए बताइए कि चौराहे पर उनकी मूर्ति लगाने का उद्देश्य क्या रहा होगा? क्या उसमें सफलता प्राप्त हुई? स्पष्ट कीजिए। (3)**

*उत्तर* नेताजी सुभाषचंद्र बोस भारत के स्वतंत्रता सेनानी थे। उन्होंने भारत को स्वतंत्रता दिलाने में महत्त्वपूर्ण भूमिका निभाई। उन्होंने 'तुम मुझे खून दो, मैं तुम्हें आज़ादी दूँगा' तथा 'दिल्ली चलो' जैसे नारे दिए। चौराहे पर उनकी मूर्ति लगाने का उद्देश्य देश-प्रेम की भावना को बढ़ावा देना रहा होगा। कहानी में हालदार साहब जब भी नेताजी की मूर्ति को देखते

थे, उनमें देश-प्रेम की भावना भर जाती थी। इस प्रकार कह सकते हैं कि मूर्ति लगाने के उद्देश्य में सफलता प्राप्त हुई है।

**अन्य संभावित प्रश्न**

(i) **यह कहानी किस प्रतिमा के बारे में है तथा 'प्रतिमा' में किस चीज़ की कमी खटकती थी? (2)**

उत्तर यह कहानी नेताजी की प्रतिमा के एक छोटे से हिस्से के बारे में है। नेताजी की मूर्ति पर एक कमी थी, जो देखते ही खटकती थी। नेताजी की आँखों पर चश्मा नहीं था या यूँ कहें कि चश्मा तो था, लेकिन संगमरमर का नहीं था। एक सचमुच व सामान्य चश्मे का काला फ्रेम मूर्ति को पहना दिया गया था।

(ii) **नगरपालिका द्वारा किए गए कार्यों का वर्णन संक्षेप में कीजिए। (2)**

उत्तर नगरपालिका समय-समय पर कुछ-न-कुछ करती रहती थी; जैसे–कभी सड़क पक्की करवा दी, कभी पेशाबघर बनवा दिए, कबूतरों की छतरी बनवा दी, कवि सम्मेलन करवा दिए, कभी किसी की मूर्ति लगवा दी आदि।

(iii) **'केवल एक चीज़ की कसर थी' का उल्लेख किस ओर इशारा करता है? यह पाठक को क्या सोचने पर मजबूर करता है? (3)**

उत्तर प्रस्तुत पंक्ति का उल्लेख मूर्ति पर चश्मे की कमी होने की ओर इशारा करता है। यह पाठकों को उन लोगों की देशभक्ति की भावना को दर्शाता है, जो नेताजी का सम्मान रखते हैं। प्रस्तुत पंक्ति देश के प्रति छोटी-छोटी बातों के महत्त्व को दर्शाती है तथा नागरिकों के कर्त्तव्यों के प्रति जागरूकता भी उत्पन्न करती है, साथ ही पाठकों को यह भी सोचने पर मजबूर करती है कि क्या हम भी अपने देश के प्रति कैप्टन जैसी देशभक्ति की भावना रखते हैं।

(iv) **पाठ में मूर्ति के विवरण और नेताजी के व्यक्तित्व के बीच क्या संबंध स्थापित किया गया है? क्या नेताजी के व्यक्तित्व की छवि को मूर्ति के माध्यम से पूरी तरह व्यक्त किया जा सकता है? स्पष्ट कीजिए। (3)**

उत्तर पाठ में मूर्ति के विवरण और नेताजी के व्यक्तित्व के बीच संबंध स्थापित किया गया है कि मूर्ति एक प्रतीकात्मक प्रतिनिधित्व है, जो नेताजी की शक्ति, साहस और देशभक्ति का परिचय देती है। हालाँकि, नेताजी का व्यक्तित्व केवल शारीरिक रूप या बाहरी छवि तक सीमित नहीं था, बल्कि उसमें उनकी दूरदृष्टि, संकल्प और प्रेरक नेतृत्व का समावेश भी था।

नेताजी का व्यक्तित्व मूर्ति से पूरी तरह व्यक्त नहीं हो सकता, क्योंकि मूर्ति उनके संघर्ष, विचारधारा और प्रभाव का केवल संकेत मात्र है, जबकि उनके जीवन और आदर्शों को समझने के लिए उनके बारे में गहराई से जानना आवश्यक है।

**Q.3 "क्यों भई ! क्या बात है? यह तुम्हारे नेताजी का चश्मा हर बार कैसे बदल जाता है?"**

(i) **हालदार साहब का कौतुक बढ़ता ही जा रहा था, क्यों? (2)**

उत्तर मूर्ति के चश्मे के निरंतर बदलते स्वरूप को देखकर हालदार साहब का कौतुक बढ़ता ही जा रहा था, क्योंकि पहले उन्होंने मूर्ति पर मोटे फ्रेम वाला चौकोर चश्मा देखा था, लेकिन अब तार के फ्रेम वाला गोल-चश्मा था।

(ii) **हालदार साहब की मूर्ति पर ध्यान केंद्रित करने की आदत क्या उनके भीतर की जिज्ञासा और पर्यवेक्षण कौशल को प्रकट करती है? (2)**

उत्तर हालदार साहब की मूर्ति पर ध्यान देने की आदत उनकी जिज्ञासा और बारीकी से निरीक्षण करने की प्रवृत्ति को दर्शाती है। हर बार परिवर्तनों पर ध्यान देना उनकी स्वाभाविक जिज्ञासा और असामान्य चीज़ों को समझने की इच्छा को प्रकट करता है।

(iii) **हालदार साहब और पानवाले के संवाद से सामाजिक या सांस्कृतिक संदर्भों को किस प्रकार समझा जा सकता है? (3)**

उत्तर हालदार साहब और पानवाले के संवाद से सामाजिक और सांस्कृतिक संदर्भों की झलक मिलती है। यह दर्शाता है कि छोटे कस्बों में हल्के-फुल्के व्यंग्य और हास्यपूर्ण बातचीत जीवन का एक अभिन्न हिस्सा होते हैं। पानवाले की सहज और व्यंग्यात्मक प्रतिक्रिया स्थानीय संस्कृति और कस्बाई जीवन की विशेषताओं को उजागर करती है, जहाँ रोज़मर्रा के मामूली विषयों में भी हास्य और जिज्ञासा का पुट होता है।

(iv) **किसका कौतूहल प्रबल हो उठा और उसने पानवाले से क्या पूछा, साथ ही उन्हें बदलते चश्मे के विषय में क्या पता चला? (3)**

उत्तर हालदार साहब का कौतूहल प्रबल हो उठा था और उन्होंने पानवाले से पूछा कि यह नेताजी का चश्मा हर बार कैसे बदल जाता है। उन्हें बदलते चश्मे के विषय में पता चला कि एक बूढ़ा-लँगड़ा चश्मेवाला नेताजी को चश्मा पहनाता है, इसलिए नेताजी का चश्मा हर बार बदल जाता था।

**Q.4 "कोई गिराक आ गया समझो। उसको चौड़े चौखट के चश्मे चाहिए, तो कैप्टन किधर से लाएगा? तो उसे मूर्ति वाला दे दिया। उधर दूसरा बैठा दिया।"**

(i) **"कोई गिराक आ गया समझो। उसको चौड़े चौखट के चश्मे चाहिए, तो कैप्टन किधर से लाएगा?" यह किसने कहा? इसी आधार पर पानवाले के व्यक्तित्व का वर्णन अपने शब्दों में कीजिए। (2)**

उत्तर यह पानवाले ने हालदार साहब से कहा। पानवाला एक काला, मोटा व खुशमिज़ाज व्यक्ति था। उसे देखकर ऐसा प्रतीत होता था कि जैसे उसे कोई फ़िक्र ही नहीं है। वह हमेशा मुँह में पान भरे रहता था। वह जब भी हँसता था, तो उसका मोटा पेट हिलता था।

(ii) **पानवाले ने हालदार साहब को बदलते चश्मों का क्या राज बताया? चश्मों का रंग व आकार कैसा था? स्पष्ट कीजिए। (2)**

उत्तर पानवाले ने हालदार साहब को बताया कि जब कोई ग्राहक कैप्टन से उसी चश्मे का फ्रेम माँगता है, जो नेताजी की मूर्ति पर लगा होता है, तो कैप्टन वही चश्मा उतार कर उसे दे देता है और मूर्ति को नया चश्मा पहना देता है। इसी कारण चश्मों का रंग कभी काला, कभी लाल, कभी धूप वाला कभी बड़े-काँचों वाला चश्मा होता था।

(iii) **कैप्टन चश्मेवाला नेताजी की मूर्ति पर बार-बार चश्मा बदलने का कार्य क्यों करता है? यह उसकी सोच और भावनाओं को कैसे प्रकट करता है? (3)**

उत्तर कैप्टन चश्मेवाला नेताजी की मूर्ति पर बार-बार चश्मा बदलता है, क्योंकि नेताजी की बगैर चश्मेवाली मूर्ति उसे अधूरी और असुविधाजनक प्रतीत

होती है। ऐसा करना उसकी संवेदनशील सोच और देशभक्ति की भावनाओं को प्रकट करता है, जहाँ वह नेताजी के प्रति गहरी श्रद्धा और संवेदनशीलता रखता है। अपने सीमित साधनों में वह नेताजी को सम्मान देने के लिए उनके चश्मे का ध्यान रखता है, भले ही उसे इसे व्यावसायिक ज़रूरतों के लिए उसे बार-बार बदलना पड़े।

(iv) **साधारण व्यक्ति भी अपनी सीमित क्षमताओं में बड़े नेताओं के प्रति सम्मान व्यक्त कर सकता है। क्या आप इस कथन से सहमत हैं? कारण सहित उत्तर दीजिए। (3)**

उत्तर हाँ, यह कथन सत्य है कि साधारण व्यक्ति भी अपनी सीमित क्षमताओं में बड़े नेताओं के प्रति सम्मान व्यक्त कर सकता है।

कैप्टन चश्मेवाला इसका उदाहरण है, जो अपनी सीमित दुकान और संसाधनों के बावजूद नेताजी की मूर्ति पर चश्मा लगाकर अपनी श्रद्धा प्रकट करता है। यह दर्शाता है कि सम्मान प्रकट करने के लिए केवल साधन ही नहीं, बल्कि भावनाएँ और निष्ठा अधिक महत्त्वपूर्ण हैं।

**Q.5 क्या कैप्टन चश्मेवाला नेताजी का साथी है या आज़ाद हिंद फ़ौज का भूतपूर्व सिपाही?**

(i) **वक्ता का परिचय दीजिए। वक्ता किस प्रकार कहानी का सूत्रधार बनता है? (2)**

उत्तर वक्ता इस कहानी का मुख्य पात्र और सूत्रधार है। वह अत्यंत भावुक, संवेदनशील और देशभक्त व्यक्ति है। उसे नेताजी सुभाष चंद्र बोस की मूर्ति और उनके विचारों में गहरी रुचि है। वक्ता अपनी दृष्टि और अनुभवों के माध्यम से कहानी को आगे बढ़ाता है। वह कहानी को अपने दृष्टिकोण से प्रस्तुत करता है, जिसमें वे नेताजी की मूर्ति और चश्मे से जुड़े किस्सों को समझ पाता है।

(ii) **सेनानी न होते हुए भी चश्मेवाले को लोग कैप्टन क्यों कहते थे? (2)**

उत्तर सेनानी न होते हुए भी चश्मेवाले को लोग कैप्टन इसलिए कहते थे, क्योंकि उसके अंदर देशभक्ति की भावना कूट-कूटकर भरी हुई थी। वह स्वतंत्रता आंदोलन में भाग लेने वाले सेनानियों का भरपूर सम्मान करता था और नेताजी की प्रतिमा को बार-बार चश्मा पहनाकर देश के प्रति अपनी अटूट श्रद्धा प्रकट करता था। देश के प्रति त्याग व समर्पण की भावना उसके हृदय में किसी भी फौजी से कम नहीं थी।

(iii) **हालदार साहब का कैप्टन चश्मेवाले के बारे में अधिक जानने की जिज्ञासा उनके व्यक्तित्व के किन पहलुओं को उजागर करती है? (3)**

उत्तर कैप्टन चश्मेवाले के प्रति हालदार साहब की जिज्ञासा उनके संवेदनशील और निरीक्षणशील व्यक्तित्व को उजागर करती है। इससे यह स्पष्ट होता है कि वे केवल बाहरी बातों से संतुष्ट नहीं होते, बल्कि प्रत्येक व्यक्ति और उसकी कहानी को गहराई से समझने का प्रयास करते हैं। उनकी यह जिज्ञासा उनकी मानवता, सहानुभूति और समाज की जटिलताओं को जानने की रुचि को भी दर्शाती है।

(iv) **पानवाले द्वारा चश्मेवाले के बारे में किए गए व्यंग्यपूर्ण व्यवहार से समाज में कमज़ोर व्यक्तियों के प्रति दृष्टिकोण पर क्या आलोचना की जा सकती है? (3)**

उत्तर पानवाले का व्यंग्यपूर्ण व्यवहार समाज में कमज़ोर और गरीब व्यक्तियों के प्रति उपेक्षा और असंवेदनशीलता को दर्शाता है। यह समाज के उस दृष्टिकोण पर आलोचना करता है, जो शारीरिक अक्षमताओं वाले व्यक्तियों को समझने या सम्मान देने के बजाय उनका मज़ाक उड़ाने में रुचि रखता है। यह व्यवहार न केवल उनके प्रति सामाजिक भेदभाव को बढ़ावा देता है, बल्कि उनकी गरिमा को भी ठेस पहुँचाता है।

**Q.6 पानवाला नया पान खा रहा था। पान पकड़े अपने हाथ को मुँह से डेढ़ इंच दूर रोककर उसने हालदार साहब को ध्यान से देखा, फिर अपनी लाल-काली बत्तीसी दिखाई और मुस्कुराकर बोला, 'नहीं साब! वो लँगड़ा क्या जाएगा फौज में? पागल है पागल! वो देखो, वो आ रहा है। आप उसी से बात कर लो। फ़ोटो-वोटो छपवा दो उसका कहीं।'**

(i) **पानवाले के 'लाल-काली बत्तीसी' दिखाने का क्या प्रतीकात्मक अर्थ हो सकता है? यह उसके किस दृष्टिकोण को दर्शाता है? (2)**

उत्तर पानवाले की 'लाल-काली बत्तीसी दिखाने से उसके व्यंग्यात्मक स्वभाव और हालदार साहब की बात को गंभीरता से न लेने का संकेत मिलता है। यह उसके व्यवहार के ओछेपन और मजाकिया दृष्टिकोण को दर्शाता है।

(ii) **पानवाले ने लँगड़े व्यक्ति को 'पागल' कहकर संबोधित क्यों किया होगा? यह समाज की किस मानसिकता को उजागर करता है? (2)**

उत्तर पानवाले ने लँगड़े व्यक्ति को 'पागल' कहकर उसकी शारीरिक अक्षमता और सेना में भर्ती होने की उसकी इच्छा को असंभव मानते हुए व्यंग्य किया है। यह समाज की उस मानसिकता को उजागर करता है, जो शारीरिक अक्षमता को कमज़ोर मानती है।

(iii) **'फोटो-वोटो छपवा दो उसका कहीं ' इस कथन से क्या आशय है? क्या उसके ऊपर ये टिप्पणी करना उचित था। (3)**

उत्तर इस कथन से पता चलता है कि पानवाला लँगड़े व्यक्ति की महत्त्वाकांक्षा को व्यर्थ समझता है और उसे केवल मज़ाक या दिखावे के योग्य मानता है न कि किसी गंभीर प्रयास योग्य। पानवाले का उस पर टिप्पणी करना उचित नहीं था, क्योंकि ये समाज में भेदभाव को दर्शाता है। किसी व्यक्ति की शारीरिक स्थिति का उपहास करना उचित नहीं है।

(iv) **पानवाले द्वारा 'वो देखो, वो आ रहा है' कहने के पीछे क्या व्यंग्य छिपा हो सकता है? इस वाक्य से पानवाले की सोच और समाज में शारीरिक अक्षमता पर आधारित धारणा के बीच क्या संबंध हो सकता है? (3)**

उत्तर पानवाले का यह कहना शायद उस व्यक्ति की शारीरिक स्थिति पर टिप्पणी करने का तरीका था। इसके पीछे छिपा व्यंग्य यह हो सकता है कि वह लँगड़ा व्यक्ति अपनी हालत के बावजूद सेना में भर्ती होने का सपना देख रहा है, जो पानवाले को असंभव लगता है।

पानवाले के कथन के इस माध्यम से शारीरिक अक्षमता के बारे में समाज की सामान्य सोच और पूर्वाग्रह जैसी धारणा को दर्शाता गया है।

**Q.7 लेकिन आदत से मजबूर आँखें चौराहा आते ही मूर्ति की तरफ़ उठ गईं। कुछ ऐसा देखा कि चीखे, 'रोको।' जीप स्पीड में थी, ड्राइवर ने ज़ोर से ब्रेक मारी। रास्ता चलते लोग देखने लगे। जीप रुकते-रुकते हालदार साहब जीप से कूदकर तेज़-तेज़ कदमों से मूर्ति की तरफ़ लपके और उसके ठीक सामने जाकर अटेंशन में खड़े हो गए।**

(i) **हालदार साहब की आदत का वर्णन अपने शब्दों में कीजिए? इनके व्यवहार से देशभक्ति का कौन-सा संदेश मिलता है? (2)**

**उत्तर** हालदार साहब की आदत थी कि वे जब भी कस्बे से गुज़रते, तो चौराहे पर रुककर नेताजी सुभाषचंद्र बोस की मूर्ति को श्रद्धा से देखते थे। यह उनकी गहरी देशभक्ति की भावना का प्रतीक है, जो केवल बड़े कार्यों में नहीं, बल्कि रोज़मर्रा की छोटी आदतों में भी प्रकट होती थी। उनका इस प्रकार का व्यवहार यह संदेश देता है कि देशप्रेम की भावना किसी भी रूप में प्रकट हो सकती है और यह अगली पीढ़ी को प्रेरित करने का एक महत्त्वपूर्ण साधन बन सकती है।

(ii) **हालदार साहब चौराहे पर आकर रुकना क्यों नहीं चाहते थे? उन्हें किसकी याद आने पर दुःख होता था?** **(2)**

**उत्तर** हालदार साहब चौराहे पर आकर इसलिए नहीं रुकना चाहते थे, क्योंकि वे जानते थे कि अब कैप्टन की मृत्यु के बाद उन्हें चौराहे पर लगी नेताजी सुभाषचंद्र बोस की मूर्ति पर चश्मा लगा हुआ नहीं मिलेगा, साथ ही उन्हें वहाँ रुकते ही कैप्टन चश्मेवाले की याद आ जाती थी। यह सब सोचकर उन्हें बहुत दुःख होता था।

(iii) **हालदार साहब के इस घटनाक्रम से यह कैसे स्पष्ट होता है कि किसी प्रतीक या मूर्ति का प्रभाव व्यक्ति के अंदर गहरी भावनात्मक प्रतिक्रिया उत्पन्न कर सकता है?** **(3)**

**उत्तर** हालदार साहब का मूर्ति के सामने अटेंशन में खड़ा होना यह दर्शाता है कि मूर्तियाँ केवल शारीरिक रूप में नहीं, बल्कि व्यक्ति के अंदर गहरी भावनात्मक प्रतिक्रिया उत्पन्न करती है। यह उनके देशभक्ति, सम्मान और आदर्शों का प्रतीक था, जो उन्हें मूर्ति के सामने सम्मान में खड़ा होने के लिए प्रेरित करता है।

(iv) **जीप रोककर मूर्ति के सामने अटेंशन में खड़े होने की घटना का क्या सामाजिक या सांस्कृतिक महत्त्व हो सकता है? इसे उस समय के संदर्भ में स्पष्ट कीजिए।** **(3)**

**उत्तर** जीप रोककर मूर्ति के सामने अटेंशन में खड़ा होना उस समय के सामाजिक और सांस्कृतिक संदर्भ में एक गहरी आदर्शवादी भावना का प्रतीक था। यह घटना स्वतंत्रता संग्राम और राष्ट्रभक्ति के प्रतीक के रूप में मूर्तियों के सम्मान को दर्शाती है। उस समय भारत में लोग स्वतंत्रता संग्राम सेनानियों और उनके संघर्षों के प्रति एक गहरी श्रद्धा और सम्मान रखते थे। मूर्तियों के सामने इस प्रकार का सम्मान दिखाना केवल व्यक्तिगत नहीं था, बल्कि यह एक सामूहिक संस्कृति का हिस्सा था, जिसमें राष्ट्रीयता और सामाजिक कर्त्तव्यों को प्राथमिकता दी जाती थी।

5

# अपना-अपना भाग्य

*जैनेंद्र कुमार*

### लेखक का परिचय

हिंदी कथा साहित्य में महत्त्वपूर्ण स्थान रखने वाले जैनेंद्र कुमार का जन्म वर्ष 1905 में अलीगढ़ जिले के कोड़ियागंज नामक कस्बे में हुआ था। इन्होंने काशी हिंदू विश्वविद्यालय में उच्च शिक्षा प्राप्त की। ये मुख्य रूप से कहानीकार थे, लेकिन इन्होंने निबंध, उपन्यास और संस्मरण भी लिखे हैं। इनकी रचनाओं में गाँधीवादी विचारों का प्रभाव देखने को मिलता है। इनकी प्रमुख रचनाएँ हैं- सुनीता, मुक्तिबोध (उपन्यास), साहित्य का श्रेय और प्रेय (निबंध संग्रह) और फाँसी, जय संधि, वातायन, नीलम देश की राजकन्या, दो चिड़ियाँ, पाज़ेब (कहानी संग्रह) आदि। इनकी कहानियों में मुख्यतया वर्णन और विवरण की अपेक्षा चिंतन तथा विश्लेषण देखने को मिलता है। इन्हें अनेक पुरस्कारों से भी सम्मानित किया गया। जैनेंद्र कुमार का निधन 24 दिसंबर, 1988 को हुआ।

### कहानी का परिचय

प्रस्तुत कहानी एक गरीब पहाड़ी लड़के की दुःखद और हृदय विदारक यात्रा पर आधारित है। यह कहानी समाज की बेरहमी, गरीबी और असमानता को उजागर करती है। प्रस्तुत कहानी में दो मित्र नैनीताल की यात्रा पर होते हैं, जहाँ वे एक छोटे बालक को देखते हैं, जो भुखमरी और गरीबी से तंग आकर अपने गाँव से भागकर शहर में काम की तलाश में आया है। कहानी में उस लड़के की कठिनाइयों और उसके साथ हुए अन्याय को चित्रित किया गया है। अंत में वह लड़का ठंड से मर जाता है और उसके शरीर पर बर्फ की हल्की चादर लिपट जाती है, जो उसके लिए दुनिया की निर्दयता को ढकने की कोशिश करती है।

### कहानी का उद्देश्य

इस कहानी का उद्देश्य समाज में व्याप्त असमानता, गरीबी और बेरहमी को उजागर करना है। यह कहानी उन लोगों के संघर्षों को दिखाती है, जो जीवन में बुनियादी आवश्यकताओं के लिए जूझ रहे हैं। इस कहानी के माध्यम से लेखक यह संदेश देना चाहते हैं कि हम समाज में दूसरों की पीड़ा और कठिनाइयों को अनदेखा नहीं कर सकते और हमें अपनी ज़िम्मेदारियों का एहसास होना चाहिए, साथ ही यह कहानी इंसानियत और संवेदनशीलता की आवश्यकता पर भी बल देती है, जिससे हम दूसरों की मदद करने के लिए आगे आएँ और समाज में न्याय और समानता सुनिश्चित हो सके।

### कहानी के शीर्षक की सार्थकता

कहानी का शीर्षक 'अपना-अपना भाग्य' यह दर्शाता है कि हर व्यक्ति का भाग्य उसकी परिस्थिति और संघर्षों के आधार पर बनता है। कहानी में एक गरीब लड़का अनेक कठिनाइयों का सामना करता है, लेकिन उसका भाग्य वही रहता है। वह दर-दर की ठोकरें खाता हुआ मर जाता है। यह शीर्षक यह दर्शाता है कि किस तरह से समाज और व्यक्तिगत परिस्थितियाँ किसी का भाग्य तय करती हैं और इस लड़के का भाग्य उसके संघर्षों और हालातों के साथ जुड़ा हुआ था। 'अपना अपना भाग्य' का अर्थ है कि जीवन में जो कुछ भी घटित होता है, वह हर व्यक्ति के कर्मों और परिस्थितियों का परिणाम होता है।

### संदेश

लेखक पाठकों को यह संदेश देना चाहते हैं कि दूसरों के दुःख, अभाव, कठिनाइयों को अनदेखा नहीं करना चाहिए, बल्कि जितना हो सके, उनकी सहायता करने का प्रयास करना चाहिए।

## पात्र परिचय व चरित्र चित्रण

**पहाड़ी बालक** एक दस-बारह साल का गरीब पहाड़ी लड़का है, जो गरीबी और भूख से तंग आकर घर से भाग आया था। वह नंगे सिर, नंगे पैर घूमता था और अंत में ठंड से मर जाता है।

**लेखक का मित्र** गरीबों से सहानुभूति रखने वाला लेखक का मित्र जिज्ञासु प्रवत्ति का है। उसने बालक को मदद के लिए वकील के पास भेजा, लेकिन खुद उसकी कोई सहायता नहीं की।

**वकील साहब** यह निष्ठुर और शक्की व्यक्ति है, जिसने बालक की मदद करने के बजाय उसे नज़रअंदाज़ किया।

## कहानी का सार

कहानी में दो मित्र नैनीताल की सैर पर जाते हैं। दोनों मित्र संध्या के समय बेंच पर बैठकर प्राकृतिक दृश्य का आनंद ले रहे थे कि तभी वे एक गरीब लड़के को देखते हैं, जो नंगे पैर और मैले कपड़े पहने हुए बेमन से चल रहा था। लड़का पंद्रह कोस दूर के गाँव से भागकर आया है, क्योंकि वहाँ गरीबी और भूख ने उसकी ज़िंदगी को कठिन बना दिया था। वह शहर में काम की तलाश में था। नौकरी से निकाले जाने के कारण उसके पास कुछ नहीं था। दोनों मित्र उसे काम दिलवाने के लिए अपने वकील मित्र के होटल पर ले जाते हैं, लेकिन वकील उसे संदेह की नज़र से देखता है और उसे नौकरी पर रखने से इंकार कर देता है।

हालाँकि लड़का निराश नहीं होता और कहीं-न-कहीं रात बिताने की उम्मीद में चलता रहता है। जब अगले दिन मित्रों का अपनी सैर खत्म करके लौटने का समय आता है, तब वे सुनते हैं कि वही लड़का सड़क किनारे पेड़ के नीचे ठंड से मर गया है। उसके मृत शरीर पर बर्फ की हल्की चादर थी, जो प्रकृति ने उसे कफ़नस्वरूप प्रदान की थी।

### शब्दार्थ

**अरुण** *लाल;* **सनक** *धुन, पागलपन;* **बेटोक** *बिना बाधा के;* **चुंगी** *कर वसूली का स्थान;* **निठुराई** *क्रूरता, निर्दयता;* **बेहयाई** *बेशर्मी;* **आँखें फाड़ना** *आश्चर्य से देखना;* **मूक** *चुपचाप;* **अवगुण** *दोष, बुराइयाँ;* **असमंजस** *दुविधा;* **चंपत हो जाना** *भाग जाना;* **शव** *लाश;* **मसहरी** *मच्छरदानी।*

# एग्जाम पैटर्न प्रश्न (10 अंक)

*निम्नलिखित गद्यांशों को पढ़िए और उसके नीचे लिखे प्रश्नों के उत्तर हिंदी में लिखिए।*

**Q.1** 'चुपचाप बैठे तंग हो रहा था, कुढ़ रहा था कि मित्र अचानक बोले – "देखो वह क्या है?" मैंने देखा कि कोहरे की सफ़ेदी में कुछ ही हाथ दूर से एक काली-सी मूर्ति हमारी तरफ़ आ रही थी। मैंने कहा – "होगा कोई।" **(ICSE 2025)**

(i) **'मैंने' शब्द से किसकी ओर संकेत किया गया है? वह इस समय किस स्थान पर है? (2)**

उत्तर 'मैंने' शब्द से स्वयं लेखक जैनेंद्र कुमार की ओर संकेत किया गया है। वह इस समय अपने मित्र के साथ पहाड़ी स्थान (नैनीताल की सड़क) पर हैं।

(ii) **'काली-सी मूर्ति' किसकी थी? लेखक ने उसकी दशा का वर्णन किस प्रकार किया है? (2)**

उत्तर 'काली-सी मूर्ति' एक छोटे गरीब बालक की थी। लेखक ने उसकी दशा का वर्णन करते हुए बताया है कि वह काली मूर्ति की तरह दिखाई दे रहा था, जो कोहरे की सफ़ेदी में कुछ ही हाथ दूर से उनकी ओर आ रही थी।

(iii) **बालक कहाँ का रहने वाला था? उसने अपने तथा अपने परिवार के विषय में क्या जानकारी दी? (3)**

उत्तर बालक पहाड़ी क्षेत्र का रहने वाला था। उसने लेखक व उसके मित्र को बताया कि वह भूख और गरीबी से परेशान होकर गाँव के एक लड़के के साथ घर से भागकर यहाँ आया है, क्योंकि उसके कई भाई-बहन थे। उसके पास न कोई काम था न ही रोटी। पिता की इतनी कमाई न थी कि वह सबका भरण-पोषण कर सकें। माता-पिता दोनों भूखे रहते थे। माँ दिन-भर रोती रहती थी। घर में खाने के लिए कुछ भी नहीं था, इसलिए वह यहाँ रोजी-रोटी की तलाश में भाग आया था।

(iv) **प्रस्तुत कहानी मनुष्य की संवेदनहीनता का यथार्थ चित्रण प्रस्तुत करती है। कहानी का उदाहरण देकर इस कथन को सिद्ध कीजिए। (3)**

उत्तर प्रस्तुत कहानी मनुष्य की संवेदनहीनता का यथार्थ चित्रण प्रस्तुत करती है। कहानी में जब लेखक और उसका मित्र गरीब व असहाय बालक को देखते हैं, तो वे उसकी मदद करने के बजाय अनदेखा कर उसे ठंड में छोड़कर वहाँ से चले जाते हैं। अगले दिन उन्हें ज्ञात होता है कि ठंड से एक गरीब पहाड़ी लड़का मर गया। तब लेखक व उसका मित्र यह सोचते हैं कि यह अपना-अपना भाग्य होता है। यह घटना मनुष्य के स्वार्थ व संवेदनहीनता को प्रदर्शित करती है।

**Q.2** 'मैंने देखा कि कुहरे की सफेदी में कुछ ही हाथ दूर से एक काली-सी मूर्ति हमारी तरफ आ रही थी। मैंने कहा 'होगा कोई' तीन गज की दूरी से दिख पड़ा, एक लड़का, सिर के बड़े-बड़े बाल खुजलाता चला आ रहा था। नंगे पैर, नंगे सिर, एक मैली-सी कमीज लटकाए है।' **[ICSE 2019]**

(i) **यहाँ पर किस बालक के संदर्भ में कहा गया है? उस समय उसकी क्या स्थिति थी? (2)**

उत्तर यह पंक्तियाँ एक गरीब बालक के संदर्भ में कही गई हैं। उस समय उसकी स्थिति दयनीय थी, वह काम की तलाश में दर-दर की ठोकरें खा रहा था। वह नंगे पैर, नंगे सिर तथा एक मैली-सी कमीज़ पहने हुए था। लड़के का रंग काला पड़ गया था। उसकी आँखें बड़ी-बड़ी, लेकिन सुखी हुई थीं तथा माथा जैसे इस उम्र में भी झुर्रियों से भरा हुआ था।

(ii) **बालक ने अपने परिवार के बारे में क्या बताया तथा उसकी स्थिति का पता कैसे चलता है? (2)**

उत्तर बालक ने अपने घर परिवार के संबंध में यह बताया कि नैनीताल से पंद्रह कोस दूर उसका गाँव है। उसके कई भाई-बहन हैं। माँ तथा बापू भूखे रहते हैं और रोते रहते हैं। वहाँ न काम है और न ही खाने के लिए रोटी, इसलिए वह वहाँ से भाग आया। उससे यह पता चलता है कि उसकी पारिवारिक स्थिति ठीक नहीं है।

(iii) **इस समय उस बालक के सामने कौन-सी समस्या थी? क्या उस समस्या का हल हो पाया? यदि नहीं तो क्यों? (3)**

उत्तर इस समय उस बालक के सामने काम की तलाश तथा गरीबी की समस्या थी। भयंकर सर्दी थी तथा उसके रहने का कोई ठिकाना नहीं था। काम न होने के कारण उसे कई समस्याओं का सामना करना पड़ा। उसकी समस्या का हल नहीं हो पाया, क्योंकि वकील मित्र ने अपरिचित पहाड़ी बालक को नौकरी देने से मना कर दिया था और लेखक तथा उसके मित्र ने भी अपना-अपना भाग्य कहकर अपनी जिम्मेदारी से पल्ला झाड़ लिया था। इस अमानवीय व्यवहार के कारण वह बालक सर्दी में ठिठुर-ठिठुर कर मर गया था।

(iv) **इस कहानी के माध्यम से लेखक ने हमें क्या संदेश देना चाहा है? उदाहरण सहित स्पष्ट कीजिए। (3)**

उत्तर इस कहानी के माध्यम से लेखक ने हमें यह संदेश दिया है कि हमारी छोटी-सी मदद भी किसी की जान बचा सकती है, इसलिए हमें अच्छा व परोपकारी इंसान होना चाहिए न कि केवल अपने स्वार्थ की ओर ध्यान देना चाहिए। यदि कहानी में लोगों ने उस गरीब बालक की मदद की होती, तो उसकी जान बचाई जा सकती थी तथा उसे समाज का एक ज़िम्मेदार नागरिक बनाया जा सकता था।

### अन्य संभावित प्रश्न

(i) **लेखक और उसका मित्र कहाँ आकर बैठ गए थे और उसने अपने मित्र से क्या कहा? स्पष्ट कीजिए। (2)**

उत्तर लेखक और उसका मित्र नैनीताल गए थे। वहाँ निरुद्देश्य घूमने के बाद वे सड़क के किनारे बेंच पर बैठ गए। लेखक को वहाँ ठंड में चुपचाप बैठना अच्छा नहीं लग रहा था। अतः उसने अपने मित्र से वापस चलने के लिए कहा।

(ii) **नैनीताल किसलिए विख्यात है? लेखक ने कहानी में इसका वर्णन किस प्रकार किया है? भाप के बादल कैसे घूम रहे थे? (3)**

उत्तर नैनीताल अपनी प्राकृतिक शोभा के लिए विश्वविख्यात है। शाम के समय नैनीताल ऐसा प्रतीत हो रहा था, मानो भाप के बादल सिरों को

छू-छूकर घूम रहे हों, हल्के प्रकाश के अँधेरे में बादल कभी नीले दिखते, कभी सफ़ेद, तो कभी लाल से दिखाई देते हैं।

(iii) **लड़के की स्थिति कैसी थी? उसका हुलिया देखकर आप उसके सामाजिक परिवेश के बारे में क्या अनुमान लगा सकते हैं? यदि आप इस दृश्य के साक्षी होते, तो आपकी प्रतिक्रिया क्या होती?** **(3)**

उत्तर लड़के की स्थिति अत्यंत दयनीय थी। वह घने कोहरे में नंगे पैर, नंगे सिर, बड़े बाल और मैली कमीज़ में चला आ रहा था, जो उसके विपन्न जीवन को दर्शाता है। उसका हुलिया दर्शाता है कि वह गरीब या बेसहारा परिवार से था, जो अभावों में जीवन व्यतीत कर रहा था और मूलभूत आवश्यकताओं से वंचित था।

यदि मैं इस दृश्य का साक्षी होता, तो संवेदनशीलता से उसकी स्थिति समझने की कोशिश करता और संभव होता, तो उसे गर्म कपड़े व भोजन उपलब्ध कराता व उसकी पूरी मदद करता।

**Q.3 'वह हमें न देख पाया, वह जैसे कुछ भी न देख रहा था। न नीचे की धरती, न ऊपर चारों ओर फैला हुआ कुहरा, न सामने का तालाब और न एकाकी दुनिया। वह बस अपने निकट वर्तमान को देख रहा था।'**

(i) **लेखक के मित्र ने किसे और क्यों आवाज़ दी? कहानी के आधार पर स्पष्ट कीजिए।** **(2)**

उत्तर लेखक के मित्र ने गरीब बालक को आवाज़ दी, जो कुहरे में काली-सी मूर्ति के समान नज़र आ रहा था और न जाने कहाँ जा रहा था। वह जानना चाहता था कि बालक कुहरे से ढकी संध्या में ऐसे क्यों घूम रहा है, कौन है, वह क्या काम करता है और उसकी स्थिति इतनी खराब क्यों है?

(ii) **चुंगी किसे कहते हैं? चुंगी की लालटेन के प्रकाश-वृत्त में लेखक ने क्या देखा?** **(2)**

उत्तर चुंगी शहर के बाहरी हिस्से में नगरपालिका द्वारा कर वसूली के लिए बनाई गई चौकी होती है। चुंगी की लालटेन के छोटे-से प्रकाश-वृत्त में लेखक ने देखा कि लगभग दस-बारह वर्ष का कोई लड़का सामने से आ रहा है, जिसका गोरा रंग मैल के कारण काला हो चुका था तथा वह मैली-सी कमीज़ पहने हुए था और वह अत्यंत असहाय लग रहा था।

(iii) **बालक कहाँ काम करता था? उसने अपने बारे में क्या बताया? उसके साथी के साथ क्या हुआ?** **(3)**

उत्तर बालक किसी दुकान पर काम करता था। उसके बदले में उसे जूठा खाना और मेहनताने के रूप में एक रुपया मिलता था। उसने बताया कि वह अपने साथी के साथ नैनीताल से पंद्रह कोस दूर गाँव से काम की तलाश में आया था। गाँव में उसके कई भाई-बहन थे। माँ-बाप इतने गरीब थे कि उन्हें भूखे पेट ही सोना पड़ता था। उसके मालिक ने उसके साथी को इतना मारा कि उसकी मृत्यु हो गई।

(iv) **'एकाकी दुनिया' से क्या अभिप्राय है? क्या यह केवल बाहरी अकेलापन है? यदि कोई व्यक्ति अपने आसपास के वातावरण को न देख पाए, तो इसका क्या कारण हो सकता है?** **(3)**

उत्तर 'एकाकी दुनिया' का अर्थ केवल भौतिक अकेलापन नहीं है, बल्कि यह मानसिक और भावनात्मक स्तर पर भी व्यक्ति के अलगाव की स्थिति को दर्शाता है। यह उस स्थिति की ओर संकेत करता है, जब कोई व्यक्ति अपने विचारों, दुःखों या संघर्षों में इतना उलझ जाता है कि उसे बाहरी दुनिया का कोई आभास नहीं होता।

यदि कोई व्यक्ति अपने आसपास के वातावरण को न देख पाए, तो इसके कई कारण हो सकते हैं। यह गहरी चिंता, अवसाद या जीवन की कठिन परिस्थितियों का परिणाम हो सकता है। कभी-कभी गरीबी एवं उपेक्षा की भावना भी व्यक्ति को इस स्थिति में पहुँचा सकती है।

**Q.4 'अजी, ये पहाड़ी बड़े शैतान होते हैं। बच्चे-बच्चे में अवगुण छिपे रहते हैं, आप भी क्या अजीब हैं, उठा लाए कहीं से-लो जी यह नौकर लो।'**

(i) **अपने मित्र के विषय में लड़के ने क्या बताया? कहानी में बालक को किस चीज की आवश्यकता थी?** **(2)**

उत्तर अपने मित्र के विषय में लड़के ने बताया कि उसका एक साथी और था, जिसके साथ वह गाँव से भाग आया था, किंतु वह अब इस दुनिया में नहीं है। उसके मालिक ने उसे मार दिया था। बालक को तत्काल काम की आवश्यकता थी, जिससे वह अपना जीवन-यापन कर सके।

(ii) **'अजी, ये पहाड़ी बड़े शैतान होते हैं।' यह किसने व किससे कहा? वकील साहब का पहाड़ी बच्चों के प्रति दृष्टिकोण कैसा था?** **(2)**

उत्तर 'अजी, ये पहाड़ी बच्चे बड़े शैतान होते हैं।' यह वकील साहब ने लेखक व उसके मित्र से कहा। वकील साहब का मानना था कि पहाड़ी बच्चे शैतान होते हैं। छोटे-छोटे बच्चों में बुराइयाँ होती हैं। वे अपने अवगुणों को छुपाए रहते हैं। पहाड़ी लोगों के प्रति वकील साहब का दृष्टिकोण अच्छा नहीं था। उन्होंने उस बालक को संदेह की दृष्टि से देखा था।

(iii) **लेखक का मित्र बच्चे को वकील साहब के पास क्यों लाया? वकील साहब की वेशभूषा का वर्णन अपने शब्दों में कीजिए।** **(3)**

उत्तर लेखक का मित्र बच्चे को वकील साहब के पास बच्चे की सहायता करने के लिए ले गया था, क्योंकि गरीब बच्चे को देखकर लेखक के मित्र को दया आ गई थी तथा वकील साहब लापरवाह प्रवृत्ति के व्यक्ति थे। वह जब होटल के कमरे से बाहर आए, तो कश्मीरी शॉल लपेटे हुए तथा पैरों में मोज़े व चप्पलें पहने हुए थे।

(iv) **'लो जी यह नौकर लो' इस वाक्य में किस प्रकार की सत्ता या स्थिति का संकेत दिया गया है? क्या आपको लगता है कि इस संवाद में व्यंग्य या आलोचना की कोई छिपी हुई भावना है?** **(3)**

उत्तर 'लो जी यह नौकर लो' वाक्य में बोलने वाला व्यक्ति अपने ऊपर प्रभुत्व स्थापित कर रहा है और दूसरे को अपनी सेवा में रखकर उसे आदेश पालन के लिए निर्देशित कर रहा है।

इस वाक्य में 'नौकर' शब्द का प्रयोग व्यंग्य और आलोचना को व्यक्त करता है, जिससे दूसरे व्यक्ति की स्थिति को नकारात्मक और कमतर दिखाया जाता है। यह उसकी असमर्थता या सम्मान को नीचा दिखाने के रूप में आलोचना करता है।

**Q.5 "मैं असमंजस में रहा। तब वह तेज़ गति से एक ओर बढ़ा और कुहरे में मिल गया।" हम भी होटल की ओर बढ़े।**

(i) **वकील साहब क्या मानने को तैयार नहीं थे? लेखक के मित्र ने वकील साहब से क्या कहा?** **(2)**

उत्तर जब लेखक का मित्र बालक को वकील साहब के पास लेकर पहुँचा और उन्होंने उसे नौकरी पर रखने के लिए कहा, तो वकील साहब ने उसे काम पर रखने से मना कर दिया, क्योंकि वे पहाड़ी बच्चों पर विश्वास नहीं करते थे। लेखक के मित्र ने कहा भी कि यह लड़का अन्य काम करने वाले लड़कों के जैसा नहीं निकलेगा, लेकिन वकील साहब यह सब मानने को तैयार नहीं थे।

(ii) **उपर्युक्त पंक्तियों में 'मैं' शब्द किसके लिए प्रयोग किया गया है और वह असमंजस की स्थिति में क्यों था? स्पष्ट करें। (2)**

उत्तर उपर्युक्त पंक्तियों में 'मैं' शब्द लेखक के मित्र के लिए प्रयोग किया गया है। वकील साहब द्वारा पहाड़ी गरीब बच्चे को काम पर रखने के लिए मना करने पर लेखक का मित्र असमंजस की स्थिति में था, क्योंकि वह उस लड़के को बड़े विश्वास के साथ नौकरी दिलवाने गया था।

(iii) **'तब वह तेज़ गति से एक ओर बढ़ा और कुहरे में मिल गया।' इस कथन में 'वह' शब्द किसके लिए प्रयोग किया गया है और कुहरे में कौन मिल गया? (3)**

उत्तर इस कथन में 'वह' शब्द गरीब बच्चे के लिए प्रयोग किया गया है। लेखक का मित्र गरीब बच्चे की सहायता करना चाहता था, इसलिए वह उस बच्चे को वकील साहब के पास ले जाता है, किंतु वकील साहब द्वारा काम पर न रखने से बच्चा वहाँ से चला जाता है तथा घने कुहरे में विलीन हो जाता है।

(iv) **लेखक के मित्र किस प्रवृत्ति का व्यक्ति है? उसके चरित्र का विश्लेषण कीजिए। उसे किस बात का दुःख होता है? (3)**

उत्तर लेखक का मित्र दयालु व भावुक प्रवृत्ति का व्यक्ति था। उसे गरीब बच्चे को देखकर दया आ जाती है। वह उस बच्चे को काम दिलाने के लिए वकील साहब के पास भी लाता है, किंतु सफल नहीं हो पाता। उसके बाद बच्चा कहीं और चला जाता है। लेखक के मित्र को इस बात का बहुत दुःख होता है कि इतनी भयानक सर्दी है और उसके पास बहुत ही कम कपड़े हैं, लेकिन बच्चे के भूखा होने के बावजूद भी लेखक उसे न तो खाना खिलाता है और न ही कपड़े देता है। इससे स्पष्ट होता है कि लेखक के मित्र की सहानुभूति केवल दिखावा मात्र थी।

**Q.6 'नैनीताल स्वर्ग के किसी काले गुलाम पशु के दुलार का वह बेटा-वह बालक, निश्चित समय पर हमारे होटल डि पर्व' में नहीं आया। हम अपनी नैनीताल सैर खुशी-खुशी खत्म कर चलने को हुए। उस लड़के की आस लगाए बैठे रहने की आवश्यकता हमने न समझी।'**

(i) **'नैनीताल स्वर्ग के किसी काले गुलाम पशु के दुलार का वह बेटा' से कवि का क्या आशय है? लेखक ने किस बात पर व्यंग किया है?(2)**

उत्तर इस वाक्य से लेखक का आशय है कि नैनीताल जैसे स्वर्ग में वह पहाड़ी बालक किसी काले गुलाम पशु के समान मनुष्य का बेटा था। लेखक ने यहाँ अपने शब्दों के द्वारा स्थान व समाज की असमानता पर व्यंग्य किया है। कहाँ तो स्वर्ग जैसा मनोरम स्थान नैनीताल और कहाँ इसमें रहने वाला वह गरीब, मैला, भूखा-प्यासा बालक।

(ii) **लेखक के मित्र ने लेखक से सिकुड़ते हुए क्या कहा? लेखक ने लड़के से क्या पूछा? (2)**

उत्तर लेखक के मित्र ने लेखक से सिकुड़ते हुए कहा कि सर्दी बहुत भयानक पड़ रही है और उस लड़के के पास बहुत कम कपड़े हैं। उसके पास कोई सोने की जगह भी नहीं है। लेखक ने लड़के से पूछा कि सारी दुनिया सो रही है और तुम कहाँ घूम रहे हो?

(iii) **लेखक और उनका मित्र किसकी तैयारी कर रहे थे? होटल डि पर्व' का उल्लेख इस संदर्भ में क्या महत्त्व रखता है? क्या यह स्थान किसी विशेष सामाजिक या सांस्कृतिक वर्ग को दर्शाता है? (3)**

उत्तर लेखक और उसका मित्र नैनीताल यात्रा की समाप्ति की तैयारी करने के बाद होटल से निकलने की योजना बना रहे थे। 'होटल डि पर्व' का उल्लेख एक प्रतिष्ठित व उच्च वर्ग का होटल दर्शाता है, जो शहरी और सभ्य दुनिया का प्रतीक है। यह स्थान आमतौर पर संपन्न लोगों द्वारा चुना जाता है।

यह स्थान उच्च वर्ग का प्रतीक है, क्योंकि ऐसे होटल आमतौर पर संपन्न और शहरी वर्ग के लिए होते हैं। लेखक और उनके मित्रों का ठहरना इस बात का संकेत है कि वे उच्च वर्ग से संबंधित थे और इसके माध्यम से लेखक ने सामाजिक भेदभाव को उजागर किया है।

(iv) **लेखक के अनुसार, 'आस लगाए बैठे रहने की आवश्यकता' क्यों नहीं समझी गई ? इससे लेखक का क्या तात्पर्य है? इस स्थिति से क्या संकेत मिलता है? (3)**

उत्तर लेखक के अनुसार, 'आस लगाए बैठे रहने की आवश्यकता' इसलिए नहीं समझी गई, क्योंकि वे उस लड़के से कोई उम्मीद या जुड़ाव नहीं रखना चाहते थे। इसका तात्पर्य है कि लेखक ने लड़के के बारे में कोई विशेष भावना नहीं की और वे उसे अपनी यात्रा या अनुभव से अलग मानते हैं। इस स्थिति से यह संकेत मिलता है कि लेखक उस लड़के को एक अस्थायी या असंगत व्यक्ति के रूप में देखते हैं, जिससे वे किसी गहरे संबंध की उम्मीद नहीं करते।

**Q.7 "मानो दुनिया की बेहयाई ढँकने के लिए प्रकृति ने शव के लिए सफ़ेद और ठंडे कफ़न का प्रबंध कर दिया था।"**

(i) **यहाँ सफ़ेद और ठंडे कफ़न से क्या अभिप्राय है? यह प्रतीकात्मक रूप से क्या दिखाता है? (2)**

उत्तर सफ़ेद और ठंडे कफ़न से अभिप्राय है कि उस बालक की मृत्यु ठंड के कारण हुई थी और बर्फबारी के कारण उसका शरीर प्राकृतिक रूप से कफन से ढक गया था। यह प्रतीकात्मक रूप में यह दिखाता है कि प्रकृति ने उस बालक के लिए कफ़न की व्यवस्था कर दी थी।

(ii) **'दुनिया की बेहयाई' से क्या तात्पर्य है? इसे किस संदर्भ में प्रयोग किया गया है? (2)**

उत्तर 'दुनिया की बेहयाई' से लेखक का तात्पर्य है कि लोग अपनी ज़िम्मेदारी और कर्तव्य से कन्नी काटते हुए अपनी दोषपूर्ण स्थिति को भाग्य पर डाल देते हैं। गरीब बालक की मृत्यु की ज़िम्मेदारी न लेकर लोग खुद को निष्कलंक मानते हैं, जिससे समाज की बेहयाई स्पष्ट होती है।

(iii) **पहाड़ी बालक की मृत्यु कैसे हुई? प्रकृति ने उसके शव के लिए क्या प्रबंध किया था? इससे लेखक पर क्या प्रभाव पड़ा? (3)**

उत्तर भूख और भयानक ठंड के कारण सड़क के किनारे एक पेड़ के नीचे पहाड़ी बालक की मृत्यु हो गई। प्रकृति ने उसके शव को बर्फ की हल्की चादर से ढक दिया, जो इस प्रकार प्रतीत हो रहा था; जैसे- दुनिया की निर्दयता को ढकने के लिए प्रकृति ने उसे सफेद और ठंडे कफ़न में लपेट दिया हो। लेखक पर यह प्रभाव पड़ा कि बालक की मृत्यु और प्रकृति द्वारा शव को ढकने का यह अनुभव उसे गहरे विचार और संवेदनशीलता की ओर ले गया।

(iv) **लेखक की अनदेखी का क्या परिणाम हुआ? यदि आप लेखक या उसके मित्र के स्थान पर होते, तो क्या करते? अपने भाव स्पष्ट करें। (3)**

उत्तर लेखक की अनदेखी का परिणाम उस बालक की मृत्यु थी। यदि मैं लेखक या उसके मित्र के स्थान पर होता, तो उस गरीब पहाड़ी बालक को रात के अँधेरे और ठंड में अकेला नहीं छोड़ता। मैं उसे खाना देता, उसे गर्म कपड़े पहनाता और उसकी सहायता करने के लिए हरसंभव प्रयास करता, जैसे कि उसे काम दिलवाने का प्रयास करना।

6

# बड़े घर की बेटी

*मुंशी प्रेमचंद*

## लेखक का परिचय

हिंदी साहित्य में उपन्यास सम्राट के नाम से प्रसिद्ध मुंशी प्रेमचंद का जन्म 31 जुलाई, 1880 में वाराणसी जिले के निकट लमही नामक गाँव में हुआ था। प्रेमचंद हिंदी और उर्दू के महान कथा लेखक और उपन्यासकार थे। उनका वास्तविक नाम धनपत राय था। वे भारतीय समाज के विभिन्न पहलुओं; जैसे- गरीबी, शोषण, सामाजिक असमानता और किसान परिवारों की समस्याओं को अपनी रचनाओं में चित्रित करते थे। असहयोग आंदोलन के दौरान उन्होंने सरकारी नौकरी छोड़कर लेखन कार्य शुरू किया और उनकी पहली कहानी पंच परमेश्वर वर्ष 1916 में प्रकाशित हुई। उन्होंने लगभग 300 कहानियाँ लिखीं, जो मानसरोवर में संकलित हैं। नमक का दरोगा, ईदगाह, पंच परमेश्वर, कफन (कहानी); गबन, गोदान, निर्मला, वरदान आदि (उपन्यास); कर्बला, संग्राम, प्रेम की बेदी (नाटक) आदि उनकी प्रमुख रचनाएँ हैं।

प्रेमचंद भारतीय उपन्यास साहित्य के पितामह माने जाते हैं। उनकी भाषा सरल तथा जनप्रिय थी, जिससे उन्होंने प्रत्येक वर्ग के पाठक तक अपनी बात पहुँचाई। उनका योगदान भारतीय साहित्य में अमूल्य है। प्रेमचंद का निधन 8 अक्टूबर, 1936 को हुआ।

## कहानी का परिचय

प्रेमचंद की कहानी बड़े 'घर की बेटी' हिंदी साहित्य की एक प्रसिद्ध कहानी है, जो पारिवारिक मूल्यों, आदर्शों और संबंधों की गहराई को दर्शाती है। यह संयुक्त परिवार की संस्कृति और उसमें उत्पन्न होने वाले मतभेदों को समझाने के साथ-साथ क्षमा, सहनशीलता और पारिवारिक एकता का संदेश देती है। कहानी की मुख्य पात्र एक शिक्षित, संस्कारी और समझदार महिला है, जो बड़े घर से आई है और विवाह के बाद साधारण ग्रामीण जीवन को सहजता से अपना लेती है।

इस रचना में प्रेमचंद ने समाज में नारी के सम्मान, पारिवारिक एकता और आपसी रिश्तों में सामंजस्य बनाए रखने के महत्त्व को बहुत ही सहज और प्रभावी ढंग से प्रस्तुत किया है। प्रस्तुत कहानी हमें यह सिखाती है कि पारिवारिक कलह को दूर करने के लिए क्षमा और समझदारी महत्त्वपूर्ण होती है।

## कहानी का उद्देश्य

यह कहानी पारिवारिक एकता, सहनशीलता और मधुर व्यवहार की महत्ता को दर्शाती है। कहानी का उद्देश्य यह समझाना है कि परिवार में आपसी मतभेद और झगड़े सामान्य होते हैं, लेकिन उन्हें प्रेम, धैर्य और समझदारी से सुलझाना चाहिए। मुख्य पात्र के चरित्र के माध्यम से इस कहानी द्वारा यह संदेश दिया गया है कि एक स्त्री अपनी सूझबूझ और संयम से परिवार को एकजुट रखने में महत्त्वपूर्ण भूमिका निभा सकती है।

## कहानी के शीर्षक की सार्थकता

कहानी 'बड़े घर की बेटी' का शीर्षक पूरी तरह सार्थक है। आनंदी एक संभ्रांत परिवार की बेटी होकर भी अपने ससुराल की साधारण परिस्थितियों को सहजता से अपनाती है। जब पारिवारिक झगड़ा होता है, तो वह अपनी समझदारी और क्षमाशीलता से परिवार को टूटने से बचा लेती है। कहानी का शीर्षक दर्शाता है कि 'बड़े घर' का अर्थ केवल संपन्नता नहीं, बल्कि उच्च संस्कार और रिश्तों को संभालने की क्षमता है। आनंदी अपने गुणों से यह सिद्ध करती है कि वह सचमुच 'बड़े घर की बेटी' है।

## संदेश

लेखक कहानी के माध्यम से यह संदेश देना चाहते हैं कि बड़े घर की बेटियाँ वे होती हैं, जो अपनी समझदारी व बड़प्पन से परिवार की एकता को बनाए रखती हैं। अपने उदार दिल के कारण धनी व संपन्न घरों की बेटियाँ एक सामान्य घर के अनुसार स्वयं को ढाल लेती हैं।

## पात्र परिचय व चरित्र चित्रण

**आनंदी** आनंदी उच्च कुल की गुणवती, समझदार, दयालु तथा संतोषी स्त्री है, जिसने ससुराल में विपरीत परिस्थितियों में भी परिवार को एकजुट रखा और विवाद सुलझाया।

**बेनीमाधव सिंह** बेनीमाधव सिंह गौरीपुर के ज़मींदार, जो समझदारी से परिवार के विवादों को सुलझाते हैं और आनंदी के माध्यम से भाइयों के बीच सुलह कराते हैं।

**लालबिहारी सिंह** बेनीमाधव सिंह का छोटा पुत्र, शारीरिक रूप से मजबूत, लेकिन उग्र स्वभाव का युवक है। पश्चाताप करने पर उसने आनंदी से क्षमा माँगी।

**श्रीकंठ सिंह** बेनीमाधव सिंह का बड़ा पुत्र, जो बी. ए. पास था। वह पारंपरिक मान्यताओं का पालन करता था। भाई के कृत्य से क्रोधित हुआ, किंतु बाद में उसे माफ़ कर दिया।

## कहानी का सार

गौरीपुर गाँव के जमींदार बेनीमाधव सिंह के दो पुत्र श्रीकंठ सिंह और लालबिहारी सिंह थे। श्रीकंठ शिक्षित, सुसंस्कृत और सभ्य व्यक्ति हैं, जबकि लालबिहारी शारीरिक रूप से मजबूत, लेकिन शिक्षित न होने के कारण उग्र स्वभाव का है।

श्रीकंठ की पत्नी आनंदी एक संपन्न परिवार से आई हैं। विवाह के बाद उन्होंने साधारण ग्रामीण जीवन को सहजता से अपना लिया। एक दिन दोपहर के समय जब आनंदी भोजन बना चुकी होती है, तभी लालबिहारी आनंदी से मांस पकाने को कहता है। आनंदी पूरा घी मांस में डाल देती हैं, जिससे दाल में घी नहीं रह जाता। इस बात पर लालबिहारी ताना मारता है, जिससे दोनों में वाद-विवाद हो जाता है। गुस्से में आकर लालबिहारी आनंदी पर खड़ाऊँ फेंक देता है, जिससे आनंदी आहत हो जाती हैं।

श्रीकंठ शहर में नौकरी करने के कारण शनिवार को घर आते थे। शनिवार की शाम जब श्रीकंठ घर आए, तो लालबिहारी ने आनंदी की शिकायत की व बेनीमाधव ने भी लालबिहारी की बात का समर्थन किया, किंतु जब आनंदी ने श्रीकंठ को सारी सत्य घटना बताई, तो वे अत्यंत क्रोधित गए और निर्णय लेते हैं कि अब वे लालबिहारी के साथ एक घर में नहीं रह सकते। इस बात पर परिवार में तनाव बढ़ जाता है। लालबिहारी ग्लानि और शर्मिंदगी के कारण घर छोड़ने का निर्णय लेता है। आनंदी अपने उदार और क्षमाशील स्वभाव के कारण उसे रोकने का प्रयास करती है। अंततः वह लालबिहारी को रोक लेती है और श्रीकंठ को समझाकर परिवार को टूटने से बचा लेती है। बेनीमाधव यह सब देखकर अत्यंन प्रसन्न होते हैं और आनंदी की प्रशंसा करते हुए कहते हैं कि 'बड़े घर की बेटियाँ ऐसी ही होती हैं।'

### शब्दार्थ

**पितामह** *दादा;* **कुटुंब** *परिवार, कुनबे से संबंधित;* **बाट** *मार्ग, रास्ता;* **ताल्लुकेदार** *जमींदार, भूमिपति;* **टीम-टाम** *बनाव श्रृंगार;* **किफायत** *बचत;* **खड़ाऊँ** *लकड़ी की बनी खुली खूँटीदार पादुका;* **गुमान** *घमंड;* **उपद्रव** *उत्पात, अशांति;* **त्योरी चढ़ाई** *क्रोध आ गया;* **शऊर** *सलीका;* **ग्लानि** *अपनी गलती का अहसास होना;* **उदारता** *विशाल हृदय;* **असहय** *न सहने योग्य;* **कलह** *लड़ाई, झगड़ा;* **वृत्तांत** *बीती बात का वर्णन;* **उद्विग्नता** *व्याकुल चिंतित।*

# एग्ज़ाम पैटर्न प्रश्न (10 अंक)

*निम्नलिखित गद्यांशों को पढ़कर और उसके नीचे दिए गए प्रश्नों के उत्तर हिंदी में लिखिए।*

**Q.1** **"दशहरे के दिनों में वे बड़े उत्साह से रामलीला में सम्मिलित होते और स्वयं किसी-न-किसी पात्र का अभिनय करते थे। प्राचीन सभ्यता का गुणगान उनकी प्रकृति का प्रधान अंग था। सम्मिलित कुटुंब के तो वे एकमात्र उपासक थे।"**

(i) **श्रीकंठ सिंह और उनकी पत्नी के बीच किस विषय में मतभेद था और उसकी क्या वजह थी? (2)**

उत्तर श्रीकंठ सिंह और उनकी पत्नी के बीच पारिवारिक व्यवस्थाओं को लेकर मतभेद थे। श्रीकंठ सिंह संयुक्त परिवार प्रणाली के समर्थक थे और इसे जाति और देश के लिए आवश्यक मानते थे। उनकी पत्नी भी संयुक्त परिवार के विरोध में नहीं थी, लेकिन उनका मानना था कि यदि लगातार कलह हो, तो अलग रहना बेहतर होता है।

(ii) **गाँव की स्त्रियाँ श्रीकंठ की निंदा क्यों करती थीं? क्या यह उस समय महिलाओं की बदलती स्थिति को दर्शाता है? (2)**

उत्तर गाँव की स्त्रियाँ श्रीकंठ की निंदा इसलिए करती थीं, क्योंकि वे संयुक्त परिवार व्यवस्था के कट्टर समर्थक थे और महिलाओं के अलग रहने के विचार का विरोध करते थे।

हाँ, यह उस समय महिलाओं की बदलती सामाजिक स्थिति और उनकी स्वतंत्रता की बढ़ती चेतना को दर्शाता है। महिलाएँ अधिक आत्मनिर्भर बन रही थीं, जो पारंपरिक मान्यताओं से टकराव का कारण बन रहा था।

(iii) **श्रीकंठ सिंह की पाश्चात्य प्रथाओं के प्रति नकारात्मकता और रामलीला में उनकी सहभागिता से उनके सामाजिक दृष्टिकोण को स्पष्ट कीजिए। (3)**

उत्तर श्रीकंठ सिंह पाश्चात्य संस्कृति के विरोधी और भारतीय परंपराओं के कट्टर समर्थक थे। वे रामलीला में उत्साहपूर्वक भाग लेते थे, जो उनकी सांस्कृतिक जागरूकता और परंपराओं से जुड़ाव को दर्शाता है। इससे स्पष्ट होता है कि वे भारतीय संस्कृति और संयुक्त परिवार व्यवस्था को संरक्षित करने के पक्षधर थे।

(iv) **लालबिहारी सिंह और श्रीकंठ सिंह के व्यक्तित्व में शारीरिक, शैक्षणिक और मानसिक दृष्टि से क्या अंतर था? इससे उस समय के समाज की सोच का क्या संकेत मिलता है? (3)**

उत्तर श्रीकंठ सिंह शारीरिक रूप से कमज़ोर और बी.ए. डिग्री धारक थे। वे विचारों से पारंपरिक और शिक्षित थे, लेकिन उनका शारीरिक स्वास्थ्य अच्छा नहीं था। इसके विपरीत, लालबिहारी सिंह बलशाली, स्वस्थ और आकर्षक व्यक्तित्व के थे, लेकिन उनकी शैक्षणिक स्थिति का विशेष उल्लेख नहीं है। यह अंतर उस समय की सामाजिक सोच को दर्शाता है, जहाँ शिक्षा को मानसिक विकास और शारीरिक बल को बाहरी प्रभाव का प्रतीक माना जाता था।

**Q.2** **"विशाल भवन, एक हाथी, तीन कुत्ते, झाड़-फानूस, आनरेरी मजिस्ट्रेटी और ऋण, जो एक प्रतिष्ठित ताल्लुकेदार के योग्य पदार्थ हैं, सभी यहाँ विद्यमान थे। नाम था भूपसिंह।"**

(i) **आनंदी के परिवार की सामाजिक और आर्थिक स्थिति का वर्णन कीजिए। उनके पिता भूपसिंह का व्यक्तित्व कैसा था? (2)**

उत्तर आनंदी एक उच्च कुल की लड़की थी। उसके पिता भूपसिंह एक छोटे ताल्लुकेदार थे। उनके पास एक विशाल भवन, हाथी, तीन कुत्ते, झाड़-फानूस और आनरेरी मजिस्ट्रेटी थी। हालाँकि वे ऋण में भी डूबे हुए थे, जो उनकी आर्थिक स्थिति को कमज़ोर दर्शाता है। भूपसिंह उदार और प्रतिभाशाली थे, लेकिन पुत्र न होने के कारण वे मानसिक रूप से दुःखी रहते थे।

(ii) **श्रीकंठ और भूपसिंह के मूल्यों की तुलना करते हुए स्पष्ट कीजिए कि दोनों पात्र किस प्रकार भिन्न या समान हैं? (2)**

उत्तर भूपसिंह भौतिक संपन्नता और पारिवारिक प्रतिष्ठा को बनाए रखने के पक्षधर थे, जबकि श्रीकंठ सिंह सरल और पारंपरिक जीवन जीने में विश्वास रखते थे। दोनों ही नैतिक मूल्यों और संस्कारों को महत्त्व देते थे, लेकिन उनकी जीवनशैली भिन्न थी।

(iii) **भूपसिंह और आनंदी के चरित्रों के आधार पर बताइए कि परिवार की प्रतिष्ठा और व्यक्तिगत सुख के बीच संतुलन कैसे स्थापित किया जा सकता है? (3)**

उत्तर भूपसिंह ने परिवार की प्रतिष्ठा बनाए रखते हुए भी आनंदी के सुख को प्राथमिकता दी। उन्होंने साधारण परिवार में विवाह करवाकर दिखाया कि नैतिक मूल्यों और संस्कारों को प्राथमिकता देना अधिक महत्त्वपूर्ण है। आनंदी ने भी व्यक्तिगत सुखों का त्याग कर परिवार के साथ सामंजस्य बनाया।

(iv) **भूपसिंह ने श्रीकंठ को अपने दामाद के रूप में क्यों चुना ? यह निर्णय उस समय के सामाजिक मूल्यांकन के संदर्भ में कैसे विश्लेषित किया जा सकता है? (3)**

उत्तर भूपसिंह ने श्रीकंठ सिंह को आनंदी का वर इसलिए चुना, क्योंकि वे उनके सरल और संस्कारी व्यक्तित्व से प्रभावित थे। वे नहीं चाहते थे कि विवाह में अत्यधिक खर्च और ऋण का बोझ बढ़े। इसके अतिरिक्त, भूपसिंह के लिए नैतिकता और संस्कार, आर्थिक संपन्नता से अधिक महत्त्वपूर्ण थे।

**Q.3** **"जिस तरह सूखी लकड़ी जल्दी से जल उठती है, उसी तरह क्षुधा से बावला मनुष्य ज़रा-ज़रा सी बात पर तिनक जाता है। लालबिहारी को आवाज़ की ढिठाई बहुत बुरी मालूम हुई। तिनककर बोला मायके में तो जैसे घी की नदी बहती हो।"**

(i) **लालबिहारी कौन था? लालबिहारी के व्यवहार से उसकी कौन-सी मानसिक अवस्था प्रकट होती है? (2)**

**उत्तर** लालबिहारी, बेनीमाधव सिंह का छोटा बेटा व आनंदी का देवर था। लालबिहारी का व्यवहार उसकी भूख और क्रोध की चरम अवस्था को दर्शाता है। वह भूख से परेशान होकर छोटी-छोटी बातों पर तिनक अर्थात् क्रोधित हो जाता है, जिससे उसकी असंयमित और आक्रामक प्रवृत्ति उजागर होती है।

(ii) **प्रस्तुत पाठ का मुख्य संदेश क्या है? इससे पाठक को क्या नैतिक शिक्षा मिलती है?** **(2)**

**उत्तर** प्रस्तुत पाठ का मुख्य संदेश है कि पारिवारिक विवादों में संयम और समझदारी आवश्यक होती है। क्रोध और अहंकार से रिश्ते बिगड़ सकते हैं। इससे पाठक को यह नैतिक शिक्षा मिलती है कि परिवार में संवाद, सहनशीलता और सम्मान ज़रूरी है। क्रोध और अहंकार पारिवारिक संबंधों को खराब कर सकते हैं।

(iii) **'जिस तरह सूखी लकड़ी जल्दी से जल उठती है'- इस उपमा का अर्थ स्पष्ट कीजिए। सूखी लकड़ी की तुलना किससे की गई है? लालबिहारी के क्रोध का क्या कारण था?** **(3)**

**उत्तर** इस उपमा का अर्थ है कि जैसे सूखी लकड़ी हल्की-सी चिंगारी से तुरंत जल उठती है, उसी प्रकार भूख और क्रोध की स्थिति में मनुष्य छोटी-छोटी बातों पर जल्दी क्रोधित हो जाता है। सूखी लकड़ी की तुलना भूख से पीड़ित लालबिहारी से की गई है। लालबिहारी जब खाना खाने बैठा, तो उसे दाल में घी न मिला। पूछने पर पता चला कि घी तो खत्म हो गया है। इसी कारण लालबिहारी को गुस्सा आ गया।

(iv) **"स्त्री गालियाँ सह लेती हैं, पर उससे मायके की निंदा नहीं सही जाती।" इसका भावार्थ स्पष्ट करें। आनंदी ने अपने मायके का उल्लेख क्यों किया? उसने क्रोध के बावजूद संयम क्यों रखा?** **(3)**

**उत्तर** यह कथन स्त्री के आत्मसम्मान और उसके मूल परिवार के प्रति उसके जुड़ाव को दर्शाता है। एक स्त्री अपने अपमान या शारीरिक कष्ट को सहन कर सकती है, लेकिन अपने मायके और परिवार की निंदा को सहन नहीं कर सकती। आनंदी ने अपने मायके का उल्लेख आत्मसम्मान और प्रतिष्ठा की रक्षा के लिए किया। उसने क्रोध के बावजूद संयम इसलिए रखा, क्योंकि वह एक संस्कारी स्त्री थी। वह पति के सम्मान और गृहस्थी की मर्यादा को तोड़ना नहीं चाहती थी।

**Q.4** **आनंदी की त्यौरियों पर बल पड़ गए, झुंझलाहट के मारे बदन में ज्वाला-सी दहक उठी। बोली "जिसने तुमसे यह आग लगाई है, उसे पाउँ तो मुँह झुलस दूँ।"** **[ICSE 2018]**

(i) **आनंदी की त्यौरी क्यों चढ़ी हुई थी? वह किसका इंतज़ार कर रही थी?** **(2)**

**उत्तर** लालबिहारी से झगड़े के बाद आनंदी दो दिन तक कोपभवन में रही। उसने कुछ खाया-पीया नहीं। दो दिन बाद जब श्रीकंठ घर आए और आनंदी से झगड़े के बारे में पूछा, तो आनंदी की त्यौरी चढ़ गई। वह अपने पति श्रीकंठ की प्रतीक्षा कर रही थी।

(ii) **श्रीकंठ सिंह ने आनंदी से क्या जानना चाहा? वह किस बात से अनजान था?** **(2)**

**उत्तर** श्रीकंठ सिंह ने आनंदी से उसके क्रोध का कारण जानना चाहा, क्योंकि श्रीकंठ सिंह घर में नहीं थे। वे शनिवार को ही घर आया करते थे, इसलिए उनको घर में हुए झगड़े का पता नहीं था।

(iii) **इससे पहले लालबिहारी और बेनीमाधव सिंह श्रीकंठ सिंह से क्या कह चुके थे?** **(3)**

**उत्तर** लालबिहारी ने श्रीकंठ से कहा कि भैया आप भाभी को समझा लीजिए कि मुँह सँभालकर बात करें, कभी-कुछ अनर्थ हो जाएगा। तभी बेनीमाधव सिंह ने लालबिहारी की बात को सही मानते हुए कहा कि घर की बहू-बेटियों का यह स्वभाव अच्छा नहीं कि वे मर्दों के मुँह लगें।

(iv) **आनंदी से घटना का हाल जानकर श्रीकंठ सिंह को कैसा लगा? उन्होंने अपने पिता से क्या कहा?** **(3)**

**उत्तर** आनंदी से घटना का हाल जानकर श्रीकंठ की आँखें लाल हो गईं अर्थात् उन्हें क्रोध आ गया, जबकि श्रीकंठ सिंह को कदाचित ही क्रोध आता था। उन्होंने अपने पिता से कहा कि अब इस घर में मेरा निर्वाह नहीं होगा। मैं लालबिहारी की दुष्टता को नहीं सह सकता। हम दोनों में से एक ही इस घर में रह सकता है। आपको जो अधिक प्यारा हो, वह घर में रहे और दूसरे को जाने दें।

**Q.5** **"मेरे ही समझाने-बुझाने से इस गाँव के कई घर सँभल गए, पर जिस स्त्री की मान-प्रतिष्ठा का मैं ईश्वर के दरबार में उत्तरदाता हूँ, उसके प्रति ऐसा घोर अन्याय और पशुवत व्यवहार असह्य है। आप सच मानिए, मेरे लिए यही कुछ कम नहीं है कि लालबिहारी को कुछ दंड नहीं दिया।"** **[ICSE Specimen 2017]**

(i) **उपर्युक्त कथन किसने किससे कहा है?** **(2)**

**उत्तर** प्रस्तुत कथन श्रीकंठ सिंह ने अपने पिता बेनीमाधव सिंह से कहा। यह उन्होंने तब कहा, जब बेनीमाधव अपने छोटे बेटे लालबिहारी का पक्ष लेते हुए कहते हैं कि लालबिहारी तो नादान है। वह नासमझ है, उसकी गलती है सजा दे दो, किंतु यह कहना कि मैं लालबिहारी को अपना भाई नहीं समझता उचित नहीं है।

(ii) **वक्ता के लिए कौन-सी बात असह्य थी तथा क्यों?** **(2)**

**उत्तर** श्रीकंठ के लिए लालबिहारी द्वारा आनंदी के साथ किया गया व्यवहार व अन्याय असह्य था। वक्ता अर्थात् श्रीकंठ सिंह हिंदू सभ्यता के पक्षधर थे। हिंदू परिवारों के संयुक्त रूप को स्वीकार करते थे। वे स्त्रियों के प्रति अन्याय को सहन नहीं कर सकते थे। वे अपने जीवन में स्त्रियों की मान-प्रतिष्ठा को विशेष महत्त्व देते थे। अतः स्त्रियों के प्रति होता घोर अन्याय और पशुवत व्यवहार उनके लिए असह्य था।

(iii) **वक्ता ईश्वर के दरबार में किस बात के लिए उत्तरदाता है और क्यों?** **(3)**

**उत्तर** वक्ता ईश्वर के दरबार में उस स्त्री की मान-प्रतिष्ठा का उत्तरदाता है, जिससे उसका विवाह हुआ है। वह हर परिस्थिति में अपने सिद्धांतों की रक्षा करता है, स्त्रियों पर होते अत्याचार का विरोध करता है तथा स्त्रियों के प्रति होते अत्याचारों का विरोध करते हुए वह अपने सिद्धांतों को प्रकट करने में भी झिझकता नहीं है। वह अपने स्वभाव के अनुसार गाँवों के अन्य परिवारों को भी कलह से बचाता है, उन्हें जोड़ने का प्रयास करता है।

(iv) **वक्ता के प्रस्तुत कथन से उसके चरित्र की किन-किन विशेषताओं का पता चलता है? उदाहरण सहित स्पष्ट कीजिए।** **(3)**

**उत्तर** 'श्रीकंठ सिंह' इस कहानी का प्रमुख पात्र है, जो एक परिश्रमी और सिद्धांतवादी युवक है। वह पढ़े-लिखे युवकों का प्रतिनिधित्व करता है और

अपनी सभ्यताओं और मूल्यों के प्रति जागरूक है। श्रीकंठ का अहंकार भी दिखता है, लेकिन वह अपने सिद्धांतों से समझौता नहीं करता।

उदाहरण के रूप में, जब वह अपने भाई के द्वारा किए गए अत्याचार का विरोध करता है, तो अपने पिता से कहता है, "लालबिहारी को मैं अपना भाई नहीं समझता।" यह वाक्य उसकी निडरता और अपने सिद्धांतों की रक्षा करने की दृढ़ता को दर्शाता है।

**अन्य संभावित प्रश्न**

(i) **बेनीमाधव के यह कहने पर कि 'स्त्रियाँ घर का नाश कर देती हैं, उन्हें सिर चढ़ाना अच्छा नहीं है' का श्रीकंठ क्या उत्तर देते हैं?** **(2)**

उत्तर बेनीमाधव के कथन का उत्तर देते हुए श्रीकंठ कहता है कि मैं मूर्ख नहीं हूँ। मेरे ही समझाने-बुझाने से इस गाँव में कई घर सँभल गए हैं। इससे स्पष्ट होता है कि वह अपनी पत्नी को अच्छे से जानता था कि बिना कारण आनंदी लड़ाई-झगड़ा नहीं करेगी।

(ii) **"लालबिहारी को मैं अपना भाई नहीं समझता।" इस वाक्य का महत्त्व क्या है? श्रीकंठ सिंह की प्रतिक्रिया का क्या कारण माना जा सकता है?** **(3)**

उत्तर यह वाक्य श्रीकंठ सिंह के सिद्धांतों को स्पष्ट करता है, जिसमें वे मानते हैं कि समाज और परिवार के मानकों का उल्लंघन करने वाले को रिश्तेदार के रूप में स्वीकार नहीं किया जा सकता। वे लालबिहारी के क्रूर व्यवहार के कारण अपने सिद्धांतों को प्राथमिकता देते हुए पारिवारिक संबंधों को नकारने में संकोच नहीं करते। श्रीकंठ सिंह की प्रतिक्रिया उनके नैतिक दृष्टिकोण से प्रेरित है, क्योंकि वे नारी के सम्मान का उल्लंघन सहन नहीं करते और इसे समाज के नैतिक मूल्यों का उल्लंघन मानते हैं।

**Q.6 बेनीमाधव सिंह पुराने (अनुभवी) आदमी थे। इन भावों को ताड़ गए। उन्होंने निश्चय किया कि चाहे कुछ भी क्यों न हो, इन द्वेषियों को ताली बजाने का अवसर न दूँगा। तुरंत कोमल शब्दों में बोले "बेटा, मैं तुमसे बाहर नहीं हूँ। तुम्हारा जो जी चाहे करो, अब तो लड़के से अपराध हो गया।"** **[ICSE 2024]**

(i) **कथन के वक्ता एवं श्रोता का परिचय दीजिए।** **(2)**

उत्तर प्रस्तुत कथन में वक्ता बेनीमाधव सिंह हैं, जो पुराने विचार वाले एक अनुभवी व्यक्ति हैं तथा अपने परिवार को टूटने से बचाने के लिए किसी भी हद तक जाने को तैयार हैं।

दिए गए कथन में श्रोता श्रीकंठ सिंह, बेनीमाधव के बड़े पुत्र व आनंदी के पति हैं। वे पढ़े-लिखे एवं आधुनिक विचारों वाले व्यक्ति हैं, लेकिन क्रोधवश कभी-कभी गलत निर्णय भी ले लेते हैं।

(ii) **'इन भावों को ताड़ गए' कथन किस संदर्भ में कहा गया है? श्रोता ने उसे क्यों नहीं समझा था? स्पष्ट कीजिए।** **(2)**

उत्तर 'इन भावों को ताड़ गए' कथन उन कुटिल लोगों के बारे में कहा गया है, जो पिता-पुत्र के विवाद को सुनने के लिए आ बैठे थे। वे लोग इस स्थिति का आनंद ले रहे थे। श्रोता श्रीकंठ सिंह इस बात को नहीं समझ पाया, क्योंकि उसे केवल अपने छोटे भाई लालबिहारी से गुस्सा था, जो उसकी पत्नी का अपमान कर चुका था।

(iii) **किस लड़के से तथा कौन-सा अपराध हो गया था और क्यों? समझाकर लिखिए।** **(3)**

उत्तर अपराध लालबिहारी से हुआ था। उसने अपनी भाभी आनंदी के साथ क्रूरता और अविवेकपूर्ण व्यवहार किया था। घी के विषय में विवाद होने पर उसने आनंदी पर गुस्से में खड़ाऊँ फेंकी, जिससे उसकी उंगली पर चोट लग गई। यह केवल शारीरिक हिंसा ही नहीं, बल्कि मानसिक क्रूरता भी थी, जिसे श्रीकंठ सिंह ने गंभीर अपराध माना।

(iv) **क्या श्रोता ने अपराध के लिए माफ़ किया? श्रोता का हृदय- परिवर्तन कराने में कौन, किस प्रकार सहायक था?** **(3)**

उत्तर श्रीकंठ सिंह ने लालबिहारी के अपराध को माफ़ कर दिया। उनका हृदय-परिवर्तन कराने में उनकी पत्नी आनंदी सहायक थी। जब लालबिहारी घर छोड़ने की धमकी दे रहा था, तो आनंदी ने उसे समझाया और सौगंध लेकर श्रीकंठ से कहा कि वह उसे माफ़ कर दे। आनंदी की समझदारी और बुद्धिमानी से श्रीकंठ का गुस्सा शांत हुआ और उन्होंने लालबिहारी को माफ़ कर दिया।

**Q.7 'जिस समय लालबिहारी सिर झुकाए आनंदी के द्वार पर खड़ा था, उसी समय श्रीकंठ सिंह भी आँखें लाल किए बाहर से आए। भाई ने देखा तो घृणा से आँखें फेर लीं और कतराकर निकल गए, मानो उसकी परछाईं से दूर भागना चाहते हैं।'**

(i) **श्रीकंठ की प्रतिक्रिया से क्या पता चलता है? वह किस प्रकार के सिद्धांतों का पालन करता है?** **(2)**

उत्तर श्रीकंठ की प्रतिक्रिया से यह पता चलता है कि वह नैतिकता और सिद्धांतों के प्रति प्रतिबद्ध है। वह अपने भाई के गलत कार्यों का विरोध करता है और उन कार्यों से घृणा करता है। श्रीकंठ अपने सिद्धांतों को प्रत्येक स्थिति में बनाए रखता है और इसका उदाहरण है– उसका लालबिहारी से घृणा करना, क्योंकि वह अपनी नैतिकता से समझौता नहीं करना चाहता।

(ii) **'आँखें लाल किए' और 'आँखें फेर लीं' वाक्यांशों के माध्यम से लेखक ने दोनों पात्रों की मानसिक स्थिति और भावनाओं को किस प्रकार उजागर किया है?** **(2)**

उत्तर 'आँखें लाल किए' से श्रीकंठ की उत्तेजना और गुस्से को व्यक्त किया गया है, जो वह लालबिहारी के गलत कार्यों को लेकर महसूस करता है। वहीं, 'आँखें फेर लीं' से यह व्यक्त होता है कि लालबिहारी अपने कृत्यों के प्रति शर्मिंदा है और वह श्रीकंठ से न केवल बचना चाहता है, बल्कि उसकी घृणा से भी दूर रहना चाहता है। दोनों वाक्यांशों से दोनों पात्रों की मानसिक स्थिति और भावनात्मक संघर्ष का संकेत मिलता है।

(iii) **श्रीकंठ सिंह ने लालबिहारी से क्यों घृणा की? लेखक के इस विवरण के माध्यम से समाज में बुरे कार्यों के प्रति घृणा और अस्वीकृति की भावना को कैसे चित्रित किया गया है?** **(3)**

उत्तर श्रीकंठ ने लालबिहारी से घृणा की, क्योंकि वह अपने भाई के द्वारा किए गए गलत कार्यों और अत्याचारों को स्वीकार नहीं कर सकता था। लेखक ने इस विवरण के माध्यम से यह दिखाया है कि समाज में बुरे कार्यों; जैसे– अत्याचार और अनैतिकता के प्रति घृणा और अस्वीकृति की भावना होनी चाहिए। स्त्रियों की उपेक्षा व अपमान जैसी बातों को बिलकुल भी बढ़ावा नहीं देना चाहिए।

(iv) **लालबिहारी और श्रीकंठ सिंह के बीच इस दृश्य में जो विरोधाभास दिख रहा है, क्या वह प्रतीकात्मक है? क्या यह उनके व्यक्तिगत या सामाजिक दृष्टिकोण में अंतर को दर्शाता है?** **(3)**

**उत्तर** यह दृश्य एक विरोधाभास को दर्शाता है, जिसमें श्रीकंठ अपने सिद्धांतों और नैतिकता पर ज़ोर देता है, जबकि वह लालबिहारी के कार्यों से घृणा करता है। यह उनके व्यक्तिगत दृष्टिकोण में अंतर को भी दर्शाता है। श्रीकंठ सच्चाई और न्याय के पक्ष में खड़ा होता है, जबकि लालबिहारी अपने गलत कार्यों को छिपाने की कोशिश करता है। यह सामाजिक दृष्टिकोण में भी अंतर को दिखाता है, जिसमें श्रीकंठ समाज में अच्छा और सच्चा आचरण चाहता है, जबकि लालबिहारी समाज की मर्यादाओं को तोड़ता है

**Q.8 बेनीमाधव सिंह बाहर से आ रहे थे। दोनों भाइयों को गले मिलते देखकर आनंद से पुलकित हो गए। बोल उठे, ''बड़े घर की बेटियाँ ऐसी ही होती हैं, बिगड़ता हुआ काम बना लेती हैं।''**

(i) **लालबिहारी जब घर छोड़कर जाने लगा, तो आनंदी ने क्या किया व क्यों?** **(2)**

**उत्तर** जब लालबिहारी घर छोड़कर जाने लगा, तो आनंदी ने बाहर आकर उसका हाथ पकड़ लिया और उसे घर न छोड़ने की कसम दी। आनंदी ने ऐसा इसलिए किया, क्योंकि उसका क्रोध शांत हो गया था। वह दयालु स्वभाव की थी और घर को तोड़ने की बजाए जोड़ने में विश्वास रखती थी।

(ii) **दोनों भाई गले क्यों मिले?** **(2)**

**उत्तर** श्रीकंठ व लालबिहारी दोनों भाई थे। लालबिहारी द्वारा क्षमा माँगे जाने से श्रीकंठ का हृदय पिघल गया और उनका झगड़ा शांत हो गया और जब दोनों भाइयों की सुलह हो गई, तो उन्होंने एक-दूसरे को गले लगा लिया।

(iii) **'बड़े घर की बेटी' किसे कहा गया है व क्यों?** **(3)**

**उत्तर** 'बड़े घर की बेटी' बेनीमाधव ने आनंदी को कहा है, क्योंकि उसी के कारण आज दोनों भाइयों के बीच झगड़ा सुलझा है व उसने झगड़े को समाप्त करके बिगड़े हुए काम को बना दिया था। बेनीमाधव आनंदी की प्रशंसा करते हुए कहते हैं कि 'बड़े घर की बेटियाँ' ऐसी ही होती हैं, जो बिगड़ता हुआ काम बना लेती हैं।

(iv) **आनंदी द्वारा हाथ पकड़ने पर लालबिहारी ने क्या कहा?** **(3)**

**उत्तर** आनंदी ने जब लालबिहारी का हाथ पकड़कर रोका, तो लालबिहारी ने पीछे मुड़कर देखा और आँखों में आँसू भरे बोला–''मुझे जाने दो।'' आनंदी के कहने पर कि कहाँ जाते हो, तो उसने उत्तर दिया, जहाँ कोई मेरा मुँह न देखे। मैं तुम लोगों के साथ रहने योग्य नहीं हूँ। इस पर आनंदी ने लालबिहारी को अपनी सौगंध दी और कहा कि ईश्वर की कसम तुम्हारे प्रति मेरे मन में जरा भी मैल नहीं है।

# 7

# संदेह

**जयशंकर प्रसाद**

## लेखक का परिचय

जयशंकर प्रसाद का जन्म 1889 ई. में काशी के एक प्रतिष्ठित वैश्य परिवार में हुआ। वे हिंदी, संस्कृत, उर्दू, फारसी और अंग्रेज़ी भाषा के ज्ञाता थे। प्रारंभ में वे ब्रज भाषा में लिखते थे तथा बाद में उन्होंने खड़ी बोली को अपनाया। उन्होंने कविता, नाटक, उपन्यास और निबंधों में योगदान दिया। उनके प्रसिद्ध नाटक अजातशत्रु, चंद्रगुप्त और ध्रुवस्वामिनी हैं। कामायनी, आँसू, लहर और झरना उनकी प्रमुख काव्य रचनाएँ हैं। वे भारतीय संस्कृति और देशभक्ति के कवि थे। वर्ष 1937 में उनका निधन हो गया।

## कहानी का परिचय

'संदेह' कहानी जयशंकर प्रसाद द्वारा लिखित एक मनोवैज्ञानिक कथा है, जिसमें संदेह, भ्रम और मानवीय भावनाओं की गहराई को दर्शाया गया है। यह कहानी मुख्य रूप से तीन पात्रों के इर्द-गिर्द घूमती है।

कहानी में दिखाया गया है कि कैसे परिस्थितियाँ और अधूरी जानकारियाँ व्यक्ति के मन में संदेह उत्पन्न कर देती हैं, जिससे वह सही और गलत का भेद नहीं कर पाता। इसमें एक संवेदनशील व्यक्ति है, जो अपने पुराने अनुभवों और भावनात्मक उलझनों के कारण मानसिक द्वंद्व का शिकार हो जाता है। कहानी में स्त्री पात्र मनोरमा के जीवन में भी संदेह और पीड़ा है, क्योंकि उसका पति उसके चरित्र पर संदेह करता है। इस कहानी में एक विधवा पात्र श्यामा है, जो दृढ़ता और समझदारी का प्रतीक है। वह रामनिहाल को संदेह के दुष्चक्र से निकालकर सही मार्ग दिखाती है।

## कहानी का उद्देश्य

प्रस्तुत कहानी का उद्देश्य यह है कि संदेह और अविश्वास मानव मन को भ्रमित करके रिश्तों में दरार डाल सकते हैं। कहानी यह सिखाती है कि विश्वास और समझदारी से समस्याओं का समाधान संभव है। श्यामा के द्वारा यह दर्शाया गया है कि धैर्य और विवेक से संदेह को दूर किया जा सकता है। कहानी यह भी बताती है कि आत्मविश्लेषण और समझदारी से व्यक्ति सही निर्णय ले सकता है।

## कहानी के शीर्षक की सार्थकता

कहानी का शीर्षक 'संदेह' पूरी कहानी की विषय-वस्तु और विचारधारा से पूर्ण रूप से मेल खाता है। रामनिहाल के मन में संदेह उत्पन्न होता है, जो उसे वास्तविकता और भ्रम के बीच उलझा देता है। उसकी शंका और भ्रम उसकी मानसिक स्थिति को प्रभावित करते हैं, जिससे वह सही निर्णय नहीं ले पाता। श्यामा के द्वारा उसे यह समझाया जाता है कि संदेह और अविश्वास रिश्तों और जीवन में गलतफहमियाँ उत्पन्न कर सकते हैं। अतः यह शीर्षक संदेह की भूमिका और उसकी नकारात्मकता को उजागर करता है, जो अंत में समझदारी और विश्वास से दूर किया जाता है।

## संदेश

कहानी के माध्यम से लेखक यह संदेश देना चाहते हैं कि मनुष्य को व्यर्थ के संदेह से बचना चाहिए, क्योंकि उनसे भ्रम की स्थिति उत्पन्न होती है, जो रिश्तों में कड़वाहट उत्पन्न कर जीवन को तनावपूर्ण बनाती है। अत: इससे सदैव बचना चाहिए और गलतफहमियों को मन में स्थान नहीं देना चाहिए।

## पात्र परिचय व चरित्र चित्रण

**रामनिहाल** रामनिहाल महत्त्वाकांक्षी और अस्थिर मन वाला व्यक्ति है, जो श्यामा के घर किराए पर रहता है। मनोरमा की सहायता के लिए लिखे पत्रों से वह संदेह करने लगता है कि मनोरमा उसे प्रेम करती है। वह श्यामा को अपना शुभचिंतक मानता है।

**श्यामा** श्यामा एक आदर्श और बुद्धिमान विधवा है। वह रामनिहाल को संदेह से उबारने के लिए वह उसे समझाती है और मनोरमा की सहायता करने भेजती है।

**मनोरमा** मनोरमा सुंदर और सुशील महिला है। उसका पति मोहन बाबू संदेह करता है कि वह उनके दूर के रिश्तेदार ब्रजकिशोर के साथ मिलकर संपत्ति का प्रबंधक बनने के लिए उसे पागल बनाना चाहती है, इसलिए वह रामनिहाल से सहायता माँगती है।

**मोहन बाबू** मोहन बाबू भावुक और संवेदनशील व्यक्ति है। वह संदेह के कारण मानसिक रूप से परेशान रहता है। उसकी स्थिति दयनीय है, वह स्वयं कहता है कि संसार की विश्वासघात की ठोकरों ने मेरे हृदय को विक्षिप्त बना दिया है।

## कहानी का सार

रामनिहाल नामक युवक श्यामा नाम की विधवा के घर रहता था। एक दिन वह अपना सामान बाँधते हुए एक लिफ़ाफ़े में रखे चित्र को देखकर रोने लगता है। श्यामा द्वारा कारण पूछे जाने पर वह बताता है कि उसे श्यामा के घर में स्नेह और परिवार जैसी अनुभूति मिली थी, लेकिन अब उसे यह घर छोड़ना होगा।

रामनिहाल ने अपने सहकर्मी ब्रजकिशोर के कहने पर कार्तिक पूणिमा की रात एक दंपति-मोहन बाबू और उनकी पत्नी मनोरमा को गंगा में बजरे की सवारी करवाई। मोहन बाबू को अपनी पत्नी पर संदेह था कि वह ब्रजकिशोर के साथ मिलकर उसे पागल बनाने की साजिश रच रही है। बाद में पता चला कि वास्तव में ब्रजकिशोर ही मोहनलाल को पागल साबित कर उसकी संपत्ति हड़पना चाहता था। मनोरमा ने रामनिहाल से सहायता माँगी, जिससे वह उलझन में पड़ गया कि वह उससे प्रेम करती है या केवल सहायता चाहती है।

श्यामा ने उसे समझाया कि संदेह और भ्रम से मुक्त होकर उसे मनोरमा की सहायता करनी चाहिए। अंत में रामनिहाल अपने मन की शंका दूर कर नहाने चला जाता है, जो आत्मशुद्धि का प्रतीक है।

### शब्दार्थ

**निर्झरिणी** *नदी;* **विस्मृत** *भूला हुआ;* **प्रतिबिंब** *प्रतिच्छाया, परछाईं;* **वैधव्य** *विधवापन;* **अवलंब** *सहारा;* **उत्तराधिकार** *विरासत, बाप-दादा की संपत्ति का हक;* **मृग मरीचिका** *ऐसी तृष्णा जो संभव न हो;* **बजरा** *बड़ी नाव;* **निःश्वास** *गहरी साँस;* **विक्षिप्त** *परेशान;* **निश्चेष्ट** *जिसमें हलचल न हो,* **संखिया** *एक विष;* **ऊभ-चुभ** *आशा और निराशा की अवस्था;* **उपहास** *मज़ाक उड़ाना;* **अवाक्** *मौन, न बोल सकने वाला;* **दुश्चरित्रा** *बुरे चरित्र वाली स्त्री।*

# एग्जाम पैटर्न प्रश्न (10 अंक)

***निम्नलिखित गद्यांशों को पढ़िए और उसके नीचे दिए गए प्रश्नों के उत्तर हिंदी में लिखिए।***

**Q.1** **"भारत के भिन्न-भिन्न प्रदेशों में छोटा-मोटा व्यवसाय, नौकरी और पेट पालने की सुविधाओं को खोजता हुआ जब तुम्हारे घर आया, तो मुझे विश्वास हुआ कि मैंने घर पाया।"** **[ICSE 2023]**

(i) **'मैं' शब्द का प्रयोग किसके लिए किया गया है? यहाँ वक्ता किसके घर की बात कर रहा है?** **(2)**

उत्तर प्रस्तुत गद्यांश में 'मैं' शब्द का प्रयोग रामनिहाल के लिए किया गया है। रामनिहाल एक शिक्षित युवक था, परंतु नौकरी की तलाश में वह इधर-उधर भटक रहा था। यहाँ वक्ता श्यामा के घर की बात कर रहा है।

(ii) **वक्ता अपना घर किसे समझता था और क्यों?** **(2)**

उत्तर वक्ता रामनिहाल, श्यामा के घर को अपना घर समझता था, क्योंकि उसने अपने जीवन में कभी भी स्थायी गृहस्थी का सुख नहीं पाया था। श्यामा के घर में उसे स्नेह और पारिवारिक वातावरण मिला, जिससे उसे लगा कि अब उसे एक स्थायी ठिकाना मिल गया है।

(iii) **वक्ता अपने जीवन की सच्चाई बताते हुए क्या-क्या कहता है?** **(3)**

उत्तर रामनिहाल स्वीकार करता है कि वह बचपन से ही गृहहीन रहा है और जगह-जगह काम की तलाश में भटकता रहा। जब वह श्यामा के घर आया, तो पहली बार उसे घर जैसा अहसास हुआ, लेकिन अब परिस्थितियाँ ऐसी हैं कि उसे यह घर छोड़ना पड़ेगा, जिससे वह दुःखी है।

(iv) **प्रस्तुत पाठ के शीर्षक की सार्थकता स्पष्ट कीजिए।** **(3)**

उत्तर प्रस्तुत पाठ का शीर्षक 'संदेह' नितांत सार्थक एवं सटीक है। इस पाठ में रामनिहाल श्यामा से प्रेम करता है और श्यामा रामनिहाल को प्रेम करती है। यह केवल रामनिहाल का भ्रम ही है। इस कहानी में सभी पात्र संदेह के कारण ही परेशान रहते हैं तथा कहानी आरंभ से अंत तक संदेह के दायरे में घूमती रहती है।

**Q.2** **"तुम लोगों ने मुझे पागल समझ लिया है, मैं यह जानता हूँ ओह! संसार की विश्वासघात की ठोकरों ने मेरे हृदय को विक्षिप्त बना दिया है।"**

(i) **ब्रजकिशोर बाबू स्वयं गंगा घाट पर क्यों नहीं गए?** **[ICSE 2020] (2)**

उत्तर आवश्यक काम एवं समयाभाव के कारण ब्रजकिशोर बाबू स्वयं अपने अतिथियों के साथ गंगा घाट पर नहीं जा सके और उन्होंने रामनिहाल को इस कार्य की ज़िम्मेदारी दे दी।

(ii) **मनोरमा कौन थी व उसके पति की मानसिक स्थिति का वर्णन करें?** **(2)**

उत्तर मनोरमा एक सुंदर एवं दुखिया स्त्री थी। उसके पति की मानसिक स्थिति कुछ ठीक नहीं थी। वह प्रायः पागल जैसा व्यवहार करता था और सदा उसकी आलोचना किया करता था, जिसके कारण मनोरमा दुःखी रहती थी।

(iii) **"तुम लोगों ने मुझे पागल समझ लिया" यह किसने व किससे कहा है तथा यहाँ पागल समझने की बात किसके लिए कही गई है?** **(3)**

उत्तर "तुम लोगों ने मुझे पागल समझ लिया" यह मोहन बाबू ने मनोरमा व ब्रजकिशोर के लिए कहा है। यहाँ मोहन बाबू को ही पागल समझने की बात कही गई है, क्योंकि वह अपनी पत्नी मनोरमा पर संदेह करता था। वह समझता था कि मनोरमा और ब्रजकिशोर दोनों मिलकर कोई षड्यंत्र रच रहे हैं तथा वे दोनों उसे पागल बनाना चाहते हैं।

(iv) **'विश्वासघात' शब्द का अर्थ बताते हुए बताएँ कि उपर्युक्त पंक्तियों में 'मैं' शब्द किसके लिए प्रयोग किया गया है?** **(3)**

उत्तर 'विश्वासघात शब्द का अर्थ है-धोखा देना। उपर्युक्त पंक्तियों में 'मैं' शब्द मोहन बाबू के लिए प्रयोग किया गया है, क्योंकि मोहन बाबू यह समझने लगे थे कि उनकी पत्नी ने उन्हें धोखा दिया है। इस कारण वे कहते हैं कि तुम लोगों ने मुझे पागल समझ लिया है।

**Q.3** **एक दुखिया स्त्री तुमको अपनी सहायता के लिए बुला रही है। जाओ, उसकी सहायता करके लौट आओ। तुम्हारा सामान यहीं रहेगा। तुमको अभी यहीं रहना होगा। समझे! अभी तुमको मेरी संरक्षता की आवश्यकता है। उठो, नहा-धो लो। जो ट्रेन मिले, उससे पटना जाकर ब्रजकिशोर की चालाकियों से मनोरमा की रक्षा करो और फिर मेरे यहाँ चले आना। यह सब तुम्हारा भ्रम था। संदेह था।** **[ICSE 2020]**

(i) **प्रस्तुत कथन के वक्ता और श्रोता कौन हैं? उनका परिचय दीजिए।** **(2)**

उत्तर प्रस्तुत कथन के वक्ता श्यामा तथा श्रोता रामनिहाल हैं। श्यामा मकान मालकिन है, जिसके मकान में रामनिहाल किराए पर रहता है।

(ii) **वक्ता ने यह कथन कब और क्यों कहा?** **(2)**

उत्तर वक्ता (श्यामा) ने यह कथन तब कहे, जब रामनिहाल के पास मनोरमा का पत्र आता है और वह उसे सहायता के लिए बुलाती है, किंतु रामनिहाल असमंजस की स्थिति में पड़ जाता है, तब श्यामा उसे समझाती है और मनोरमा की सहायता करने के लिए जाने को कहती है।

(iii) **मनोरमा कौन थी? उसे रक्षा की आवश्यकता क्यों थी? उसने किसे सहायता के लिए बुलाया?** **(3)**

उत्तर मनोरमा, ब्रजकिशोर की अतिथि थी। उसका पति मोहन बाबू उसके चरित्र पर संदेह करता है कि मनोरमा व ब्रजकिशोर कोई षड्यंत्र रच रहे हैं। वह मनोरमा को परेशान करता है, इसलिए वह रामनिहाल को अपनी सहायता के लिए पत्र लिखकर गुहार लगाती है कि वह उसकी सहायता कर सकता है।

(iv) **'संदेह' का क्या अर्थ है? इस कहानी का नाम 'संदेह' क्यों रखा गया है? समझाकर लिखिए। इस कहानी में कौन-कौन किस-किस पर कैसे संदेह करता है?** **(3)**

**उत्तर** संदेह का अर्थ है-शंका (जब, हम किसी भी चीज़ के लिए पूर्णरूप से आश्वस्त नहीं होते, वह शक होता है) इस कहानी का नाम संदेह इसलिए रखा गया है, क्योंकि एक पुरुष के द्वारा स्त्री पर संदेह किया जा रहा है।

इस कहानी में मोहन बाबू ब्रजकिशोर तथा अपनी पत्नी मनोरमा के संबंधों पर संदेह करने लगते हैं तथा रामनिहाल को संदेह है कि मनोरमा उससे प्रेम करने लगी है। रामनिहाल को यह भी संदेह हो जाता है कि उसे श्यामा से प्रेम हो गया है।

**Q.4 रामनिहाल रागशैल-सा अचल, जिसमें से हृदय का द्रव आँसुओं की निर्झरिणी बनकर धीरे-धीरे बह रहा था। किशोरी ने आकर हल्ला मचा दिया "भाभी, अरे भाभी! देखा नहीं तूने, न! निहाल बाबू रो रहे हैं। अरे, तू चल भी!"**

(i) **'रागशैल-सा अचल' का क्या अर्थ है? रामनिहाल किस कारण रो रहा था? (2)**

**उत्तर** 'रागशैल-सा अचल' का अर्थ है– भावनाओं से भरा हुआ, परंतु स्थिर और गंभीर। रामनिहाल अपने हाथ में एक चित्र देखकर भावुक हो गया था, जिससे उसकी पिछली यादें ताज़ा हो जाती हैं।

(ii) **रामनिहाल के हाथ में चित्र देखकर उसकी भावनाएँ क्यों उमड़ पड़ीं? यह चित्र उसके अतीत या वर्तमान से किस प्रकार जुड़ा हुआ था? (2)**

**उत्तर** यह चित्र रामनिहाल के अतीत या किसी प्रिय व्यक्ति की याद दिलाता था, जिससे वह गहरा भावनात्मक जुड़ाव महसूस कर रहा था। यह उसके संवेदनशील हृदय और बीते हुए पलों की स्मृतियों से जुड़ा हुआ था, जिससे उसकी आँखों में आँसू आ गए।

(iii) **'कमरे में अब दो प्रतिमाएँ थीं'–इस वाक्य में कौन-से प्रतीकात्मक अर्थ छिपे हैं? रामनिहाल और बुद्ध देव की तुलना से लेखक क्या संकेत देना चाहता है? (3)**

**उत्तर** 'दो प्रतिमाएँ रामनिहाल व बुद्ध की हैं', इस वाक्य में रामनिहाल को एक जीवित मूर्ति की तरह प्रस्तुत किया गया है, जो गहरे दुःख और भावनात्मक उथल-पुथल में डूबा हुआ है।

बुद्ध देव विरक्त अवस्था में हैं, जबकि रामनिहाल सांसारिक भावनाओं से घिरा हुआ है। यह तुलना वैराग्य और मोह, शांति और अशांति के द्वंद्व को दर्शाती है।

(iv) **श्यामा द्वारा पूछे गए प्रश्नों का क्या महत्त्व है? क्या इसमें केवल चिंता झलकती है या लेखक इससे कोई गहरी सामाजिक या भावनात्मक स्थिति व्यक्त करता है? (3)**

**उत्तर** श्यामा के प्रश्नों में केवल चिंता ही नहीं, बल्कि भावनात्मक समझ और अपनापन भी झलकता है। वह रामनिहाल की पीड़ा का कारण जानना चाहती है, जिससे समाज में अपनत्व, सहानुभूति और संबंधों की गहराई का संकेत मिलता है। इनके माध्यम से लेखक यह भी दर्शाता है कि समाज में लोग एक-दूसरे की भावनाओं को समझने और उनके दुःख-दर्द को बाँटने का प्रयास करते हैं।

**Q.5 "मैंने स्वीकार कर लिया। ऑफिस में बैठा रहा। थोड़ी देर में भीतर से एक पुरुष के साथ एक सुंदर स्त्री निकली और मैं समझ गया कि मुझे इन्हीं लोगों के साथ जाना होगा।"**

(i) **ब्रजकिशोर बाबू कौन थे?**

**उत्तर** ब्रजकिशोर बाबू रामनिहाल के ऑफिस में ही काम करते थे। ब्रजकिशोर बाबू व रामनिहाल दोनों ही सहकर्मी थे।

(ii) **मोहन व मनोरमा कौन थे और वे किसके घर आए थे और क्यों?**

**उत्तर** मोहन व मनोरमा पति-पत्नी थे। वे ब्रजकिशोर के संबंधी थे तथा ब्रजकिशोर के घर अतिथि के रूप में बनारस के घाटों में घूमने के लिए आए थे।

(iii) **"मैंने स्वीकार कर लिया।" यह किसने कहा व इसमें क्या स्वीकार करने की बात छिपी है?**

**उत्तर** "मैंने स्वीकार कर लिया।" यह रामनिहाल ने कहा समयाभाव के कारण ब्रजमोहन रामनिहाल से अपने अतिथियों को बनारस के घाटों के भ्रमण करवाने की ज़िम्मेदारी सौंपता है। अतः इसमें ब्रजकिशोर के अतिथियों को गंगा के घाट पर घुमाने ले जाने की स्वीकारात्मक भावना छिपी हुई है।

(iv) **उपरोक्त पंक्तियों के आधार पर बताओ कि 'मैं' शब्द किसके लिए प्रयोग किया गया है तथा इसमें कहाँ जाने की बात की है?**

**उत्तर** 'मैं' शब्द रामनिहाल के लिए प्रयोग किया गया है तथा इसमें गंगा के तट पर भ्रमण के लिए जाने की बात की गई है।

मोहन बाबू व मनोरमा जोकि ब्रजमोहन के अतिथि थे। वे भ्रमण के लिए जाना चाहते थे किंतु समय अभाव के कारण वह न जा सका तब उसने रामनिहाल को भ्रमण के लिए जाने को कहा।

# भीड़ में खोया आदमी

*लीलाधर शर्मा 'पर्वतीय'*

## लेखक का परिचय

लीलाधर शर्मा 'पर्वतीय' का जन्म 1 जनवरी, 1919 को अल्मोड़ा में हुआ। वे प्रसिद्ध साहित्यकार और स्वतंत्रता संग्राम के सेनानी थे। उन्होंने काशी विद्यापीठ वाराणसी से 'शास्त्री' की उपाधि प्राप्त की। स्वतंत्रता के बाद उन्होंने विभिन्न पत्र-पत्रिकाओं का संपादन किया और उत्तर प्रदेश सरकार की हिंदी समिति के सचिव तथा उपसूचना निदेशक के पद से वर्ष 1979 में सेवानिवृत्त हुए। उनकी भाषा सरल, सहज और सुबोध है। उनकी प्रमुख रचनाएँ हैं- भारतीय चरित कोश, भारतीय संस्कृति कोश, संयुक्त राष्ट्र संघ, स्वतंत्रता की पूर्व संध्या, कांग्रेस के सौ बरस और उत्तर प्रदेश की भूमिका आदि। हिंदी के विकास में उनका योगदान उल्लेखनीय है।

## कहानी का परिचय

'भीड़ में खोया आदमी' निबंध में लेखक ने जनसंख्या वृद्धि और पर्यावरण प्रदूषण जैसी गंभीर समस्या को उजागर करते हुए उसका समाधान का भी बताया है। उन्होंने अपने मित्र के परिवार के उदाहरण द्वारा जनसंख्या वृद्धि से उत्पन्न संकटों; जैसे– यातायात, आवास, भोजन, स्वास्थ्य और उपभोक्ता सेवाओं की कमी की ओर ध्यान आकर्षित किया है। इससे घरों, दफ्तरों, स्टेशनों और सड़कों पर भीड़ बढ़ रही है. जिससे अनेक समस्याएँ उत्पन्न हो रही हैं। देश की खुशहाली के लिए आवश्यक है कि समय रहते जनसंख्या वृद्धि को रोकने के उपाय किए जाएँ। इसके लिए लोगों को जागरूक और अपनी ज़िम्मेदारियों के प्रति सचेत होना होगा अन्यथा हम विकास व प्रगति के पथ से वंचित हो जाएँगे।

## कहानी का उद्देश्य

प्रस्तुत निबंध का उद्देश्य बढ़ती हुई जनसंख्या और इसके दुष्परिणामों के प्रति जागरूकता फैलाना है। लेखक ने जनसंख्या वृद्धि से उत्पन्न समस्याओं; जैसे- बेरोज़गारी, स्वास्थ्य सुविधाओं की कमी, आवास की परेशानी और परिवहन में अव्यवस्था आदि को दर्शाया है। यह पाठ लोगों को परिवार नियोजन और संसाधनों के सीमित उपयोग की आवश्यकता को समझाने के लिए प्रेरित करता है, जिससे समाज में संतुलन और खुशहाली बनी रहे। इस प्रकार यह पाठ समाज को सचेत करता है कि यदि जनसंख्या वृद्धि पर समय रहते नियंत्रण नहीं किया गया, तो प्रत्येक व्यक्ति इस भीड़ में खो जाएगा।

## कहानी के शीर्षक की सार्थकता

'भीड़ में खोया आदमी' शीर्षक कहानी के मूल संदेश को पूर्ण रूप से व्यक्त करता है। यह शीर्षक बढ़ती जनसंख्या के कारण उत्पन्न होने वाली भीड़ और उसकी समस्याओं को दर्शाता है। कहानी में लेखक ने यह दिखाया है कि कैसे बढ़ती हुई जनसंख्या के कारण व्यक्ति अपनी पहचान और अस्तित्व खो देता है। चाहे वह घर में बच्चों की भीड़ हो, अस्पताल में रोगियों की भीड़, या रेल यात्रा के दौरान यात्री, हर जगह व्यक्ति इस भीड़ में खो जाता है। कहानी का शीर्षक इस स्थिति का सटीक चित्रण करता है और पाठक को बढ़ती जनसंख्या की गंभीरता को समझने के लिए प्रेरित करता है।

## संदेश

प्रस्तुत निबंध के माध्यम से लेखक यह संदेश देना चाहता है कि हमें तेज़ी से बढ़ती हुई मनुष्यों की इस भीड़ को रोकने के लिए तुरंत ही प्रयास करने चाहिए। मनुष्य जनसंख्या के बारूद पर बैठा है। बढ़ती हुई जनसंख्या को रोकने के लिए घर, पड़ोस व समाज को जागरूक करने की अत्यंत आवश्यकता है।

## पात्र परिचय व चरित्र चित्रण

**बाबू श्यामलाकांत** लेखक के मित्र बाबू श्यामलाकांत सीधे-सादे, परिश्रमी और ईमानदार, लेकिन निजी जीवन में लापरवाह हैं। उनके सात बच्चे हैं और वे परिवार की बढ़ती संख्या के कारण सुख-सुविधाओं से वंचित हैं। परिवार नियोजन से अनभिज्ञ होने के कारण वे बड़े परिवार की समस्याओं को झेल रहे हैं।

**दीनानाथ बाबू** श्यामलाकांत जी का बड़ा बेटा दीनानाथ है, पढ़ाई पूरी करने के बावजूद बेरोज़गार है और नौकरी की तलाश में भटक रहा है। इस प्रकार यह पढ़े-लिखे बेरोज़गार युवक का प्रतीक है।

**बाबू श्यामलाकांत की पत्नी** यह एक शारीरिक रूप से कमज़ोर और बीमार महिला हैं, जिनका चेहरा पीला पड़ गया है। वह बढ़े हुए परिवार के कारण मानसिक और शारीरिक रूप से परेशान हैं।

**लेखक** कहानी का वक्ता और चिंतनशील व्यक्ति, जो बढ़ती जनसंख्या से उत्पन्न समस्याओं पर सवाल उठाता है और समाधान की ओर अग्रसर होता है।

## कहानी का सार

लेखक के मित्र श्यामलाकांत एक ईमानदार और मेहनती व्यक्ति हैं, लेकिन अपने परिवार के प्रति लापरवाह हैं। लेखक को उनके घर एक विवाह समारोह में आमंत्रित किया गया था। जब लेखक हरिद्वार जाने के लिए स्टेशन पहुँचे, तो उन्हें टिकट लेने में भारी कठिनाई का सामना करना पड़ा। स्टेशन पर भीड़ इतनी अधिक थी कि घंटों लाइन में लगने के बाद भी टिकट उपलब्ध नहीं हो पाई। ट्रेन में चढ़ते समय भी भारी भीड़ के कारण उन्हें कुली की मदद लेनी पड़ी। लक्सर स्टेशन पर गाड़ी बदलते समय उन्होंने देखा कि ट्रेन की छत तक यात्रियों से भरी हुई थी। हरिद्वार स्टेशन पर श्यामलाकांत का बड़ा बेटा दीनानाथ लेखक को लेने आया। उसने बताया कि वह दो वर्ष से बेरोज़गार है, क्योंकि रोज़गार कार्यालयों में हज़ारों लोग पहले से ही पंजीकृत हैं। श्यामलाकांत के घर पहुँचने पर लेखक को दो छोटे कमरों में ज़रूरत से ज्यादा सामान और बच्चों की भीड़ देखकर घुटन महसूस हुई। श्यामलाकांत ने बताया कि वे दो वर्षों से बड़े मकान की तलाश कर रहे हैं, लेकिन अधिक जनसंख्या के कारण मकान मिलना कठिन हो गया है। मकान और खाद्य सामग्री की कमी के पीछे भी बढ़ती जनसंख्या को ही मुख्य कारण बताया गया। श्यामलाकांत की पत्नी अस्वस्थ थीं, लेकिन अस्पताल में अत्यधिक भीड़ और अव्यवस्था के कारण उचित इलाज नहीं मिल पाया। इसी प्रकार राशन की दुकान और दर्जी की दुकान पर भी लोगों की भीड़ के कारण आवश्यक वस्तुएँ प्राप्त करना कठिन हो गया था।

### शब्दार्थ

**नियंत्रण** *वश में रखना;* **अग्रसर** *आगे बढ़ा हुआ;* **अनियोजित** *जो क्रम में न हो;* **लेखा-जोखा** *हिसाब-किताब;* **संपन्न** *धनी;* **लापरवाह** *जिसे किसी चीज़ की चिंता न हो;* **भीषण** *भयानक, डरावना;* **तलाश** *खोज;* **दर्ज** *लिखा हुआ, अंकित;* **दुष्परिणाम** *कुपरिणाम, कुफल;* **खाद्यान्न** *खाने योग्य अन्न;* **स्तब्ध** *सुन्न निश्चेष्ट;* **उत्तरदायी**-*जवाब देने वाला, ज़िम्मेदार;* **दुःखदायी** *पीड़ादायक;* **संकीर्ण** *सँकरा, तंग;* **स्तब्ध** *स्थिर, बहुत हैरान;* **स्वेच्छा** *अपनी इच्छा से।*

# एग्जाम पैटर्न प्रश्न (10 अंक)

*निम्नलिखित गद्यांशों को पढ़िए और उसके नीचे दिए गए प्रश्नों के उत्तर हिंदी में लिखिए।*

**Q.1** 'मेरे एक अभिन्न मित्र हैं-बाबू श्यामलाकांत। सीधे-सादे, परिश्रमी, ईमानदार, किंतु निजी ज़िंदगी में बड़े लापरवाह। आयु में मुझसे छोटे हैं, पर अपने घर में बच्चों की फौज खड़ी कर ली है।'

(i) **लेखक ने अपने मित्र को लापरवाह क्यों कहा है? गद्यांश में बाबू श्यामलाकांत के बारे में क्या जानकारी दी गई है?** **(2)**

उत्तर लेखक ने श्यामलाकांत को लापरवाह इसलिए कहा, क्योंकि वे परिवार नियोजन के प्रति सतर्क नहीं थे। उनका बड़ा परिवार होने के कारण उन्हें सुख-सुविधाओं से वंचित होना पड़ रहा था। बाबू श्यामलाकांत ईमानदार और परिश्रमी हैं, लेकिन अनियोजित रूप से कई बच्चों का पालन करने के कारण उनके परिवार की स्थिति प्रभावित हुई है।

(ii) **इस गद्यांश में बाबू श्यामलाकांत के परिवार और जनसंख्या वृद्धि के मुद्दे के बीच कैसा संबंध दिखाया गया है?** **(2)**

उत्तर बाबू श्यामलाकांत के अनियोजित परिवार का उदाहरण जनसंख्या वृद्धि से उत्पन्न समस्याओं को दर्शाता है। उनके परिवार में अधिक बच्चों के कारण असुविधाएँ व्याप्त हैं। श्यामलाकांत की पत्नी की दुर्बल अवस्था व घर में खाने-पीने की व्यवस्था न होना जनसंख्या वृद्धि के दुष्परिणाम को उजागर करता है तथा लेखक को रेलवे स्टेशन पर भी भारी भीड़ का सामना करना पड़ा। इन सबसे ज्ञात होता है कि बढ़ती जनसंख्या से गंभीर समस्याएँ उत्पन्न हो सकती हैं।

(iii) **'बच्चों की फौज़ खड़ी करने' से लेखक का क्या आशय है? आपके अनुसार क्या सच में अधिक संतान निजी जीवन में लापरवाही है?** **(3)**

उत्तर 'बच्चों की फौज़ खड़ी करने से' लेखक का आशय है- परिवार नियोजन को न अपनाना और अत्यधिक संतानें होना, जो जनसंख्या वृद्धि जैसी समस्या को उजागर करता है। अधिक संतान निजी जीवन में लापरवाही को दर्शाता है, क्योंकि इससे बच्चों का सही लालन-पालन नहीं हो पाता और परिवार के सभी सदस्यों को आवश्यक सुख-सुविधाएँ नहीं मिल पातीं, जिससे अनेक समस्याएँ उत्पन्न होती हैं।

(iv) **'भीड़ में खोया आदमी' पाठ किस समस्या को उजागर करता है? इसमें परिवार की स्थिति और भविष्य के बारे में क्या संदेश दिया गया है?** **(3)**

उत्तर इस पाठ में लेखक ने जनसंख्या वृद्धि की समस्या और उससे उत्पन्न होने वाली अन्य समस्याओं को उजागर किया है। वे मानते हैं कि जनसंख्या वृद्धि के कारण व्यक्ति अपनी शक्ति और धन व्यय करने के बावजूद सुविधाएँ प्राप्त नहीं कर पा रहा है। लेखक बाबू श्यामलाकांत के अनियोजित परिवार का उदाहरण देकर यह संदेश देते हैं कि परिवार की खुशहाली और भविष्य के लिए योजना बनाना ज़रूरी है, जिससे प्रत्येक सदस्य को उचित संसाधन मिल सकें और समस्याएँ उत्पन्न न हों।

**Q.2** 'जब गाड़ी आई, तो क्या देखता हूँ कि उसके अंदर तिल रखने को भी जगह नहीं है और प्लेटफॉर्म पर चढ़ने वालों की भीड़ जबरदस्त धक्कम धक्का करने में लगी है। मेरे पास सामान बहुत कम था, फिर भी कुली की सहायता लेनी पड़ी।'

(i) **लेखक कहाँ जाना चाहता था और क्यों? रेलगाड़ी की खिड़की से बाहर निकलने के बाद लेखक ने क्या देखा तथा उस पर क्या प्रतिक्रिया व्यक्त की?** **(2)**

उत्तर लेखक अपने मित्र श्यामलाकांत की बेटी के विवाह में सम्मिलित होने के लिए हरिद्वार जाना चाहता था।

लेखक ने रेलगाड़ी की खिड़की से बाहर देखा कि पूरी छत यात्रियों से भरी हुई थी। इसे देखकर उन्होंने प्रतिक्रिया व्यक्त की कि लोगों को अपनी जान जोखिम में डालकर रेलगाड़ी की छत पर यात्रा करने के लिए मजबूर नहीं होना चाहिए।

(ii) **'यदि उसने खिड़की से मुझे अंदर न धकेला होता...' इस कथन का पाठ की मुख्य समस्या से क्या संबंध है? स्पष्ट कीजिए।** **(2)**

उत्तर इस कथन में स्टेशन पर अधिक भीड़ के कारण हुई कठिनाइयों का उल्लेख है, जिसमें धक्का-मुक्की और टिकट मिलने में परेशानी होने की समस्या को बताया गया है। यह जनसंख्या वृद्धि का उदाहरण है। जैसे श्यामलाकांत का बड़ा परिवार कठिनाइयों का सामना कर रहा है, वैसे ही समाज में बढ़ती जनसंख्या से असुविधाएँ भी बढ़ती जा रही हैं।

(iii) **सामान कम होने पर भी लेखक को कुली क्यों करना पड़ा? गाड़ी एवं स्टेशन पर अत्यधिक भीड़ होने पर भी लेखक हरिद्वार जाने में कैसे सफल हुआ?** **(3)**

उत्तर सामान कम होने के बावजूद लेखक को कुली इसलिए करना पड़ा, क्योंकि लेखक जब बिना आरक्षण के स्टेशन पर हरिद्वार जाने के लिए पहुँचा, तो वह देखता है कि प्लेटफॉर्म एवं गाड़ी में अत्यधिक भीड़ है, जिससे अकेले गाड़ी में चढ़ना संभव नहीं था। कुली ने भीड़ के बीच सहायता करते हुए लेखक को खिड़की से गाड़ी में चढ़ने में मदद की, जिससे वह हरिद्वार जाने में सफल हुआ।

(iv) **स्टेशन पर रेलगाड़ी के आने का वर्णन अपने शब्दों में कीजिए। लेखक ने स्टेशन पर अनुभव की गई कठिनाई को जनसंख्या वृद्धि से कैसे जोड़ा है? स्पष्ट कीजिए।** **(3)**

उत्तर स्टेशन पर रेलगाड़ी के आगमन पर प्लेटफॉर्म पर भारी भीड़ थी। गाड़ी पहले से ही यात्रियों से भरी हुई थी और चढ़ने के लिए जबरदस्त धक्का-मुक्की हो रही थी। लेखक ने स्टेशन पर टिकट आरक्षण और गाड़ी में अत्यधिक भीड़ का सामना किया। टिकट न मिल पाना और गाड़ी में जगह न होना जनसंख्या वृद्धि का संकेत है, जिससे यातायात, शिक्षा और स्वास्थ्य जैसी सुविधाओं पर दबाव बढ़ रहा है और सभी को समान रूप से लाभ नहीं मिल पा रहा।

**Q.3 'भाई नाम तो तुम्हारा लिख लेता हूँ पर जल्दी नौकरी पाने की कोई आशा मत करना। तुम्हारी योग्यता के हज़ारों व्यक्ति पहले से ही इस कार्यालय में नाम दर्ज करा चुके हैं।'**

(i) **प्रस्तुत कथन का श्रोता कौन है? उसकी बेरोज़गारी का कारण केवल जनसंख्या वृद्धि है या इसके पीछे अन्य कारण भी हैं?** **(2)**

उत्तर प्रस्तुत कथन का श्रोता दीनानाथ है, जो श्यामलाकांत का बड़ा बेटा है और पढ़ाई पूरी करने के बाद भी नौकरी की तलाश में भटक रहा है। दीनानाथ की बेरोज़गारी का कारण केवल जनसंख्या वृद्धि नहीं है। इसके अतिरिक्त शिक्षा और कौशल की कमी, आर्थिक असमानता और रोज़गार के अवसरों की कमी भी इसके प्रमुख कारण हैं।

(ii) **श्यामलाकांत का पुत्र रोज़गार कार्यालय में क्यों गया था? सरकारी अफसर ने दीनानाथ को क्या प्रतिक्रिया दी?** **(2)**

उत्तर श्यामलाकांत का पुत्र दीनानाथ रोज़गार कार्यालय इसलिए गया था, क्योंकि वह नौकरी की तलाश में था। उसने वहाँ पंजीकरण करवाने के बाद नौकरी की उम्मीद की थी।

सरकारी अफसर ने दीनानाथ को जवाब दिया कि उसे नौकरी मिलने की संभावना नहीं है, क्योंकि उसके जैसी योग्यता वाले हज़ारों लोग पहले से पंजीकृत हैं और जल्दी नौकरी मिलने की कोई उम्मीद नहीं है।

(iii) **श्यामलाबाबू की आवास समस्या किस सामाजिक समस्या को प्रकट करती है? गद्यांश में परिवार के सुख और संपन्नता के लिए क्या विचार प्रस्तुत किए गए हैं?** **(3)**

उत्तर श्यामलाबाबू की आवास समस्या बढ़ती जनसंख्या और शहरीकरण के कारण आवास संकट को दर्शाती है। उन्हें उचित आवास न मिलने के कारण एक संकरे मकान में रहना पड़ा, जो शहरीकरण और जनसंख्या वृद्धि का परिणाम है।

गद्यांश में यह विचार प्रस्तुत किया गया है कि परिवार के सुख और संपन्नता के लिए संतुलन और उचित योजना की आवश्यकता है। श्यामलाबाबू के परिवार का उदाहरण दर्शाता है कि परिवार का आकार नियंत्रित करना और संसाधनों का सही उपयोग करना अत्यंत महत्त्वपूर्ण है।

(iv) **लेखक ने ट्रेन की छत पर यात्रियों की भीड़ देखकर किस समस्या की ओर संकेत किया है? क्या इसके पीछे कोई सामाजिक, आर्थिक या प्रशासनिक कारण भी हो सकते हैं?** **(3)**

उत्तर लेखक ने ट्रेन की छत पर यात्रियों की अत्यधिक भीड़ देखकर जनसंख्या वृद्धि और संसाधनों की कमी की ओर संकेत किया है। बढ़ती जनसंख्या के कारण रेलवे व्यवस्था अपर्याप्त हो गई है, जिससे यात्री अपनी जान जोखिम में डालकर छत पर यात्रा करने को मजबूर हैं। इसके पीछे आर्थिक असमानता, प्रशासनिक अक्षमता और संसाधनों की कमी जैसे सामाजिक और प्रशासनिक कारण भी हैं। इसका महत्त्वपूर्ण कारण जनसंख्या वृद्धि है, जिसमें तेज़ी से बढ़ोतरी हो रही है।

**Q.4 घर पहुँचा, तो छोटे से मकान में सामान की ठूसमठास और बच्चों की भीड़ देखकर मेरा दम घुटने लगा। मैंने श्यामलाकांत बाबू से पूछा 'क्या तुम्हारे पास यही दो कमरे हैं?'**

(i) **श्यामलाकांत बड़े मकान की तलाश क्यों कर रहे थे और उन्हें मकान मिलने में कठिनाई क्यों हो रही थी?** **(2)**

उत्तर श्यामलाकांत बड़े मकान की तलाश इसलिए कर रहे थे, क्योंकि उनका वर्तमान मकान छोटा था और उसमें ज़रूरत से ज्यादा सामान और बच्चों की भीड़ थी। मकान मिलने में कठिनाईं अधिक जनसंख्या के कारण हो रही थी, क्योंकि बढ़ती जनसंख्या के कारण मकानों की उपलब्धता कम हो गई थी।

(ii) **लेखक ने अपने मित्र से कमरे के विषय में प्रश्न क्यों पूछा? यहाँ 'दम घुटने' के भाव का प्रयोग किस संदर्भ में किया गया है?** **(2)**

उत्तर लेखक ने अपने मित्र से कमरे के विषय में प्रश्न इसलिए पूछा, क्योंकि छोटे घर में अधिक सदस्यों और सामान की भीड़ थी। भीड़-भाड़ और अव्यवस्था के कारण लेखक को मानसिक व शारीरिक असुविधा हुई, जिसे उन्होंने 'दम घुटने' के रूप में व्यक्त किया।

(iii) **पाठ में प्रस्तुत परिस्थितियों को वर्तमान समय की किन समस्याओं से जोड़ा जा सकता है? बड़ा मकान न मिल पाने की समस्या को सामाजिक संदर्भों में स्पष्ट कीजिए।** **(3)**

उत्तर पाठ में प्रस्तुत परिस्थितियों को जनसंख्या वृद्धि, आवास संकट, संसाधनों की कमी और शहरीकरण जैसी समस्याओं से जोड़ा जा सकता है। बढ़ती जनसंख्या और सीमित संसाधनों के कारण बड़े मकानों की उपलब्धता कम हो गई है, जिससे अमीर वर्ग बड़े मकानों पर कब्जा कर लेता है और मध्यम वर्ग छोटे मकानों में रहने को मजबूर है।

(iv) **गद्यांश के आधार पर स्पष्ट कीजिए कि संसाधनों की कमी और जनसंख्या वृद्धि का क्या संबंध है? इससे खाद्य सामग्री पर क्या प्रभाव पड़ा है?** **(3)**

उत्तर बढ़ती जनसंख्या और संसाधनों की कमी का सीधा संबंध है। संसाधनों की माँग जनसंख्या वृद्धि के अनुपात में बढ़ रही है, लेकिन उनकी आपूर्ति सीमित है। इससे लोगों को छोटे मकानों में रहना पड़ रहा है तथा संसाधनों के अभाव में अपना जीवन जीना पड़ रहा है। जैसे-जैसे जनसंख्या बढ़ रही है, संसाधनों की माँग भी बढ़ रही है, जिससे खाद्य सामग्री की उपलब्धता पर प्रतिकूल प्रभाव पड़ रहा है।

**Q.5 उसी समय श्यामला जी की पत्नी जलपान लेकर आई। उनके पीछे उनकी तीन छोटी पुत्रियाँ और पल्ला पकड़े दो छोटे पुत्र। मैं उनकी दुर्बल काया और पीला चेहरा देखकर स्तब्ध रह गया।**

(i) **लेखक के मित्र की पत्नी ने ऐसा क्यों कहा कि "पहले ग्राहक का स्वागत होता था, अब ग्राहक को भी चिरौरी करनी पड़ती है?"**

उत्तर "पहले ग्राहक का स्वागत होता था, अब ग्राहक को भी चिरौरी करनी पड़ती है" लेखक के मित्र की पत्नी ने ऐसा इसलिए कहा, क्योंकि लेखक के मित्र की पत्नी को शादी के लिए कपड़े सिलवाने थे, लेकिन दर्जी ने पहले से आए कपड़ों का ढेर दिखाकर कपड़े सिलने से मना कर दिया था।

(ii) **लेखक को मित्र की पत्नी कैसी लग रही थी?**

उत्तर लेखक को मित्र की पत्नी काफी दुबली-पतली लग रही थी। उनका चेहरा पीला पड़ गया था जिस कारण वह देखने में बहुत बीमार लग रही थी। इसलिए लेखक ने उनसे स्वास्थ्य के बारे में पूछा था।

(iii) **लेखक के मित्र की पत्नी ने अपना इलाज न करवाने का क्या कारण बताया है?**

उत्तर लेखक के मित्र की पत्नी ने अपना इलाज न करवाने के पीछे यह कारण बताया है कि उनका परिवार बहुत बड़ा है। प्रतिदिन कोई-न-कोई बीमार रहता है। उसे उनका ध्यान रखना पड़ता है। इसके अतिरिक्त अस्पतालों में भी भीड़ रहती है। घंटों इंतजार के बाद नंबर आता है। भीड़ के कारण डॉक्टर मरीजों को ठीक से नहीं देख पाते। अतः वे इलाज ठीक से नहीं कर पाते हैं।

ऐसा लगता है कि सारा शहर ही अस्पताल में उमड़ आया है। इतनी भीड़ के कारण उनका इलाज नहीं हो पाया।

(iv) **बढ़ती जनसंख्या ने देश के अस्पतालों पर क्या प्रभाव डाले हैं?**

उत्तर देश की बढ़ती जनसंख्या ने अस्पतालों पर बहुत बुरा प्रभाव डाला है। बीमारों की तुलना में अस्पतालों की संख्या कम है। जितने अस्पताल हैं उनमें भी डॉक्टरों की संख्या बहुत कम है। लोगों को इलाज के लिए कई-कई दिन तक इंतजार करना पड़ता है। रोगियों की संख्या अधिक होने के कारण डॉक्टर भी ठीक से इलाज नहीं कर पाते हैं। अस्पतालों को देखने से ऐसा लगता है कि रोगी तथा उसके संबंधी डॉक्टर को मधुमक्खी के छत्ते की तरह घेरे हुए हैं। इसलिए डॉक्टर को समय नहीं मिल पाता और वह रोगी का ठीक से इलाज नहीं कर पाते।

**Q.6 वह भी अच्छी तरह से किस-किस को देखें। 'आजकल तो ऐसा लगता है, मानो पूरा शहर ही अस्पताल में उमड़ आया है। समझ में नहीं आता, ऐसी भीड़ क्यों है?'** **[ICSE 2024]**

(i) **प्रस्तुत पंक्तियाँ किस संदर्भ में कही गई हैं?** **(2)**

उत्तर प्रस्तुत पंक्तियों में अस्पतालों में रोगियों की बढ़ती संख्या का वर्णन किया गया है। डॉक्टरों और अस्पतालों की संख्या कम होने के कारण रोगियों का सही इलाज नहीं हो पा रहा है। इस समस्या के पीछे बेतहाशा बढ़ती जनसंख्या और संसाधनों की कमी है, जिससे अस्पतालों में अत्यधिक भीड़ जमा हो जाती है।

(ii) **श्रोता कहाँ गया था और क्यों?** **(2)**

उत्तर श्रोता लेखक के मित्र श्यामलाकांत की पत्नी थीं। बीमारी के कारण वे अस्वस्थ थीं। उनका शरीर कमजोर हो गया था और चेहरा पीला पड़ चुका था। इस कारण वे डॉक्टर से इलाज करवाने के लिए अस्पताल गई थीं।

(iii) **पाठ में वर्णित भीड़ का क्या कारण है? इस भीड़ का क्या परिणाम सहना पड़ रहा है?** **(3)**

उत्तर पाठ में वर्णित भीड़ का मुख्य कारण देश में जनसंख्या का तेज़ी से बढ़ना है। इसके साथ ही सफ़ाई की खराब स्थिति और बढ़ती बीमारियाँ भी इस भीड़ को बढ़ा रही हैं। अस्पतालों में रोगियों की अधिक संख्या के कारण डॉक्टर सही इलाज नहीं कर पा रहे हैं, जिससे मरीज़ों को उचित उपचार नहीं मिल पा रहा है।

(iv) **इस भीड़ से कैसे बचा जा सकता है? लेखक अपने मित्र को भीड़ का रहस्य क्यों समझाना नहीं चाहते हैं? उदाहरण सहित बताइए।** **(3)**

उत्तर 'भीड़' शब्द जनसंख्या विस्फोट की समस्या को दर्शाता है। यदि इस बढ़ती भीड़ से समय रहते न निपटा गया, तो इसका गंभीर परिणाम समाज को भुगतना पड़ेगा। इसके लिए परिवार नियोजन, निरक्षरता का उन्मूलन, महिलाओं की स्थिति में सुधार और स्वच्छता को बढ़ावा देना आवश्यक है। लेखक अपने मित्र को इस भीड़ का रहस्य नहीं समझाना चाहते, क्योंकि उन्होंने भी खुद अपने परिवार में कई बच्चों का जिम्मा लिया है, जिससे उन्हें कई परेशानियाँ हो रही हैं।

9

# भेड़ें और भेड़िए

*हरिशंकर परसाई*

## लेखक का परिचय

प्रसिद्ध व्यंग्यकार हरिशंकर परसाई का जन्म 22 अगस्त, 1922 को मध्य प्रदेश के होशंगाबाद ज़िले में हुआ था। वे प्रमुख व्यंग्य लेखक थे। अत: समाज व राजनीति में व्याप्त भ्रष्टाचार पर करारा व्यंग्य करते थे। उन्होंने 'वसुधा' नामक साहित्यिक मासिक पत्रिका का प्रकाशन किया। उनकी प्रमुख कृतियाँ हैं- हँसते हैं रोते हैं, जैसे उनके दिन फिरे (कहानी संग्रह), रानी नागफनी की कहानी, तट की खोज (उपन्यास) तिरछी रेखाएँ और विकलांग श्रद्धा का दौर (व्यग्यं-लेख संग्रह), जिसके लिए उन्हें साहित्य अकादमी पुरस्कार प्राप्त हुआ। उनका निधन 10 अगस्त, 1995 को हुआ।

## कहानी का परिचय

प्रस्तुत कहानी सामाजिक व्यवस्था पर तीक्ष्ण व्यंग्य करती हुई एक प्रतीकात्मक कथा है, जो समाज में शक्ति के असंतुलन और शोषण को उजागर करती है। भेड़ें आम जनता का प्रतीक हैं, जो प्रजातंत्र की स्थापना से आशान्वित होती हैं, जबकि भेड़िए उच्च वर्ग का प्रतिनिधित्व करते हैं, जो अपनी सत्ता बनाए रखने के लिए छल-प्रपंच का सहारा लेते हैं। बूढ़े सियार की मदद से भेड़िए अपनी छवि को बदलकर भेड़ों को विश्वास दिलाते हैं कि वे अब दयालु हो गए हैं। चुनाव में भेड़ियों की जीत के बाद, वे भेड़ों का शोषण करने के लिए नए कानून बनाते हैं, जिससे उनका असली चेहरा सामने आ जाता है। यह कहानी समाज में सत्ता और शोषण पर व्यंग्य करती है।

## कहानी का उद्देश्य

कहानी 'भेड़ें और भेड़िए' का उद्देश्य समाज में शक्ति और शोषण के असंतुलन को उजागर करना है। यह कहानी दर्शाती है कि कैसे सत्ता में बैठे लोग अपनी स्वार्थपूर्ति के लिए आम जनता का शोषण करते हैं। लेखक ने इस कहानी के माध्यम से यह संदेश दिया है कि प्रजातंत्र में अगर जागरूकता और समझदारी न हो, तो धोखाधड़ी और छल-प्रपंच के द्वारा सत्ता का दुरुपयोग किया जा सकता है। कहानी यह भी दर्शाती है कि समाज में बदलाव की आवश्यकता है, लेकिन यह बदलाव तभी संभव है, जब लोग अपने अधिकारों के प्रति जागरूक और सतर्क रहें।

## कहानी के शीर्षक की सार्थकता

शीर्षक 'भेड़ें और भेड़िए' पूरी कहानी की सार्थकता को स्पष्ट रूप से दर्शाता है। 'भेड़ें' आम जनता का प्रतीक हैं, जो सरल, सीधी और विश्वासपूर्ण हैं, जबकि 'भेड़िए' उच्च वर्ग या शासक वर्ग का प्रतीक हैं, जो सत्ता और स्वार्थ के लिए मासूम जनता का शोषण करते हैं। शीर्षक में 'भेड़ें' और 'भेड़िए' के बीच के संघर्ष को न केवल प्रतीकात्मक रूप में, बल्कि सामाजिक और राजनीतिक संदर्भ में भी दिखाया गया है। यह शीर्षक कहानी की मुख्य विषय-वस्तु, जिसमें धोखाधड़ी, शोषण और सत्ता का खेल है, को संक्षेप में और प्रभावी तरीके से प्रस्तुत करता है।

## संदेश

राजनैतिक नेताओं पर लेखक ने तीखा व्यग्यं करते हुए पाठकों को यह संदेश दिया है कि सामान्य जन को अपने मतों का प्रयोग अत्यंत जागरूक होकर करना चाहिए और नेताओं की मीठी बातों के झाँसे में नहीं आना चाहिए। किसी पर भी अंधा विश्वास नहीं करना चाहिए, चाहे वह बुद्धिजीवी वर्ग ही क्यों न हो।

## पात्र परिचय व चरित्र चित्रण

**भेड़ें** 'भेड़ें' सीधी-सादी जनता का प्रतीक हैं, जो नेताओं के बहकावे में आ जाती हैं। वे इस भ्रम में रहती हैं कि अपने प्रतिनिधित को जिताकर अपने लाभानुसार कानून बनवाएँगी और बहकावे में आकर गलत नेता का चुनाव कर लेती हैं।

**भेड़िए** 'भेड़िए' ऐसे नेताओं का प्रतीक हैं, जो विभिन्न हथकंडे अपनाकर जनता को बेवकूफ़ बनाकर वोट पा लेते हैं।

**सियार** 'सियार' अवसरवादी तथा चापलूस लोगों का प्रतीक हैं, जो बेहद चापलूस हैं। नेताओं की हाँ में हाँ मिलाकर उनके आगे-पीछे घूमते हैं, जिससे वे अपना स्वार्थ सिद्ध कर सकें।

**रँगे सियार** 'रँगे सियार' लेखक, पत्रकार व धर्मगुरु के प्रतीक हैं, जो पथभ्रष्ट हो गए हैं। वे दिखते तो अच्छे हैं, परंतु वास्तविकता में स्वार्थी तथा आत्मकेंद्रित प्रवृत्ति के हैं।

## कहानी का सार

कहानी की शुरुआत वन में प्रजातंत्र की स्थापना से होती है। पशु-समाज में यह विचार आता है कि अब उन्हें अपनी शासन व्यवस्था सुधारनी चाहिए। भेड़ें इस बदलाव को लेकर उत्साहित थीं। वे अपने प्रतिनिधियों से कानून बनवाने की योजना बनाती हैं, जिससे कोई भी अन्य जीवधारी किसी को न सताए और सबका भला हो।

हालाँकि, भेड़ियों को इस बदलाव से अपना भोजन समाप्त होने का भी डर था। भेड़िए इस स्थिति से बचने के लिए कोई उपाय तलाशते हैं। बूढ़ा सियार, जो हमेशा भेड़िए के साथ रहता था, उन्हें एक योजना सुझाता है। सियार ने भेड़िए को पूरी तरह से बदल दिया और इसकी छवि को इस तरह प्रस्तुत किया कि वह अब अहिंसक और दयालु हो गया था। इसके बाद, बूढ़ा सियार भेड़िए को प्रचारित करने के लिए तीन रंग-बिरंगे सियारों को लेकर आता है, जिसमें एक पीला, जो कवि और विचारक था, दूसरा नीला, जो नेता और पत्रकार था और तीसरा हरा, जो धर्मगुरु था। ये सियार चुनाव प्रचार में भेड़ों के बीच भेड़िए के पक्ष में प्रचार करते हैं।

जब भेड़िए भेड़ों के बीच गए तो बूढ़े सियार ने भेड़ों को यह यकीन दिलाया कि भेड़िए का दिल बदल चुका है, वह अब घास खाता है और किसी को नहीं मारता। इसके बाद भेड़ें विश्वास करने लगीं कि भेड़िए अब उनके भाई हैं और उनके हितों की रक्षा करेंगे। भेड़िए के पक्ष में प्रचार करने के बाद भेड़ों ने भेड़ियों को वोट दिया और पंचायत में उन्हें भेज दिया।

भेड़ियों ने सत्ता में आते ही सबसे पहले अपने फायदे के लिए कानून बनाए। उन्होंने यह कानून बनाया कि हर भेड़िए को सवेरे नाश्ते में एक मुलायम भेड़ का बच्चा, दोपहर में पूरी भेड़ और शाम को आधी भेड़ दी जाएगी। इस प्रकार, भेड़ियों ने भेड़ों के बीच धोखाधड़ी से सत्ता हासिल की और उनके संसाधनों का शोषण किया।

## शब्दार्थ

**प्रजातंत्र** *लोकतंत्र;* **बंधुत्व** *भाईचारा;* **अजायबघर** *संग्रहालय;* **ध्यानमग्न** *एकाग्रता;* **मुखारविंद** *सुंदर मुख;* **भावातिरेक** *भावों की अधिकता;* **शंका** *संदेह;* **संकट** *मुसीबत;* **प्रतिनिधि** *आगे आकर सबकी ओर से अपनी बात रखने वाला।*

# एग्जाम पैटर्न प्रश्न (10 अंक)

*निम्नलिखित गद्यांशों को पढ़िए और उसके नीचे दिए गए प्रश्नों के उत्तर हिंदी में लिखिए।*

**Q.1 ज्यों-ज्यों चुनाव समीप आता, भेड़ों का उल्लास बढ़ता जाता। ज्यों-ज्यों चुनाव समीप आता, भेड़ियों का दिल बैठता जाता। [ICSE 2023]**

(i) **चुनाव कहाँ होने वाला था और क्यों? (2)**

उत्तर चुनाव वन में होने वाला था, क्योंकि वन के पशुओं को लगा कि वे सभ्यता के उस स्तर पर पहुँच गए हैं, जहाँ उन्हें एक अच्छी शासन - व्यवस्था अपनानी चाहिए। इसके लिए वे वन प्रदेश में प्रजातंत्र की स्थापना करना चाहते थे।

(ii) **भेड़ों के उल्लासित होने का क्या कारण था? क्या उनका उल्लास चिर स्थायी रहा? (2)**

उत्तर भेड़ वन प्रदेश में प्रजातंत्र की स्थापना होने की बात से उल्लासित थीं। उन्हें लग रहा था कि अब उनका भय दूर हो जाएगा। वे अपने प्रतिनिधियों से कानून बनवाएँगी कि कोई जीवधारी किसी को न सताए और न मारे। वे संख्या में अधिक थीं, इस कारण उन्हें अपना प्रतिनिधि चुने जाने का भरोसा था, लेकिन उनका उल्लास चिर स्थायी नहीं रहा।

(iii) **'दिल बैठना' मुहावरे का अर्थ लिखिए। भेड़ियों का दिल बैठने का क्या कारण था? क्या उनका दिल बैठना उचित था? (3)**

उत्तर 'दिल बैठना' मुहावरे का अर्थ 'दुःखी होना' है। जब भेड़ियों ने भेड़ों की वन प्रदेश में प्रजातंत्र की स्थापना करने की बात सुनी, तो उनका दिल बैठ गया था। उनका दिल बैठना उचित था, क्योंकि वे सोच रहे थे कि यदि भेड़ें चुनाव में जीत गईं और यह कानून बना दिया गया कि कोई पशु किसी को न मारे, तो हम क्या खाएँगे।

(iv) **'भेड़ें और भेड़िए' कहानी वर्तमान प्रजातांत्रिक चुनाव प्रणाली का सच्चा स्वरूप प्रस्तुत करती है, कैसे? पाठ के आधार पर कथन को स्पष्ट कीजिए। (3)**

उत्तर 'भेड़ें और भेड़िए' कहानी वर्तमान प्रजातांत्रिक चुनाव प्रणाली का सच्चा स्वरूप प्रस्तुत करती है। इस कहानी में भेड़ और भेड़ियों को प्रतीक बनाकर लेखक ने समाज में व्याप्त राजनेताओं के चरित्र को उजागर किया है कि वह किस तरह आम जनता को अपने लुभावने वादों में फँसाकर वोट हथिया लेते हैं और सत्ता में आने के बाद इन्हीं आम लोगों को भूल जाते हैं।

**Q.2 'हम क्या जाने महाराज! हमारे तो आप ही 'माई-बाप' हैं। हम तो कोई और सरकार नहीं जानते। आपका दिया खाते हैं, आपके गुन गाते हैं।'**

(i) **किसके मुख पर चिंता के बादल छाए हुए थे और क्यों? (2)**

उत्तर भेड़ियों के मुख पर चिंता के बादल छाए हुए थे, क्योंकि वन प्रदेश में नई सरकार बनने वाली थी और भेड़ों की संख्या अधिक थी, बहुमत उन्हीं को प्राप्त होना था। भेड़ियों ने सोचा कि यदि उन्होंने कानून बना दिया कि कोई पशु किसी को न मारे, तो हम खाएँगे क्या?

(ii) **बूढ़े सियार और भेड़िए के संवाद से तत्कालीन राजनीतिक और सामाजिक व्यवस्था की कौन-कौन सी विशेषताएँ उजागर होती हैं? (2)**

उत्तर बूढ़े सियार और भेड़िए के संवाद से तत्कालीन राजनीतिक और सामाजिक व्यवस्था में कई विशेषताएँ उजागर होती हैं; जैसे– सत्ता परिवर्तन का भय होना, चाटुकारिता और स्वार्थपरक वफ़ादारी का दिखावा और राजनीतिक अवसरवादिता का प्रयोग।

(iii) **"हम क्या जानें महाराज! हमारे तो आप ही 'माई-बाप' हैं।" यह किसने, किससे और क्यों कहा? (3)**

उत्तर 'हम क्या जानें महाराज! हमारे तो आप ही माई-बाप' हैं। यह कथन बूढ़े सियार ने भेड़िए से कहा। वन प्रदेश में नई सरकार के बनने की बात से अनभिज्ञ बने सियार को जब भेड़िए ने बताया कि चुनाव द्वारा नई सरकार बनाई जा रही है, तो वह जानते हुए भी अनभिज्ञ बना रहा और उसने यह बात कही।

(iv) **उपर्युक्त पंक्तियों में 'आपका' शब्द किसके लिए प्रयोग किया गया है तथा यह भी बताएँ कि कौन किसका दिया खाता था? (3)**

उत्तर उपर्युक्त पंक्तियों में 'आपका' शब्द भेड़िए के लिए प्रयोग किया गया है। भेड़िए द्वारा अपना शिकार खा लेने के बाद सियार हड्डियों में लगे मांस को कुतरकर खाते थे, इसलिए सियार द्वारा कहा गया है कि आपका दिया खाते हैं, आपके गुन गाते हैं।

**Q.3 'आप खिन्न मत होइए सरकार! एक दिन का समय दीजिए। कल तक कोई योजना बन ही जाएगी, मगर एक बात है। आपको मेरे कहे अनुसार कार्य करना पड़ेगा।'**

(i) **सियार भेड़िए की चिंता का कारण जानते हुए भी अनजान क्यों बन रहा था? उसने भेड़िए को कहाँ चले जाने की सलाह दी? (2)**

उत्तर बूढ़ा सियार बहुत ही चतुर व चालाक था। वह भेड़िए को यह नहीं बताना चाहता था कि वह बुद्धिमान है और उसे सब पता है। उसने भेड़िए को पहले सर्कस में भर्ती होने की सलाह दी, फिर अजायबघर चले जाने की और अंत में जंगल में रहकर बहुमत प्राप्त करने की योजना बताई।

(ii) **भेड़िए ने सियार को गुरु मानने की शपथ क्यों ली उसकी क्या विवशता थी? (2)**

उत्तर भेड़िए ने सियार को गुरु मानने की शपथ इसलिए ली, क्योंकि वह मुसीबत में फँसा हुआ था और उसे अपना जीवन बचाने का कोई उपाय नहीं सूझ रहा था। बूढ़े सियार ने भेड़िए को योजना बनाने का वादा किया और सहायता का भरोसा भी दिलाया। ऐसे में भेड़िए ने विवश होकर सियार को गुरु मानने का निर्णय लिया।

(iii) **बूढ़ा सियार ध्यानमग्न अवस्था में क्या सोच रहा था? बूढ़े सियार की योजना पर भेड़िया चिढ़ क्यों गया? (3)**

उत्तर बूढ़ा सियार ध्यानमग्न अवस्था में भेड़िया जाति का बहुमत प्राप्त करने की बात सोचने लगा और भेड़िए से बोला यदि पंचायत में आपकी भेड़िया जाति का बहुमत हो जाए, तो सियार की यह बात सुन भेड़िया चिढ़ गया, क्योंकि उसे लग रहा था कि भेड़ों की संख्या अधिक है और हमारी कम। ऐसे में बहुमत भेड़ों को ही प्राप्त होगा। भेड़िए को सियार की यह बातें आसमानी बातें लग रही थीं, इसलिए वह चिढ़ गया।

(iv) **'आप खिन्न मत होइए सरकार! एक दिन का समय दीजिए।' किसने व किससे कहा? भेड़िए को सियार द्वारा बनाई गई योजना पर विश्वास क्यों नहीं हुआ? (3)**

उत्तर आप खिन्न मत होइए सरकार! एक दिन का समय दीजिए, यह कथन बूढ़े सियार ने मुसीबत में फँसे भेड़िए से कहा। भेड़िए को बूढ़े सियार द्वारा बनाई गई योजना पर विश्वास इसलिए नहीं हुआ, क्योंकि वन प्रदेश में भेड़िए केवल दस फीसदी थे और भेड़े स्वयं को भेड़ियों के हाथ में सौंपकर अपनी मौत को न्यौता नहीं दे सकती थीं।

**Q.4 "बड़े भोले हैं आप सरकार! अरे मालिक रूप-रंग बदल देने से तो सुना है, आदमी तक बदल जाते हैं, फिर ये तो सियार हैं।" [ICSE 2017]**

(i) **उपर्युक्त कथन कौन, किससे और क्यों कह रहा है? (2)**

उत्तर उपर्युक्त कथन सियार ने भेड़िए से कहा, क्योंकि भेड़िए ने शंका जताई कि भेड़ें सियार की बातें नहीं मानेंगी। अपनी बात को स्पष्ट करने के लिए ही सियार ने कहा कि रंग-रूप बदल देने से तो आदमी तक बदल जाते हैं, ये तो फिर भी सियार हैं।

(ii) **बूढ़े सियार ने भेड़िए का रूप किस प्रकार बदला? (2)**

उत्तर बूढ़े सियार ने भेड़िए का रूप बदलने के लिए उसके मस्तिष्क पर तिलक लगाया, गले में कंठी पहनाई, मुख में घास के तिनके लगाए। इस प्रकार अत्यंत गंभीरतापूर्वक सिर झुकाए भेड़िया महाराज रँगे हुए सियारों के बीच चलते हुए भेड़ों की सभा में पहुँचे।

(iii) **यह कैसी कहानी है, बूढ़े सियार ने किन तीन बातों का ख्याल रखने के लिए कहा और क्यों? (3)**

उत्तर 'भेड़ें और भेड़िए' सामाजिक व्यवस्था पर व्यंग्य करती हुई एक प्रतीकात्मक कहानी है। बूढ़े सियार ने जिन तीन बातों का ख्याल रखने के लिए कहा, वे इस प्रकार हैं– अपनी हिंसक आँखों को ऊपर मत उठाना, हमेशा ज़मीन की ओर देखना और कुछ मत बोलना। वहाँ बहुत-सी भेड़ें आएँगी, सुंदर-सुंदर, मुलायम-मुलायम, तो किसी को तोड़कर मत खा जाना। बूढ़े सियार ने यह इसलिए कहा, क्योंकि ऐसा करने से सबकी पोल खुल जाने का खतरा था।

(iv) **सियारों को किन-किन रंगों में रँगा गया? वे किसके प्रतीक थे? इस कहानी से आपको क्या शिक्षा मिलती है? (3)**

उत्तर सियारों को पीले, नीले तथा हरे रंगों में रँगा गया। पीला सियार बड़ा विद्वान, विचारक, कवि तथा लेखक की भूमिका में था। नीला सियार नेता और पत्रकार तथा हरा धर्मगुरु की भूमिका में था। इस कहानी से हमें यह शिक्षा मिलती है कि सत्ता पाने के लिए नेता-गण प्रजा (आम जनता) को अपनी मीठी बातों के जाल में फँसाकर उनसे बहुमत प्राप्त कर लेते हैं, परंतु बहुमत पाते ही उनका असली चेहरा सामने आ जाता है और वे चुनाव के दौरान किए गए वादों को भूलकर आम जनता का शोषण करते हैं।

**Q.5 "उनका 'हृदय परिवर्तन' हो गया है। वे सात दिनों से घास खा रहे हैं। रात-दिन भगवान के भजन और परोपकार में लगे रहते हैं। उन्होंने अपना जीवन जीव-मात्र की सेवा में अर्पित कर दिया है।" [ICSE 2020]**

(i) **प्रस्तुत कथन किसने, किससे और क्यों कहा? स्पष्ट कीजिए। (2)**

उत्तर प्रस्तुत कथन बूढ़े सियार ने भेड़ों से इसलिए कहा, क्योंकि वे वन प्रदेश में होने वाले चुनाव में अपना बहुमत चाहते थे। बूढ़ा सियार भेड़ों को विश्वास दिलाना चाहता था कि भेड़ियों का हृदय परिवर्तन हो गया है और उन्होंने हिंसक प्रवृत्ति को त्याग दिया है।

(ii) **वक्ता ने किसके 'हृदय परिवर्तन' की बात कही? उसने उसके बारे में क्या-क्या कहा? (2)**

उत्तर वक्ता (बूढ़े सियार) ने भेड़ियों के हृदय परिवर्तन की बात कही कि वे सात दिनों से घास खा रहे हैं, रात-दिन भगवान के भजन और परोपकार में लगे रहते हैं तथा उन्होंने अपना जीवन जीव मात्र की सेवा में अर्पित कर दिया है।

(iii) **वक्ता का चरित्र-चित्रण कीजिए। वह चुनावी सभा में किसे जिताना चाहता था और कैसे? (3)**

उत्तर वक्ता बूढ़ा सियार है, जो बहुत ही चालाक व चतुर था। वह जानता था कि भेड़िए की चापलूसी करके ही वह जीवन को सुखमय बना सकता है। वह चुनावी सभा में भेड़ियों को जिताना चाहता था। अतः वह भेड़ों को विश्वास दिलाना चाहता था कि भेड़िये अब उन पर अत्याचार नहीं करेंगे।

(iv) **चुनाव का क्या परिणाम हुआ? इस कहानी के माध्यम से लेखक क्या स्पष्ट करना चाहते हैं? चुनाव जीतने वाले ने सबसे पहला क्या नियम बनाया और इस नियम से किसका अधिक लाभ हुआ? (3)**

उत्तर चुनाव में भेड़ियों को बहुमत मिल गया और वे चुनाव जीत गए। इस कहानी में पशु समाज के द्वारा प्रजातांत्रिक व्यवस्था को बताया गया है कि किस प्रकार प्रजातंत्र में जनता का शोषण होता है। चुनाव जीतने वाले भेड़ियों ने यह कानून बनाया कि प्रत्येक भेड़िए को प्रातःकाल नाश्ते में भेड़ का एक मुलायम बच्चा, दोपहर में पूरी भेड़ व शाम को आधी भेड़ दी जाए। इस नियम से भेड़ियों को सबसे अधिक लाभ हुआ।

**अन्य संभावित प्रश्न**

(i) **इस कहानी में भेड़ और भेड़िए समाज के किस वर्ग के प्रतिनिधि हैं? (3)**

उत्तर प्रस्तुत कहानी में भेड़ें भोली-भाली जनता का प्रतिनिधित्व करती हैं। वह प्रजातंत्र में अपने वोट के माध्यम से ऐसे हित-चिंतक रक्षक को अपना नेता चुनना चाहती हैं, जिनसे वह सुरक्षित रहें तथा अपने अनुसार कानून लागू करवा सकें, जबकि दूसरी ओर भेड़िए स्वार्थी व शोषक वर्ग का प्रतिनिधित्व करते हैं, जो भोली-भाली मासूम जनता को बहलाकर उनका शोषण करते हैं।

**Q.6 भाइयों और बहनों, मैं भेड़िया संत से अपने मुखार-विंद से आपको प्रेम और दया का संदेश देने की प्रार्थना करता, पर प्रेमवश उनका हृदय भर आया है, वे गद्गद् हो गए हैं और भावातिरेक से उनका कंठ अवरुद्ध हो गया है।**

(i) **बूढ़े सियार ने भेड़िए को महान और सर्वशक्तिमान क्यों बताया? (2)**

उत्तर बूढ़े सियार ने भेड़िए को महान और सर्वशक्तिमान इसलिए बताया क्योंकि वह भेड़िए को खुश करके उसकी कृपा प्राप्त करना चाहता था। उसने भेड़िए को स्वर्गीय गुणों से युक्त बताया और उसकी तुलना

परमात्मा से की, जिससे भेड़िए गर्व और अहंकार में डूबकर सियारों की बातों पर भरोसा कर लें।

(ii) **नीले सियार ने क्या रूप धारण किया था? नीले सियार द्वारा 'निर्बलों की रक्षा बलवान ही कर सकते हैं' कथन का वास्तविक उद्देश्य क्या था?** **(2)**

उत्तर नीले सियार ने नेता और पत्रकार का रूप धारण किया था। उसने यह कथन भेड़िए को और अधिक शक्तिशाली और श्रेष्ठ साबित करने के लिए दिया। उसने यह अहसास दिलाया कि भेड़िया बलवान है और इसलिए उसे निर्बलों की रक्षा करनी चाहिए। इसका उद्देश्य भेड़िए को चापलूसी के माध्यम से प्रसन्न करना था।

(iii) **किसके दर्शन के लिए भोली-भाली भेड़ें इकट्ठी हो गई थीं? भेड़ों को देखकर रंग बदले भेड़ियों की क्या प्रतिक्रिया थी?** **(3)**

उत्तर सियारों ने भेड़िए को संत का रूप धारण करा दिया था, जिसके दर्शन के लिए भोली-भाली भेड़ें इकट्ठी हो गई थीं, जिसकी चर्चा बूढ़े सियार ने पूरे वन प्रदेश में फैला दी थी। एक ही स्थान पर एकत्रित इतनी बड़ी संख्या में भेड़ों को देखकर रंग बदले हुए भेड़ियों के मुँह में बार-बार पानी आ रहा था, जिसको वे बार-बार वापस गटक जाते थे और नज़रें बार-बार नीचे कर लेते थे। वह संत बनने का नाटक कर रहे थे।

(iv) **जीव-मात्र की सेवा में अपना जीवन किसने अर्पित कर दिया था?** **(3)**

उत्तर बूढ़े सियार ने भेड़ों से भेड़िया के हृदय परिवर्तित हो जाने की बात कही, क्योंकि भेड़िया राजा वन प्रदेश में अपना बहुमत चाहते थे। वो चुनाव जीतकर भेड़ों पर राज करना चाहते थे। बूढ़े सियार के अनुसार, भेड़िया राजा संत हो गए थे तथा उन्होंने जीव-मात्र की सेवा में अपना जीवन अर्पित कर दिया था।

**Q.7** **'जो यहाँ त्याग करेगा, वह उस लोक में पाएगा। जो यहाँ दुःख भोगेगा, वह वहाँ सुख पाएगा। जो यहाँ राजा बनाएगा व वहाँ राजा बनेगा। जो यहाँ वोट देगा, वह वहाँ वोट पाएगा, इसलिए सब मिलकर भेड़िए को वोट दो। वे दानी हैं, परोपकारी हैं, संत हैं। मैं उनको प्रणाम करता हूँ।'**

(i) **भेड़िए व्यर्थ ही क्यों बदनाम थे? इसके समर्थन में बूढ़े सियार ने क्या तर्क दिया?** **(2)**

उत्तर बूढ़े सियार के अनुसार भेड़िए व्यर्थ ही बदनाम थे कि वे भेड़ों को खाते हैं। उनके समर्थन में तर्क देते हुए वह कहता है कि भेड़ों को कोई और खाता था और उनकी हड्डियाँ भेड़िए के द्वार पर फेंक देता था।

(ii) **बूढ़े सियार के कथनों में चतुराई और छल का क्या प्रमाण मिलता है?** **(2)**

उत्तर बूढ़े सियार ने अपनी बातों में चतुराई और छल का प्रदर्शन कई तरीकों से किया। उसने भेड़िए को खुश करने के लिए उसकी तुलना परमात्मा से की, साधारण सियारों को 'स्वर्ग के देवता' बताया और पीले सियार की असफलता को कवि की विशेषता बताकर स्थिति संभाली। उसका उद्देश्य भेड़िए को भ्रमित करना और अपने पक्ष में करना था।

(iii) **बूढ़े सियार द्वारा 'स्वर्ग के देवता' और 'स्वर्गीय गुण' जैसी उपमाओं का प्रयोग क्यों किया गया?** **(3)**

उत्तर बूढ़े सियार ने 'स्वर्ग के देवता' और 'स्वर्गीय गुण' जैसी उपमाओं का प्रयोग इसलिए किया, जिससे भेड़ों को यह विश्वास दिलाया जा सके कि सियार साधारण जीव नहीं, बल्कि दिव्य प्राणी हैं। इससे भेड़ों के मन में उनके प्रति आदर उत्पन्न हो जाए और वह उन पर विश्वास करने लगें।

(iv) **पीले सियार द्वारा हुआँ-हुआँ करने पर बूढ़े सियार ने बात को कैसे संभाला तथा बूढ़े सियार के अनुसार पीले सियार ने क्या कहकर भेड़िए की प्रशंसा की?** **(3)**

उत्तर पीले सियार द्वारा हुआँ-हुआँ करने पर बूढ़े सियार ने आँख के इशारे से शेष सियारों को मना किया और चतुराई से बात संभालते हुए कहा कि कवि जी कोरस में गीत गाते हैं। बूढ़े सियार के अनुसार पीले सियार ने यह कहकर भेड़िए की प्रशंसा की कि आप सर्वत्र व्याप्त हैं, सर्वशक्तिमान हैं। प्रातः आपके मस्तक पर तिलक करती है, साँझ को ऊषा आपका मुख चूमती है, पवन आप पर पंखा करती है और रात्रि में आपकी ही ज्योति लक्ष-लक्ष खंड होकर आकाश में तारे बनकर चमकती है।

### अन्य संभावित प्रश्न

(i) **सियार किस घटना के द्वारा भेड़िए को संत प्रमाणित करता है?** **(2)**

उत्तर सियार बताता है कि एक मासूम भेड़ के बच्चे के पैर में कांटा लग जाने के कारण भेड़िए ने उस कांटे को अपने दाँतों से निकाला और उस कष्ट के द्वारा मरने के कारण भेड़िए ने सम्मान से उसका क्रिया-कर्म किया। इस कारण भेड़िया अपना सब कुछ त्याग करके संत बन गया है।

# 10

# दो कलाकार

*मन्नू भंडारी*

## लेखिका का परिचय

मन्नू भंडारी का जन्म 3 अप्रैल, 1931 को मध्य प्रदेश के मंदसौर जिले के भानपुरा में हुआ था। इन्हें बचपन में महेंद्र कुमारी के नाम से जाना जाता था। उनके प्रसिद्ध कहानी संग्रहों में 'एक प्लेट सैलाब', 'मैं हार गई', 'यही सच है', त्रिशंकु और 'आँखों देखा झूठ' शामिल हैं। 'आपका बंटी', 'महाभोज' और 'एक इंच मुस्कान' उनके प्रसिद्ध उपन्यास हैं, जबकि 'बिना दीवारों का घर' उनका चर्चित नाटक है।

उनकी कहानी 'यही सच है' पर आधारित फिल्म 'रजनीगंधा' (1974) ने सर्वश्रेष्ठ फिल्म का पुरस्कार जीता। मन्नू भंडारी को हिंदी अकादमी दिल्ली का शिखर सम्मान और राजस्थान संगीत नाटक अकादमी का व्यास सम्मान भी प्राप्त हुआ। 28 अक्टूबर, 2013 को नई दिल्ली में मन्नू भंडारी का निधन हो गया।

## कहानी का परिचय

प्रस्तुत कहानी एक प्रेरणादायक कहानी है, जो कला, समाजसेवा और मानवीय संवेदनाओं के बीच के द्वंद्व को उजागर करती है। दो सहेलियाँ, अपनी-अपनी सोच और कार्यक्षेत्र में भिन्नता रखते हुए जीवन के अलग-अलग रास्ते चुनती हैं। इनमें एक समर्पित चित्रकार है, जो अपनी कला के माध्यम से प्रसिद्धि पाना चाहती है, जबकि दूसरी समाज सेवा के माध्यम से ज़रूरतमंदों की सहायता में विश्वास रखती है। कहानी उस मोड़ पर पहुँचती है, जब पहली की कला से प्रेरित होकर दूसरी एक अनूठा कदम उठाती है और पहली को अहसास होता है कि सच्ची कला वही है, जो दूसरों के जीवन में बदलाव लाए। यह कहानी कला और संवेदनशीलता के सामंजस्य को खूबसूरती से प्रस्तुत करती है।

## कहानी का उद्देश्य

प्रस्तुत कहानी का उद्देश्य सच्ची कला व सच्चे कलाकार को स्पष्ट करना है।

यह कहानी कला और जीवन के बीच के संतुलन को रेखांकित करती है। इसमें बताया गया है कि कला केवल आत्मसंतोष का माध्यम नहीं होनी चाहिए, बल्कि उसका उद्देश्य समाज और मानवता की भलाई में योगदान देना भी होना चाहिए। कहानी यह सोचने पर मजबूर करती है कि जीवन का उद्देश्य केवल व्यक्तिगत सफलता और पहचान हासिल करना नहीं है, बल्कि दूसरों की सेवा और सहायता से अपने जीवन को अर्थपूर्ण बनाना भी है।

## कहानी के शीर्षक की सार्थकता

कहानी का शीर्षक 'दो कलाकार' इसलिए सार्थक है, क्योंकि इसमें दो प्रमुख पात्र चित्रा और अरुणा हैं, जिनकी कला की अपनी-अपनी परिभाषाएँ हैं। चित्रा एक चित्रकार है, जो अपनी कला के माध्यम से दुनिया को देखती है, जबकि अरुणा समाज सेवा के माध्यम से वास्तविक जीवन में परिवर्तन लाने का प्रयास करती है। दोनों के दृष्टिकोण अलग हैं, लेकिन अंत में वे एक-दूसरे की कला और योगदान को समझती हैं। अत: कहानी का शीर्षक दोनों के अलग-अलग कलात्मक दृष्टिकोण को दर्शाता है।

## संदेश

लेखिका ने पाठकों को यह संदेश दिया है कि प्रत्येक व्यक्ति का कर्त्तव्य है कि वह समाज के गरीब, असहाय ज़रूरतमंदों की सहायता करे। केवल धन और यश कमाना ही व्यक्ति का उद्देश्य नहीं होना चाहिए, अपितु मानवता का भला करना भी प्रत्येक व्यक्ति का कर्त्तव्य है।

## पात्र परिचय व चरित्र चित्रण

**चित्रा** चित्रा एक धनी परिवार की बेटी व चित्रकार है, किंतु वह विश्व प्रसिद्ध चित्रकार बनना चाहती है। अरुणा की अच्छी मित्र होने पर भी उसे समाज सेवा समझ नहीं आती। अतः वह समाज की समस्याओं के प्रति संवेदनशील नहीं है।

**अरुणा** अरुणा, चित्रा की सहेली व समाज सेविका है, जो गरीब बच्चों को पढ़ाती है और मानवता के लिए काम करती है। वह भावुक व संवेदनशील है। वह स्वयं बाढ़-पीड़ितों की मदद के लिए जाती है।

## कहानी का सार

प्रस्तुत कहानी चित्रा और अरुणा नामक दो सहेलियों की है। चित्रा एक चित्रकार है, जो अपनी कला में डूबी रहती है, जबकि अरुणा समाज सेवा को प्राथमिकता देती है। दोनों के विचारों में टकराव होता है, क्योंकि अरुणा कला को निरर्थक मानती है और दूसरों की सहायता करने को अधिक महत्त्वपूर्ण समझती है।

चित्रा के पिता द्वारा विदेश जाने की अनुमति मिलने पर वह विदेश चली जाती है और अपनी कला से प्रसिद्धि पाती है, विशेषकर उसके एक चित्र 'अनाथ' को बहुत सराहा जाता है। यह चित्र एक मरी हुई भिखारिन और उसके रोते हुए बच्चों को दर्शाता है। तीन साल बाद भारत लौटने पर उसकी प्रदर्शनी आयोजित होती है, जहाँ अरुणा अपने साथ दो बच्चों को लेकर आती है।

चित्रा को यह जानकर झटका लगता है कि अरुणा ने भिखारिन के उन बच्चों को गोद लिया है, जिनकी तस्वीर ने उसे प्रसिद्ध किया था। कहानी यह दर्शाती है कि सच्ची कला वह है जो न केवल देखी जाए, बल्कि जीवन में परिवर्तन लाए।

### शब्दार्थ

**घनचक्कर** *चक्कर में डालने वाला;* **हाड़ तोड़ना** *मेहनत करना;* **प्रतीक्षा** *इंतजार;* **इकलौती** *एकमात्र संतान;* **सामर्थ्य** *शक्ति;* **तूलिका** *चित्रकार का ब्रुश;* **मूसलाधार वर्षा** *लगातार तेज वर्षा;* **ईर्ष्या** *जलन;* **प्रदर्शनी** *दिखाना. प्रदर्शन करना;* **विस्मय** *आश्चर्य, हैरानी।*

# एग्ज़ाम पैटर्न प्रश्न (10 अंक)

***निम्नलिखित गद्यांशों को पढ़िए और उसके नीचे दिए प्रश्नों के उत्तर हिंदी में लिखिए।***

**Q.1** 'उस भीड़-भाड़ में अचानक उसकी भेंट अरुणा से हो गई।' 'रूनी कहकर चित्रा भीड़ की उपस्थिति को भूलकर अरुणा के गले लिपट गई। **[ICSE Specimen 2023]**

(i) **अरुणा और चित्रा कहाँ पर मिली हैं और यहाँ क्यों आई हैं? (2)**

उत्तर अरुणा व चित्रा प्रदर्शनी में मिली हैं। अरुणा और चित्रा दोनों घनिष्ठ मित्र थीं। अरुणा एक समाज-सेविका है और चित्रा एक चित्रकार है। दिल्ली में चित्रा के चित्रों की विराट प्रदर्शनी का आयोजन किया गया था। उसका उद्घाटन करने के लिए चित्रा को ही आमंत्रित किया गया था, इसलिए अरुणा, चित्रा से मिलने तथा प्रदर्शनी देखने के लिए अपने परिवार के साथ गई थी।

(ii) **अरुणा के साथ कौन खड़े थे? चित्रा के पूछने पर अरुणा ने क्या बताया? (2)**

उत्तर अरुणा के साथ उसके दो बच्चे खड़े थे। लड़के की उम्र करीब दस वर्ष की थी और लड़की की आठ वर्ष। उन दोनों बच्चों को देखकर चित्रा ने अरुणा से पूछा कि क्या यह दोनों बच्चे तुम्हारे हैं, तब अरुणा ने चित्रा की बात सुनकर उत्तर दिया कि हाँ ये दोनों बच्चे उसी के हैं।

(iii) **अरुणा ने बच्चों से क्या कहा? क्या चित्रा ने उन्हें प्यार किया? (3)**

उत्तर अरुणा ने बच्चों से चित्रा का परिचय कराते हुए कहा कि ये तुम्हारी मौसी हैं और बहुत अच्छे चित्र बनाती हैं। ये सारे चित्र इन्हीं के द्वारा बनाए हुए हैं। यह बताते हुए अरुणा ने बच्चों से नमस्ते करने के लिए कहा। चित्रा बच्चों को देखकर चकित रह गई, वह कभी बच्चों की ओर देखती, तो कभी अरुणा की ओर। जब अरुणा ने चित्रा को टोका, तो उसने बच्चों के सिर पर प्यार से हाथ फेर दिया।

(iv) **चित्रा सोच में क्यों पड़ गई? उसे किस बात का अहसास हुआ? अरुणा ने किसके जीवन में रंग भर दिए? (3)**

उत्तर बच्चों के विषय में अरुणा की बात सुनकर चित्रा सोच में पड़ गई। वह विदेश से तीन वर्ष बाद लौटी थी और बच्चों की उम्र भी अधिक थी। उसे भिखारिन के बच्चे याद आते हैं। बच्चों को अरुणा ने गोद ले लिया था, यह देखकर चित्रा को अहसास होता है कि सही मायने में अरुणा ही सच्ची कलाकार है। अरुणा ने भिखारिन के दोनों बच्चों के जीवन में रंग भर दिए थे।

**Q.2** **विदेशों में उसके चित्रों की धूम मच गई। भिखारिन और दो अनाथ बच्चों के उस चित्र की प्रशंसा में तो अखबारों के कॉलम-के-कॉलम भर गए। शोहरत के ऊँचे शिखर पर बैठ चित्रा जैसे अपना सबकुछ भूल गई। [ICSE 2019]**

(i) **उसके चित्रों से क्या तात्पर्य है? समझाइए। (2)**

उत्तर उसके चित्रों से तात्पर्य कहानी की पात्र चित्रा द्वारा बनाए गए चित्रों से है। चित्रा के बनाए गए भिखारिन और उसके दो अनाथ बच्चों के चित्र से उसकी ख्याति विदेशों में फैल गई थी।

(ii) **चित्रा कौन थी? उसके चरित्र की मुख्य विशेषता बताइए। (2)**

उत्तर चित्रा धनी परिवार की इकलौती पुत्री तथा अरुणा की सहेली थी। उसके चरित्र की मुख्य विशेषता यह थी कि वह उच्चकोटि की चित्रकार थी। चित्र बनाना ही उसका एकमात्र शौक था। वह दिन-रात रंग तूलिका लिए हुए चित्र बनाने में व्यस्त रहती थी। चित्रकारी में उसे दक्षता प्राप्त थी।

(iii) **अरुणा कौन थी? जब उसे भिखारिन वाली घटना का पता चला, तो उस पर क्या प्रभाव पड़ा और उसने क्या किया? (3)**

उत्तर अरुणा, चित्रा की सहेली तथा एक समाज-सेविका थी। जब अरुणा को भिखारिन वाली घटना का पता चला, तो उसका हृदय उनके प्रति संवेदना से भर गया। वह अत्यंत भावुक हो गई। उसने भिखारिन के दोनों बच्चों को गोद लेकर उनके पालन-पोषण की ज़िम्मेदारी ले ली।

(iv) **चित्रकारिता और समाज सेवा में आप किसे उपयोगी मानते हैं और क्यों? कहानी के माध्यम से समझाइए। (3)**

उत्तर चित्रकारिता तथा समाज सेवा में से हम समाज सेवा को अधिक उपयोगी मानते हैं, क्योंकि मानवता की सेवा ही सबसे बड़ी सेवा और सच्ची कला है। दुनिया की सारी कलाएँ इसके समक्ष निरर्थक और निराधार प्रतीत होती हैं।

कहानी के दोनों पात्रों चित्रा और अरुणा में से अरुणा सच्ची समाज-सेविका है, जो भिखारिन के दोनों बच्चों के प्रति संवेदना रखते हुए उनके पालन-पोषण की ज़िम्मेदारी उठाकर समाज-सेवा का कार्य करती है तथा उन बच्चों की समाज में पहचान बना देती है।

**Q.3** **"अरे, यह क्या? इसमें तो सड़क, आदमी, ट्राम, बस, मोटर, मकान सब एक-दूसरे पर चढ़ रहे हैं। मानो सबकी खिचड़ी पकाकर रख दी हो। क्या घनचक्कर बनाया है?"**

(i) **चित्रा ने चादर खींचकर सोती हुई अरुणा को क्यों उठा दिया? स्पष्ट कीजिए। (2)**

उत्तर चित्रा को चित्रकला में दक्षता प्राप्त थी। वह स्वयं को चित्रकारी में ही व्यस्त रखा करती थी, इसलिए अपने द्वारा बनाए गए चित्र को दिखाने के लिए 'चित्रा' ने सोती हुई अरुणा को उठा दिया।

(ii) **अरुणा ने चित्रा द्वारा बनाए गए चित्र पर विरोध क्यों प्रकट किया? इसका चित्रा पर क्या प्रभाव पड़ा? (2)**

उत्तर अरुणा सो रही थी और 'चित्रा' ने 'अरुणा' की नींद खराब कर दी थी, इसलिए उसने चित्र पर विरोध प्रकट किया।

इससे चित्रा निराश हुई, क्योंकि उसे अपनी कला की प्रशंसा और स्वीकृति की अपेक्षा थी, जो उसे अरुणा से नहीं मिला।

(iii) **'अरुणा' ने 'चित्रा' को चित्र पर क्या लिखने को कहा और क्यों? (3)**

उत्तर अरुणा ने चित्रा को उसके द्वारा बनाए गए चित्र पर नाम लिखने को कहा, क्योंकि चित्रा द्वारा बनाए गए चित्र से स्पष्ट पता नहीं चल पा रहा था कि आखिर चित्र किसका बनाया गया था, इसलिए अरुणा ने चित्र पर नाम लिखने के लिए कहा।

(iv) **'घनचक्कर' शब्द का अर्थ बताते हुए बताएँ कि अरुणा ने घनचक्कर किसे कहा है और क्यों? (3)**

उत्तर 'घनचक्कर' शब्द का अर्थ है- चक्कर में डालने वाला। अरुणा ने 'घनचक्कर' चित्रा द्वारा बनाए गए चित्र को कहा है, क्योंकि उसके चित्र में सड़क, आदमी, ट्राम, बस, मोटर, मकान सब एक-दूसरे पर

चढ़ रहे थे, जिसे देखकर कुछ भी समझ नहीं आ रहा था, इसलिए 'अरुणा' ने 'चित्रा' द्वारा बनाए गए चित्र को 'घनचक्कर' कहा है।

**Q.4 'क्या ये बंदर पाल रखे हैं तूने?' फिर ज़रा हँसकर चित्रा बोली, 'एक दिन तेरी पाठशाला का चित्र बनाना होगा। लोगों को दिखाया करेंगे कि हमारी एक मित्र साहिबा थीं, जो बस्ती के चौकीदारों, नौकरों और चपरासियों के बच्चों को पढ़ा-पढ़ाकर ही अपने को भारी पंडिताइन और समाज-सेविका समझती थीं।'**

(i) **स्वयं द्वारा बनाए गए चित्र को 'चित्रा' ने किसका प्रतीक बताया है? अपने शब्दों में बताइए। (2)**

उत्तर स्वयं द्वारा बनाए गए चित्र को चित्रा ने असमंजस का प्रतीक बताया है, क्योंकि उस चित्र में सड़क, आदमी, ट्राम, बस, मोटर, मकान सब एक-दूसरे पर चढ़े रहते हैं, साथ ही अरुणा ने चित्रा के चित्र को बेवकूफी का प्रतीक बताया है।

(ii) **'बंदर पाल रखे हैं।' इस वाक्यांश के प्रयोग से चित्रा का क्या तात्पर्य है? वह इस तुलना के माध्यम से क्या व्यक्त करना चाहती है? (2)**

उत्तर चित्रा के 'बंदर पाल रखे हैं' कहने का तात्पर्य यह है कि वह बस्ती के चौकीदारों, नौकरों और चपरासियों के बच्चों को एक प्रकार से उपेक्षा और तुच्छ दृष्टि से देख रही है। इस तुलना में उसकी मानसिकता स्पष्ट होती है कि वह इन बच्चों को शिक्षित करने को महत्त्व नहीं देती और उन्हें सामान्य बच्चों के समान नहीं मानती। यह कथन उसकी भेदभावपूर्ण सोच को दर्शाता है, जहाँ निम्न वर्ग के बच्चों की शिक्षा को अनावश्यक या हास्यास्पद माना जाता है।

(iii) **समाज-सेविका की संज्ञा किसे व क्यों दी गई है? वह अपना खाली समय किस प्रकार से व्यतीत करती थी? (3)**

उत्तर समाज-सेविका की संज्ञा अरुणा को दी गई है, क्योंकि वह बस्ती के चौकीदारों, नौकरों व चपरासियों के बच्चों को पढ़ाकर समाज सेवा का कार्य करती थी। अरुणा के हृदय में समाज सेवा की भावना व्याप्त थी और वह खाली समय में गरीब बच्चों को पढ़ाने में अपना समय व्यतीत करती थी।

(iv) **चित्रा द्वारा 'भारी पंडिताइन और समाज-सेविका' कहे जाने के पीछे उसकी भावना क्या है? यह व्यंग्य है या आलोचना? इससे उसकी सोच और दृष्टिकोण का कौन-सा पक्ष उजागर होता है? (3)**

उत्तर चित्रा का यह कथन स्पष्ट रूप से व्यंग्य है, जिसमें वह समाज सेवा को एक दिखावे की चीज़ मानती है। वह यह संकेत करती है कि उसकी मित्र केवल नौकरों और चपरासियों के बच्चों को पढ़ाकर स्वयं को विदुषी और महान समाज-सेविका समझ रही है। यह दर्शाता है कि चित्रा उच्च वर्गीय मानसिकता रखती है और समाज के निम्न वर्ग की शिक्षा को महत्त्वहीन समझती है। उसे लगता है कि यह प्रयास दिखावटी है और इसका कोई वास्तविक प्रभाव नहीं है। इससे उसकी संकीर्ण सोच, सामाजिक असमानता की स्वीकृति और शिक्षा को लेकर भेदभावपूर्ण दृष्टिकोण उजागर होता है।

**Q.5 "वह काम तो तेरे लिए छोड़ दिया। मैं चली जाऊँगी, तो जल्दी से सारी दुनिया का कल्याण करने के लिए झंडा लेकर निकल पड़ना।" और चित्रा हँस पड़ी।**

(i) **किसकी कला को निरर्थक किसने व क्यों कहा है? स्पष्ट कीजिए। (2)**

उत्तर 'चित्रा' की कला को 'अरुणा' ने निरर्थक कहा है, क्योंकि उसकी दृष्टि में ऐसी कला का कोई महत्त्व नहीं, जो व्यक्ति को व्यक्ति न रहने दे। वह चित्रा को कहती है कि कागज़ पर इन निर्जीव चित्रों को बनाने से अच्छा वह किसी की ज़िंदगी क्यों नहीं बनाती, उसके पास तो सामर्थ्य व साधन दोनों हैं।

(ii) **उपर्युक्त पंक्तियों में 'मैं' शब्द किसके लिए प्रयोग किया गया है और दुनिया के कल्याण पर निकलने के लिए किसे कहा गया है? (2)**

उत्तर उपर्युक्त पंक्तियों में 'मैं' शब्द चित्रा के लिए प्रयोग किया गया है और दुनिया के कल्याण पर निकलने के लिए 'अरुणा' को कहा गया है। चित्रा अरुणा को हँसते हुए यह कहती है कि लोगों की भलाई का कार्य उसने अरुणा के लिए छोड़ दिया है। उसके विदेश जाने के बाद वह यही कार्य करे।

(iii) **चित्रा व अरुणा के चरित्र पर प्रकाश डालिए। दोनों में क्या विशेषताएँ थीं? स्पष्ट करें। (3)**

उत्तर 'चित्रा' धनी परिवार से संबंधित थी। उसे चित्रकला में दक्षता प्राप्त थी और दुनिया से कोई मतलब नहीं था। वह अपने में रहना ही पसंद करती थी, वहीं दूसरी ओर साधारण परिवार से संबंधित 'अरुणा' परोपकारी व दयालु लड़की थी। वह हमेशा गरीबों की सेवा करने के लिए तत्पर रहती थी। अरुणा ने भिखारिन के बच्चों के गोद लेकर अपनी सोच को दर्शाया था।

(iv) **'स्वयं सेवकों' का दल कहाँ जा रहा था तथा उनके साथ कौन गया था? स्पष्ट कीजिए। बाढ़ पीड़ितों की दशा सुधारने के लिए अरुणा ने क्या किया? (3)**

उत्तर 'स्वयं सेवकों' का दल बाढ़ पीड़ितों की सहायता करने के लिए जा रहा था। उनके साथ अरुणा भी गई थी, क्योंकि अरुणा स्वभाव से समाज-सेविका थी, इसलिए वह वहाँ जाकर पूरे पंद्रह दिन तक बाढ़ पीड़ितों की सहायता करती है।

बाढ़ पीड़ितों की दशा सुधारने के लिए अरुणा ने सारा दिन चंदा एकत्रित किया, जिससे उनकी कुछ सहायता की जा सके।

**Q.6 आज चित्रा को जाना था। अरुणा सवेरे से ही उसका सारा सामान ठीक कर रही थी। एक-एक करके चित्रा सबसे मिल आई। बस, गुरुजी से मिलना रह गया था, सो उनका आशीर्वाद लेने चल पड़ी। तीन बज गए थे, पर वह लौटी नहीं। पाँच बजे की गाड़ी से वह जाने वाली थी। अरुणा ने सोचा, वह स्वयं जाकर देख आए कि आखिर बात क्या हो गई? तभी बड़बड़ाती-सी चित्रा ने प्रवेश किया, 'बड़ी देर हो गई ना।' [ICSE 2025]**

(i) **चित्रा को कहाँ जाना था और क्यों? (2)**

उत्तर चित्रा को चित्रकारी में महारत हासिल करने के लिए विदेश जाना था। अरुणा उसके लिए सवेरे से ही सामान ठीक कर रही थी।

(ii) **चित्रा तथा अरुणा का परिचय दीजिए। (2)**

उत्तर **चित्रा** एक चित्रकार है। उसके जीवन का उद्देश्य है कि वह विश्व **प्रसिद्ध चित्रकार** बने। वह अरुणा की अच्छी मित्र है, पर अरुणा की समाज सेवा उसे समझ नहीं आती।

**अरुणा** वह चित्रा की सहेली व एक व्यावहारिक लड़की है। वह भौतिकता को महत्त्व न देकर व्यावहारिक जीवन को महत्त्व देती है। छात्रा होते हुए भी वह समाज सेवा के प्रति समर्पित दिखाई देती है।

**(iii) चित्रा को आने में देर क्यों हो गई थी? विस्तार से लिखिए। (3)**

उत्तर चित्रा को विदेश जाना है। उसकी गाड़ी पाँच बजे की थी। वह गुरुजी का आशीर्वाद लेने गई थी, लेकिन वह तीन बजे तक भी नहीं आई थी, इस कारण चित्रा को बहुत देर हो गई थी।

**(iv) पाठ के शीर्षक के अनुसार चित्रा और अरुणा दोनों कलाकार हैं। कहानी के माध्यम से स्पष्ट कीजिए कि आपकी दृष्टि में कौन सच्चा कलाकार है? (3)**

उत्तर पाठ के शीर्षक के अनुसार चित्रा व अरुणा दोनों ही कलाकार हैं। चित्रा, जो कि चित्रकार है, वह अपनी कला में डूबी रहती है व अपनी भावनाओं को कैनवास पर उतारती है तथा अरुणा एक ऐसी महिला है, जो दूसरों की सहायता करने में विश्वास रखती है। वह जीवन को सेवा भाव से पूरा करती है।

मेरी दृष्टि में अरुणा एक सच्ची कलाकार है, क्योंकि वह दूसरों की सेवा व मदद करके अपनी कला का प्रदर्शन करती है। वह परोपकारी है, इस कारण अरुणा सार्थक कलाकार के रूप में सामने आती है।

**Q.7 उस तस्वीर को और अधिक देर तक देखना बच्चों के लिए असह्य हो उठा था। तभी अरुणा के पति आ पहुँचे। साधारण बातचीत के पश्चात् अरुणा ने दोनों बच्चों को उनके हवाले करते हुए कहा, "आप ज़रा बच्चों को प्रदर्शनी दिखाइए, मैं चित्रा को लेकर घर चलती हूँ।"**

**[ICSE 2019]**

**(i) प्रदर्शनी में चित्रा, अरुणा को देखकर कैसी प्रतिक्रिया देती है? (2)**

उत्तर दिल्ली में आयोजित चित्र प्रदर्शनी में जब चित्रा की अचानक से मुलाकात अरुणा से होती है, तो वह उसे 'रूनी' कहकर बुलाती है और उसके गले से लिपट जाती है। उसे अपनी मित्र को देखकर भीड़ की उपस्थिति का भी ध्यान नहीं होता है, क्योंकि दोनों बहुत वर्षों के बाद एक-दूसरे से मिल रही थीं।

**(ii) चित्रा की प्रदर्शनी देखने अरुणा किसके साथ गई थी? (2)**

उत्तर चित्रा की प्रदर्शनी देखने अरुणा अपने पति व दो बच्चों के साथ गई थी। ये बच्चे उसी भिखारिन के थे, जिसके चित्रों से चित्रा को विदेशों में प्रसिद्धि मिली थी। अरुणा ने उस मृत भिखारिन के अनाथ बच्चों को गोद लेकर उनके पालन-पोषण की ज़िम्मेदारी स्वयं पर ली थी।

**(iii) 'दो कलाकार' कहानी का मूल भाव बताते हुए स्पष्ट कीजिए कि दोनों मित्रों में से कौन अधिक महान कलाकार थी? (3)**

उत्तर 'दो कलाकार' कहानी अत्यंत मर्मस्पर्शी है। इस कहानी से लेखिका ने यह समझाने का प्रयास किया है कि हमें निर्धन एवं असहाय लोगों की सहायता करनी चाहिए। उनके अनुसार, सच्चा कलाकार वही है, जो समाज के साथ सहानुभूति और सरोकार रखता हो। दोनों मित्रों में से अरुणा एक महान कलाकार थी। उसने भिखारिन के अनाथ बच्चों को अपनाकर उनका भविष्य सँवारा था, जबकि चित्रा के लिए वे बच्चे महज़ चित्र बनाने का आइडिया थे।

**(iv) चित्रा एवं अरुणा के जीवन उद्देश्य में अंतर होते हुए भी वे दोनों एक-दूसरे की घनिष्ठ मित्र थीं। स्पष्ट कीजिए। (3)**

उत्तर चित्रा एवं अरुणा के जीवन उद्देश्य एक-दूसरे से भिन्न थे तथा दोनों के जीवन में भी काफ़ी अंतर था। फिर भी उनकी मित्रता के चर्चे पूरे हॉस्टल में होते थे। बहुत से लोग उनकी मित्रता से ईर्ष्या भी करते थे। दोनों कलाकारों में बस अंतर इतना था कि एक को तस्वीरों में रंग भरना पसंद था, तो दूसरे को लोगों के जीवन में। दोनों के स्वभाव में भी बहुत अंतर था, परंतु फिर भी वे घनिष्ठ मित्र थीं, क्योंकि मित्रता के लिए कला या स्वभाव में समानता मायने नहीं रखती।

**अन्य संभावित प्रश्न**

**(i) किस तस्वीर को देखना बच्चों के लिए असहाय था व क्यों? (3)**

उत्तर चित्रा की सबसे प्रसिद्ध 'अनाथ' शीर्षक वाली तस्वीर को देखना बच्चों के लिए असह्य था, क्योंकि उस तस्वीर में दो बच्चे अपनी मरी हुई माँ से चिपककर रो रहे थे और जब उन्होंने यह सुना कि चित्र वास्तविक घटना के आधार पर बने हैं, तो यह सुनकर बच्चे असहज हो गए।

**Q.8 "क्या........ !" चित्रा की आँखें विस्मय से फैली रह गईं।**
**"क्या सोच रही है चित्रा?"**
**"कुछ नहीं...मैं...सोच रही थी कि······" पर शब्द शायद उसके विचारों में खो गए।"**

**[ICSE 2019]**

**(i) ऐसी क्या बात हुई, जिसे सुनकर चित्रा की आँखें फटी की फटी रह गईं? (2)**

उत्तर जब दिल्ली में चित्रा के चित्रों की प्रदर्शनी का आयोजन किया गया, तब वहाँ अरुणा भी उस मृत भिखारिन के दो बच्चों के साथ पहुँची, जिन्हें अरुणा ने गोद ले लिया था। चित्रा के पूछने पर जब अरुणा ने बताया कि ये दोनों बच्चे उसी भिखारिन के हैं, जिसे देखकर चित्रा ने रफ़ स्केच बनाया था, तब अरुणा के सेवा भाव के साकार रूप को देखकर चित्रा की आँखें फटी की फटी रह गईं।

**(ii) किस तस्वीर को प्रथम पुरस्कार व प्रसिद्धि मिली थी? वह किस स्थान का चित्र था? (2)**

उत्तर चित्रा द्वारा बनाए गए मृत भिखारिन के साथ उसके दो बच्चों के चित्र को प्रथम पुरस्कार व प्रसिद्धि मिली। यह चित्र चित्रा के हॉस्टल के बाहर गर्ग स्टोर के सामने पेड़ के नीचे का था, जहाँ एक भिखारिन अपने दो बच्चों को छोड़कर मर गई थी।

**(iii) अरुणा के किन शब्दों से चित्रा सोच में पड़ गई और अपने ही विचारों में खो गई? (3)**

उत्तर चित्र प्रदर्शनी के समय जब चित्रा ने अरुणा के साथ आए दोनों बच्चों के बारे में पूछा कि वे किसके हैं? तब अरुणा ने बताया कि वे दोनों बच्चे उसके हैं? चित्रा ने इसे अरुणा का मज़ाक समझा। जब बच्चे पिता के साथ विदा हुए, तब चित्रा ने दोबारा पूछा कि ये प्यारे बच्चे किसके हैं? इस पर अरुणा ने 'अनाथ' शीर्षक वाली तस्वीर के दोनों बच्चों पर उँगली रखकर कहा कि ये ही वे दोनों बच्चे हैं।

**(iv) "कला को सत्य, शिव और सुंदर होना चाहिए" कहानी के आधार पर स्पष्ट कीजिए। (3)**

उत्तर "कला को सत्य, शिव और सुंदर होना चाहिए", क्योंकि मानव जीवन में कला और संस्कृति का बहुत महत्त्व है। कला के विभिन्न रूपों के माध्यम से मानव-जीवन में आदर्श और यथार्थ का मिलन संभव होता है। कला के विभिन्न रूपों में जीवन के सत्य को मानव कल्याण अर्थात् शिवम् के रूप में प्रस्तुत करना चाहिए। तभी वह कला सुंदर मानी जाएगी और उसके कलाकार को समुचित सम्मान प्राप्त होगा। प्रस्तुत कहानी में चित्रा ने मृत भिखारिन और उसके दो अनाथ बच्चों की तस्वीर बनाकर जीवन के कटु सत्य को तो अभिव्यक्त कर दिया, किंतु उन बच्चों की अनदेखी कर उसने कला के सबसे महत्त्वपूर्ण हिस्से की अवहेलना कर दी।

# साखी

*कबीरदास*

## कवि का परिचय

कबीरदास का जन्म 1398 ई. में वाराणसी के पास लहरतारा नामक ग्राम में हुआ था। भाक्तिकालीन निर्गुण काव्य धारा के प्रसिद्ध कवि कबीरदास प्राचीन संकीर्ण रूढ़ियों एवं अंधविश्वास के अत्यंत विरोधी थे। इन्होंने वैष्णव संत 'स्वामी रामानंद जी' से दीक्षा ली। इन्हें सूफी संत शेख 'तकी' का भी शिष्य माना जाता है। कबीर पढ़े-लिखे नहीं थे। कबीरदास जी ने बाह्य आडंबरों का विरोध किया, साथ ही हिंदू-मुस्लिम व जाति आधारित भेद-भाव को दूर करने का प्रयास किया। बीजक, कबीर की प्रसिद्ध रचना है, जो तीन भागों में विभाजित की गई है

इन्होंने साधु-संतो के साथ बैठकर ज्ञान प्राप्त किया, इसलिए इनकी भाषा को सधुक्कड़ी या पंचमेल खिचड़ी कहा जाता है। कुछ विद्वानों के अनुसार कबीरदास जी की मृत्यु 1518 ई. में 'मगहर' में हुई।

## साखियों का सार

कबीरदास जी ने प्रस्तुत साखियों के माध्यम से समाज में व्याप्त बाहरी आडंबर, कर्मकांड आदि पर व्यंग्य करते हुए ईश्वर की निर्गुण भक्ति पर बल दिया है। इनके अनुसार ईश्वर का कोई आकार नहीं है, वह निराकार है। इनका कथन है कि हमें सदैव अपने गुरु का आभारी होना चाहिए। गुरु ही है, जो हमारा मार्गदर्शन करता है तथा हमें राह दिखाता है। इनके अनुसार, मनुष्य को अहंकार का त्याग करके अपने और मन में ईश्वर के प्रति प्रेमभाव रखना चाहिए।

कबीरदास जी बाहरी आडंबरों पर व्यंग्य करते हुए कहते हैं कि मंदिर और मस्जिद बनाकर पत्थरों की पूजा करना मात्र दिखावा है। संसार की छोटी-से-छोटी वस्तु व जीव में ईश्वर का वास होता है। वे कहते हैं कि यदि पत्थरों को पूजने से ईश्वर की प्राप्ति संभव है, तो मैं पहाड़ को पूजने को तैयार हूँ। वे पत्थरों की पूजा के स्थान पर आटा पीसने की चक्की की पूजा करने को अधिक महत्त्व देते हैं। अंत में वे पुन: निर्गुण ईश्वर की महानता का बखान करते हुए कहते हैं कि ईश्वर की प्रशंसा शब्दों में करना असंभव है।

## साखियों की व्याख्या

**1.** गुरु गोबिंद दोऊ खड़े काके लागू पायँ।
बलिहारी गुरु आपनो, गोबिंद दियौ बताय।।

***शब्दार्थ*** **गोबिंद** *ईश्वर;* **दोऊ** *दोनों;* **काके** *किसके;* **पायँ** *पाँव;* **बलिहारी** *आभारी होना।*

**व्याख्या** कबीरदास जी कहते हैं कि गुरु का महत्त्व हमारे जीवन में सर्वोपरि है। वे गुरु की तुलना ईश्वर से करते हुए कहते हैं कि गुरु ने ही हमें हरि के दर्शन कराए हैं अर्थात् ईश्वर से मिलाया है, इसलिए हमें सदैव अपने गुरु के प्रति कृतज्ञ भावना रखनी चाहिए। गुरु की महिमा का गान करते हुए उनके चरणों में सदैव *नतमस्तक* रहना चाहिए। हमें अपने गुरु की महिमा का गुणगान करना चाहिए, क्योंकि गुरु ही है, जो हमारा मार्गदर्शन करता है, हमें राह दिखाता है और ईश्वर तक पहुँचने का मार्ग प्रशस्त करता है।

**2.** जब मैं था तब हरि नहीं, अब हरि हैं मैं नाहिं।

प्रेम गली अति साँकरी, तामे दो न समाहिं।।

***शब्दार्थ*** **मैं** *अहंकार;* **अति** *बहुत अधिक;* **साँकरी** *तंग;* **समाहिं** *समाना;* **तामे** *उसमें।*

**व्याख्या** कबीरदास जी अहंकारी मनुष्य पर व्यंग्य करते हुए कहते हैं कि मनुष्य को अहंकार रहित होना चाहिए, क्योंकि जब तक मनुष्य के मन में अहंकार का भाव विद्यमान रहता है, तब तक उसे ईश्वर की प्राप्ति नहीं हो सकती। ईश्वर की प्राप्ति तभी संभव है, जब मनुष्य का मन अहंकार रहित होगा। वे कहते हैं कि ईश्वर प्राप्ति का मार्ग बहुत ही तंग है। इसमें ईश्वर और अहंकार एक साथ विचरण नहीं कर सकते। अत: अहंकार के रहते हुए व्यक्ति ईश्वर प्राप्ति के मार्ग की यात्रा नहीं कर सकता। इस मार्ग में वही व्यक्ति यात्रा करके सफलता प्राप्त कर सकता है, जिसका मन अहंकार से रहित है।

**3.** काँकर पाथर जोरि कै, मसजिद लई बनाय।

ता चढ़ि मुल्ला बाँग दे, क्या बहरा हुआ खुदाय।।

***शब्दार्थ*** **काँकर** कंकड़; **बनाय** *बनाना;* **पाथर** *पत्थर;* **जोरिकै** *जोड़कर;* **ता** *उस।*

**व्याख्या** कबीरदास जी कहते हैं कि मनुष्य ईश्वर की प्राप्ति के लिए तरह-तरह के बाह्य आडंबर करता है। वे इसका विरोध करते हुए कहते हैं कि कंकड़-पत्थर जोड़कर मनुष्य मंदिर-मस्जिद की स्थापना करता है और उस पर चढ़कर मौलवी तेज़ आवाज़ में अजान देता है, किंतु क्या खुदा बहरा है, जो मन की शांत प्रार्थनाओं को नहीं सुन सकता अर्थात् कबीरदास जी ने इन्हें मात्र बाहरी आडंबर माना है। उनके अनुसार, ईश्वर किसी मंदिर-मस्जिद में निवास नहीं करता, वह तो मनुष्य के दिलों में वास करता है। मंदिर-मस्जिद बनाकर पत्थरों की पूजा करना मात्र दिखावा है। ईश्वर तो संसार की छोटी-से-छोटी वस्तु व जीवों में निवास करता है।

**4.** पाहन पूजे हरि मिले, तो मैं पूजूँ पहार।

ताते ये चाकी भली, पीस खाय संसार।।

***शब्दार्थ*** **पाहन** *पत्थर;* **पहार** *पहाड़;* **चाकी** *चक्की;* **ताते** *उससे।*

**व्याख्या** कबीरदास जी कहते हैं कि यदि पत्थरों की पूजा करने से ईश्वर की प्राप्ति होती है, तो मैं पहाड़ की पूजा करने को तैयार हूँ। वे कहते हैं कि यदि पत्थरों की पूजा ही करनी है, तो चक्की की पूजा करो, जिसके पीसे हुए अनाज का मनुष्य सेवन करता है। कबीरदास जी ने पत्थरों की पूजा के स्थान पर चक्की की पूजा को अधिक महत्त्व दिया है। इन पंक्तियों के माध्यम से कबीरदास जी ने धर्म के नाम पर होने वाले बाहरी दिखावे का विरोध किया है।

**5.** सात समंद की मसि करौ, लेखनि सब बनराय।

सब धरती कागद करौं, हरि गुन लिखा न जाय।।

***शब्दार्थ*** **समंद** *समुद्र;* **मसि** *स्याही;* **कागद** *कागज़;* **गुन** *गुण;* **लेखनि** *कलम।*

**व्याख्या** कबीरदास जी कहते हैं कि यदि सात समुद्रों के पानी को स्याही में बदल लिया जाए तथा सभी वनों की लकड़ी की कलम बना ली जाए और संपूर्ण पृथ्वी को कागज़ बना लें, फिर भी भगवान के गुणों का वर्णन करना संभव नहीं है, क्योंकि मनुष्य पर ईश्वर के इतने उपकार हैं, जिनकी कोई सीमा नहीं है। वे सर्वगुणों से युक्त हैं, जिनका वर्णन स्याही एवं कागज़ के माध्यम से नहीं किया जा सकता या यूँ कहें कि प्रभु के गुणों का वर्णन या उनकी प्रशंसा शब्दों के माध्यम से नहीं की जा सकती।

# एग्जाम पैटर्न प्रश्न (10 अंक)

*निम्नलिखित पद्यांशों को पढ़िए और उसके नीचे लिखे प्रश्नों के उत्तर हिंदी में लिखिए।*

**Q.1** गुरु गोबिंद दोऊ खड़े काके लागू पायँ।
बलिहारी गुरु आपनो, गोबिंद दियौ बताय।।
जब मैं था तब हरि नहीं, अब हरि हैं मैं नाहिं।
प्रेम गली अति साँकरी, तामे दो न समाहिं।। **[ICSE 2017]**

(i) **कवि किसके बारे में क्या सोच रहे हैं?** **(2)**

उत्तर कवि गुरु और भगवान के बारे में सोच रहे हैं कि वे गुरु और भगवान में से किसे पहले महत्त्व दें, तभी वह निर्णय लेते हैं कि वह पहले गुरु को महत्त्व देंगे, क्योंकि गुरु के बताए हुए रास्ते पर चलकर ही उन्हें परमात्मा की प्राप्ति हुई है।

(ii) **कवि किसके ऊपर न्योछावर (समर्पण) हो जाना चाहते हैं?** **(2)**

उत्तर कवि गुरु के ऊपर न्योछावर हो जाना चाहते हैं, क्योंकि गुरु ही हमारा मार्गदर्शन कर सही राह दिखाता है। वह हमें अंधकार से बाहर निकालकर प्रकाश में ले आते हैं, जिससे भगवान तक पहुँचने का रास्ता आसान हो जाता है।

(iii) **ईश्वर का वास कहाँ नहीं होता है? कवि हमें क्या त्यागने की प्रेरणा दे रहें हैं? कवि का संक्षिप्त परिचय देते हुए बताइए।** **(3)**

उत्तर कवि के अनुसार जहाँ अहंकार होता है अर्थात् जिसके हृदय में घमंड होता है, वहाँ ईश्वर का वास नहीं होता है। कवि हमें अहंकार त्यागने की प्रेरणा दे रहे हैं, क्योंकि जब तक मनुष्य के मन में अहंकार रहता है, तब तक उसे ईश्वर की प्राप्ति नहीं हो सकती।

कबीरदास जी का संबंध हिंदी संत काव्यधारा के ज्ञानाश्रयी निर्गुण शाखा से है। इनकी भाषा सधुक्कड़ी थी। इन्होंने समाज में व्याप्त कर्मकांड तथा बाहरी आडंबरों का खुलकर विरोध किया था। इन्होंने हिंदू और मुस्लिम एकता पर भी बल दिया था।

(iv) **साँकरी शब्द का क्या अर्थ है? प्रेम गली से कवि का क्या तात्पर्य है? इसमें कौन दो एक साथ नहीं रह सकते हैं। समझाइए।** **(3)**

उत्तर साँकरी शब्द का अर्थ है-तंग। प्रेम गली से कवि का तात्पर्य ईश्वर प्राप्ति के मार्ग से है। कवि के अनुसार, ईश्वर प्राप्ति का मार्ग अत्यंत ही तंग अथवा सँकरा है।

कबीरदास के अनुसार, यह मार्ग इतना सँकरा है कि इसमें अहंकार और ईश्वर दोनों एक साथ नहीं रह सकते हैं, इसलिए व्यक्ति को ईश्वर की प्राप्ति तभी संभव है, जब उसका मन अहंकार रहित होगा।

**Q.2** "जब मैं था तब हरि नहीं, अब हरि हैं मैं नाहि।
प्रेम गली अति साँकरी, तामे दो न समाहि।।" **(ICSE 2025)**

(i) **ये पंक्तियाँ किस भाषा में रचित हैं? उक्त पंक्ति में 'मैं' शब्द का प्रयोग किस अर्थ में हुआ है?** **(2)**

उत्तर ये पंक्तियाँ सधुक्कड़ी भाषा में रचित हैं। उक्त पंक्ति में 'मैं' शब्द का प्रयोग अहंकार अथवा अभिमान के अर्थ में हुआ है।

(ii) **प्रथम पंक्ति में कवि ने क्या कहना चाहा है? स्पष्ट करें।** **(2)**

उत्तर प्रथम पंक्ति में कवि कहना चाहते हैं कि जब तक उनके हृदय में 'मैं' अर्थात् अहंकार था, तब तक उन्हें ईश्वर का साक्षात्कार नहीं हुआ और अब जब उनके भीतर से अहंकार समाप्त हो गया है, तब उन्हें ईश्वर की प्राप्ति हुई है अर्थात् अहंकार और ईश्वर का साथ-साथ वास नहीं हो सकता।

(iii) **'तामे दो न समाहि' का क्या अभिप्राय है? कवि यहाँ किस बात पर बल देते हैं?** **(3)**

उत्तर 'तामे दो न समाहि' का अभिप्राय है कि प्रेमरूपी गली इतनी सँकरी अर्थात् तंग है कि उसमें दो चीज़ें एक साथ नहीं समा सकतीं। यहाँ कवि अहंकार और ईश्वर दोनों के एक साथ रहने की असंभवता पर बल देते हैं। कवि यहाँ समझाना चाहते हैं कि ईश्वर को पाने के लिए अहंकार का त्याग करना अनिवार्य है।

(iv) **कबीरदास को कवि से अधिक समाज-सुधारक क्यों माना जाता है? पठित पाठ के आधार पर बताइए कि उनकी भक्ति-भावना कैसी थी?** **(3)**

उत्तर कबीरदास को कवि से अधिक समाज-सुधारक इसलिए माना जाता है, क्योंकि उन्होंने अपनी रचनाओं के माध्यम से समाज में व्याप्त बुराइयों; जैसे- आडंबर, पाखंड, जातिवाद, धार्मिक भेदभाव पर तीखे प्रहार किए हैं। उन्होंने समाज की विसंगतियों को देखकर अपनी वाणी द्वारा समाज को सुधारने का प्रबल आग्रह किया।

पठित पाठ में भी कबीरदास जी ने निर्गुण भक्ति पर बल देते हुए आडंबर और कर्मकांडों का विरोध किया है। वे ईश्वर को निराकार, निर्विकार व सर्वव्यापी मानते हैं तथा प्रेम व समर्पण को ईश्वर प्राप्ति का मार्ग बताते हैं।

**Q.3** काँकर पाथर जोरि कै, मसजिद लई बनाय।
ता चढ़ि मुल्ला बाँग दे, क्या बहरा हुआ खुदाय।।
पाहन पूजे हरि मिले, तो मैं पूजूँ पहार।
ताते ये चाकी भली, पीस खाय संसार।।

(i) **उपर्युक्त पंक्तियों से कवि का क्या तात्पर्य है?** **(2)**

उत्तर उपर्युक्त पंक्तियों से कवि का आशय है कि ईश्वर की साधना के लिए हमें किसी प्रकार के दिखावे व ढोंग की आवश्यकता नहीं है। ईश्वर तो हमारे अंतर्मन में निवास करता है। हमें उसे अपने मन में ढूँढना चाहिए। मस्जिद पर चिल्लाकर अजान लगाने और पत्थर की मूर्तियों की पूजा करने से ईश्वर की प्राप्ति नहीं होती है। प्रभु को पाने के लिए हमें सच्चे मन से उन्हें अपने मन में ही ढूँढ़ना चाहिए।

(ii) **'काँकर पाथर जोरि कै, मसजिद लई बनाए।' इस पंक्ति के माध्यम से कवि ने मनुष्य की किस प्रवृत्ति की ओर संकेत किया है?** **(2)**

उत्तर इस पंक्ति के माध्यम से कबीर मनुष्य के दिखावे की प्रवृत्ति की ओर संकेत करते हैं। उनके अनुसार, मनुष्य कंकड़ पत्थरों को जोड़कर मंदिर, मस्जिद का निर्माण करता है और दिखावे के लिए पूजा-अर्चना

करता है, लेकिन ईश्वर मन में की गई प्रार्थना भी सुन सकता है। इसके लिए किसी बाहरी आडंबर की आवश्यकता नहीं है।

(iii) **कवि ने चाकी को भला क्यों कहा है? इन पंक्तियों के आधार पर कबीर की भाषा की विशेषता बताइए।** **(3)**

उत्तर कवि के अनुसार, पत्थर की मूर्ति को पूजने से कोई लाभ नहीं है। वे मूर्ति पूजा को आडंबर मानते हैं। उनके अनुसार, इससे अच्छी तो चाकी (चक्की) है, क्योंकि उसमें अनाज पिसने से आटा मिलता है, जिससे मनुष्य भोजन प्राप्त करता है।

कबीर की भाषा की विशेषता यह है कि वह जनसामान्य की भाषा है। इसमें ब्रज, अवधी, राजस्थानी, खड़ीबोली आदि भाषा के शब्दों का मिश्रण मिलता है। इनकी भाषा को सधुक्कड़ी या पंचमेल खिचड़ी भी कहा जाता है, जो सरल, स्पष्ट और प्रभावशाली है।

(iv) **"ता चढ़ि मुल्ला बाँग दे, क्या बहरा हुआ खुदाय।" का वास्तविक अर्थ क्या है और यह किन धार्मिक प्रथाओं पर व्यंग्य करता है?** **(3)**

उत्तर इस पंक्ति में कबीर ने ईश्वर की सर्वव्यापकता पर बल देते हुए धार्मिक आडंबरों पर तीखा व्यंग्य किया है। वे कहते हैं कि मुल्ला मस्जिद की ऊँचाई पर चढ़कर ऐसे अजान देते हैं, मानो ईश्वर को सुनाई नहीं देता है। कवि सवाल करते हैं कि क्या ईश्वर बहरा है, जो इंसानों को इतनी ऊँची आवाज़ में पुकारने की आवश्यकता पड़ती है। कबीर ने उन बाह्य आडंबरों पर प्रहार किया है, जो यह मानता है कि ऊँची आवाज़ या दिखावे से ही ईश्वर को प्रभावित किया जा सकता है।

**अन्य संभावित प्रश्न**

(i) **कबीरदास जी ने पहाड़ पूजने की बात क्यों कही है? इस दोहे के माध्यम से वे हमें क्या संदेश देना चाहते हैं? मूर्ति पूजा के बारे में उनके क्या विचार थे?** **(2)**

उत्तर कबीरदास जी ने पहाड़ पूजने की बात इसलिए कही है, क्योंकि यदि पत्थर की छोटी-सी मूर्ति पूजने से ही ईश्वर की प्राप्ति होती है, तो वह पहाड़ पूजने को भी तैयार हैं।

इस दोहे के माध्यम से कबीरदास जी हमें बाहरी आडंबर से बचने का संदेश देते हैं, क्योंकि वे मूर्ति पूजा को बाहरी आडंबर मानते थे।

(ii) **उन्होंने चक्की की तुलना किससे की है? वे उसे अच्छा क्यों मानते हैं?** **(2)**

उत्तर कबीरदास जी ने चक्की की तुलना पत्थर की मूर्ति से की है। वे इसे पत्थर की मूर्ति की तुलना में अच्छा इसलिए मानते हैं, क्योंकि इससे अनाज पीसकर लोगों की भूख शांत होती है। पत्थर की मूर्ति के पूजने से ईश्वर की प्राप्ति नहीं होती।

**Q.4 सब धरती कागद करौं, लेखनि सब बनराय।**
**सात समंद की मसि करौं, हरि गुन लिखा न जाए।।**

**[ICSE Specimen 2022-23]**

(i) **'सात समंद' कहकर कवि क्या स्पष्ट करना चाहते हैं?** **(2)**

उत्तर 'सात समंद' कहकर कवि स्पष्ट करना चाहता है कि यदि सातों समुद्रों को स्याही बना लिया जाए और धरती के सभी वनों की लकड़ी को कलम बना लिया जाए और पूरी धरती का प्रयोग कागज़ के रूप में करें, तब भी हम भगवान हरि के गुणों का वर्णन नहीं कर सकते हैं अर्थात् कवि कहना चाहता है कि भगवान की महिमा अनंत एवं अपार है।

(ii) **निम्नलिखित शब्दों के अर्थ लिखिए।** **(2)**
**मसि, बनराय, कागद, लेखनी**

उत्तर

| शब्द | | अर्थ |
|---|---|---|
| मसि | – | स्याही |
| बनराय | – | जंगल |
| कागद | – | कागज़ |
| लेखनी | – | कलम |

(iii) **'हरि गुन लिखा न जाए' कबीर ने ऐसा क्यों कहा?** **(3)**

उत्तर 'हरि गुन लिखा न जाए' कबीर ने ऐसा इसलिए कहा है, क्योंकि हरि सर्वगुणों से युक्त हैं। वह इतने महान हैं कि हम उनकी महिमा का वर्णन किसी भी रूप में नहीं कर सकते हैं। ईश्वर की महिमा अनंत एवं अपार है।

यदि हम सातों समुद्रों के पानी को स्याही बना लें और पूरी धरती का प्रयोग कागज़ के रूप में करें तथा सारे वनों की लकड़ी की कलम बना लें, फिर भी हम ईश्वर की महिमा का वर्णन नहीं कर सकते हैं।

(iv) **कबीरदास जी का संक्षिप्त परिचय लिखिए।** **(3)**

उत्तर कबीरदास (1398-1518) काशी में जन्मे एक महान संत, कवि और समाज सुधारक थे। उन्होंने निर्गुण भक्ति का प्रचार किया और धर्म, जाति-पाति व आडंबर का विरोध किया। उनकी रचनाएँ बीजक, साखियाँ और दोहे आज भी प्रासंगिक हैं। वे हिंदू-मुस्लिम एकता में विश्वास रखते थे। कबीर सच्चे मन से ईश्वर का स्मरण करना व ईश्वर के गुणों का चिंतन करने की सच्ची पूजा मानते हैं।

**अन्य संभावित प्रश्न**

(iii) **उन्होंने 'स्याही' और 'लेखनी' किसे बनाने की बात कही है? वे किस पर हरि कथा लिखना चाहते हैं?** **(3)**

उत्तर कबीरदास जी ने सातों समुद्रों के पानी को स्याही तथा सभी वनों की लकड़ी को लेखनी (कलम) बनाने की बात कही है। वे ईश्वर की महिमा एवं उनके गुणों का वर्णन करने के लिए पूरी धरती को कागज़ बनाकर उस पर हरि कथा लिखना चाहते हैं।

कबीरदास जी के अनुसार, ईश्वर के गुणों का वर्णन करना असंभव कार्य है। ईश्वर के अनेक गुण हैं व उनकी कोई सीमा नहीं है।

2

# गिरिधर की कुंडलियाँ

*गिरिधर कविराय*

## कवि का परिचय

गिरिधर कविराय का जन्म श्री शिवसिंह के अनुसार, संवत् 1770 में हुआ। उनके जीवन के बारे में अधिक जानकारी उपलब्ध न होने के कारण ऐसा कहा जाता है कि वे पंजाब के रहने वाले थे, किंतु बाद में इलाहाबाद के आसपास आकर बस गए थे। इनका कविता काल 1800 संवत् के बाद ही माना जाता है। इनका वास्तविक नाम हरिदास था।

इन्होंने नीति, वैराग्य और अध्यात्म को ही अपनी कविता के विषय के रूप में चुना। इनकी नीति-संबंधी कुंडलियाँ जनमानस में बहुत लोकप्रिय हैं। इनकी रचनाओं में जीवन के व्यावहारिक पक्ष का प्रभावशाली वर्णन मिलता है। इनकी लोकप्रियता का कारण इनकी सरल, सहज, व्यावहारिक व सीधी-सादी भाषा तथा नीतिपरक तथ्यों का कथन है। गिरिधर कविराय ग्रंथावली में इनकी पाँच सौ से अधिक कुंडलियाँ संकलित हैं।

## कुंडलियों का सार

गिरिधर कविराय अपनी कुंडलियों के माध्यम से नीतिपरक विचारों का उल्लेख करते हुए कहते हैं कि लाठी की उपयोगिता को कोई नहीं आँक सकता। लाठी के सही समय पर सही उपयोग से हम स्वयं अपनी रक्षा कर सकते हैं। कवि कंबल की उपयोगिता बताते हुए कहते हैं कि कम मूल्य में आने वाला कंबल बहुत उपयोगी होता है तथा मनुष्य का मान रखता है। अत: सदैव हमें उसे अपने पास रखना चाहिए। कवि मनुष्य के गुणों का वर्णन करते हुए कहते हैं कि गुणवान लोगों की हर जगह पूछ होती है, किंतु गुणहीन व्यक्तियों को कोई नहीं पूछता, इसके साथ ही कवि मतलबी संसार पर भी व्यंग्य करते हुए कहते हैं कि यदि मनुष्य धनी है, तो सभी उसके मित्र बन जाते हैं, किंतु इसके विपरीत यदि मनुष्य निर्धन है, तो लोग उससे मित्रता करना पसंद नहीं करते।

गिरिधर कविराय का कथन है कि हमें कष्ट में धनवान व बलवान व्यक्तियों की ही शरण में जाना चाहिए अर्थात् धन-धान्य से परिपूर्ण व्यक्तियों से ही सहायता लेनी चाहिए। कवि उन लोगों को गुणी बताते हैं, जो सत्कर्मों में लगे रहते हैं तथा परोपकारी प्रवृत्ति के होते हैं एवं परोपकार में अपना जीवन व्यतीत करते हैं व अपने अच्छे व्यवहार से अपनी प्रतिष्ठा बढ़ाते हैं। अंत में कवि राजदरबार में कुलीन व्यवहार की बात करते हुए कहते हैं कि राजदरबार में किस प्रकार का व्यवहार शोभा देता है तथा किस प्रकार का व्यवहार दरबार में अपनी प्रतिष्ठा बढ़ाने में सहायता करता है।

## कुंडलियों की व्याख्या

**1.** लाठी में गुण बहुत हैं, सदा राखिये संग।  
गहरि नदी, नारी जहाँ, तहाँ बचावै अंग।।  
तहाँ बचावै अंग, झपटि कुत्ता कहँ मारै।  
दुश्मन दावागीर, होयँ तिनहूँ को झारै।।  
कह 'गिरिधर कविराय', सुनो हो धूर के बाठी।  
सब हथियार न छाँड़ि, हाथ महँ लीजै लाठी।।

***शब्दार्थ* गहरि** *गहरी;* **अंग** *शरीर का हिस्सा;* **झपटि** *आक्रमण करना;* **छाँड़ि** *छोड़कर;* **तिन्हूँ** *उन्हें;* **धूर**-*धूल;* **दावागीर** *हमला करने वाला।*

रिवीज़न नोट्स

**व्याख्या** कवि कहते हैं कि लाठी अनेक गुणों से संपन्न है, इसलिए लाठी को सदैव अपने पास रखना चाहिए। लाठी की उपयोगिता बताते हुए वे कहते हैं कि यदि कहीं गहरी नदी व नाला हो, तो वहाँ लाठी ही हमारी सहायता करती है, क्योंकि लाठी की सहायता से हम पानी की गहराई आदि को नापकर अपनी यात्रा सफल व कष्ट रहित बना सकते हैं। यदि राह चलते कभी कुत्ता काटने को झपटे, तब ऐसी स्थिति में भी हम अपनी रक्षा लाठी के माध्यम से कर सकते हैं। इसी प्रकार, यदि कोई अहंकारी दुश्मन बल का प्रयोग करता है, तो लाठी उनको भी मार गिराती है अर्थात् लाठी के बल से दुश्मन के बल को भी चूर-चूर किया जा सकता है। गिरिधर कविराय लोगों को संबोधित करते हुए कहते हैं कि सुनो! सब हथियारों को छोड़कर अपने हाथ में लाठी रखो! इसके सही उपयोग से हम स्वयं अपनी रक्षा कर सकते हैं।

**2.** कमरी थोरे दाम की, बहुतै आवै काम।
खासा मलमल वाफ्ता, उनकर राखै मान।।
उनकर राखै मान, बँद जहँ आड़े आवै।
बकुचा बाँधे मोट, राति को झारि बिछावै।।
कह 'गिरिधर कविराय', मिलत है थोरे दमरी।
सब दिन राखै साथ, बड़ी मर्यादा कमरी।।

***शब्दार्थ* कमरी** *कंबल;* **दाम** *मूल्य;* **मान-मर्यादा** *सम्मान, इज़्ज़त;* **आड़े** *बाधा;* **बाकुचा** *गठरी।*

**व्याख्या** कवि कहते हैं कि कंबल अत्यधिक सस्ता होता है तथा कम मूल्य में आता है। कंबल का मूल्य बेशक कम होता है, किंतु इसकी उपयोगिता बहुत अधिक है। यह मनुष्य के बहुत काम आता है। कंबल विभिन्न प्रकार के होते हैं। यह खादी, मलमल या टाफेटा (वाफ्ता) आदि महँगे कपड़ों की तुलना में अधिक उपयोगी होता है। यह हमारे सम्मान को बचाता है। धूल और धूप से रक्षा कंबल में लपेटकर की जा सकती है, वहीं दूसरी ओर जब कोई बाधा आती है, तो इसके उपयोग से बाधा को भी दूर किया जाता है; जैसे—कंबल को बंडल के रूप में बाँधा जा सकता है और रात्रि के समय इसे बिछाकर सोने के लिए इसका प्रयोग किया जा सकता है। अंत में गिरिधर कविराय कहते हैं कि यह कंबल कम मूल्य में आता है। कम मूल्य का कंबल हमारा मान व सम्मान बढ़ाता है और हर दिन हमारे साथ रहता है। यह हमारे बहुत काम आता है और इससे हमें बहुत लाभ होता है। अत: हमें सदैव इसे अपने पास रखना चाहिए।

**3.** गुन के गाहक सहस नर, बिन गुन लहै न कोय।
जैसे कागा कोकिला, शब्द सुनै सब कोय।।
शब्द सुनै सब कोय, कोकिला सबै सुहावन।
दोऊ को एक रंग, काग सब भये अपावन।।
कह 'गिरिधर कविराय', सुनो हो ठाकुर मन के।
बिनु गुन लहै न कोय, सहस नर गाहक गुन के।।

***शब्दार्थ* सहस** *सहस्त्र;* **कागा** *कौआ;* **सुवाहन** *सुंदर;* **अपावन** *अपवित्र;* **गुन** *गुण।*

**व्याख्या** यहाँ कवि मनुष्य के गुणों पर प्रकाश डालते हुए कहते हैं कि गुणी व्यक्ति की चर्चा चारों ओर होती है। उसका सदैव मान-सम्मान किया जाता है, वहीं दूसरी ओर अवगुणी व्यक्ति को कोई भी नहीं पूछता अर्थात् गुणी व्यक्ति अपने गुणों के कारण चारों ओर चर्चा का विषय बनता है। जिस प्रकार कौआ और कोयल दोनों एक ही रंग के होते हुए भी समाज में अपनी अलग-अलग पहचान बनाए हुए हैं। उसी प्रकार लोग कोयल की आवाज़ भी सुनते हैं और कौए की भी, किंतु कोयल की मधुर आवाज़ सुनकर लोग कोयल की प्रशंसा करते हैं, वहीं दूसरी ओर कौए की काँव-काँव (कर्कश ध्वनि) कोई पसंद नहीं करता। व्यक्ति की पहचान उसके गुणों से होती है न कि रंग-रूप से। यहाँ अंतर यही है कि कोयल अपनी मधुर वाणी के कारण लोगों को प्रिय लगती है, किंतु कौआ नहीं। अत: गिरिधर कविराय कहते हैं कि गुणहीन व्यक्ति को समाज में कोई महत्त्व नहीं देता और गुणी व्यक्ति का गुणगान प्रत्येक व्यक्ति करता है, इसलिए हमें अच्छे गुणों को अपनाना चाहिए।

**4.** साँई सब संसार में, मतलब का व्यवहार।
जब लग पैसा गाँठ में, तब लग ताको यार।।
तब लग ताको यार, यार संग ही संग डोले।
पैसा रहे न पास, यार मुख से नहिं बोले।।
कह 'गिरिधर कविराय', जगत यहि लेखा भाई।
करत बेगरजी प्रीति, यार बिरला कोई साँई।।

***शब्दार्थ* मतलब** *स्वार्थ*; **जगत** *संसार*; **लेखा** *विधि, भाग्य*; **प्रीति** *प्रेम*; **बिरला** *दुर्लभ।*

**व्याख्या** कवि स्वार्थ भरे संसार पर व्यंग्य करते हैं। वे मनुष्यों को संबोधित करते हुए कहते हैं कि हे मनुष्यों! इस संसार में केवल मतलब का व्यवहार रह गया है। स्वार्थ ही मनुष्य के लिए सर्वोपरि है। जब तक तुम्हारे पास धन-दौलत है, तब तक ही तुम्हारा मित्र तुम्हें खोजेगा और तभी तक तुम्हारे साथ रहना पसंद करेगा, किंतु जब तुम्हारे पास पैसा नहीं रहेगा, तब तुम्हारा मित्र तुमसे बोलेगा भी नहीं, क्योंकि यह संसार बहुत स्वार्थी है। जब तक उसका मतलब पूरा होता है, तभी तक मनुष्य, मनुष्य से बात करता है। गिरिधर कविराय कहते हैं कि संसार का यही नियम है। संसार में ऐसा कोई अनोखा व्यक्ति ही होगा, जो बिना स्वार्थ के मित्रता करता है और वही सच्चा मित्र होता है।

कवि के कहने का तात्पर्य यह है कि धन-धान्य से परिपूर्ण व्यक्तियों को ही समाज में पूछा जाता है, मित्र बनाया जाता है और धनी व्यक्तियों के साथ ही स्वार्थी मनुष्य मित्रता करना चाहता है, किंतु जब व्यक्ति के पास धन नहीं होता, तब मित्र भी साथ छोड़ देते हैं। मनुष्य की इसी प्रवृत्ति के कारण कवि ने संसार को मतलबी संसार की संज्ञा दी है। गिरिधर कविराय कहते हैं कि संसार की यही रीति है, यहाँ नि:स्वार्थ भाव से शायद ही कोई प्रेम करता हो।

**5.** रहिए लटपट काटि दिन, बरु घामे माँ सोय।
छाँह न बाकी बैठिए, जो तरु पतरो होय।।
जो तरु पतरो होय, एक दिन धोखा देहैं।
जा दिन बहै बयारि, टूटि तब जर से जैहैं।।
कह 'गिरिधर कविराय', छाँह मोटे की गहिए।
पाती 'सब झरि जायँ, तऊ छाया में रहिए।।

***शब्दार्थ* लटपट** *कष्टपूर्ण जीवन*; **घामे** *धूप में*; **तरु** *पेड़*; **पतरो** *पतला*; **बयारि** *हवा*; **जर** *जड़ से*; **गहिए** *पकड़िए।*

**व्याख्या** कवि कहते हैं कि अपने कष्टपूर्ण जीवन को जैसे-तैसे बिता लेना चाहिए। चाहे धूप में ही क्यों न सोना पड़े, किंतु उस वृक्ष की छाँह में नहीं बैठना चाहिए, जो पतला हो, क्योंकि जो वृक्ष पतला होगा, वह अवश्य ही एक दिन धोखा देगा। जिस दिन तेज़ हवा चलेगी, वह वृक्ष जड़ सहित टूट जाएगा। गिरिधर कविराय कहते हैं कि हमें मोटे वृक्ष की छाँह में बैठना चाहिए, जिससे तेज़ हवा चलने पर भी मोटे वृक्ष की पत्तियाँ बेशक झड़ जाएँ, किंतु वृक्ष की छाँह अवश्य मिलेगी अर्थात् कह सकते हैं कि यहाँ गिरिधर कविराय वृक्ष के माध्यम से सबल व समर्थ व्यक्ति की शरण में जाने को कहते हैं।

स्पष्टत : कवि धनी व बलवान व्यक्ति के महत्त्व को बताते हैं कि हमें कष्टपूर्ण दिनों में अयोग्य व कमज़ोर व्यक्ति की अपेक्षा सबल व समर्थ व्यक्ति की शरण लेनी चाहिए। धनी व्यक्ति से सहायता माँगनी चाहिए, क्योंकि कष्ट के दिनों में कमज़ोर व्यक्ति अधिक दिनों तक हमारी सहायता नहीं कर सकता, किंतु बलवान व्यक्ति अनेंक कष्टों को सहकर भी सुरक्षित रहता है और कमज़ोर व्यक्ति की भी रक्षा कर सकता है, इसलिए हमें धनवान व बलवान व्यक्तियों से सहायता लेनी चाहिए।

**6.** पानी बाढ़ै नाव में, घर में बाढ़े दाम।
दोऊ हाथ उलीचिए, यही सयानो काम।।
यही सयानो काम, राम को सुमिरन कीजै।
पर-स्वारथ के काज, शीश आगे धर दीजै।।
कह 'गिरिधर कविराय', बड़ेन की याही बानी।
चलिए चाल सुचाल, राखिए अपना पानी।।

***शब्दार्थ* दाम** *धन, पैसा;* **सयानो** *बुद्धिमान*; **पर-स्वारथ** *परोपकार*, कृपा; **काज** *काम*; **शीश** *सिर*; **बड़ेन** *महान लोग*; **सुचाल** *अच्छा व्यवहार*; **पानी** *मान-सम्मान।*

**व्याख्या** कवि लोगों की बुद्धिमत्ता की ओर संकेत करते हुए कहते हैं कि जिस प्रकार नाव में पानी आ जाने से स्वयं को डूबने से बचाने के लिए व्यक्ति दोनों हाथों से नाव के पानी को बाहर फेंकता है, ठीक उसी प्रकार घर में अत्यधिक धन के बढ़ जाने पर उस धन को सत्कर्मों में लगाना चाहिए, यही बुद्धिमान व्यक्ति की पहचान है। बुद्धिमान व्यक्ति सदैव राम का नाम लेते हैं और परोपकार के कार्यों में लगे रहते हैं। वे दानी प्रवृत्ति के होते हैं व सदैव दान-पुण्य के कार्यों में आगे रहते हैं। वे परमार्थ के कार्यों के लिए सदैव तत्पर रहते हैं तथा परोपकार के लिए अपना सिर भी आगे कर देते हैं।

गिरिधर कविराय कहते हैं कि बुद्धिमान लोगों की यही वाणी होती है कि वे सत्य मार्ग पर चलकर सदैव अपनी प्रतिष्ठा बनाए रखते हैं।

7. राजा के दरबार में, जैये समया पाए।
साँई तहाँ न बैठिये, जहाँ कोउ देय उठाय।।
जहँ कोउ देय उठाय, बोल अनबोले रहिए।
हँसिये नहीं हहाय, बात पूछे ते कहिए।।
कह 'गिरिधर कविराय', समय सों कीजै काजा।
अति आतुर नहिं होय, बहुरि अनखैहैं राजा।।

**शब्दार्थ** **कोउ** *कोई;* **अनबोल** *चुपचाप रहना;* **हहाय** *ज़ोर से हँसना या कहकहे लगाना;* **काजा** *काम;* **आतुर** *विकल, बेचैनी;* **अनखैहैं** *क्रोधित होना।*

**व्याख्या** कवि कहते हैं कि राजा के दरबार में हमें समयानुसार ही जाना चाहिए। सदैव राजदरबार में आना-जाना उचित नहीं है, इसलिए राजदरबार में काम होने पर ही जाना चाहिए। आगे कवि कहते हैं कि हमें वहाँ नहीं बैठना चाहिए, जहाँ से उठाए जाने का डर हो, क्योंकि कोई भी आकर हमें उठा सकता है, इसके साथ ही राजदरबार में हमें ज़रूरत से ज़्यादा नहीं बोलना चाहिए, जितना उचित हो सदैव उतना ही बोलना चाहिए। ज़रूरत से ज़्यादा ठहाके मारकर हँसना भी नहीं चाहिए, क्योंकि ज़रूरत से ज़्यादा बोलना, ज़रूरत से ज़्यादा हँसना राजदरबार में हमारी छवि को बिगाड़ता है, इसलिए अपनी एक अच्छी छवि बनाए रखने के लिए हमें राजदरबार में उतना ही बोलना चाहिए, जितना हमसे पूछा जाए। गिरिधर कविराय कहते हैं कि हमें समय के अनुसार ही अपने कार्य करने चाहिए, धैर्य रखना चाहिए तथा अधिक आतुरता नहीं दिखानी चाहिए अन्यथा राजा क्रोधित हो सकता है।

# एग्जाम पैटर्न प्रश्न (10 अंक)

***निम्नलिखित पद्यांशों को पढ़िए और उसके नीचे लिखे प्रश्नों के उत्तर हिंदी में लिखिए।***

**Q.1** लाठी में गुण बहुत हैं, सदा राखिये संग।
गहरि नदी, नारी जहाँ, तहाँ बचावै अंग।।
तहाँ बचावै अंग, झपटि कुत्ता कहँ मारै।
दुश्मन दावागीर, होयँ तिनहूँ को झारै।।
कह 'गिरिधर कविराय' सुनो हो धूर के बाठी।
सब हथियार न छाँड़ि, हाथ महँ लीजै लाठी।। **[ICSE 2018]**

(i) **इस कुंडली में किसकी उपयोगिता बताई गई है? कवि ने किस समय मनुष्य को लाठी रखने का परामर्श दिया है?** **(2)**

उत्तर इस कुंडली में लाठी की उपयोगिता बताई गई है। लाठी अनेक गुणों से संपन्न होती है। वह संकट के समय हमारी रक्षा करती है, इसलिए कवि ने लाठी को यात्रा के दौरान अथवा हर समय अपने पास रखने का परामर्श दिया है।

(ii) **लाठी हमारे शरीर की सुरक्षा किस प्रकार करती है?** **(2)**

उत्तर यदि मार्ग में गहरी नदी या जल आ जाए, तो लाठी की सहायता से उसकी गहराई जानकर अपनी रक्षा कर सकते हैं और कभी कुत्ता काटने को झपटे, तब ऐसी स्थिति में हम लाठी के माध्यम से अपने शरीर की सुरक्षा कर सकते हैं।

(iii) **लाठी किन तीनों से निपटने में सहायक होती है और किस प्रकार?** **(3)**

उत्तर लाठी गहरी नदी व नाले, कुत्ते तथा अहंकारी व्यक्ति से निपटने में सहायक होती है। यदि कहीं गहरी नदी व नाला हो, तो वहाँ लाठी ही हमारी सहायता करती है, क्योंकि लाठी की सहायता से हम पानी की गहराई आदि को नापकर अपनी यात्रा सफल बना सकते हैं।

इसी प्रकार यदि राह चलते कभी कुत्ता काटने को झपटे, तब ऐसी स्थिति में भी हम अपनी रक्षा लाठी के माध्यम से कर सकते हैं। यदि कोई अहंकारी व्यक्ति हम पर बल का प्रयोग करता है, तो लाठी के बल से हम उसके बल को भी चूर-चूर कर सकते हैं।

(iv) **कवि सब हथियार छोड़कर लाठी लेने की बात क्यों कर रहे हैं? अपने विचार व्यक्त करते हुए कुंडलियाँ लेखन का उद्देश्य स्पष्ट कीजिए।** **(3)**

उत्तर कवि सब हथियार छोड़कर लाठी लेने की बात इसलिए कर रहे हैं, क्योंकि लाठी की उपयोगिता अधिक होती है। इसे कई प्रकार से प्रयोग में लाया जा सकता है। नदी पार करना हो, कुत्तों को दूर भगाना हो या शत्रु के आक्रमण से बचना हो अर्थात् कवि के अनुसार लाठी हमारी आत्मरक्षा के संदर्भ में अन्य हथियारों की तुलना में अधिक उपयोगी है।

यहाँ कुंडलियों के माध्यम से कवि शिक्षा दे रहे हैं कि जिस प्रकार लाठी हमें कई मुसीबतों से बचाती है, उसी प्रकार हमारे गुण हमें कष्टों से बचाते हैं। कवि ने हमें निःस्वार्थ भाव से अपना कार्य करने और सदैव उचित आचरण करने की सीख दी है।

**Q.2** कमरी थोरे दाम की, बहुतै आवै काम।
खासा मलमल वाफ्ता, उनकर राखै मान।।
उनकर राखै मान, बँद जहँ आड़े आवै।
बकुचा बाँधे मोट, राति को झारि बिछावै।।
कह 'गिरिधर कविराय', मिलत है थोरे दमरी।
सब दिन राखै साथ, बड़ी मर्यादा कमरी ।।

(i) **प्रथम दो पंक्तियों से कवि का क्या आशय है?** **(2)**

उत्तर गिरिधर कविराय के अनुसार, कंबल बेशक सस्ता व कम मूल्य में आता हो, किंतु इसकी उपयोगिता अधिक है। यह मनुष्य के बहुत काम आता है। खासा, मलमल, वाफ्ता जैसे बहुमूल्य वस्त्र यदि फटे भी हों, तो कंबल उनको ढककर उनका मान रखता है, इसके साथ ही कंबल मनुष्य की धूप व हवा से भी सुरक्षा करता है।

(ii) **'कमरी' शब्द का अर्थ बताते हुए बताइए कि कवि ने सदैव क्या पास रखने को कहा है?** **(2)**

उत्तर 'कमरी' शब्द का अर्थ है-कंबल। कवि ने सदैव कंबल को पास रखने को कहा है, क्योंकि यह कम मूल्य में आता है तथा बहुत उपयोगी होता है।

(iii) **'मलमल वाफ्ता' का विशेष उल्लेख करते हुए कवि ने किस आदर्श जीवन दृष्टिकोण को प्रस्तुत किया है? उपर्युक्त पंक्तियों से समाज के लिए क्या प्रेरणा मिलती है?** **(3)**

उत्तर 'मलमल वाफ्ता' का उल्लेख करते हुए कवि यह बताना चाहते हैं कि बहुमूल्य वस्तुओं की अपेक्षा चाहे कोई वस्तु साधारण दिखे, लेकिन उसकी गुणवत्ता और उपयोगिता महत्त्वपूर्ण होती है। यह जीवन दृष्टिकोण हमें सिखाता है कि हमें चीज़ों और व्यक्तियों को उनकी सतही छवि से नहीं, बल्कि उनकी आंतरिक गुणवत्ता और योगदान से परखना चाहिए।

इन पंक्तियों से प्रेरणा मिलती है कि हमें सादगी, किफायत और मर्यादा जैसे गुणों को अपनाना चाहिए। हमें साधारण और कम मूल्य वाली चीज़ों का सम्मान करना चाहिए और उनके गुणों को पहचानना चाहिए। यह सामाजिक भेदभाव और दिखावे से बचने की शिक्षा भी देती है।

(iv) **गिरिधर कविराय के अनुसार कमरी को किस-किस रूप में उपयोग में लाया जा सकता है?** **(3)**

उत्तर गिरिधर कविराय के अनुसार, कमरी (कंबल) को अनेक रूपों में उपयोग में लाया जा सकता है। जब कोई समस्या आती है, तो इसका उपयोग करके समस्या का समाधान निकाला जा सकता है। कंबल में अनाज बाँधकर गठरी बनाई जा सकती है, रात में सोने के लिए बिस्तर न हो, तो कंबल को बिछाकर उस पर सोया जा सकता है। इस प्रकार कह सकते हैं कि कंबल हमारे लिए बहुत उपयोगी सिद्ध होता है।

**Q.3 गुन के गाहक सहस नर, बिन गुन लहै न कोय।**
**जैसे कागा कोकिला, शब्द सुनै सब कोय।।**
**शब्द सुनै सब कोय, कोकिला सबै सुहावन।**
**दोऊ को एक रंग, काग सब भये अपावन।।**
**कह 'गिरिधर कविराय', सुनो हो ठाकुर मन के।**
**बिनु गुन लहै न कोय, सहस नर गाहक गुन के।।**

(i) **'गुन के गाहक सहस नर' से क्या तात्पर्य है?** **(2)**

उत्तर 'गुन के गाहक सहस नर' से कवि का तात्पर्य है कि जो व्यक्ति गुणवान होते हैं, उनकी प्रशंसा सभी करते हैं। उनके गुणों की चर्चा सभी लोगों द्वारा होती है। गुणवान व्यक्तियों को सभी पसंद करते हैं। अतः व्यक्ति को अपने अंदर गुणों का विकास करना चाहिए।

(ii) **लोग कौए से घृणा करते हैं और कोयल को पसंद करते हैं, क्यों?** **(2)**

उत्तर कौआ और कोयल दोनों एक ही रंग के हैं, लेकिन लोग कौए से घृणा करते हैं, क्योंकि उसकी आवाज़ कर्कश है, परंतु कोयल की आवाज़ मधुर है, इसलिए उसे सब पसंद करते हैं।

(iii) **कवि ने गुण और गुणहीनता को 'काग' और 'कोकिला' के माध्यम से कैसे दर्शाया है? समाज में इसका क्या महत्त्व है?** **(3)**

उत्तर कवि ने 'काग' और 'कोकिला' के माध्यम से गुण और गुणहीनता का प्रतीकात्मक वर्णन किया है। दोनों का रंग एक समान है, पर कोकिला अपने मधुर स्वर से प्रिय और सम्माननीय बनती है, जबकि कौआ कर्कशता के कारण तिरस्कृत होता है। यह कुंडली हमें यह सिखाती है कि व्यक्ति की पहचान उसके गुणों से होती है न कि बाहरी रूप से।

समाज में गुणों का महत्त्व सर्वोपरि है। बिना गुणों के व्यक्ति का सम्मान नहीं होता। अतः इससे हमें यह संदेश मिलता है कि हमें आंतरिक गुणों को विकसित करना चाहिए और दूसरों में भी इन्हें पहचानना चाहिए।

(iv) **कवि के अनुसार संसार में किसका महत्त्व नहीं है? प्रस्तुत पद्यांश का सार स्पष्ट कीजिए।** **(3)**

उत्तर कवि के अनुसार, गुणहीन व्यक्ति का संसार में कोई महत्त्व नहीं है, जबकि गुणवान व्यक्ति अपने गुणों के बल पर सर्वत्र पूजनीय होता है।

प्रस्तुत पद्यांश में गिरिधर कविराय यह स्पष्ट कर रहे हैं कि जिस प्रकार कौआ और कोयल एक रंग के होते हुए भी दोनों में से कोयल को लोग अधिक पसंद करते हैं, क्योंकि कोयल अपनी मधुर आवाज़ से सबके मन को जीत लेती है, लेकिन कौए की कर्कश आवाज़ को सुनकर उससे सभी घृणा करते हैं। इसी प्रकार जो व्यक्ति गुणवान् होते हैं, उनका मान-सम्मान प्रत्येक जगह होता है, लेकिन गुणहीन व्यक्ति को कोई पसंद नहीं करता। अतः मनुष्य को हमेशा अच्छे गुणों को ही ग्रहण करना चाहिए, जिससे सभी लोग उन्हें पसंद करें।

**Q.4 साँई सब संसार में, मतलब का व्यवहार। [ICSE Specimen 2022-23]**
**जब लग पैसा गाँठ में, तब लग ताको यार।।**
**तब लग ताको यार, यार संग ही संग डोले।**
**पैसा रहे न पास, यार मुख से नहिं बोले।।**
**कह 'गिरिधर कविराय', जगत यहि लेखा भाई।**
**करत बेगरजी प्रीति, यार बिरला कोई साँई।।**

(i) **संसार में लोग कैसा व्यवहार करते हैं?** **(2)**

उत्तर प्रस्तुत पद्यांश के माध्यम से कवि कहता है कि इस संसार में सभी लोग केवल मतलब अर्थात् स्वार्थ का ही व्यवहार करते हैं। इस संसार में सभी रिश्ते-नाते मात्र स्वार्थ सिद्धी हेतु ही निभाए जाते हैं। सभी लोग अपने मतलब के कारण ही मित्रता अथवा रिश्ता रखते हैं अर्थात् अपना मतलब पूरा होने पर सभी रिश्ते-नाते साथ छोड़ देते हैं।

(ii) **लोग मित्र किसे बनाते हैं और क्यों?** **(2)**

उत्तर कवि के अनुसार, आज समाज की स्थिति ऐसी है कि जिन लोगों के पास धन है या जो लोग धन-धान्य से परिपूर्ण हैं, लोभी और स्वार्थी लोग उन्हीं व्यक्तियों को अपना मित्र बनाते हैं तथा उन्हीं लोगों को ही समाज में प्राथमिकता दी जाती है। कवि कहता है कि जब तक हमारे पास धन है, तब तक लोग हमारे साथ मृदु व्यवहार करेंगे और जब धन नहीं होगा, तो कोई हमसे बात तक नहीं करना चाहेगा।

(iii) **लोग किन से बातें करना पसंद नहीं करते और क्यों?** **(3)**

उत्तर जिन लोगों के पास धन नहीं होता उन लोगों को कोई अपना मित्र नहीं बनाना चाहता तथा उन लोगों से कोई बात भी नहीं करना चाहता है। आज इस संसार में सभी व्यक्ति स्वार्थी हो गए हैं, जो अपने-अपने स्वार्थ सिद्धि हेतु प्रेम का ढोंग और दिखावा करते हैं, इसलिए यह दुनिया स्वार्थी और मतलबी होती जा रही है।

(iv) **किस प्रकार के लोग बिरला होते हैं? समझाइए। (3)**

उत्तर प्रस्तुत पद्यांश में कवि ने बिरला शब्द उन लोगों के लिए प्रयुक्त किया है, जो बिना स्वार्थ, लोभ और कार्यसिद्धि के लिए सभी लोगों के साथ समान व्यवहार करते हैं। कवि के अनुसार दुर्लभ बिरला वह लोग हैं, जो किसी के धन और प्रतिष्ठा को कुछ भी न मानते हैं और धन-धान्य वाले लोगों के साथ भी वैसा ही व्यवहार करते हैं, जैसा कि वे सभी लोगों के साथ करते हैं।

**Q.5** **रहिए लटपट काटि दिन, बरु घामे माँ सोय।**
**छाँह न बाकी बैठिए, जो तरु पतरो होय।।**
**जो तरु पतरो होय, एक दिन धोखा देहैं।**
**जा दिन बहै बयारि, टूटि तब जर से जैहैं।।**
**कह 'गिरिधर कविराय', छाँह मोटे की गहिए।**
**पाती सब झरि जायँ, तऊ छाया में रहिए।।**

(i) **कवि के अनुसार किस वृक्ष की छाँह में नहीं बैठना चाहिए? (2)**

उत्तर कवि के अनुसार, पतले व कमजोर वृक्ष की छाँह में नहीं बैठना चाहिए, क्योंकि वह पेड़ एक दिन धोखा अवश्य देगा। जब तेज़ हवा या आँधी आती है, तो पतले वृक्ष जड़ सहित गिर जाते हैं।

(ii) **पतले व मोटे वृक्ष की संज्ञा किसे दी है व क्यों? (2)**

उत्तर प्रस्तुत पद्यांश में पतले वृक्ष की संज्ञा कमज़ोर (निर्धन) व्यक्ति को तथा मोटे वृक्ष की संज्ञा धनी व बलवान व्यक्ति को दी गई है। कष्टपूर्ण दिनों में हमें अयोग्य व कमज़ोर व्यक्ति की अपेक्षा समर्थ व बलवान व्यक्ति की शरण लेनी चाहिए, क्योंकि कमज़ोर व्यक्ति स्वयं अपनी रक्षा नहीं कर सकता, इसलिए हमें शक्तिशाली या समर्थ व्यक्तियों की शरण में जाना चाहिए।

(iii) **कवि ने कमज़ोर वृक्ष को जीवन में किस प्रकार की अस्थिरता और धोखे से जोड़ा है? इस दृष्टि से आप मानवीय संबंधों में किन बातों का ध्यान रखेंगे? (3)**

उत्तर कवि ने कमज़ोर वृक्ष को अस्थिर और धोखादायक संबंधों से जोड़ा है। कमज़ोर संबंध विपरीत परिस्थितियों में टूट जाते हैं और सहयोग नहीं कर पाते।

मुख्य रूप से सच्चाई और गहराई की परख करना, सहृदय व्यक्तियों से जुड़कर भरोसा और स्थायित्व बनाए रखना मानवीय संबंधों में ध्यान रखने योग्य बातें हैं।

(iv) **'घामे माँ सोय' और 'छाँह न बाकी बैठिये' पंक्तियों का अर्थ बताइए। इनका परस्पर विरोधाभास क्या है और यह विरोधाभास हमें क्या सिखाता है? (3)**

उत्तर 'घामे माँ सोय' सिखाता है कि कमज़ोर व्यक्ति के सहारे के बजाय आत्मनिर्भर बनें। वहीं 'छाँह न बाकी बैठिये' पंक्ति का आशय है कि कमज़ोर व्यक्ति पर निर्भरता हानिकारक है।

इनके बीच परस्पर विरोधाभास यह है कि एक आत्मनिर्भरता पर बल देता है, वहीं दूसरा कमज़ोर सहारे से बचने की चेतावनी देता है तथा हमें यह शिक्षा देता है कि स्वावलंबी बनें और मजबूत व स्थायी आधार को चुनें।

**Q.6** **पानी बाढ़ै नाव में, घर में बाढ़े दाम।**
**दोऊ हाथ उलीचिए, यही सयानो काम।।**
**यही सयानो काम, राम को सुमिरन कीजै।**
**पर-स्वारथ के काज, शीश आगे धर दीजै।।**
**कह 'गिरिधर कविराय', बड़ेन की याही बानी।**
**चलिए चाल सुचाल, राखिए अपना पानी।।**

(i) **कवि के अनुसार नाव में पानी तथा घर में दाम बढ़ने पर क्या करना चाहिए? (2)**

उत्तर नाव में पानी बढ़ जाने पर दोनों हाथों से पानी बाहर निकालने का प्रयास करना चाहिए अन्यथा नाव के डूब जाने का खतरा बना रहता है। उसी प्रकार घर में ज्यादा धन-दौलत आ जाने पर हमें उसे परोपकार में लगाना चाहिए।

(ii) **सयाने काम कौन-कौन से कहे जाते हैं? (2)**

उत्तर सयाने काम से कवि का तात्पर्य घर के धन का उचित प्रयोग से है। नाव में पानी भर जाने पर और घर में पैसा ज्यादा हो जाने पर उन्हें बाहर निकाल देना चाहिए अर्थात् नाव में से पानी को दोनों हाथों से बाहर फेंक देना चाहिए तथा पैसा अधिक होने पर उसे परोपकार के कार्यों में लगा देना चाहिए। ऐसे कामों को ही संसार में 'सयाने काम' कहा जाता है तथा यही बुद्धिमानी है।

(iii) **'कह 'गिरिधर कविराय' बड़ेन की याही बानी' पंक्ति का संदर्भ क्या है? इसका विश्लेषण करें और बताएँ कि यह किस प्रकार की शिक्षा देती है? (3)**

उत्तर कवि ने 'गिरिधर कविराय' के संदर्भ में कहा है कि बड़े और वरिष्ठ व्यक्तियों के कहे हुए सत्य और नैतिक उपदेशों का पालन करना चाहिए। उनका मार्गदर्शन हमें जीवन में सही दिशा दिखाता है।

यह पंक्ति हमें समाज में बड़े व्यक्तियों की बातों और अनुभवों को महत्त्व देने की शिक्षा देती है। उनके विचार और उपदेश समाज की भलाई और व्यक्तिगत उन्नति के लिए महत्त्वपूर्ण होते हैं। कवि के अनुसार बुद्धिमान लोगों की यही वाणी होती है कि वे सत्य मार्ग पर चलकर सदैव अपनी प्रतिष्ठा बनाए रखते हैं।

(iv) **कवि ने 'पानी बाढ़े नाव में' और 'घर में बाढ़े दाम' के माध्यम से जीवन की किस स्थिति को चित्रित किया है और इनका भाव क्या है? यह प्रतीकात्मक रूप से समाज और व्यक्तित्व के संदर्भ में कैसे समझा जा सकता है? (3)**

उत्तर कवि ने 'पानी बाढ़े नाव में' और 'घर में बाढ़े दाम' के माध्यम से जीवन में बढ़ती समस्याओं और संकटों को चित्रित किया है। इसका भावार्थ है कि जैसे नाव में पानी भरने से संकट बढ़ता है, वैसे ही जीवन में समस्याओं का बढ़ना व्यक्ति की स्थिति को कठिन बना सकता है। यह समाज और व्यक्तित्व में बढ़ती समस्याओं का प्रतीक है, जिनका समाधान सक्रिय प्रयासों से किया जाना चाहिए। इससे यह संदेश मिलता है कि समस्याओं को अनदेखा न करें, बल्कि उन्हें हल करने के लिए कदम उठाएँ।

**Q.7** **राजा के दरबार में, जैये समया पाय।**
**साँई तहाँ न बैठिये, जहाँ कोउ देय उठाय।।**
**जहाँ कोउ देय उठाय, बोल अनबोले रहिए।**
**हँसिये नहीं हहाय, बात पूछे ते कहिए।।**
**कह 'गिरिधर कविराय', समय सों कीजै काजा।**
**अति आतुर नहिं होय, बहुरि अनखैहैं राजा।।**

(i) **बिना पूछे कोई बात क्यों नहीं कहनी चाहिए? इससे हम पर क्या प्रभाव पड़ता है?** **(2)**

उत्तर राजा के दरबार में बिना पूछे कोई बात नहीं कहनी चाहिए, क्योंकि ऐसा करने से राजा के नाराज होने का खतरा बना रहता है और हम वहाँ हँसी के भी पात्र बन सकते हैं, जिससे हमारी प्रतिष्ठा के गिरने का भय भी बना रहता है।

(ii) **'राजा के दरबार में, जैये समया पाय' पंक्ति का क्या अर्थ है? इसके माध्यम से कवि क्या संदेश देना चाहते हैं?** **(2)**

उत्तर इस पंक्ति का अर्थ है कि जब कोई व्यक्ति राजा के दरबार में जाता है, तो उसे उचित समय और स्थान का ध्यान रखना चाहिए। इसके माध्यम से कवि यह संदेश देना चाहते हैं कि राजा के दरबार में संयम और शिष्टाचार से रहना चाहिए और बिना सोचे-समझे कोई भी काम नहीं करना चाहिए।

(iii) **अनखैहैं का अर्थ स्पष्ट करते हुए बताइए कि यह किस संदर्भ में प्रयुक्त हुआ है?** **(3)**

उत्तर अलखैहैं का अर्थ है– क्रोधित होना। यह शब्द राजा के क्रोधित होने के संदर्भ में प्रयुक्त हुआ है। कवि गिरिधर के अनुसार हमें समयानुसार आचरण करते हुए धैर्य को बनाए रखना चाहिए। हमें अधिक आतुरता नहीं दिखानी चाहिए, वह हानिकारक होती है, क्योंकि अधिक आतुरता दिखाने पर कई बार राजा क्रोधित हो जाता है।

(iv) **क्या गिरिधर कविराय की कुंडलियाँ आज भी प्रासंगिक हैं? उनकी रचना किस प्रकार की हैं, इससे हमें क्या सुख मिलता है?** **(3)**

उत्तर गिरिधर कविराय की कुंडलियाँ आज भी प्रासंगिक हैं, क्योंकि वे जीवन के गहरे अनुभवों और नैतिकता, संयम, शिष्टाचार पर आधारित हैं, जो आज भी महत्त्वपूर्ण हैं। उनकी रचनाएँ भक्ति और सामाजिक सुधार के विषयों पर केंद्रित हैं। इनसे हमें सद्गुणों की समझ, समय की महत्ता और समाज में सुधार की प्रेरणा मिलती है, जो जीवन में सही मार्गदर्शन और सुख की प्राप्ति के लिए प्रेरित करती हैं।

3

# स्वर्ग बना सकते हैं

*रामधारी सिंह 'दिनकर'*

## कवि का परिचय

राष्ट्रकवि की उपाधि से सम्मानित रामधारी सिंह 'दिनकर' का जन्म 23 सितंबर, 1908 को बिहार के मुंगेर जिले के सिमरिया गाँव में एक कृषक परिवार में हुआ था। दिनकर जी राज्यसभा के सदस्य भी रहे तथा भारत सरकार ने इन्हें 'पद्म भूषण' से भी सम्मानित किया।

इन्होंने गद्य व पद्य दोनों में विशेष ख्याति प्राप्त की। इन्हें अपने काव्य 'उर्वशी' के लिए 'भारतीय ज्ञानपीठ पुरस्कार' से सम्मानित किया गया। कुरुक्षेत्र, रेणुका, हुंकार, रसवंती, रश्मिरथी, परशुराम की प्रतीक्षा इनकी प्रसिद्ध काव्य रचनाएँ हैं तथा 'भारतीय संस्कृति के चार अध्याय' इनकी प्रमुख गद्य रचना है। इनकी रचनाओं में राष्ट्रीयता की गूँज चारों ओर दिखाई देती है। राष्ट्रकवि दिनकर जी का निधन 24 अप्रैल, 1974 को हुआ।

## कविता का सार

प्रस्तुत कविता के माध्यम से रामधारी सिंह 'दिनकर' कहते हैं कि महाभारत के युद्ध के बाद भीष्म पितामह धर्मराज युधिष्ठिर को उपदेश देते हुए धरती को स्वर्ग बनाने की बात करते हैं। यह तभी संभव होगा, जब धरती पर जन-जन का भेद समाप्त होगा। वे कहते हैं कि धरती किसी की खरीदी हुई दासी नहीं है, इस पर सभी का समान अधिकार है तथा सभी मनुष्यों को अपना जीवन जीने के लिए समान सुविधाएँ व बाधारहित विकास की आवश्यकता है, किंतु कई बाधाएँ मनुष्य की राह रोककर खड़ी हो जाती हैं। जब तक देश के प्रत्येक मनुष्य को न्याय के अनुसार सुख प्राप्त नहीं होता, तब तक पृथ्वी पर शांति की स्थापना नहीं की जा सकती।

वे कहते हैं कि जब तक पृथ्वी पर रहने वाले प्रत्येक व्यक्ति को समान दृष्टि से नहीं देखा जाएगा, तब तक धरती पर अशांति बनी रहेगी। यहाँ मनुष्य केवल अपने लिए ही सुख-साधनों को जुटाने में लगा है। कवि के अनुसार, प्रभु ने मनुष्य को धरती पर असंख्य सुख दिए हैं, किंतु इन सुखों को व्यक्ति तभी भोग सकता है, जब उसमें समानता, प्रेम और परोपकार की भावना व्याप्त हो, तभी मनुष्य धरती को स्वर्ग बना सकता है।

## पद्यांशों की व्याख्या

**1.** धर्मराज यह भूमि किसी की
नहीं क्रीत है दासी
हैं जन्मना समान परस्पर
इसके सभी निवासी।

***शब्दार्थ*** **भूमि** *ज़मीन;* **क्रीत** *खरीदी हुई;* **जन्मना** *जन्म से ही;* **निवासी** *रहने वाला।*

**व्याख्या** 'स्वर्ग बना सकते हैं' कविता दिनकर जी की रचना 'कुरुक्षेत्र' का अंश है, जिसमें भीष्म पितामह युधिष्ठिर को अंतिम उपदेश स्वरूप ज्ञान प्रदान करते हुए कहते हैं कि यह धरती किसी की खरीदी हुई दासी नहीं है, इस पर जन्म लेने वाले प्रत्येक व्यक्ति का समान अधिकार है तथा सभी इसके निवासी हैं। उपर्युक्त पंक्तियों के माध्यम से कवि का आशय यह है कि इस धरती पर जन्म लेने वाले प्रत्येक व्यक्ति का समान रूप से अधिकार है, क्योंकि सभी मनुष्य एक समान हैं। इस धरती को हम स्वर्ग तभी बना सकते हैं, जब सभी मनुष्यों को एक समान दृष्टि से देखा जाए, क्योंकि सभी इस पृथ्वी के निवासी हैं।

**2.** सबको मुक्त प्रकाश चाहिए
सबको मुक्त समीरण
बाधा रहित विकास, मुक्त
आशंकाओं से जीवन।

***शब्दार्थ*** **मुक्त** *स्वच्छंद;* **समीरण** *वायु, हवा;* **विकास** *प्रगति।*

**व्याख्या** कवि कहते हैं कि इस धरती को स्वर्ग तभी बना सकते हैं, जब धरती पर व्याप्त सभी प्राणियों को अपना जीवन जीने के लिए समान अवसर व समान सुविधाएँ उपलब्ध होंगी। सभी को समान प्रकाश व मुक्त वायु मिलेगी अर्थात् जब सभी के लिए एकसमान वातावरण होगा। जब मनुष्य का जीवन सब आशंकाओं से रहित होगा एवं किसी प्रकार का संदेह मनुष्य के मन में विद्यमान नहीं होगा। किसी के विकास में कोई बाधा उत्पन्न नहीं होगी अर्थात् धरती पर जीवन व्यतीत करने वाले प्रत्येक प्राणी का व्यवहार भेदभाव रहित होगा। अत: सभी को समान अवसरों की प्राप्ति होगी, तभी इस धरती को स्वर्ग बनाया जा सकता है।

**3.** लेकिन विघ्न अनेक अभी
इस पथ पर अड़े हुए हैं,
मानवता की राह रोककर
पर्वत खड़े हुए हैं।

***शब्दार्थ*** **विघ्न** *बाधा, रुकावट;* **पथ/राह** *मार्ग;* **मानवता** *मनुष्यता।*

**व्याख्या** कवि कहते हैं कि मनुष्य के विकास के मार्ग में अभी अनेक बाधाएँ हैं। विकास का मार्ग सदैव कठिनाइयों से घिरा हुआ है। इन कठिनाइयों तथा बाधाओं के कारण ही मनुष्य का विकास अवरुद्ध हो गया है। ये बाधाएँ पर्वत के समान मनुष्य के सामने आकर खड़ी हैं अर्थात् मानवता के विकास में पर्वत रूपी बाधाएँ राह रोककर खड़ी हैं, जिसके कारण मनुष्य प्रगति के मार्ग पर अग्रसर नहीं हो पा रहा है। हमें इन बाधाओं को जड़ से समाप्त करना होगा, तभी मनुष्य प्रगति के पथ पर अग्रसर हो सकता है।

**4.** न्यायोचित सुख सुलभ नहीं
जब तक मानव-मानव को
चैन कहाँ धरती पर तब तक
शांति कहाँ इस भव को?

***शब्दार्थ*** **न्यायोचित** *न्यायपूर्ण;* **सुलभ** *आसान;* **चैन** शांति; **भव** *संसार।*

**व्याख्या** कवि कहते हैं कि इस संसार में व्यक्ति को न्याय का सुख प्राप्त नहीं है अर्थात् इस धरती पर व्याप्त सभी प्राणियों की सबसे बड़ी समस्या यही है कि यहाँ (धरती) पर सभी को न्यायपूर्ण सुख प्राप्त नहीं होता और जब तक व्यक्ति को न्यायपूर्ण सुख प्राप्त नहीं होगा, तब तक व्यक्ति को चैन नहीं मिलेगा और जब तक व्यक्ति को चैन नहीं मिलेगा, तब तक इस संसार में शांति की स्थापना नहीं हो सकेगी अर्थात् चारों ओर अशांति व्याप्त रहेगी। अत: कह सकते हैं कि मनुष्य के न्यायोचित सुख से ही संसार में सुख व शांति को स्थापित किया जा सकता है।

**5.** जब तक मनुज-मनुज का यह
सुख भाग नहीं सम होगा
शमित न होगा कोलाहल
संघर्ष नहीं कम होगा।

**शब्दार्थ** **सम** *समान;* **कोलाहल** *शोर;* **शमित** *नष्ट, शांत;* **संघर्ष** *परिश्रम।*

**व्याख्या** कवि कहते हैं कि जब तक समाज में रहने वाले सभी प्राणियों में समानता का भाव विद्यमान नहीं होगा, सभी मनुष्यों को समाज में समान दृष्टि से नहीं देखा जाएगा तथा धरती पर रहने वाले प्रत्येक व्यक्ति को उसके हिस्से का सुख प्राप्त नहीं होगा, तब तक संसार में अशांति ही विद्यमान रहेगी। कवि धरती पर स्वर्ग बनाने पर बल देते हुए कहता है कि जब तक पृथ्वी पर व्याप्त सभी प्राणियों को समान दृष्टि से नहीं देखा जाएगा, तब तक पृथ्वी पर अशांति बनी रहेगी तथा समानता के लिए मनुष्य का संघर्ष निरंतर जारी रहेगा। वह कभी कम नहीं होगा।

**6.** उसे भूल वह फँसा परस्पर
ही शंका में, भय में
लगा हुआ केवल अपने में
और भोग-संचय में।

***शब्दार्थ* शंका** *संदेह;* **भय** *डर;* **संचय** *संग्रह करना।*

**व्याख्या** कवि कहते हैं कि जब तक मनुष्य एक समतापूर्ण समाज की स्थापना नहीं करेगा, तब तक उसके जीवन का संघर्ष निरंतर जारी रहेगा, किंतु समतापूर्ण समाज की सच्चाई जानते हुए भी मनुष्य केवल स्वार्थ की पूर्ति में लगा हुआ है। वह अपने आदर्श को भूलकर स्वार्थ की पूर्ति में ऐसा फँस गया है कि उसके मन में जीवन के प्रति एक भय व शंका निरंतर बनी रहती है, किंतु फिर भी वह भोग-संचय की प्रवृत्ति में निरंतर संलग्न रहता है अर्थात् कह सकते हैं कि मनुष्य परस्पर समानता के आदर्श को भूलकर अपने स्वार्थों की पूर्ति में लगा हुआ है और मनुष्य की इसी प्रवृत्ति के कारण सर्वथा उसका विकास रुका हुआ है।

**7.** प्रभु के दिए हुए सुख इतने
हैं विकीर्ण धरती पर
भोग सकें जो उन्हें जगत में
कहाँ अभी इतने नर?

***शब्दार्थ* प्रभु** *ईश्वर;* **विकीर्ण** *बिखरा हुआ;* **जगत** *संसार।*

**व्याख्या** कवि कहते हैं कि इस धरती पर ईश्वर द्वारा प्रदत्त असंख्य प्राकृतिक उपादान (सुख के साधन) हैं अर्थात् धरती पर चारों ओर ईश्वर की ही कृपा फैली हुई है। धरती पर प्रभु की कृपा दृष्टि सदैव बनी रहती है। ईश्वर इतना दानी है कि मनुष्य के लिए उसने विस्तृत रूप में सुख-सुविधाओं का भंडार लगा रखा है, किंतु मनुष्य की प्रवृत्ति ही ऐसी है कि ईश्वर द्वारा प्रदान की गई सुख-सुविधाओं का वह सदुपयोग नहीं कर पाता। ईश्वर की इतनी कृपा इस संसार में विद्यमान है कि इस पृथ्वी पर रहने वाले लोग प्रभु द्वारा दी गई सुख-सुविधाओं को भोगने में भी कम प्रतीत होते हैं।

**8.** सब हो सकते तुष्ट, एक-सा
सब सुख पा सकते हैं
चाहें तो पल में धरती को
स्वर्ग बना सकते हैं।

***शब्दार्थ* तुष्ट** *प्रसन्न;* **धरती** *भूमि, पृथ्वी;* **स्वर्ग** *देवलोक*

**व्याख्या** कवि कहते हैं कि प्रभु ने असंख्य सुख धरती पर मनुष्य को दिए हैं, किंतु इन सुखों को व्यक्ति तभी भोग सकता है, जब उसमें समानता, प्रेम तथा परोपकार की भावना विद्यमान हो। इसके साथ ही समानता के आदर्श के महत्त्व को समझकर तथा अपनी स्वार्थी प्रवृत्ति को त्यागकर मनुष्य धरती को स्वर्ग बनाने में अपनी महत्त्वपूर्ण भूमिका निभा सकता है। धरती पर जीवन व्यतीत करने वाले प्राणी संतुष्ट हो सकते हैं और सुख की प्राप्ति कर सकते हैं, परंतु यह तभी संभव है, जब सभी में आपसी प्रेम-भाव, समानता आदि का भाव विद्यमान हो। कवि ने कहा भी है कि पृथ्वी पर जीवन व्यतीत करने वाले सभी प्राणी चाहें, तो अपने अथक् परिश्रम से पलभर में पृथ्वी को स्वर्ग बना सकते हैं।

# एग्जाम पैटर्न प्रश्न (10 अंक)

***निम्नलिखित पद्यांशों को पढ़िए और उसके नीचे लिखे प्रश्नों के उत्तर हिंदी में लिखिए।***

**Q.1 धर्मराज यह भूमि किसी की नहीं क्रीत है**
**दासी है जन्मना समान परस्पर**
**इसके सभी निवासी।**
**सबको मुक्त प्रकाश चाहिए**
**सबको मुक्त समीरण**
**बाधा रहित विकास, मुक्त**
**आशंकाओं से जीवन।** **[ICSE Specimen 2022-23]**

(i) **उपर्युक्त पंक्तियाँ किसके द्वारा किससे कही गई हैं?** **(2)**

उत्तर उपर्युक्त पंक्तियाँ महाभारत के युद्ध के पश्चात् कुरुक्षेत्र के मैदान में शर-शय्या पर लेटे हुए भीष्म पितामह द्वारा धर्मराज युधिष्ठिर को अंतिम उपदेश के रूप में कही गई हैं।

(ii) **कवि ने 'मुक्त प्रकाश' और मुक्त समीरण' की इच्छा किसके लिए प्रकट की है?** **(2)**

उत्तर कवि ने मुक्त प्रकाश और मुक्त समीरण की इच्छा सभी प्राणियों के लिए प्रकट की है। कवि का कहना है कि सभी प्राणियों को अपना जीवन जीने के लिए समान अवसर व समान सुविधाएँ मिलनी चाहिए तथा सभी को समान प्रकाश व मुक्त वायु मिलनी चाहिए, तभी सभी प्राणियों के लिए वातावरण समान होगा।

(iii) **कवि ने मातृभूमि के विषय में क्या कहा है?** **(3)**

उत्तर कवि ने मातृभूमि के विषय में यह कहा है कि धरती किसी की खरीदी हुई दासी नहीं है। इस पर जन्म लेने वाले प्रत्येक व्यक्ति का इस पर समान अधिकार है तथा सभी इसके निवासी हैं।

(iv) **इस धरती पर शांति लाने के लिए क्या आवश्यक है?** **(3)**

उत्तर इस धरती पर शांति स्थापित करने के लिए यह आवश्यक है कि सभी व्यक्तियों को समान अधिकार प्राप्त हों। कवि के अनुसार, जिस व्यक्ति ने इस धरती पर जन्म लिया है, उन सबका इस पर समान अधिकार है। कवि कहते हैं कि धरती पर जीवन व्यतीत करने वाले प्रत्येक प्राणी का व्यवहार भेदभाव रहित होना चाहिए तथा सभी को समान अवसरों की प्राप्ति होनी चाहिए। समानता की भावना रखने के पश्चात् ही इस धरती को स्वर्ग बनाया जा सकता है और शांति स्थापित की जा सकती है।

**अन्य संभावित प्रश्न**

(i) **कवि ने "धर्मराज यह भूमि किसी की नहीं क्रीत है" पंक्ति में क्या संदेश दिया है? इस संदर्भ में सभी निवासियों को समान मानने का क्या तात्पर्य है?** **(2)**

उत्तर उपर्युक्त पंक्ति का अर्थ है कि धरती सभी की समान रूप से है न कि किसी एक की संपत्ति। सभी निवासियों को समान मानने से तात्पर्य है कि सभी मनुष्य जन्म से समान हैं और उन्हें समान अधिकार मिलना चाहिए तथा समाज में किसी भी प्रकार के सामाजिक भेदभाव का स्थान नहीं होना चाहिए।

(ii) **'सबको मुक्त प्रकाश चाहिए' का क्या अर्थ है? इसे समाज के आदर्श स्वरूप से कैसे जोड़ा जा सकता है?** **(2)**

उत्तर प्रस्तुत पंक्ति का अर्थ है कि सभी को स्वतंत्रता, ज्ञान और प्राकृतिक संसाधनों को प्राप्त करने का समान अधिकार मिलना चाहिए। यह आदर्श समाज का प्रतीक है, जहाँ समानता और न्याय हो और हर व्यक्ति को विकास के समान अवसर मिलें।

(iii) **'बाधा रहित विकास' और 'मुक्त आशंकाओं से जीवन' पंक्तियाँ समाज के विकास में किन मुख्य सिद्धांतों को उजागर करती हैं? व्याख्या करें।** **(3)**

उत्तर 'बाधा रहित विकास' से तात्पर्य है कि समाज में हर व्यक्ति को बिना किसी रुकावट या भेदभाव के अपने लक्ष्यों को प्राप्त करने का अवसर मिलना चाहिए, वहीं 'मुक्त आशंकाओं से जीवन सिद्धांत' उस समाज की ओर इशारा करता है, जहाँ लोग बिना डर और चिंता के स्वतंत्र रूप से अपना जीवन जी सकते हैं और विकास कर सकते हैं। यह दोनों सिद्धांत समाज में स्वतंत्रता, समानता और बिना किसी भय के विकास के महत्त्व को दर्शाते हैं।

(iv) **कवि ने जन्मना समानता और निवासियों की समानता पर ज़ोर दिया है। इस विचार को आज के समाज में किस प्रकार लागू किया जा सकता है? उदाहरण सहित स्पष्ट करें।** **(3)**

उत्तर कवि के जन्मना समानता और निवासियों की समानता के विचार को लागू करने के लिए हमें जातिवाद और भेदभाव समाप्त करना होगा। उदाहरण के रूप में आरक्षण और समान शिक्षा के अवसर जैसे सरकारी उपाय, महिला अधिकार कानून और बाल अधिकार इसका हिस्सा हैं। इसके अतिरिक्त, समान रोज़गार और शिक्षा के अवसर प्रदान करके समाज में समानता और न्याय सुनिश्चित किया जा सकता है।

**Q.2 लेकिन विघ्न अनेक अभी**
**इस पथ पर अड़े हुए हैं**
**मानवता की राह रोककर**
**पर्वत अड़े हुए हैं।**
**न्यायोचित सुख सुलभ नहीं**
**जब तक मानव-मानव को**
**चैन कहाँ धरती पर तब तक**
**शांति कहाँ इस भव को?** **(ICSE 2025)**

(i) **इस कविता में 'धर्मराज' कहकर किसे संबोधित किया गया है तथा धर्मराज को यह संदेश कौन दे रहा है?** **(2)**

उत्तर इस कविता में कवि ने भीष्म पितामह के माध्यम से धर्मराज कहकर 'युधिष्ठिर' को संबोधित किया है। धर्मराज को यह उपदेश भीष्म पितामह दे रहे हैं।

(ii) **कवि के अनुसार मनुष्य का जीवन कैसा होना चाहिए? कविता के आधार पर बताइए।** **(2)**

उत्तर कवि रामधारी सिंह 'दिनकर' के अनुसार, मनुष्य का जीवन न्याय और समानता पर आधारित होना चाहिए। जब तक इस धरती पर रहने वाले

सभी प्राणियों को न्यायोचित सुख प्राप्त नहीं होगा, तब तक विकास का मार्ग अवरुद्ध ही रहेगा। मनुष्य को मानवता के मार्ग पर चलते हुए सभी बाधाओं को पार करना चाहिए।

(iii) **मानव जीवन के विकास में कौन–कौन सी बाधाएँ और आशंकाएँ उपस्थित हैं? ये बाधाएँ और आशंकाएँ कैसे दूर हो सकती हैं? (3)**

उत्तर मानव जीवन के विकास में अनेक बाधाएँ हैं; जैसे- न्याय व समानता की कमी, मनुष्यों के बीच आपसी भेदभाव व असमानता की स्थिति आदि। इन बाधाओं के कारण मनुष्य के विकास का मार्ग रूका हुआ है। ये बाधाएँ और आशंकाएँ मनुष्य के आपसी सहयोग, न्यायपूर्ण व्यवहार और मानवता के मार्ग पर चलने से दूर हो सकती हैं।

(iv) **'भव' शब्द का अर्थ लिखकर कविता का उद्देश्य स्पष्ट कीजिए। (3)**

उत्तर 'भव' शब्द का अर्थ है- संसार। प्रस्तुत कविता का उद्देश्य यह है कि कवि मनुष्य को न्याय और समानता के महत्त्व को समझाना चाहते हैं। इस संसार में शांति स्थापित तब तक स्थापित नहीं होगी, जब तक व्यक्तियों को न्याय का सुख प्राप्त नहीं होगा। कवि प्रस्तुत कविता के माध्यम से मनुष्य को एक आदर्श जीवन जीने और समाज को बेहतर बनाने की प्रेरणा देते हैं।

**अन्य संभावित प्रश्न**

(i) **किस मार्ग में अनेक बाधाएँ हैं तथा मानवता की राह रोककर कौन खड़ा है? (2)**

उत्तर मनुष्य के विकास के मार्ग में अनेक बाधाएँ हैं। इन कठिनाइयों व बाधाओं के कारण ही मनुष्य का विकास अवरुद्ध हो गया है तथा मानवता की राह रोककर पर्वत रूपी बाधाएँ खड़ी हैं।

(ii) **शब्दों के अर्थ लिखिए–न्यायोचित, सम, सुलभ, कोलाहल। (2)**

उत्तर 'न्यायोचित' का अर्थ न्याय संगत, 'सम' का अर्थ समान, 'सुलभ' का अर्थ सरलता से प्राप्त होने वाला तथा 'कोलाहल' का अर्थ शोर है।

(iii) **'न्यायोचित सुख सुलभ नहीं ' पंक्ति का संदर्भ देते हुए स्पष्ट करें कि कवि मानव समाज में शांति की कमी का कारण क्या मानते हैं? (3)**

उत्तर 'न्यायोचित सुख सुलभ नहीं' पंक्ति के माध्यम से कवि यह कहना चाहते हैं कि समाज में शांति की कमी का कारण यह है कि यहाँ असमानता व अन्याय है और संपन्न वर्ग सदैव विपन्न वर्ग को दबाता रहता है। जब तक समाज में सभी व्यक्तियों को समान रूप से उनके अधिकार और न्याय नहीं मिलता, तब तक सच्चा सुख संभव नहीं है। जब तक मानव-मानव के बीच भेदभाव और अन्याय रहेगा, तब तक धरती पर शांति स्थापित नहीं हो सकती।

(iv) **कवि ने मानवता की राह में आने वाले विघ्नों को किस प्रकार वर्णित किया है? कवि के अनुसार समाज में शांति की स्थापना कब संभव है? 'पर्वत' शब्द का प्रतीकात्मक अर्थ क्या है? (3)**

उत्तर कवि ने मानवता की राह में आने वाले विघ्नों को 'पर्वत' के रूप में वर्णित किया है, जो सामाजिक और नैतिक बाधाओं का प्रतीक हैं। ये बाधाएँ अन्याय, असमानता और मानव-मानव के बीच भेदभाव को दर्शाती हैं। कवि के अनुसार, जब तक समाज में सभी व्यक्तियों को न्याय और उनके अधिकार प्राप्त नहीं होते और जब तक मानव-मानव के बीच समानता और भाईचारे का भाव स्थापित नहीं होता, तब तक धरती पर शांति की स्थापना संभव नहीं है। 'पर्वत' शब्द यहाँ उन बड़ी समस्याओं का प्रतीक है, जो समाज में शांति और प्रगति के मार्ग में अवरोध उत्पन्न करती हैं; जैसे–गरीबी, सामाजिक भेदभाव और हिंसा आदि।

**Q.3 उसे भूल वह फँसा परस्पर**
**ही शंका में, भय में**
**लगा हुआ केवल अपने में**
**और भोग-संचय में।**

(i) **कवि ने मनुष्य की किस प्रवृत्ति पर व्यंग्य किया है? (2)**

उत्तर कवि ने मनुष्य की स्वार्थी प्रवृत्ति पर व्यंग्य किया है कि मनुष्य अपने स्वार्थ के वशीभूत होकर परस्पर समानता के आदर्श को भूल गया है तथा वह केवल भोग संचय की प्रवृत्ति में लीन रहता है।

(ii) **'उसे भूल वह फँसा परस्पर' 'वह' शब्द किसके लिए प्रयोग किया है तथा वह क्या भूलकर किसमें फँसा हुआ है? (2)**

उत्तर 'वह' शब्द यहाँ पर सामान्य मनुष्य के लिए प्रयुक्त हुआ है। मनुष्य अपने वास्तविक उद्देश्य को भूलकर केवल भोग-विलास और धन-संचय में लिप्त हो गया है। इस प्रकार वह शंकाओं और भय के जाल में फँसकर अपने जीवन के सही मार्ग से भटक जाता है।

(iii) **कवि के अनुसार मानव किस कारण से 'शंका' और 'भय' में फँस गया है? इस पंक्ति के माध्यम से कवि क्या संकेत करता है? (3)**

उत्तर कवि के अनुसार, मानव स्वार्थ, असुरक्षा और भोग-संचय में उलझकर केवल अपने हितों पर केंद्रित हो गया है, जिससे वह समाज और मानवीय मूल्यों से दूर हो रहा है।

इस पंक्ति में कवि संकेत करते हैं कि असुरक्षा और लोभ के कारण मानव सहयोग, विश्वास और भाईचारे की भावना खो चुका है, जिससे उसके जीवन और समाज में अविश्वास और विघटन बढ़ रहा है।

(iv) **'अपने में और भोग-संचय में' पंक्ति का क्या अर्थ है? समाज पर इसका क्या प्रभाव पड़ता है? इससे छुटकारा कैसे पाया जा सकता है? (3)**

उत्तर 'अपने में और भोग-संचय में' पंक्ति का अर्थ है कि मानव केवल अपने स्वार्थ और भौतिक सुखों में लिप्त हो गया है। इससे समाज में असमानता, अविश्वास और सहयोग की कमी बढ़ती जा रही है, जिससे शांति और भाईचारा भी समाप्त होता जा रहा है।

परोपकार, सादगी और सामूहिक कल्याण की भावना अपनाकर तथा नैतिक मूल्यों को प्राथमिकता देकर इस समस्या से छुटकारा पाया जा सकता है।

**अन्य संभावित प्रश्न**

(i) **'शमित न होगा कोलाहल संघर्ष नहीं कम होगा' पंक्ति का भावार्थ लिखिए। (3)**

उत्तर 'शमित न होगा कोलाहल संघर्ष नहीं कम होगा' पंक्ति का भावार्थ है कि समानता के लिए मनुष्य का संघर्ष निरंतर गतिशील अवस्था में ही चलता रहेगा, वह कभी शांत नहीं होगा। प्रत्येक मनुष्य चाहता है कि उसको समान अवसर प्राप्त हों, जिससे कि वह जीवन में आगे बढ़कर प्रगति कर सके, किंतु उसको वह अवसर नहीं मिल पाता और वह जीवन पर्यंत संघर्ष करता रहता है।

**(ii) उपर्युक्त पंक्तियाँ 'दिनकर जी' की किस प्रसिद्ध रचना से ली गई हैं? कविता का केंद्रीय भाव लिखते हुए बताइए। (3)**

उत्तर प्रस्तुत पंक्तियाँ 'दिनकर जी' की प्रसिद्ध रचना 'स्वर्ग बना सकते हैं' से ली गई हैं। कविता का केंद्रीय भाव यह है कि धरती को तभी स्वर्ग बनाया जा सकता है, जब धरती पर जन-जन को समान अधिकार दिए जाएँ विकास के समान अवसर मिलेंगे, भेद समाप्त होगा तथा सभी को समान दृष्टि से देखा जाएगा। यदि ऐसा नहीं होता है, तो समाज में सदैव अशांति तथा संघर्ष की स्थिति बनी रहेगी, जिसके कारण मनुष्य की उन्नति का रास्ता अवरुद्ध हो जाएगा। अतः हम अशांति को मिटाकर अपनी उन्नति के द्वार खोल सकते हैं।

**Q.4** प्रभु के दिए सुख इतने
हैं विकीर्ण धरती पर
भोग सकें जो उन्हें जगत में,
कहाँ अभी इतने नर?
सब हो सकते तुष्ट, एक-सा
सब सुख पा सकते हैं
चाहें तो पल में धरती को
स्वर्ग बना सकते हैं।

**(i) प्रभु ने हमें कौन-से सुख प्रदान किए हैं तथा मनुष्य सुखी क्यों नहीं है? (2)**

उत्तर प्रभु ने हमें जीवन, स्वास्थ्य, समृद्धि और प्राकृतिक संसाधन जैसे सुख दिए हैं किन्तु मनुष्य सुखी नहीं है, क्योंकि वह स्वार्थ, असमानता, और सामाजिक अन्याय में उलझा है और मानसिक शांति और संतोष की कमी महसूस करता है।

**(ii) ''प्रभु के दिए सुख इतने हैं विकीर्ण'' पंक्ति का क्या अर्थ है? मानव इन सुखों से क्यों वंचित है? (2)**

उत्तर 'प्रभु के दिए सुख इतने हैं विकीर्ण' पंक्ति का अर्थ है कि प्रभु ने धरती पर हर व्यक्ति को सुख और समृद्धि के पर्याप्त साधन दिए हैं, फिर भी मानव इनसे वंचित है, क्योंकि वह स्वार्थ और द्वेष में उलझा हुआ है।

**(iii) ''धरती को स्वर्ग बना सकते हैं'' का तात्पर्य क्या है? कवि के अनुसार इसे स्वर्ग कैसे बनाया जा सकता है? इसके लिए मानव को किस प्रकार की मानसिकता अपनानी चाहिए? (3)**

उत्तर 'धरती को स्वर्ग बना सकते हैं' का तात्पर्य है कि मनुष्य अपने विचारों और कर्मों में सुधार कर धरती को सुख और शांति से भर सकता है। कवि के अनुसार, इसे प्रेम, सद्भावना, सहयोग और करुणा अपनाकर स्वर्ग बनाया जा सकता है। इसके लिए मानव को भाईचारे, दया, सहयोग की भावना अपनाकर स्वार्थ, लोभ और हिंसा का त्याग करना होगा। उसे न्याय, समानता, पर्यावरण संरक्षण जैसे कदम उठाने होंगे।

**(iv) कवि ने 'सब हो सकते तुष्ट' पंक्ति में किस स्थिति की ओर इशारा किया है और यह समाज पर क्या प्रभाव डालता है? इसमें कवि ने भाव अभिव्यक्ति किस प्रकार की है? (3)**

उत्तर 'सब हो सकते तुष्ट' पंक्ति में कवि ने एक ऐसे समाज की बात की है, जहाँ समानता, न्याय और सहयोग से सभी लोग संतुष्ट हो सकते हैं। इसका समाज पर ये प्रभाव पड़ता है कि लोगों में शांति और भाईचारा बढ़ता है, असमानता और संघर्षों का अंत हो जाता है। यहाँ कवि की अभिव्यक्ति आदर्शवादी और प्रेरणादायक है, जो समाज सुधार की ओर संकेत करती है।

# 4

# वह जन्मभूमि मेरी

*सोहनलाल द्विवेदी*

## कवि का परिचय

सोहनलाल द्विवेदी का जन्म 22 फरवरी, 1906 में उत्तर प्रदेश के फतेहपुर जिले के 'बिंदकी' नामक गाँव में हुआ था। वे संपन्न परिवार से संबंध रखते थे तथा इन्होंने हिंदी के साथ-साथ संस्कृत का भी अध्ययन किया।

द्विवेदी जी गाँधीवादी विचारों से प्रभावित थे। उनके काव्य में जगह-जगह राष्ट्रीय जागरण, भारत की गरिमापूर्ण संस्कृति, 'हरिजन-उद्धार' आदि के दर्शन होते हैं। द्विवेदी जी एक समाज-सुधारक कवि के रूप में सामने आए।

कुणाल इनका एक ऐतिहासिक प्रबंध काव्य है तथा वासवदत्ता और विषपान इनके प्रसिद्ध आख्यान काव्य हैं। इन्होंने बाल साहित्य भी लिखा। दूध-बताशा, बालभारती, बाँसुरी और झरना, बच्चों के बापू, शिशु भारती, हँसो-हँसाओ, चाचा नेहरू आदि इनकी बालोपयोगी रचनाएँ हैं। इनकी भाषा सरस व ओजपूर्ण है। 1 मार्च, 1988 को इनका निधन हो गया।

## कविता का सार

कवि अपनी मातृभूमि को अनेक विशेषणों से सुसज्जित करते हुए उसका गुणगान करते हैं तथा इस भूमि पर जन्म लेने वाले प्रत्येक व्यक्ति को धन्य मानते हैं। कवि अपनी जन्मभूमि की भौगोलिक सुंदरता का बखान करते हुए कहते हैं कि जहाँ एक ओर प्रहरी के रूप में खड़ा हिमालय पर्वत मेरे देश की शोभा बढ़ाता है, वहीं दूसरी ओर पवित्र नदियाँ बहकर मेरे देश की सुंदरता को और अधिक बढ़ा देती हैं।

कवि प्राकृतिक सौंदर्य का वर्णन करते हुए कहते हैं कि प्राकृतिक सौंदर्य ने मेरे देश की सुंदरता पर चार-चाँद लगा दिए हैं। कवि पुन: अपनी जन्मभूमि को पवित्र भूमि कहकर संबोधित करते हैं। कवि कहते हैं, मेरी मातृभूमि पर राम, कृष्ण, बुद्ध जैसे महापुरुषों ने जन्म लिया, यह प्रत्येक भारतवासी के लिए गौरव की बात है।

## पद्यांशों की व्याख्या

**1.** वह जन्मभूमि मेरी, वह मातृभूमि मेरी
ऊँचा खड़ा हिमालय, आकाश चूमता है,
नीचे चरण तले पड़, नित सिंधु झूमता है।
गंगा, यमुना, त्रिवेणी, नदियाँ लहर रही हैं,
जगमग छटा निराली, पग-पग पर छहर रही है।
वह पुण्यभूमि मेरी, वह स्वर्णभूमि मेरी।
वह जन्मभूमि मेरी, वह मातृभूमि मेरी।

***शब्दार्थ*** **चरण** *पैर;* **तले** *नीचे;* **सिंधु** *समुद्र।*

**व्याख्या** कवि अपनी मातृभूमि व भारतभूमि की प्राकृतिक व भौगोलिक सुंदरता का वर्णन करते हुए कहते हैं कि मेरी मातृभूमि के एक ओर प्रहरी के रूप में खड़ा हिमालय विद्यमान है, तो दूसरी ओर समुद्र अथवा सागर है, जो इसकी भौगोलिक सुंदरता को बढ़ाने में महत्त्वपूर्ण भूमिका निभाता है। हिमालय अपनी ऊँचाई के कारण ऐसा प्रतीत होता है, मानो वह आसमान को चूम रहा है।

उत्तर में हिमालय पर्वत तो दक्षिण में समुद्र अथवा सागर मेरी जन्मभूमि के चरणों को स्पर्श करते हुए प्रतीत होते हैं। इनके अतिरिक्त गंगा, यमुना, त्रिवेणी आदि पवित्र नदियाँ अपनी छटा बिखेरती हुई मेरी मातृभूमि की सुंदरता को पग-पग पर बढ़ाती हैं। कवि अपनी मातृभूमि की सुंदरता एवं महानता का वर्णन करते हुए इसे पवित्र व सुंदर बताते हैं तथा इस मातृभूमि पर गर्व करते हुए इसे पुण्यभूमि व स्वर्णभूमि कहकर संबोधित करते हैं। कवि कहते है कि यही मेरी जन्मभूमि व मातृभूमि है।

**2.** झरने अनेक झरते, जिसकी पहाड़ियों में,
चिड़ियाँ चहक रही हैं, हो मस्त झाड़ियों में।
अमराइयाँ घनी हैं, कोयल पुकारती है।
बहती मलय पवन है, तन-मन सँवारती है।
वह धर्मभूमि मेरी, वह कर्मभूमि मेरी।
वह जन्मभूमि मेरी, वह मातृभूमि मेरी।

***शब्दार्थ* अमराइयाँ** *आम के बगीचे;* **घनी** *बहुत सारी;* **कर्मभूमि** *जिस भूमि के प्रति हमारा कार्य समर्पित हो;* **जन्मभूमि** *जन्म लेने का स्थान।*

**व्याख्या** कवि कहते हैं कि मेरी मातृभूमि की पहाड़ियों के बीच से अनेक झरने बहते हैं और इसकी झाड़ियों में चिड़ियों की चहचहाट गूँजती है तथा आम के असंख्य बगीचों से कोयल की मधुर तान मेरे देश की सुंदरता में चार-चाँद लगा देती है। इसके साथ ही मलय पर्वत से आती सुगंधित शीतल पवन तन-मन को प्रसन्नता से विभोर कर देती है, जिससे तन-मन खिल उठता है। कहने का तात्पर्य यह है कि पहाड़ियों पर बहते झरने, चिड़ियों की चहचहाट, कोयल की मधुर तान तथा मलय पर्वत से आती सुगंधित पवन से जहाँ एक ओर तन-मन झूम उठता है, वहीं दूसरी ओर यह मेरी जन्मभूमि की सुंदरता को भी बढ़ाते हैं।

अत: हमें अपनी पवित्र भूमि की सेवा करनी चाहिए। यही हमारा धर्म व कर्म है, इसलिए कवि ने अपनी जन्मभूमि व मातृभूमि को धर्मभूमि व कर्मभूमि कहकर संबोधित किया है। यह भूमि भारतवासियों को धर्म के मार्ग पर चलने की प्रेरणा देती है, इसलिए धर्मभूमि है और निरंतर कर्म करते रहने की प्रेरणा देती है, इसलिए कर्मभूमि है।

**3.** जन्मे जहाँ थे रघुपति, जन्मी जहाँ थीं सीता,
श्रीकृष्ण ने सुनाई, वंशी पुनीत गीता।
गौतम ने जन्म लेकर, जिसका सुयश बढ़ाया,
जग को दया दिखाई, जग को दिया दिखाया।
वह युद्धभूमि मेरी, वह बुद्धभूमि मेरी।
वह जन्मभूमि मेरी, वह मातृभूमि मेरी।

***शब्दार्थ* रघुपति** *भगवान राम;* **पुनीत** *पवित्र;* **सुयश** *प्रसिद्धि;* **जग** *संसार।*

**व्याख्या** कवि अपनी भूमि को महान युद्धभूमि और बुद्धभूमि कहकर संबोधित करते हुए कहते हैं कि मेरी मातृभूमि ऐसी पवित्र भूमि है, जहाँ रघुपति राम व जगत माता सीता ने जन्म लिया है। श्रीकृष्ण जिन्होंने अपनी मधुर बाँसुरी की तान से गोपियों को मोहित किया और मोहग्रस्त अर्जुन को गीता का उपदेश देकर युद्ध के लिए प्रेरित किया तथा गौतम बुद्ध ने मेरी जन्मभूमि पर जन्म लेकर इसके सुयश को बढ़ाया, इसलिए यह बुद्ध भूमि है।

बुद्ध ने भारतभूमि पर जन्म लेकर मानव को दया व प्रेम का संदेश दिया तथा संसार को एक नई राह दिखाकर भारतवासियों का मार्गदर्शन किया अर्थात् कवि के कहने का तात्पर्य यह है कि जिस भूमि पर भगवान राम, माता सीता तथा श्रीकृष्ण व गौतम बुद्ध जैसे महापुरुषों ने जन्म लिया, उस भूमि पर जन्म लेना मेरे लिए गौरव की बात है।

# एग्जाम पैटर्न प्रश्न (10 अंक)

*निम्नलिखित पद्यांशों को पढ़िए और उसके नीचे लिखे प्रश्नों के उत्तर हिंदी में लिखिए।*

**Q.1** वह जन्मभूमि मेरी, वह मातृभूमि मेरी
ऊँचा खड़ा हिमालय, आकाश चूमता है,
नीचे चरण तले पड़, नित सिंधु झूमता है।
गंगा, यमुना, त्रिवेणी, नदियाँ लहर रही हैं,
जगमग छटा निराली, पग-पग पर छहर रही है।
वह पुण्यभूमि मेरी, वह स्वर्णभूमि मेरी।
वह जन्मभूमि मेरी, वह मातृभूमि मेरी।

(i) **उपर्युक्त पंक्तियों के माध्यम से कवि किसका बखान करता है? (2)**

उत्तर उपर्युक्त पंक्तियों के माध्यम से कवि अपनी मातृभूमि की प्राकृतिक सुंदरता एवं महानता का बखान करता है। अपनी मातृभूमि की विशेषताओं पर गर्व करते हुए इसे पुण्यभूमि तथा स्वर्णभूमि कहकर संबोधित करता है।

(ii) **भारतभूमि पर स्थित हिमालय की प्रशंसा कवि ने किस प्रकार की है? अपने शब्दों में स्पष्ट कीजिए। (2)**

उत्तर भारतभूमि पर उत्तर दिशा में स्थित हिमालय भारत की रक्षा करता है। उसकी प्रशंसा करते हुए कवि कहते हैं कि हिमालय पर्वत अपनी ऊँचाई के कारण ऐसा प्रतीत होता है, मानो आसमान को चूमता हो। इस प्रकार वह देश की सुंदरता को बढ़ाता है।

(iii) **कवि ने अपनी जन्मभूमि को पुण्यभूमि व स्वर्णभूमि कहकर क्यों संबोधित किया है? (3)**

उत्तर कवि ने अपनी जन्मभूमि को पुण्यभूमि व स्वर्णभूमि कहकर इसलिए संबोधित किया है, क्योंकि भारत एक कृषि प्रधान देश है और यहाँ की भूमि अत्यधिक उपजाऊ है। दूसरी ओर यहाँ पर्वत, नदियाँ आदि को पूजा जाता है अर्थात् यहाँ पर्वत, पठार, नदियाँ सभी को पवित्र माना जाता है। भारत में अनेक महान महापुरुषों; जैसे– राम, कृष्ण, बुद्ध आदि ने जन्म लेकर इसके गौरव को बढ़ाया है, इसलिए कवि ने भारतभूमि को पुण्यभूमि व स्वर्णभूमि कहकर संबोधित किया है।

(iv) **प्रस्तुत पद्यांश के कवि का साहित्यिक परिचय दीजिए तथा पद्यांश का भाव स्पष्ट कीजिए। (3)**

उत्तर इस पद्यांश के रचयिता सोहनलाल द्विवेदी जी हैं। इन्हें 'राष्ट्रकवि' की ख्याति प्राप्त है। द्विवेदी जी की भाषा शैली सरल एवं परिष्कृत खड़ी बोली है। कहीं-कहीं इन्होंने संस्कृत भाषा का भी प्रयोग किया है।

इस कविता के द्वारा कवि ने भारत भूमि का गुणगान करते हुए उसके प्राकृतिक भौगोलिक तथा आध्यात्मिक आदि विशेषताओं का वर्णन किया है। वे लिखते हैं, जहाँ एक ओर प्रहरी के रूप में खड़ा हिमालय पर्वत देश की शोभा बढ़ाता है, वहीं दूसरी ओर पवित्र नदियाँ गंगा, यमुना, सरस्वती, त्रिवेणी आदि देश की सुंदरता को और अधिक बढ़ा देती हैं।

**Q.2** झरने अनेक झरते, जिसकी पहाड़ियों में,
चिड़ियाँ चहक रही हैं, हो मस्त झाड़ियों में।
अमराइयाँ घनी हैं, कोयल पुकारती है।
बहती मलय पवन है, तन-मन सँवारती है।
वह धर्मभूमि मेरी, वह कर्मभूमि मेरी।
वह जन्मभूमि मेरी, वह मातृभूमि मेरी। **[ICSE Specimen 2017]**

(i) **जन्मभूमि किसे कहते हैं? यह हमें क्या देती है? (2)**

उत्तर जिस भूमि पर हम जन्म लेते हैं, उसे जन्मभूमि कहते हैं। यह हमें नदियाँ, झरने, सागर तथा पर्वत देती है। धरती अनाज के रूप में सोना उगलती है। अनाज से देश में खुशहाली आती है तथा देश प्रगति करता है।

(ii) **कवि ने जन्मभूमि को अन्य किन-किन नामों से पुकारा है? (2)**

उत्तर कवि ने जन्मभूमि अर्थात् अपनी मातृभूमि का गौरवगान करते हुए इसे पुण्यभूमि, स्वर्णभूमि, धर्मभूमि, कर्मभूमि, युद्धभूमि, बुद्धभूमि आदि अनेक नामों से पुकारा है।

(iii) **कवि ने मातृभूमि की विशेषताएँ किस प्रकार प्रकट की हैं? (3)**

उत्तर कवि ने मातृभूमि की विशेषताएँ प्रकट करते हुए कहा है कि उसके देश में पहाड़ों के बीच अनेक झरने बहते हैं। ये झरने प्राकृतिक सुंदरता में चार चाँद लगा देते हैं। जब चिड़ियाँ चहचहाती हैं एवं घने आम के बागों में कोयल मधुर ध्वनि में कूकती है तथा मलय पर्वत से सुगंधित शीतल हवा बहती है, तो हमारा तन-मन खिल उठता है। इस प्राकृतिक सौंदर्य से मन झूम उठता है, इसलिए कवि को गर्व है कि उसका जन्म भारत की भूमि पर हुआ है।

(iv) **प्रस्तुत कविता का केंद्रीय भाव लिखिए। (3)**

उत्तर प्रस्तुत कविता में कवि ने अपने देश के भौगोलिक, प्राकृतिक तथा आध्यात्मिक रूपों का वर्णन करते हुए इसे अनेक विशेषणों से संबोधित किया है। कवि अपने देश का गौरवगान करते हुए हिमालय पर्वत, सागर, झरने तथा अमराइयों की प्रशंसा करता है। वह स्वयं को धन्य मानता है कि उसका जन्म उस भूमि पर हुआ है, जहाँ राम, कृष्ण और बुद्ध जैसे महापुरुषों ने जन्म लिया।

### अन्य संभावित प्रश्न

(i) **बहते झरने व चिड़ियों के माध्यम से कवि क्या कहना चाहता है? (2)**

उत्तर बहते हुए झरने व चिड़ियों के माध्यम से कवि अपनी मातृभूमि के प्राकृतिक सौंदर्य का बखान करना चाहता है। कवि के अनुसार, पहाड़ियों के बीच से अनेक झरने बहते हैं और इसकी झाड़ियों में चिड़ियों की चहचहाट गूँजती है, जो देश की इस प्राकृतिक सुंदरता में चार चाँद लगा देती है।

(ii) **मलय पर्वत से आती सुगंध क्या करती है? इससे मातृभूमि पर क्या प्रभाव पड़ता है? (2)**

उत्तर मलय पर्वत से आती सुगंध तन-मन को शीतलता और शांति प्रदान करती है। यह मन में प्रसन्नता और ऊर्जा भर देती है। इससे मातृभूमि का वातावरण और अधिक सौम्य और आकर्षक बनता है, जो प्राकृतिक सौंदर्य को बढ़ाता है। यह सुगंध मातृभूमि को जीवनदायिनी और विशिष्ट पहचान प्रदान करती है।

(iii) **कवि ने "अमराइयाँ घनी हैं, कोयल पुकारती है" कहकर मातृभूमि की किस विशेषता पर प्रकाश डाला है? इस पंक्ति का पर्यावरणीय दृष्टि से महत्त्व समझाइए। (3)**

उत्तर कवि ने "अमराइयाँ घनी हैं, कोयल पुकारती है" कहकर मातृभूमि की हरियाली का वर्णन किया है। कवि के अनुसार, मातृभूमि में अनेक बाग हैं और घने आमों के पेड़ों पर कोयल कूकती है।

यह पंक्ति स्वच्छ, हरित और समृद्ध पर्यावरण का प्रतीक है, जो प्रकृति के संरक्षण और उसके संतुलन की आवश्यकता को दर्शाती है।

(iv) **कविता में वर्णित प्राकृतिक दृश्य केवल सौंदर्य का चित्रण नहीं करते, बल्कि मातृभूमि के प्रति कवि के गहरे जुड़ाव और कृतज्ञता को भी दर्शाते हैं। इस कथन की व्याख्या कीजिए और उपर्युक्त पंक्ति का भाव स्पष्ट कीजिए। (3)**

उत्तर कविता के प्राकृतिक दृश्य केवल सौंदर्य का वर्णन नहीं करते, बल्कि कवि के मातृभूमि के प्रति गहरे प्रेम और कृतज्ञता को व्यक्त करते हैं। झरने, चिड़ियाँ, अमराइयाँ और मलय पवन मातृभूमि की सुंदरता के साथ उसके जीवनदायिनी स्वरूप और सांस्कृतिक महत्त्व को दर्शाते हैं। यह पंक्ति मातृभूमि के प्रति कवि के भावनात्मक जुड़ाव और आभार को प्रकट करती है। प्राकृतिक सौंदर्य कवि के लिए गर्व और प्रेरणा का स्रोत है।

**Q.3 जन्मे जहाँ थे रघुपति, जन्मी जहाँ थीं सीता,**
**श्रीकृष्ण ने सुनाई, वंशी पुनीत गीता।**
**गौतम ने जन्म लेकर, जिसका सुयश बढ़ाया,**
**जग को दया दिखाई, जग को दिया दिखाया।**
**वह युद्धभूमि मेरी, वह बुद्धभूमि मेरी।**
**वह जन्मभूमि मेरी, वह मातृभूमि मेरी। [ICSE 2023]**

(i) **रघुपति कौन थे? उनका जन्म किस युग में हुआ था? (2)**

उत्तर रघुपति श्री राम अयोध्या के राजा दशरथ के पुत्र थे। उनका जन्म त्रेता युग में हुआ था। उन्होंने अनेक राक्षसों का संहार करके ऋषि-मुनियों की रक्षा की तथा सीता का हरण करने वाले लंका के राजा रावण का नाश किया था।

(ii) **गीता में क्या उपदेश दिया गया है? यह उपदेश किसने दिया था? (2)**

उत्तर गीता में यह उपदेश दिया गया है कि प्रत्येक व्यक्ति को कर्म में विश्वास करना चाहिए, क्योंकि ये जगत ही कर्मलोक है। कर्म के अनुरूप परिणाम तय है। ये उपदेश श्रीकृष्ण ने दिए थे।

(iii) **'गौतम' का परिचय देते हुए बताइए कि उन्होंने संसार को क्या संदेश दिया तथा मातृभूमि के यश को किस प्रकार से बढ़ाया था? (3)**

उत्तर गौतम बुद्ध का जन्म शाक्य गणराज्य की तत्कालीन राजधानी कपिलवस्तु के निकट लुंबिनी, नेपाल में पिता राजा शुद्धोधन और माता मायादेवी के घर हुआ था। उनका बचपन का नाम सिद्धार्थ था, लेकिन 'गौतम' गोत्र में जन्म लेने के कारण उन्हें गौतम बुद्ध नाम से पुकारा जाता है। उन्होंने जन-जन को दया, प्रेम और अहिंसा का पाठ पढ़ाया तथा जीवों पर दया करने का उपदेश दिया। उन्होंने संसार को यह संदेश दिया था कि हमें हर समस्या का समाधान प्रेम और दया भाव से करना चाहिए। इस प्रकार उन्होंने अपने उपदेशों से मातृभूमि के यश को भी बढ़ाया था।

(iv) **प्रस्तुत कविता में कवि ने इस देश की धरती को पुण्यभूमि तथा धर्मभूमि की संज्ञा क्यों दी है? इसको स्पष्ट करते हुए कविता में निहित देश की मुख्य विशेषताएँ भी लिखिए। (3)**

उत्तर प्रस्तुत कविता में कवि ने इस देश की धरती को पुण्यभूमि तथा धर्मभूमि की संज्ञा इसलिए दी है, क्योंकि इस भूमि पर भगवान राम, माता सीता तथा श्रीकृष्ण व गौतम बुद्ध जैसे महापुरुषों ने जन्म लिया। इन्होंने इस संसार को दया व प्रेम का संदेश दिया एवं संसार को एक नई राह दिखाकर भारतवासियों का मार्गदर्शन किया।

हमारे देश में पर्वत हैं, नदियाँ हैं तथा महापुरुष हैं, जिन्होंने इस देश को बिल्कुल ही बदल दिया है और ये सभी हमारे देश की मुख्य विशेषताएँ हैं। इसलिए कवि स्वयं को धन्य मानता है कि उसका जन्म इसी भूमि पर हुआ है।

**अन्य संभावित प्रश्न**

(i) **प्रस्तुत पद्यांश में कवि ने कौन-कौन-से महापुरुषों के विषय में बताया है? गीता का ज्ञान किसने किसको दिया? (2)**

उत्तर प्रस्तुत पद्यांश में कवि ने श्रीराम, माता सीता, श्रीकृष्ण, गौतम बुद्ध आदि महापुरुषों के विषय में बताया है। गीता का ज्ञान भगवान श्रीकृष्ण ने अर्जुन को उसका मोह भंग करने के लिए दिया था।

(ii) **रघुपति राम तथा श्रीकृष्ण के महान कार्यों का वर्णन कीजिए। (3)**

उत्तर रघुपति राम अयोध्या के राजा दशरथ के पुत्र थे। उन्होंने अहंकारी राजा रावण का वध किया तथा अपने माता-पिता की आज्ञा का पालन करते हुए 14 वर्ष तक का समय वन में बिताया।

श्रीकृष्ण जी वसुदेव और देवकी के पुत्र थे। उन्होंने अत्याचारी कंस का वध किया और महाभारत के समय अर्जुन को पवित्र गीता का उपदेश देकर उसका मोह भंग किया।

(iii) **'वह जन्मभूमि मेरी, वह मातृभूमि मेरी' पंक्ति में कवि किस प्रकार अपने मातृभूमि के प्रति अपनी आस्था व्यक्त करते हैं? इसके माध्यम से कवि किन दो मुख्य पहलुओं को दर्शाना चाहते हैं? (3)**

उत्तर कवि ने इस पंक्ति में मातृभूमि के प्रति अपने गहरे प्रेम, श्रद्धा और सम्मान को व्यक्त किया है। वह अपनी मृतभूमि को जन्मभूमि और कर्मभूमि मानते हुए इसके धार्मिक और सांस्कृतिक महत्त्व को सम्मानित करते हैं तथा मातृभूमि के गौरव को बढ़ाते हुए इसे एक प्रेरणास्रोत और शक्ति का केंद्र मानते हैं, जो उनके जीवन और संघर्षों का आधार है।

5

# मेघ आए

*सर्वेश्वर दयाल सक्सेना*

## कवि का परिचय

सर्वेश्वर दयाल सक्सेना का जन्म 15 सितंबर, 1927 को उत्तर प्रदेश के बस्ती जिले में हुआ था। इन्होंने काशी में अपनी उच्च शिक्षा प्राप्त की। सक्सेना जी पहले अध्यापन कार्य से जुड़े, फिर आकाशवाणी में कार्यरत् रहे तत्पश्चात् वर्ष 1965 में इन्होंने दिनमान साप्ताहिक पत्रिका के उप-संपादक के पद का कार्यभार सँभाला।

इनकी प्रमुख रचनाएँ काठ की घंटियाँ, बाँस का पुल, गर्म हवाएँ, एक सूनी नाव, कुआनो नदी, जंगल का दर्द, खूँटियों पर टँगे लोग (काव्य संग्रह) पागल कुत्तों का मसीहा, खोया हुआ जल (उपन्यास); बकरी (नाटक) तथा लड़ाई (कहानी संग्रह) आदि हैं। इनके साथ-साथ सक्सेना जी ने बाल साहित्य में भी काम किया। वर्ष 1983 में सक्सेना जी की आकस्मिक मृत्यु से हिंदी जगत में दुःख के बादल छा गए।

## कविता का सार

इस कविता के माध्यम से कवि ने मेघ (बादल) का अतिथि के रूप में मानवीकरण करते हुए प्रकृति के परिवर्तित होते रूपों का वर्णन किया है। मेघ अतिथि के रूप में सज-धज कर बड़े ही सुंदर रूप में आते हैं, मानो कोई मेहमान सज-धज कर शहर से गाँव आया हो। मेघ के आते ही प्राकृतिक वातावरण में हलचल-सी होती प्रतीत होती है। कवि पेड़, आँधी, धूल, नदी आदि को मानवीकृत रूप में साकार करते हुए कहते हैं कि मेघों के आने पर पेड़ भी उत्सुकतापूर्ण अवस्था में नज़र आते हैं तथा आँधी चलने के कारण धूल भागती हुई-सी प्रतीत होती है और नदियाँ ऐसी प्रतीत होती हैं, मानो नई दुल्हन की भाँति घूँघट से छिपकर मेघों को निहार रही हों।

कवि प्रकृति के हर्षोल्लासित रूप का वर्णन करते हुए कहते हैं कि बूढ़ा पीपल का पेड़ मेघों के आने पर उनका अभिवादन करता है तथा तालाब-पोखरों में पानी भर जाता है। जिस प्रकार काफ़ी दिनों के बाद आए अतिथि से मिलने पर खुशी के आँसू बहते हैं, उसी प्रकार मेघों के आने पर खुशी के आँसुओं की तुलना वर्षा की बूँदों से की गई है अर्थात् अब धैर्य का बाँध टूट गया है तथा वर्षा का पृथ्वी से मिलन हो गया है। मेघ के आने पर पूरी प्रकृति में प्रसन्नता का भाव स्पष्ट रूप से दिखाई देता है।

## पद्यांशों की व्याख्या

**1.** मेघ आए बड़े बन-ठन के सँवर के,
आगे-आगे नाचती-गाती बयार चली।
दरवाज़े-खिड़कियाँ खुलने लगीं गली-गली,
पाहुन ज्यों आए हों, गाँव में शहर के।
मेघ आए बड़े बन-ठन के सँवर के।

***शब्दार्थ*** **मेघ** *बादल;* **बयार** *हवा;* **पाहुन** *मेहमान;* **बन-ठन के** *सज-सँवरना।*

**व्याख्या** कवि ने यहाँ मेघों का अतिथि के रूप में आने का शब्द चित्र प्रस्तुत किया है। कवि कहते हैं कि मेघ के आने का संदेश पाते ही हवा मदमस्त होकर नाचती गाती-सी चलने लगती है। हवा के चलने पर गली में स्थित घरों के दरवाज़े व खिड़कियाँ खुलने लगते हैं। यहाँ कवि ने मेघ का मानवीकरण कर उसे अतिथि का रूप प्रदान किया है। कवि के अनुसार, मेघ जब वर्षा काल में आकाश में छाने लगते हैं, तो वे ऐसे प्रतीत होते हैं, मानो कोई मेहमान सज-धज कर तैयार होकर शहर से गाँव में आया हो। अतिथि के आने पर जिस प्रकार का हर्ष, उल्लास और खुशी लोगों के मन में होती है, उसी प्रकार मेघ के आने का संदेशा पाते ही हवा भी मदमस्त होकर मंद-मंद बहने लगती है, मानो हवा मेघ के आने की सूचना दे रही हो तथा लोग बादल रूपी मेघ की एक झलक पाने को उतावले हो रहे हैं।

**2.** पेड़ झुक झाँकने लगे गरदन उचकाए,
आँधी चली, धूल भागी घाघरा उठाए।
बाँकी चितवन उठा नदी ठिठकी, घूँघट सरके,
मेघ आए बड़े बन-ठन के सँवर के।

***शब्दार्थ*** **झाँकना** *ध्यान से देखना;* **उचकाए** *ऊपर उठकर देखना;* **चितवन** *दृष्टि।*

**व्याख्या** कवि कहते है कि मेघ के आने पर पेड़ ऐसे प्रतीत होते हैं, मानो वे झुककर अपनी गर्दन उठा-उठाकर लगातार मेघों की ओर देख रहे हों। जिस प्रकार अतिथि के आने पर लोग उत्सुकता भरी नज़र से गर्दन उठा-उठाकर देखते हैं, ठीक उसी प्रकार यहाँ पेड़ भी उत्सुकतापूर्वक मेघ रूपी मेहमान के सौंदर्य को देखने हेतु अपनी गर्दन उचकाते हैं। मेघों के आने पर आँधी चलने के कारण धूल भागती हुई-सी प्रतीत होती है अर्थात् जिस प्रकार अतिथि के आने पर गाँव की युवतियाँ उनके आने की सूचना देने के लिए भागती हैं, ठीक उसी प्रकार धूल भी गाँव की युवतियों की भाँति ऐसी प्रतीत होती है मानो शरमाकर अपना घाघरा उठाकर भाग रही हो। कवि नदी का मानवीकृत रूप में वर्णन करते हुए कहते हैं कि जैसे गाँव में अतिथि के आने पर ग्रामीण महिलाएँ अपने घूँघट से ही अतिथि को निहारती हैं, ठीक वैसे ही नदी भी मानो मेघों को निहार रही हो। अत: जैसे गाँव में शहर से अतिथि सज-धजकर आते हैं, ठीक उसी प्रकार मेघ भी ऐसे प्रतीत होते हैं, मानो अतिथि के रूप में सज-धज कर आए हों।

**3.** बूढ़े पीपल ने आगे बढ़कर जुहार की
'बरस बाद सुधि लीन्हीं'
बोली अकुलाई लता ओट हो किवार की,
हरसाया ताल लाया पानी परात भर के।
मेघ आए बड़े बन-ठन के सँवर के।

***शब्दार्थ*** **जुहार** *अभिवादन;* **अकुलाई** *व्याकुल;* **किवार** *किवाड़, दरवाज़ा;* **हरसाया** *खुश होना;* **परात** *एक तरह का बड़ा थाल।*

**व्याख्या** कवि कहते हैं कि जिस प्रकार अतिथि के आने पर घर के बड़े लोग उसका स्वागत-सत्कार करते हैं, ठीक उसी प्रकार मेघों के आने पर बूढ़े पीपल के वृक्ष ने आगे आकर तथा झुककर मेघों का अभिवादन किया। लता को देखकर ऐसा प्रतीत हो रहा था, मानो वह दरवाज़े की ओट में छिपकर मेघों के बरसों बाद आने पर क्रोधित हो रही हो। जैसे अतिथि के आने पर घर की बहू-बेटियाँ दरवाज़े के पीछे छिपकर अपनी बातें व शिकायतें उनके सामने रखती हैं, उसी प्रकार लताएँ भी मेघों के देर से आने पर अपना क्रोध प्रकट करती हुई प्रतीत होती हैं तथा मेघों के आगमन से तालाब अथवा पोखर ऐसे प्रतीत होते हैं, मानो अतिथि रूपी मेघों के आने पर उनके स्वागत के लिए परात भर कर पानी लाया गया हो अर्थात् मेघों के आने पर पोखर व तालाब खुशी से झूम उठे हैं।

**4.** क्षितिज अटारी गहराई दामिनी दमकी,
क्षमा करो गाँठ खुल गई अब भरम की।
बाँध टूटा झर-झर मिलन के अश्रु ढरके,
मेघ आए बड़े बन-ठन के सँवर के।

***शब्दार्थ*** **क्षितिज** *भूमि और आकाश का मिलन स्थान;* **दामिनी** *बिजली;* **भरम** *भ्रम, वहम;* **अश्रु** *आँसू;* **ढरकना** बह निकलना

**व्याख्या** कवि कहते हैं कि बादलों के छा जाने पर चमकती हुई बिजली ऐसी प्रतीत होती है, मानो बादलरूपी मेहमान क्षितिज रूपी अटारी पर छाए हुए हो अर्थात् मेघरूपी मेहमानों के सज-धजकर आने से आकाशरूपी क्षितिज पर अँधेरा-सा छा गया हो और बिजली चमकने लगी हो। अब विश्वास हो गया कि वर्षा का होना निश्चित है, जो एक प्रकार का भ्रम या संदेह लोगों के मन में विद्यमान है कि वर्षा होगी या नहीं, अब वह टूट गया।

जिस प्रकार वर्षो बाद घर आए अतिथि के प्रति क्रोध समाप्त हो जाता है, उसके प्रति मन से मैल दूर हो जाता है, ठीक उसी प्रकार अतिथि के रूप में आए मेघों के आने पर खुशी के आँसू बूँद बनकर बरसने लगे। यहाँ आँसुओं की तुलना वर्षा की बूँदों से की गई है। कहने का तात्पर्य यह है कि अब सब्र का बाँध टूट गया है तथा वर्षा का पृथ्वी से मिलन हो गया है अर्थात् जिस प्रकार बहुत दिनों बाद किसी से मिलने पर खुशी के आँसू निकल आते हैं, ठीक उसी प्रकार सज-धजकर आए बादलों के वर्षारूपी अश्रु का मिलन पृथ्वी से हो गया।

# एग्ज़ाम पैटर्न प्रश्न (10 अंक)

*निम्नलिखित पद्यांशों को पढ़िए और उसके नीचे लिखे प्रश्नों के उत्तर हिंदी में लिखिए।*

**Q.1** मेघ आए बड़े बन-ठन के सँवर के।
आगे-आगे नाचती-गाती बयार चली,
दरवाज़े-खिड़कियाँ खुलने लगीं गली-गली,
पाहुन ज्यों आए हों, गाँव में शहर के।
मेघ आए बड़े बन-ठन के सँवर के। **[ICSE 2017]**

(i) **मेघ कहाँ और कब आए हैं?** **(2) (2024)**

उत्तर मेघ गाँव में आए हुए हैं। मेघ बन-ठनकर सज-सँवर कर अतिथि की तरह गाँव में आए हुए हैं। जब तेज हवा चलने लगी, धूल भरी आँधी उठने लगी, आकाश में बिजली चमकने लगी, तब मेघ आए हैं।

(ii) **बयार को किसका प्रतीक बताया गया है? उसके आने पर गाँव वालों की क्या स्थति थी ?** **(2)(2024)**

उत्तर कवि ने 'बयार' अर्थात् हवा को मेहमान के आगे नाचने वाली नर्तकी का प्रतीक कहा है। मेहमान के आने पर लोगों के मन में जो खुशी होती है, उसी प्रकार हवा के मन में भी उमंग व खुशी थी। वह भी मेघ के आने का संदेश पाकर मंद-मंद बहने व नाचते गाती-सी चलने लगती है। बयार के आने पर लोगों के घरों के खिड़कियाँ- दरवाजे खुलने लगते हैं। यहाँ कवि ने मेघ का मानवीकरण कर उसे अतिथि का रूप प्रदान किया है।

(iii) **दरवाजे-खिड़कियाँ क्यों खुलने लगी हैं? किसका स्वागत कहाँ पर किस प्रकार किया जाने लगा है? कवि के भाव स्पष्ट कीजिए।** **(3)**

उत्तर दरवाज़े-खिड़कियाँ इसलिए खुलने लगे, क्योंकि तेज़ हवा चलने लगी थी। मेघों का स्वागत गाँव की गली-गली में किया जा रहा है। वर्षा ऋतु में जब मेघ आकाश में छाने लगते हैं, तब हवा मदमस्त रूप में चलने लगती है, जिसके कारण दरवाज़े, खिड़कियाँ खुलने लगते हैं। इन्हें देखकर ऐसा प्रतीत होता है, मानो दरवाज़े-खिड़कियाँ अपने हाथ फैलाकर मेघों का स्वागत कर रहे हैं।

(iv) **कविता का केंद्रीय भाव लिखिए।** **(3)**

उत्तर प्रस्तुत पंक्तियों के माध्यम से कवि मेघों का मानवीकरण कर उसे अतिथि का रूप प्रदान करते हुए कहते हैं कि वर्षाकाल में मेघों का स्वागत एक अतिथि के रूप में किया जाता है। मेघ अतिथि के समान सज-धजकर आते हैं और उनके आते ही हवा मदमस्त होकर चलने लगती है तथा दरवाज़े व खिड़कियाँ खुलकर उनका स्वागत करते हैं अर्थात् कवि ने मेघों के आने पर प्रकृति में हुई हलचल व उत्साह का मनोहारी वर्णन किया है।

**Q.2** पेड़ झुक झाँकने लगे गरदन उचकाए,
आँधी चली, धूल भागी घाघरा उठाए ,
बाँकी चितवन उठा नदी ठिठकी, घूँघट सरके।
मेघ आए बड़े बन-ठन के सँवर के। **(ICSE 2024)**

(i) **'आँधी चली, धूल भागी घाघरा उठाए' पंक्ति में भागती हुई धूल किसके समान प्रतीत हो रही है?** **(2)**

उत्तर 'आँधी चली, धूल भागी घाघरा उठाए' पंक्ति में धूल एक ऐसी स्त्री के समान प्रतीत होती है, जो शहर से आने वाले किसी मेहमान को देखकर अपना घाघरा उठाकर भागी जा रही हो।

(ii) **नदी किसकी भाँति बादलों को निहार रही है व क्यों?** **(2)**

उत्तर जिस प्रकार गाँव में अतिथि के आने पर गाँव की महिलाएँ अपने घूँघट से ही अतिथि को निहारती हैं, ठीक उसी प्रकार नदी भी मानो ग्रामीण महिलाओं की भाँति बादलों को निहार रही है, क्योंकि बादल अतिथि के रूप में सज-धजकर आते हुए से प्रतीत होते हैं।

(iii) **पेड़, धूल भरी आँधी तथा नदी को किस-किस का प्रतीक बताया गया है? समझाइए।** **(3) (2024)**

उत्तर पाठ के अनुसार, पेड़ उन लोगों का प्रतीक हैं, जो किसी अतिथि के आगमन पर उचक- उचक कर देखते हैं। यहाँ धूल भरी आँधी उस लड़की का प्रतीक है, जो किसी अपरिचित को देखकर घाघरा उठाए भागी जा रही हो तथा 'नदी' उस भारतीय नारी का प्रतीक है, जो अपने चेहरे से घूँघट हटाकर तिरछी नज़र से मेघ रूपी मेहमान को देखती है।

(iv) **प्रस्तुत कविता में किस अलंकार का प्रयोग किया गया है तथा जिस ऋतु के विषय में बताया गया है, उसके विषय में चार पंक्तियाँ लिखिए।** **(2024) (3)**

उत्तर प्रस्तुत कविता में मानवीकरण अलंकार का प्रयोग हुआ है।
इस कविता में वर्षा ऋतु का चित्रण किया गया है। वर्षा होने पर पानी की फुहार से आसपास की धूल समाप्त हो जाती है। कभी-कभी आँधी के कारण घना अँधेरा छा जाता है। जो पक्षी बाहर होते हैं, वह अपने घोंसले की ओर लौटने लगते हैं। सड़कें और मैदान पानी से भर जाते हैं।

**अन्य संभावित प्रश्न**

**''बाँकी चितवन उठा नदी ठिठकी'' और 'घूँघट सरके' पंक्तियों का सामूहिक अर्थ क्या है और यह मानवीय भावनाओं से किस प्रकार जुड़ी हैं?** **(3)**

उत्तर ''बाँकी चितवन उठा नदी ठिठकी'' और 'घूँघट सरके' पंक्तियाँ मानसिक अवरोधों और भावनाओं को दर्शाती हैं। 'चितवन उठा' मानसिक संकोच या सोच में पड़ने को और 'घूँघट सरके' भावनाओं के प्रकट होने का प्रतीक है।
यह पंक्तियाँ संकोच, आत्म-प्रकटीकरण और भावनात्मक बदलाव को दर्शाती हैं, जहाँ व्यक्ति अपनी भावनाओं को व्यक्त करने में सहज होता है और एक नए बदलाव की ओर बढ़ता है।

**कविता में किस प्राकृतिक घटना का जिक्र है और इसका मानवीय जीवन से क्या संबंध है? इसके पीछे कवि का क्या ध्येय है? स्पष्ट कीजिए।** **(3)**

**उत्तर** कविता में आँधी, धूल, मेघ और चितवन जैसी प्राकृतिक घटनाओं का ज़िक्र है। ये घटनाएँ जीवन में बदलाव, संघर्ष और नवीनीकरण का प्रतीक हैं। प्राकृतिक घटनाएँ मानवीय भावनाओं, मानसिक बदलावों और जीवन के उतार-चढ़ाव से जुड़ी हैं। कवि का उद्देश्य यह दिखाना है कि जैसे प्रकृति में बदलाव आते हैं, वैसे ही मानव जीवन में भी परिवर्तन और नवीनीकरण होता है।

**Q.3 बूढ़े पीपल ने आगे बढ़कर जुहार की,**
**बरस बाद सुधि लीन्हीं।**
**बोली अकुलाई लता ओट हो किवार की,**
**हरसाया ताल लाया पानी परात भर के,**
**मेघ आए बड़े बन-ठन के सँवर के।**

(i) **'मेघ आए' कविता में बूढ़े पीपल और लता को किस-किस का प्रतीक बताया गया है?** **[ICSE Sem II 2021-22] (2)**

**उत्तर** 'मेघ आए' कविता में बूढ़े पीपल को एक बूढ़े व्यक्ति की संज्ञा दी गई है, जो किसी गाँव में मेहमान के आने पर घर के बुजुर्ग व्यक्ति की तरह उसका स्वागत करते हैं। पीपल ने भी मेघों के आने पर उनका एक बुजुर्ग की तरह ही स्वागत किया। कविता में 'लता' को प्रतीक्षारत नायिका के रूप में चित्रित किया गया है, जो बादलों को एक वर्ष बाद आने का उलाहना देती है कि तुमने हमारी इतने समय तक कोई परवाह ही नहीं की और हमारी कोई सुध ही नहीं ली।

(ii) **"बूढ़े पीपल ने आगे बढ़कर जुहार की" पंक्ति में जुहार का क्या अर्थ है? यह क्या दर्शाता है? इसका प्रयोग क्यों किया गया है?** **(2)**

**उत्तर** प्रस्तुत पंक्ति में जुहार का अर्थ है– नमस्कार या अभिवादन करना। यह पीपल के वृक्ष की उम्र और ज्ञान को भी दर्शाता है। इसका प्रयोग पीपल के वृक्ष द्वारा या मेघ के प्रति सम्मान और आदर दिखाने के लिए किया गया है। नमस्कार या अभिवादन किसी मेहमान के आने पर सम्मान प्रकट करने के लिए किया जाता है। पीपल का वृक्ष बुजुर्ग की तरह है, जो मेघ रूपी मेहमान के स्वागत हेतु उनका अभिवादन करता है।

(iii) **मेघ आने पर ताल-तलैया की प्रसन्नता का वर्णन कवि ने किस रूप में किया है? इससे कवि क्या संदेश देना चाहता है?** **(3)**

**उत्तर** मेघों के आगमन से ताल में पानी भरता है, जिससे जलाशय में ताज़गी और संतुलन लौट आता है। यह प्राकृतिक संतुलन और शांति का प्रतीक है। कवि जीवन में कठिनाइयों के बाद नवीनीकरण और पुनर्निर्माण का संदेश देना चाहते हैं। जैसे मेघों के आने से ताल-तलैया में शांति और संतुलन लौटता है, वैसे ही जीवन में कठिनाइयों के बाद नए बदलाव और ताज़गी की संभावना होती है।

(iv) **प्रस्तुत कविता का मुख्य विषय क्या है? यहाँ किस प्रकार के अलंकारों का प्रयोग हुआ है? कवि की भाषाई अभिव्यक्ति कैसी है?** **(3)**

**उत्तर** प्रकृति में हो रहे परिवर्तित रूप का वर्णन करना है। कवि ने मेघों का अतिथि रूप में मानवीकरण करके उनके आगमन का चित्रण प्रस्तुत किया है।
प्रस्तुत कविता में मुख्यतः मानवीकरण अलंकारों का प्रयोग किया गया है। यहाँ कवि की भाषा सरल और चित्रात्मक है, जो प्राकृतिक घटनाओं के माध्यम से गहरी भावनाओं और जीवन के अनुभवों को व्यक्त करती है।

**Q.4 क्षितिज अटारी गहराई दामिनी दमकी**
**'क्षमा करो गाँठ खुल गई अब भरम की।'**
**बाँध टूटा झर-झर मिलन के अश्रु ढरके।**
**मेघ आए बड़े बन-ठन के सँवर के।**

(i) **'क्षितिज अटारी गहराई' में 'अटारी' शब्द का क्या अर्थ है और यह किस भाव को दर्शाता है?** **(2)**

**उत्तर** यहाँ 'अटारी' का अर्थ है– ऊँची जगह या छत। इस पंक्ति में 'क्षितिज अटारी' का प्रयोग कवि ने आकाश की ऊँचाई और दूरस्थ विस्तार को दर्शाने के लिए किया है। यह आकाश का भव्य और गहन स्वरूप प्रस्तुत करता है, जहाँ दामिनी चमक रही है।

(ii) **इस पंक्ति में 'दामिनी दमकी' का क्या अर्थ है और यह किस ओर संकेत करता है?** **(2)**

**उत्तर** प्रस्तुत पंक्ति में 'दामिनी दमकी' का अर्थ यहाँ बिजली की चमक से है। यह शक्ति, तेजस्विता और अनायास घटित होने वाली घटनाओं का प्रतीक है, जो केवल प्राकृतिक घटना को नहीं; बल्कि जीवन में अचानक आने वाले उजाले या नए विचारों की ओर संकेत करता है।

(iii) **'मेघ आए बड़े बन-ठन के सँवर के' में 'मेघ' की प्रतीकात्मकता स्पष्ट करें तथा यहाँ 'मेघों' का मानवीकरण किस उद्देश्य से किया गया है?** **(3)**

**उत्तर** इस पंक्ति में 'मेघ' प्रियतम का प्रतीक हैं, जो पूर्ण रूप से सजे-धजे हुए और आकर्षक रूप में मिलन के लिए आए हैं। यह नायिका के मिलन की प्रतीक्षा की पूर्णता और प्रेम के सुंदर क्षण का चित्रण करता है। 'मेघों' का मानवीकरण उनकी सुंदरता और भव्यता को दर्शाने के लिए किया गया है। यह प्रकृति के आलौकिक सौंदर्य को मानवीय दृष्टिकोण से दर्शाने का प्रयास है।

(iv) **'गाँठ खुल गई अब भरम की' पंक्ति में 'गाँठ खुलने का क्या अर्थ है? तथा कवि ने यहाँ कौन-सी आध्यात्मिक दृष्टि प्रस्तुत की है?'** **(3)**

**उत्तर** 'गाँठ खुलने' का अर्थ -भ्रम दूर होने से है। लोगों के मन में अब तक वर्षा के होने या न होने का संदेह बना हुआ था, लेकिन बादलों के आने से यह भ्रम दूर हो गया। वे संदेह करने के लिए क्षमा-याचना करते हैं। कवि की आध्यात्मिक दृष्टि यहाँ यह है कि प्रेम व प्रकृति में एक गहरा संबंध है। बादल अर्थात् प्रियतम के आने पर नायिका का भ्रम दूर हो गया और वह प्रेम में डूब जाती है। यह प्रेम की आध्यात्मिक और सार्वभौमिक शक्ति को दर्शाता है।

# सूर के पद

सूरदास

## कवि का परिचय

वात्सल्य रस के सम्राट 'सूरदास' हिंदी साहित्य के कृष्णभक्ति शाखा के प्रमुख कवि थे। इनका जन्म 1478 ई. में रुनकता (आगरा के पास) या दिल्ली के निकट सीही गाँव में माना जाता है। सूरदास महाप्रभु वल्लभाचार्य के शिष्य थे। इन्होंने अपनी रचनाओं में भगवान कृष्ण के बाल और युवा रूप का अत्यंत सुंदर और भावपूर्ण चित्रण किया है।

सूरदास की प्रमुख कृति 'सूरसागर' है, जिसमें कृष्ण की बाल लीलाओं और राधा-कृष्ण के प्रेम प्रसंगों का वर्णन है। इसके अतिरिक्त 'सूरसारावली' और 'साहित्य लहरी' भी उनकी प्रसिद्ध रचनाएँ हैं।

सूरदास की भाषा ब्रज है और इनकी रचनाएँ भक्तिकाल की सगुण भक्ति धारा के अंतर्गत आती हैं। इनकी काव्य शैली सरल, कोमल और हृदयस्पर्शी है। इनकी रचनाओं में वात्सल्य तथा शृंगार दो रसों का अधिक वर्णन है। सूरदास का निधन 1583 ई. में हुआ।

## पदों का सार

प्रस्तुत पदों में सूरदास ने श्रीकृष्ण के मनोहारी बाल रूप का वर्णन किया है। वह कहते हैं कि यशोदा माता श्रीकृष्ण को सुलाने के लिए भिन्न-भिन्न प्रयास करती हैं, किंतु श्रीकृष्ण लुकाछिपी-सा खेल खेलते हुए उनके सभी प्रयासों को असफल कर देते हैं। सूरदास ने यशोदा माता द्वारा श्रीकृष्ण को सुलाने के प्रयास का बहुत ही सजीव वर्णन किया है।

अत: श्रीकृष्ण को सुलाने में जो आनंद व सुख की अनुभूति यशोदा माता को हो रही है, वह सुख ऋषि-मुनियों को भी प्राप्त नहीं होता। कवि श्रीकृष्ण के बाल रूप का यथार्थ चित्रण प्रस्तुत करते हुए कहते हैं कि जब वे घुटनों के बल चलते हैं, तो उनके पैरों की पायलों की आवाज़ मन को मोह लेती है, साथ ही वे अपनी तोतली भाषा में 'तात' कहकर भी पुकारते हैं।

श्रीकृष्ण के इस रूप को माता यशोदा क्षण-भर के लिए भी अपने से दूर नहीं करना चाहती हैं। कवि पुन: श्रीकृष्ण के बाल हठी रूप का चित्रण करते हुए कहते हैं कि कृष्ण चंद्रमा रूपी खिलौना पाने की ज़िद करते हुए एक ऐसे हठी बालक की भाँति प्रतीत होते हैं कि खिलौने को पाने के लिए सब कुछ त्यागने की बात करते हैं, किंतु माता द्वारा चंद्रमा से भी सुंदर दुल्हन की बात सुनकर तुरंत विवाह करने को तैयार हो जाते हैं।

## पदों की व्याख्या

**1.** जसोदा हरि पालने झुलावै।
हलरावै, दुलरावै मल्हावै, जोइ-सोइ कछु गावै।।
मेरे लाल को आउ निंदरिया, काहे न आनि सुवावै।
तू काहे नहिं बेगहिं आवै, तोको कान्ह बुलावै।।
कबहुँ पलक हरि मूँदि लेत हैं, कबहुँ अधर फरकावै।
सोवत जानि मौन ह्वै कै रहि, करि-करि सैन बतावै।।
इहिं अंतर अकुलाइ उठे हरि, जसुमति मधुरै गावै।
जो सुख 'सूर' अमर मुनि दुरलभ, सो नंद भामिनी पावै।।

***शब्दार्थ*** **हरि** *ईश्वर;* **निंदरिया** *नींद;* **बेगहिं** *शीघ्रता से;* **अधर** *होंठ;* **मौन** *चुपचाप;* **कबहुँ** *कभी;* **सैन** *इशारा/संकेत।*

**व्याख्या** सूरदास जी कृष्ण की बाल लीलाओं का मनोहारी चित्रण करते हुए कहते हैं कि माता यशोदा श्रीकृष्ण को सुलाने के लिए कभी पालने में हिलाती हैं, तो कभी झुलाती हैं, कभी श्रीकृष्ण के प्रति स्नेह भाव दिखाती हैं, तो कभी लोरियाँ गाती हुईं उन्हें सुलाने का प्रयास करती हैं। कभी वे नींद से शिकायत करती हुई कहती हैं कि हे नींद! तू ज़ल्दी से आती क्यों नहीं है? ज़ल्दी से आकर मेरे लाल को सुलाती क्यों नहीं है? तुझे स्वयं कान्हा बुला रहा है, तू फिर भी नहीं आती है। दूसरी ओर कृष्ण कभी आँखें बंद कर लेते हैं, तो कभी अपने होंठ हिलाते हैं। उन्हें सोया हुआ मानकर माता यशोदा चुप हो जाती हैं तथा सभी से संकेत करके शांत रहने के लिए कहती हैं, किंतु इसी बीच माता की लोरी की आवाज न सुनकर श्रीकृष्ण बेचैन होकर पुन: उठ जाते हैं। उन्हें शांत देखकर ऐसा जान पड़ता है, जैसे उन्हें निद्रा आ गई हो और वे सो गए हो, किंतु अगले ही क्षण वे बोल उठते हैं अर्थात् श्रीकृष्ण लुका-छिपी का-सा खेल खेलते हुए कभी ऐसा दर्शाने का प्रयास करते हैं, मानो सो गए हों, किंतु अगले ही क्षण उठ जाते हैं। अत: श्रीकृष्ण को जागता हुआ जान यशोदा माता पुन: लोरी गाने लगती हैं। कवि कहते हैं कि श्रीकृष्ण को भिन्न-भिन्न स्वांग रचकर सुलाने का प्रयत्न करती हुई माता यशोदा को जो सुख प्राप्त हो रहा है, वह सुख ऋषि-मुनियों को भी प्राप्त नहीं होता।

**2.** खीजत जात माखन खात।
अरुण लोचन, भौंह टेढ़ी, बार-बार जम्हात।।
कबहुँ रुनझुन चलत घुटुरन, धूर धूसर गात।
कबहुँ झुक कें अलक खेंचत, नैन जल भर लात।।
कबहुँ तुतरे बोल बोलत, कबहुँ बोलत तात।
'सूर' हरि की निरखि सोभा, निमिख तजत न मात।।

***शब्दार्थ* लोचन** *नेत्र;* **जम्हात** *जम्हाई लेना;* **घुटुरन** *घुटनों से; धूर धूसर धूल से भरे हुए;* **अलक** *बाल;* **निरखि** *देखना।*

**व्याख्या** कवि कहते हैं कि श्रीकृष्ण मक्खन खाते हुए चिड़चिड़ा रहे हैं। उनके नेत्र अत्यंत ही सुंदर, मनमोहक व लाल हैं। इन्होंने अपनी भौंहें टेढ़ी कर चढ़ा ली हैं और बार-बार जम्हाई ले रहे हैं, मानो उन्हें नींद आ रही हो। जब वे घुटने के बल चलते हैं, तो उनकी पैजनियों से बजती हुई घुँघरू की आवाज़ इतनी मधुर प्रतीत होती है, मानो मन को मोह लेने वाली हो तथा घुटनों के बल चलने के कारण श्रीकृष्ण का सारा शरीर धूल से भर जाता है।

वे स्वयं ही चलते हुए कभी झुककर अपने बालों को खींच लेते हैं, जिसके कारण उनकी आँखों में आँसू भर जाते हैं। वे कभी अपनी तोतली भाषा में बोलते हैं, तो कभी 'तात' कहकर पुकारते हैं।

श्रीकृष्ण के कभी घुटनों के बल चलने, कभी धूल से सन जाने, कभी स्वयं ही अपने बालों को खींचने व आँखों में आँसू आ जाने, कभी अपनी तोतली भाषा में 'तात' कहकर पुकारना यह सब यशोदा माता को मनमोहक लगता है। सूरदास जी कहते हैं कि माता यशोदा श्रीकृष्ण की मधुरतम शोभा को क्षणभर के लिए भी अपनी आँखों से ओझल अर्थात् स्वयं से दूर नहीं करना चाहती हैं।

**3.** मैया मेरी, चंद्र खिलौना लैहौं।।
धौरी को पय पान न करिहौं, बेनी सिर न गुथैहौं।
मोतिन माल न धरिहौं उर पर, झुंगली कंठ न लैहौं।।
जैहों लोट अबहिं धरनी पर, तेरी गोद न ऐहौं।
लाल कहैहौं नंद बाबा को, तेरो सुत न कहैहौं।
कान लाय कछु कहत जसोदा, दाउहिं नाहिं सुनैहौं।
चंदा हूँ ते अति सुंदर तोहिं, नवल दुलहिया ब्यैहौं।।
तेरी सौं मेरी सुन मैया, अबहीं ब्याहन जैहौं।
'सूरदास' सब सखा बराती, नूतन मंगल गैहौं।।

***शब्दार्थ* चंद्र** *चंद्रमा;* **पान** *पीना;* **बेनी** *चोटी;* **उर** *हृदय;* **धरनी** *धरती;* **सुत** *पुत्र;* **धौरी** *सफ़ेद (गाय)।*

**व्याख्या** श्रीकृष्ण चाँद को देखकर उसे खिलौना समझकर माता यशोदा से उसे लेने की ज़िद करते हैं और कहते हैं कि यदि मुझे यह खिलौना नहीं मिला, तो न तो मैं कुछ खाऊँगा और न ही धौरी गाय का दूध पीऊँगा, न अपनी चोटी गुँथवाऊँगा और न ही मोतियों की माला धारण करूँगा और झंगोला भी नहीं पहनूँगा। श्रीकृष्ण अत्यधिक क्रोधित होते हुए कहते हैं कि यदि चंद्रमा उन्हें नहीं मिला, तो वे मिट्टी से भरी धरती पर लेट जाएँगे, किंतु माता की गोद में नहीं आएँगे। इसके साथ ही वे नंद बाबा के पुत्र कहलाएँगे, माता के नहीं।

श्रीकृष्ण के हठी रूप को देख माता यशोदा श्रीकृष्ण को बहलाने का प्रयास करती हुई कहती हैं कि मैं तुझे कान में एक बात बताती हूँ, किंतु तू बलराम दाऊ को मत बताना। मैं तुम्हारी शादी चाँद से भी सुंदर दुल्हन से करा दूँगी। यह सुन बाल कृष्ण प्रसन्न होकर कहते हैं कि मैं अभी तुरंत ही विवाह करने जाऊँगा। सूरदास जी कहते हैं कि श्रीकृष्ण के विवाह में उनके सभी साथी बराती बनकर मंगल गीत गाएँगे। कवि ने श्रीकृष्ण के बाल रूप का वर्णन करने के साथ-साथ एक अबोध बालक की मन: स्थिति का भी वर्णन किया है।

# एग्जाम पैटर्न प्रश्न (10 अंक)

***निम्नलिखित पद्यांशों को पढ़िए और उसके नीचे लिखे प्रश्नों के उत्तर हिंदी में लिखिए।***

**Q.1** जसोदा हरि पालने झुलावै।
हलरावै, दुलरावै मल्हावै, जोइ-सोइ कछु गावै।।
मेरे लाल को आउ निंदरिया, काहे न आनि सुवावै।
तू काहे नहिं बेगहिं आवै, तोको कान्ह बुलावै।।
कबहुँ पलक हरि मूँदि लेत हैं, कबहुँ अधर फरकावै।
सोवत जानि मौन है्व के रहि, करि-करि सैन बतावै।।
इहिं अंतर अकुलाइ उठे हरि, जसुमति मधुरै गावै।
जो सुख 'सूर' अमर मुनि दुरलभ, सो नंद भामिनी पावै।।

**[ICSE Specimen 2017]**

(i) **यहाँ सूरदास जी ने माता यशोदा के किस प्रयास का वर्णन किया है? (2)**

उत्तर यहाँ सूरदास जी ने माता यशोदा के द्वारा श्रीकृष्ण को सुलाने के प्रयास का वर्णन किया है। माता यशोदा विभिन्न प्रयासों के माध्यम से श्रीकृष्ण को सुलाने के लिए कभी उनके पालने को झुलाती हैं, कभी थपथपाती हैं, कभी उनके प्रति स्नेह भाव दिखाती हैं, तो कभी लोरियाँ गाती हैं।

(ii) **यहाँ कवि ने श्रीकृष्ण की किन-किन क्रियाओं का रोचक चित्र प्रस्तुत किया है? (2)**

उत्तर यहाँ कवि ने श्रीकृष्ण की विभिन्न क्रियाओं का रोचक चित्र प्रस्तुत किया है। श्रीकृष्ण कभी अपनी आँखों को बंद कर ऐसा दर्शाते हैं कि मानो वे सो गए हैं, तो कभी वे अपने होठ हिलाते हैं। कभी सोने का अभिनय करते हैं, तो दूसरे ही क्षण अपने जागे रहने का आभास कराते हैं।

(iii) **प्रस्तुत पद में कवि सूरदास जी ने किस सुख की चर्चा की है तथा उस अनुभव की प्राप्ति किसे हो रही है? (3)**

उत्तर प्रस्तुत पद में कवि सूरदास जी ने वात्सल्य सुख की चर्चा की है तथा उस सुख की प्राप्ति माता यशोदा को हो रही है। श्रीकृष्ण को सुलाते हुए माता यशोदा को बाल कृष्ण के विविध क्रिया-कलापों को देखकर जो वात्सल्य सुख प्राप्त हो रहा है, उसे सूरदास जी ने देवताओं-मुनियों के लिए भी दुर्लभ बताया है, क्योंकि श्रीकृष्ण की बाल-सुलभ क्रियाएँ हृदय को परम सुख प्रदान करती हैं, जिसका अनुभव केवल माता यशोदा को हो रहा है।

(iv) **कवि सूरदास जी के जीवन के विषय में बताते हुए उनका साहित्यिक परिचय दीजिए। (3)**

उत्तर महाकवि सूरदास का जन्म 'रूनकता' नामक ग्राम में 1478 ई. में पंडित रामदास जी के घर हुआ था। इन्होंने श्रीकृष्ण के सगुण रूप के प्रति सखा भाव की भक्ति का निरूपण किया है। सूरदास जी ने लगभग सवा लाख पदों की रचना की थी, जिनमें से केवल आठ से दस हज़ार पद ही प्राप्त हो पाए हैं। सूरदास जी के ग्रंथों की संख्या 25 मानी जाती है, किंतु इनके तीन ग्रंथ ही उपलब्ध हुए हैं-सूरदास, सूरसारावली, साहित्य लहरी।

सूरदास जी ने अपने पदों में ब्रजभाषा का प्रयोग किया है तथा इनके सभी पद गीतात्मक हैं, जिस कारण इसमें माधुर्य गुण की प्रधानता है। इन्होंने सरल एवं प्रभावपूर्ण शैली का प्रयोग किया है। इनकी रचनाओं में वात्सल्य रस की अधिकता है।

**Q.2** खीजत जात माखन खात।।
अरुण लोचन, भौंह टेढ़ी, बार-बार जम्हात।।
कबहुँ रुनझुन चलत घुटुरन, धूर धूसर गात।
कबहुँ झुक कें अलक खेंचत, नैन जल भर लात।।
कबहुँ तुतरे बोल बोलत, कबहुँ बोलत तात।
'सूर' हरि की निरखि सोभा, निमिख तजत न मात।।

**[ICSE 2023]**

(i) **प्रस्तुत पद में सूरदास जी ने कृष्ण के किस रूप का चित्रण किया है तथा कृष्ण की झल्लाहट का क्या कारण है? (2)**

उत्तर प्रस्तुत पद में सूरदास जी ने कृष्ण के बाल रूप का चित्रण किया है तथा कृष्ण की झल्लाहट का कारण यह है कि उनको बहुत तेज़ नींद आ रही थी इसलिए वह चिढ़ते हुए और मचलते हुए माखन खा रहे हैं और झल्ला रहे हैं।

(ii) **कृष्ण झल्लाहट में क्या-क्या कर रहे हैं? (2)**

उत्तर कृष्ण झल्लाहट में कभी घुटनों के बल चलते हैं, जिससे उनके पैरों की पैंजनी के घुँघरु झन-झन करते हुए बजने लगते हैं व घुटनों के बल चलने से उनका पूरा शरीर धूल में सन गया है। कभी वे गुस्से से अपने ही बाल खींचने लगते हैं। कभी वे चिढ़कर अपनी तोतली भाषा में कुछ बोलते हैं, तो कभी माता यशोदा से छुटकारा पाने के लिए अपने पिता को बुलाते हैं।

(iii) **सूर की भक्ति-भावना बताते हुए उनका संक्षिप्त परिचय लिखिए। (3)**

उत्तर महाकवि सूरदास का जन्म 1478 ई. में दिल्ली के निकट सीही में हुआ था। सूरदास जी के जन्मांध होने में भी मतभेद है। यह महाप्रभु वल्लभाचार्य जी के शिष्य थे। इनकी रचनाओं में वात्सल्य रस की प्रधानता है। सूरदास जी की भक्ति-भावना अन्य सभी कृष्ण भक्त कवियों में अत्यधिक महत्त्वपूर्ण है। उनका भक्ति संबंधी दृष्टिकोण स्थिर न होकर गतिशील रहा है। दास भक्ति से आरंभ करके वे अंतः रागानुगा भक्ति तक पहुँच गए थे।

(iv) **पद के आधार पर निम्नलिखित शब्दों के अर्थ लिखिए।**
**लोचन, धूल-धूसर, गात, निरखि, तजत, घुटुरन। (3)**

उत्तर पद के आधार पर निम्नलिखित शब्दों के अर्थ निम्न प्रकार से हैं

लोचन – नेत्र
धूल-धूसर – धूल से सना
गात – शरीर
निरखि – देखना
तजत – छोड़ना
घुटुरन – घुटनों से

**Q.3** "मैया मेरी, चंद्र खिलौना लेहौं ।।

धौरी को पय पान न करिहौं, बेनी सिर न गुथैहौं।

मोतिन माल न धरिहौं उर पर झुंगली कंठ न लैहौं।

जैहौं लोट अबहिं धरनी पर, तेरी गोद न ऐहौं ।।

लाल कहैहौं नंद बाबा को, तेरो सुत न कहैहौं ।।" **[ICSE 2019]**

(i) **प्रस्तुत पद्य में कौन अपनी माता से ज़िद कर रहे हैं? वे क्या प्राप्त करना चाहते हैं?** **(2)**

उत्तर प्रस्तुत पद्य में बाल श्रीकृष्ण अपनी माता यशोदा से ज़िद कर रहे हैं। वे चंद्रमा रूपी खिलौने को प्राप्त करना चाहते हैं अर्थात् वे आकाश में चमकते हुए चाँद को देखकर उसे खिलौना समझ माता यशोदा से उसे लेने की ज़िद कर रहे हैं।

(ii) **उनकी माता कौन हैं? वे अपने पुत्र को देखकर कैसा अनुभव कर रही हैं? स्पष्ट कीजिए।** **(2)**

उत्तर उनकी माता (नंद की पत्नी) यशोदा हैं। वे अपने पुत्र को देखकर अत्यंत आनंद का अनुभव कर रही हैं। बाल कृष्ण की बातें माता यशोदा में हर्ष का संचार कर रही हैं, जिस कारण वे प्रसन्न हो रही हैं। वह यहाँ वात्सल्य सुख प्राप्त कर रही हैं।

(iii) **खिलौना न मिलने की स्थिति में बाल कृष्ण अपनी माँ को क्या-क्या धमकियाँ दे रहे हैं?** **[ICSE Specimen Sem-II 2021-22] (3)**

उत्तर खिलौना न मिलने की स्थिति में बाल कृष्ण अपनी माँ को धमकियाँ दे रहे हैं कि यदि तुमने मुझे यह खिलौना नहीं दिलाया तो न तो मैं कुछ खाऊँगा और न ही मैं धौरी गाय का दूध पीऊँगा, न अपने बाल बँधवाऊँगा, न मोतियों की माला धारण करुँगा। मैं धरती पर जाकर लेट जाऊँगा और केवल नंद बाबा का पुत्र कहलाऊँगा, यशोदा माता का नहीं।

(iv) **रूठे हुए बालक को बहलाने के लिए माँ क्या कहती है? बालक पर उसका क्या प्रभाव पड़ता है? सूरदास जी की भक्ति-भावना का परिचय देते हुए समझाइए।** **(3)**

उत्तर रूठे हुए बालक को बहलाने के लिए माँ कहती है कि मैं तुम्हें एक बात बताती हूँ, किंतु उसे बलराम से मत कहना। मैं तेरा विवाह चंद्रमा से भी सुंदर दुल्हन से करवाऊँगी। बालक कृष्ण पर इस बात का यह प्रभाव पड़ा कि वे अत्यंत खुश हो जाते हैं तथा उसी समय विवाह करने की बात कहते हैं। सूर की भक्ति-भावना वात्सल्य और माधुर्य भाव से युक्त है। उनकी भक्ति कृष्ण के लीला गान के रूप में उभरकर सामने आई है।

**Q.4** कान लाय कछु कहत जसोदा, दाउहि नाहिं सुनैहौं।

चंदा हूँ ते अति सुंदर तोहिं,नवल दुलहिया ब्यैहौं।।

तेरी सौं मेरी सुन मैया, अबही ब्याहन जैहौं।

'सूरदास' सब सखा बराती, नूतन मंगल गैहौं।

(i) **बाल श्रीकृष्ण की जिद पर माता यशोदा क्या कर रही हैं?** **(2)**

उत्तर बाल श्रीकृष्ण की जिद पर माता यशोदा उन्हें तरह-तरह से समझाने का प्रयास कर रही हैं, लेकिन बालकृष्ण मान नहीं रहे हैं। माता यशोदा रूठे हुए कृष्ण को बहुत से लालच दे रही हैं, लेकिन वे उनकी बातों में नहीं आते।

(ii) **'सूरदास सब सखा बराती, नूतन मंगल गैहौं।" पंक्ति का भाव स्पष्ट कीजिए।** **(2)**

उत्तर बाल कृष्ण माता की बात सुनकर अत्यंत प्रसन्न हो जाते हैं और माता से तुरंत शादी कराए जाने को कहते हैं। 'सूरदास सब सखा बराती, नूतन मंगल गैहों' पंक्ति में सूरदास कहते हैं कि बाल कृष्ण कहते हैं कि मेरे सभी सखा बराती बनकर मंगल गीत गाएँगे।

(iii) **सूरदास ने कृष्ण के किस रूप का वर्णन किया है? इनके काव्य की क्या-क्या विशेषताएँ हैं?** **(3)**

उत्तर प्रस्तुत पद में सूरदास जी ने श्रीकृष्ण के बाल स्वरूप का सुंदर चित्र प्रस्तुत किया है। सूरदास की भाषा ब्रजभाषा है। इनके काव्य में शृंगार व वात्सल्य रस का वर्णन देखने को मिलता है। इन्होंने अपने पदों में शृंगार के संयोग-वियोग दोनों रूपों का वर्णन किया है। सूरदास के काव्य में कृष्ण के प्रति उनकी भक्ति-भाव का वर्णन मिलता है। उनका काव्य वात्सल्य भावना से भरा हुआ है।

(iv) **"अबही ब्याहन जैहों" से बालकृष्ण की कौन-सी कल्पना झलकती है तथा पंक्ति में कृष्ण के किस पक्ष को उभारा गया है?"** **(3)**

उत्तर प्रस्तुत पंक्ति से बालकृष्ण की बाल सुलभ कल्पना और नटखट स्वभाव झलकता है। वह बाल्यावस्था में विवाह जैसी परिपक्व घटना को भी बालपन के दृष्टिकोण से देख रहे हैं।

यहाँ कृष्ण के बाल सुलभ चंचलता और भोलेपन को उभारा गया है, जो विवाह को एक खेल की तरह देखता है।

7

# विनय के पद

*गोस्वामी तुलसीदास*

## कवि का परिचय

तुलसीदास हिंदी साहित्य के महान कवि और रामभक्ति शाखा के प्रमुख प्रतिनिधि थे। उनका जन्म 1532 ई. (संवत् 1589) में उत्तर प्रदेश के चित्रकूट ज़िले के राजापुर गाँव में हुआ था। उनके माता-पिता का नाम हुलसी और आत्माराम दुबे था। इनके बचपन का नाम रामबोला था। तुलसीदास जी की मुख्य कृति रामचरितमानस है, जिसे अवधी भाषा में लिखा गया है। इनकी अन्य प्रमुख रचनाएँ हैं- दोहावली, कवितावली, विनय पत्रिका, गीतावली। तुलसीदास जी ने भगवान राम के आदर्श जीवन, मर्यादा और भक्ति का सुंदर वर्णन किया है। उनकी भाषा सरल, सरस और जनमानस के अनुकूल है। उन्होंने संस्कृत में न लिखकर लोकभाषा अवधी में लिखकर भक्ति साहित्य को जन-जन तक पहुँचाया। तुलसीदास जी का निधन 1623 ई. में वाराणसी में हुआ।

## पदों का सार

तुलसीदास के विनय के पद में भगवान राम की महानता, उदारता और कृपा का भावपूर्ण वर्णन किया गया है। कवि बताते हैं कि संसार में भगवान राम जैसे दयालु और उदार कोई नहीं हैं। वे बिना किसी स्वार्थ के दीन-हीन और भक्तों पर कृपा करते हैं। जो गति योग-ज्ञान से भी कठिन है, वह उन्होंने गिद्ध (जटायु) और शबरी को प्रदान की। रावण के बलिदान से अर्जित संपत्ति उन्होंने सहज ही विभीषण को दे दी। तुलसीदास कहते हैं, यदि सुख चाहते हो, तो राम का भजन करो, वे ही सब इच्छाएँ पूर्ण करेंगे।

कवि कहते हैं कि जिसे राम-सीता प्रिय नहीं, उसे शत्रु के समान त्याग देना चाहिए। प्रह्लाद, विभीषण, भरत और गोपियों ने सांसारिक संबंध त्यागकर राम से सच्चा प्रेम किया। तुलसीदास के अनुसार, सच्चा हितैषी वही है, जो राम के चरणों से प्रेम करता है। प्रस्तुत पदों में भक्ति, विनम्रता और राम की कृपा का संदेश है।

## पदों की व्याख्या

**1.** ऐसो को उदार जग माहीं।
बिनु सेवा जो द्रवै दीन पर राम सरिस कोउ नाहीं।।
जो गति जोग विराग जतन करि नहिं पावन मुनि ज्ञानी।
सो गति देत गीध सबरी कहूँ प्रभु न बहुत जिय जानी।।
जो संपत्ति दस सीस अरप करि रावन सिव पहँ लीन्ही।
सो संपदा-विभीषण कहँ अति सकुच सहित प्रभु दीन्ही।।
तुलसीदास सब भाँति सकल सुख जो चाहसि मन मेरो।
तौ भजु राम, काम सब पूरन कर कृपानिधि तेरो।।

***शब्दार्थ* द्रवै** *दया करता है;* **सरिस** *समान;* **विराग** *वैरागी, सांसारिक मामलों से अलग;* **अरप** *चढ़ाकर, देवता की भेंट;* **सकल** *सभी;* **भजु** *भजना;* **सकुच** *संकोच।*

**व्याख्या** कवि श्रीराम की महिमा व गुणों का बखान करते हुए कहते हैं कि इस जग में श्रीराम के समान उदार हित वाला कौन है अर्थात् उनके समान दयावान व कृपालु कौन है, जो बिना सेवा के गरीबों पर दया करता है। इस जग में ऐसे कृपालु राम के समान कोई नहीं है। तुलसीदास जी कहते हैं कि जो सुख ऋषि-मुनियों को अनेक जतन अर्थात् योग और वैराग्य आदि करने के परिणामस्वरूप भी प्राप्त नहीं होता, वह सुख भगवान राम ने गिद्ध (जटायु) व शबरी को सहजतापूर्वक प्रदान कर दिया है।

इसी प्रकार जिस संपदा को पाने के लिए रावण ने अपने दसों सिरों को भगवान शिव के लिए अर्पण किया, इसके विपरीत वही संपदा विभीषण ने बिना किसी जतन के प्रभु राम की कृपा से प्राप्त कर ली। यहाँ तुलसीदास श्रीराम की दयालु प्रवृत्ति का बखान करते हुए कहते हैं कि शरण व कृपा पाने के लिए हमें किसी भी प्रकार के त्याग की आवश्यकता नहीं है। आगे कवि मन को संबोधित करते हुए कहते हैं कि हे मन! यदि तुझे संसार के सभी सुखों से फलीभूत होना है अर्थात् सभी सुखों का आनंद प्राप्त करना है, तो तू राम के नाम का जप कर, उस कृपानिधि का नाम जपने मात्र से ही तेरे सारे काम पूर्ण हो जाएँगे।

**2.** जाके प्रिय न राम वैदेही।
तजिए ताहि कोटि वैरी सम जद्पि परम सनेही।।
तज्यो पिता प्रह्लाद, विभीषण बंधु, भरत महतारी।
बलि गुरु तज्यो, कंत ब्रज बनितह्नि, भए-मुद मंगलकारी।।
नाते नेह राम के मनियत, सुहृद सुसेव्य जहाँ लौं।
अंजन कहा आँख जेहि फूटै, बहुतक कहौं कहाँ लौं।
तुलसी सो सब भाँति परमहित पूज्य प्रान ते प्यारो।
जासों होय सनेह राम-पद, एतो मतो हमारो।।

***शब्दार्थ*** **तजिए** *त्याग करना;* **वैरी** *शत्रु;* **स्नेह** *प्रेम;* **कंत** *पति;* **बनितह्नि** *स्त्रियाँ;* **कहौं** *कहना;* **जासों** *जिससे।*

**व्याख्या** कवि कहते हैं कि जिस मनुष्य के हृदय में प्रभु राम व सीता माता के प्रति प्रेम भाव विद्यमान नहीं है, वह मनुष्य हमें कितना ही प्रिय क्यों न हो, शत्रुओं के समान हमें उसका त्याग कर देना चाहिए। ईश्वर के प्रति भक्ति-भाव में लीन होने के कारण प्रह्लाद ने अपने पिता हिरण्यकश्यप का, विभीषण ने अपने भाई रावण का, भरत ने अपनी माता का, राजा बलि ने अपने गुरु का तथा ब्रज की स्त्रियों (गोपियों) ने अपने पतियों का त्याग किया था, क्योंकि उनके हृदय में प्रभु के प्रति स्नेह भाव विद्यमान था। कहने का तात्पर्य यह है कि ईश्वरीय प्रेम के कारण ही हमें घनिष्ठ संबंधों का त्याग करने से भी पीछे नहीं हटना चाहिए।

कवि के अनुसार, हमें राम का स्मरण रखने वाले व्यक्ति के प्रति ही प्रेम भाव रखना चाहिए। यहाँ कवि उदाहरण देते हुए कहते हैं कि ऐसे काजल का क्या उपयोग, जिसे लगाने से आँखें फूट जाएँ, इसलिए हमें ऐसे मनुष्यों का सर्वथा त्याग कर देना चाहिए, जिनके हृदय में प्रभु के प्रति स्नेह भाव विद्यमान न हो।

तुलसीदास जी का मत है कि जिस मनुष्य का मन ईश्वर के प्रति पूर्णरूप से भक्ति-भाव में समर्पित होगा, उसका जीवन मंगलमय होगा। भगवान राम की कृपा उस पर सदैव बनी रहेगी।

# एग्जाम पैटर्न प्रश्न (10 अंक)

*निम्नलिखित पद्यांशों को पढ़िए और उसके नीचे लिखे प्रश्नों के उत्तर हिंदी में लिखिए।*

**Q.1 ऐसो को उदार जग माहीं। बिन सेवा जो द्रवै दीन पर राम सरिस कोउ नाहीं। जो गति जोग विराग जतन करि नहिं पावन मुनि ज्ञानी। सो गति देत गीध सबरी कहँ प्रभु न बहुत जिय जानी। जो संपत्ति दस सीस अरप करि रावन सिव पहँ लीन्ही। सो संपदा-विभीषण कहँ अति सकुच सहित प्रभु दीन्ही।। तुलसीदास सब भाँति सकल सुख जो चाहसि मन मेरो। तौ भजु राम, काम सब पूरन कर कृपानिधि तेरो ।।** **[ICSE 2024]**

(i) **तुलसीदास जी किस काल एवं शाखा के कवि थे? उनकी भक्ति-भावना पर प्रकाश डालिए।** **(2)**

उत्तर तुलसीदास जी भक्तिकाल के महान कवि थे, जो विशेष रूप से राम भक्ति शाखा से संबंधित थे। उनकी भक्ति-भावना अत्यंत गहन और सरल थी। वे राम को सर्वोच्च ईश्वर मानते थे और उनकी कृपा को सर्वसुलभ बताते थे।

(ii) **प्रस्तुत पद में 'गति' शब्द से क्या तात्पर्य है? राम ने गीध और शबरी को यह गति कब प्रदान की थी?** **(2)**

उत्तर प्रस्तुत पद में 'गति' शब्द का अर्थ मोक्ष, परम शांति और ईश्वर की कृपा से मिलने वाली दिव्य अवस्था से है। सीता माता की रावण से रक्षा करते हुए जब जटायु घायल हो गया था, तब राम को सीता माता के बारे में बताकर उसने अपने प्राणों को त्याग दिया। उसकी भक्ति और त्याग के कारण श्री राम ने अपने हाथों से उसे मोक्ष प्रदान किया था। शबरी ने बेर की मिठास को देखने के लिए बेर को स्वयं चखकर श्री राम को खिलाए। उनकी इस निष्काम भक्ति और निःस्वार्थ प्रेम के कारण उन्हें मोक्ष प्राप्त हुआ। उन्होंने केवल भक्ति को सर्वोपरि माना।

(iii) **विभीषण का परिचय दीजिए। राम ने उसे कौन-सी संपदा प्रदान कर अपनी उदारता दिखाई तथा उदारता दिखाते समय उनका भाव किस प्रकार का था?** **(3)**

उत्तर विभीषण लंका के राजा रावण के छोटे भाई थे। वे रामभक्त थे और रावण के अधर्म के विरोधी थे। जब रावण ने राम से शत्रुता की, तब विभीषण ने राम का पक्ष लिया और उनके शरणागत हुए। युद्ध के पश्चात् जब रावण का वध हो गया, तब राम ने अपनी उदारता का परिचय देते हुए विभीषण को लंका का राज्य सौंप दिया। यह संपदा प्रदान करते समय राम का भाव अत्यंत उदार, दयालु और निष्काम था। उन्होंने बिना किसी संकोच के विभीषण को राजपाट सौंप दिया।

(iv) **पद की अंतिम दो पंक्तियों का भाव स्पष्ट कीजिए।** **(3)**

उत्तर पद की अंतिम दो पंक्तियों में तुलसीदास जी ने यह संदेश दिया है कि यदि मनुष्य अपने जीवन में संपूर्ण सुख और शांति चाहता है, तो उसे राम का भजन करना चाहिए। राम ही परम कृपालु हैं, जो अपने भक्तों की सभी इच्छाओं को पूर्ण करते हैं। उनके भजन से ही सांसारिक और आध्यात्मिक दोनों प्रकार की सिद्धियाँ प्राप्त होती हैं।

**अन्य संभावित प्रश्न**

(i) **कवि ने श्रीराम की कल्याणकारी भावना का बखान करते हुए क्या-क्या कहा है?** **(2)**

उत्तर कवि ने श्रीराम की कल्याणकारी भावना का बखान करते हुए कहा है कि इस संसार में श्रीराम के समान दयालु प्रवृत्ति का कोई नहीं हैं, जो अपने भक्तों का सदैव कल्याण करते हैं। कवि ने स्वयं की जाने वाली भोग-साधना को प्रभु के सामने तुच्छ अथवा त्यागने योग्य माना है।

(ii) **"जो गति जोग विराग जतन करि नहिं पावन मुनि ज्ञानी।" इस पंक्ति से कवि का आशय स्पष्ट कीजिए तथा यहाँ किसकी महानता की बात की गई है?** **(2)**

उत्तर "जो गति जोग विराग जतन करि नहिं पावन मुनि ज्ञानी।" इस पंक्ति के माध्यम से कवि प्रभु राम की महानता का वर्णन करते हुए कहते हैं कि जो सुख ऋषि-मुनियों को अपनी वैराग्य भावना, योग, जतन आदि करने से प्राप्त नहीं होता, वह राम का नाम जपने से प्राप्त हो जाता है।

(iii) **तुलसीदास जी की भक्ति किस प्रकार की है? उन्होंने अपने राम की क्या-क्या विशेषताएँ बताई हैं और क्यों?** **[ICSE Sem II 2021-22] (3)**

उत्तर तुलसीदास जी की भक्ति दास्य भाव की है। वे स्वयं को प्रभु श्रीराम को दास मानते हैं। वे श्रीराम के अनन्य भक्त हैं। उन्होंने श्रीराम को दयालु, कृपालु तथा मानवता का उद्धार करने वाले प्रभु के रूप में माना है। उन्होंने श्रीराम को अत्यंत दयालु व कृपालु बताया है, क्योंकि वे अपने भक्तों के द्वारा केवल उनके नाम का जाप अर्थात् स्मरण करने मात्र से ही प्रसन्न हो जाते हैं।

(iv) **तुलसीदास जी का परिचय लिखिए तथा उनकी प्रमुख रचनाएँ कौन-सी हैं?** **[ICSE Specimen Sem II 2021-22] (3)**

उत्तर गोस्वामी तुलसीदास जी भक्तिकाल की रामभक्ति शाखा के प्रमुख प्रवर्तक माने जाते हैं। इनका जन्म उत्तर प्रदेश के बाँदा जिले के राजापुर नामक गाँव में 1532 ई. में हुआ था। गुरु नरहरिदास द्वारा इन्होंने वेद, पुराण और अन्य शास्त्रों में ज्ञान प्राप्ति की। तुलसीदास की प्रमुख रचनाएँ हैं- दोहावली, कवितावली, विनय पत्रिका, रामचरितमानस आदि।

**Q.2 जाके प्रिय न राम वैदेही।**
**तजिए ताहि कोटि वैरी सम जद्पि परम सनेही।।**
**तज्यो पिता प्रह्लाद, विभीषण बंधु, भरत महतारी।**
**बलि गुरु तज्यो, कंत ब्रज बनितह्नि, भए-मुद मंगलकारी।।**
**नाते नेह राम के मनियत, सुहुद सुसेव्य जहाँ लौं।**
**अंजन कहा आँख जेहि फूटै, बहु तक कहौं कहाँ लौं।**
**तुलसी सो सब भाँति परमहित पूज्य प्रान ते प्यारो।**
**जासों होय सनेह राम-पद, एतो मतो हमारो।।** **(ICSE 2020)**

(i) **'तजिए ताहि कोटि वैरी सम' से कवि क्या कहना चाहता है? स्पष्ट कीजिए।** **(2)**

**उत्तर** 'तजिए ताहि कोटि वैरी सम' से कवि यह कहना चाहता है कि हमें अपने उस परम स्नेही को भी जिसका श्रीराम व सीता माता के चरणों में अनुराग न हो, उसको अपना वैरी समझकर त्याग देना चाहिए।

(ii) **राम की भक्ति में किन-किन लोगों ने किनका त्याग किया है? (2)**

**उत्तर** राम की भक्ति में प्रह्लाद ने अपने पिता हिरण्यकश्यप का, विभीषण ने अपने भाई रावण का, बलि ने अपने गुरु शुक्राचार्य का, भरत ने अपनी माता केकैयी का तथा ब्रज की गोपिकाओं ने अपने-अपने पतियों का त्याग कर दिया था, क्योंकि ये सभी ईश्वर भक्ति में बाधक थे।

(iii) **'अंजन कहा आँख जेहि फूटै, बहु तक कहौं कहाँ लौ।' पंक्ति की व्याख्या कीजिए। (3)**

**उत्तर** प्रस्तुत पंक्तियों में कवि उदाहरण देते हुए कहते हैं कि ऐसे काजल का क्या उपयोग, जिसे लगाने से आँखें फूट जाएँ अर्थात् उसे त्याग देना चाहिए, उसी प्रकार ऐसे मनुष्यों का सर्वथा त्याग कर देना चाहिए, जिनके हृदय में प्रभु के प्रति स्नेह भाव विद्यमान न हो। अतः हमें राम का स्मरण रखने वाले व्यक्ति के प्रति ही प्रेम भाव रखना चाहिए। वर्तमान संदर्भ में यह हमें सिखाता है कि कोई रिश्ता या आदत यदि नैतिकता और आत्मिक प्रगति में बाधा बनती है, तो उसे त्याग देना ही उचित है।

(iv) **कवि तुलसी के इष्ट प्रभु का नाम बताइए। उनकी भाषा और भक्ति-भावना का परिचय दीजिए। (3)**

**उत्तर** कवि तुलसी के इष्ट प्रभु का नाम श्रीराम है। तुलसी ने ब्रज और अवधी दोनों भाषाओं में रचनाएँ की हैं। 'रामचरितमानस' इनकी सर्वश्रेष्ठ काव्य रचना है। यह 'अवधी' में लिखी गई है तथा 'विनय पत्रिका' ब्रजभाषा में लिखी गई है।

तुलसी की भक्ति-भावना दास्य भाव की है। वे स्वयं को प्रभु श्रीराम का दास मानते हैं। वे श्रीराम के अनन्य भक्त हैं। उन्होंने श्रीराम को दयालु, कृपालु तथा मानवता का उद्धार करने वाले प्रभु के रूप में माना है।

### अन्य संभावित प्रश्न

(i) **तुलसीदास ने किन-किन रिश्तों का उल्लेख करते हुए राम के प्रति प्रेम को सर्वोपरि बताया है? (2)**

**उत्तर** तुलसीदास ने पिता व प्रह्लाद, भाई विभीषण, माता भरत, गुरु बलि और पति व ब्रज की गोपियाँ जैसे रिश्तों का उल्लेख कर यह दिखाया है कि धर्म और राम के प्रति प्रेम रिश्तों से अधिक महत्त्वपूर्ण है। जब धर्म और व्यक्तिगत रिश्तों में टकराव हो, तो धर्म का पालन ही उचित है।

(ii) **तुलसीदास के विचारों के आधार पर क्या आप यह मानते हैं कि नैतिकता और कर्त्तव्य व्यक्तिगत रिश्तों से अधिक महत्त्वपूर्ण हैं? तर्क सहित उत्तर दीजिए। (3)**

**उत्तर** तुलसीदास के अनुसार, नैतिकता और कर्त्तव्य व्यक्तिगत रिश्तों से अधिक महत्त्वपूर्ण हैं। प्रह्लाद, विभीषण और भरत ने धर्म और सत्य को रिश्तों से ऊपर रखा। धर्म शाश्वत है, रिश्ते अस्थायी। अनैतिकता का साथ देना समाज के लिए गलत उदाहरण होगा और धर्म का पालन आत्मिक शांति देता है। जैसे न्यायाधीश को रिश्तेदार के मामले में भी निष्पक्ष रहना चाहिए अन्यथा यह कर्त्तव्य से धोखा होगा।

(iii) **"स्नेह राम-पद से ही उचित होय," इस विचार को आप व्यक्तिगत या सामाजिक संदर्भ में कितना प्रासंगिक मानते हैं? अपने विचार प्रस्तुत करें। (3)**

**उत्तर** "स्नेह राम-पद है" का अर्थ है– हमें ऐसे कार्य करने चाहिए, जिससे हमारा सच्चा प्रेम ईश्वर या धर्म के प्रति हो जाए, जो शाश्वत और कल्याणकारी है। यह विचार व्यक्ति को नैतिकता और मानसिक शांति की ओर प्रेरित करता है। अनावश्यक मोह त्यागकर आत्मिक प्रगति संभव है। ये समाज में परोपकार और एकता को बढ़ावा देता है। धर्म और कर्त्तव्य की प्राथमिकता से समाज में शांति और सद्भाव स्थापित होता है। यह विचार आज भी प्रासंगिक है, जो नैतिकता और कर्त्तव्य के महत्त्व को रेखांकित करता है।

8

# भिक्षुक

सूर्यकांत त्रिपाठी 'निराला'

## कवि का परिचय

सूर्यकांत त्रिपाठी 'निराला' का जन्म 1897 ई. में बंगाल के मेदिनीपुर में हुआ था। उनके पिता रामसहाय त्रिपाठी उत्तर प्रदेश के उन्नाव जिले के निवासी थे। निराला जी का जीवन कष्टमय रहा, क्योंकि ढाई वर्ष की आयु में उनकी माँ का निधन हो गया। उन्होंने हिंदी, अंग्रेजी, संस्कृत और बांग्ला में अध्ययन किया।

निराला ने कविता, उपन्यास, कहानी और समालोचना में योगदान दिया। उनकी प्रसिद्ध रचनाएँ हैं- जूही की कली, परिमल, अनामिका, राम की शक्ति पूजा, कुकुरमुत्ता आदि। उन्होंने समन्वय, मतवाला और गंगा पुस्तकमाला का संपादन भी किया। छंदमुक्त कविता के प्रवर्तक निराला का देहावसान 15 अक्टूबर, 1961 को हुआ।

## कविता का सार

प्रस्तुत कविता के माध्यम से कवि भिखारी की स्थिति का वर्णन करते हुए कहता है कि उसकी स्थिति इतनी दयनीय है कि वह स्वयं अपने भाग्य को कोसता है। भूख की व्याकुलता से उसका पेट व पीठ दोनों एक समान प्रतीत होते हैं। वह अपनी भूख को मिटाने के उद्देश्य से मुट्ठी भर दानों की तलाश में पछताता हुआ-सा मार्ग पर भटकता हुआ चलता है।

कवि भिक्षुक व उसके बच्चों का अत्यंत ही मार्मिक चित्रण प्रस्तुत करते हुए कहता है कि वह अपने बच्चों के साथ खाने की तलाश में दर-दर भटकता है, किंतु किसी की कृपा दृष्टि न पाकर वह स्वयं ही आँसुओं के घूँट पीकर रह जाता है। जब भूखे भिखारी के पास अपनी भूख को शांत करने का कोई चारा नहीं बचता, तो वह सड़क के किनारे पड़ी पत्तलों की जूठन को खाने की सोचता है, किंतु गरीब भिखारी जूठन खाने का भी हकदार नहीं रहता, क्योंकि जूठन पर भी कुत्ते नज़र लगाए खड़े हैं।

अंत में भिक्षुक की दर्दनाक व दयनीय स्थिति को देखते हुए कवि को दया आ जाती है और कवि, भिक्षुक के प्रति सहानुभूति व्यक्त करते हुए कहता है कि मैं तुम्हारे दुःख-दर्द को बाँट लूँगा।

## पद्यांशों की व्याख्या

**1.** वह आता
दो टूक कलेजे के करता पछताता पथ पर आता।
पेट-पीठ दोनों मिलकर हैं एक,
चल रहा लकुटिया टेक,
मुट्ठी भर दाने को-भूख मिटाने को
मुँह फटी-पुरानी झोली को फैलाता
दो टूक कलेजे के करता पछताता पथ पर आता।

***शब्दार्थ*** **टूक** *टुकड़े;* **पछताता** *पश्चात्ताप करना;* **पथ** *मार्ग, रास्ता;* **लकुटिया** *लाठी।*

**व्याख्या** कवि कहता है कि वह (भिक्षुक) स्वयं अपने भाग्य को कोसता हुआ दु:खी व निराशा के भाव से मार्ग पर चलता हुआ आता है। उसे स्वयं अपनी स्थिति पर पछतावा होता है, फिर भी वह अपने कलेजे के दो टुकड़े करते हुए भी भीख माँगने को विवश है। उसकी स्थिति इतनी दयनीय है कि उसका पेट व पीठ दोनों सिकुड़कर एक समान प्रतीत हो रहे हैं अर्थात् भिक्षुक को देखकर ऐसा प्रतीत हो रहा है, मानो उसने कई दिनों से कुछ न खाया हो, इसलिए उसे आज भीख माँगनी पड़ रही है। उसमें इतनी शक्ति नहीं रह गई है कि वह मार्ग पर बिना सहारे के चले। उसे चलने के लिए लाठी का सहारा लेना पड़ रहा है। उसे अपनी भूख मिटाने के लिए मुट्ठी भर दानों की तलाश में दर-दर भटकना पड़ रहा है। वह एक फटी-पुरानी झोली को लोगों के सामने फैलाता हुआ, भीख माँगता हुआ, पथ पर भटकता हुआ-सा प्रतीत होता है।

**2.** साथ दो बच्चे भी हैं सदा हाथ फैलाए,
बाएँ से वे मलते हुए पेट को चलते,
और दाहिना दया-दृष्टि पाने की ओर बढ़ाए।
भूख से सूख ओंठ जब जाते,
दाता-भाग्य, विधाता से क्या पाते?
घूँट आँसुओं के पीकर रह जाते।

***शब्दार्थ*** **दया-दृष्टि** *कृपा-दृष्टि;* **ओंठ** *होंठ;* **भाग्य** *किस्मत;* **विधाता** *भगवान।*

**व्याख्या** कवि कहता है कि बेबस भिखारी के साथ उसके दो बच्चे भी हैं, जो उसके साथ भीख माँगते हुए चलते हैं। उनका बायाँ हाथ पेट पर तथा दाहिना हाथ भिक्षा माँगने के लिए लोगों के सामने फैलाया हुआ है अर्थात् बायाँ हाथ पेट पर रखकर वे लोगों के सामने अपने भूखे होने की स्थिति को दर्शा रहे हैं तथा दूसरी ओर दाहिना हाथ लोगों के सामने बढ़ाकर अपनी विवशता भरी स्थिति का वर्णन कर रहे हैं।

भूख की व्याकुलता से उनके होंठ सूख गए हैं, किंतु किसी की कृपादृष्टि न बन पाने के कारण वह स्वयं आँसुओं के घूँट पीकर रह जाते हैं। उनकी दयनीय, बेबस व लाचारी भरी स्थिति को देखकर भी कोई उन पर अपनी दया-दृष्टि नहीं बनाता अर्थात् उनको अपनी भूख मिटाने के लिए मुट्ठी भर अनाज भी प्राप्त नहीं होता।

**3.** चाट रहे जूठी पत्तल वे कभी सड़क पर खड़े हुए,
और झपट लेने को उनसे कुत्ते भी हैं अड़े हुए।
ठहरो, अहो मेरे हृदय में है अमृत, मैं सींच दूँगा।
अभिमन्यु-जैसे हो सकोगे तुम,
तुम्हारे दु:ख मैं अपने हृदय में खींच लूँगा।

***शब्दार्थ*** **जूठी** *दूसरे की खाई हुई;* **सड़क** *मार्ग;* **झपट** *छीन लेना;* **अभिमन्यु** *अर्जुन का पुत्र।*

**व्याख्या** जब भिखारी के पास अपनी भूख को शांत करने का कोई चारा नहीं बचता, तो वह सड़क के किनारे पड़ी पत्तलों की जूठन को खाने पर विवश हो जाता है, किंतु वे अपने भाग्य के चलते सड़क के किनारे पड़ी जूठन को भी खाने के हकदार नहीं थे, क्योंकि उस जूठन पर भी कुत्ते नज़र लगाए खड़े थे अर्थात् भिक्षुक की स्थिति इतनी दयनीय है कि उसे जूठन तक खाने को प्राप्त नहीं होती।

कवि भिक्षुक की दयनीय स्थिति को देखकर दु:खी होता है तथा भिखारी को उसकी स्थिति से उबारने के लिए व्याकुल हो उठता है। कवि ने भिखारी के दु:ख की तुलना अभिमन्यु से करते हुए कहा है कि जब तुम अभिमन्यु के समान दु:ख की अंतिम सीमा पर पहुँच जाओगे, तब मैं (कवि) तुम्हारे दु:खों को स्वयं अपना लूँगा अर्थात् कवि के मन में गरीब भिखारी के प्रति सहानुभूति का भाव विद्यमान है।

# एग्जाम पैटर्न प्रश्न (10 अंक)

***निम्नलिखित पद्यांशों को पढ़िए और उसके नीचे लिखे प्रश्नों के उत्तर हिंदी में लिखिए।***

**Q.1** वह आता

**दो टूक कलेजे के करता पछताता पथ पर आता।**
**पेट-पीठ दोनों मिलकर हैं एक,**
**चल रहा लकुटिया टेक,**
**मुट्ठी भर दाने को-भूख मिटाने को**
**मुँह फटी-पुरानी झोली को फैलाता**
**दो टूक कलेजे के करता पछताता पथ पर आता।**

(i) **उपर्युक्त पंक्ति के अनुसार मुट्ठी भर दानों की तलाश में कौन था और क्यों?** **(2)**

उत्तर उपर्युक्त पंक्ति के अनुसार मुट्ठी भर दानों की तलाश में एक भिक्षुक था। वह कई दिनों से भूखा था और उसे खाने के लिए कुछ भी नहीं मिला था। अतः अपनी भूख मिटाने के लिए वह मुट्ठी भर दानों की तलाश कर रहा था।

(ii) **'चल रहा लकुटिया टेक' पंक्ति के आधार पर बताइए कि लाठी के सहारे कौन चल रहा है और क्यों?** **(2)**

उत्तर 'चल रहा लकुटिया टेक' पंक्ति में लाठी के सहारे गरीब भिक्षुक चल रहा है। उसे देखकर लग रहा है कि उसने कई दिनों से कुछ भी नहीं खाया है, जिसके कारण उसमें इतनी भी शक्ति नहीं रह गई है कि वह बिना सहारे के चल सके। अतः उसे चलने के लिए लाठी का सहारा लेना पड़ रहा है।

(iii) **"दो टूक कलेजे के करता पछताता पथ पर आता" कविता के आधार पर बताइए कि पछतावे की भावना भिक्षुक के मन में क्यों विद्यमान थी और वह किसे कोसता है?** **(3)**

उत्तर "दो टूक कलेजे के करता पछताता पथ पर आता" कविता में भिक्षुक के मन में पछतावे की भावना इसलिए विद्यमान थी, क्योंकि अपने पेट को भरने के लिए उसे भीख माँगनी पड़ रही है। थोड़े-से भोजन के लिए उसे दर-दर की ठोकरें खानी पड़ रही हैं। वह स्वयं अपने भाग्य को कोसता है तथा लाठी के सहारे चलता हुआ दुःख और निराशा में आगे बढ़ता है। उसके चेहरे पर पछतावे का भाव स्पष्ट दिखाई देता है।

(iv) **उपर्युक्त पंक्तियों के माध्यम से कवि का क्या आशय है? यहाँ कवि ने किसकी स्थिति का वर्णन किया है?** **(3)**

उत्तर उपर्युक्त पंक्तियों के माध्यम से कवि भिखारी का यथार्थ चित्र प्रस्तुत करते हुए उसकी दयनीय स्थिति का वर्णन करते हुए कहते हैं कि भिक्षुक अत्यधिक दुःख के साथ स्वयं अपनी स्थिति पर पछताता हुआ भीख माँगने को विवश है। वह इतना शक्तिहीन हो गया है कि बिना सहारे के चलने योग्य नहीं है। अतः चलने के लिए उसे सहारे की आवश्यकता पड़ती है इन पंक्तियों के माध्यम से कवि ने भिखारी की दयनीय स्थिति को यथार्थ रूप में प्रस्तुत करने का प्रयास किया है।

**अन्य संभावित प्रश्न**

(i) **'फटी-पुरानी झोली को फैलाता 'पंक्ति से कवि का क्या आशय है?** **(3)**

उत्तर कवि ने प्रस्तुत पंक्ति द्वारा भिक्षुक की दयनीय स्थिति को दर्शाते हुए यह बताने का प्रयास किया है कि भिक्षुक की दशा अत्यंत दयनीय है। उसके पास भिक्षा माँगने हेतु एक फटी और पुरानी-सी झोली थी, जिसे वह दूसरों के समक्ष कुछ में पाने की आशा से बार-बार फैला रहा था, जिससे उसे खाने को कुछ प्राप्त हो सके व उसकी भूख कुछ हद तक मिट सके, किंतु किसी को भी उसके ऊपर दया नहीं आ रही थी।

**Q.2** **साथ दो बच्चे भी हैं सदा हाथ फैलाए,**
**बाएँ से वे मलते हुए पेट को चलते।**
**और दाहिना दया दृष्टि पाने की ओर बढ़ाए।**
**भूख से सूख ओंठ जब जाते,**
**दाता-भाग्य, विधाता से क्या पाते?**
**घूँट-आँसुओं के पीकर रह जाते।** **[ICSE 2023]**

(i) **भिक्षुक के साथ कौन-कौन है और उनकी हालत कैसी है?** **(2)**

उत्तर भिक्षुक के साथ उसके दो बच्चे हैं। उनकी हालत बहुत खराब है। वे भूख से अत्यंत व्याकुल हैं और पेट को मलते हुए भिक्षुक के साथ चल रहे हैं। वे भी अपना हाथ फैलाए भिक्षुक की भाँति भीख माँग रहे हैं।

(ii) **'दया दृष्टि' का क्या अर्थ है? उन्हें इसकी आवश्यकता क्यों है?** **(2)**

उत्तर दया दृष्टि का अर्थ कृपादृष्टि से है। उन्हें इसकी आवश्यकता इसलिए हैं, क्योंकि वह बहुत गरीब हैं और भीख माँग रहे हैं, लेकिन कोई उनको भीख नहीं दे रहा है, जिसके कारण वे आँसुओं के घूँट पीकर रह जाते हैं। उनकी स्थिति बहुत खराब है और वह भूख से तड़प रहे हैं, इसलिए उन्हें अपनी भूख मिटाने के लिए दया दृष्टि की आवश्यकता है।

(iii) **भिक्षुक को देखकर कवि को महाभारत का कौन-सा पात्र याद आता है और क्यों?** **(3)**

उत्तर भिक्षुक को देखकर कवि को महाभारत का पात्र अभिमन्यु याद आता है, कवि अभिमन्यु के उदाहरण से स्पष्ट करता है कि जिस प्रकार अभिमन्यु ने अपने जीवन के अंत तक हार नहीं मानी और संघर्ष करता रहा, उसी प्रकार तुम (भिक्षुक) भी अभिमन्यु के समान अपनी परिस्थितियों से संघर्ष करो और अपने समस्त कष्टों का निवारण करने का प्रयास करो।

(iv) **"घूँट आँसुओं के पीकर रह जाते" इस पंक्ति का भाव स्पष्ट करते हुए लिखिए कि लाचार और जरूरतमंदों के लिए मन में प्रेम और संवेदना होना क्यों आवश्यक है?** **(3)**

उत्तर "घूँट आँसुओं के पीकर रह जाते" पंक्ति का भाव यह है कि भिक्षुक भूख से तड़प रहा है और दूसरों की उपेक्षा से वह आंतरिक पीड़ा सहन कर रहा है। उसकी दयनीय और लाचार स्थिति देखकर भी कोई उसकी सहायता नहीं करता। लाचार और जरूरतमंद लोगों की आशा समाज से जुड़ी होती है, इसलिए उनके प्रति प्रेम और संवेदना रखना आवश्यक है। यह न केवल मानवीय कर्त्तव्य है, बल्कि समाज में दया और करुणा के भाव को भी बनाए रखता है। ज़रूरतमंदों की सहायता से उनके जीवन में आशा और विश्वास जगाया जा सकता है।

**Q.3** **चाट रहे जूठी पत्तल वे कभी सड़क पर खड़े हुए,**
**और झपट लेने को उनसे कुत्ते भी हैं अड़े हुए।**
**ठहरो, अहो मेरे हृदय में है अमृत, मैं सींच दूँगा।**
**अभिमन्यु जैसे हो सकोगे तुम, तुम्हारे दुःख मैं**
**अपने हृदय में खींच लूँगा।** **[ICSE 2018]**

(i) **पहली दो पंक्तियों में कवि ने क्या दृश्य प्रस्तुत किया है?** **(2)**

उत्तर पहली दो पंक्तियों में कवि दृश्य प्रस्तुत करते हुए कहता है कि जब भिक्षुक और उसके बच्चों को खाने के लिए कुछ नहीं मिलता, तब वे सड़क पर पड़ी जूठी पत्तलों को चाटकर पेट भरने के लिए मजबूर हो जाते हैं, उसी समय कुत्ते भी पत्तलों को उनसे छीन लेने के लिए तैयार खड़े हैं, क्योंकि कुत्ते भी भूखे हैं।

(ii) **इस भावुक दृश्य से हमारे हृदय में क्या भाव उत्पन्न होते हैं?** **(2)**

उत्तर इस भावुक दृश्य से हमारा हृदय भिक्षुक की दयनीय स्थिति देखकर दुःखी होता है तथा हम भिखारी को उसकी स्थिति से उबारने के लिए व्याकुल हो उठते हैं। अपने हृदय में संचित प्रेम से अमृत तत्त्व को उन भिखारी तथा उसके बच्चों पर न्योछावर करना चाहते हैं।

(iii) **क्या भिक्षुकों की मदद करना मानवीय धर्म नहीं है? यहाँ अभिमन्यु का उदाहरण कवि ने क्यों दिया है?** **(3)**

उत्तर भिक्षुकों की मदद करना हमारा मानवीय धर्म है। हमें मानवता के नाते उनकी पूर्ण रूप से सहायता करनी चाहिए। यहाँ अभिमन्यु का उदाहरण कवि ने इसलिए दिया है, क्योंकि कवि का मानना है कि जिस प्रकार अभिमन्यु ने अपने जीवन के अंत तक हार नहीं मानी और संघर्ष करता रहा, उसी प्रकार तुम्हें (भिक्षुक) भी अभिमन्यु के समान इस समाज से संघर्ष करना है और अपने समस्त कष्टों का निवारण करना है। जब तक समाज में अपने स्थान को प्राप्त करने के लिए विद्रोही स्वर नहीं निकालोगे, तब तक स्थिति में सुधार होना असंभव है।

(iv) **कवि का भिक्षुक के प्रति क्या भाव है? प्रस्तुत कविता का केंद्रीय भाव लिखिए।** **(3)**

उत्तर भिक्षुक की दीनता को देखकर कवि उनके प्रति अपनी सहानुभूति प्रकट करता है।

भिक्षुक कविता में कवि ने एक भिखारी और उसके दो बच्चों की दयनीय अवस्था का वर्णन किया है। भिखारी का पेट और पीठ भुखमरी के कारण एक हो गए हैं। वे अपनी भूख मिटाने के लिए भीख माँगते रहते हैं, सड़क पर चलते हुए जूठी पत्तलों को चाट रहे हैं, जिसके लिए उन्हें कुत्तों से भी छीना-झपटी करनी पड़ रही है।

9

# चलना हमारा काम है

*श्री शिवमंगल सिंह 'सुमन'*

## कवि का परिचय

शिवमंगल सिंह 'सुमन' हिंदी साहित्य के प्रमुख कवि , शिक्षाविद् और स्वतंत्रता संग्राम के सक्रिय प्रतिभागी थे। उनका जन्म 5 अगस्त, 1915 को उत्तर प्रदेश के उन्नाव जिले के झगरपुर गाँव में हुआ था।

उन्होंने बनारस हिंदू विश्वविद्यालय से हिंदी में पी.एच.डी. की डिग्री प्राप्त की और विक्रम विश्वविद्यालय, उज्जैन के कुलपति भी रहे। 'सुमन' जी छायावादोत्तर युग के ओजस्वी कवि थे। उनकी कविताएँ राष्ट्रीयता और सामाजिक परिवर्तन को प्रेरित करती हैं। इनकी प्रमुख रचनाएँ 'परिणयिनी', 'विश्वास' और 'हिल्लोल' हैं।

शिवमंगल सिंह 'सुमन' को साहित्य जगत में उनके योगदान के लिए कई प्रतिष्ठित पुरस्कार मिले, जिनमें साहित्य अकादमी पुरस्कार और पद्मश्री प्रमुख हैं। इनका निधन 27 नवंबर, 2002 को हुआ।

## कविता का सार

प्रस्तुत कविता के माध्यम से कवि जीवन पथ को महत्त्व देते हुए कहते हैं कि जब तक मेरे पैरों में इतनी गति है कि मैं अपना लक्ष्य निर्धारित करके निरंतर चलते हुए लक्ष्य को प्राप्त कर सकता हूँ , तो मुझे जगह-जगह भटकने की आवश्यकता नहीं है अर्थात् कहने का तात्पर्य यह है कि हमें एक लक्ष्य साधकर सदैव उसकी प्राप्ति में लगे रहना चाहिए। कवि के अनुसार, जीवन की राह में कोई भी पराया नहीं है। हमें सदैव परस्पर सहयोग की भावना को मन में विद्यमान रखना चाहिए। कवि जीवन को अपूर्ण मानते हुए कहते हैं कि जीवन में सुख-दुःख, आशा-निराशा, हँसना-रोना आदि निरंतर बना रहता है, किंतु इन सबके चलते मनुष्य को हारकर नहीं बैठना चाहिए, अपितु निरंतर कर्म मार्ग पर चलते रहना चाहिए। इसके साथ ही कवि कहते हैं कि हमें अपनी परेशानियों का कारण विधाता को नहीं मानना चाहिए, अपितु ईश्वर पर विश्वास रखते हुए निरंतर कर्मपथ पर चलते रहना चाहिए। आगे कवि कहते हैं कि मनुष्य की पूर्णता की तलाश व्यर्थ ही है।

संसार में ऐसा कोई भी सुख नहीं है, जिसे पाकर मनुष्य की इच्छाएँ समाप्त हो जाएँ। अत: हमें पूरी मेहनत व लगन से निरंतर कठिनाइयों का सामना करते रहना चाहिए। जीवन का सुख उसे ही प्राप्त होगा, जो निरंतर कर्मपथ पर अग्रसर रहेगा। हार मानने वालों को सुख व सफलता प्राप्त नहीं होती। अत: सदैव कर्म पथ पर चलना ही हमारा कर्त्तव्य है।

# पद्यांशों की व्याख्या

**1.** गति प्रबल पैरों में भरी,
फिर क्यों रहूँ दर-दर खड़ा,
जब आज मेरे सामने
है रास्ता इतना पड़ा।
जब तक न मंजिल पा सकूँ ,
तब तक मुझे न विराम है।
चलना हमारा काम है।

***शब्दार्थ*** *गति रफ्तार, चाल; मंजिल लक्ष्य; विराम रुकना।*

**व्याख्या** कवि मनुष्य को प्रेरणा देते हुए कहता है कि उसे जीवन में निरंतर गतिशील रहना चाहिए, क्योंकि उसमें असीम शक्तियाँ हैं। वह कहता है कि जब उसके पैरों में इतनी रफ़्तार है कि वह तेज़ गति से चल सकता है, तो फिर उसे जगह-जगह खड़े रहने की आवश्यकता नहीं है। जब उसके सामने इतना लंबा रास्ता पड़ा है और जब तक उसे मंजिल नहीं मिल जाती, तब तक वह गति को विराम नहीं देगा। सदैव चलते रहना उसका काम है अर्थात् कवि का कहना यह है कि जब मेरे पास इतनी शक्ति है कि मैं अपने लक्ष्य को प्राप्त कर सकता हूँ, तो मैं जगह-जगह क्यों ठहरूँ। कवि कर्म करने की प्रवृत्ति को प्रमुख मानते हुए कहता है कि हमें कर्म करना चाहिए तथा हार मानकर नहीं बैठना चाहिए। व्यक्ति को जीवन में एक लक्ष्य निर्धारित कर उसे प्राप्त करना चाहिए, फिर मार्ग में कितनी ही बाधाएँ क्यों न आएँ हमें उन बाधाओं पर जगह-जगह रुकना नहीं चाहिए।

**2.** कुछ कह लिया, कुछ सुन लिया
कुछ बोझ अपना बँट गया,
अच्छा हुआ तुम मिल गईं
कुछ रास्ता ही कट गया।
क्या राह में परिचय कहूँ?
राही हमारा नाम है।
चलना हमारा काम है।

***शब्दार्थ*** **रास्ता** *मार्ग;* **परिचय** *पहचान;* **राही** *मुसाफिर, यात्री।*

**व्याख्या** कवि कहता है कि हमें अपने सुख-दुःख में परस्पर आदान-प्रदान की भावना रखनी चाहिए। जीवन पथ पर चलते हुए हमें राह में अनेक राही मिलते हैं। अत: चलते हुए हमें उनसे अपने सुख-दुःख बाँटने चाहिए व दूसरों की बातें भी सुननी चाहिए, इससे मन का बोझ कम हो जाता है। कवि राह चलते हुए सहयोगी के मिलने पर हर्ष प्रकट करते हैं कि अच्छा हुआ जो तुम मुझे राह में मिल गईं, यह रास्ता कुछ कट गया। राह में चलते हुए सभी राही कहलाते हैं। मैं तुम्हें अपना क्या परिचय दूँ? राही मेरा नाम है और सदा चलना मेरा काम है। कहने का तात्पर्य यह है कि जीवन की राह में कोई भी पराया नहीं है, हमें सदैव मिलकर रहना चाहिए। परस्पर सहयोग की भावना प्रत्येक राही के मन में विद्यमान होनी चाहिए, क्योंकि राह में चलने वाला प्रत्येक व्यक्ति 'राही' के नाम से ही जाना जाता है और 'राही' की पहचान ही सदैव मार्ग पर चलते रहने से है, रुकना उसका काम नहीं है।

**3.** जीवन अपूर्ण लिए हुए,
पाता कभी, खोता कभी
आशा-निराशा से घिरा,
हँसता कभी रोता कभी।
गति-मति न हो अवरुद्ध,
इसका ध्यान आठों याम है।
चलना हमारा काम है।

***शब्दार्थ*** **अपूर्ण** *अधूरा;* **अवरुद्ध** *रुका हुआ।*

**व्याख्या** कवि कहता है कि मनुष्य का जीवन अपूर्ण है, क्योंकि कभी वह कुछ पाता है, तो कभी कुछ खोता है। कभी उसका जीवन आशाओं से परिपूर्ण है, तो कभी उसका जीवन निराशाओं से घिरा है। कभी वह हँसता है, तो कभी रोता है। हमें सदैव इस बात को ध्यान में रखना चाहिए कि हमारी गति व बुद्धि में किसी प्रकार की रुकावट उपस्थित नहीं होनी चाहिए। सदैव कर्मपथ पर चलना ही हमारा काम है अर्थात् कहने का तात्पर्य यह है कि मनुष्य के जीवन में सुख-दुःख, आशा-निराशा, हँसना-रोना आदि निरंतर चलता रहता है, किंतु इन सबके चलते मनुष्य को हारकर नहीं बैठना चाहिए, अपितु निरंतर कर्म मार्ग पर चलते रहना चाहिए।

**4.** इस विशद विश्व-प्रवाह में
किसको नहीं बहना पड़ा
सुख-दुःख हमारी ही तरह
किसको नहीं सहना पड़ा।
फिर व्यर्थ क्यों कहता फिरूँ,
मुझ पर विधाता वाम है।
चलना हमारा काम है।

***शब्दार्थ*** **विशद** *विशाल;* **व्यर्थ** *बेकार ही;* **वाम** *विरुद्ध।*

**व्याख्या** कवि कहता है कि इतने बड़े संसार में ऐसा कौन है, जिसे इस संसार की धारा में बहना नहीं पड़ता? हमारे ही समान सभी के जीवन में सुख-दु:ख का सिलसिला निरंतर गतिमान रहता है। ऐसा कौन है, जिसे यह सहना नहीं पड़ता, फिर मैं बेकार ही क्यों अपने दु:खों व परेशानियों के लिए ईश्वर को दोषी ठहराऊँ? मैं राही हूँ और निरंतर चलते रहना ही मेरा काम है। कहने का तात्पर्य यह है कि सुख-दु:ख सभी के जीवन में चलता रहता है, यह तो संसार की गति है, जिसमें सभी को बहना पड़ता है। कवि के अनुसार, हमें अपने दु:खों व परेशानियों के लिए ईश्वर को ज़िम्मेदार नहीं मानना चाहिए, अपितु निरंतर कर्म मार्ग पर चलते हुए समस्याओं का समाधान करना चाहिए।

**5.** मैं पूर्णता की खोज में
दर-दर भटकता ही रहा
प्रत्येक पग पर कुछ-न-कुछ
रोड़ा अटकता ही रहा
पर हो निराशा क्यों मुझे?
जीवन इसी का नाम है।
चलना हमारा काम है।

***शब्दार्थ*** **पूर्णता** *पूरे तौर से;* **निराशा** *आशा का न होना।*

**व्याख्या** कवि कहता है कि मैं पूर्णता की तलाश में सदैव दर-दर भटकता रहा, क्योंकि संसार में पूर्णता विद्यमान ही नहीं है। पूर्णता की तलाश में मेरा मार्ग सदैव कठिनाइयों से परिपूर्ण रहा। कवि के अनुसार, हमें मार्ग में आने वाली कठिनाइयों से निराश नहीं होना चाहिए। सुख-दु:ख का आना-जाना तो लगा रहता है। हमें सदैव कठिनाइयों का सामना करते हुए निरंतर कर्मपथ पर अग्रसर रहना चाहिए। जीवन इसी का नाम है अर्थात् कहने का तात्पर्य यह है कि मनुष्य की पूर्णता की तलाश व्यर्थ ही है, क्योंकि मनुष्य की यह तलाश कभी पूर्ण हो ही नहीं सकती। संसार में ऐसी कोई वस्तु नहीं है, जिसे पाकर व्यक्ति संतुष्ट हो जाए या उसकी इच्छाएँ समाप्त हो जाएँ।

**6.** कुछ साथ में चलते रहे
कुछ बीच ही से फिर गए।
पर गति न जीवन की रुकी
जो गिर गए सो गिर गए
चलता रहे हरदम,
उसी की सफलता अभिराम है।
चलना हमारा काम है।

***शब्दार्थ*** **सफलता** *कामयाबी;* **अभिराम** *सुखद, प्रिय।*

**व्याख्या** कवि कहता है कि कठिनाइयों से पूर्ण जीवन में कुछ राही तो मेरे साथ चलते रहे, किंतु कुछ बीच से ही लौट गए अर्थात् कुछ लोगों ने उनका साथ आधे रास्ते में ही छोड़ दिया, किंतु क्या उनकी इस प्रवृत्ति से मेरे जीवन की गति रुक गई? कवि कहता हैं कि जो लोग आधे रास्ते से चले गए या फिर जीवन में आती कठिनाइयों से डर कर पीछे हट गए, वे सदैव पीछे ही रह जाते है और जो व्यक्ति निरंतर कठिनाइयों का सामना करते हुए मार्ग पर चलते रहते हैं, उन्हें ही जीवन में सफलता प्राप्त होती है। वह सफलता अत्यंत सुंदर होती है और उससे ही उन्हें जीवन का सुख प्राप्त होता है। अत: हम राही हैं और सदैव चलते रहना ही हमारा काम है।

# एग्जाम पैटर्न प्रश्न (10 अंक)

***निम्नलिखित पद्यांशों को पढ़िए और उसके नीचे लिखे प्रश्नों के उत्तर हिंदी में लिखिए।***

**Q.1** **गति प्रबल पैरों में भरी,**
**फिर क्यों रहूँ दर-दर खड़ा,**
**जब आज मेरे सामने**
**है रास्ता इतना पड़ा।**
**जब तक न मंजिल पा सकूँ ,**
**तब तक मुझे न विराम है।**
**चलना हमारा काम है।**
**कुछ कह लिया, कुछ सुन लिया**
**कुछ बोझ अपना बँट गया,**
**अच्छा हुआ तुम मिल गईं,**
**कुछ रास्ता ही कट गया।**

(i) **कवि क्या नहीं करना चाहता है और क्यों? उपर्युक्त पंक्तियों के आधार पर बताइए।** **(2)**

उत्तर कवि सदा जीवन-पथ पर आगे बढ़ते रहना चाहता है, इसलिए वह जगह-जगह रुकना नहीं चाहता है, क्योंकि ईश्वर ने उसे अद्‌भुत क्षमताओं से संपन्न बनाया है, इसलिए वह लक्ष्य को प्राप्त करने की कोशिश में निरंतर कर्म करते रहना चाहता है।

(ii) **'है रास्ता इतना पड़ा' ऐसा क्यों कहा गया है? अपने शब्दों में स्पष्ट कीजिए।** **(2)**

उत्तर 'है रास्ता इतना पड़ा' ऐसा इसलिए कहा गया है, क्योंकि जब हमारे सामने रास्ता है, उस पर चलने का साहस स्वयं हमें ही करना है अर्थात् जीवन में जब कर्म करने का मार्ग खुला है, तो हमें हार मानकर नहीं बैठना चाहिए, बल्कि निरंतर अपने कर्म पथ पर चलते रहना चाहिए।

(iii) **कवि की गति को विराम कब तक नहीं मिलेगा व क्यों?** **(3)**

उत्तर कवि की गति को विराम तब तक नहीं मिलेगा, जब तक वह अपनी मंजिल को पूर्णतः प्राप्त नहीं कर लेता, क्योंकि उसके पैरों में इतनी गति है कि वह तेज़ गति से चल सकता है फिर चाहे कितना ही लंबा रास्ता क्यों न हो, उसकी गति को विराम नहीं मिलेगा अर्थात् कवि तब तक अपने पाँवों को विराम नहीं देना चाहता, जब तक उसे लक्ष्य प्राप्त नहीं हो जाता।

(iv) **उपर्युक्त पंक्तियों का केंद्रीय भाव क्या है? कवि इसके माध्यम से क्या कहना चाहता है?** **(3)**

उत्तर उपर्युक्त पंक्तियों का केंद्रीय भाव है कि जीवन में सफलता प्राप्त करने के लिए निरंतर कर्म और प्रयास करने रहना अत्यंत आवश्यक है।
उपर्युक्त पंक्तियों के माध्यम से कवि कहना चाहता है कि जब हमारे पास अपने लक्ष्य को साधने की शक्ति विद्यमान है, तो हमें अपने पथ पर निरंतर गतिमान रहना चाहिए, हार मानकर नहीं बैठना चाहिए अर्थात् व्यक्ति को जीवन में एक लक्ष्य निर्धारित करके उसे प्राप्त करना चाहिए, फिर मार्ग में कितनी ही बाधाएँ क्यों न आएँ? निरंतर आगे बढ़ते रहने से ही जीवन में सफलता की प्राप्ति होती है।

**अन्य संभावित प्रश्न**

(i) **उपर्युक्त पंक्तियों के माध्यम से कवि ने किस पर बल देने का प्रयास किया है और क्यों?** **(2)**

उत्तर उपर्युक्त पंक्तियों के माध्यम से कवि ने परस्पर सहयोग की भावना के विकास पर बल देने का प्रयास किया है। उनके अनुसार, जीवन में कोई भी पराया नहीं है। जीवन पथ पर आगे बढ़ते हुए हमें हर किसी का सहयोग लेना-देना चाहिए। सदैव मिलकर रहना चाहिए। अतः राह में मिलने वाले राही का परस्पर सहयोग लेते हुए जीवन रूपी पथ पर आगे बढ़ना चाहिए।

(ii) **कवि ने हर्ष क्यों प्रकट किया है? किसके मिलने पर कुछ रास्ता कट जाता है?** **(2)**

उत्तर कवि राह चलते हुए सहयोगी के मिलने पर हर्ष प्रकट करता है। राह चलते मिले सहयोगी के मिलने पर ही कुछ रास्ता कट जाता है, जिससे कवि को यात्रा का बोझ हल्का लगने लगता है।

(iii) **कहाँ चलते हुए कुछ कहने-सुनने की बात कवि ने कही है और क्यों?** **(3)**

उत्तर राह में चलते हुए कुछ कहने-सुनने की बात कवि ने इसलिए कही है, क्योंकि जीवन पथ पर आगे बढ़ते हुए राह में अनेक राही मिलते हैं, जिनके साथ अपने सुख दुःख बाँटने चाहिए। इससे मन का बोझ कम हो जाता है। व्यक्ति अपने मन की बातें सहयोगी के साथ करके प्रसन्नता का अनुभव करता है।

**Q.2** **क्या राह में परिचय कहूँ. राही हमारा नाम है।**
**चलना हमारा काम है।**
**जीवन अपूर्ण लिए हुए, पाता कभी, खोता कभी,**
**आशा निराशा से घिरा, हँसता कभी, रोता कभी।**
**गति-मति न हो अवरुद्ध, इसका ध्यान आठों याम है।** **[ICSE 2024]**

(i) **'राही' किसे कहा गया है और क्यों?** **(2)**

उत्तर कवि ने 'राही' शब्द से जीवन के पथिक अर्थात् हर उस व्यक्ति को संबोधित किया है, जो जीवन की राह पर निरंतर आगे बढ़ता रहता है। इसे 'राही' इसलिए कहा गया है, क्योंकि जीवन एक यात्रा के समान है, जहाँ हर व्यक्ति को चलते रहना आवश्यक है।

(ii) **कवि के अनुसार प्रत्येक व्यक्ति को जीवन में किस-किस प्रकार के अनुभवों का सामना करना पड़ता है?** **(2)**

उत्तर कवि के अनुसार, प्रत्येक व्यक्ति को जीवन में अनेक अनुभवों का सामना करना पड़ता है; जैसे- सफलता और असफलता, आशा और निराशा, हँसना और रोना आदि। ये सभी अनुभव जीवन का हिस्सा हैं और मनुष्य को इन्हें सहते हुए आगे बढ़ना पड़ता है।

(iii) **'आठों याम' से कवि का क्या अभिप्राय है? इस समय में कवि प्रभु से क्या प्रार्थना करते हैं और क्यों ?** **(3)**

उत्तर 'आठों याम' से कवि का अभिप्राय आठों पहर से है अर्थात् पूरे दिन और रात अथवा हर समय। इस समय कवि प्रभु से यह प्रार्थना करते हैं कि उनकी गति और मति (बुद्धि) कभी अवरुद्ध न हो अर्थात् उनकी प्रगति और सही सोच में कभी रुकावट न आए। कवि ऐसा इसलिए कहता है, क्योंकि जीवन में निरंतर आगे बढ़ते रहना और सही दिशा में सोचना आवश्यक है।

(iv) **जीवन में निरंतर चलते रहना क्यों आवश्यक है? यदि मनुष्य के मन में लगातार चलने की चाह ही नहीं रहे, तो इसके क्या-क्या दुष्परिणाम हो सकते हैं? कविता के आधार पर बताइए।** **(3)**

उत्तर जीवन में निरंतर चलते रहना इसलिए आवश्यक है, क्योंकि ठहराव जीवन को निष्क्रिय बना देता है। यदि मनुष्य के मन में आगे बढ़ने की चाह नहीं रहेगी तो उसके जीवन में निराशा, असफलता और अवसाद घर कर लेंगे। वह अपने लक्ष्यों को प्राप्त नहीं कर पाएगा और जीवन का वास्तविक आनंद खो देगा। कविता के अनुसार जीवन एक यात्रा है और इस यात्रा में निरंतर आगे बढ़ते रहना ही जीवन की सार्थकता है।

**अन्य संभावित प्रश्न**

(i) **"क्या राह में परिचय कहूँ, राही हमारा नाम है, चलना हमारा काम है" पंक्ति का अर्थ स्पष्ट करें।** **(3)**

उत्तर "क्या राह में परिचय कहूँ राही हमारा नाम है, चलना हमारा काम" इस पंक्ति में जीवन पथ पर चलते हुए कवि को राह में कोई मिल जाता है और उसके सहयोग से कवि का कुछ रास्ता तय हो जाता है। उस सहयोगी को अपना परिचय देते हुए कवि कहता है कि राह में चलने वाला प्रत्येक व्यक्ति 'राही' के नाम से जाना जाता है और मार्ग पर निरंतर चलना ही उसका काम होता है।

**Q.3** **इस विशद विश्व-प्रवाह में**
**किसको नहीं बहना पड़ा**
**सुख-दुःख हमारी ही तरह**
**किसको नहीं सहना पड़ा**
**फिर व्यर्थ क्यों कहता फिरूँ**
**मुझ पर विधाता वाम है?**
**चलना हमारा काम है।**

(i) **कवि ने हमें क्या करने की प्रेरणा दी है? इसके पीछे कवि का क्या तर्क है?** **(2)**

उत्तर कवि ने हमें जीवन में कर्म-पथ पर आगे बढ़ते हुए समस्याओं का सामना करने की प्रेरणा दी है, क्योंकि कवि कहता है कि यदि कर्म करते हुए कुछ समस्याओं का सामना भी करना पड़े, तो घबराना नहीं चाहिए, बल्कि उन समस्याओं का सामना करना चाहिए, तभी हम अपने लक्ष्य तक पहुँच सकते हैं।

(ii) **व्यक्ति को कब तक विश्राम नहीं करना चाहिए? पंक्ति के आधार पर कारण स्पष्ट कीजिए।** **(2)**

उत्तर व्यक्ति को तब तक विश्राम नहीं करना चाहिए, जब तक वह अपने लक्ष्य को प्राप्त नहीं कर लेता, क्योंकि यदि लक्ष्य प्राप्त करने से पूर्व व्यक्ति विश्राम करेगा, तो वह अपने लक्ष्य तक कभी नहीं पहुँच पाएगा। इस तरह वह अपने लक्ष्य से भटक जाएगा।

(iii) **"सुख-दुःख हमारी ही तरह, किसको नहीं सहना पड़ा" पंक्ति से कवि का क्या आशय है?** **(3)**

उत्तर प्रस्तुत पंक्ति के माध्यम से कवि समाज की गति की ओर संकेत करते हुए कहते हैं कि संसार में ऐसा कोई व्यक्ति नहीं है, जिसके जीवन में कष्ट न हो। अतः केवल यह मान लेना कि हमारे ही जीवन में कष्ट हैं, परेशानी हैं, गलत है, क्योंकि यह तो संसार की गति है और यहाँ सुख-दुःख का आना-जाना बना रहता है।

(iv) **कवि के अनुसार हमें अपने दुःखों के लिए किसे दोषी नहीं ठहराना चाहिए व क्यों?** **(3)**

उत्तर कवि के अनुसार, हमें अपने दुःखों के लिए ईश्वर को दोषी नहीं ठहराना चाहिए, क्योंकि सुख-दुःख सभी के जीवन में बने रहते हैं। ऐसा कौन व्यक्ति है, जिसके जीवन में सुख-दुःख का सिलसिला नहीं चलता। आज सुख है, तो कल दुःख भी हो सकता है, क्योंकि यह तो संसार की गति है। अतः हमें इसके लिए ईश्वर को दोषी नहीं मानना चाहिए, अपितु निरंतर कर्म पथ पर चलते हुए समस्याओं का समाधान करना चाहिए।

**Q.4** **"मैं पूर्णता की खोज में**
**दर-दर भटकता ही रहा**
**प्रत्येक पग पर कुछ-न-कुछ**
**रोड़ा अटकता ही रहा**
**पर हो निराशा क्यों मुझे?**
**जीवन इसी का नाम है।**
**चलना हमारा काम है।"** **[ICSE 2018]**

(i) **कवि ने मनुष्य के जीवन के बारे में क्या कहा है तथा क्यों?** **(2)**

उत्तर कवि ने मनुष्य के जीवन के बारे में कहा है कि मनुष्य जीवन की पूर्णता की तलाश में सदैव दर-दर भटकता रहता है और उसे कदम-कदम पर रुकावटों का सामना करना पड़ता है, क्योंकि संसार में कही पूर्णता विद्यमान ही नहीं है।

(ii) **कवि के अनुसार जीवन का महत्त्व किसमें है? स्पष्ट कीजिए।** **(2)**

उत्तर जीवन के कर्मपथ पर आगे बढ़ते हुए यदि समस्याओं का सामना करना पड़े, तो कभी हमें घबराना नहीं चाहिए, बल्कि साहस से उनका सामना करना चाहिए। जीवन का महत्त्व इसी में है। हमें जीवन में गतिमान रहना चाहिए और अपने पथ में निरंतर चलते रहना चाहिए।

(iii) **जीवन में सुख-दुःख और आशा-निराशा के प्रति हमारा क्या दृष्टिकोण होना चाहिए? अपने दुःखों और निराशा के लिए हमें किसको दोष देना उचित नहीं है तथा क्यों? समझाकर लिखिए।** **(3)**

उत्तर जीवन में सुख-दुःख और आशा-निराशा के प्रति हमारा सकारात्मक दृष्टिकोण होना चाहिए, क्योंकि जीवन में सुख-दुःख का आना-जाना तो लगा रहता है। हमें अपने दुःखों और निराशा के लिए किसी को दोष देना उचित नहीं है, क्योंकि यह प्रकृति का नियम है। जीवन में यदि सुख हमारी जिंदगी में आएँगे, तो दुःख भी तो हमें ही सहने होंगे। दुःखों से हमें मार्ग में आने वाली कठिनाइयों से भी निराश नहीं होना चाहिए, अपितु दुःखों व निराशा का सामना करते हुए हमें निरंतर कर्मपथ पर अग्रसर रहना चाहिए।

(iv) **प्रस्तुत कविता के माध्यम से कवि ने पाठकों को क्या संदेश दिया है?** **(3)**

उत्तर प्रस्तुत कविता के माध्यम से कवि संदेश देना चाहता है कि जब तक हमारे शरीर में प्राण हैं, हमें तब तक अपने जीवन पथ पर निरंतर बढ़ते रहना चाहिए। हमेशा चलते रहना ही हमारा कर्म व धर्म है। जीवन रूपी रास्ते में चलते हुए यदि कोई सहयोगी मिल जाए, तो हमें आपस में सुख-दुःख बाँट लेने चाहिए, इससे जीवन-पथ पर चलना आसान हो जाता है।

इस जीवन में दुःख तो आते हैं। अतः इन सबसे घबराकर निराश नहीं होना चाहिए। अतः भाव यही है कि हमें अपने लक्ष्यों की प्राप्ति के लिए हर कठिनाई का सामना करना चाहिए।

**Q.5** **"कुछ साथ में चलते रहे**
**कुछ बीच ही से फिर गए।**
**पर गति न जीवन की रुकी**
**जो गिर गए सो गिर गए**
**चलता रहे हरदम,**
**उसी की सफलता अभिराम है।**
**चलना हमारा काम है।"**

(i) **प्रस्तुत पद्य में गति और जीवन के संबंध को किस प्रकार दर्शाया गया है? उदाहरण सहित स्पष्ट करें।** **(2)**

उत्तर प्रस्तुत पद्य में जीवन को निरंतर गति के रूप में चित्रित किया गया है। कवि ने यह स्पष्ट किया है कि जीवन तभी सार्थक है, जब वह बिना रुके आगे बढ़ता रहे। यहाँ गति को जीवन की मूलभूत विशेषता बताया गया है।

उदाहरण के रूप में 'पर गति न जीवन की रुकी, जो गिर गए सो गिर गए' पंक्ति दर्शाती है कि चाहे कुछ लोग साथ छोड़ दें या असफल हो जाएँ, परंतु जीवन निरंतर आगे बढ़ता रहता है।

(ii) **कवि ने 'चलना हमारा काम है' कहकर किस प्रकार की जीवन-दृष्टि प्रस्तुत की है? इस दृष्टिकोण की समकालीन प्रासंगिकता पर तर्कसंगत विचार रखें।** **(2)**

उत्तर कवि ने प्रस्तुत पंक्ति के माध्यम से एक कर्मप्रधान जीवन-दृष्टि प्रस्तुत की है। यह विचारधारा गीता के 'कर्मण्येवाधिकारस्ते' सिद्धांत से मेल खाती है, जिसमें कहा गया है कि मनुष्य को अपने कार्य में लगे रहना चाहिए और फल की चिंता नहीं करनी चाहिए।

समकालीन संदर्भ में यह दृष्टिकोण प्रासंगिक है, जहाँ असफलता, संघर्ष और प्रतिस्पर्द्धा आम हैं। चुनौतियों से घबराने के बजाय निरंतर प्रयास आवश्यक है, विशेषकर छात्रों, उद्यमियों और पेशेवरों के लिए, जो सफलता के लिए सतत् प्रयत्नशील रहते हैं।

(iii) **इस पद्य में प्रयुक्त काव्य-शिल्प का विश्लेषण करें और बताएँ कि किन-किन अलंकारों एवं छंदों का प्रयोग हुआ है?** **(3)**

उत्तर इस पद्य में निम्नलिखित काव्य शिल्प का प्रयोग हुआ है

- 'गिर गए सो गिर गए' में 'गिर' शब्द की पुनरावृत्ति से यमक अलंकार दिखाई देता है।
- 'पर गति न जीवन की रुकी' में जीवन को गति के रूप में देखना उत्प्रेक्षा अलंकार का उदाहरण है।
- यह पद्य मुक्तछंद के निकट है, जिसमें कोई निश्चित मात्रिक योजना नहीं है, किंतु प्रवाहमय शैली अपनाई गई है।

(iv) **पद्य में प्रयुक्त 'सफलता अभिराम' का गूढ़ अर्थ क्या हो सकता है? इसे सामाजिक और व्यक्तिगत जीवन के परिप्रेक्ष्य में व्याख्यायित करें।** **(3)**

उत्तर 'सफलता अभिराम' का गूढ़ अर्थ यह दर्शाता है कि सफलता तभी सुंदर और सुखद होती है, जब वह निरंतर परिश्रम और प्रयासों के परिणामस्वरूप प्राप्त की जाती है। यह केवल स्थूल सफलता (धन, पद, प्रतिष्ठा) तक सीमित नहीं है, बल्कि जीवन की संतुष्टि और आत्मविकास से भी जुड़ी हुई है। सामाजिक परिप्रेक्ष्य के रूप में समाज में प्रगति उन्हीं के हिस्से में आती है, जो लगातार प्रयास करते हैं और कठिनाइयों से हार नहीं मानते। व्यक्तिगत जीवन में भी सफलता केवल प्रयासों से ही प्राप्त होती है। यदि कोई व्यक्ति असफलताओं से हार मानकर रुक जाता है, तो वह कभी अपने लक्ष्य तक नहीं पहुँच सकता।

# मातृ मंदिर की ओर

*सुभद्रा कुमारी चौहान*

## कवयित्री का परिचय

'सुभद्रा कुमारी चौहान' का जन्म 16 अगस्त, 1904 को इलाहाबाद के निकट 'निहालपुर' गाँव में हुआ था। ये देशभक्ति की भावना से ओत-प्रोत थीं। बचपन से ही इनकी रुचि काव्य ग्रंथों के प्रति थी।

इनका पहला काव्य संग्रह 'मुकुल' वर्ष 1930 में प्रकाशित हुआ तथा इनकी प्रसिद्ध कविताएँ त्रिधारा में प्रकाशित हुई। अनोखा दान, आराधना, इसका रोना, उपेक्षा, उल्लास, कोयल आदि इनकी प्रमुख कहानियाँ हैं। झाँसी की रानी इनकी बहुप्रसिद्ध रचना है। इनकी कविताओं के माध्यम से हमें इनकी देशभक्ति की भावना की झलक देखने को मिलती है। इनकी कहानियाँ अत्यंत ही सरल व स्पष्ट हैं तथा पाठक के हृदय पर गहरा प्रभाव डालती हैं। वर्ष 1948 में एक सड़क दुर्घटना में इनका स्वर्गवास हो गया। 'मातृ मंदिर की ओर' कविता आत्म बलिदान की भावना से परिपूर्ण है।

## कविता का सार

प्रस्तुत कविता में कवयित्री समाज में व्याप्त भेदभाव की समस्या से अत्यंत दुःखी हैं तथा अपनी व्यथा को देवी माँ से बाँटने का प्रयास करती हैं, किंतु देवी माँ तक पहुँचने का मार्ग उन्हें अत्यंत ही कठिनाइयों से भरा हुआ प्रतीत होता है। वह स्वयं को वहाँ पहुँचने में असमर्थ पाती हैं तथा वह भगवान से सहायता के लिए प्रार्थना करती हैं। वह माता के साथ अपने सुख-दुःख को बाँटना चाहती हैं। माँ के मंदिर का मार्ग दुर्गम जानकर भी मंदिर की जगमगाहट व बजते वाद्ययंत्रों की आवाज़ कवयित्री को अपनी ओर आकर्षित करती है। माता की मूर्ति सदा कवयित्री की आँखों में बसी रहती है। कवयित्री माँ के विशाल हृदय का बखान करती हुई अपनी फरियाद माँ के समक्ष रखना चाहती है। कवयित्री देशभक्ति की भावना से ओत-प्रोत हैं। वह देश में व्याप्त अत्याचार, हिंसा आदि के वातावरण का सदा के लिए नाश करना चाहती है तथा देश में समता-समानता व बंधुत्व की भावना का विकास करना चाहती हैं। कवयित्री का तात्पर्य यह है कि यदि मातृभूमि की सेवा के लिए हमें अपने प्राणों का त्याग करना पड़े, तो भी हमें पीछे नहीं हटना चाहिए।

## पद्यांशों की व्याख्या

**1.** व्यथित है मेरा हृदय-प्रदेश,
चलूँ, उसको बहलाऊँ आज।
बताकर अपना सुख-दुःख उसे
हृदय का भार हटाऊँ आज।।

***शब्दार्थ*** *व्यथित दुःखी; भार बोझ।*

**व्याख्या** उपर्युक्त पंक्तियों में कवयित्री के मन में भारत की पराधीनता को लेकर पीड़ा की अभिव्यक्ति है। कवयित्री कहती है कि मेरा हृदय व्यथित है, दुःखी है, इसलिए आज मैं देवी माँ के मंदिर जाकर अपने व्यथित मन को बहलाती हूँ। अपना सुख-दुःख माँ को बताकर अपने हृदय की पीड़ा तथा व्यथा को कम करती हूँ अर्थात् कवयित्री का मन समाज में प्रचलित भेदभाव आदि समस्याओं से व्यथित है, दुःखी है तथा वह अपनी वेदना व दुःख को देवी माँ के समक्ष रखकर अपने हृदय के बोझ को कम करने का प्रयास करना चाहती हैं।

2. चलूँ माँ के पद-पंकज पकड़
नयन जल से नहलाऊँ आज।
मातृ मंदिर में मैंने कहा....
चलूँ दर्शन कर आऊँ आज।।

*शब्दार्थ* **पद** *पैर;* **पंकज** *कमल;* **नयन** *नेत्र।*

**व्याख्या** कवयित्री कहती हैं कि वे माँ के कमलरूपी चरण पकड़कर अपने नयनरूपी जल से धोना चाहती हैं अर्थात् आज अपनी सारी व्यथा व दु:ख देवी माँ के चरणों में प्रकट करना चाहती हैं । कवयित्री की यह इच्छा है कि आज जाकर देवी माँ के दर्शन कर ही लें। कहने का तात्पर्य यह है कि कवयित्री आज देवी माँ के दर्शन कर अपनी सारी पीड़ा व दु:ख को माँ के चरणों में प्रकट करना चाहती हैं अर्थात् माँ के चरणों में रोकर अपना दु:ख व्यक्त कर देना चाहती हैं।

3. किंतु यह हुआ अचानक ध्यान
दीन हूँ, छोटी हूँ, अज्ञान।
मातृ मंदिर का दुर्गम मार्ग
तुम्हीं बतला दो हे भगवान।।

*शब्दार्थ* **अचानक** *सहसा;* **दीन** *गरीब, असमर्थ;* **अज्ञान** *नासमझ।*

**व्याख्या** कवयित्री कहती हैं कि अचानक उसे आभास होता है कि वह तो दीन है, छोटी है, अज्ञानी है और मातृ मंदिर का मार्ग बड़ा ही दुर्गम है अर्थात् मातृ मंदिर तक पहुँचना अत्यंत ही कठिन है, इसलिए वह स्वयं को दीन, हीन, अज्ञानी आदि मानते हुए ईश्वर को संबोधित करते हुए कहती है कि हे भगवान! इस दुर्गम मार्ग तक पहुँचने का मार्ग तुम ही मुझे दिखाओ अर्थात् कहने का तात्पर्य यह है कि कवयित्री देवी माँ के दर्शन करने को इच्छुक है, किंतु देवी माँ तक पहुँचने का मार्ग दुर्गम जानकर वह माता (भगवान) से ही सहायता की गुहार लगाती है।

4. मार्ग के बाधक पहरेदार
सुना है ऊँचे-से सोपान।
फिसलते हैं ये दुर्बल पैर
चढ़ा दो मुझको हे भगवान।।

*शब्दार्थ* **बाधक** *रुकावट डालने वाला;* **सोपान** *सीढ़ी।*

**व्याख्या** कवयित्री स्वयं को असहाय महसूस करती हुई कहती है कि माँ के मंदिर तक पहुँचने के मार्ग में पहरेदार बाधा के रूप में खड़े हैं। मंदिर तक पहुँचने की सीढ़ियाँ अत्यंत ही ऊँची-ऊँची हैं। मेरे दुर्बल पैर उन सीढ़ियों पर फिसलते हैं। अत: भगवान से प्रार्थना करती हुई वह कहती है कि हे भगवान! तुम मुझे वहाँ तक चढ़ा दो अर्थात् कहने का तात्पर्य यह है कि कवयित्री स्वयं को निर्बल बताती है व भगवान से प्रार्थना करती है कि मुझे इतनी शक्ति व बल दो कि मैं रास्ते में आने वाली रुकावटों को तोड़ते हुए माँ के मंदिर तक पहुँच सकूँ।

5. अहा ! वे जगमग-जगमग जगीं
ज्योतियाँ दीख रही हैं वहाँ।
शीघ्रता करो वाद्य बज उठे
भला मैं कैसे जाऊँ वहाँ?

*शब्दार्थ* **ज्योतियाँ** *प्रकाश;* **शीघ्रता** *जल्दी।*

**व्याख्या** कवयित्री कहती है कि मंदिर में जलती हुई ज्योतियाँ जगमगा उठी हैं, जो दूर से ही मंदिर की शोभा को बढ़ाती हैं। मंदिर में बजते वाद्य यंत्रों की आवाज़ सुनकर शीघ्रातिशीघ्र मंदिर में पहुँचना चाहती हूँ। फिर कवयित्री, स्वयं से ही प्रश्न करती है कि मैं वहाँ कैसे जाऊँ? मंदिर में शीघ्र पहुँचने का कोई उपाय नहीं सूझ रहा है। मंदिर में जलते हुए दीपकों की रोशनी को देखकर कवयित्री स्वयं ही मंदिर की ओर आकर्षित होती है और जल्दी-से-जल्दी वहाँ पहुँचना चाहती है, किंतु स्वयं ही माँ के मंदिर पहुँचने में संदेहपूर्ण अवस्था में है, इसलिए वह कहती है कि मैं कैसे जाऊँ वहाँ?

**6.** सुनाई पड़ता है कल-गान
मिला दूँ मैं भी अपनी तान।
शीघ्रता करो मुझे ले चलो,
मातृ मंदिर में हे भगवान।।

***शब्दार्थ*** ***गान*** *संगीत;* **तान** *आलाप।*

**व्याख्या** कवयित्री कहती है कि मातृ मंदिर में होता समूहगान उसे अपनी ओर आकर्षित करता है। वह स्वयं मंदिर में होने वाले गीत की ध्वनि में अपना स्वर मिलाना चाहती है। वह शीघ्र ही माता के मंदिर में पहुँचना चाहती हैं तथा भगवान से प्रार्थना करती हैं कि हे भगवान! मुझे शीघ्र ही मातृ मंदिर में पहुँचा दो। कहने का तात्पर्य यह है कि मंदिर से आते पवित्र भजनों व घंटी की आवाज़ सुनकर कवयित्री की मातृ मंदिर में जाने की उत्सुकता व इच्छाशक्ति और अधिक बढ़ जाती है और वह शीघ्र ही मंदिर पहुँचना चाहती हैं।

**7.** चलूँ मैं जल्दी से बढ़ चलूँ
देख लूँ माँ की प्यारी मूर्ति।
अहा! वह मीठी-सी मुस्कान
जगा जाती है, न्यारी स्फूर्ति।।

***शब्दार्थ*** **मूर्ति** *प्रतिकृति;* **मुस्कान** *हल्का हँसना;* **स्फूर्ति** *फुर्ती।*

**व्याख्या** कवयित्री कहती है कि जल्दी-से-जल्दी चल कर मैं देवी माँ के दर्शन कर लूँ और माँ की प्यारी-सी मूर्ति देख लूँ। आगे कवयित्री कहती हैं कि माँ की प्यारी-सी मुस्कान से मेरे हृदय में एक नई-सी स्फूर्ति जाग जाती है कहने का तात्पर्य यह है कि कवयित्री माँ के दर्शन करना चाहती हैं, क्योंकि माँ की मूर्ति उनकी आँखों में बसी हुई है। वह किसी भी तरह माता के दर्शन करना चाहती हैं, क्योंकि माता के दर्शन से उनका शरीर नई उमंग, नई चेतना, नए उत्साह से भर उठता है। अत: वह माता की प्यारी-सी मुस्कान के दर्शन करना चाहती हैं।

**8.** उसे भी आती होगी याद?
उसे, हाँ आती होगी याद।
नहीं तो रूठूँगी मैं आज
सुनाऊँगी उसको फरियाद।।

***शब्दार्थ*** **रूठना** *नाराज होना;* **फरियाद** *प्रार्थना, शिकायत।*

**व्याख्या** कवयित्री मन में विचार करती है कि जिस तरह उसे (कवयित्री) माँ की याद आती है, उसी तरह क्या माँ को भी उसकी याद आती होगी? आगे वह संदेह प्रकट करते हुए कहती हैं, अगर माता मुझे याद (स्मरण) नहीं करती होंगी, तो मैं आज माँ से रूठ जाऊँगी और अपनी फरियाद सुनाऊँगी।

कवयित्री माँ को संबोधित करती हुई कहती हैं कि जिस माँ के स्मरण मात्र से उसके शरीर में नई स्फूर्ति जाग जाती है, यदि वह माँ उसे (कवयित्री) स्मरण नहीं करती, तो आज वह माँ से रूठकर अपनी फरियाद माँ के समक्ष रखेगी।

**9.** कलेजा माँ का, मैं संतान
करेगी दोषों पर अभिमान।
मातृ-वेदी पर हुई पुकार,
चढ़ा दो मुझको, हे भगवान।।

***शब्दार्थ*** **दोष** *कमी, अवगुण;* **अभिमान** *घमंड।*

**व्याख्या** कवयित्री कहती है कि माँ का हृदय बहुत ही विराट है। वह स्वयं को देवी माँ की संतान मानते हुए कहती हैं कि मैं भारत माता का अभिमान हूँ। यदि मातृभूमि की रक्षा की पुकार उठती है, तो हे भगवान! मैं अपने प्राणों को त्यागने के लिए तैयार हूँ। कवयित्री देवी माँ के हृदय की विराटता का बखान करते हुए कहती है कि जिस प्रकार एक माँ अपनी संतान के अवगुणों को अनदेखा करती है, उसी प्रकार देवी माँ का हृदय भी इतना विराट व विशाल है कि वे भी मुझ (कवयित्री) पर अभिमान करेंगी। वे भगवान को संबोधित करती हुई कहती हैं कि यदि मातृभूमि की रक्षा के लिए मुझे अपने प्राणों का बलिदान भी करना पड़ा, तो मैं पीछे नहीं हटूँगी।

**10.** सुनूँगी माता की आवाज़
रहूँगी मरने को तैयार।
कभी भी उस वेदी पर देव,
न होने दूँगी अत्याचार।।

***शब्दार्थ*** **आवाज़** *पुकार;* **अत्याचार** *क्रूरता।*

**व्याख्या** कवयित्री कहती हैं कि जब भी मैं अपनी मातृभूमि की पुकार सुनूँगी, तो सदैव उसकी रक्षा के लिए तैयार रहूँगी। कभी भी अपनी मातृभूमि पर अत्याचार व उसका अपमान नहीं होने दूँगी। कहने का तात्पर्य यह है कि कवयित्री कहती है कि जब मेरी मातृभूमि पर संकट के बादल छाएँगे, तब मैं सदैव उसकी रक्षा के लिए तत्पर रहूँगी। मातृभूमि की रक्षा के लिए मुझे अपने प्राणों को न्योछावर भी करना पड़े, तो मैं पीछे नहीं हटूँगी। अत: अपने प्राणों का त्याग कर दूँगी, किंतु अपनी मातृभूमि पर अत्याचार नहीं होने दूँगी।

**11.** न होने दूँगी अत्याचार
चलो, मैं हो जाऊँ बलिदान।
मातृ मंदिर में हुई पुकार,
चढ़ा दो मुझको, हे भगवान।।

***शब्दार्थ*** **बलिदान** *समर्पण , परित्याग;* **पुकार** *ऊँचे से बुलावा।*

**व्याख्या** कवयित्री कहती हैं कि मैं अपनी मातृभूमि पर अत्याचार नहीं होने दूँगी। मातृभूमि पर होते अत्याचार को खत्म करने के लिए मुझे अपने प्राणों का बलिदान भी देना पड़ा, तो मैं बलिदान के लिए तैयार हूँ। कवयित्री भगवान को संबोधित करती हुई कहती हैं कि हे भगवान ! जब भी मातृभूमि की रक्षा की पुकार उठे, तो मुझे उस पर बलिदान कर देना। कहने का तात्पर्य यह है कि कवयित्री देश में व्याप्त अत्याचार, हिंसा आदि के वातावरण का सदा के लिए नाश करना चाहती है तथा देश में समता-समानता व बंधुत्व की भावना का विकास करना चाहती हैं।

# एग्जाम पैटर्न प्रश्न (10 अंक)

***निम्नलिखित पद्यांशों को पढ़िए और उसके नीचे लिखे प्रश्नों के उत्तर हिंदी में लिखिए।***

**Q.1** व्यथित है मेरा हृदय-प्रदेश, चलूँ, **[ICSE 2025]**
उसको बहलाऊँ आज।
बताकर अपना सुख-दुःख उसे,
हृदय का भार हटाऊँ आज।।
चलूँ माँ के पद-पंकज पकड़
नयन जल से नहलाऊँ आज।
मातृ मंदिर में मैंने कहा...... चलूँ दर्शन कर आऊँ आज।।

(i) **'व्यथित' शब्द का अर्थ लिखकर बताइए कि यहाँ किसका हृदय व्यथित है? (2)**

उत्तर 'व्यथित' शब्द का अर्थ-दुःख, परेशान आदि है। यहाँ कवयित्री 'सुभद्रा कुमारी चौहान' का हृदय व्यथित है।

(ii) **कवयित्री अपना सुख-दुःख किसके साथ साझा करना चाहती हैं और किस प्रकार? (2)**

उत्तर कवयित्री अपना सुख-दुःख अपनी माँ अर्थात् मातृभूमि के साथ साझा करना चाहती हैं। वह अपनी माँ के चरणों को पकड़कर अपने आँसुओं से उनके चरणों को धोकर और उनसे अपने मन की बातें कहकर अपने हृदय का भार हल्का करना चाहती हैं।

(iii) **कविता के आधार पर बताइए कि मातृ मंदिर का मार्ग दुर्गम किस प्रकार है? उसे पार करने हेतु कवयित्री किससे सहायता की प्रार्थना करती है? (3)**

उत्तर कविता में मातृ मंदिर के मार्ग को दुर्गम बताया गया है, क्योंकि कवयित्री कहती हैं कि मैं तो दीन हूँ, छोटी हूँ और अज्ञानी हूँ, इसलिए यह मातृ मंदिर का मार्ग बड़ा ही दुर्गम है। उसे पार करने हेतु कवयित्री ईश्वर को संबोधित करते हुए सहायता की प्रार्थना करती हैं कि हे भगवान! अब इस दुर्गम मार्ग को पार करने का मार्ग अर्थात् भारत माता की सेवा करने का उचित मार्ग आप ही दिखाओ।

(iv) **कविता का मूल-भाव बताते हुए इसमें निहित संदेश लिखिए। (3)**

उत्तर प्रस्तुत कविता में कवयित्री आशा-निराशा के झूले में झूलती अत्यंत दुःखी हैं। वे अपने मन को शांत करने के लिए भारत माता के मंदिर जाकर उनके दर्शन करना चाहती हैं। उनके कमल रूपी चरणों को अपने अश्रु जल से धोना चाहती हैं। वे कहती हैं कि वह भारत माता की एक आवाज पर अपना संपूर्ण जीवन बलिदान कर सकती हैं। इस कविता द्वारा कवयित्री ने जन-जन में देश भक्ति की भावना को जागृत करने का प्रयास किया है।

**अन्य संभावित प्रश्न**

(i) **कवयित्री की इच्छा क्या है? वह किसके दर्शन करना चाहती है? अपने शब्दों में बताइए। (2)**

उत्तर कवयित्री की इच्छा है कि वह आज जाकर देवी माँ के दर्शन कर ले। कवयित्री देवी माँ के दर्शन कर अपनी सारी पीड़ा व दुःख को माँ के चरणों में प्रकट करना चाहती है। अतः कवयित्री देवी माँ के ही दर्शन करने को आतुर है।

(ii) **'हृदय का भार हटाऊँ' से कवयित्री का क्या तात्पर्य है? वह किस प्रकार का संदेश देना चाहती हैं? (2)**

उत्तर 'हृदय का भार हटाऊँ' से तात्पर्य है- मन में संचित दुःख, पीड़ा और अव्यक्त भावनाओं को व्यक्त करके हल्का करना।

कवयित्री यह संदेश देना चाहती है कि जब मनुष्य के हृदय में कोई मानसिक पीड़ा होती है, तो उसे अंदर-ही-अंदर दबाए रखने से वह और अधिक बोझिल हो जाता है। जब मनुष्य अपने भावों को किसी विश्वसनीय व्यक्ति; जैसे-माँ के समक्ष व्यक्त करता है, तो उसे मानसिक शांति प्राप्त होती है। यह आत्म-संवाद और भावनात्मक अभिव्यक्ति की आवश्यकता को दर्शाता है, जो मनोवैज्ञानिक रूप से व्यक्ति को राहत प्रदान करता है।

(iii) **"माँ के पद-पंकज पकड़ नयन जल से नहलाऊँ' पंक्ति में माँ के चरणों को कमल के समान क्यों बताया गया है? इस काव्यात्मक प्रतीक का गहरा अर्थ स्पष्ट कीजिए। (3)**

उत्तर 'माँ के पद-पंकज' में 'पंकज' अर्थात् कमल का प्रयोग माँ के चरणों के लिए एक पवित्र और सुंदर प्रतीक के रूप में किया गया है। कमल को भारतीय संस्कृति में पवित्रता, शुद्धता और त्याग का प्रतीक माना गया है। माँ के चरणों को कमल की उपमा देकर कवयित्री ने उनके प्रति श्रद्धा, सम्मान और दिव्यता प्रकट की है। नयन जल से चरणों को धोना कवयित्री के विनम्र और भावुक समर्पण को दर्शाता है, जहाँ वह अपने अश्रुओं के माध्यम से अपने समर्पण और भक्ति को व्यक्त कर रही हैं।

**Q.2** **किंतु यह हुआ अचानक ध्यान**
**दीन हूँ, छोटी हूँ, अज्ञान।**
**मातृ मंदिर का दुर्गम मार्ग**
**तुम्हीं बतला दो हे भगवान।**
**मार्ग के बाधक पहरेदार**
**सुना है ऊँचे-से सोपान।**
**फिसलते हैं ये दुर्बल पैर, चढ़ा दो मुझको, हे भगवान।।**

(i) **'मातृ मंदिर का दुर्गम मार्ग' क्या दर्शाता है और कवयित्री ने इसको कठिनाइयों से भरा क्यों बताया है? (2)**

उत्तर 'मातृ मंदिर का दुर्गम मार्ग' जीवन में आध्यात्मिक उन्नति और आदर्शों तक पहुँचने के मार्ग को दर्शाता है। इसे कठिन इसलिए कहा गया है, क्योंकि मनुष्य को अपनी कमजोरियों; जैसे-अहंकार, अज्ञानता और इच्छाओं पर विजय प्राप्त करनी होती है। ये बाधाएँ मनुष्य को सच्चे ज्ञान और भक्ति के मार्ग से भटकाती हैं।

(ii) **कवयित्री ने यहाँ किस प्रकार आत्मिक संघर्ष को व्यक्त किया है? क्या यह संघर्ष केवल व्यक्तिगत है या सार्वभौमिक सत्य को दर्शाता है? (2)**

उत्तर उपर्युक्त पंक्ति में कवयित्री ने आत्मिक संघर्ष को रूपक के माध्यम से प्रस्तुत किया है। यह केवल व्यक्तिगत संघर्ष नहीं है, बल्कि हर मनुष्य

की आध्यात्मिक यात्रा में आने वाले संदेह, अस्थिरता और आत्मविश्वास की कमी का प्रतीक है। यह सार्वभौमिक सत्य है, क्योंकि प्रत्येक व्यक्ति को जीवन में किसी-न-किसी मोड़ पर अपने संकल्प और विश्वास को बनाए रखने के लिए संघर्ष करना पड़ता है।

(iii) **'मार्ग के बाधक पहरेदार' किसे इंगित करते हैं? ये पहरेदार जीवन में किस प्रकार बाधा उत्पन्न करते हैं?** **(3)**

उत्तर 'मार्ग के बाधक पहरेदार' उन मानसिक और नैतिक चुनौतियों को इंगित करते हैं, जो मनुष्य की उन्नति में बाधक बनती हैं। ये अहंकार, लोभ, भय, संदेह और आलस्य जैसे नकारात्मक गुणों का प्रतिनिधित्व करते हैं। ये बाधाएँ व्यक्ति को अपने लक्ष्यों और आदर्शों की ओर बढ़ने से रोकती हैं और मनुष्य को आत्मचिंतन व आत्मविकास में बाधा पहुँचाती हैं।

(iv) **प्रस्तुत पंक्तियों में कवयित्री किस प्रकार ईश्वर से सहायता की याचना कर रही हैं? यह प्रार्थना किस भावनात्मक और दार्शनिक स्थिति को प्रकट करती है?** **(3)**

उत्तर प्रस्तुत पंक्तियों में कवयित्री ने अपने सीमित प्रयासों और आंतरिक असमर्थता को स्वीकार करते हुए ईश्वर से सहायता की प्रार्थना की है। यह भावनात्मक रूप से पूर्ण समर्पण, विनम्रता और आध्यात्मिक निर्भरता को दर्शाता है। दार्शनिक दृष्टि से यह विचार प्रकट होता है कि जब मनुष्य अपनी सीमाओं को पहचान लेता है और पूर्ण समर्पण के साथ ईश्वर से सहायता माँगता है, तभी वह आत्मिक उन्नति के मार्ग पर आगे बढ़ सकता है।

**Q.3** **'अहा! वे जगमग-जगमग जगीं**
**ज्योतियाँ दीख रही हैं वहाँ।**
**शीघ्रता करो, वाद्य बज उठे**
**भला मैं कैसे जाऊँ वहाँ?**
**सुनाई पड़ता है कल-गान**
**मिला दूँ मैं भी अपनी तान।**
**शीघ्रता करो मुझे ले चलो,**
**मातृ मंदिर में हे भगवान।।'**
**चलूँ मैं जल्दी से बढ़-चलूँ**
**देख लूँ माँ की प्यारी मूर्ति।**
**अहा ! वह मीठी सी मुस्कान**
**जगा जाती है, न्यारी स्फूर्ति।।**

(i) **कवि का 'जगमग-जगमग जगी ज्योतियाँ ' से क्या तात्पर्य है? इसका सांकेतिक अर्थ स्पष्ट करें।** **(2)**

उत्तर 'जगमग-जगमग जगी ज्योतियाँ' का शाब्दिक अर्थ चमकती हुई रोशनियों से है, लेकिन इसका गूढ़ और सांकेतिक अर्थ आध्यात्मिक जागृति, दिव्य ज्ञान अथवा भक्ति की अलौकिक आभा से जुड़ा हो सकता है।

(ii) **'वाद्य बज उठे' और 'कल-गान' का संदर्भ क्या है? यह किस प्रकार के वातावरण का चित्रण करता है?** **(2)**

उत्तर 'वाद्य बज उठे' का तात्पर्य वाद्ययंत्रों के बजने से और 'कल-गान' का आशय मधुर गायन से है। इस पंक्ति से उल्लासपूर्ण, भक्तिमय एवं दिव्य वातावरण का चित्रण होता है, जिसमें संगीत, नृत्य और गायन के माध्यम से आध्यात्मिक चेतना जागृत की जा रही है।

(iii) **कवयित्री 'शीघ्रता करो' की बार-बार पुनरावृत्ति क्यों कर रही हैं? इससे उनके मनोभावों का क्या संकेत मिलता है?** **(3)**

उत्तर 'शीघ्रता करो' की पुनरावृत्ति कवयित्री की व्याकुलता और उतावलेपन को दर्शाती है। इससे यह प्रतीत होता है कि कवयित्री किसी महत्त्वपूर्ण उद्देश्य या आध्यात्मिक स्थल तक जल्द से जल्द पहुँचने के लिए आतुर हैं। यह भक्ति, समर्पण और उस दिव्य वातावरण का हिस्सा बनने की तीव्र इच्छा को भी प्रकट करता है।

(iv) **'मातृ मंदिर' का प्रतीकात्मक अर्थ क्या हो सकता है? इसका आध्यात्मिक और सांस्कृतिक महत्त्व स्पष्ट करें।** **(3)**

उत्तर 'मातृ मंदिर' का प्रतीकात्मक अर्थ मातृ शक्ति, देवी आराधना और नारीत्व के प्रति श्रद्धा से संबंधित हो सकता है। यह भारत की देवी-उपासना परंपरा का प्रतीक हो सकता है, जहाँ शक्ति, करुणा और सृजन की देवी की पूजा की जाती है। सांस्कृतिक दृष्टि से यह राष्ट्र के प्रति भक्ति, मातृभूमि की आराधना या किसी पवित्र स्थान की महिमा को दर्शा सकता है। आध्यात्मिक रूप से यह मानव के अंतर्मन की शुद्धता और आत्मा की परम शक्ति के प्रति समर्पण को इंगित कर सकता है।

**अन्य संभावित प्रश्न**

(i) **कवयित्री की इच्छा क्या है? किस की प्यारी-सी मुस्कान से उसके शरीर में स्फूर्ति आ जाती है?** **(2)**

उत्तर कवयित्री की इच्छा है कि वह जल्दी-से-जल्दी चलकर देवी माँ के दर्शन कर ले और माता की प्यारी मूर्ति को देख ले। कवयित्री कहती है कि माँ की प्यारी-सी मुस्कान मेरे हृदय में नई-सी स्फूर्ति जगा जाती है।

(ii) **कवयित्री ने माँ की मुस्कान को किस रूप में चित्रित किया है? माँ की मुस्कान को प्रेरणास्रोत मानने के पीछे कवयित्री की भावना क्या हो सकती है?** **(3)**

उत्तर कवयित्री ने माँ की मुस्कान को प्रेम, शांति और प्रेरणा का प्रतीक माना है। माँ की मुस्कान को प्रेरणास्रोत मानने के पीछे कवयित्री की भावना यह है कि माता की मीठी-सी मुस्कान शरीर में नई उमंग, नई चेतना व नए उत्साह को भर देती है और कठिन परिस्थितियों से उबरने में साहस प्रदान करती है।

(iii) **प्रस्तुत पद्यांश की कवयित्री कौन हैं? उनका साहित्यिक परिचय दीजिए।** **(3)**

उत्तर प्रस्तुत पद्यांश की कवयित्री सुभद्रा कुमारी चौहान हैं। वे एक कवयित्री होने के साथ-साथ प्रसिद्ध गद्यकार भी थीं। इनकी कविताओं में देश-प्रेम की भावना प्राथमिक रूप से दिखाई देती है।। इनकी कविता 'खूब लड़ी मर्दानी, जन-जन में प्रिय है। इसके साथ-साथ इनकी कविताओं में पीड़ितों और शोषितों के प्रति करुणा की भावना भी देखने को मिलती है। इनकी भाषा सरल व सुबोध है तथा रचनाओं में चित्र-प्रधान शैली के दर्शन होते हैं

**Q.4** उसे भी आती होगी याद?
उसे हाँ आती होगी याद।
नहीं तो रूठूँगी मैं आज
सुनाउँगी उसको फरियाद।।
कलेजा माँ का, मैं संतान,
करेगी दोषों पर अभिमान।
मातृ वेदी पर हुई पुकार,

चढ़ा दो मुझको, हे भगवान।। **[ICSE 2020]**

(i) **कवयित्री किससे और क्या फरियाद करना चाहती है? (2)**

उत्तर कवयित्री देवी माँ से फरियाद करना चाहती है। जिस तरह उन्हें माँ की याद आती है, उसी तरह क्या माँ भी उसे याद करती हैं। यदि माँ मुझे याद नहीं करती होगी, तो मैं उनसे रूठ जाऊँगी और उन्हें अपनी फरियाद सुनाऊँगी।

(ii) **'माँ का कलेजा' किस प्रकार का होता है? वह अपनी संतान के साथ किस प्रकार का व्यवहार करती है? (2)**

उत्तर माँ का कलेजा बहुत ही विराट होता है। उसके हृदय में अपनी संतान के प्रति ममता, स्नेह व वात्सल्य के भाव भरे होते हैं। उसकी विशेषता यह है कि उसका प्यार कभी कम नहीं होता। वह अपनी संतान के अवगुणों को अनदेखा करती हुई उस पर अभिमान करती है।

(iii) **'मातृ वेदी पर हुई पुकार' इस पंक्ति का आशय स्पष्ट करते हुए लिखिए कि कवयित्री क्या कहना चाहती है? (3)**

उत्तर 'मातृ वेदी पर हुई पुकार' का आशय है कि मातृभूमि की रक्षा की पुकार उठती है। कवयित्री कहना चाहती है कि यदि मातृभूमि की रक्षा के लिए मुझे प्राणों का बलिदान भी करना पड़ता है, तो मैं पीछे नहीं हटूँगी। मैं प्राणों को त्यागने के लिए तैयार रहूँगी, किंतु अपनी मातृभूमि पर अत्याचार नहीं होने दूँगी।

(iv) **'मातृ मंदिर की ओर' कविता से क्या प्रेरणा मिलती है? अपने शब्दों में लिखिए। (3)**

उत्तर 'मातृ मंदिर की ओर' कविता से हमें देशभक्ति व देश-प्रेम की भावना की प्रेरणा मिलती है। यदि मातृभूमि की सेवा के लिए अपने प्राणों का भी त्याग करना पड़े, तो भी हमें पीछे नहीं हटना चाहिए तथा देश में समानता एवं बंधुत्व की भावना का विकास करना चाहिए। देश में व्याप्त अत्याचार व हिंसा के वातावरण का नाश करना चाहिए।

**Q.5 सुनूँगी माता की आवाज़**
**रहूँगी मरने को तैयार।**
**कभी भी उस वेदी पर देव**
**न होने दूँगी अत्याचार।**
**न होने दूँगी अत्याचार**
**चलो, मैं हों जाऊँ बलिदान**
**मातृ मंदिर में हुई पुकार,**
**चढ़ा दो मुझको, हे भगवान।।** **[ICSE 2017]**

(i) **'मातृ मंदिर' से क्या तात्पर्य है? वहाँ से कवयित्री को क्या पुकार सुनाई दे रही है? (2)**

उत्तर 'मातृ मंदिर' से तात्पर्य देवी माँ के मंदिर से है। कवयित्री देवी माँ के मंदिर में जाकर अपने व्यथित मन को बहलाना चाहती है, जिससे अपना सुख-दुःख माँ को बताकर अपने हृदय की पीड़ा को कम कर सके।

(ii) **मंदिर तक पहुँचने के मार्ग में कवयित्री को किन-किन कठिनाइयों का सामना करना पड़ता है? (2)**

उत्तर मंदिर तक पहुँचने का मार्ग अत्यंत दुर्गम है। वहाँ पहुँचने में कवयित्री स्वयं को असहाय महसूस करती है। मंदिर तक पहुँचने के मार्ग में पहरेदार बाधक रूप में खड़े हैं। मंदिर तक पहुँचने की सीढ़ियाँ अत्यंत ही ऊँची-ऊँची हैं। कवयित्री के दुर्बल पैर उन सीढ़ियों पर फिसलते हैं। अतः वह भगवान से प्रार्थना करती हुई कहती है कि हे भगवान! तुम मुझे वहाँ तक चढ़ा दो अर्थात् मुझे इतनी शक्ति व बल दो कि मैं रास्ते में आने वाली कठिनाइयों तथा रुकावटों को तोड़ते हुए माँ के मंदिर तक पहुँच सकूँ।

(iii) **कवयित्री अपनी मातृभूमि की रक्षा के लिए क्या करने को तैयार है और क्यों? (3)**

उत्तर कवयित्री अपनी मातृभूमि की रक्षा के लिए अपने प्राणों का भी बलिदान करने को तैयार है, क्योंकि वह मातृभूमि पर होने वाले अत्याचार को समाप्त करना चाहती है। अतः वह कहती है कि जब भी मातृभूमि की रक्षा की पुकार उठेगी, तो वह उस पर अपना सबकुछ बलिदान करने के लिए तैयार रहेगी?

(iv) **प्रस्तुत पद्यांश में कवयित्री की किस भावना को दर्शाया गया है? वह इस कविता के माध्यम से पाठकों को क्या संदेश देता चाहती हैं? (3)**

उत्तर प्रस्तुत पद्यांश में कवयित्री की देशभक्ति एवं देशप्रेम की भावना को दर्शाया गया है। कवयित्री देश में व्याप्त अत्याचार, हिंसा आदि के वातावरण का सदा के लिए नाश करना चाहती है तथा देश में समता-समानता एवं बंधुत्व की भावना का विकास करना चाहती है। वह इस कविता के माध्यम से पाठकों को यह संदेश देना चाहती है कि मातृभूमि की सेवा के लिए हमें अपने प्राणों का भी त्याग करना पड़े, तो हमें पीछे नहीं हटना चाहिए।

# संस्कार एवं भावना

*विष्णु प्रभाकर*

## लेखक का परिचय

विष्णु प्रभाकर जी का जन्म 21 जून, 1912 को उत्तर प्रदेश में हुआ था। इन्होंने स्नातक की परीक्षा उत्तीर्ण करने के बाद, पंजाब सरकार के कृषि विभाग में कार्य किया, परंतु बाद में नौकरी छोड़कर पूर्णरूप से लेखन-कार्य में संलग्न हो गए। इन्होंने साहित्य की विभिन्न विधाओं; जैसे- कहानी, उपन्यास, नाटक, एकांकी आदि पर लेखन कार्य किया है। इनकी प्रमुख रचनाएँ-धरती अब भी घूम रही है, पुल टूटने से पहले, निशिकांत, अर्द्धनारीश्वर, स्वप्नमयी, डॉक्टर, समाधि, कुहासा इत्यादि हैं। प्रभाकर जी को अपनी लेखनी के कारण अर्द्धनारीश्वर (उपन्यास) के लिए वर्ष 2009 में साहित्य अकादमी पुरस्कार से सम्मानित किया गया। इनकी सभी रचनाओं में मानवतावादी दृष्टिकोण दिखता है तथा एकांकी समस्या प्रधान तथा मानव प्रकृति से ओत-प्रोत एवं भावनात्मक गहराई से संबंधित है। 11 अप्रैल, 2009 में विष्णु प्रभाकर जी का देहांत हो गया था।

## एकांकी का परिचय

प्रस्तुत एकांकी एक मध्यवर्गीय परिवार की माँ की कहानी है, जो संस्कारों और भावनाओं के बीच संघर्ष करती है। इनके दो बेटे हैं। बड़ा बेटा अविनाश, जिसने एक विजातीय (बंगाली) लड़की से विवाह किया, जिसे उसकी माँ ने स्वीकार नहीं किया और इस कारण अविनाश की माँ ने अविनाश से संबंध तोड़ लिया। छोटा बेटा अतुल और उसकी पत्नी उमा माँ के साथ रहते हैं। जब माँ को यह जानकारी मिलती है कि अविनाश गंभीर रूप से बीमार था और उसकी पत्नी के कारण ही उसकी जान बची, तो वह व्याकुल हो जाती हैं, किन्तु वह कुल, धर्म, जाति आदि दासता में बंधी हुई हैं। कुछ समय बाद अविनाश की पत्नी के गम्भीर रूप से बीमार होने और इलाज के लिए पैसे न होने की बात सुनकर माँ बेचैन हो जाती हैं। माँ को यह एहसास होता है कि यदि बहू को कुछ हो गया, तो अविनाश भी नहीं बच पाएगा। इस संकट के समय माँ अपनी पारंपरिक सोच को छोड़ देती है और अपनी ममता के आधार पर अविनाश की पत्नी को स्वीकार करने का निर्णय लेती है।

## एकांकी का उद्देश्य

प्रस्तुत एकांकी के माध्यम से लेखक विष्णु प्रभाकर ने रूढ़िवादी संस्कारों व विचारधारा के स्थान पर मानवीय भावनाओं के महत्त्व को दर्शाया है। समय और परिस्थितियों के अनुसार सोच में परिवर्तन आवश्यक है। जाति और धर्म आधारित पुरानी मान्यताओं से ऊपर उठकर आपसी सम्बन्धों में प्रेम और मानवता को प्राथमिकता देनी चाहिए। एकांकी की पात्र माँ शुरुआत में विजातीय बहू को अपनाने से इनकार करती हैं, परन्तु परिस्थितियाँ बदलने पर वही बहू को स्वीकार कर लेती हैं। भावना का वेग संस्कारों की बेड़ियों को तोड़ देता है। इस कहानी के माध्यम से लेखक जातिवाद और भेदभाव को छोड़कर मानवीय मूल्यों को अपनाने का संदेश देते हैं।

## एकांकी के शीर्षक की सार्थकता

प्रस्तुत एकांकी का शीर्षक 'संस्कार एवं भावना पूर्ण रूप से उपयुक्त है, क्योंकि यह एकांकी के मुख्य संदेश को दर्शाता है। संस्कार पारंपरिक मान्यताओं और रूढ़ियों का प्रतीक है, जबकि भावना मानवीय संवेदनाओं और प्रेम को दर्शाती है। एकांकी में माँ शुरुआत में विजातीय बहू को पारंपरिक सोच के कारण अस्वीकार करती है, लेकिन बहू के त्याग और सेवा से प्रभावित होकर भावनाओं को महत्त्व देती हैं। इस प्रकार शीर्षक एकांकी की सार्थकता को पूरी तरह प्रस्तुत करता है।

## पात्र परिचय

**माँ** एकांकी की मुख्य पात्र माँ है और संपूर्ण घटनाचक्र इनके आस-पास ही घटित होता है। वह रूढ़िवादी संस्कारों से बँधी हुई हैं, साथ ही कोमल हृदयी एवं ममत्व भाव रखने वाली महिला भी हैं।

**अतुल** माँ का छोटा बेटा अतुल है। वह आधुनिक विचारों वाला, रूढ़िवादी तथा परंपराशील विचारों के विरुद्ध बोलने वाला, कोमल हृदयी, बड़ों का सम्मान करने वाला आदि गुणों से युक्त है।

**उमा** अतुल की पत्नी उमा है। वह खुली मानसिकता रखने वाली, पठनशील, चिंतनशील, बड़ों का सम्मान करने वाली तथा दयालु स्वभाव की स्त्री है।

**अविनाश** घर का बड़ा बेटा, अविनाश आधुनिक विचारों को मानने वाला, स्वाभिमानी और अपनी पत्नी से अत्यधिक प्रेम करने वाला व्यक्ति है।

**बड़ी बहू** अविनाश की पत्नी है, जो घर की बड़ी बहू है, वह आधुनिक विचारों से परिपूर्ण, सहृदयी, कोमल और सरल स्वभाव की महिला है, जो अपने स्वभाव से किसी का भी हृदय मोह लेती है।

**मिसरानी** माँ की पड़ोसन तथा कुमार की पत्नी है। वह आर्थिक रूप से कमज़ोर है तथा समय-समय पर माँ को बड़े बेटे अविनाश के बारे में बताती रहती है।

## एकांकी का सार

प्रस्तुत एकांकी में एक मध्यवर्गीय परिवार है, जिसमें एक माँ के दो बेटे हैं- अविनाश और अतुल। अविनाश ने विजातीय (बंगाली) लड़की से विवाह किया है, जिसे माँ ने स्वीकार नहीं किया, इसलिए वह पत्नी के साथ अलग रहता है। माँ छोटे बेटे अतुल और उसकी पत्नी उमा के साथ रहती है।

एक दिन माँ को पता चलता है कि अविनाश गंभीर रूप से बीमार है, लेकिन उन्हें यह सूचना पड़ोस की मिसरानी से मिलती है। यह जानकर माँ दु:खी माँ सोचती है कि बचपन में अविनाश को यदि खाँसी भी हो जाती थी तो वे दिन-रात उसकी सेवा में लगी रहती थी, किन्तु अब उनके बेटे की बीमारी का पता उन्हें दूसरों से चला है।

माँ को पता चलता है कि अतुल और उमा को अविनाश की बीमारी के विषय में पहले से जानकारी थी, लेकिन उन्होंने भी उन्हें नहीं बताया। अतुल का मानना था कि अविनाश मदद स्वीकार नहीं करेगा और माँ रूढ़िवादी संस्कारों से मुक्त होने का साहस नहीं रखती। बाद में, अविनाश की पत्नी के गंभीर रूप से बीमार होने और इलाज के लिए पैसे न होने की बात सुनकर माँ बेचैन हो जाती हैं। अतुल माँ से कहता है कि यदि वे विजातीय बहू को अपनाने को तैयार हैं तो, तभी वह उनके साथ चलेगा।

ममता के वशीभूत माँ अपनी रूढ़िवादी सोच छोड़कर बेटे-बहू को स्वीकार करने के लिए तैयार हो जाती हैं, जिससे पारिवारिक प्रेम और एकता की महत्ता स्थापित होती है।

## शब्दार्थ

**निर्मम** *निर्दय, दयाहीन*; **कोसा** *बुरा-भला कहना*; **कपोल** *गाल*; **भौचक** *हैरान*; **साक्षी** *गवाही*; **वरण** *चुनना*; *चयन करना*

**दासता** *गुलामी*; **परितोष** *पूर्ण संतोष*; **विजातीय** *दूसरी जाति का*; **विद्रुप** *उपहास*; **उद्विग्न** *व्याकुल, परेशान*; **अवाक्** *आश्चर्यचकित*; **पचड़े** *व्यर्थ के झंझट*; **वेदना** *दु:ख।*

# एग्जाम पैटर्न प्रश्न (10 अंक)

***निम्नलिखित गद्यांशों को पढ़कर नीचे दिए गए प्रश्नों के उत्तर दीजिए।***

**Q.1 मेरे ही तो बेटे हैं। माया-ममता किसी को नहीं छू गई है। हर बात में देश, धर्म और कर्त्तव्य की दुहाई देना उन्होंने सीखा है। आखिर इनका बाप भी तो ऐसा ही निर्मम था, मुझे याद है, जिस समय अतुल छोटा-सा था। बचने की कोई आशा न थी। उस समय वे शांत मन से उसको धरती पर लिटाने के लिए सामान हटा रहे थे। [ICSE Specimen 2023]**

(i) **वक्ता अपने बेटों के विषय में क्या जानती है? (2)**

उत्तर वक्ता अर्थात् माँ अपने बेटों के विषय में यह जानती है कि उसके बेटे भावरहित हैं। इनके लिए देश,धर्म और कर्त्तव्य भावनाओं से अधिक महत्त्वपूर्ण है। माया ममता से कोसों दूर है।

(ii) **'माया ममता किसी को छू नहीं गई है।' इस कथन का क्या आशय है? (2)**

उत्तर 'माया ममता किसी को छू नहीं गई है।' इस कथन का आशय यह है कि उसके बेटों के लिए सबसे बढ़कर कर्त्तव्य है, भावनाओं का उनके लिए कोई महत्त्व नहीं है। वे अपने व्यक्तिगत कष्टों की चर्चा किसी से भी नहीं करते थे। इस विषय में उन्होंने अपने दिल को बहुत कठोर बना लिया था। इसलिए अविनाश ने अपनी बीमारी की सूचना अपनी माँ को भी नहीं दी थी।

(iii) **बेटे हर बात में किस की दुहाई देते हैं और यह उन्होंने किस से सीखा है? (3)**

उत्तर बेटे हर बात में देश, धर्म और कर्त्तव्य की दुहाई देते हैं। उनके अनुसार, उनकी व्यक्तिगत समस्याएँ इससे बढ़कर नहीं हो सकतीं। इसलिए व्यक्तिगत परेशानियों में मनुष्य को कमज़ोर नहीं पड़ना चाहिए, यह उन्होंने अपने पिता से ही सीखा है।

(iv) **अतुल की बीमारी के समय पिता के किस व्यवहार ने सभी को आश्चर्यचकित किया? अतुल के पिता का चरित्र चित्रण करें। (3)**

उत्तर अतुल की बीमारी के समय उसके पिता का व्यवहार सभी को आश्चर्यचकित कर गया। जब अतुल की तबीयत खराब थी, तब उसके पिता ने उसे धरती पर लिटाने के लिए बिना किसी भावुकता के सामान को हटाना शुरू कर दिया। यह दर्शाता है कि वे अपनी व्यक्तिगत परेशानियों में भी विचलित नहीं होते थे।

अतुल के पिता एक कठोर और कर्त्तव्यनिष्ठ व्यक्ति थे, जिनके लिए देश, धर्म और कर्त्तव्य अधिक महत्त्वपूर्ण थे। वे भावनाओं को कमज़ोरी मानते थे और माँ के भावुक स्वभाव की निंदा करते थे। उनका व्यक्तित्व अनुशासन और दृढ़ता का प्रतीक था।

**अन्य संभावित प्रश्न**

(i) **उमा और माँ के चरित्र का वर्णन कीजिए। उनके व्यक्तित्व में क्या प्रमुख विशेषताएँ हैं? (2)**

उत्तर उमा एक भावुक, संवेदनशील महिला है। वह पारिवारिक रिश्तों को लेकर सजग है और अपनी माँ की पीड़ा को महसूस करती है। वह स्नेही स्वभाव की है लेकिन भाभी के प्रति संदेह रखती है। माँ ममतामयी सहृदय महिला है। वह अपने बच्चों के प्रति अत्यंत संवेदनशील है। अविनाश की बीमारी का पता चलते ही, वह अपने मातृ-हृदय में गहरे दुःख का अनुभव करती हैं।

(ii) **"माया ममता किसी को नहीं छू गई है।" प्रस्तुत पंक्ति का वक्ता कौन है और उसने यह पंक्ति किनके लिए कही? स्पष्ट कीजिए। (2)**

उत्तर "माया ममता किसी को नहीं छू गई है।" प्रस्तुत पंक्ति का वक्ता 'माँ' है और उसने यह पंक्ति अपने बेटों अविनाश एवं अतुल के लिए कही, क्योंकि दोनों बेटों में मोह-माया और ममता जैसे गुणों का अभाव था। स्वभाव से वे दोनों अपने पिता की ही तरह थे। इसलिए माँ ने कहा कि माया ममता किसी को नहीं छू गई है।

**Q.2 मैं जानती हूँ, तुम उन्हें प्यार करती हो। सोचो, कोई तुमसे कहे-तुम अतुल को छोड़ दो, क्योंकि उनकी माँ या उनका परिवार इस विवाह से नाराज़ है, तो क्या तुम, मैं आगे न सुन सकी। मैंने चिल्लाकर कहा, "भाभी, बस करो पर उन्होंने बात पूरी करके दम लिया. बोली, तो क्या तुम उन्हें छोड़ दोगी, बोलो........"**

(i) **उमा वक्ता से मिलने क्यों गई थी? वक्ता से मिलने के उपरांत उमा के हृदय में वक्ता की कैसी छवि अंकित हुई? (2)**

उत्तर उमा वक्ता (बड़ी बहू) से मिलने इसलिए गई थी, क्योंकि उसने माँ को अविनाश के वियोग में दुःखी होते देखा था, जिस कारण वह समझाने गई थी कि बड़ी बहू अविनाश का साथ छोड़ दे, जिससे अविनाश पुनः अपने परिवार के साथ रह सके और माँ खुशी से जीवन व्यतीत कर सके। वक्ता से मिलने के उपरांत उमा के हृदय में बड़ी बहू के लिए रूपवती, गुणवान एवं स्नेहशील नारी की छवि अंकित हुई।

(ii) **भाभी ने उमा के आरोपों का किस प्रकार उत्तर दिया और उनके संवाद से उनके व्यक्तित्व की कौन-सी विशेषताएँ उजागर होती हैं? (2)**

उत्तर भाभी ने बड़े धैर्य और संयम से उमा के आरोपों का उत्तर दिया। उन्होंने स्पष्ट किया कि वह माँ और बेटे के बीच कोई दीवार नहीं बनी है। उनके संवादों से संवेदनशीलता, कर्त्तव्यनिष्ठा, धैर्य और सहनशीलता जैसे विशेषताएँ उजागर होती हैं।

(iii) **वक्ता का संक्षेप में चरित्र-चित्रण कीजिए, उसका अविनाश के परिवार से संबंध टूटने का क्या कारण था? कौन-सा कार्य उसके साहस को दर्शाता है? (3)**

उत्तर वक्ता (बड़ी बहू) अविनाश की पत्नी थी, जोकि एक बंगाली परिवार से संबंध रखती थी, उसने अविनाश से विजातीय विवाह किया था, जिस कारण माँ ने उससे अपने संबंध तोड़ लिए थे। बड़ी बहू रूपवान, गुणी, संस्कारी और दयालु थी। संकट के समय अकेले होते हुए भी उसने अपने पति अर्थात् अविनाश के प्राणों की रक्षा की थी, जो उसके एक साहसी महिला होने को दिखाता है।

(iv) **वक्ता ने उमा से अतुल को छोड़ने के लिए प्रश्न क्यों किया? पति-पत्नी के संबंधों के बीच किस प्रकार का वैचारिक संघर्ष इस गद्यांश में प्रस्तुत किया गया है? (3)**

उत्तर वक्ता (बड़ी बहू) ने उमा से अतुल को छोड़ने के लिए प्रश्न इसलिए किया, क्योंकि वह जानती थी कि उमा, अतुल को बहुत प्रेम करती थी। यदि वह अतुल को नहीं छोड़ सकती, तो मैं किस प्रकार अविनाश को छोड़ सकती हूँ। इस बात का अहसास कराने के लिए उसने उमा से प्रश्न किया।

उमा मानती है कि भाभी ने अविनाश को माँ से दूर किया, जबकि भाभी का दृष्टिकोण है कि उन्होंने अपने पति का साथ दिया। यह एक संवेदनशील और भावनात्मक टकराव को दर्शाता है।

**Q.3 ''मुझे न जाने क्या हो रहा था। मेरा अंतर्मन काँपने लगा था, मैं उन्हें देखती थी तो जैसे मोहिनी-सी छा जाती थी। मैं थी भी और नहीं भी। मोहग्रस्त आदमी होता भी है और नहीं भी होता, पर हुआ यही, मैं वहाँ न ठहर सकी।'' [ICSE 2024]**

(i) **किसका अंतर्मन कब काँपने लगा था?** (2)

उत्तर उमा का अंतर्मन काँपने लगा था, जब भाभी (बड़ी बहू कोमल) ने उसे प्यार से अंदर आने के लिए कहा। वह भाभी की सुंदरता, व्यवहार और संस्कार से वह बहुत प्रभावित हो गई थी। उमा भाभी से लड़ने गई थी पर उनके रूप और व्यवहार ने उसे मंत्रमुग्ध कर दिया जैसे ही भाभी ने उसे अंदर आने के लिए कहा, तो वह घबराकर वापस आ गई।

(ii) **किन्हें देखकर वक्ता को मोहिनी-सी छा गई थी और क्यों?** (2)

उत्तर अविनाश की पत्नी अर्थात् उमा की भाभी कोमल को देखकर उमा को मोहिनी-सी छा गई। बड़ी बहू मृदुस्वभाव की आकर्षक व्यक्तित्व वाली महिला थी। वह बहुत गुणी, रुपवान, संस्कारी व दयालु थी। इसके साथ ही वह एक साहसी महिला थी, जिसने संकट के समय अपने पति के प्राणों की रक्षा की थी। वह अपने सरल स्वभाव से किसी का भी हृदय मोह लेती थी।

उसकी बड़ी-बड़ी काली आँखें, उनमें शैशव की भोली मुस्कुराहट, अनजान में ही लज्जा से लाल हुए कपोलों पर रहने वाली हँसी ने उमा के मन को मोह लिया था।

(iii) **अंत में माँ का हृदय परिवर्तन कब क्यों और किस प्रकार हुआ?** (3)

उत्तर माँ को जब पता चलता है कि अविनाश को तो बड़ी बहू ने अपने कठोर परिश्रम से बचा लिया था, किंतु अब बहू की तबीयत खराब है और वह मरने की स्थिति में है, तो माँ का हृदय पसीज़ उठता है, क्योंकि वह जानती है कि यदि बहू को कुछ हुआ, तो उनका बेटा भी जीवित नहीं बचेगा। माँ अपनी परंपरावादी विचारधारा को तोड़ते हुए अपनी बड़ी बहू को स्वीकार कर लेती हैं।

(iv) **'संस्कारों की दासता' से आप क्या समझते हैं? आधुनिक युग में हमारे लिए संस्कार अधिक महत्त्वपूर्ण हैं या भावनाएँ ज्यादा महत्त्व रखती हैं? तर्क सहित उत्तर लिखिए।** (3)

उत्तर 'संस्कारों की दासता' से तात्पर्य यह है कि व्यक्ति अपने रूढ़िपादी विचारों व संस्कारों के आगे किसी की भी भावनाओं को कोई महत्त्व नहीं देते चाहे वह उचित ही क्यों न हो, वह अपने रूढ़िवादी संस्कारों का दास ही बना रहता है।

आधुनिक युग में हमारे लिए संस्कार से अधिक भावनाएँ महत्त्व रखती हैं। समय व परिस्थितियों के बदलने पर हमें अपनी सोच में भी परिवर्तन लाना होगा। जाति व धर्म पर आधारित पुरानी मान्यताओं से ऊपर उठकर मानवता व मानवीय मूल्यों को स्थापित करना होगा।

**Q.4 ''काश कि मैं निर्मम हो सकती, काश कि मैं संस्कारों की दासता से मुक्त हो सकती। हो पाती तो कुल, धर्म और जाति का भूत मुझे तंग न करता और मैं अपने बेटे से न बिछुड़ती।'' (ICSE 2025)**

(i) **वक्ता कौन है? यह वाक्य वह किससे कह रही है?** (2)

उत्तर प्रस्तुत अवतरण का वक्ता 'माँ' है। यह वाक्य वह अपनी छोटी बहू उमा से कह रही है।

(ii) **''संस्कारों की दासता सबसे भयंकर शत्रु है'', यह कथन एकांकी में किसका है? उसने ऐसा क्यों कहा?** (2)

उत्तर ''संस्कारों की दासता सबसे भयंकर शत्रु है'', यह कथन एकांकी में बड़े बेटे अविनाश का है। उसने ऐसा इसलिए कहा था, क्योंकि उसकी माँ अपने संस्कारों के कारण उसे दूसरी जाति की लड़की से विवाह नहीं करने दे रही थी।

(iii) **संस्कारों की दासता के कारण वक्ता को किन-किन कठिनाइयों का सामना करना पड़ा?** (3)

उत्तर संस्कारों की दासता के कारण वक्ता अर्थात् माँ को अनेक कठिनाइयों का सामना करना पड़ा। वह अपने रूढ़िवादी विचारों और संस्कारों के चलते दूसरी जाति की बहू को स्वीकार नहीं कर पाती, जिसके कारण वह अपने बेटे व बहू से दूर रहने के लिए विवश होती है। इसके चलते उन्हें समाज की आलोचना का भी शिकार होना पड़ा।

(iv) **प्रस्तुत एकांकी द्वारा एकांकीकार ने क्या संदेश दिया है?** (3)

उत्तर प्रस्तुत एकांकी द्वारा एकांकीकार ने यह संदेश दिया है कि समय व परिस्थितियों के बदलने पर हमें अपनी सोच में भी परिवर्तन लाना होगा। जाति व धर्म पर आधारित पुरानी मान्यताओं से ऊपर उठकर मानवता व मानवीय मूल्यों को स्थापित करना होगा। जातिवाद की पुरानी सोच का त्याग कर संबंधों को बनाए रखना चाहिए।

**Q.5 मैं जानता था, तुम वहाँ नहीं जा सकोगी और जाने से भी क्या होता है, जब तुम उस नीची श्रेणी की विजातीय भाभी को घर नहीं ला सकती, तब तक प्रेम और ममता की दुहाई व्यर्थ है। तुम सब निर्मम हो, निर्मम**

(i) **''प्रेम और ममता की दुहाई व्यर्थ है।'' पंक्ति का आशय स्पष्ट कीजिए। वक्ता ने निर्मम किसको और क्यों कहा है?** (2)

उत्तर पाठ में माँ को जैसे ही पता चलता है कि अविनाश ने एक विजातीय लड़की से विवाह कर लिया है, तो वह अविनाश से अपने संबंध तोड़ लेती है, इसलिए जब तक वह अविनाश की पत्नी को स्वीकार नहीं कर लेती, तब तक उनका प्रेम या ममत्व की बातें करना बेकार है। अतुल ने अपनी माँ को निर्मम कहा था, क्योंकि एक माँ ने अपने बेटे से केवल विजातीय लड़की से विवाह करने के कारण संबंध तोड़ लिए थे।

(ii) **उमा और अतुल के दृष्टिकोण में क्या अंतर है? उमा की प्रतिक्रिया से उसके चरित्र का कौन-सा पक्ष उजागर होता है?** (2)

उत्तर उमा भावुक और आदर्शवादी है। वह मानती है कि भाई का कर्त्तव्य है कि वह अपने बीमार भाई से मिलने जाए, चाहे परिस्थितियाँ कैसी भी हों। वहीं अतुल अधिक व्यावहारिक है और मानता है कि भाभी की उपस्थिति में उसे अविनाश के पास जाने का कोई अधिकार नहीं है। उमा का चरित्र अत्यधिक भावुक और कर्त्तव्यनिष्ठ दिखता है। उसके संवादों से उसकी संवेदनशीलता, आदर्शवादिता और न्यायप्रियता उजागर होती है।

(iii) **अतुल और माँ के संवादों में किस प्रकार का वैचारिक मतभेद दिखाई देता है? उनके विचारों का तुलनात्मक विश्लेषण कीजिए।** **(3)**

उत्तर माँ अविनाश के प्रति अत्यंत भावुक और ममता से भरी हुई है। उसके लिए रक्त संबंध और ममता का बंधन सर्वोपरि है। वही अतुल का दृष्टिकोण तर्क प्रधान और व्यावहारिक है। वह मानता है कि अविनाश और उसकी पत्नी के बीच का संबंध सबसे मज़बूत है और उसमें हस्तक्षेप करना अनुचित है।

माँ इसे निर्ममता और कायरता मानती है कि अतुल और उमा अविनाश के पास नहीं गए, जबकि अतुल इसे भावनाओं पर नियंत्रण और संबंधों की मर्यादा का पालन मानता है।

(iv) **"भाभी से बढ़कर भईया का और कोई नहीं है!"- अतुल के इस कथन का विश्लेषण करते हुए बताइए कि पारिवारिक रिश्तों में प्राथमिकता का प्रश्न कैसे उठाया गया है?** **(3)**

उत्तर "भाभी से बढ़कर भईया का और कोई नहीं हैं।" अतुल का यह कथन बताता है कि विवाह के पश्चात् पति-पत्नी का संबंध सबसे महत्त्वपूर्ण बन जाता है। पत्नी अपने पति की देखभाल और सेवा में सबसे बड़ी भूमिका निभाती है। माँ और बहन जैसे रिश्ते भी महत्त्वपूर्ण हैं, लेकिन विवाह के बाद उनकी भूमिका सीमित हो जाती है। इस कथन से पारिवारिक रिश्तों में नई और पुरानी पीढ़ी के बीच टकराव उभरता है, जहाँ पुरानी पीढ़ी रक्त संबंधों को सर्वोपरि मानती है, वहीं नई पीढ़ी दांपत्य संबंधों को भी सर्वोपरि मानती है।

**Q.6 "हाँ उमा, अतुल मैं ठीक कह रही हूँ, वह नहीं बचेगा। उसे बचाने की शक्ति मुझी में है, केवल मुझी में।"** **[ICSE Specimen 2017]**

(i) **कथन के वक्ता तथा श्रोता का परिचय दीजिए।** **(2)**

उत्तर कथन में वक्ता 'माँ' है, जो इस एकांकी की मुख्य पात्र है। वह रूढ़िवादी विचारों से जकड़ी हुई एक वृद्ध महिला है। गद्यांश में श्रोता 'अतुल' है, जो माँ का छोटा बेटा है। वह आधुनिक विचारों वाला, रूढ़िवादी तथा परंपराशील विचारों के विरुद्ध मुखर होकर बोलने वाला पुरुष पात्र है।

(ii) **प्रस्तुत कथन किसके संबंध में है? उसे क्या हो गया है? वह क्यों नहीं बचेगा?** **(2)**

उत्तर प्रस्तुत कथन बड़े बेटे अविनाश के संबंध में है। उसकी पत्नी अत्यधिक बीमार है तथा मरणासन्न स्थिति में है। वह अपनी पत्नी से अत्यंत प्रेम करता है। इसलिए यदि उसकी पत्नी को कुछ हो गया, तो वह भी नहीं बचेगा।

(iii) **वक्ता यह क्यों कहती है कि सिर्फ़ वही उसे बचा सकती है? क्या वह उसे बचा पाती है?** **(3)**

उत्तर वक्ता (माँ) जानती है कि यदि बड़ी बहू को कुछ हो गया, तो अविनाश भी जीवित नहीं रहेगा। वह अपने प्राण त्याग देगा। इसलिए वह कहती है कि सिर्फ़ वही उसे बचा सकती है, क्योंकि बड़ी बहू की बीमारी में उसकी सेवा करके वह उसे स्वस्थ कर देगी तथा उसे अपनाकर अपने घर वापस ले आएगी। अतः वह उसे बचा पाती है। इस प्रकार, माँ अपनी रूढ़िवादी मानसिकता को छोड़ते हुए अविनाश के घर जाने और बड़ी बहू को स्वीकार करने के लिए तैयार हो जाती है।

(iv) **अतुल माँ से क्या चाहता है? इसके लिए वह माँ को क्या चेतावनी देता है? इस चेतावनी पर माँ की क्या प्रतिक्रिया होती है?** **(3)**

उत्तर अतुल माँ से चाहता है कि वह अपनी बड़ी बहू तथा बेटे से मिल लें। इसके लिए वह माँ को चेतावनी देता है कि एक बार फिर से सोच लो। यदि तुम उस नीच कुल की विजातीय भाभी को इस घर में नहीं ला सकीं, तो जाने से कोई लाभ नहीं होगा। इस चेतावनी पर माँ प्रतिक्रिया व्यक्त करते हुए कहती है कि मैं जानती हूँ अतुल, इसलिए ही तो जा रही हूँ, ताकि अपनी बहू को घर वापस ला सकूँ।

# 2

# बहू की विदा

*विनोद रस्तोगी*

## लेखक का परिचय

हिंदी साहित्य के प्रसिद्ध एकांकीकार विनोद रस्तोगी का जन्म, 1923 में उत्तर प्रदेश के फरुर्खाबाद ज़िले के शमसाबाद नामक गाँव में हुआ था। इन्होंने प्रारंभिक शिक्षा फरुर्खाबाद और स्नातक की शिक्षा कानपुर से उत्तीर्ण की। हिंदी विषय में एम.ए. करने के बाद ये आकाशवाणी, इलाहाबाद में नाट्य निर्देशक बने। रस्तोगी जी ने साहित्य की विभिन्न विधाओं में रचनाएँ लिखीं, जिनमें बर्फ की मीनार, गोपा का दान, आज़ादी के बाद, नए हाथ, भगीरथ के बेटे और दरारें प्रमुख हैं। इन्होंने अपने लेखन के माध्यम से समाज की समस्याओं को उजागर किया।

## एकांकी का परिचय

प्रस्तुत एकांकी समाज में दहेज प्रथा की समस्या पर आधारित है। प्रमोद अपनी बहन कमला को ससुराल से लेने के लिए जाता है, लेकिन उसके ससुर जीवनलाल पाँच हज़ार रुपये दहेज की माँग करते हैं और बहू को विदा करने से मना कर देते हैं। साथ ही अपनी बात पर अड़े रहकर प्रमोद को खूब खरी-खोटी सुनाते हैं। कमला की सास राजेश्वरी तिजोरी से पैसे देकर विदाई करवाने को कहती है लेकिन प्रमोद इंकार कर देता है। इसी बीच, जीवनलाल का बेटा रमेश अपनी बहन गौरी को ससुराल से लाने में असफल रहता है, क्योंकि वहाँ भी दहेज की माँग की जाती है। यह सुनकर जीवनलाल को अपनी गलती का एहसास होता है और वह कमला की विदाई के लिए तैयार हो जाता है।

## एकांकी का उद्देश्य

प्रस्तुत एकांकी का मुख्य उद्देश्य समाज में व्याप्त दहेज प्रथा की बुराइयों को उजागर करना और इसके दुष्परिणामों को जागरूक करना है। यह एकांकी दर्शाती है कि दहेज का लोभ न केवल परिवारों में तनाव उत्पन्न करता है, बल्कि महिलाओं के सम्मान और पारिवारिक संबंधों को भी आहत करता है। अंत में जीवनलाल को अपनी गलती का एहसास कराकर एकांकी के माध्यम से यह संदेश दिया गया है कि दहेज प्रथा गलत है और इसे त्यागकर पारिवारिक सौहार्द बनाए रखना चाहिए।

## एकांकी के शीर्षक की सार्थकता

प्रस्तुत एकांकी का शीर्षक 'बहू की विदा' इस एकांकी के मुख्य कथानक को पूरी तरह सार्थक करता है। पूरा घटनाक्रम कमला की विदाई को केंद्र में रखकर प्रस्तुत किया गया है, जिसे उसके ससुर जीवनलाल दहेज की माँग के कारण रोक देते हैं। जब जीवनलाल का पुत्र रमेश भी अपनी बहन गौरी को दहेज पूरा न होने के कारण ससुराल से वापस लाने में असफल रहता है, तो उसे अपनी गलती का एहसास होता है। अंत में वह अपनी बहू कमला की विदाई के लिए सहमत हो जाता है।

यह शीर्षक न केवल कमला की विदाई को दर्शाता है, बल्कि दहेज प्रथा के कारण उत्पन्न पारिवारिक संघर्ष और जागरूकता का भी प्रतीक है।

## पात्र-परिचय

**जीवनलाल** जीवनलाल एक पचास वर्षीय गंभीर स्वभाव वाला तथा एक लोभी, स्वार्थी और अहंकारी व्यक्ति है, जो पैसों को रिश्तों से ऊपर रखता है। एकांकी के अन्त में जब उसकी स्वयं की बेटी के साथ दहेज के कारण उसके ससुराल वाले विदा नहीं करते, तो इस घटना से उसका हृदय परिवर्तित हो जाता है।

**राजेश्वरी** राजेश्वरी दयालु, ममतामयी और दहेज विरोधी महिला है, जो रिश्तों को अधिक महत्त्व देती है। वह अपने पति जीवनलाल को भी समझाती है।

**रमेश** रमेश आधुनिक, आज्ञाकारी और दहेज विरोधी युवक है, जो पिता का विरोध नहीं कर पाता। वह अपनी बहन को लेने ससुराल जाता है, जहाँ जीवनलाल उसे खरी-खोटी सुनाता है और वह वापस अकेला लौट आता है।

**कमला** संस्कारी, निःस्वार्थी और आदर्श बहू, जो बड़ों का आदर करती है और परिवार की खुशी के लिए अपनी खुशियाँ त्यागने को तैयार रहती है।

**प्रमोद** प्रमोद कमला का भाई है। वह एक स्वाभिमानी, संस्कारी सहृदय वाला और बड़ों का सम्मान करने वाला युवक है, जो स्वाभिमान के कारण राजेश्वरी द्वारा दिए पैसे स्वीकार नहीं करता।

**गौरी** जीवनलाल की बेटी है, वह सहृदय, हँसमुख और मिलनसार स्वभाव की लड़की है, जो सभी से घुल-मिल जाती है।

## एकांकी का सार

प्रस्तुत एकांकी में जीवनलाल, एक धनाढ्य व्यापारी है, जो धन को सबसे अधिक महत्त्व देता है। प्रमोद, अपनी बहन को सावन मनाने के लिए विदा कराने आता है, लेकिन जीवनलाल दहेज की कमी का हवाला देकर उसे जाने से मना कर देता है। वह पाँच हज़ार रुपये की माँग करता है, जो उसने विवाह के समय अपमानित होने का बदला समझा। प्रमोद उन्हें समझाता है कि कमला निर्दोष है आप उससे बदला न लें और उसे विदा कर दें, लेकिन जीवनलाल अपने फैसले पर अडिग रहता है। मजबूर होकर प्रमोद घर बेचने को तैयार हो जाता है, लेकिन कमला उसे ऐसा करने से रोकती है। कमला की सास राजेश्वरी, जो संवेदनशील है, तिजोरी से पैसे लाकर देने को कहती है, पर स्वाभिमानी प्रमोद इसे अस्वीकार कर देता है।

इसी बीच, जीवनलाल अपनी बेटी गौरी के स्वागत की तैयारी करता है, पर जब उसका बेटा रमेश अकेला लौटता है, तो पता चलता है कि ससुराल वालों ने दहेज की कमी के कारण उसकी बेटी की विदाई नहीं की। यह सुनकर जीवनलाल आक्रोश से भर हो जाता है और गौरी के ससुराल वालों को लालची कहता है। तब राजेश्वरी उसे समझाती है कि जो व्यवहार वह अपनी बेटी के लिए चाहता है, वही बहू के लिए भी होना चाहिए। जीवनलाल को अपनी गलती का अहसास होता है और वह बहू की विदाई की तैयारी करने का आदेश देता है। यह सुनकर सभी प्रसन्न हो जाते हैं।

## शब्दार्थ

**समृद्धि** *संपन्नता*; **विनम्र** *विनीत*; **सामर्थ्य** *योग्यता*; **बिरादरी** *भ्रातृभाव*; **उत्तेजित** *जोश से भरा हुआ*; **सरासर** *पूरी तरह से*; **घटा** *बादल*; **आर्द्र** *नम*; **कामना** *इच्छा*; **मौन** *चुप*; **गूढ़** *गहरा*; **उतावला** *तेज़ी करने वाला*, **नेपथ्य** *रंगमंच के परदे के पीछे का वह स्थान, जहाँ 'अभिनेता-अभिनेत्री अपनी वेशभूषा आदि बदलते हैं।* **हतप्रभ** *चकित*; **शराफत** *सज्जनता*; **लज्जित** *शर्मिंदा*; **यवनिका** *रंगमंच का परदा।*

# एग्ज़ाम पैटर्न प्रश्न (10 अंक)

*निम्नलिखित गद्यांशों को पढ़कर नीचे दिए गए प्रश्नों के उत्तर दीजिए।*

**Q.1 'शिकायत आपको हमसे है, उस भोली-भाली लड़की ने आपका क्या बिगाड़ा है, जो विदा न करके आप उससे बदला ले रहे हैं।' [ICSE 2025]**

(i) **जीवनलाल को किस व्यक्ति से शिकायत थी और क्या शिकायत थी? (2)**

उत्तर जीवनलाल को कमला के भाई प्रमोद से शिकायत थी। उसे यह शिकायत थी कि उसने दहेज के रूप में कम पैसे दिए हैं, जिससे जीवनलाल की समाज में इज्जत कम हो रही है।

(ii) **भोली-भाली लड़की कौन है? उसके पति का नाम बताइए। (2)**

उत्तर भोली-भाली लड़की जीवनलाल की बहू है। उसके पति का नाम रमेश है।

(iii) **क्या जीवनलाल ने अपनी बहू को विदा किया? यदि हाँ, तो उनके हृदय परिवर्तन का कारण बताइए। (3)**

उत्तर हाँ जीवनलाल ने अपनी बहू कमला को विदा किया था। उसके हृदय परिवर्तन का कारण उनकी पत्नी राजेश्वरी का भावनात्मक दबाव, बहू की मासूमियत व उसकी बेटी के साथ भी हुआ वही व्यवहार था। राजेश्वरी ने समझाया कि जो तुम्हारी बेटी के साथ उसके ससुराल वालों ने किया है वही व्यवहार तुम अपनी बहू के साथ भी कर रहे हो तब जीवनलाल को अपनी गलती का अहसास होता है।

(iv) **जीवनलाल की पत्नी कौन थी? जीवनलाल एवं उनकी पत्नी के चरित्र का तुलनात्मक विश्लेषण कीजिए। (3)**

उत्तर जीवनलाल की पत्नी राजेश्वरी थी।
जीवनलाल एक कठोर व अहंकारी व्यक्ति है, तो उसकी पत्नी दयालु व समझदार महिला है। जीवनलाल अपनी बात मनवाने और बदला लेने के स्वभाव का है, तो दूसरी ओर राजेश्वरी अपनी बहू के साथ सहानुभूति रखती है वह भावनात्मक रूप से मजबूत है, तभी वह जीवनलाल को प्रभावित कर उसका हृदय-परिवर्तन कर पाती है।

**Q.2 'मेरी बेटी पहला सावन यहाँ बिताएगी, तुम्हारी बहन के सपने कभी पूरे नहीं होंगे और उसके सपनों के खून का दाग तुम्हारे हाथों और तुम्हारी माँ के आँचल पर होगा।' [ICSE 2023]**

(i) **प्रस्तुत कथन के वक्ता और श्रोता कौन हैं? वक्ता की मानसिकता बताइए। (2)**

उत्तर प्रस्तुत कथन के वक्ता जीवनलाल और श्रोता प्रमोद हैं। जीवनलाल एक धन का लोभी व्यक्ति है। वह अपनी बहू कमला की विदाई इसलिए नहीं करना चाहता है, क्योंकि उसे पाँच हज़ार रुपये दहेज के रूप में और मिलने चाहिए। इससे पता चलता है कि जीवनलाल की मानसिकता बहुत पिछड़ी हुई है, क्योंकि जीवनलाल संबंधों की अपेक्षा धन को अधिक महत्त्व देता है।

(ii) **यहाँ बहन के किस सपने की बात हो रही है? क्या वह वास्तव में सपना होता है? (2)**

उत्तर प्रस्तुत गद्यांश में प्रमोद की बहन अर्थात् कमला के सपने की बात हो रही है उसका सपना था कि वह भी अन्य नववधुओं की तरह अपने विवाह के पहले सावन का त्योहार अपने मायके में अपनी सखियों के साथ मनाए। हाँ, यह वास्तव में प्रत्येक लड़की का सपना होता है कि वह विवाह के बाद अपना पहला सावन अपने मायके में ही मनाए।

(iii) **वक्ता ने बहन के सपने पूरे न हो पाने का ज़िम्मेदार किन्हें ठहराया और क्यों? क्या वहीं इसके ज़िम्मेदार हैं? आपके दृष्टिकोण से क्या वक्ता का व्यवहार उचित था? तर्क सहित उत्तर दीजिए। (3)**

उत्तर वक्ता (जीवनलाल) ने बहन के सपने पूरे न हो पाने का ज़िम्मेदार प्रमोद को ठहराया, क्योंकि जीवनलाल ने प्रमोद से कहा कि जब तक वह पाँच हज़ार रुपये नहीं देगा, तब तक वह कमला को विदा अर्थात् मायके ले जाने की अनुमति नहीं देंगे। प्रमोद इसका ज़िम्मेदार नहीं था। जीवनलाल का व्यवहार बिलकुल भी उचित नहीं था, क्योंकि यह सब वह दहेज के लालच में कर रहा था।

(iv) **इस एकांकी में समाज की किस ज्वलन्त समस्या की ओर इशारा किया गया है? इस समस्या से समाज में क्या स्थिति उत्पन्न हो रही है? एकांकी का उदाहरण देते हुए स्पष्ट कीजिए। (3)**

उत्तर इस एकांकी में समाज की दहेज प्रथा की समस्या की ओर इशारा किया गया है। इस समस्या से समाज में दहेज उत्पीड़न जैसे मामले व आत्महत्या के मामले बढ़ रहे हैं तथा लड़कियाँ और उनके परिवार वाले शादी करने से डर रहे हैं कि उनकी लड़की के साथ ससुराल में कैसा व्यवहार होगा। जिस प्रकार 'बहू की विदा' एकांकी में जीवनलाल अपनी बहू के साथ अच्छा व्यवहार नहीं करता उसी प्रकार आज धन को रिश्तों से अधिक महत्त्व देने के कारण मनुष्य की मानवीयता एवं उसकी भावनाएँ समाप्त होती जा रही हैं। अतः यह पूर्णतः उपयुक्त कार्य नहीं है।

**Q.3 पागल मत बनो, कमला! रोओ मत, मैं कहता हूँ! रोओ मत, इन मोतियों का मूल्य समझने वाला यहाँ कोई नहीं है। पानी से पत्थर नहीं पिघल सकता।**

(i) **'रोओ मत, मैं कहता हूँ।' में 'मैं' शब्द किसके लिए प्रयुक्त हुआ है तथा उसने ऐसा क्यों कहा? (2)**

उत्तर प्रस्तुत कथन 'मैं कहता हूँ! रोओ मत' में 'मैं' शब्द प्रमोद के लिए प्रयुक्त हुआ है तथा उसने ऐसा इसलिए कहा, क्योंकि उसकी बहन कमला उसके सामने आते ही रोने लगती है। अतः वह कमला को रोता हुआ नहीं देख पाता इसलिए उसे सांत्वना (धैर्य) देते हुए कहता है कि रोओ मत, यहाँ इन मोतियों का मूल्य समझने वाला कोई नहीं है।

(ii) **कमला क्यों रो रही थी? वक्ता ने क्यों कहा कि 'पानी से पत्थर नहीं पिघल सकता।'** **(2)**

उत्तर कमला इसलिए रो रही थी, क्योंकि उसके ससुर ने दहेज पूरा न देने की बात कहकर उसके भाई को लज्जित किया था, जिस पर भाई घर को बेचकर दहेज की रकम देने की बात कर रहा था। प्रमोद ने ऐसा इसलिए कहा, क्योंकि ससुर की बात सुनकर कमला रोने लगी थी, जिस कारण प्रमोद, जीवनलाल की तुलना पत्थर से करते हुए यह कहता है कि 'पानी से पत्थर नहीं पिघल सकता।

(iii) **राजेश्वरी का चरित्र गद्यांश में किस प्रकार उभरकर आता है? उनका स्वाभिमान किस बात से प्रकट होता है? कमला के विदाई के लिए उन्होंने क्या किया?** **(3)**

उत्तर राजेश्वरी का चरित्र एक सशक्त, संवेदनशील और न्यायप्रिय महिला के रूप में उभरकर सामने आता है। उनका स्वाभिमान तब प्रकट होता है, जब वह कहती हैं कि काग़ज़ के रंग-बिरंगे टुकड़े उनके मुँह पर मार देना। जब वह समझती है कि कमला की विदाई के लिए रुपये माँगे जा रहे हैं, तो वह तत्काल तिजोरी से रुपये निकालने का आदेश देती है।

(iv) **प्रमोद ने रुपये लेने से मना क्यों किया? इस गद्यांश में धन और रिश्तों के बीच क्या विरोधाभास दर्शाया गया है?** **(3)**

उत्तर प्रमोद एक स्वाभिमानी एवं संस्कारी व्यक्ति है इसलिए वह दहेज देने के लिए घर बेचने को तैयार है, लेकिन कमला की सास राजेश्वरी के द्वारा दिए गए पैसे लेने को नहीं।

एकांकी में धन और रिश्तों के बीच स्पष्ट विरोधाभास उभरता है। कमला के ससुराल पक्ष ने उसकी विदाई के लिए रुपये की माँग रखी, जिससे रिश्तों की गरिमा को धन से मापा जा रहा था। दूसरी ओर, प्रमोद बहन की विदाई के लिए घर बेचने को तैयार है, जो उनके रिश्ते के भावनात्मक संबंध को दर्शाता है और राजेश्वरी द्वारा तिजोरी से रुपये निकालने का आदेश देना यह दर्शाता है कि ममता और प्रेम के आगे धन का कोई मूल्य नहीं होना चाहिए।

**Q.4 ठीक ही कहा आपने। आज के युग में पैसा ही नाक और मूँछ है, जिसके पास पैसा नहीं वह नाक-मूँछ होते हुए भी नकटा है. मूँछकटा है।**

(i) **प्रस्तुत कथन किसने, किससे व किस संदर्भ में कहा है?** **(2)**

उत्तर प्रस्तुत कथन प्रमोद ने कमला के ससुर जीवनलाल से उसके धन का अंहकारी होने के संदर्भ में कहा है, क्योंकि जीवनलाल धन को ही मान-सम्मान व प्रतिष्ठा का आधार मानता है। अपनी इस प्रवृत्ति के कारण वह प्रमोद का अपमान करता है, जिस पर प्रमोद उससे उक्त कथन कहता है।

(ii) **गद्यांश में नाक और मूँछ को किस संदर्भ में प्रयुक्त किया गया है? यहाँ वर्तमान समय की किस प्रवृत्ति पर तीखा प्रहार किया गया है?** **(2)**

उत्तर गद्यांश में नाक और मूँछ को मान-सम्मान के संदर्भ में प्रयुक्त किया गया है, जिस व्यक्ति का समाज में मान-सम्मान नहीं है, उस व्यक्ति का जीवन व्यर्थ है। यहाँ वर्तमान समय में लोगों के अंदर विकसित होती लालची प्रवृत्ति व धन को मनुष्य से अधिक महत्त्व देने की प्रवृत्ति पर तीखा प्रहार किया गया है। इस प्रवृत्ति के कारण ही जीवनलाल अपनी बहू कमला की विदाई नहीं करता है।

(iii) **'नाकवाले अपनी बेटी का स्वागत कैसे करते हैं।' से जीवनलाल के व्यक्तित्व की कौन-सी विशेषता प्रकट होती है? वह गौरी के स्वागत की तैयारी करने पर इतना जोर क्यों देते हैं?** **(3)**

उत्तर 'नाकवाले' शब्द का प्रयोग जीवनलाल ने अपनी शान और सामाजिक रुतबे को दर्शाने के लिए किया है। इस संवाद से उनके अभिमानी और प्रतिष्ठा-प्रधान स्वभाव का परिचय मिलता है। वे समाज में अपनी छवि और सम्मान को अत्यधिक महत्त्व देते हैं। जीवनलाल समाज में अपनी प्रतिष्ठा बनाए रखना चाहते हैं। बेटी के स्वागत की भव्य तैयारी उनके सामाजिक मान-सम्मान की रक्षा का प्रतीक है।

(iv) **पाठ में पारिवारिक तनाव, जीवनलाल का अहंकारी पक्ष और गौरी की विदाई न होने की घटना इन तीनों के आधार पर पारिवारिक मूल्य और मानसिक तनाव की चर्चा कीजिए।** **(3)**

उत्तर पाठ में पारिवारिक मूल्यों की गिरावट और मानसिक तनाव को उजागर किया गया है। राजेश्वरी और जीवनलाल के संवादों से स्पष्ट होता है कि उनके बीच भावनात्मक दूरी और आपसी मतभेद हैं। जीवनलाल का कटाक्षपूर्ण व्यवहार और राजेश्वरी का चिढ़कर उत्तर देना पारिवारिक तनाव को दर्शाता है। गौरी की विदाई न होना, दहेज के कारण उत्पन्न समस्या को और अधिक गहरा कर देता है। परिवार में आर्थिक और सामाजिक दबाव के कारण आपसी संबंधों में कटुता आ जाती है।

**Q.5 'मुझे और लज्जित ना करो'। मेरी चोट का इलाज बेटी की ससुराल वालों ने दूसरी चोट से कर दिया है।** **[ICSE Specimen 2023]**

(i) **'मुझे और लज्जित ना करो' वाक्य किसने कहा? उसका संक्षिप्त परिचय लिखिए।** **(2)**

उत्तर 'मुझे और लज्जित ना करो' यह वाक्य जीवनलाल ने कहा। जीवनलाल एक पचास वर्षीय गंभीर स्वभाव का धनवान व्यापारी है। वह एक लोभी, अहंकारी भावनाओं से रहित व्यक्ति है, जो संबंधों की अपेक्षा धन को अधिक महत्त्व देता है। वह बहू और बेटी में बहुत फ़र्क करता है। अपनी बेटी से उसे बहुत प्यार है, किंतु अपनी बहू की भावनाओं को सम्मान नहीं देता। घटनाक्रम के अनुसार, अंत में उसकी आँखें खुलती हैं और उसका हृदय परिवर्तित हो जाता है।

(ii) **'मेरी चोट' से क्या आशय है? उसने ऐसा क्यों कहा?** **(2)**

उत्तर वक्ता जीवनलाल दहेज कम मिलने के कारण अपनी बहू को विदा नहीं कर रहा था। वह अपनी बहू के यहाँ से उसकी इच्छानुसार दहेज मिलने से अपने ऊपर चोट मानता है और प्रमोद (बहु का भाई) से दहेज रूपी मरहम की माँग करता है। उसे इस बात का बहुत घमंड था कि उसने अपनी बेटी को बहुत दहेज दिया है, इसलिए उसकी बेटी के ससुराल वाले उसकी बेटी की विदाई बड़े मान-सम्मान से करेंगे, किन्तु जब उनका बेटी रमेश अपनी बहन को ससुराल से बिना लिए वापस लौटकर आया तो उन्हें बहुत दुःख हुआ।

(iii) **जीवनलाल के मन में पश्चाताप् का भाव कब और क्यों पैदा हुआ? विस्तार से समझाइए।** **(3)**

उत्तर जब जीवनलाल की बेटी के ससुराल वालों ने उसको भेजने से मना कर दिया, तब जीवनलाल के मन में पश्चाताप् का भाव पैदा हुआ, क्योंकि पहले वह अपनी बहू के मायके वालो से दहेज की माँग करता है और

जब खुद की बेटी के साथ ऐसा होता है तो उसकी आँखें खुल जाती हैं और उसको अपने किए पर पश्चाताप् होता है, जिसके फलस्वरूप वह बहू और बेटी के बीच का भेद समाप्त कर देता है।

(iv) **इस अवतरण के आधार पर एकांकी का मुख्य उद्देश्य क्या है? बेटी और बहू के प्रति समान दृष्टिकोण रखने की आवश्यकता क्यों है? (3)**

उत्तर इस एकांकी का मुख्य उद्देश्य यह है कि हमें कभी भी अपनी बेटी और बहू में कोई फर्क नहीं करना चाहिए, क्योंकि दूसरों के घर की बेटी हमारे घर बहू बनकर आती है, तो हमारी बेटी भी दूसरों के घर बहू बनकर जाती है। हमें हमेशा दोनों को समान समझना चाहिए। हमें अपनी बहू-बेटियों का सम्मान करना चाहिए, उनकी भावनाओं का सम्मान करना चाहिए। अतः हमें समाज से दहेज जैसी सामाजिक बुराई को जड़ से उखाड़ फेंकना चाहिए।

**Q.6 अब भी आँखें नहीं खुलीं, जो व्यवहार अपनी बेटी के लिए तुम दूसरों से चाहते हो, वही दूसरे की बेटी को भी दो। जब तक बहू और बेटी को एक समान नहीं समझोगे, न तुम्हें सुख मिलेगा और न शांति।**

**[ICSE 2019]**

(i) **प्रस्तुत कथन के वक्ता का परिचय देते हुए कथन का संदर्भ लिखिए। (2)**

उत्तर प्रस्तुत कथन की वक्ता राजेश्वरी है, जो जीवनलाल की पत्नी तथा कमला की सास है। वह एक सरल हृदय वाली दयालु एवं ममतामयी महिला है। यह कथन जीवनलाल के दोहरे व्यवहार तथा उसकी लोभी प्रवृत्ति के कारण दहेज माँगने के संदर्भ में कहा गया है।

(ii) **'अब भी आँखें नहीं खुलीं' कहने से वक्ता का क्या अभिप्राय है? पाठ के संदर्भ में समझाइए। (2)**

उत्तर 'अब भी आँखें नहीं खुलीं, कहने से वक्ता का अभिप्राय यह है कि तुम (जीवनलाल) अब भी सच्चाई से अवगत नहीं हुए हो। जीवनलाल अपनी बहू कमला को दहेज पूरा न देने के कारण उसकी विदाई करने से मना कर देता है और अपनी बेटी गौरी की उसके ससुराल वालों के द्वारा विदाई न करने से आहत होकर उन्हें बुरे शब्द कहता है। इसी संदर्भ में उसकी पत्नी राजेश्वरी ने यह पंक्ति कही है।

(iii) **वक्ता की मनोदशा कैसी है? वक्ता ने क्यों कहा कि बहू और बेटी को एकसमान समझें? (3)**

उत्तर वक्ता (राजेश्वरी) जीवनलाल के दोहरे व्यवहार से दुःखी थी। वह अपने पति (जीवनलाल) की लोभी प्रवृत्ति और दहेज माँगने की बात से व्यथित थी। राजेश्वरी ने यह जीवनलाल के दोहरे चरित्र की प्रवृत्ति से खिन्न होने के कारण कहा। जीवनलाल अपनी बेटी की उसके ससुराल वालों के द्वारा विदाई न करने से आहत होकर उन्हें अपशब्द कहता है, वहीं वह स्वयं अपनी बहू कमला को दहेज पूरा न देने के कारण उसकी विदाई करने से मना कर देता है, जो उसके चरित्र के दोहरेपन को दर्शाता है।

(iv) **एकांकी के अंत में श्रोता क्या फैसला लेता है और क्यों? इस एकांकी से आपको क्या शिक्षा मिलती है? एकांकी को उदाहरण सहित स्पष्ट कीजिए। (3)**

उत्तर एकांकी के अंत में श्रोता जीवनलाल अपनी बहू कमला को विदा करने का फैसला लेता है, क्योंकि उसे अपनी गलती का अहसास हो जाता है कि जो व्यवहार यह अपनी बहू के साथ कर रहा है वह उचित नहीं है। इस एकांकी से यह शिक्षा मिलती है कि हमें दहेज जैसी कुप्रथा का विरोध करना चाहिए तथा बेटी और बहू को समान समझना चाहिए। एकांकी में जीवनलाल अंत में इस सत्य से अवगत हो जाता है कि हमें दहेज के कारण बेटी तथा बहू में अंतर नहीं करना चाहिए तथा बहू को बेटी के समान ही समझना चाहिए।

3

# मातृभूमि का मान

*हरिकृष्ण 'प्रेमी'*

## लेखक का परिचय

हरिकृष्ण 'प्रेमी' का जन्म 1908 में मध्यप्रदेश के गुना नामक शहर में हुआ था। वे एक प्रसिद्ध नाटककार और पत्रकार थे। इन्होंने नाटक और एकांकी विधाओं के विकास में महत्त्वपूर्ण योगदान दिया। इनकी प्रमुख नाटक रचनाएँ- स्वर्ण विहान, पाताल विजय, छाया, ममता आदि हैं, जबकि प्रमुख एकांकी मातृ मंदिर, राष्ट्र मंदिर, बेड़ियाँ, न्याय मंदिर आदि हैं।

'प्रेमी' जी ने सामाजिक, ऐतिहासिक और पौराणिक विषयों पर आधारित रचनाओं में देशभक्ति, साहस, राष्ट्रीयता, वीरता, और मानवीय प्रेम जैसे मूल्यों को अभिव्यक्त किया है। इनका निधन वर्ष 1974 में हुआ था।

## एकांकी का परिचय

'मातृभूमि का मान' चार दृश्यों में विभक्त देशभक्ति और राष्ट्रप्रेम पर आधारित एकांकी है, जिसमें राष्ट्रीय सम्मान, वीरता और पराक्रम के गुणों को दर्शाया गया है। इसकी कथा ऐतिहासिक पृष्ठभूमि पर आधारित है, जो बूँदी नरेश राव हेमू और मेवाड़ के सेनापति अभय सिंह के संवादों के माध्यम से शुरू होती है। जब महाराणा लाखा, बूँदी को अपने अधीन करने का प्रस्ताव भेजते हैं, तो राव हेमू इसे अस्वीकार कर हाड़ा वंश की स्वतंत्रता को सर्वोपरि मानते हैं।

महाराणा अपनी प्रतिज्ञा को पूरा करने के लिए एक नकली दुर्ग का निर्माण करवाते हैं, जिसमें छद्म युद्ध होता है। इस युद्ध का नेतृत्व वीर सिंह करते हैं, जो मातृभूमि के सम्मान के लिए इसे वास्तविक युद्ध में परिवर्तित कर वीरगति को प्राप्त होते हैं। उनकी वीरता से प्रेरित होकर महाराणा लाखा बूँदी के साथ मैत्रीपूर्ण संबंध स्थापित करने का निर्णय लेते हैं। अंत में, वीर सिंह के बलिदान को सभी नमन करते हैं।

## एकांकी का उद्देश्य

इस एकांकी का मुख्य उद्देश्य देशभक्ति, राष्ट्रीय सम्मान, वीरता और मातृभूमि के प्रति समर्पण जैसे मूल्यों को उजागर (बाहर लाना) करना है। यह एकांकी दर्शाता है कि मातृभूमि की स्वतंत्रता और सम्मान की रक्षा के लिए व्यक्ति को अपने प्राणों का बलिदान देने से भी पीछे नहीं हटना चाहिए। इसके माध्यम से पाठकों और दर्शकों को यह संदेश दिया गया है कि सच्चा वीर वही है, जो अपने स्वार्थों से ऊपर उठकर राष्ट्रहित को प्राथमिकता देता है। एकांकी वीरता, त्याग, साहस और राष्ट्रप्रेम की भावना को प्रबल करती है और नई पीढ़ी को प्रेरित करती है कि वे अपने देश और उसकी संस्कृति के सम्मान के लिए सदैव तत्पर रहें।

## एकांकी के शीर्षक की सार्थकता

एकांकी 'मातृभूमि का मान' शीर्षक पूर्णत: सार्थक और उपयुक्त है, क्योंकि यह एकांकी मातृभूमि के सम्मान, उसकी स्वतंत्रता और रक्षा के लिए किए गए त्याग व बलिदान की भावना को दर्शाता है। वीर सिंह, जो स्वयं बूँदी प्रदेश के निवासी हैं, मातृभूमि के सम्मान की रक्षा के लिए छद्म युद्ध को वास्तविक युद्ध में बदल देते हैं और अपने प्राणों की आहुति देकर मातृभूमि का मान बनाए रखते हैं।

नाटक के अंत में महाराणा लाखा भी वीर सिंह के बलिदान से प्रेरित होकर बूँदी के साथ मैत्रीपूर्ण संबंध स्थापित करने का निर्णय लेते हैं। एकांकी का यह शीर्षक स्पष्ट करता है कि मातृभूमि का सम्मान केवल वीरता, त्याग और एकता जैसे गुणों से ही सुरक्षित रहता है। अतः यह शीर्षक एकांकी के मूल उद्देश्य और भावना को पूर्णत: व्यक्त करता है।

## पात्र–परिचय

**राव हेमू** बूँदी का शासक राव हेमू है। वह स्वाभिमानी, निडर, साहसी और कूटनीतिज्ञ शासक है, जो मेवाड़ की अधीनता अस्वीकार कर राजपूताने को एकजुट करना चाहता है।

**अभय सिंह** मेवाड़ के महाराणा लाखा का वफादार और समझदार सेनापति अभय सिंह है, जो वीरता और साहस का सम्मान करता है।

**महाराणा लाखा** मेवाड़ का शासक महाराणा लाखा हैं। वह एक पराक्रमी, साहसी और विवेकशील तथा वीरता का सम्मान करने वाला शासक है। वह युद्ध की विभीषिका से बचने हेतु छल का सहारा लेता है।

**वीरसिंह** मेवाड़ का सिपाही और बूँदी का निवासी वीरसिहं है। वह निडर, साहसी और मातृभूमि का रक्षक है, जो छल युद्ध को वास्तविक युद्ध में बदलकर वीरगति को प्राप्त होता है।

**चारणी** चारणी एक समझदार महिला पात्र है, जो मेवाड़ और बूँदी के बीच एकता चाहती है और युद्ध टालने के लिए नकली दुर्ग बनाने का सुझाव देती है।

## एकांकी का सार

मेवाड़ के सेनापति अभय सिंह, बूँदी नरेश राव हेमू के दरबार में महाराणा लाखा का संदेश लेकर आते हैं, जिसमें बूँदी को मेवाड़ की अधीनता स्वीकार करने के लिए कहा जाता है। राव हेमू इसे स्वाभिमान पर आघात मानते हुए अस्वीकार कर देते हैं और युद्ध की चुनौती देते हैं। महाराणा लाखा इसे आत्मसम्मान पर प्रहार मानकर प्रतिज्ञा लेते हैं कि जब तक वे बूँदी को पराजित नहीं करेंगे, तब तक अन्न-जल ग्रहण नहीं करेंगे।
वहीं चारणी, राजपूतों की एकता बनाए रखने के लिए युद्ध रोकने का प्रयास करती है और महाराणा को एक नकली दुर्ग बनवाकर अपनी प्रतिज्ञा पूरी करने का सुझाव देती है। महाराणा सुझाव मानकर नकली दुर्ग में छद्म युद्ध करवाते हैं, जिसमें वीर सिंह जो स्वयं बूँदी का निवासी है, मातृभूमि के सम्मान के लिए इसे वास्तविक युद्ध में बदलकर वीरगति को प्राप्त करता है। वीर सिंह के बलिदान से प्रभावित होकर महाराणा लाखा को अपनी भूल का एहसास होता है। वे अपने निर्णय पर पश्चाताप करते हैं और वीर सिंह के बलिदान को नमन करते हुए राव हेमू से मैत्रीपूर्ण संबंध बनाने का संकल्प लेते हैं।

### शब्दार्थ

**अधीनता** - *गुलामी;* **गत**- *बीता हुआ;* **श्रीगणेश**- *शुरुआत;* **शिविर** - *सैनिक पड़ाव ;* **अपयश**- *बदनामी;* **धृष्टता**- *दुस्साहस;* **विद्वेष**- *ईर्ष्या;* **विध्वंस**- *नाश;* **प्रतिरोध** *बाधा, रुकावट;* **छुँछे**- *खाली;* **व्याघात** *रुकावट;* **दुंदुभि**- *डंका, नगाड़ा;* **सायत** *शुभ मुहूर्त।*

# एग्जाम पैटर्न प्रश्न (10 अंक)

*निम्नलिखित गद्यांशों को पढ़कर नीचे दिए गए प्रश्नों के उत्तर दीजिए।*

**Q.1 ताकत की बात छोड़ो, अभय सिंह! प्रत्येक राजपूत को अपनी ताकत पर नाज़ है। इतने बड़े दंभ को मेवाड़ अपने प्राणों में आश्रय न दें, इसी में उसका कल्याण है। रह गई बात एक माला गूँथने की, तो वह माला तो बनी हुई है। हाँ, उस माला को तोड़ने का श्रीगणेश हो गया है।** **(ICSE 2025)**

(i) **अभय सिंह कौन है? वे राव हेमू के पास किसका, क्या संदेश लेकर आए हैं?** **(2)**

उत्तर अभयसिंह मेवाड़ के शासक महाराणा लाखा के विश्वासपात्र सेनापति हैं। वे शव हेमू के पास मेवाड़ के महाराणा का संदेश लेकर आए हैं। संदेश में उन्होंने मेवाड़ के गौरव को बनाए रखने और दंभ को त्यागने की बात कही है।

(ii) **उपर्युक्त कथन का वक्ता कौन है? इस कथन के पीछे उनका क्या आशय है?** **(2)**

उत्तर उपर्युक्त कथन का वक्ता राव हेमू है। इस कथन के पीछे उनका आशय है कि प्रत्येक राजपूत अपनी ताकत पर गर्व करता है, लेकिन मेवाड़ को अपने गौरव को बनाए रखने के लिए दंभ त्याग देना चाहिए। 'माला' से उनका तात्पर्य राजपूतों की एकता बनी रहने से है, लेकिन वह अब टूटने लगी हैं।

(iii) **राव हेमू की तीन चारित्रिक विशेषताओं पर प्रकाश डालिए।** **(3)**

उत्तर **स्पष्टवादी** राव हेमू अपनी बात को स्पष्ट रूप से कहने में संकोच नहीं करते हैं, चाहे वह कितना भी कठोर क्यों न हो।

**दूरदर्शी** वे भविष्य की चुनौतियों को समझते हैं, साथ ही मेवाड़ की एकता को बनाए रखने के महत्त्व को जानते हैं।

**स्वाभिमानी** राव हेमू स्वाभिमानी राजपूत हैं, जो अपनी ताकत और गौरव पर गर्व करते हैं।

(iv) **'मातृभूमि का मान' एकांकी का उद्देश्य स्पष्ट कीजिए।**

उत्तर 'मातृभूमि का मान' एकांकी का उद्देश्य देशभक्ति और त्याग की भावना जागृत करना है। यह एकांकी हमें सिखाती है कि हमें अपनी मातृभूमि के सम्मान के लिए हमेशा तत्पर रहना चाहिए, साथ ही व्यक्तिगत अहंकार का त्याग कर देना चाहिए। यह एकांकी हमें राजपूतों की एकता और गौरव की याद दिलाती है।

**अन्य संभावित प्रश्न**

(i) **'मेरे नाम पर जो धब्बा लगा।' प्रस्तुत पंक्ति से क्या तात्पर्य है और किसके नाम पर धब्बा लगा था?** **(2)**

उत्तर 'मेरे नाम पर जो धब्बा लगा'। प्रस्तुत पंक्ति से तात्पर्य है समाज में अपमानित होना। वक्ता (जीवनलाल) के अनुसार, कमला के परिवार द्वारा पूरा दहेज न दिए जाने व अच्छी तरह से बरात की खातिरदारी न किए जाने के कारण उनके नाम पर धब्बा लगा था।

(ii) **'घाव के लिए मरहम भेजें' प्रस्तुत पंक्ति का आशय स्पष्ट कीजिए। यहाँ किस घाव की बात हो रही है? और मरहम क्या है?** **(3)**

उत्तर 'घाव के लिए मरहम भेजें' पंक्ति का आशय यह है कि जीवनलाल को यह लगता है कि प्रमोद एवं उसके परिवार वालों ने बेटी वाले होने का पूरी तरह से फर्ज़ नहीं निभाया अर्थात् उन्होंने कमला को पूरा दहेज नहीं दिया और बारात की खातिरदारी भी ठीक प्रकार से नहीं की। जिस कारण जीवनलाल को पूरे समाज के सामने शर्मिंदा होना पड़ा है और उसके सम्मान को ठेस पहुँची है। जीवनलाल के अनुसार, इस घाव का उपचार का केवल दहेज के पाँच हज़ार रुपये देकर ही उपचार किया जा सकता है जीवन लाल के अनुसार यही दहेज घाव के लिए मरहम के समान है।

**Q.2 'जिनकी खाल मोटी होती है, उनके लिए किसी भी बात में कोई भी अपयश, कलंक या अपमान का कारण नहीं होता, किंतु जो आन को प्राणों से बढ़कर समझते आए हैं, वे पराजय का मुख देखकर भी जीवित रहें, यह कैसी, उपहासजनक बात है?'**

(i) **वक्ता कौन है? वक्ता के चरित्र का परिचय दीजिए।** **(2)**

उत्तर वक्ता महाराणा लाखा हैं, जो एक वीर, साहसी और विवेकशील शासक थे। वे सिसोदिया वंश के थे और अपने पूर्वजों बप्पा रावल और वीरवर हम्मीर की वीरता पर गर्व करते थे। उनका मानना था कि युद्धभूमि में वीरगति प्राप्त करना, अपनी पीठ दिखाकर भागने से श्रेष्ठ है।

(ii) **'जिनकी खाल मोटी होती है' पंक्ति का अर्थ स्पष्ट कीजिए। यह किस स्थिति को प्रस्तुत करता है?** **(2)**

उत्तर 'जिनकी खाल मोटी होती है पंक्ति का अर्थ उन लोगों से है, जो आलोचना या पराजय से प्रभावित नहीं होते, क्योंकि उनका स्वाभिमान दृढ़ होता है। यह पंक्ति उस स्थिति को दर्शाती है, जब व्यक्ति हार को सामान्य मानता है और इसे व्यक्तिगत आघात के रूप में नहीं देखता।

(iii) **महाराणा की पराजय के बाद अभयसिंह ने उन्हें कैसे साहस दिया? महाराणा के प्रति उनका समर्थन क्या दर्शाता है?** **(3)**

उत्तर महाराणा की पराजय के बाद अभयसिंह ने उन्हें साहस दिया, यह कहकर कि आकस्मिक आक्रमण के कारण सैनिक घबराए थे और इसमें महाराणा का कोई दोष नहीं था। उनका समर्थन महाराणा के मानसिक संबल और गौरव की रक्षा के लिए था। यह उनके निष्ठा और वफादारी को दर्शाता है, जो संकट में अपने नेता का साथ देते हैं।

(iii) **महाराणा का स्वयं के लिए क्या विचार था और क्यों? यह उनके उद्देश्य को कैसे प्रभावित करता है?** **(3)**

उत्तर महाराणा का स्वयं के लिए विचार था कि उन्होंने बूँदी के राव हेमू से पराजय के बाद मेवाड़ के गौरव को कलंकित किया है। उन्हें यह अनुभव हो रहा था कि उनके परिवार की वीरता और सम्मान को धक्का लगा है। उनके लिए यह पराजय अत्यंत अपमानजनक थी, क्योंकि वे बप्पा रावल

और वीर हम्मीर के रक्त से उत्पन्न हुए थे, और उन्हें अपने स्वाभिमान और प्रतिष्ठा की रक्षा करनी थी।

इस पराजय से उनके राजपूतों को एक करने के उद्देश्य में बाधा आती दिखाई दे रही थी।

**Q.3 'प्राण जाएँ पर वचन न जाएँ' हमारे जीवन का मूलमंत्र है। 'जो तीर तरकश से निकलकर कमान से छूट गया, उसे बीच में लौटाया नहीं जा सकता। मेरी प्रतिज्ञा कठिनाई से पूरी होगी, यह मैं जानता हूँ और इस बात की हाल के युद्ध में पुष्टि भी हो चुकी है कि हाड़ा जाति वीरता में हम लोगों से किसी प्रकार हीन नहीं है।' [ICSE 2017]**

(i) **उपर्युक्त कथन के वक्ता और श्रोता का संक्षिप्त परिचय दीजिए। (2)**

उत्तर उपर्युक्त कथन के वक्ता महाराणा लाखा हैं। वे मेवाड़ के शासक हैं। वे पराक्रमी, साहसी, विवेकशील तथा वीरता का सम्मान करने वाले शासक हैं। इस कथन में श्रोता अभय सिंह है। वह मेवाड़ के शासक महाराणा लाखा का एक विश्वासपात्र सेनापति है, जो महाराणा का संदेश लेकर बूंदी नरेश के पास जाता है।

(ii) **वक्ता ने क्या प्रतिज्ञा ली थी? कारण सहित लिखिए। (2)**

उत्तर वक्ता अर्थात् महाराणा लाखा ने यह प्रतिज्ञा ली थी कि जब तक बूँदी के दुर्ग में सेना सहित प्रवेश नहीं करूँगा, तब तक अन्न-जल ग्रहण नहीं करूँगा। इस प्रकार की कठिन प्रतिज्ञा लेने का कारण बूँदी नरेश राव हेमू द्वारा मेवाड़ की गुलामी को अस्वीकार करना था।

(iii) **हाड़ा वंश के राजा कौन थे? हाड़ा लोगों की क्या विशेषताएँ थीं? उन पर प्रकाश डालिए। (3)**

उत्तर हाड़ा वंश के राजा 'राव हेमू' थे। हाड़ा वंश के विषय में राव हेमू बताता है कि हाड़ा वंश किसी की गुलामी नहीं करेगा। चाहे वह विदेशी शक्ति हो, चाहे मेवाड़ का महाराणा हो। प्रेम का अनुशासन मानने को हाड़ा वंश हमेशा तैयार है, शक्ति का नहीं। हाड़ा वंश के लोग शक्ति और साधनों में अवश्य कमज़ोर हैं, लेकिन वे वीर हैं। हाड़ाओं ने विपत्ति के समय सदैव मेवाड़ शासकों की सहायता की है।

(iv) **'प्राण जाएँ पर वचन न जाएँ' इस कहावत का क्या अर्थ है? एकांकी के संदर्भ में समझाइए। (3)**

उत्तर 'प्राण जाएँ पर वचन न जाएँ', कहावत का अर्थ है कि भले ही प्राण चले जाएँ, परन्तु अपने कहे गए वचन पर टिके रहना। एकांकी में जब बूँदी नरेश राव हेमू द्वारा मेवाड़ की गुलामी अस्वीकार कर दी जाती है, तो महाराणा लाखा इसे स्वयं के आत्मसम्मान पर प्रहार समझकर कठोर प्रतिज्ञा ले लेते हैं। अभयसिंह, महाराणा को इतनी कठोर प्रतिज्ञा लेने से मना करता है, लेकिन महाराणा लाखा सूर्यवंश के गौरव एवं वचन प्रतिबद्धता की याद दिलाते हुए कहते हैं कि सूर्यवंशी कभी भी अपने वचन से नहीं पलटते, अपितु उसे पूरा करने के लिए अपने प्राण तक न्यौछावर कर देते हैं।

**Q.4 'तुम कुछ गा रही थीं? तुम संपूर्ण राजस्थान को एकता की शृंखला में बाँधकर देश की स्वाधीनता के लिए कुछ करने का आदेश दे रही थीं, किंतु मैं तो इस शृंखला को तोड़ने जा रहा हूँ। दोनों जातियों में जानी दुश्मनी पैदा करने जा रहा हूँ।' [ICSE 2023]**

(i) **प्रस्तुत कथन का वक्ता कौन है? श्रोता वक्ता को अपने गीत के माध्यम से क्या कहना चाह रही है? (2)**

उत्तर प्रस्तुत कथन का वक्ता महाराणा लाखा है एवं श्रोता चारणी है। वह महाराणा लाखा को अपने गीत के माध्यम से सारे राजपूतों को एकता के सूत्र में बाँधकर देश की स्वाधीनता के लिए प्रयासरत होने के लिए कहना चाह रही है।

(ii) **वक्ता उस शृंखला को तोड़ने के लिए इच्छुक क्यों है? (2)**

उत्तर वक्ता महाराणा लाखा उस शृंखला को तोड़ने के इच्छुक इसलिए है, क्योंकि महाराणा लाखा बूँदी के द्वारा मेवाड़ की पराजय को लेकर अत्यंत चिंतित व दुःखी थे। वे चाहते थे कि बूँदी भी मेवाड़ की अधीनता स्वीकार कर ले, किंतु बूँदी नरेश ने उनकी अधीनता स्वीकार करने से साफ इंकार कर दिया, क्योंकि वे स्वयं को अपमानित महसूस कर रहे थे।

(iii) **यहाँ किन दो जातियों का उल्लेख किया गया है? उनकी विशेषताएँ लिखिए। (3)**

उत्तर प्रस्तुत अवतरण में जिन दो जातियों की बात की गई है, उनमें से एक मेवाड़ के शासक महाराणा लाखा की सूर्यवंशी जाति तथा दूसरी बूँदी नरेश की हाड़ा जाति है। दोनों जातियों में कुशल सेनानायक थे तथा सभी लोगों में राष्ट्रीयता की भावना कूट-कूट कर भरी है।

(iv) **प्रस्तुत एकांकी के किस पात्र ने आपको सबसे अधिक प्रभावित किया? नाम लिखते हुए एकांकी का उद्देश्य लिखिए। (3)**

उत्तर प्रस्तुत एकांकी में हमें सबसे अधिक प्रभावित चारणी एक महिला पात्र ने किया है। वह चाहती है कि सभी आपस में मिलकर रहें, क्योंकि वह मेवाड़ और बूँदी के मध्य एकता स्थापित करना चाहती है। मातृभूमि का मान एकांकी का उद्देश्य यह है कि हमें अपनी मातृभूमि के लिए अपने प्राणों की बलि देने में तनिक भी संकोच नहीं करना चाहिए। जैसे एकांकी में राजपूतों ने दिखाया है कि वे अपनी मातृभूमि को किसी अन्य राज्य के अधीन नहीं देख सकते वैसे पूरी एकांकी में राजपूतों की मातृभूमि के प्रति निष्ठा को दिखाया गया है। हमारे जीवन का उद्देश्य यही होना चाहिए कि 'पहले देश का मान, तब अपनी जान।'

**Q.5 आपके विवेक पर सबको विश्वास है। मैं आपसे निवेदन करने आई हूँ कि यद्यपि समय के फेर से आज हाड़ा, शक्ति और साधनों में मेवाड़ के उन्नत राज्य से छोटे हैं, फिर भी वे वीर हैं। मेवाड़ को विपत्ति के दिनों से सहायता देते रहे हैं। यदि उनसे कोई धृष्टता बन पड़ी हो, तो महाराणा उसे भूल जाएँ और राजपूत शक्तियों में स्नेह का संबंध बना रहने दें। [ICSE 2019]**

(i) **प्रस्तुत कथन किसने, किससे कहा है? स्पष्ट कीजिए। (2)**

उत्तर प्रस्तुत कथन चारणी ने महाराणा लाखा से कहा है। चारणी को जब पता चलता है कि महाराणा लाखा ने बूँदी प्रदेश को पराजित करने की कठोर प्रतिज्ञा ली है, तब वह महाराणा से निवेदन करने आती हैं कि वे बूँदी प्रदेश पर आक्रमण न करें।

(ii) **मेवाड़ को विपत्ति के दिनों में किसने सहायता दी है? चारणी यह बात क्यों याद दिलाती है? स्पष्ट कीजिए। (2)**

उत्तर मेवाड़ को विपत्ति के दिनों में हाड़ाओं ने सहायता दी है। चारणी यह बात इसलिए याद दिलाती है, क्योंकि वह इस तथ्य से अवगत थी कि हाड़ा वंश वीर है और वे किसी की अधीनता स्वीकार नहीं करेंगे, जिस कारण राजपूतों के मध्य जो एकता का सूत्र बँधा हुआ है वह टूट जाएगा।

(iii) **चारणी ने महाराणा को अपनी प्रतिज्ञा पूरी करने का क्या उपाय बताया? यह कितना उचित था, इस संदर्भ में अपने विचार दीजिए।** **(3)**

उत्तर चारणी ने महाराणा को अपनी प्रतिज्ञा पूरी करने का यह उपाय बताया कि वे बूँदी का नकली दुर्ग बनवाकर उस पर अपना ध्वज फहराकर अपनी प्रतिज्ञा पूरी कर लें। यह उपाय उचित नहीं था, क्योंकि इस उपाय के कारण एक वीर योद्धा (वीर सिंह) को अपने प्राणों का बलिदान देना पड़ा। अंत में महाराणा को अपने निर्णय एवं प्रतिज्ञा पर अफसोस होता है, जिसके कारण वीर सिंह जैसे सिपाही मारे गए।

(iv) **'मातृभूमि का मान' कैसी एकांकी है? शीर्षक की सार्थकता सिद्ध करते हुए बताइए।** **(3)**

उत्तर 'मातृभूमि का मान' राष्ट्रप्रेम की भावना को व्यक्त करती एकांकी है। प्रस्तुत एकांकी 'मातृभूमि का मान' में महाराणा लाखा मेवाड़ की शक्ति को संगठित करने के लिए बूँदी को मेवाड़ के अधीन करने की कोशिश करते हैं, परंतु बूँदी के शासक राव हेमू अधीनता स्वीकार नहीं करते। महाराणा लाखा बूँदी का नकली दुर्ग बनाकर उस पर अपना ध्वज फहराना चाहते हैं, लेकिन मेवाड़ की सेना का एक हाड़ा सिपाही वीर सिंह मातृभूमि का मान रखने के लिए महाराणा लाखा से लड़ते हुए शहीद हो जाता है। पूरे एकांकी में मातृभूमि के मान का महत्त्व बताया गया है। अतः शीर्षक उपयुक्त और प्रभावशाली के साथ-साथ सार्थक है।

**Q.6 'मैं आपसे निवेदन करने आई हूँ कि यद्यपि समय के फेर से हाड़ा शक्ति और साधनों में मेवाड़ के उन्नत राज्य से छोटे हैं, फिर भी वे वीर हैं। मेवाड़ को उसकी विपत्ति के दिनों में सहायता देते रहे हैं। यदि उनसे कोई धृष्टता बन पड़ी हो, तो महाराणा उसे भूल जाएँ और राजपूत शक्तियों में स्नेह का संबंध बना रहने दें।'**

(i) **वक्ता कौन है? वह किससे व क्या निवेदन करने आई थी?** **(2)**

उत्तर प्रस्तुत गद्यांश में वक्ता चारणी है। चारणी महाराणा लाखा से बूँदी प्रदेश पर आक्रमण न करने का निवेदन करने आई थी, क्योंकि बूँदी ने सदैव मेवाड़ को विपत्ति के समय में सहायता दी थी।

(ii) **वक्ता ने क्यों कहा कि 'राजपूत शक्तियों में स्नेह का संबंध बना रहने दें?' स्पष्ट कीजिए।** **(2)**

उत्तर चारणी ने यह वाक्य इसलिए कहा क्योंकि महाराणा लाखा ने बूँदी पर आक्रमण करने का निर्णय लिया था, जो हाड़ा वंश के लिए अपमानजनक था। वह जानती थी कि हाड़ा वंश स्वतंत्रता और स्वाभिमान के लिए संघर्ष करेगा, जिससे राजपूतों के बीच की एकता टूट सकती है। इसलिए उसने महाराणा से आग्रह किया कि राजपूत शक्तियों के बीच स्नेह और संबंध बना रहे।

(iii) **'तोड़ मोतियों की मत माला' गाने से क्या संदेश मिलता है? महाराणा और हाड़ा जाति के बीच संघर्ष के बारे में चारणी का दृष्टिकोण क्या था?** **(3)**

उत्तर 'तोड़ मोतियों की मत माला' गाने से यह संदेश मिलता है कि हमें विभिन्नता और संघर्ष के बजाय एकता और सामूहिक शक्ति को प्राथमिकता देनी चाहिए। चारणी का दृष्टिकोण था कि महाराणा और हाड़ा जाति के बीच संघर्ष से राजपूतों की एकता टूट जाएगी, जो पूरे समाज के लिए हानिकारक होगा। वह चाहती थी कि राजपूत शक्तियाँ आपस में स्नेह और सहयोग बनाए रखें, बजाय कि आपसी संघर्ष और वैमनस्य को बढ़ावा देने के।

(iv) **महाराणा के सामने चारणी का क्या प्रस्ताव था? उसने यह प्रस्ताव क्यों दिया? प्रस्ताव को स्वीकारने के बाद महाराणा ने क्या कदम उठाया?** **(3)**

उत्तर चारणी ने महाराणा के सामने यह प्रस्ताव रखा कि बूँदी का एक नकली दुर्ग बनाया जाए, जिससे महाराणा विध्वंस कर अपने व्रत को पूरा करें। उसने यह प्रस्ताव इसलिए दिया क्योंकि वह नहीं चाहती थी कि महाराणा की प्रतिज्ञा पूरी करने के लिए राजपूतों के बीच द्वेष और संघर्ष बढ़े, जो उनकी एकता को तोड़ सकता था।

महाराणा ने इस प्रस्ताव को स्वीकार किया और नकली दुर्ग बनाने का आदेश दिया, ताकि वह अपनी प्रतिज्ञा पूरी कर सकें।

**Q.7 'तुम अग्निकुल के अंगारे हो, अपने वंश की आभा को क्षीण न होने देना। प्रतिज्ञा करो कि प्राणों के रहते हम इस नकली दुर्ग पर मेवाड़ की राज्य-पताका को स्थापित न होने देंगे।'**

(i) **वक्ता कौन है, वह किनसे आभा क्षीण न होने देने की बात कह रहा है?** **(2)**

उत्तर वक्ता वीर सिपाही वीरसिंह हैं। वह युद्ध में आए सिपाहियों को आभा क्षीण न होने देने की बात कह रहे हैं तथा अपने सिपाहियों को प्रतिज्ञा लेने के लिए कहते हैं कि वह नकली दुर्ग पर भी मेवाड़ की विजय नहीं होने देंगे।

(ii) **'राज्य-पताका को स्थापित नहीं होने देंगे।' प्रस्तुत पंक्ति का भाव बताते हुए बताइए कि वक्ता ने ऐसा क्यों कहा?** **(2)**

उत्तर 'राज्य-पताका को स्थापित नहीं होने देने' का भाव है-अंतिम क्षण तक स्वतंत्र एवं मुक्त रहना और किसी की अधीनता स्वीकार न करना। वक्ता अर्थात् वीरसिंह ने ऐसा इसलिए कहा, क्योंकि महाराणा ने अपनी प्रतिज्ञा पूरी करने के लिए बूँदी प्रदेश का नकली दुर्ग बनवाया था, जो वीर सिंह की मातृभूमि थी। इसलिए वीर सिंह ने कहा कि हम नकली दुर्ग पर भी मेवाड़ की राज्य-पताका स्थापित नहीं होने देंगे।

(iii) **वीरसिंह और उनके साथियों का दृष्टिकोण क्या था और वे नकली दुर्ग के बारे में क्या सोचते थे?** **(3)**

उत्तर वीरसिंह और उनके साथी इस नकली दुर्ग का अपमान सहन नहीं करना चाहते थे, क्योंकि वे इसे अपनी मातृभूमि बूँदी का अपमान मानते थे। वीरसिंह ने कहा कि बूँदी का हर कण उनके लिए प्राणों से भी प्रिय है और वह नहीं चाहते थे कि किसी भी तरह से बूँदी का अपमान हो, चाहे वह नकली क्यों न हो, उन्होंने यह प्रतिज्ञा की कि इस दुर्ग पर मेवाड़ का ध्वज नहीं फहरने देंगे।

(iv) **वीरसिंह ने अपने साथियों को किस तरह से उत्साहित किया और क्या प्रतिज्ञा ली? वह अपनी मातृभूमि और वंश के प्रति वफादार थे? स्पष्ट कीजिए।** **(3)**

उत्तर वीरसिंह ने अपने साथियों को उत्साहित करते हुए कहा कि बूँदी की मातृभूमि का अपमान सहन नहीं किया जा सकता और वे इसे अपनी जान देकर भी बचाएँगे। उन्होंने स्वयं के साथ-साथ अपने साथियों से भी यह प्रतिज्ञा करवाई कि वे अपने प्राणों की आहुति देकर इस नकली दुर्ग पर मेवाड़ का ध्वज नहीं फहरने देंगे। वीरसिंह ने अपनी मातृभूमि और वंश के प्रति वफादारी दिखाई, यह साबित करते हुए कि वह किसी भी परिस्थिति में बूँदी और उसके मान पर आँच नहीं आने देंगे।

# सूखी डाली

उपेंद्रनाथ 'अश्क'

## लेखक का परिचय

उपेंद्रनाथ 'अश्क' हिंदी के प्रसिद्ध कथाकार थे। इनका जन्म 14 दिसंबर, 1910 में पंजाब के जालंधर में हुआ था। इन्होंने स्नातक के पश्चात् अध्यापक के रूप में कार्य किया। उपेंद्रनाथ अश्क ने साहित्यिक जीवन की शुरुआत उर्दू लेखन से की, लेकिन हिंदी साहित्य में विशेष ख्याति प्राप्त की। इन्होंने उपन्यास, कहानी, नाटक, एकांकी, पटकथा, संवाद और गीत लिखे। वर्ष 1972 में इन्हें 'सोवियत लैंड नेहरू पुरस्कार' से सम्मानित किया गया। इनकी प्रमुख रचनाएँ, गिरती दीवारें, अंजो दीदी, अंधी गली, अंकुर, देवताओं की छाया में आदि हैं। इनका निधन 19 जनवरी, 1996 को हुआ था।

## एकांकी का परिचय

उपेंद्रनाथ 'अश्क' द्वारा रचित यह एकांकी संयुक्त परिवार में परंपरावादी व आधुनिक विचारों के बीच उत्पन्न जटिलताओं पर आधारित है। जिसमें नई बहू मायके से तुलना करके घर के रीति-रिवाज़ों पर प्रश्न उठाती है, जिससे परिवार में असहमति होने लगती है। उसका पति अपने दादाजी से इसका समाधान पूछता है। दादाजी वटवृक्ष की कहानी के माध्यम से समझाते हैं कि जैसे डालियाँ एक साथ रहें, तो हरी-भरी रहती हैं, वैसे ही परिवार के सदस्यों को मिलकर रहना चाहिए। अंततः दादाजी के समझाने पर परिवार में एकता बनी रहती है।

## एकांकी का उद्देश्य

प्रस्तुत एकांकी का मुख्य उद्देश्य संयुक्त परिवार की महत्ता को दर्शाना है। यह पाठ पारिवारिक एकता, परस्पर प्रेम, सहयोग और आपसी समझ के महत्त्व को रेखांकित करता है। दादाजी के वटवृक्ष के उदाहरण के माध्यम से यह समझाया गया है कि जैसे वृक्ष की डालियाँ एक साथ रहने पर हरी-भरी रहती हैं, वैसे ही परिवार के सदस्य भी एकजुट रहने पर सुखी और समृद्ध रहते हैं। इसके अतिरिक्त, एकांकी आधुनिक और परंपरावादी सोच के बीच संतुलन बनाए रखने का संदेश भी देती है।

## एकांकी के शीर्षक की सार्थकता

'सूखी डाली' शीर्षक संयुक्त परिवार में भावनात्मक विखंडन और आपसी रिश्तों में आई खटास का प्रतीक है। छोटी बहू बेला अपने मायके की संपन्नता और आधुनिक विचारों के कारण ससुराल वालों को तुच्छ समझती है, जिससे परिवार में दूरियाँ बढ़ जाती हैं। दादाजी इसे सूखी डाली से तुलना करते हुए समझाते हैं कि यदि कोई शाखा टूटकर अलग हो जाए तो वह फिर हरी नहीं होती। उनके प्रयासों से परिवार के सदस्य बेला के प्रति सम्मान दिखाते हैं, जिससे बेला को परिवार के महत्त्व का एहसास होता है। अंत में वह परिवार के कामों में भाग लेने लगती है। इस प्रकार, शीर्षक एकांकी के मूल-भाव को सार्थक रूप से दर्शाता है।

## पात्र-परिचय

**दादा जी** मूलराज 72 वर्ष के वरिष्ठ और परिवार के मुखिया दादा जी साहस, परिश्रम, निष्ठा और दूरदर्शिता से परिवार को एकजुट रखते हैं। उनका परिवार में एकछत्र राज है और वे सभी के लिए मार्गदर्शक हैं। वह अपनी सूझबूझ से पूरे परिवार को एक सूत्र में बाँधकर रखते हैं।

**छोटी बहू** छोटी बहू (बेला) शिक्षित, संपन्न और आधुनिक विचारों वाली युवती बेला मायके की संपन्नता का घमंड करती है। उसके व्यवहार से परिवार के सदस्य उससे नाराज़ रहते हैं।

**मँझली बहू** मँझली बहू हँसमुख, लेकिन अपरिपक्व महिला, मूलराज के मँझले बेटे कर्मचंद की पत्नी है, जो कभी-कभी अपनी हँसी से परिवार के लोगों को असहज करती है।

**इंदु** छोटी भाभी की बेटी और परेश की बहन इंदु है। वह हठी और अन्याय के खिलाफ़ खड़ी रहने वाली युवती है तथा बेला के मायके के घमंड को नापसंद करती है।

**परेश** दादा जी का छोटा पोता परेश है। वह एक शिक्षित, संस्कारी और सामंजस्य स्थापित करने वाला युवक है। वह परिवार में समस्याओं का समाधान करता है।

**कर्मचंद** दादा जी का मँझला बेटा कर्मचंद है। वह पितृभक्त और आज्ञाकारी है, जो परिवार के कामकाज में योगदान देता है।

**बड़ी भाभी** घर की सबसे बड़ी बहू बड़ी भाभी है। इसका पति विश्वयुद्ध में शहीद हो गया था। वह एक शांत और सहृदयी महिला है, जो परिवार के सदस्य और नौकरों के प्रति स्नेह रखती है।

**रजवा** यह घर की नौकरानी है, जो समझदार, विश्वसनीय और परिवार के प्रति निष्ठावान है।

**छोटी भाभी** बेला की सास और इंदु व परेश की माँ छोटी भाभी है, जो शांत, सहृदयी और परिवार के परंपराओं में विश्वास रखने वाली महिला है।

## एकांकी का सार

'सूखी डाली' एकांकी एक संयुक्त परिवार की कहानी है, जिसमें परिवार के मुखिया दादाजी (मूलराज) 72 वर्ष के अनुभवी व्यक्ति हैं, जिन्होंने अपने बड़े बेटे की 1914 के युद्ध में शहादत के बाद सरकार से प्राप्त एक मुरब्बा (25 एकड़) जमीन को अपने परिश्रम और समझदारी से दस मुरब्बा (250 एकड़) तक बढ़ा लिया। समाज में उनका बहुत रुतबा है और परिवार में उनका पूरा सम्मान है। छोटी बहू बेला शिक्षित और बड़े घराने से होने के कारण अपने ससुराल के संयुक्त परिवार में सामंजस्य नहीं बैठा पा रही है। वह घर के कामकाज और तौर-तरीकों को पुराने ख्यालात का मानती है और परिवार के सदस्यों को अनपढ़ और रूढ़िवादी समझती है। उसका अपने मायके के माहौल को लेकर गर्व भी उसके व्यवहार को प्रभावित करता है। वह घर की परंपराओं का पालन करने और छोटे-मोटे घरेलू कार्यों में हाथ बटाने में रुचि नहीं लेती। उसका यह रवैया परिवार की महिलाओं को परेशान करता है। इंदु और मँझली बहू उसे स्वार्थी और घमंडी समझती हैं, क्योंकि उसने रजवा नाम की नौकरानी को भी काम से निकाल दिया। बेला का यह व्यवहार केवल महिलाओं तक ही सीमित नहीं है, बल्कि वह अपने पति परेश की बात भी नहीं मानती और उसकी पसंद को नकार देती है।

यह स्थिति दादाजी तक पहुँचती है, तो वे परिवार के बाकी सदस्यों को समझाते हैं कि छोटी बहू को अपनापन और सम्मान देने की जरूरत है। उनका कहना है कि छोटी बहू एक पढ़ी-लिखी और बड़े घर की बेटी है, जहाँ वह आदर पाती थी, लेकिन यहाँ छोटे होने के कारण उसे दूसरों के आदेश मानने पड़ते हैं, जिससे उसका स्वाभिमान आहत हो रहा है। दादाजी सभी को सलाह देते हैं कि उसे विशेष सम्मान दिया जाए, जिससे वह परिवार में सहज महसूस करे।

दादाजी की बात मानकर परिवार के सभी सदस्य बेला के प्रति अत्यधिक आदर और औपचारिक व्यवहार करने लगते हैं। महिलाएँ उसके सामने अधिक विनम्रता दिखाने लगती हैं और उसको कोई कार्य करने नहीं देतीं। यह व्यवहार बेला को और अधिक असहज कर देता है। वह महसूस करती है कि उसे ज़रूरत से ज्यादा आदर दिया जा रहा है, लेकिन परिवार से वह भावनात्मक जुड़ाव नहीं मिल रहा जिसकी वह अपेक्षा करती है। वह परेश से इस बदले व्यवहार की शिकायत करती है और कहती है कि कोई उसे काम में हाथ नहीं लगाने देता और उससे दूरी बनाए रखता है।

अंत में बेला भावुक होकर समझ जाती है कि परिवार का स्नेह और अपनापन ही सबसे महत्त्वपूर्ण होता है। वह इंदु के साथ कपड़े धोने की ज़िद करती है,जब दादाजी उसे काम करते देखते हैं, तो वे इंदु को रोकते हैं, लेकिन बेला भावुक होकर कहती है कि परिवार की शाखा टूटते देखना तो असहनीय है, लेकिन शाखा का पेड़ में लगे-लगे सूख जाना भी उतना ही दुखद है।

### शब्दार्थ

**तानाशाह** *अराजक;* **आच्छादित** *ढका हुआ;* **कोलाहल** *शोर;* **निस्तब्धता** *स्थिरता;* **भृकुटी** *भौंह;* **बिफरी** *नाराज होना;* **स्तम्भित** *आश्चर्यचकित;* **दर्प** *अभिमान,* **हस्तक्षेप** *अनावश्यक दखल;* **उद्विग्नता** *व्याकुलता;* **अन्यमनस्कता** *दूसरी ओर ध्यान लगाए हुए;* **तिरस्कार** *अपमान;* **विटप** *वृक्ष;* **उद्यत** *तत्पर;* **वृथा** *अनावश्यक;* **दयानतदार** *ईमानदार;* **ड्योढ़ी** *दहलीज़;* **नीरवता** *मौन;* **खिन्न** *उदास;* **निढाल** *बहुत थका हुआ।*

# एग्जाम पैटर्न प्रश्न

*निम्नलिखित गद्यांशों को पढ़कर नीचे दिए गए प्रश्नों के उत्तर दीजिए।*

**Q.1** **"इस पर पूर्णरूप से अपना प्रभुत्व जमाए, उस महान् वट की भाँति अटल खड़े हैं, जिसकी लंबी-लंबी डालियाँ उनके आँगन में एक बड़े छाते की भाँति धरती को आच्छादित किए हुए, अगणित घोंसलों को अपने पत्तों में छिपाए, वर्षों से तूफान और आँधियों का सामना किए जा रही हैं।"**

(i) **गद्यांश में किसके संबंध में बात हो रही है? इससे उनके व्यक्तित्व की किस चारित्रिक विशेषता का पता चलता है?** **(2)**

उत्तर गद्यांश में एकांकी के वरिष्ठ पात्र दादा जी अर्थात् मूलराज के संबंध में बातें हो रही हैं। इससे उनके व्यक्तित्व की सबको एक-साथ चलने और संयुक्त परिवार में विश्वास रखने की चारित्रिक विशेषता का पता चलता है।

(ii) **"पूर्णरूप से अपना प्रभुत्व जमाए" प्रस्तुत पंक्ति का आशय स्पष्ट करते हुए बताइए कि किसने और किस प्रकार अपना प्रभुत्व जमाए रखा?** **(2)**

उत्तर "पूर्ण रूप से अपना प्रभुत्व जमाए" का अर्थ है किसी वस्तु पर पूर्ण अधिकार स्थापित करना। दादा जी ने परिवार पर एकछत्र अधिकार बना रखा है। वे तानाशाह की तरह अपनी बातें मनवाते हुए परिवार को एकजुट और प्रेमपूर्वक रहने की सीख देते हैं। उनके निर्णय का विरोध कोई नहीं कर सकता।

(iii) **दादा मूलराज के व्यक्तित्व में परंपरा और आधुनिकता के बीच संघर्ष को किस प्रकार दर्शाया गया है? यह समाज की किस चुनौती का प्रतीक है?** **(3)**

उत्तर दादा मूलराज पारंपरिक मूल्यों के प्रतीक हैं, जो संयुक्त परिवार और पितृसत्तात्मक व्यवस्था को बनाए रखते हैं और अपने नेतृत्व में परिवार को एकजुट रखते हैं। हालाँकि, जब छोटे पोते की शिक्षित पत्नी परिवार में आती है, तो वह स्त्री शिक्षा और स्वतंत्रता जैसे आधुनिक मूल्यों को प्रस्तुत करती है। यह परंपरा और आधुनिकता के बीच एक द्वंद्व को दर्शाता है, जो दादा के व्यक्तित्व में स्पष्ट रूप से दिखाई देता है। यह संघर्ष समाज की उस चुनौती का प्रतीक है, जहाँ परंपरागत दृष्टिकोण और आधुनिक विचारधाराओं के बीच तालमेल बिठाना एक कठिन कार्य बन गया है।

(iv) **गद्यांश में वटवृक्ष का जो प्रतीकात्मक उल्लेख किया गया है, वह दादा मूलराज के व्यक्तित्व को किस प्रकार प्रतिबिंबित करता है?** **(3)**

उत्तर वटवृक्ष का प्रतीक दादा मूलराज के दृढ़, सशक्त और रक्षणकारी व्यक्तित्व को दर्शाता है। वटवृक्ष की तरह दादा भी पूरे परिवार को एक इकाई के रूप में संगठित रखते हैं। उनकी शाखाएँ परिवार के सदस्यों का प्रतिनिधित्व करती हैं, जो उनके संरक्षण में फल-फूल रहे हैं। वटवृक्ष की तरह वे अटल और मजबूत हैं, जिन्होंने जीवन में अनेक संघर्षों का सामना किया है।

**Q.2** **मुझे किसी ने बताया तक नहीं यदि कोई शिकायत थी, तो उसे मिटा देना चाहिए था। हल्की-सी खरोंच भी, यदि उस पर तत्काल दवाई ना लगा दी जाए, तो बढ़कर एक बड़ा घाव बन जाती है और यही घाव नासूर हो जाता है, फिर लाख मरहम लगाओ ठीक नहीं होता।** **[ICSE 2024]**

(i) **कथन का वक्ता कौन है? उसका परिचय दीजिए।** **(2)**

उत्तर कथन के वक्ता दादा मूलराज हैं। वे परिवार के मुखिया हैं, जिन्होंने अपने परिवार को एकता और अनुशासन के साथ संगठित रखा है। उनकी बुद्धिमानी, सूझबूझ और दृढ़ नेतृत्व के कारण पूरा परिवार एक वटवृक्ष की भाँति एकजुट है। परिवार का प्रत्येक सदस्य उनका आदर करता है और उनके निर्णयों का सम्मान करता है।

(ii) **कथन का श्रोता कौन है? श्रोता ने ऐसा क्या कहा था कि वक्ता को उपर्युक्त बात कहनी पड़ी?** **(2)**

उत्तर कथन का श्रोता दादा का मँझला लड़का कर्मचंद है। कर्मचंद ने बताया था कि शायद परेश जोकि दादा का छोटा पोता है और वह नायब तहसीलदार है परिवार से अलग होना चाहता है, क्योंकि उसकी पत्नी बेला को परिवार से कुछ समस्याएँ हैं।

(iii) **'नासूर' शब्द का अर्थ लिखकर बताइए कि इस समस्या के समाधान के लिए वक्ता के क्या विचार हैं?** **(3)**

उत्तर 'नासूर' शब्द का अर्थ है पुराना और असहनीय घाव, जो ठीक न हो। वक्ता का मानना है कि परिवार में किसी भी प्रकार की शिकायतों या गलतफहमियों को प्रारंभिक अवस्था में ही सुलझा लेना चाहिए। यदि इन्हें समय रहते हल नहीं किया जाता, तो वे गंभीर समस्याओं का रूप ले लेती हैं और फिर उनका समाधान कठिन हो जाता है। वक्ता संवाद, विश्वास और सामंजस्य को रिश्तों की मजबूती के लिए आवश्यक मानते हैं।

(iv) **'सूखी डाली' एकांकी किस पृष्ठभूमि पर आधारित है? इसके शीर्षक की सार्थकता पर प्रकाश डालिए।** **(3)**

उत्तर 'सूखी डाली' एकांकी पारिवारिक रिश्तों में बढ़ती दूरियों, गलतफहमियों और संवादहीनता को दर्शाती है, जहाँ छोटी-छोटी बातों पर मनमुटाव समय पर न सुलझाने से समस्याएँ बढ़ जाती हैं।

'सूखी डाली' शीर्षक टूटते रिश्तों का प्रतीक है, जो प्रेम और समझ की कमी से कमज़ोर हो गए हैं। जैसे सूखी डाली गिर जाती है, वैसे ही संवादहीनता से परिवार बिखर सकता है। यह शीर्षक दर्शाता है कि समय रहते रिश्तों को संभाला न जाए, तो वे टूटकर बिखर सकते हैं।

**Q.3** **"बेटा, बड़प्पन बाहर की वस्तु नहीं-बड़प्पन तो मन का होना चाहिए और फिर बेटा घृणा को घृणा से नहीं मिटाया जा सकता। बहू को तभी पृथक् होना चाहेगी जब उसे घृणा के बदले घृणा दी जाएगी, लेकिन यदि उसे घृणा के बदले स्नेह मिले तो उसकी समस्त घृणा धुँधली पड़कर लुप्त हो जाएगी।"** **[ICSE 2019]**

(i) **प्रस्तुत कथन का वक्ता कौन है? उसका संक्षिप्त परिचय दीजिए। (2)**

उत्तर प्रस्तुत कथन का वक्ता दादा जी (मूलराज) हैं। दादाजी एकांकी के सबसे वरिष्ठ पात्र हैं। 72 वर्ष की आयु के पश्चात् भी उनका शरीर अभी तक झुका नहीं है और उनकी सफ़ेद दाढ़ी वट की लंबी-लंबी जटाओं की भाँति उनकी नाभि तक पहुँच चुकी है। वे साहसी, परिश्रमी, निष्ठावान और दूरदर्शी हैं, उनके इन्हीं गुणों के कारण आज तक उनका परिवार संयुक्त है।

(ii) **श्रोता ने वक्ता को छोटी बहू के संबंध में क्या बताया था? (2)**

उत्तर श्रोता (कर्मचंद) ने वक्ता (दादाजी) को छोटी बहू के संबंध में यह बताया था कि छोटी बहू को अपने मायके का घमंड ज़रूरत से अधिक है और वह हमारे घर को घृणा की दृष्टि से देखती है, जिसके कारण घर की महिलाएँ उसे पसंद नहीं करती हैं।

(iii) **वक्ता ने परिवार में एकता बनाए रखने का क्या उपाय निकाला? क्या वे इसमें सफल हुए? स्पष्ट कीजिए। (3)**

उत्तर वक्ता ने परिवार में एकता बनाए रखने का उपाय निकाला कि कोई भी छोटी बहू का अपमान नहीं करेगा, क्योंकि वह बुद्धि और योग्यता में श्रेष्ठ है। सभी ने उनकी बात मानकर छोटी बहू का सम्मान किया। यह देखकर छोटी बहू को अपनी गलती का एहसास हुआ और वह पश्चाताप् कर परिवार के साथ प्रेमपूर्वक रहने लगी। इस प्रकार दादा जी अपने प्रयास में पूरी तरह सफल रहे।

(iv) **प्रस्तुत एकांकी किस प्रकार की एकांकी है? इस एकांकी लेखन का क्या उद्देश्य है? (3)**

उत्तर प्रस्तुत एकांकी एक संयुक्त परिवार के बनते-बिगड़ते आपसी संबंधों तथा परंपरावादी व आधुनिक विचारों के बीच उत्पन्न जटिलताओं पर आधारित है। इस एकांकी लेखन का उद्देश्य संयुक्त परिवार का महत्त्व बताना रहा है। इस एकांकी में एकल परिवार की अपेक्षा संयुक्त परिवार को श्रेष्ठ बताया गया है।

**Q.4 ना बेटा, मैं अपने जीते जी यह सब ना होने दूँगा। तुम चिंता ना करो। मैं सबको समझा दूँगा। [ICSE Specimen 2023]**

(i) **वट वृक्ष को देखकर दादाजी के मन में कौन-सी कल्पनाएँ जाग जाती हैं? (2)**

उत्तर वट वृक्ष को देखकर दादाजी के मन में अपने इस बड़े परिवार की कल्पनाएँ जाग जाती हैं। इस परिवार में दादाजी सहित चार पीढ़ियाँ रहती हैं, इनके अपने-अपने व्यक्तित्व और विचार हैं उनमें विरोध है, किंतु वे आपस में प्रेम के अनुशासन में बंध कर रहते हैं। दादाजी चाहते हैं कि यह सबकुछ उनके जीवन में वैसे ही चलता रहे।

(ii) **दादाजी का मन क्या सोच कर सिहर उठता है? वे किस चिंता में डूबे हैं? (2)**

उत्तर दादाजी का मन हमेशा यह सोचकर सिहर उठता है कि जिस परिवार को उन्होंने अपने खून और पसीने से सींचा है। जिसे उन्होंने प्रेम के अनुशासन, सहयोग और सहनशीलता आदि के द्वारा आगे बढ़ाया है बाद में वह नष्ट न हो जाए। इस बात की चिंता में वह हमेशा डूबे रहते हैं कि उनका परिवार हमेशा उनके बनाए गए नियमों पर ही चलता रहेगा या नहीं। इस प्रक्रिया को कैसे आगे बढ़ाया जाए।

(iii) **दादा जी कैसे विचारों के व्यक्ति हैं? उनकी क्या अभिलाषा है? (3)**

उत्तर दादाजी बहुत उदार हृदय और सुलझे हुए विचारों के व्यक्ति हैं। वह सामूहिक अनुशासन के साथ ही व्यक्तिगत स्वतंत्रता और सम्मान को महत्त्व देते हैं। उनका विचार है कि व्यक्ति की उम्र के स्थान पर अनुभव को महत्त्व मिलना चाहिए। उनका विश्वास है कि घृणा ही घृणा को जन्म देती है उसे उदारता और प्रेम से ही समाप्त किया जा सकता है। उनकी अभिलाषा पारिवारिक एकता, प्रेम और त्याग करना है वह अपने परिवार के स्वरूप को नष्ट होने से रोकना चाहते हैं।

(iv) **अपनी छोटी बहू के विषय में दादाजी के क्या विचार हैं? छोटी बहू की कौन-सी विशेषताएँ हैं, जो उसे एक प्रतिष्ठित परिवार से जुड़ी हुई बनाती हैं? (3)**

उत्तर दादाजी के छोटी बहू के विषय में यह विचार हैं कि वह एक संपन्न और प्रतिष्ठित परिवार की बेटी है। वह शिक्षित और आधुनिक विचारों वाली युवती है, जिसके हृदय में निश्छलता है। हालाँकि, उसे अपने मायके की संपन्नता का अहंकार है, जिससे उसे नए परिवार और परिस्थिति में स्वयं को स्थापित करने में आरंभिक कठिनाई का सामना और सहानुभूति प्रदान करना आवश्यक है।

**Q.5 "वह आज़ादी चाहती है। दूसरों का हस्तक्षेप, दूसरों की आलोचना पसंद नहीं। वे समझती हैं वह छोटी बहू है, इसलिए सब उसकी आलोचना करना, उसे आदेश देना, अपना कर्त्तव्य समझती हैं और वह अपनी पृथक् गृहस्थी बसाना चाहती है, जहाँ उसे कोई रोकने वाला न हो।"**

(i) **वक्ता और श्रोता कौन हैं? वे किसके विषय में बातें कर रहे हैं? (2)**

उत्तर वक्ता दादा जी का छोटा पोता परेश है और श्रोता दादा जी हैं। परेश और दादा जी, छोटी बहू बेला को घर में होने वाली कठिनाइयों के कारण उसकी अलग रहने की इच्छा के विषय में बातें कर रहे हैं।

(ii) **एकांकी के आधार पर बताइए कौन आज़ादी चाहता है और क्यों? (2)**

उत्तर घर की छोटी बहू अर्थात् बेला आज़ादी चाहती है, क्योंकि उसको ऐसा लगता है कि घर के सदस्य उसे पसंद नहीं करते हैं, जिस कारण वह अभी तक घर के सदस्यों के साथ सामंजस्य स्थापित नहीं कर पाई है।

(iii) **वक्ता की चारित्रिक विशेषताएँ बताते हुए उसके कथन का संदर्भ स्पष्ट कीजिए। (3)**

उत्तर वक्ता परेश, दादा जी का सबसे छोटा पोता है, जो एक शिक्षित, संस्कारी और नायब तहसीलदार के पद पर नियुक्त युवक है। परेश की पत्नी, छोटी बहू, आधुनिक विचारों वाली युवती है, जो परिवार की महिलाओं द्वारा पसंद न किए जाने और परायों जैसा व्यवहार मिलने की शिकायत करती है। इसी कारण परेश दादा जी से बात करता है।

(iv) **वक्ता की बातों को सुनकर श्रोता की मनोदशा का विवरण देते हुए बताइए कि उन्होंने उसका क्या समाधान खोजा? (3)**

उत्तर वक्ता अर्थात् परेश की बातों को सुनकर दादा जी आश्चर्यचकित और दुःखी हो जाते हैं, क्योंकि वे संयुक्त परिवार की एकता बनाए रखना चाहते हैं। समाधान के रूप में वे सभी सदस्यों को समझाते हैं कि छोटी बहू के साथ आदरपूर्वक व्यवहार करें और चेतावनी देते हैं कि यदि उनकी बात नहीं मानी गई, तो वे घर से सदा के लिए नाता तोड़ लेंगे।

**Q.6** **''मेरी आकांक्षा है कि सब डालियाँ साथ-साथ फलें-फूलें, जीवन की सुखद, शीतल वायु के स्पर्श से झूमें और सरसराएँ। विटप से अलग होने वाली डाली की कल्पना ही मुझे सिहरा देती है।''** **[ICSE 2017]**

(i) **उपर्युक्त कथन कौन, किससे, किस संदर्भ में कह रहा है?** **(2)**

उत्तर उपर्युक्त कथन दादाजी ने इंदु तथा मँझली बहू से कहे। दादाजी चाहते हैं कि उनका परिवार पृथक् न हो। इसलिए वे इंदु तथा मँझली बहू को विशेष रूप से समझाते हुए छोटी बहू का आदर करने के लिए कहते हैं।

(ii) **सब डालियाँ साथ-साथ फलने-फूलने से क्या आशय है? 'डालियाँ' शब्द किसके लिए प्रयुक्त हुआ है?** **(2)**

उत्तर 'डालियाँ' शब्द परिवार के सदस्यों के लिए प्रयुक्त हुआ है। 'सब डालियाँ साथ-साथ फलने-फूलने' से आशय यह है कि परिवार के सभी सदस्य साथ-साथ रहें तथा सुखपूर्वक जीवन व्यतीत करें।

(iii) **किसकी आकांक्षा है कि सब खुशहाल रहें और क्यों? इस एकांकी से आपको क्या शिक्षा मिलती है?** **(3)**

उत्तर दादाजी की आकांक्षा है कि परिवार हमेशा खुशहाल और एकजुट रहे, क्योंकि उन्होंने अपने संयुक्त परिवार को प्रेम और एकता के सूत्र में बाँध रखा है।

इस एकांकी से शिक्षा मिलती है कि जैसे- पेड़ से टूटकर डाली सूख जाती है, वैसे ही परिवार के सदस्य अलग होने पर कमज़ोर हो जाते हैं। इसलिए परिवार को मिलजुलकर रहना चाहिए।

(iv) **प्रस्तुत कथन से वक्ता की किस चारित्रिक विशेषता का पता चलता है? अपने विचार भी प्रस्तुत कीजिए।** **(3)**

उत्तर प्रस्तुत कथन के वक्ता दादाजी हैं। उनके इस कथन से पता चलता है कि दादाजी अपने परिवार को संयुक्त परिवार के रूप में देखना चाहते हैं। जहाँ परिवार के सभी सदस्य खुशहाल जीवन व्यतीत करें। परिवार के सदस्यों के अलग होने की कल्पना मात्र से ही वे सिहर उठते हैं। अपनी दूरदर्शिता के कारण ही उन्होंने परेश की बातें सुनते ही परिवार के सदस्यों को समझाने का प्रयास किया, जिससे भविष्य में आने वाली समस्या का निवारण करके अपने परिवार को विभाजित होने से बचाया जा सके।

**Q.7** **कोई तुम्हारा आदर नहीं करता, अब सब तुम्हारा आदर करते हैं। तुम्हें शिकायत थी कि तुम्हें सबसे दबना पड़ता है, अब सब तुमसे दबते हैं। तुम्हें शिकायत थी कि तुम सबका काम करती हो, अब सब तुम्हारा काम करते हैं। आदर, सत्कार, आराम-न जाने तुम क्या चाहती हो?**

(i) **प्रस्तुत कथन में किसे, किससे शिकायत थी और क्यों?** **(2)**

उत्तर प्रस्तुत कथन में परेश की पत्नी व घर की छोटी बहू बेला को परिवार के सदस्यों से शिकायत थी, क्योंकि उसे लगता है, कि घर में कोई उसका आदर नहीं करता, उसको अपने कार्य बताते हुए उन्हें करने का आदेश देते हैं, जिससे उसे यह महसूस होता था कि घर के सभी लोग उससे कार्य करवाकर उसे दबाकर रखना चाहते हैं। परिवार के सदस्यों का ऐसा व्यवहार बेला को पंसद नहीं था।

(ii) **"कोई तुम्हारा आदर नहीं करता, अब सब तुम्हारा आदर करते हैं।" वक्ता ने यह कथन किससे कहा? प्रस्तुत पंक्ति में 'सब' शब्द किनके लिए प्रयोग किया गया तथा उनके व्यवहार में परिवर्तन क्यों था?** **(2)**

उत्तर ''कोई तुम्हारा आदर नहीं करता, अब सब तुम्हारा आदर करते हैं।'' वक्ता अर्थात् परेश ने यह कथन अपनी पत्नी बेला से कहा था। प्रस्तुत पंक्ति में 'सब' शब्द परिवार के सभी सदस्यों के लिए प्रयोग किए जाते हैं। परिवार के सदस्यों के व्यवहार में परिवर्तन दादा जी के द्वारा बेला के साथ औचित्यपूर्ण एवं उसका आदर करने के लिए कहने के उपरांत आया था।

(iii) **वक्ता कौन है? वक्ता ने क्यों कहा कि ''न जाने तुम क्या चाहती हो?''** **(3)**

उत्तर वक्ता परेश है। परेश ने यह कथन इसलिए कहा, क्योंकि बेला घर के सदस्यों के व्यवहार में आए परिवर्तन से अचंभित एवं दुःखी होती है और वह यह नहीं समझ पा रही थी कि परिवार का प्रत्येक सदस्य उसकी इतनी अधिक आव-भगत क्यों कर रहा है, जिसके विषय में वह परेश को बताती है।

बेला के इस प्रकार आदर पाने के बाद भी उसके दुःखी होने के कारण पर व्यंग्य करते हुए परेश कहता है कि ''न जाने तुम क्या चाहती हो?''

(iv) **घर के सदस्यों के व्यवहार में आए परिवर्तन से कौन परेशान था? श्रोता वक्ता से क्या कहता है?** **(3)**

उत्तर बेला घर के सदस्यों के व्यवहार में आए त्वरित परिवर्तन से हैरान एवं परेशान थी, क्योंकि अभी तक परिवार के जो सदस्य उसे आदेश दिया करते थे, आज वह उसका आदेश पाने के लिए तत्पर थे। बेला कोई कार्य करने जाती, तो उसे स्वयं करने लगते, जिससे दुःखी होकर वह पुनः परिवार के सदस्यों के व्यवहार के प्रति असंतोष प्रकट करते हुए उनकी शिकायत परेश से करती है। तब परेश बेला की असमंजस की स्थिति पर व्यंग्य करते हुए कहता है कि 'आदर-सत्कार, आराम न जाने तुम क्या चाहती हो।'

# 5

# महाभारत की एक साँझ

*भारत भूषण अग्रवाल*

## लेखक का परिचय

भारत भूषण अग्रवाल हिंदी साहित्य में बहुमुखी प्रतिभा से संपन्न एक अविस्मरणीय कथाकार रहे हैं। इनका जन्म 3 अगस्त, 1910 में मथुरा में हुआ था। इन्होंने साहित्य की लगभग सभी विधाओं में उत्कृष्ट रचना की। वे मुख्य रूप से एक कवि थे और तारसप्तक के महत्त्वपूर्ण कवियों में शामिल थे। उनकी साहित्य एवं लेखन की उत्कृष्टता का ही परिणाम था कि वर्ष 1978 में उन्हें उनकी कृति 'उतना बस सूरज हूँ' के लिए मरणोपरांत साहित्य अकादमी पुरस्कार से सम्मानित किया गया। इनकी भाषा सरल, सरस और प्रभावमयी थी। इनकी रचनाओं की विषय-वस्तु जीवन की सामान्य घटनाओं से निकलती है। भारत भूषण की रचनाओं की प्रमुख विशेषता गंभीर विचारों को नए ढंग से प्रस्तुत करना है। 23 जून, 1975 को इनका निधन हो गया।

## एकांकी का परिचय

यह भारत भूषण द्वारा रचित एक प्रभावशाली पौराणिक एकांकी है, जो महाभारत के अंतिम युद्ध प्रसंग पर आधारित है। यह कुरुक्षेत्र के अंतिम क्षणों में दुर्योधन की पराजय, उसके अंतर्द्वंद्व और पांडवों के साथ उसकी वैचारिक टकराहट को दर्शाती है। इसका केंद्रीय विषय धर्म, अधर्म, न्याय और अन्याय की अवधारणाओं पर आधारित है। लेखक ने महाभारत के चरित्रों- दुर्योधन, युधिष्ठिर, भीम, कृष्ण और संजय के संवादों के माध्यम से नैतिक मूल्यों और मानवीय कमजोरियों को उजागर किया है। दुर्योधन युद्ध में हारने के बाद द्वैत वन के जलाशय में छिप जाता है। युधिष्ठिर और भीम उसे बाहर आने के लिए ललकारते हैं। कृष्ण के इशारे पर भीम उसकी जंघा पर प्रहार कर उसे पराजित करता है। घायल दुर्योधन पांडवों पर अन्याय और कूटनीति का आरोप लगाते हुए अपनी हार स्वीकार करता है, परंतु उसे अपने कर्मों पर कोई पश्चाताप नहीं होता।

## एकांकी का उद्देश्य

एकांकी का मुख्य उद्देश्य धर्म और अधर्म, न्याय और अन्याय के बीच अंतर को स्पष्ट करना है। यह एकांकी दुर्योधन के पतन और उसके अहंकार को दर्शाते हुए बताती है कि किस प्रकार अहंकार, अन्याय और क्रोध व्यक्ति के विनाश का कारण बनते हैं। दुर्योधन पराजित होने के बाद भी अपने कृत्यों पर पश्चाताप नहीं करता, बल्कि दूसरों को दोषी ठहराता है। इस एकांकी के माध्यम से यह संदेश दिया गया है कि सत्य, धर्म और न्याय का मार्ग ही वास्तविक विजय दिलाता है, जबकि अहंकार और अधर्म अंततः विनाश का कारण बनते हैं।

## एकांकी के शीर्षक की सार्थकता

''महाभारत की एक साँझ'' शीर्षक एकांकी की विषयवस्तु को पूरी तरह सार्थक बनाता है, क्योंकि यह महाभारत युद्ध के अंतिम क्षणों और दुर्योधन के जीवन के अंत को दर्शाता है। 'साँझ' शब्द प्रतीकात्मक रूप से अंत, अवसान और आत्ममंथन का प्रतीक है, जो दुर्योधन के अहंकार और अधर्म के पतन को दर्शाता है। दुर्योधन अपनी पराजय के बावजूद अपने कृत्यों को उचित ठहराता है, जबकि युधिष्ठिर धर्म तथा न्याय की व्याख्या करते हैं। शीर्षक इस तथ्य को भी दर्शाता है कि युद्ध समाप्त हो चुका है, लेकिन धर्म-अधर्म और न्याय-अन्याय पर विचार जारी है।

### पात्र परिचय

**युधिष्ठिर** पांडु और कुंती के ज्येष्ठ पुत्र थे। धर्मराज के रूप में प्रसिद्ध थे। वे दयालु, शांति के पक्षधर व और न्याय प्रिय व्यक्ति थे।

**दुर्योधन** धृतराष्ट्र का ज्येष्ठ पुत्र था। वह कुशल योद्धा और कूटनीतिज्ञ, अहंकारी था।

**भीम** युधिष्ठिर के छोटे भाई थे, जो बलवान और गदा युद्ध में निपुर्ण थे।

**धृतराष्ट्र हस्तिनापुर के अंधे राजा,** जिनका पुत्र मोह उन्हें गलत कार्यों का विरोध करने से रोकता था।

**संजय** धृतराष्ट्र का मंत्री था उसके पास दिव्य दृष्टि थी, जो युद्ध की घटनाओं को देख सकता था।

## एकांकी का सार

महाभारत के अंतिम युद्ध प्रसंग पर आधारित इस एकांकी में संजय, दिव्य दृष्टि से धृतराष्ट्र को बताता है कि दुर्योधन द्वैत वन के जलाशय में छिपा हुआ है। युधिष्ठिर और भीम उसे बाहर आने के लिए ललकारते हैं। भीम उसे कायर कहता है, जबकि दुर्योधन स्वयं को शस्त्रहीन और थका हुआ बताकर युद्ध से इंकार करता है। युधिष्ठिर उसे कवच और गदा देकर धर्मपूर्वक युद्ध के लिए तैयार करता है।

दुर्योधन और भीम के बीच भीषण गदा युद्ध होता है। दुर्योधन के पराक्रम से उसकी जीत लगभग तय लगती है, लेकिन कृष्ण के इशारे पर भीम उसकी जंघा पर प्रहार कर उसे घायल कर देता है। सभी पांडव उसे तड़पता छोड़ चले जाते हैं।

शाम को अश्वत्थामा आता है और दुर्योधन से कौरवों के अपमान का बदला लेने का वचन लेकर चला जाता है। युधिष्ठिर दुर्योधन को सांत्वना देने पहुँचते हैं, लेकिन दुर्योधन उन्हें गुरुजनों और बंधुओं की हत्या का दोषी ठहराता है। वह युधिष्ठिर के राज्याधिकार को अनुचित बताते हुए कहता है कि धृतराष्ट्र ज्येष्ठ पुत्र थे और जन्मांध होने के कारण ही पांडु राजा बनाए गए थे।

युधिष्ठिर दुर्योधन के तर्कों का खंडन करते हैं, लेकिन दुर्योधन अभिमन्यु और द्रौपदी के अपमान का हवाला देते हुए युधिष्ठिर को दोषी ठहराता है। अंत में वह युधिष्ठिर की महत्वाकांक्षा को युद्ध का कारण बताते हुए कहता है कि उसे केवल इस बात का दुःख है कि उसके पिता अंधे क्यों थे। इसके साथ ही उसकी मृत्यु हो जाती है और परदा गिरता है।

### शब्दार्थ

**अहेरी** *शिकारी*; **दुरात्मा** *बुरी आत्मा*; **कालाग्नि** *प्रलयकाल की आग*; **क्षीण** *कमजोर*; **अनायास** *बिना परिश्रम के*; **पामर** *दुराचारी*; **बधिक** *हत्यारा*; **चीत्कार** *चीख*; **शोणित** *रक्त*; **ध्वन्स** *विनाश*; **तिरस्कृत** *अपमानित*; **निष्पक्ष** *पक्षपात से हीन*; **कटु सत्य** *कड़वा सच*; **अंतर्यामी** *अंदर की बात जानने वाला*; **अभिषेक** *राज्य प्राप्ति के लिए स्नान*; **वीरगति** *युद्धभूमि में प्राण देना* **जलाशय** *सरोवर*; **घृत**-*घी*; **असंभाव्य** *जो घटित न हो सकता हो*; **चक्रांत** *साजिश*।

# एग्जाम पैटर्न प्रश्न (10 अंक)

*निम्नलिखित गद्यांशों को पढ़कर नीचे दिए गए प्रश्नों के उत्तर दीजिए।*

**Q.1** आत्मरक्षा का और कोई उपाय न देखकर महाबली सुयोधन द्वैत वन के सरोवर में घुस गए और उसके जल स्तंभ में छिपकर बैठे रहे। पर न जाने कैसे पांडवों को इसकी सूचना मिल गई और वे तत्काल रथ पर चढ़कर वहाँ पहुँच गए। **[ICSE 2020]**

(i) **वक्ता, श्रोता कौन-कौन हैं? दोनों में ये बातें कहाँ और किस संदर्भ में हो रही हैं?** **(2)**

उत्तर प्रस्तुत गद्यांश में वक्ता तथा श्रोता युधिष्ठिर तथा भीम हैं। जब दुर्योधन अपने प्राणों की रक्षा के लिए जलाशय में छिप जाता है वहाँ युधिष्ठिर तथा भीम आते हैं और उसे युद्ध के लिए ललकारते हैं।

(ii) **द्वैत वन कहाँ स्थित है? पांडव वहाँ क्यों पहुँचे?** **(2)**

उत्तर द्वैत वन मैनपुरी (घिरोर) जनपद में है यह दुर्वासा, दत्तात्रेय, च्यवन मारकण्डेय आदि ऋषियों की जन्मस्थली है। द्रौपदी के चीर हरण व धूत क्रीड़ा मैं हार जाने के कारण पांडवों को अपना राज्य छोड़कर बारह वर्ष के लिए वन में और एक वर्ष के लिए अज्ञातवास में रहने की शर्त माननी पड़ी थी। इसी वनवास के दौरान वे द्वैत वन में पहुँचे।

(iii) **सुयोधन किसे कहा गया है? उसने आत्मरक्षा के लिए क्या उपाय किया? क्या वह सफल हो पाया? स्पष्ट कीजिए।** **(3)**

उत्तर सुयोधन, दुर्योधन को कहा गया है वह आत्मरक्षा के लिए जलाशय में छिपकर बैठ गया, किंतु युधिष्ठिर तथा भीम को उसके जलाशय में छिपने का पता चल गया और वे उसे युद्ध के लिए ललकारते हैं और कायर कहते हैं जिसे सुनकर वह बाहर निकल आता है। इस प्रकार वह छिपने में असफल हो जाता है।

(iv) **महाभारत युद्ध किनके मध्य हुआ था? एकांकी के शीर्षक के औचित्य को समझाइए।** **(3)**

उत्तर महाभारत का युद्ध कौरवों तथा पांडवों के मध्य हुआ था। एकांकी का शीर्षक ''महाभारत की एक साँझ'' में महाभारत की समाप्ति पर घटी एक अंतिम घटना को साँझ कहकर संबोधित किया गया है। महाभारत के युद्ध का समापन दुर्योधन की पराजय एवं उसकी मृत्यु से हुआ। इसी घटना को महाभारत की एक साँझ कहा गया है।

**Q.2** ''लज्जा! उस पापी को लज्जा! भीमसेन ऐसी अनहोनी बात की तुमने कल्पना कैसे की? जो अपने सगे-संबंधियों को गाजर-मूली की भाँति कटवा सकता है, जो अपने भाइयों को जीवित जलवा देने में भी नहीं हिचकता, जो आदमी अपनी भाभी को भरी सभा में अपमानित करने में आनंद ले सकता है, उसका लज्जा से क्या परिचय?''

(i) **प्रस्तुत पंक्ति का वक्ता कौन है? वह किससे और किसके बारे में बात कर रहा है?** **(2)**

उत्तर प्रस्तुत अवतरण में वक्ता युधिष्ठिर है, जो अपने छोटे भाई भीमसेन से दुर्योधन की क्रूरता, अहंकारी व राज्य की चाह रखने वाले दुर्योधन के विषय में बात कर रहा है।

(ii) **''जो अपने सगे-संबंधियों को गाजर-मूली की भाँति कटवा सकता है।'' वक्ता ने ऐसा क्यों कहा? वक्ता के इस कथन का प्रसंग स्पष्ट कीजिए।** **(2)**

उत्तर युधिष्ठिर ने यह कथन इसलिए कहा, क्योंकि दुर्योधन ने अपने झूठे अभिमान, हठी स्वभाव और लोभी प्रवृत्ति के कारण महाभारत के युद्ध की नीव रखी थी, जिस कारण पितामह भीष्म, कृपाचार्य, कर्ण, अभिमन्यु जैसे दोनों ही पक्षों के कई वीर योद्धा युद्ध में मारे गए थे, लेकिन आज वह स्वयं (दुर्योधन) कायरों की भाँति युद्ध करने के स्थान पर जलाशय में छिपकर अपने प्राणों की भीख माँग रहा है।

(iii) **युधिष्ठिर ने दुर्योधन को किस प्रकार ललकारा और इसमें प्रयुक्त भाषा का क्या उद्देश्य है?** **(3)**

उत्तर युधिष्ठिर ने दुर्योधन को ''पापी, कपटी, दुरात्मा'' कहकर ललकारा, जो उसके अन्यायपूर्ण कर्मों और अधर्म का प्रतीक है। युधिष्ठिर ने उसकी कायरता पर कटाक्ष किया। इस भाषा का उद्देश्य दुर्योधन को मानसिक रूप से आहत करना और उसे जल से बाहर आने के लिए उकसाना था। यह भाषा उसकी कायरता, अपराधबोध और आत्मग्लानि को दर्शाती है।

(iv) **भरी सभा में किसको अपमानित किया गया और क्यों? युधिष्ठिर पर षडयंत्र का क्या प्रभाव पड़ा?** **(3)**

उत्तर भरी सभा में द्रौपदी का अपमान किया गया, क्योंकि दुर्योधन ने जुए में युधिष्ठिर को छलपूर्वक पराजित कर द्रौपदी को दांव पर लगा दिया था। इस षड्यंत्र से युधिष्ठिर को गहरा मानसिक आघात पहुँचा। उनकी धर्मपरायणता का दुरुपयोग हुआ, जिससे उनके आत्मसम्मान को ठोस पहुँची और यह महाभारत युद्ध का कारण बना।

**Q.3** ''जानता हूँ युधिष्ठिर भली-भाँति जानता हूँ। किंतु सोच लो, मैं थककर चूर हो गया हूँ, मेरी सभी सेना तितर-बितर हो गई है, मेरा कवच फट गया है, मेरे शस्त्रास्त्र चूक गए हैं। मुझे समय दो युधिष्ठिर! क्या भूल गए मैंने तुम्हें तेरह वर्ष का समय दिया था।'' **[ICSE 2019]**

(i) **वक्ता कौन है? वह क्या जानता था?** **(2)**

उत्तर प्रस्तुत अवतरण का वक्ता दुर्योधन है, जो धृतराष्ट्र का ज्येष्ठ पुत्र है। वह यह जानता है कि पांडव उसकी कूटनीतिपूर्ण बातों में नहीं आएँगे और उसके प्राण लिए बिना शांत नहीं होंगे।

(ii) **वक्ता इस समय असहाय क्यों हो गया था? क्या वह वास्तव में असहाय था?** **(2)**

उत्तर वक्ता अर्थात् दुर्योधन इस समय असहाय इसलिए हो गया था, क्योंकि वह थककर चूर हो गया था। उसकी सेना तितर-बितर हो गई थी, उसका कवच फट गया था तथा शस्त्रास्त्र समाप्त हो गए थे। वह वास्तव में असहाय नहीं था, अपितु वह केवल कूटनीति चाल चल रहा था, जिससे स्वयं की रक्षा कर सके।

(iii) **श्रोता कौन है? श्रोता को तेरह वर्ष का समय किसने दिया था? (3)**

उत्तर प्रस्तुत कथन का श्रोता युधिष्ठिर है। युधिष्ठिर को तेरह वर्ष का समय धृतराष्ट्र की शर्त के अनुसार दुर्योधन ने जुए में हारने के कारण दिया था। धृतराष्ट्र ने कौरवों और पांडवों को जुआ खेलने की आज्ञा दी। जिसमें तय हुआ कि एक ही दाँव रखा जाएगा और जो भी उसमें हारेगा वह बारह वर्ष वनवास और एक वर्ष अज्ञातवास में रहेगा। दुर्योधन ने शकुनी के साथ मिलकर धोखे से बाजी जीत ली और युधिष्ठिर सहित पांडवों को 12 वर्ष का वनवास और एक वर्ष अज्ञातवास मिला। इसी संदर्भ में दुर्योधन ने कहा कि मैंने तुम्हें तेरह वर्ष का समय दिया था।

(iv) **वक्ता ने जो समय दिया था उसका उद्‌देश्य क्या था? क्या वह अपने उद्‌देश्य में सफल हो सका? स्पष्ट कीजिए। (3)**

उत्तर वक्ता अर्थात् दुर्योधन ने पांडवों को जो समय दिया था उसका उद्‌देश्य पांडवों को राजमहल से दूर करना तथा उन्हें कष्ट पहुँचाना था। इस उद्‌देश्य की पूर्ति के लिए उसने कई तरीके अपनाए, ताकि वह पांडवों को मारकर संपूर्ण राज्य पर स्वयं अधिकार कर सके, परंतु वह अपने उद्‌देश्य में सफल नहीं हो सका। पांडव 12 वर्ष का वनवास और एक वर्ष का अज्ञातवास पूरा करके पुनः लौट आए।

**Q.4 "भविष्य को भी तुम चाहो तो बहका सकते हो युधिष्ठिर पर दुर्योधन को नहीं बहका सकते, क्योंकि उसने अपने बचपन से लेकर अब तक की एक-एक घड़ी तुम्हारे ईर्ष्या के रथ की गड़गड़ाहट सुनते हुए बिताई है। तुम्हारी तैयारियों ने उसे एक रात भी चैन से सोने नहीं दिया।"**

**[ICSE Specimen 2017]**

(i) **कथन के वक्ता का परिचय देते हुए बताइए कि 'भविष्य को भी तुम चाहो तो बहका सकते हो' इस पंक्ति का क्या अभिप्राय है? (2)**

उत्तर प्रस्तुत अवतरण का वक्ता दुर्योधन है। यहाँ दुर्योधन अपने कुकृत्यों पर पर्दा डालते हुए महाभारत के युद्ध का दोषी युधिष्ठिर को ठहराता है। इसी संदर्भ में युधिष्ठिर अपना पक्ष रखते हैं, परंतु दुर्योधन को उनकी सभी बातें मिथ्या प्रतीत होती हैं। दुर्योधन कहता है कि तुम चाहो तो भविष्य को भी जाल में फँसा लो, लेकिन मुझे नहीं बहका सकते। अतः दुर्योधन स्वयं को सही व युधिष्ठिर को गलत साबित करना चाहता है।

(ii) **'ईर्ष्या के रथ' से क्या अभिप्राय है? ईर्ष्या किसे होती है? यहाँ इसका उल्लेख क्यों किया जा रहा है? (2)**

उत्तर जब व्यक्ति का स्वयं के भावों पर कोई अधिकार नहीं रह पाता और वह उसके अधीन हो जाता है तथा ईर्ष्या आदि भाव के रथ पर सवार हो जाता है, तो ज्वलनशील प्रवृत्ति के लोगों को ईर्ष्या होती है और इस भाव के कारण वह अपना सर्वस्व खो बैठता है। दुर्योधन में बाल्यावस्था से ही ईर्ष्या भाव की प्रवृत्ति घर कर गई थी और इसी कारण अंत में वह सर्वस्व खो चुका था।

(iii) **'तुम्हारी तैयारियों ने उसे एक रात भी चैन से सोने नहीं दिया।' यह वाक्य कब कहा गया है तथा दुर्योधन की किस मन:स्थिति को प्रकट करता है? (3)**

उत्तर जब दुर्योधन पराजित होकर परास्त पड़ा था, तब युधिष्ठिर सायंकाल में उसे सांत्वना देने हेतु गए थे, परंतु दुर्योधन को युधिष्ठिर की यह भावना छलावा लगी और उसने कहा कि मैंने अपने बचपन से लेकर अब तक की एक-एक घड़ी तुम्हारी ईर्ष्या के रथ की गड़गड़ाहट सुनकर बिताई है। तुम्हारी खुशियों ने मुझे एक रात भी चैन से सोने नहीं दिया। आज जब मैं इस अवस्था में हूँ, तब तो मुझे चैन से मोक्ष प्राप्त करने दो। यहाँ दुर्योधन की ईर्ष्या के भाव का प्रकटीकरण हुआ है।

(iv) **प्रस्तुत कथन की युधिष्ठिर पर क्या प्रतिक्रिया होती है और क्यों? समझाइए। (3)**

उत्तर प्रस्तुत कथन युधिष्ठिर को क्रुद्धकर देता है। जब दुर्योधन, युधिष्ठिर को महाभारत के युद्ध का दोषी मानता है तथा उन्हें युद्ध को भीषण बनाने का भागी बताता है, तो युधिष्ठिर कहते हैं कि तुम अपनी सुध-बुध खो बैठे हो, तुम प्रलाप कर रहे हो जो अब निरर्थक है। इसका कोई लाभ नहीं है। तुमने जो पांडवों के साथ छल किया, ये उसी का परिणाम है कि आज तुम पराजित हो। जो पांडव तुमसे तिरस्कृत होकर घर-घर भीख माँगते फिरे, वन-जंगलों की धूल छानते फिरे, जिनका अधिकार तुमने छल से छीना। इन सभी कुकृत्यों के पश्चात् तुम्हारी बातों पर कोई विश्वास नहीं करेगा।

**Q.5 "पश्चाताप तो तुम्हें होना चाहिए। मैं क्यों पश्चाताप करूँगा? मैंने ऐसा कौन-सा पाप किया है? मैंने अपने मन के भावों को गुप्त नहीं रखा, मैंने षडयंत्र नहीं किया, मैंने गुरुजनों का वध नहीं किया।" [ICSE 2024]**

(i) **प्रस्तुत पंक्तियों के वक्ता और श्रोता का परिचय दीजिए। (2)**

उत्तर प्रस्तुत पंक्तियों के वक्ता दुर्योधन और श्रोता युधिष्ठिर हैं। दुर्योधन धृतराष्ट्र के सभी पुत्रों में ज्येष्ठ हैं और युधिष्ठिर पाँच पांडवों में सबसे बड़े हैं।

(ii) **वक्ता पश्चाताप क्यों नहीं करना चाहता? वह अपने पक्ष में कौन-कौन से तर्क रखता है? (2)**

उत्तर दुर्योधन पश्चाताप नहीं करना चाहता क्योंकि वह स्वयं को दोषी नहीं मानता। उसका कहना है कि उसने अपने भाव गुप्त नहीं रखे, षड्यंत्र नहीं किया और गुरुजनों का वध नहीं किया, इसलिए उसे कोई पश्चाताप करने की आवश्यकता नहीं है।

(iii) **आपके अनुसार पश्चाताप किसे होना चाहिए था? वक्ता को या श्रोता को? तर्कसहित लिखिए। (3)**

उत्तर पश्चाताप मुख्य रूप से दुर्योधन (वक्ता) को होना चाहिए था, क्योंकि उसके अहंकार, अधर्म और सत्ता इच्छा के कारण युद्ध हुआ। उसने पांडवों के साथ अन्याय किया, विशेषकर द्रौपदी के अपमान और छलपूर्वक वनवास देने के रूप में। वहीं, युधिष्ठिर ने धर्म की रक्षा के लिए युद्ध किया, इसलिए दुर्योधन को ही पश्चाताप होना चाहिए था।

(iv) **श्रोता वक्ता के पास क्यों आया था? अंत में वक्ता का क्या हाल होता है और क्यों? (3)**

उत्तर श्रोता दुर्योधन के पास उसकी अंतिम अवस्था में शांति और सांत्वना देने के लिए आया था। वक्ता अत्यंत क्रोधित और दुःखी होकर, कड़वाहट से भरे शब्दों के साथ युधिष्ठिर को दोषी ठहराता है। वह पश्चाताप नहीं करता, बल्कि अपनी पराजय के लिए युधिष्ठिर को दोष देता है। अंततः उसकी मृत्यु पीड़ा और कड़वाहट के साथ होती है, क्योंकि वह अपनी हार और अपमान को सहन नहीं कर पाता।

**Q.6 सत्य को ढँकने का प्रयत्न न करो युधिष्ठिर! उसे निष्पक्ष होकर जाँचो। मेरे पास प्रमाणों की कमी नहीं है। आधा राज्य पाकर भी तुमने चैन न लिया।**

**तुमने अर्जुन को चारों ओर दिग्विजय के लिए भेजा। राजसूय यज्ञ के बहाने तुमने जरासंध और शिशुपाल को समाप्त किया। यहाँ तक कि जुए में खेल-खेल में भी तुम अपनी ईर्ष्या न भूले और तुमने झट से अपना राज्य दाँव पर लगा दिया कि यदि तुम जीते तो तुम्हें मेरा राज्य अनायास ही मिल जाए। वनवास उसी महत्त्वाकांक्षा का परिणाम था, मेरा उसमें कोई हाथ न था।'**

(i) **'सत्य को ढकने का प्रयत्न न करो' पंक्ति में वक्ता कौन है और वह ऐसा क्यों कह रहा है?** **(2)**

उत्तर 'सत्य को ढकने का प्रयत्न न करो' पंक्ति में वक्ता दुर्योधन है। वह ऐसा इसलिए कह रहा है, क्योंकि वह जानता था कि यदि, उसके पिता धृतराष्ट्र अंधे न होते, तो वही राज्य का उत्तराधिकारी होता।

(ii) **किसके पास प्रमाणों की कमी नहीं है? इस कथन के पीछे वक्ता का क्या उद्देश्य था?** **(2)**

उत्तर दुर्योधन के पास प्रमाणों की कमी नहीं है। वह अपने उन प्रमाणों को सत्य मान रहा है, जो उसके लालच और हठ के प्रतीक हैं। इस कथन को कहने का उद्देश्य दुर्योधन का स्वयं को सत्ता का वास्तविक अधिकारी मानना है।

(iii) **युधिष्ठिर और दुर्योधन के दृष्टिकोणों में क्या मुख्य अंतर है? युधिष्ठिर द्वारा द्रौपदी को दाँव पर लगाना उनके न्यायप्रिय चरित्र का विरोधाभास कैसे है?** **(3)**

उत्तर युधिष्ठिर धर्मनिष्ठ, सत्यवादी और न्यायप्रिय हैं, लेकिन कभी-कभी उनकी धर्मनिष्ठा उन्हें भ्रमित कर देती है, जिससे वे अनुचित निर्णय ले लेते हैं। दुर्योधन अहंकारी, प्रतिशोधी और सत्ता लोभी है, जो अपनी गलतियों को स्वीकारने के अतिरिक्त दूसरों को दोषी ठहराता है। युधिष्ठिर द्वारा द्रौपदी को जुए में दाव पर लगाना उनके न्यायप्रिय चरित्र का विरोधाभास है, क्योंकि उन्होंने नारी सम्मान की रक्षा करने के अतिरिक्त उसे वस्तु समझकर दाँव पर लगाया।

(iv) **दुर्योधन का क्या आरोप है? युधिष्ठिर सत्य को छिपाने का प्रयास क्यों कर रहे हैं? और उन्होंने न्याय भावना को कैसे खंडित किया था?** **(3)**

उत्तर दुर्योधन का आरोप है कि युधिष्ठिर ने अपनी महत्त्वाकांक्षाओं को पूरा करने के लिए सत्य छिपाया और उसे दोषी ठहराया। युधिष्ठिर सत्य को छिपाने का प्रयास इसलिए कर रहे हैं, क्योंकि वे अपने कृत्यों की ज़िम्मेदारी दुर्योधन पर डालना चाहते है, युधिष्ठिर ने आधा राज्य पाकर भी संतोष नहीं किया, अर्जुन को दिग्विजय के लिए भेजा और द्रौपदी को जुए में दाँव पर लगाकर न्याय भावना को भंग किया।

6

# दीपदान

**डॉ. रामकुमार वर्मा**

## लेखक का परिचय

डॉ. रामकुमार वर्मा का जन्म 15 नवम्बर, 1905 को, मध्य प्रदेश के सागर जिले में हुआ था। इन्होंने सागर और प्रयाग विश्वविद्यालय से शिक्षा प्राप्त की तथा नागपुर विश्वविद्यालय से पी.एच.डी. की उपाधि प्राप्त की। वर्मा जी बहुमुखी प्रतिभा के साहित्यकार थे, इन्होंने कविता, नाटक, एकांकी और आलोचना में उल्लेखनीय योगदान दिया। वे हिंदी एकांकी के प्रवर्तक माने जाते हैं। उनकी प्रमुख रचनाएँ बादल की मृत्यु, शिवाजी, अभिशाप, चित्ररेखा तथा नाटक सत्य का स्वप्न, अशोक का शोक हैं। इनकी भाषा सरल, सरस, प्रभाव होने के साथ-साथ कथा के अनुरूप है। इन्हें वर्ष 1963 में पद्म भूषण पुरस्कार से सम्मानित किया। वर्मा जी का मृत्यु वर्ष 1990 में हुई थी।

## एकांकी का परिचय

'दीपदान' एकांकी प्रसिद्ध एकांकीकार डॉ. रामकुमार वर्मा द्वारा रचित एक प्रेरणादायक रचना है, जिसमें मातृभूमि के प्रति समर्पण, कर्त्तव्यनिष्ठा और मातृत्व के अद्वितीय बलिदान का चित्रण किया गया है। यह एकांकी ऐतिहासिक पृष्ठभूमि पर आधारित है और वीरांगना के त्याग और बलिदान की कथा प्रस्तुत करती है। इसमें वीरांगना अपने स्वामी के पुत्र की रक्षा के लिए अपने पुत्र का बलिदान देकर मातृभूमि के प्रति कर्त्तव्य और निष्ठा का आदर्श प्रस्तुत करती हैं। इस एकांकी में राजस्थान के शौर्य, बलिदान और नारी के साहस का जीवंत चित्रण किया गया है।

## एकांकी का उद्देश्य

इस एकांकी का मुख्य उद्देश्य स्वामीभक्ति, वफादारी मातृभूमि के प्रति समर्पण, नारी शक्ति और त्याग जैसे मूल्यों को जागृत करना है। इसमें एक वीर क्षत्राणी अपने पुत्र का बलिदान देकर राजकुमार की रक्षा करती हैं, जो कर्त्तव्य और देशभक्ति का उत्कृष्ट उदाहरण है। यह एकांकी नारी साहस, बलिदान और राजस्थानी वीरता को दर्शाते हुए यह संदेश देती है कि मातृभूमि की रक्षा सर्वोच्च कर्त्तव्य है।

## एकांकी के शीर्षक की सार्थकता

प्रस्तुत एकांकी का शीर्षक 'दीपदान' पूरी तरह सार्थक है, क्योंकि यह एक माता के त्याग और बलिदान को दर्शाता है। जैसे दीप जलाने के लिए घी का दान किया जाता है, वैसे ही एक माता (क्षत्राणी) ने अपने पुत्र का बलिदान देकर चित्तौड़ के भविष्य की रक्षा की। यह शीर्षक त्याग, साहस और उज्ज्वल भविष्य का प्रतीक है।

## पात्र परिचय

**कुँवर उदय सिंह** चित्तौड़ साम्राज्य के स्वर्गीय महाराणा साँगा के सबसे छोटे पुत्र और राज्य के उत्तराधिकारी हैं। इनकी आयु 14 वर्ष है, जो बाल सुलभ हठ और संगीत-नृत्य में रुचि रखते हैं।

**पन्नाधाय** उदय सिंह की धाय माँ पन्नाधाय कर्त्तव्यनिष्ठ, धैर्यवान और बलिदान की प्रतिमूर्ति है। उन्होंने अपने पुत्र चंदन का बलिदान देकर उदय सिंह के प्राणों की रक्षा की।

**सोना** रावल स्वरूप सिंह की पुत्री है। वह अत्यंत सुंदर, नटखट व कुशल नृत्यांगना, वाकपटु और हृदय से सरल स्वभाव की है।

**बनवीर** महाराणा के भाई पृथ्वीराज का दासी पुत्र है। वह क्रूर, विश्वासघाती, विलासी और सिंहासन हड़पने के लिए षड्यंत्रकारी है। उसने विक्रमादित्य और चंदन की हत्या की।

**चंदन** पन्नाधाय का 13 वर्षीय पुत्र है। वह बाल सुलभ गुणों से युक्त, साहसी और वीर बालक है, जिसने उदयसिंह की रक्षा के लिए अपने प्राणों का बलिदान दिया।

**सामली** अंतःपुर की वफादार और पन्नाधाय की विश्वासपात्र परिचारिका है, जिन्होंने उदय सिंह के प्राण संकट की सूचना दी।

**कीरत बारी** महल का पत्तल उठाने वाला विश्वसनीय और साहसी सेवक है। जिसने उदयसिंह को टोकरी में छिपाकर महल से बाहर सुरक्षित निकाला।

## एकांकी का सार

दीपदान एकांकी में पन्नाधाय के अद्वितीय त्याग और मातृभूमि के प्रति समर्पण का वर्णन किया गया है। महल में बनवीर द्वारा एक भव्य नृत्य उत्सव आयोजित किया जाता है, जिसमें नृत्यांगनाएँ तुलजा भवानी के समक्ष नृत्य और दीपदान करती है। कुँवर उदयसिंह नृत्य देखने की इच्छा जताते हैं, लेकिन पन्नाधाय उन्हें रोकती है, यह कहते हुए कि वह चित्तौड़ का भविष्य हैं और उनकी सुरक्षा महत्त्वपूर्ण है। उदयसिंह नृत्य देखने की जिद कर नाराज़ होकर तलवार लेकर ज़मीन पर सो जाते हैं। रावल रूपसिंह की बेटी सोना उदयसिंह को आमंत्रित करने आती है और पन्नाधाय पर तंज कसते हुए कहती है कि उन्होंने अपने मातृत्व को भुला दिया है। पन्नाधाय चित्तौड़ के शौर्य और बलिदान की भूमि होने का तर्क देती हैं, तभी सामली घबराई हुई आती है और बताती है कि बनवीर ने महाराणा विक्रमादित्य की हत्या कर दी है और अब वह उदयसिंह को मारने आ रहा है। पन्नाधाय चिंतित हो जाती है। उसी समय कीरत बारी (जो जूठे पत्तल उठाता है) आता है। पन्नाधाय उसे आदेश देती है कि वह उदयसिंह को टोकरी में छिपाकर महल से बाहर सुरक्षित निकाल ले जाए। पन्नाधाय को एहसास होता है कि जब बनवीर उदयसिंह को नहीं पाएगा, तो वह उसे अवश्य मारेगा। अपनी मातृभूमि और कर्त्तव्य की रक्षा के लिए वह अपने पुत्र चंदन को उदयसिंह की शैय्या पर सुलाने का कठोर निर्णय लेती है। बनवीर तलवार लेकर महल में आता है और उदयसिंह को मारने के लिए तत्पर होता है। पन्नाधाय के विनती करने पर भी वह नहीं रुकता और चंदन को उदयसिंह समझकर उसकी हत्या कर देता है। इस प्रकार पन्नाधाय अपने पुत्र का बलिदान देकर चित्तौड़ के उत्तराधिकारी की रक्षा करती है।

### शब्दार्थ

**धाय** *बच्चे को पालने वाली सेविका;* **उत्तराधिकारी** *वारिस;* **कक्ष** *कमरा;* **अंतःपुर** *स्त्रियों के रहने का स्थान;* **अतृप्त** *अपूर्ण इच्छाएँ;* **कुसमय** *बुरा समय;* **निष्कंटक** *बाधा रहित;* **परिचारिका** *सेविका;* **पैसारा** *प्रवेश;* **ब्यारू** *संध्या समय किया जाने वाला भोजन;* **सगर जहान** *सारा संसार;* **आखेट** *शिकार;* **शूल** *काँटा;* **वज्र** *बहुत कठोर;* **प्रलाप** *बातचीत।*

# एग्जाम पैटर्न प्रश्न (10 अंक)

***निम्नलिखित गद्यांशों को पढ़कर नीचे दिए गए प्रश्नों के उत्तर दीजिए।***

**Q.1 ''तुम कभी रात में अकेले नहीं जाओगे। चारों तरफ़ जहरीले सर्प घूम रहे हैं। किसी समय भी तुम्हें डस सकते हैं।''**

(i) **वक्ता एवं श्रोता का परिचय देते हुए बताइए कि कौन, किसको रात में अकेले जाने से मना कर रहा है? (2)**

उत्तर प्रस्तुत कथन की वक्ता 'पन्नाधाय' है, जो कुँवर उदयसिंह की संरक्षिका है तथा श्रोता 'कुँवर उदयसिंह' हैं, जो चित्तौड़ के स्वर्गीय राजा महाराणा साँगा के सबसे छोटे पुत्र तथा चित्तौड़ के एकमात्र उत्तराधिकारी हैं। यहाँ पन्नाधाय कुँवर उदयसिंह को रात में अकेले दीपदान के उत्सव को देखने जाने से मना कर रही है।

(ii) **दीपदान कहाँ और क्यों हो रहा था? उत्सव का वर्णन कीजिए। (2)**

उत्तर दीपदान उत्सव मयूर पक्ष कुंड में बनवीर द्वारा आयोजित किया गया था, जहाँ नगर की सुंदर लड़कियाँ तुलजा भवानी के सामने दीपदान कर नृत्य और गीत प्रस्तुत कर रही थीं। उत्सव का मनोहारी वातावरण बनवीर के षड्यंत्र को छिपाने का माध्यम था, जिसके तहत वह चित्तौड़ पर अधिकार करने के लिए कुँवर उदयसिंह का वध करना चाहता था।

(iii) **पन्ना द्वारा कुँवर को बाहर न जाने की चेतावनी और सर्पों का उल्लेख क्या दर्शाता है? यह पन्ना की किस विशेषता को उजागर करता है? और क्यों? (3)**

उत्तर पन्ना द्वारा कुँवर को बाहर न जाने की चेतावनी और सर्पों का उल्लेख उनकी सुरक्षा के प्रति गहरी चिंता और मातृत्व की विशेषता को दर्शाता है। पन्ना केवल शारीरिक खतरे के विषय में नहीं सोच रही हैं, बल्कि वह कुँवर के जीवन को हर प्रकार के खतरे से बचाने के लिए जागरुक हैं। वह उनके स्नेह, कर्त्तव्यनिष्ठा और माँ के रूप में उनकी जिम्मेदारी को उजागर करता है, जो अपने बच्चे की सुरक्षा के लिए किसी भी खतरे से जूझने को तैयार रहती है, क्योंकि पन्ना जानती है कि कुँवर उदय सिंह का जीवन खतरे में है।

(iv) **पन्ना और कुँवर के संवाद से यह कैसे प्रतीत होता है कि पन्ना एक सशक्त महिला है? उसके निर्णय और व्यवहार में कौन-से स्त्रीत्व के गुण उभरकर सामने आते हैं? (3)**

उत्तर पन्ना और कुँवर के संवाद से पन्ना की सशक्त महिला होने का परिचय मिलता है, क्योंकि वह कठिन परिस्थितियों में धैर्य, साहस और कर्त्तव्यनिष्ठा का परिचय देती है। उसके निर्णयों में विवेक, दूरदर्शिता और मातृत्व की संवेदनशीलता स्पष्ट रूप से झलकती है। पन्ना न सिर्फ़ कुँवर की सुरक्षा के लिए सतर्क रहती हैं, बल्कि कठिन समय में भावनात्मक संतुलन बनाए रखते हुए कुशलता से अपनी ज़िम्मेदारियाँ निभाती है।

**Q.2 ''रूठ गए कुँवर! रूठने से राजवंश नहीं चलते। जाओ विश्राम करो। देखो, तुम्हारे कपड़ों पर धूल छा रही है। दिनभर तलवार से खेलते रहे, थक गए होंगे। जाओ, शैय्या पर सो जाओ। मैं तुम्हारी तलवार अलग रख दूँगी।'' [ICSE 2023]**

(i) **'कुँवर का प्रयोग किसके लिए किया गया है?' उनके रूठने का कारण बताइए। (2)**

उत्तर कुँवर का प्रयोग एकांकी के प्रमुख पात्र महारणा साँगा के पुत्र उदयसिंह के लिए किया गया है। कुवँर, पन्ना धाय से नृत्य उत्सव में चलने के लिए कहते हैं, लेकिन पन्ना धाय जाने के लिए मना कर देती है, जिसकी वजह से कुवँर रूठ जाते हैं।

(ii) **उदयसिंह का ध्यान उत्सव से हटाने के लिए वक्ता ने उसे मनाते हुए, बहलाते हुए क्या कहा? (2)**

उत्तर उदयसिंह का ध्यान उत्सव से हटाने के लिए वक्ता उन्हें सताते हुए बहलाते हुए कहती हैं कि तुम दिन में चित्तौड़ के सूरज व रात में राजवंश के दीपक हो, इसलिए तुम्हें अँधेरे में बाहर नहीं जाना चाहिए तथा वह कहती है बाहर जहरीले साँप घूम रहे हैं जो किसी भी समय तुम्हें डस सकते हैं। यह सुनकर कुवँर पन्नाधाय से रूठकर भोजन न करने की ज़िद करते हुए सोने चले जाते हैं और ज़मीन पर ही सो जाते हैं।

(iii) **वक्ता का परिचय देते हुए उसकी दो चारित्रिक विशेषताएँ लिखिए। (3)**

उत्तर प्रस्तुत गद्यांश की वक्ता पन्नाधाय है, जो खीचो जाति की तीस वर्षीय राजपूतानी महिला है। वह उदयसिंह की संरक्षिका है। पन्ना धाय कर्त्तव्यनिष्ठ और चित्तौड़ के लिए अपना सर्वस्व न्यौछावर करने वाली महिला है। पन्नाधाय एक धैर्यवान, दूरदर्शी और विपत्ति के विकट क्षणों में भी संयम रखने वाली क्षत्राणी है।

(iv) **वक्ता कुँवर को दीपदान का उत्सव देखने से क्यों रोकना चाहती थी? एकांकी के अंत में उसने देशभक्ति तथा राजभक्ति किस प्रकार से दिखाई थी? (3)**

उत्तर वक्ता कुवँर को दीपदान का उत्सव देखने से रोकना चाहती थी, क्योंकि उसको आभास हो गया था कि बनवीर ने यह आयोजन उदयसिंह की हत्या करने के लिए किया था। उसकी योजना थी कि जब सभी उत्सव देखने में लीन होंगे, तब वह रात्रि के अंधकार में जाकर उदयसिंह की हत्या कर देगा और उसके राजा बनने का मार्ग प्रशस्त हो जाएगा। एकांकी के अंत में उसने कुवँर के बदले अपने बेटे का बलिदान देकर देशभक्ति और राजभक्ति दिखाई थी।

**Q.3 'चली गई। ऐसा मैं नहीं सुन सकूँगी। जो मुझे करना है वह सामली सुन भी न सकेगी। भवानी तुमने मेरे हृदय को कैसा कष्ट दिया? मुझे बल दो कि मैं राजवंश की रक्षा में अपना रक्त दे सकूँ।' [ICSE 2025]**

(i) **यहाँ किस राजवंश की बात की जा रही है? उस पर कौन-सा संकट आया था? (2)**

उत्तर यहाँ मेवाड़ के राजवंश की बात की जा रही है। उस पर बनवीर का संकट आया था।

(ii) **वक्ता क्या करना चाहता था तथा क्यों करना चाहता था? (2)**

उत्तर वक्ता पन्ना धाय अपने राजकुमार उदयसिंह की रक्षा करना चाहती थी। वह ऐसा इसलिए करना चाहती थी, क्योंकि वह राजकुमार की धाय माँ थी और उसे राजवंश की रक्षा का दायित्व सौंपा गया था।

(iii) **राजवंश की रक्षा किसने किस प्रकार की? वर्णन कीजिए। (3)**

उत्तर राजवंश की रक्षा पन्ना धाय ने की। उसने अपने पुत्र चंदन का बलिदान देकर राजकुमार उदय सिंह को बचाया। पन्नाधाय ने कुँवर को कीरत बानी की टोकरी में छिपाकर महल से बाहर निकलवा दिया तथा चंदन को उनकी शैय्या पर सुलाकर कुँवर के प्राणों की रक्षा की। इस प्रकार पन्ना ने अपने पुत्र चंदन का बलिदान देकर राजवंश की रक्षा की।

(iv) **'दीपदान' का अर्थ क्या है? एकांकीकार ने 'दीपदान' से क्या संदेश देना चाहा है? (3)**

उत्तर दीपदान का अर्थ है- दीपों का दान। एकांकीकार डॉ. रामकुमार वर्मा ने 'दीपदान' एकांकी के माध्यम से त्याग, बलिदान और कर्त्तव्यनिष्ठा का संदेश देना चाहा है। साथ ही उन्होंने यह भी दिखाया है कि एक माँ अपने बच्चे के प्रति कितना त्याग कर सकती है और किस प्रकार पुत्र के प्राणों के बलिदान से कर्त्तव्य को निभा सकती है।

**Q.4 ''महल में धाय माँ अरावली पहाड़ बनकर बैठ गई है। अरावली पहाड़ (हँसती है) तो तुम लोग बेसिन नदी बनकर बहो न! खूब नाचो गाओ। यो आज कोई उत्सव का दिन नहीं था, फिर भी उन्होंने कहा, मेरे बनवाए हुए मयूर पक्ष कुंड में दीपदान करो।'**

(i) **यहाँ किस विषय के बारे में बातें हो रही हैं? वक्ता की चारित्रिक विशेषताएँ बताइए? (2)**

उत्तर यहाँ पन्ना धाय द्वारा सोना के आमंत्रण को ठुकराने के बाद का वर्णन इस गद्यांश में किया गया है। सोना, रावल स्वरूप सिंह की सुंदर और कुशल नृत्यांगना बेटी है। उसके सौंदर्य व नृत्य से कुँवर उदयसिंह आकर्षित होते हैं। वह वाकपटु, नटखट और वाचाल स्वभाव की है।

(ii) **किसने पन्नाधाय की तुलना अरावली पहाड़ से की और क्यों? (2)**

उत्तर सोना ने पन्नाधाय की तुलना अरावली पहाड़ से की है, क्योंकि पन्नाधाय अरावली पहाड़ की भाँति कुँवर उदय सिंह की रक्षा करने के लिए उनके सामने खड़ी है। पन्नाधाय एक पर्वत के समान बनवीर के सामने अडिग होकर उसकी मंशा को पूरा नहीं होने देती है।

(iii) **मयूर पक्ष कुंड का उल्लेख कथानक में किसका प्रतीक है? पन्ना धाय का उत्सव में भाग न लेना उनके चरित्र का कौन-सा गुण दर्शाता है? (3)**

उत्तर मयूर पक्ष कुंड का उल्लेख बनवीर के षड्यंत्र और उत्सव के माध्यम से किए गए छल का प्रतीक है। यह एक कृत्रिम सौंदर्य और भव्यता को दर्शाता है, जो वास्तविकता को छिपाने के लिए बनाया गया था।

पन्ना धाय का उत्सव में भाग न लेना उनकी सतर्कता, कर्त्तव्यनिष्ठा और मातृभाव को दर्शाता है। वह अपने कर्त्तव्य के प्रति सजग हैं और कुँवर उदयसिंह की सुरक्षा को लेकर अत्यधिक सचेत रहती हैं।

(iv) **कोई उत्सव न होने पर भी उत्सव मनाया गया, इसका क्या कारण था? दीपदान उत्सव का वातावरण किस प्रकार की छवि प्रस्तुत करता है और इसका कथानक में क्या महत्त्व है? (3)**

उत्तर दीपदान उत्सव बिना कारण बनवीर के षड्यंत्र के तहत आयोजित किया गया था, जिससे नगरवासी चकाचौंध में व्यस्त रहें और वह कुँवर उदय सिंह का वध कर सके। दीपदान उत्सव का वातावरण अत्यंत मनमोहक था, सभी लोगों ने दीपदान और खब नृत्य किया। सभी बहुत खुश थे। इसका कथानक में बहुत महत्त्व है। यह, वह समारोह था, जिसमें जनता को उसकी ओर आकर्षित कर बनवीर कुँवर उदयसिंह को मारना चाहता था।

**5 ''मैं ही क्या, सारे नगर निवासी यह त्योहार मना रहे हैं. नहीं मना रही हो तो तुम! धाय माँ तुम। पहाड़ बनने से क्या होगा? राजमहल पर बोझ बनकर जाओगी, बोझ! और नदी बनो तो तुम्हारा बहता हुआ बोझ पत्थर भी अपने सिर पर धारण करेंगे, पत्थर भी!'' [ICSE 2020]**

(i) **श्रोता का चरित्र किस प्रकार प्रेरणादायक है? एकांकी के आधार पर समझाइए। (2)**

उत्तर पन्नाधाय का चरित्र प्रेरणादायक है, क्योंकि वह धैर्य, संयम और कर्त्तव्यनिष्ठा की प्रतीक है। देश-प्रेम और कर्त्तव्य के प्रति उनकी प्रतिबद्धता प्रेरणा देने वाली है। उन्होंने कुँवर उदयसिंह की रक्षा के लिए अपने पुत्र चंदन की बलि दी, जो उनके समर्पण और बलिदान की भावना को दर्शाता है। उनकी इस कर्त्तव्यनिष्ठा से लोगों को देशभक्ति और निष्ठा की शिक्षा मिलती है।

(ii) **'पहाड़' और 'नदी' से वक्ता का क्या तात्पर्य है? वह श्रोता को क्या सुझाव देती है? (2)**

उत्तर वक्ता (सोना) पन्ना से कहती है कि वह पहाड़ की तरह डटकर नहीं, बल्कि नदी की तरह जीवन में आनंद और प्रवाह लाने के लिए अपने कर्त्तव्य को निभाए। सोना का मानना है कि पन्ना को बनवीर का साथ देना चाहिए, जिससे उनके जीवन में खुशी और समृद्धि आएगी।

(iii) **'पहाड़ बनने से क्या होगा?' से क्या संदेश मिलता है? वक्ता ने ऐसा क्यों कहा? स्पष्ट कीजिए। (3)**

उत्तर 'पहाड़ बनने से क्या होगा?' यह प्रश्न यह दर्शाता है कि केवल भारी या विशाल रूप में रहने से कोई उद्देश्य पूरा नहीं हो सकता। पात्र द्वारा यह कहने का प्रयास किया गया है कि सत्ता के पद में चूर व्यक्ति या शासक अपनी शक्ति का दुरुपयोग करके निर्दोष लोगों को नुकसान पहुँचा सकता है। पन्नाधाय ने यह दिखाया है कि अन्य के खिलाफ आवाज उठाना और निर्दोषों की रक्षा करना

(iv) **पन्ना और सोना के संवाद से उनकी मानसिकता और दृष्टिकोण में कौन-सा अंतर उभरकर सामने आता है? (3)**

उत्तर पन्ना और सोना के संवाद से उनके दृष्टिकोण में अंतर स्पष्ट होता है कि पन्ना अपने कर्त्तव्य और मातृत्व के प्रति समर्पित है, जबकि सोना स्वतंत्रता और आनंद को प्राथमिकता देती है। पन्ना सुरक्षा और सतर्कता पर ध्यान केंद्रित करती हैं, जबकि सोना उत्सव और उमंग में बसी हुई है। पन्ना कर्त्तव्य से प्रेरित हैं, जबकि सोना आनंद और सृजनात्मकता की ओर अधिक झुकी हुई है।

**Q.6 ''आज कुसमय नाच रंग की बात सुनकर मेरे मन में शंका हुई थी। इसलिए मैंने कुँवर को वहाँ जाने से रोक दिया था। संभव था कि कुँवर वहाँ जाते और बनवीर अपने सहायकों से कोई कांड रच देता।'' [ICSE 2018]**

(i) **उपर्युक्त कथन का वक्ता कौन है? उसका संक्षिप्त परिचय दीजिए। (2)**

उत्तर उपर्युक्त कथन का वक्ता 'पन्नाधाय' है। 'पन्ना' खीचो जाति की तीस वर्षीय राजपूतानी महिला है। वह उदयसिंह की संरक्षिका है। वह एक धैर्यवान, दूरदर्शी और विकट क्षणों में भी संयम रखने वाली महिला है।

(ii) **नाच-रंग का आयोजन किसने और किस उद्देश्य से किया था? (2)**

उत्तर नाच-रंग का आयोजन बनवीर ने किया था। उसने यह सब इसलिए किया ताकि नगर के निवासियों का ध्यान नाच-रंग में ही रहे और वह मौका देखकर कुँवर उदय सिंह की हत्या कर सके।

(iii) **बनवीर कौन है? उसका परिचय देते हुए उसका चरित्र-चित्रण कीजिए। (3)**

उत्तर बनवीर महाराणा के भाई पृथ्वीराज का दासी पुत्र है। वह 32 वर्षीय क्रूर, स्वार्थी और छल-कपट करने वाला व्यक्ति है। अपनी महत्वाकांक्षाओं के लिए उसने महाराणा विक्रमादित्य और चंदन की हत्या की। वह षड्यंत्र रचकर साम्राज्य पर अधिकार करना चाहता है, जो उसे एक विश्वासघाती और क्रूर पात्र बनाता है। एकांकी में उसका क्रूर एवं स्वार्थी चरित्र उभरकर आता है।

(iv) **'दीपदान' एकांकी के शीर्षक की सार्थकता बताइए तथा एकांकी के माध्यम से एकांकीकार ने क्या शिक्षा दी है? (3)**

उत्तर 'दीपदान' एकांकी का शीर्षक उपयुक्त है, क्योंकि इसमें दीपदान का उत्सव और उसके विभिन्न प्रतीकात्मक अर्थ दिखाए गए हैं। बनवीर, यमराज को दीपकदान करने की बात करता है, जबकि पन्नाधाय अपने पुत्र चंदन को बलि चढ़ाकर महाराणा परिवार के कुलदीपक को बचाती है। यह दोनों ही दीपदान के माध्यम से त्याग और बलिदान की भावना को प्रदर्शित करते हैं।

इस एकांकी के माध्यम से एकांकीकार ने यह शिक्षा दी है कि हमें भी पन्नाधाय की तरह स्वामिभक्ति और देशभक्ति की भावना को अपनाना चाहिए।

**Q.7 ''यही है, यही है मेरे मार्ग का कंटक। आज मेरे नगर में स्त्रियों ने दीपदान किया है। मैं भी यमराज को इस दीपक का दान करूँगा। यमराज! लो इस दीपक को यह मेरा दीपदान है।''**

(i) **प्रस्तुत अवतरण में वक्ता कौन है? वह किससे वार्तालाप कर रहा है? (2)**

उत्तर प्रस्तुत अवतरण में वक्ता बनवीर है। वह कुँवर उदयसिंह की संरक्षिका पन्नाधाय से वार्तालाप कर रहा है। वह कुँवर की शैय्या के पास खड़ा होकर कुँवर के विषय में कहता है कि यही मेरे मार्ग की बाधा है। अतः इसे मारकर मैं यमराज को इस दीपक (कुँवर) का दान करूँगा।

(ii) **'मार्ग का कंटक' किसे कहा गया है तथा क्यों? (2)**

उत्तर प्रस्तुत अवतरण में बनवीर ने 'मार्ग का कंटक' कुँवर उदयसिंह को कहा है, क्योंकि वह चित्तौड़ पर अधिकार करना चाहता है और कुँवर की हत्या किए बिना वह राज सिंहासन प्राप्त नहीं कर सकता।

(iii) **'यह मेरा दीपदान है।' इस पंक्ति में 'यह' शब्द किसके लिए प्रयुक्त हुआ है? वास्तविक रूप से किसने दीपदान किया था? (3)**

उत्तर अवतरण में 'यह मेरा दीपदान है।' पंक्ति में 'यह' शब्द कुँवर उदयसिंह के लिए प्रयुक्त किया गया है। पंक्ति में 'यह' शब्द बनवीर द्वारा दीपक के लिए प्रयुक्त किया गया है, लेकिन वास्तव में पन्नाधाय ने अपने पुत्र चंदन का बलिदान कर राज्य की रक्षा के लिए दीपदान किया था। पन्ना ने अपने पुत्र का बलिदान करके अपने कर्त्तव्य को निभाया और यही असली दीपदान था।

(iv) **बनवीर के क्रूर और स्वार्थी चरित्र को समझाते हुए उसके द्वारा किए गए कार्यों का वर्णन कीजिए। पन्नाधाय और बनवीर के दृष्टिकोण में क्या अंतर है? (3)**

उत्तर बनवीर एक क्रूर और स्वार्थी व्यक्ति है, जो सत्ता पाने के लिए किसी भी हद तक जा सकता है। वह महाराणा विक्रमादित्य और चंदन की हत्या करता है और पन्नाधाय को धोखा देने का प्रयास करता है। इसके विपरीत, पन्नाधाय का दृष्टिकोण कर्त्तव्य, मातृत्व और देश-प्रेम पर आधारित है। वह अपने परिवार और राज्य की भलाई के लिए अपने पुत्र का बलिदान करती है।

# नया रास्ता

*सुषमा अग्रवाल*

## लेखिका का परिचय

सुषमा अग्रवाल का जन्म 21 जुलाई, 1953 को दिल्ली में हुआ था। उन्होंने अंग्रेज़ी साहित्य और समाजशास्त्र में डिग्री प्राप्त की है। वे एक प्रसिद्ध लेखिका हैं। इनके कई उपन्यास; जैसे- नया रास्ता, प्रतीक्षिता, आसरा, तीन बीघा ज़मीन और मन के जीते जीत प्रकाशित हो चुके हैं।

सुषमा जी का काव्य संग्रह 'स्मृतियाँ' भी प्रकाशित हो चुका है। वे आकाशवाणी नजीबाबाद से पिछले 35 वर्षों से कहानियों और वार्ताओं का प्रसारण कर रही हैं। इनके नाटक 'दहेज' और 'राखी की सौगंध' का भी प्रसारण हो चुका है।

## उपन्यास का परिचय

सुषमा अग्रवाल का उपन्यास 'नया रास्ता' दहेज जैसी सामाजिक बुराई और उसके बुरे असर पर आधारित है। इसमें दर्शाया गया है कि किस तरह इसकी नायिका, जो खुद दहेज प्रथा की शिकार होती है, हार मानने की बजाय एक नया रास्ता चुनती है। वह अपनी मेहनत और साहस से न केवल अपना लक्ष्य हासिल करती है, बल्कि दहेज प्रथा के समर्थकों को सोचने पर मजबूर कर देती है। यह कहानी सिखाती है कि दृढ़ इच्छाशक्ति से किसी भी समस्या का हल निकाला जा सकता है।

## पात्र परिचय एवं चरित्र चित्रण

### मुख्य पात्र

**मीनू** मीनू उपन्यास की मुख्य पात्र और दयाराम जी की सबसे बड़ी बेटी है। मीनू एक बहादुर, निर्भीक एवं स्वाभिमानी युवती है। वह बहुत परिश्रमी है। वह अपनी दृढ़ इच्छाशक्ति से समाज में सम्मान प्राप्त कर अन्य युवतियों के लिए एक प्रेरणा बनती है।

**अमित** अमित एक संस्कारी आज्ञाकारी युवक है। वह स्वभाव से अत्यंत संकोची है, इसलिए मीनू को पसंद करने के बावजूद भी विवाह के लिए हाँ नहीं कर पाता, पर अंत में अपनी गलती सुधारकर मीनू से विवाह करता है। वह मीनू को हृदय से प्रेम करता है।

**दयाराम** मीनू के पिता, सरल और सीधे-सादे इंसान हैं। वे बेटियों की उच्च शिक्षा के समर्थक हैं, पर समाज की आलोचना से डरते हैं। अंततः वे मीनू की उच्च शिक्षा का साहसिक निर्णय लेते हैं। दयाराम एक स्नेही, सरल, गृहस्थ व्यक्ति हैं, जो अपने कर्तव्यों का पालन पूर्ण रूप से करते हैं।

**मायाराम जी** उपन्यास के नायक दयाराम जी अमित के पिता हैं। उनका व्यक्तित्व सक्षम नहीं है। वे अपनी पत्नी के सामने कुछ बोल नहीं पाते हैं, इसलिए घर में उनकी राय कोई विशेष महत्त्व नहीं रखती है। वे एक साधारण गृहस्थ हैं, जो अपने परिवार से अत्यंत प्रेम करते हैं, इसी कारण अंत में वे अमित की शादी उसकी पसंद के अनुरूप मीनू से ही करते हैं।

**अमित की माँ** अमित की माँ लालची व दहेज लोभी महिला है, जो पाँच लाख रुपये के लालच में अमित का विवाह मीनू की जगह सरिता से करवाना चाहती है। बाद में धनीमल जी के अलग फ्लैट में रहने की शर्त पर उन्हें अपनी गलती का एहसास होता है और वह अपनी गलती सुधारती है।

**मीनू की माँ** एक समझदार, धैर्यवान और स्नेहमयी गृहिणी है, जो कदम-कदम पर बच्चों का साथ देती है। वह मानती है कि बेटी पराया धन होती है, इसलिए वह मीनू की शादी समय रहते करना चाहती है।

**नीलिमा** मीनू की सहेली है जो मीनू के घर के पास ही रहती है। नीलिमा एक हँसमुख एवं चंचल युवती है। वह अपनी मित्र उपन्यास की नायिका मीनू की मनोस्थिति अच्छे से समझती है। नीलिमा एक ऐसी स्त्री है, जो दूसरी स्त्रियों को परेशानियों में देखकर उनकी सहायता के लिए सदैव तत्पर रहती है।

### गौण पात्र

**आशा** मीनू की छोटी बहन, परंतु रूप-रंग में मीनू से अधिक सुंदर है। आशा का विवाह मीनू के विवाह से पहले ही कर दिया जाता है।

**रोहित** मीनू का छोटा भाई, जो इंजीनियरिंग की पढ़ाई के बाद दिल्ली में नौकरी करने लगता है।

**माया** मीनू की सहेली, जो मीनू के साथ मेरठ के छात्रावास में रहकर वकालत की पढ़ाई करती है।

**सुरेंद्र** मीनू की सहेली नीलिमा के पति और अमित का मित्र है। उपन्यास में समय-समय पर इनकी उपस्थिति होती रहती है।

**अशोक** मीनू की सहेली नीलिमा का भाई है। वह मीनू को मन ही मन चाहता है और विवाह भी करने की इच्छा रखता है।

**बुआ जी** पुराने एवं दकियानूसी विचारों वाली महिला है, जिनके कटु शब्द मीनू को आहत कर देते हैं।

**धनीमल** सरिता के पिता, जो पाँच लाख रुपये दहेज देने का लोभ देकर अमित के परिवार वालों पर अपना हक जमा लेते हैं।

**सरिता** धनीमल की पुत्री, पेंटिंग और कार ड्राइविंग की शौकीन है और अलग गृहस्थी बसाने की अभिलाषा रखती है।

**राजो** महरी की बारह वर्षीय पुत्री, जो मीनू के साथ मेरठ में रहकर घरेलू कार्यों में उसका हाथ बँटाती है।

**मनोहर** राजो का चचेरा भाई, जो फैक्ट्री में काम करते हुए अपाहिज हो गया था। बाद में मीनू अपने विवाह के खर्च से कुछ रुपये बचाकर इसके लिए पान की दुकान खुलवा देती है।

## उपन्यास का उद्देश्य

प्रस्तुत उपन्यास का उद्देश्य समाज में दहेज की कुप्रथा के बुरे प्रभावों को बताना है। यह दहेज की तकलीफ झेल रही युवतियों को साहस और धैर्य रखने की सीख देता है, साथ ही उन्हें अपनी योग्यता के बल पर आत्मनिर्भर बनने के लिए प्रेरित करता है, जिससे वे अपने दम पर जीवन में सफल होकर दहेज लोभियों को उनकी गलतियों का एहसास करवा सकें।

## उपन्यास के शीर्षक की सार्थकता

यह उपन्यास दहेज प्रथा और उससे जुड़े सामाजिक संघर्ष को दर्शाता है। नायिका, जो इस कुप्रथा की शिकार होती है, हार मानने के बजाय शिक्षा और आत्मनिर्भरता का मार्ग चुनती है। उसकी साहसिक यात्रा यह संदेश देती है कि धैर्य और परिश्रम से हर चुनौती पर विजय पाई जा सकती है। मीनू की सफलता और अंततः समाज में अपनी जगह बनाना शीर्षक को पूरी तरह सार्थक बनाता है। यह न केवल प्रेरणादायक उपन्यास है, बल्कि दहेज प्रथा के खिलाफ़ एक मजबूत संदेश भी देता है।

## उपन्यास का सार

दयाराम जी का मध्यवर्गीय परिवार मीरापुर गाँव में रहता है, जिसमें उनकी पत्नी, दो बेटियाँ मीनू और आशा और बेटा रोहित शामिल हैं। मीनू की सहेली नीलिमा सुंदर और आत्मविश्वासी लड़की है। मीनू को मेरठ के एक परिवार से शादी का प्रस्ताव मिलता है। लड़के, अमित और उसके परिवार को मीनू पसंद आती है, लेकिन दहेज के लालच में अमित की माँ अमित का रिश्ता धनीमल की बेटी सरिता से जोड़ने का दबाव डालती है। मायाराम जी (अमित के पिता) मीनू के परिवार को नकारात्मक पत्र भेज देते हैं। मीनू इस अस्वीकार पत्र को सकारात्मक रूप से लेती है और वकालत पढ़ने का निर्णय करती है। वह मेरठ में एडमिशन ले लेती है। उधर, नीलिमा का विवाह मेरठ के सुरेंद्र से हो जाता है। अमित को रिश्ता भी सरिता से नहीं हो पाता, क्योंकि सरिता गृहस्थ जीवन में रुचि नहीं रखती। अमित मीनू को भुला नहीं पाता, लेकिन अपने मन की बात कहने का अवसर भी नहीं मिल पाता। मीनू वकालत की पढ़ाई पूरी कर प्रथम श्रेणी में पास होती है। इसी बीच उसकी बहन आशा का विवाह हो जाता है। समय बीतता है और मीनू मेरठ में अभ्यास प्रारंभ करती है। एक दुर्घटना में अमित बुरी तरह जख्मी हो जाता है। मीनू अस्पताल में उससे मिलने जाती है। अमित ठीक हो जाता है और अपने पिता के साथ दयाराम जी के पास जाकर अपनी भूल स्वीकारते हुए मीनू का हाथ माँगता है।

अंततः मीनू, धैर्य और साहस से परिस्थितियों का सामना करते हुए, अपनी मंजिल पाती है। उसका विवाह अमित से होता है और कहानी सुखद अंत के साथ समाप्त होती है।

## उपन्यास का संदेश

लेखिका सुषमा अग्रवाल 'नया रास्ता' उपन्यास के माध्यम से यह संदेश देना चाहती हैं कि दहेज प्रथा समाज में 'कोढ़' है, जिसके कारण अनेक लड़कियों का जीवन नरक बन जाता है।

वह बताना चाहती है कि शिक्षा के द्वारा आत्मनिर्भर बनकर परिश्रम के साथ हर कठिनाई पर विजय पाई जा सकती है। मीनू के चरित्र के माध्यम से लेखिका सभी पाठकों को यह संदेश देना चाहती हैं कि स्वावलंबी बनकर समाज में सम्मान का स्थान पाया जा सकता है। अत: दूसरों की दया, उपेक्षा भाव को छोड़कर आत्मनिर्भर बनना चाहिए। मेहनत, लगन और धैर्य से सभी सफलताओं को प्राप्त करके स्वयं को सुखी बनाना चाहिए।

# नया रास्ता
## उपन्यास

# अध्याय 1

उपन्यास के इस अध्याय में नीलिमा द्वारा दर्पण में अपना चेहरा देखकर खुश होने तथा उसकी घनिष्ठ सहेली मीनू के साथ हुई प्रसन्न बातचीत और मीनू की बदलती मनोदशा का उल्लेख हुआ है।

### अध्याय का सार

नीलिमा दर्पण में अपने आप को देख रही थी कि तभी उसकी सहेली मीनू ने आकर उसे प्रसन्न होकर बताया कि उसकी फोटो मेरठ वालों को पसंद आ गई है और वे कल घर आने वाले हैं, लेकिन मीनू का चेहरा अचानक उदास हो जाता है। उसकी पिछली यादें उसे परेशान करने लगती हैं, क्योंकि कई लड़कों ने उसे देखा था पर किसी ने कद की छोटी व किसी ने साँवली बताते हुए उससे शादी करने से इंकार कर दिया था। नीलिमा ने मीनू का मन प्रसन्न करने के लिए अपनी फोटो दिखाई, जिसमें वह सुंदर लग रही थी। मीनू ने नीलिमा की सुंदरता की सराहना की, पर उसकी आँखों में अभी भी उदासी छिपी पड़ी थी।

तभी मीनू के भाई रोहित और नीलिमा की माँ कमरे में आते हैं। दोनों का एम.ए. का परिणाम आ चुका था। मीनू ने प्रथम श्रेणी में और नीलिमा ने द्वितीय श्रेणी में सफलता प्राप्त की। माँ ने दोनों को आशीर्वाद दिया। मीनू खुशी से फूली न समाई, जो नीलिमा की आँखों में मीनू का उदास चेहरा था, वो अब खुशी में परिवर्तित हो चुका था। नीलिमा गुनगुनाते हुए अपने काम में लग जाती है।

**शब्दार्थ**

**यौवन** *जवानी*; **दहलीज़** *प्रवेश द्वार*; **दर्पण** *आइना*; **विस्मित** *आश्चर्य जनक*; **एहसास** *अनुभव*; **क्षण** *पल*; **अतीत** *प्राचीन, पुरानी*; **स्मृति** *यादें*; *स्मरण* **मुद्रा** *भंगिमा*; **आकर्षक** *लुभावना*; **फुरसत** *अवकाश, खाली*; **हीन-भावना** *स्वयं को वंचित या पिछड़ा हुआ महसूस करने की भावना*; **प्रसन्नचित्त** *हृदय में व्याप्त खुशी, हर्ष*; **ओझल** *गायब*; **विवेकशील** *समझदार, बुद्धिमान*; **परीक्षाफल** *किसी परीक्षा का नतीजा या परिणाम*; **नैन -नक्श** *मुख की आकृति।*

# एग्जाम पैटर्न प्रश्न (10 अंक)

***निम्नलिखित अवतरणों को पढ़कर उसके नीचे दिए गए प्रश्नों के उत्तर हिंदी में लिखिए।***

**Q.1 दर्पण में निहारने पर यौवन की लालिमा उसके चेहरे पर छा गई। अपना चेहरा वह अभी दर्पण में निहार ही रही थी कि इतने में उसकी सहेली मीनू ने पीछे से आकर उसकी आँखों पर अपने हाथ रख दिए। मीनू के कोमल हाथों से आँखें मूँदने पर नीलिमा को कुछ अजीब-सा एहसास हुआ। दूसरे ही क्षण मीनू उसके सामने आ गई और खुशी से उसके हाथों को चूम लिया।**

(i) **दर्पण में अपना चेहरा कौन देख रही थी और देखते हुए वह मुस्कुरा क्यों रही थी? (2)**

उत्तर दर्पण में अपना चेहरा नीलिमा देख रही थी। वह अपने चेहरे की सुंदरता एवं यौवन को देख कर आत्म-मुग्ध हो रही थी। इसी आत्म-मुग्धता की स्थिति में वह मुस्कुरा रही थी।

(ii) **नीलिमा को अजीब-सा एहसास क्यों हुआ? (2)**

उत्तर नीलिमा जब स्वयं को दर्पण में निहारने में मग्न थी, तभी अचानक उसकी सहेली मीनू ने पीछे से आकर उसकी आँखों पर अपना हाथ रख दिया। मीनू के कोमल हाथों से आँखें मूँदने पर नीलिमा को कुछ अजीब-सा एहसास हुआ मीनू का स्पर्श स्नेह व अपनेपन के भाव से भरा हुआ था। ऐसा स्पर्श किसी हितैषी का ही हो सकता है।

(iii) **'चेहरे पर यौवन की लालिमा छाने' से क्या अभिप्राय है? स्पष्ट कीजिए। (3)**

उत्तर 'चेहरे पर यौवन की लालिमा छाने' से अभिप्राय यह है कि नवयुवती नीलिमा अपनी युवावस्था के प्रारंभिक दौर से गुजर रही थी। वह देखने में सुंदर थी, उसके नैन-नक्श आकर्षक थे, उसका रंग गोरा था। कहने का अभिप्राय यह है कि नीलिमा देखने में बहुत सुंदर थी और अपनी सुंदरता का एहसास उसे भी था। इस एहसास के कारण ही उसमें एक संकोच या लज्जा भाव भी व्याप्त था, जो लालिमा के रूप में चेहरे पर फैल गया। इसी को 'चेहरे पर यौवन की लालिमा छाने' के रूप में व्यक्त किया गया है।

(iv) **मीनू ने नीलिमा को चौंकाने के लिए क्या किया, उसकी चंचलता किस बात का संकेत देती है और नीलिमा ने कैसे समझा कि मीनू अत्यधिक प्रसन्न है? (3)**

**उत्तर** नीलिमा की सहेली मीनू ने आते ही नीलिमा को चौंकाने के लिए अपने हाथों से उसकी आँखें ढँक दीं। वह नीलिमा से आँख-मिचौली कर रही थी। जब कोई व्यक्ति आंतरिक रूप से प्रसन्न होता है, तो सामान्यतः उसकी गतिविधियाँ बढ़ जाती हैं। मीनू द्वारा अपनी सहेली नीलिमा की आँखों को ढँकना इस बात का संकेत करता है कि मीनू की चंचलता उसकी प्रसन्नता के कारण है। मीनू द्वारा नीलिमा की आँखें ढँकने से ही नीलिमा ने भाँप लिया कि मीनू अत्यधिक प्रसन्न है।

**Q.2 "दूसरे ही क्षण मीनू उसके सामने आ गई और खुशी से उसके हाथ चूम लिए। अरे मीनू! आज तो तुम बहुत प्रसन्न दिखाई दे रही हो। क्या बात है? नीलिमा ने पूछा।"** **[ICSE 2018]**

(i) **मीनू कौन है? उसकी प्रसन्नता का कारण क्या है?** **(2)**

**उत्तर** मीनू नीलिमा की सहेली है और दयाराम की बड़ी पुत्री है। वह रोहित और आशा की बड़ी बहन है। उसकी प्रसन्नता का कारण यह है कि उसकी फोटो मेरठ के लोगों ने पसंद कर ली है और कल मीनू को देखने के लिए अमित, उसके पिता, माता व छोटी बहन मेरठ से आ रहे हैं इसी कारण मीनू प्रसन्न है।

(ii) **'उसके' सर्वनाम का प्रयोग किसके लिए किया गया है, उसका संक्षिप्त परिचय दीजिए।** **(2)**

**उत्तर** 'उसके' सर्वनाम का प्रयोग नीलिमा के लिए किया गया है। नीलिमा मीनू की सखी है और वह मीनू से अधिक सुंदर है। उसने मीनू के साथ ही एम.ए की परीक्षा की है। नीलिमा अत्यंत संवेदनशील युवती है उसे मीनू के दिल में छिपी पीड़ा का आभास हो जाता है। जिसे वह दूर करने का भी प्रयास करती है।

(iii) **मीनू के चेहरे पर किस बात को सोचकर उदासी छा जाती है? मीनू की उदासी कब और किस प्रकार दूर होती है? समझाकर लिखिए।** **(3)**

**उत्तर** मीनू के चेहरे पर उदासी छा जाती है, क्योंकि उसको कई लड़कों ने विवाह के संदर्भ में देखा था, परंतु उसकी कम सुंदरता के कारण किसी ने भी उसे पसंद नहीं किया वह सोचती है कि एक बार फिर यदि वह इसमें भी असफल हो गई अर्थात् यदि इस बार भी किसी ने नापंसद किया ऐसा सोचते ही वह उदास हो जाती है। मीनू की उदासी तब दूर हो जाती है, जब उसे यह सूचना मिलती है कि वह परीक्षा में प्रथम श्रेणी में उत्तीर्ण हुई है, जबकि उसकी सखी नीलिमा द्वितीय श्रेणी में पास हुई है।

(iv) **प्रस्तुत उपन्यास का उद्देश्य स्पष्ट कीजिए।** **(3)**

**उत्तर** प्रस्तुत उपन्यास में यह संदेश दिया गया है कि समाज में सफलता पाने के लिए साहस और आत्मविश्वास अनिवार्य है। अब समय आ चुका है कि सभी युवतियाँ साहस और धैर्य का परिचय देते हुए उच्च शिक्षा प्राप्त करें और दहेज जैसी सामाजिक बुराइयों का विरोध करें। इस प्रकार, वे न केवल अपना भविष्य सँवार सकती हैं, बल्कि समाज में व्याप्त ऐसी कुप्रथाओं का उन्मूलन भी कर सकती हैं, जिससे किसी को भी निराशा में आत्महत्या जैसा कदम न उठाना पड़े।

**Q.3 परंतु कुछ सोचते ही मीनू के चेहरे पर उदासी छा गई। मीनू को अपनी ज़िंदगी के कुछ क्षण याद आ गए। पहले भी कई लड़कों ने उसे देखा, पर किसी ने कद की छोटी व किसी ने साँवली बताते हुए उससे शादी करने से इनकार कर दिया। अतीत की स्मृतियों में डूब जाने पर उसकी आँखें छलछला पड़ीं। नीलिमा उसके हृदय की बात समझ रही थी।**

(i) **मीनू के चेहरे पर अचानक उदासी क्यों छा गई?** **(2)**

**उत्तर** मीनू के चेहरे पर अचानक उदासी छाने का कारण यह था कि अतीत में भी कई लड़के वालों ने उसकी फोटो को पसंद किया था, लेकिन जब वे उसे देखने के लिए आते थे, तो किसी न किसी कारणवश उसे नापसंद कर देते थे। अतीत की इन्हीं स्मृतियों को याद करके मीनू का चेहरा उदास हो गया।

(ii) **नीलिमा ने मीनू का ध्यान उदासी से हटाने के लिए क्या किया और मीनू ने उसकी प्रशंसा कैसे की?** **(2)**

**उत्तर** नीलिमा ने मीनू का ध्यान उदासी से हटाने के लिए अपनी विभिन्न मुद्राओं में खींचे हुए आकर्षक फोटो मीनू को दिखाने शुरू कर दिए। नीलिमा की सुंदरता देखकर मीनू उसकी प्रशंसा करते हुए बोली कि लगता है ईश्वर ने उसे फुरसत में बनाया है। उसने नीलिमा के नैन-नक्श और गोरे रंग की तारीफ करते हुए कहा कि जो भी उससे विवाह करेगा, वह बहुत भाग्यशाली होगा।

(iii) **नीलिमा मीनू की स्थिति और उसकी भावनाओं को इतनी गहराई से क्यों समझ पा रही थी? उनकी मित्रता का इसमें क्या योगदान था?** **(3)**

**उत्तर** नीलिमा अपनी सहेली मीनू के हृदय की बात समझ रही थी। दोनों के बीच बहुत अच्छी मित्रता थी। अतीत में कई लड़के वाले मीनू को देखने आए थे और उसे नापसंद कर गए थे। नीलिमा को लग रहा था कि यदि अगले दिन मेरठ से आने वालों ने भी उसे नापसंद कर दिया, तो मीनू मानसिक रूप से पूरी तरह टूट सकती है। मीनू के अंदर इस संबंध में मौजूद हीन-भावना की आशंका को नीलिमा अच्छी तरह समझ रही थी। इस गहरी मित्रता ने नीलिमा को मीनू की आंतरिक स्थिति और उसकी भावनाओं को बेहतर तरीके से समझने में मदद की।

(iv) **अतीत की स्मृतियाँ मीनू को दुःखी करने वाली क्यों थीं और वे दुःखद यादें बार-बार क्यों ताज़ी हो उठती थीं? इसके अलावा, किस कारण मीनू के साथ विवाह करने से कई लड़कों ने इनकार कर दिया था?** **(3)**

**उत्तर** अतीत की स्मृतियाँ मीनू को दुःखी करने वाली इसलिए थीं, क्योंकि पहले ही उसे देखने आने वाले कई लड़कों ने उससे विवाह करने से इनकार कर दिया था। यह उस समय की कड़वी यादें थी, जिन्हें मीनू आसानी से भूल नहीं पाई थी। कई लड़कों ने मीनू के साथ विवाह करने से इस कारण इनकार कर दिया था, क्योंकि वे उसे उसके रंग रूप आदि के कारण नापसंद कर गए थे। इन घटनाओं ने मीनू को मानसिक रूप से प्रभावित किया था और उससे उसे आत्म-संकोच महसूस हुआ था।

**Q.4 मीनू के हृदय में हीन-भावना के कारण जो दुःख के भाव थे, खुशी में परिवर्तित हो गए। प्रथम श्रेणी में पास होने पर फूली नहीं समाई।** **[ICSE Specimen 2023]**

(i) **मीनू के हृदय में हीन-भावना ने क्यों स्थान बना लिया था?** **(2)**

**उत्तर** मीनू के हृदय में हीन-भावना ने स्थान इसलिए बना लिया था, क्योंकि वह पढ़ी-लिखी तथा शिक्षित लड़की थी, परंतु जब भी कोई लड़का उसे शादी के लिए देखने आता, तो उसके साँवले रंग को देखकर शादी करने से मना कर देता था। जिससे उसके मन में हीन-भावना ने स्थान बना लिया था, जिसके परिणामस्वरूप उसे शादी के नाम से नफ़रत होने लगी थी।

(ii) **मीनू को अपने परीक्षा परिणाम की सूचना किससे मिली थी? उस पर सूचना का क्या प्रभाव पड़ा? (2)**

उत्तर मीनू को अपने परीक्षा परिणाम की सूचना अपने भाई रोहित से मिली। रोहित बाहर से दौड़ा-दौड़ा आया। उसके हाथ में परीक्षा परिणाम वाला अखबार था। उसने बताया कि एम.ए. की परीक्षा में मीनू प्रथम श्रेणी से तथा नीलिमा द्वितीय श्रेणी से पास हुई है। यह बात सुनकर मीनू को इतनी प्रसन्नता हुई कि वह जिस गम में डूबी हुई थी, उसे भूलकर अपने जीवन में आगे बढ़ने के विषय में सोचने लगी। वह खुशी से फूले न समा रही थी। परीक्षा के परिणाम ने उसके आत्मविश्वास को बढ़ा दिया था।

(iii) **नीलिमा और मीनू के बीच क्या संबंध थे? मीनू, नीलिमा को किस बात की सूचना देने आई थी और क्यों? (3)**

उत्तर नीलिमा और मीनू दोनों बहुत अच्छी सहेली थीं दोनों के घर एक ही मोहल्ले में थे। मीनू नीलिमा को इस बात की सूचना देने आई थी कि मेरठ से उसके लिए एक रिश्ता आया है, जिसमें मेरठ वालों को उसकी फोटो पसंद आ गई है और वह कल उसको देखने आ रहे हैं।

(iv) **मीनू के मन में प्रसन्नता, उदासी और पुनः प्रसन्नता के भाव कब और किस प्रकार जाग्रत हुए? (3)**

उत्तर जब मीनू ने एम.ए. की परीक्षा में प्रथम आने की बात सुनी तो, उसके मन में प्रसन्नता के भाव उत्पन्न हुए, लेकिन उन दुःखद यादों को पुनः सोचकर कि इससे पहले उसको दो लड़कों ने नापसंद कर दिया है, उसका चेहरा उदास हो गया, परंतु उसने शादी की बात को भूलकर अपने प्रथम आने वाली बात को सोचा और भविष्य में आगे बढ़ने का निश्चय किया, जिससे मीनू के मन में दोबारा से प्रसन्नता का भाव जाग्रत हो गया।

# अध्याय 2

उपन्यास के इस अध्याय में मेरठ वालों को मीनू की फोटो पसंद आने के बाद उसे देखने आने, मेहमानों का भरपूर स्वागत करने, अमित को मीनू में भावी पत्नी के गुण दिखाई देने, मेहमानों के जाने के बाद मीनू और उसके पिता दयाराम के आशंकित (शंका से ग्रस्त) होने का उल्लेख किया गया है।

## अध्याय का सार

दूसरे दिन सुबह दयाराम जी के घर मेहमानों के स्वागत की तैयारियाँ ज़ोरों पर थीं। घर को सजाया गया, विभिन्न प्रकार के व्यंजन बनाए गए तथा मिठाइयाँ मँगाई गईं। मीनू की माँ को उम्मीद थी कि इस बार मीनू का रिश्ता तय हो जाएगा। कुछ देर बाद घंटी बजी और मेहमानों का स्वागत किया गया। मीनू गुलाबी साड़ी में शर्म से झुकी हुई कमरे में आई। अमित ने उससे पढ़ाई और रुचियों के बारे में पूछा और मीनू के उत्तरों और उसकी सादगी ने अमित को प्रभावित किया। मीनू की 'हाँ' से अमित को प्रसन्नता हुई, क्योंकि वह माता-पिता के साथ रहना चाहती थी। अमित को अपने व अपने परिवार के लिए मीनू जैसी लड़की की ही तलाश थी।

तभी मीनू की बहन आशा कमरे में आई। उसकी सुंदरता और हँसमुख स्वभाव ने सभी का ध्यान खींचा। यह देख मीनू की माँ ने उसे कमरे से बाहर भेज दिया। आशा को माँ की नाराजगी का कारण समझ नहीं आया। मेहमान विदा लेते समय बोले कि वे विचार करके जवाब देंगे। दयाराम जी और उनकी पत्नी ने सब ईश्वर पर छोड़ दिया। मीनू भी आशा के पास गई और आशा ने उसकी प्रशंसा की। दोनों बहनों ने एक-दूसरे का मनोबल बढ़ाया और भविष्य के बारे में ईश्वर पर भरोसा किया। मीनू के मन में संशय की स्थिति थी कि क्या इस बार वह इस परीक्षा में सफल होगी या नहीं।

### शब्दार्थ

**यथास्थान** *उचित स्थान;* **हैसियत** *क्षमता;* **आतिथ्य** *मेहमान नवाज़ी;* **सुसज्जित** *अच्छी तरह सजाया हुआ, तैयार;* **संयुक्त परिवार** *जहाँ कम-से-कम दो पीढ़ियाँ साथ रहती हों;* **बचकानी** *बच्चों जैसी;* **निढाल होना** *सुस्त हो जाना;* **रूपवती** *सुन्दर स्त्री;* **बेताबी** *बेचैनी, बेसब्री;* **मनोतियाँ** *मन्नत;* **उमंग** *उत्साह।*

# एग्जाम पैटर्न प्रश्न (10 अंक)

***निम्नलिखित अवतरणों को पढ़कर उसके नीचे दिए गए प्रश्नों के उत्तर हिंदी में लिखिए।***

**Q.1 "दूसरे दिन प्रातः होते ही दयाराम जी के घर में मेहमानों के स्वागत के लिए विभिन्न प्रकार की तैयारियाँ शुरू हो गई थीं। घर की सारी चीज़ें झाड़ पोंछकर यथास्थान लगा दी गई थीं।" [ICSE Specimen 2017]**

(i) **दयाराम जी कौन थे? उनके घर पर किन मेहमानों के स्वागत की तैयारी की जा रही थी? (2)**

उत्तर दयाराम जी मीनू के पिता थे, उनके घर उनकी बेटी मीनू को देखने के लिए मेरठ से लड़के वाले आ रहे थे। यही कारण था कि उनके घर पर मेहमान के रूप में आने वाले अमित और उसके परिवार के अन्य सदस्यों के स्वागत की तैयारियाँ की जा रही थीं।

(ii) **विभिन्न प्रकार की तैयारियों में कौन-कौन-सी तैयारियाँ की गई थीं? (2)**

उत्तर अमित और उसके परिवार वालों का स्वागत करने के लिए पूरे घर की अच्छी साफ़-सफ़ाई की गई थी। घर की बैठक को विशेष रूप से सजाया-सँवारा गया था। इतना ही नहीं, उन लोगों के स्वागत की तैयारी करते हुए विभिन्न प्रकार के व्यंजन भी बनाए गए थे तथा अनेक प्रकार की मिठाइयाँ बाज़ार से मँगवाई गई थीं।

**(iii) मेहमानों का स्वागत करने के पीछे मीनू के घरवालों का मुख्य उद्देश्य क्या था और वे इस उद्देश्य को कैसे पूरा करना चाहते थे? (3)**

उत्तर मेहमानों का स्वागत करने के पीछे मीनू के घरवालों का मुख्य उद्देश्य यह था कि वे मीनू की शादी को पक्का करने के लिए लड़के वालों को पूरी तरह से संतुष्ट करें। वे चाहते थे कि लड़के वाले मीनू से विवाह करने के लिए सहमत हो जाएँ और इसके लिए मीनू के घरवाले यह सुनिश्चित करना चाहते थे कि मेहमानों को किसी भी प्रकार की कमी का अहसास न हो। वे इस उद्देश्य को पूरा करने के लिए मेहमानों की सभी आवश्यकताओं का ध्यान रख रहे थे, जिससे वे खुश और संतुष्ट रहें।

**(iv) मीनू की माँ की मनौतियों और शादी को लेकर उसकी उम्मीद की भावनाओं को और अधिक गहराई से कैसे व्यक्त किया गया है? (3)**

उत्तर मीनू की माँ की भावनाओं को अधिक गहराई से व्यक्त किया गया है। उनकी आशा, बार-बार भगवान से मनौतियाँ माँगने और शादी को लेकर उनकी उम्मीदों, चिंता और भावनात्मक जुड़ाव को अच्छी तरह से प्रस्तुत किया गया है। यह पारिवारिक परंपराओं, बेटी के भविष्य के प्रति उसकी गहरी भावनाओं और व्यक्तिगत उम्मीदों को दर्शाता है। उनकी स्थिति केवल एक माँ की चिंता नहीं, बल्कि समाज में विवाह को लेकर महिलाओं की स्थिति और सामाजिक अपेक्षाओं को भी उजागर करती है। जहाँ पर लड़कियों को केवल उनके सामान्य रंग-रूप तथा कद के कारण नापसंद कर दिया जाता है। कोई उनकी योग्यता नहीं देखता है।

**Q.2 कुछ क्षण बाद घंटी बजी। रोहित शीघ्र ही दरवाज़ा खोलने के लिए बढ़ा। मेहमानों का शानदार स्वागत किया गया। मीनू को देखने के लिए अमित, उसके पिता मायाराम जी, माताजी व छोटी बहन मधु आए थे। उनके आतिथ्य में किसी प्रकार की कमी नहीं छोड़ी गई थी। परिवार के हर सदस्य के हृदय में नया जोश व उमंग थी। मानो उनके घर कोई देवता आ गए हों।**

**(i) रोहित कौन था? वह दरवाजा खोलने की जल्दी में क्यों था? (2)**

उत्तर रोहित मीनू का छोटा भाई था। आज मीनू को देखने के लिए मेरठ से लड़के वाले आने वाले थे। वे किसी भी समय आ सकते थे। घर आने पर उन्हें अंदर आने के लिए इंतजार न करना पड़े और दरवाज़ा खोलने में देर होने पर वे लोग बुरा न मान जाएँ, इसलिए रोहित दरवाज़ा खोलने की जल्दी में था।

**(ii) मेहमानों के शानदार स्वागत के पीछे क्या अपेक्षा छिपी थी? स्पष्ट कीजिए। (2)**

उत्तर मीनू को देखने के लिए मेरठ से अमित, उसके माता-पिता और उसकी छोटी बहन आए हुए थे। यद्यपि उन लोगों को मीनू की फोटो पसंद आ चुकी थी, फिर भी उन लोगों की हाँ अभी बाकी थी। ऐसे में मीनू के माता-पिता मेहमानों के स्वागत सत्कार में कोई कमी न छोड़कर यह अपेक्षा कर रहे थे कि आए हुए मेहमान मीनू के विवाह के लिए 'हाँ' कह दें।

**(iii) परिवार के हर सदस्य की मनोदशा कैसी थी? इसका कारण क्या था? (3)**

उत्तर मीनू के परिवार के हर सदस्य अर्थात् उसके पिता दयाराम जी, उसकी माँ, उसका भाई रोहित एवं उसकी छोटी बहन आशा इन सभी के मन में एक नई आशा एवं उमंग भरी थी। इसका कारण यह था कि मीनू को देखने आए अमित एवं उसके परिवार के लोग मीनू की सुन्दरता व गुणों को समझते हुए अपने पुत्र अमित का विवाह उनकी बेटी मीनू से करने की स्वीकृति प्रदान कर दें।

**(iv) परिवार के सदस्य किसके स्वागत की तैयारी में लगे थे और ऐसा क्यों कहा गया कि कोई देवता आ गए हों? (3)**

उत्तर मीनू के माता-पिता और घर के अन्य सदस्य पूरे उत्साह एवं उमंग से घर आए मेहमानों के स्वागत सत्कार में लगे थे। उन्होंने घर की साज-सज्जा के अतिरिक्त अनेक प्रकार के पकवान भी बनाए तथा विभिन्न प्रकार की मिठाइयाँ बाज़ार से मँगवाई गईं। उनके व्यवहार में विनम्रता एवं सेवा भावना थी। ऐसा लगता था यह सब वह घर आए किसी देवता को प्रसन्न करने के लिए कर रहे हों।

**Q.3 "मीनू, तुम्हारा एम. ए. का रिजल्ट आ गया है?" मीनू ने सहज भाव से उत्तर दिया, "जी, प्रथम श्रेणी में पास किया है।" वैरी गुड ! कहकर अमित के चेहरे पर प्रसन्नता के भाव उभर गए। "तुम्हें घर के किन-किन कार्यों में रुचि है?" अमित ने दूसरा प्रश्न किया।**

**(i) मीनू से उसके एम. ए. के रिजल्ट के बारे में किसने पूछा और क्यों? (2)**

उत्तर मीनू से उसके एम.ए. के रिजल्ट के बारे में अमित ने पूछा, जो विवाह के लिए मीनू को देखने आया था। अमित, मीनू से मिलकर उसके बारे में जानना चाहता था, जिससे वह निर्णय कर सके कि मीनू से विवाह करके वह खुश रह सकेगा या नहीं।

**(ii) अमित के चेहरे पर प्रसन्नता के भाव उभरने के क्या कारण थे? इसे मीनू की पढ़ाई-लिखाई के आधार पर समझाइए। (2)**

उत्तर अमित के चेहरे पर प्रसन्नता के भाव उभरने का प्रमुख कारण मीनू की उच्च शैक्षिक योग्यता थी। मीनू की सरलता और भोलापन भी अमित को बहुत अच्छा लगा।

मीनू ने जब अमित को बताया कि उसने एम. ए. की परीक्षा प्रथम श्रेणी में उत्तीर्ण की है, तो अमित को यह जानकर अच्छा लगा कि मीनू पढ़ने-लिखने में अच्छी है। उसे ऐसी ही पढ़ी-लिखी लड़की अपनी पत्नी के रूप में चाहिए थी।

**(iii) अमित ने अपनी पत्नी के चयन में संयुक्त परिवार में रहने को प्राथमिकता क्यों दी और इसके पीछे उसकी क्या इच्छा थी? (3)**

उत्तर संयुक्त परिवार में रहने के विषय पर अमित ज़ोर इसलिए दे रहा था, क्योंकि उसे अपनी पत्नी के रूप में ऐसी लड़की नहीं चाहिए थी, जो संयुक्त परिवार से अलग एकल या नाभिक परिवार में केवल अपने पति और बच्चों के साथ ही रहना पसंद करती हो। अमित इस मुद्दे पर ज़ोर इसलिए दे रहा था, क्योंकि उसकी इच्छा संयुक्त परिवार में ही रहने की थी। वह शादी के बाद अपने माता-पिता एवं बहन से अलग नहीं रहना चाहता था।

**(iv) अमित किस प्रकार की पत्नी की अपेक्षा करता था और उसकी अपेक्षाएँ उसके पारिवारिक मूल्यों को कैसे दर्शाती हैं? (3)**

उत्तर अमित एक ऐसी पत्नी की अपेक्षा करता है, जो न केवल शिक्षित और सुशील हो, बल्कि वह परिवार के प्रति अपनी ज़िम्मेदारियों को कुशलता से निभाए और सभी सदस्यों का ध्यान रखते हुए उन्हें प्रेम व सम्मान दे। वह माता-पिता और छोटी बहन के साथ सामंजस्य बनाए रखने वाली पत्नी की अपेक्षा करता है। उसकी ये अपेक्षाएँ उसके पारिवारिक मूल्यों और परिवार को एकजुट रखने की इच्छा को दर्शाती हैं।

**Q.4 जब लड़का-लड़की को देखने आता है, तब यह समय एक परीक्षा का समय होता है। लड़की के हृदय में एक अंतर्द्वंद्व होता है कि वह इस परीक्षा में पास हो सकेगी या नहीं। मीनू इस परीक्षा में कई बार असफल हो चुकी थी, इसलिए उसके हृदय का अंतर्द्वंद्व और अधिक तीव्र हो गया था।**

(i) **मीनू को देखने कौन आ रहा था? उनके आने का उद्देश्य क्या था?** **(2)**

उत्तर मीनू को देखने मेरठ से लड़के वाले आ रहे थे, क्योंकि अमित के घरवालों को मीनू का फोटो पसंद आया था और वे लोग मीनू से अपने बेटे अमित का विवाह करना चाहते थे, लेकिन इससे पहले मीनू को प्रत्यक्ष रूप से देखना और उसके बारे में जानना आवश्यक था। इसी कारण वे लोग मीनू के घर आ रहे थे।

(ii) **गद्यांश के अनुसार, लड़की के हृदय में किस तरह का अंतर्द्वंद्व होता है? स्पष्ट कीजिए।** **(2)**

उत्तर गद्यांश के आधार पर कहा जा सकता है कि जब किसी लड़की को विवाह के लिए पसंद या नापसंद करने के उद्देश्य से लड़के वाले देखने आते हैं, तो लड़की के हृदय में एक द्वंद्व चलता है। पसंद और नापसंद किए जाने के भँवर में वह फँसी रहती है। इसी अंतर्द्वंद्व में आज भी फँसी हुई थी।

(iii) **मीनू के चेहरे पर उदासीनता क्यों थी और उसकी घबराहट का क्या कारण था?** **(3)**

उत्तर मीनू के चेहरे पर मौजूद उदासीनता एवं घबराहट का कारण लड़के वालों द्वारा उसे पसंद या नापसंद किए जाने से संबंधित था। पहले कई लड़कों ने उसे देखने के बाद शादी से मना कर दिया था, इसलिए पूर्व की भाँति कहीं इस बार भी लड़के वाले उसे विवाह के लिए नापसंद न कर दें, इसी चिंता के कारण उसके चेहरे पर उदासीनता एवं घबराहट थी।

(iv) **रचनाकार का 'परीक्षा' से क्या अभिप्राय है? क्या यह लड़कों के लिए प्रासंगिक नहीं है?** **(3)**

उत्तर प्रस्तुत गद्यांश के रचनाकार का 'परीक्षा' से तात्पर्य विवाह के लिए लड़के वालों द्वारा मीनू को पसंद या नापसंद करने से है। यदि लड़के वालों ने मीनू को पसंद कर लिया, तो वह इस 'परीक्षा' में 'पास' हो जाएगी और यदि उन लोगों ने नापसंद कर दिया, तो वह इस परीक्षा में 'फेल' अर्थात् असफल हो जाएगी। यह 'परीक्षा' हमारे पुरुष प्रधान समाज में लड़कों के लिए प्रासंगिक नहीं है, क्योंकि विवाह के लिए लड़कों को नापसंद करने वाली लड़कियाँ बहुत कम ही होती हैं। हमारे समाज के संस्कार और परंपरा में यह प्रचलन आम या सामान्य नहीं है।

# अध्याय 3

उपन्यास के इस अध्याय में धनीमल द्वारा अमित से अपनी बेटी का विवाह करने के लिए भारी दहेज का प्रलोभन (लालच) देने, अमित की माँ का धन के प्रति लोभ प्रकट करने, अमित और उसके पिता मायाराम को कुछ कहने का अवसर न देने और बड़ी चाल चलकर दयाराम से मीनू व अमित के रिश्ते के लिए इनकार (मना) करने का उल्लेख किया गया है।

## अध्याय का सार

अमित और मायाराम जी जब घर पहुँचे, तो देखा कि कोई सज्जन उनका इंतज़ार कर रहे थे, जिनका नाम धनीमल था। वे अपनी बेटी सरिता का रिश्ता लेकर आए थे और पाँच लाख रुपये दहेज की बात कर रहे थे। मायाराम जी दहेज विरोधी थे। उन्होंने बताया कि वे पहले ही एक साधारण परिवार की लड़की, मीनू को पसंद कर चुके हैं। धनीमल ने आग्रह किया और कहा कि वे कल जवाब लेने आएँगे। सरिता और मीनू की तस्वीरें देखकर घर में चर्चा शुरू हुई। माताजी धन के पक्ष में थीं, लेकिन पिताजी साधारण परिवार की मीनू को पसंद करते थे। अमित ने अपनी माँ से असहमति व्यक्त करते हुए पूछा कि क्या सरिता हमारे घर के वातावरण में घुल-मिल सकेगी? माँ ने व्यवहार का तर्क दिया, क्योंकि माँ ने धन के सपने भी देखने शुरू कर दिए थे। अंततः परिवार ने सरिता का रिश्ता मंजूर कर लिया और मीनू के घर मना करने का फैसला किया।

माताजी ने मीनू की बहन आशा का रिश्ता सुझाकर मना करने की योजना बनाई तथा मीनू के घर मना करने के लिए मायाराम ने दयाराम को पत्र लिखा। पत्र लिखने के बाद मायाराम जी को गहरा पछतावा हुआ, क्योंकि वे समझते थे कि यह लड़की वालों के लिए कितना दुःखद होगा।

### शब्दार्थ

**सज्जन** *सभ्य व्यक्ति*; **नाक-नक्श** *शक्ल की बनावट, चेहरा*; **गुणवती** *गुणवान लड़की, योग्य लड़की*; **तौर-तरीका** *व्यवहार*; **तीखे** *तेज़*; **आभास** *अहसास, अनुमान*; **अंतर्द्वंद्व** *आंतरिक संघर्ष*; **क्रूर** *कठोर*; **उकसाना** *भड़काना, उत्तेजित करना*; **मनःस्थिति** *मन की दशा*; **विकल** *बेचैन*।

# एग्जाम पैटर्न प्रश्न (10 अंक)

***निम्नलिखित अवतरणों को पढ़कर उसके नीचे दिए गए प्रश्नों के उत्तर हिंदी में लिखिए।***

**Q.1 मायाराम व धनीमल जी की कुछ समय तक बातें होती रहीं। धनीमल जी अपनी बेटी सरिता का रिश्ता लेकर आए थे। उन्होंने उसका फोटो मायाराम जी के सामने रख दिया। शादी में पाँच लाख रुपये लगाने के लिए कहा।**

(i) **मायाराम जी की प्रतीक्षा कौन कर रहा था? स्पष्ट कीजिए।** **(2)**

उत्तर मायाराम जी की प्रतीक्षा धनीमल जी उनके ही घर में कर रहे थे। जब मायाराम जी अपने बेटे अमित के साथ अपने घर पहुँचे, तब उन्होंने अपनी प्रतीक्षा कर रहे धनीमल जी से बात की। इन दोनों के बीच होने वाली बातें कुछ समय तक चलती रहीं।

(ii) **मायाराम जी ने धनीमल जी के प्रस्ताव को अस्वीकार करने के पीछे क्या तर्क दिए और यह निर्णय उनके सामाजिक मूल्यों को कैसे व्यक्त करता है?** **(2)**

उत्तर मायाराम जी ने धनीमल जी के प्रस्ताव को यह कहकर अस्वीकार किया कि दहेज की आवश्यकता नहीं है और वे पहले ही एक लड़की देखकर आए हैं, जो उन्हें पसंद है। यह निर्णय उनके दहेज प्रथा के विरोध और विवाह को समानता और नैतिक मूल्यों पर आधारित रखने की सोच को दर्शाता है।

(iii) **धनीमल जी के द्वारा ऐसा प्रस्ताव रखने का क्या कारण था? शादी में पाँच लाख रुपये लगाने पर ज़ोर देने से धनीमल जी के बारे में क्या पता चलता है?** **(3)**

उत्तर धनीमल जी शहर के एक धनी व्यक्ति थे। वे जानते थे कि उनकी बेटी गुणी नहीं है, कोई समझदार लड़का उससे विवाह करने के लिए आसानी से नहीं मिलेगा। अतः वे शादी में पाँच लाख रुपये खर्च करने पर ज़ोर देकर अमित के घर वालों को प्रलोभन देना चाहते थे, ताकि वे विवाह के लिए अपनी स्वीकृति दे दें। इससे यह पता चलता है कि धनीमल जी व्यक्ति के गुणों को कम एवं पैसों को अधिक महत्त्व देते थे।

(iv) **दहेज प्रथा क्या है? दहेज प्रथा का समाज पर क्या प्रभाव पड़ रहा है? संक्षेप में लिखिए।** **(3)**

उत्तर दहेज एक सामाजिक कुप्रथा है, जिससे आज हमारा पूरा समाज प्रभावित है। दहेज ने लाखों योग्य व गुणी लड़कियों के जीवन को नरक बना दिया है। दहेज प्रथा के प्रचलन का सबसे नकारात्मक पक्ष यह है कि इसके कारण अनेक परिवार तबाह हो रहे हैं। पढ़ी-लिखी योग्य लड़कियों के माता-पिता दहेज से परेशान होकर लड़की को अभिशाप मानने लगे हैं। इस कुप्रथा को शीघ्रातिशीघ्र समाप्त किया जाना अत्यंत आवश्यक है।

**Q.2 "साधारण परिवार की है, तो क्या हुआ? पढ़ी-लिखी है, काफ़ी गुणवती लगती है। उसके बात करने का तौर-तरीका मुझे बहुत पसंद आया।" माताजी शायद कुछ पैसे की तरफ झुक चुकी थीं। वह बोली, "रूप-रंग में कम धनीमल जी की लड़की भी नहीं है।"**

(i) **'साधारण परिवार की है, तो क्या हुआ?' यह किसने कहा एवं साधारण परिवार से संबंधित कौन थी?** **(2)**

उत्तर 'साधारण परिवार की है, तो क्या हुआ?' यह अमित के पिता मायाराम जी द्वारा कहा गया है। मीनू साधारण परिवार से संबंधित थी। वह अत्यधिक पढ़ी-लिखी एवं गुणवती भी थी। इसके साथ ही वह सिलाई, बुनाई, कढ़ाई, खाना बनाना, पेंटिंग करना आदि कई कामों में निपुण भी थी।

(ii) **'उसके बात करने का तौर-तरीका मुझे बहुत पसंद आया।' यह किसने, किसके लिए एवं किस उद्देश्य से कहा? स्पष्ट कीजिए।** **(2)**

उत्तर उसके बात करने का तौर-तरीका मुझे बहुत पसंद आया यह कथन अमित के पिता मायाराम जी ने मीनू के विषय में कहा। मीनू का समग्र व्यक्तित्व उन्हें बहुत पसंद आया था और वे चाहते थे कि मीनू उनके घर की बहू बने। इस कथन को कहने का उनका यही उद्देश्य था।

(iii) **अमित की माताजी की इच्छा क्या थी और उनके व्यक्तित्व के बारे में आप क्या सोचते हैं? स्पष्ट कीजिए।** **(3)**

उत्तर अमित की माताजी का वास्तव में झुकाव पैसों की ओर था। वे धनीमल जी से पाँच लाख रुपये मिलने के लालच में आ गई थीं। वे चाहती थीं कि अमित की शादी धनीमल जी की बेटी से ही हो, ताकि उनके घर धन आ सके और वे भी अमीरों की तरह जीवन-यापन कर सकें।

अतः अमित की माँ लालची एवं स्वार्थी प्रवृत्ति की थीं। वे नारी मन की कोमल भावनाओं को नज़रअंदाज कर रही थीं।

(iv) **माताजी ने किसकी प्रशंसा की और प्रशंसा में क्या कहा?** **(3)**

उत्तर माताजी अपने बेटे अमित की शादी के लिए आए धनीमल जी की बेटी के रिश्ते से अत्यंत प्रभावित थीं, क्योंकि इस शादी में धनीमल जी पाँच लाख रुपये तक खर्च करने के लिए तैयार थे। अमित की माँ को इस धन के प्रति लालच आ गया। इसी कारण वे धनीमल जी की बेटी सरिता की प्रशंसा कर रही थीं और उसकी प्रशंसा करती हुई कहती हैं कि रूप-रंग की दृष्टि से सरिता किसी भी तरह मीनू की तुलना में कम नहीं है।

**Q.3 माँ को लगा, शायद अमित सरिता के रिश्ते को तैयार नहीं है। इसलिए वह बोली, "बेटे! व्यवहार का तो किसी का भी पता नहीं है। न सरिता के बारे में ही कुछ कहा जा सकता है और न ही मीनू के बारे में, व्यवहार का तो साथ रहने पर ही पता चलता है।"** **[ICSE 2017]**

(i) **अमित ने अपनी माँ से किस विषय पर प्रश्न किया और उनका उद्देश्य क्या था?** **(2)**

उत्तर अमित ने अपनी माँ से पूछा कि क्या बड़े घर की लड़की उनके घर के वातावरण में घुल-मिल सकेगी और उनके साथ रह सकेगी। उनका उद्देश्य यह जानना था कि सरिता, जो एक बड़े घर की लड़की है, क्या उनके परिवार में सामंजस्य स्थापित कर पाएगी या नहीं।

(ii) **अमित के पिता मायाराम जी, सरिता के रिश्ते को क्यों स्वीकार नहीं करना चाहते हैं?** **(2)**

उत्तर अमित के पिता मायाराम जी दहेज विरोधी थे। वे नहीं चाहते थे कि धनीमल जैसे बड़े व्यक्ति की बेटी से अमित का विवाह कर वह अपने बेटे को बेच डालें। वे मीनू को अमित के लिए पसंद कर चुके थे, इसलिए सरिता के रिश्ते को स्वीकार नहीं करना चाहते थे।

(iii) **अमित और सरिता का रिश्ता तय होने के लिए माँ किसको और क्यों उकसाती है? माँ की ऐसी धारणा से उनके स्वभाव के बारे में क्या पता चलता है? समझाकर लिखिए।** **(3)**

उत्तर अमित और सरिता का रिश्ता तय होने के लिए माँ अमित के पिता मायाराम जी को पत्र लिखने के लिए उकसाती है कि वे दयाराम जी को मीनू के विवाह का प्रस्ताव इनकार करने सबंधी पत्र लिखें, जिससे वे सरिता से अमित का विवाह कर सकें। माँ की ऐसी धारणा से उनके स्वार्थी, दहेज लोभी और संवेदनहीन होने का पता चलता है। एक नारी होकर भी उनके मन में लड़की के प्रति कोमल भावनाएँ नहीं हैं। वे दहेज के लालच में रूप-गुण, योग्यता सब भूल बैठती हैं।

(iv) **शादी के विषय में समाज की क्या परंपरा है? आप इससे कहाँ तक सहमत हैं? स्पष्ट कीजिए।** **(3)**

उत्तर शादी के विषय में समाज की परंपरा यह है कि वैवाहिक रिश्ते की बात होते ही लड़का-लड़की एक-दूसरे को देखते हैं, परंतु अंतिम फैसला उनके माता-पिता की स्वीकृति से ही लिया जाता है। विवाह के लिए समझदार माता-पिता लड़की के गुण और योग्यता को महत्त्व देकर दोनों परिवारों में समानता होने को भी महत्त्वपूर्ण मानते हैं। इसके विपरीत कुछ दहेज लोभी माता-पिता कन्या के रूप-गुण और योग्यता को नजरअंदाज़

करके लड़के का रिश्ता वहीं करने का फैसला लेते हैं, जहाँ दहेज मिलता है। मैं ऐसी सोच एवं ऐसे फैसलों से असहमत हूँ।

**Q.4 पत्र लिखने के बाद पिताजी को लगा कि शायद उनसे कोई घोर अपराध हो गया है, उनकी मनः स्थिति विकल हो गई। उन्हें आभास था उस पीड़ा का, उस दुःख का, जो पत्र मिलने के बाद लड़की वालों को होना था।**

(i) **यह पत्र कौन, किसे लिख रहा है व उसका क्या उद्देश्य है? (2)**

उत्तर यह पत्र अमित के पिता मायाराम जी, दयाराम जी को लिख रहे हैं, क्योंकि वे दयाराम जी की बड़ी बेटी मीनू को अपने बेटे अमित के लिए देखने गए थे। इस मुलाकात के बाद लड़की के पसंद या नपसंद होने की सूचना पत्र के माध्यम से देने का निर्णय लिया गया था। इसी उद्देश्य से मायाराम जी ने यह पत्र लिखा।

(ii) **पिताजी को पत्र लिखने के लिए किसने उकसाया और क्यों? (2)**

उत्तर अमित के पिताजी को पत्र लिखने के लिए उनकी पत्नी अर्थात् अमित की माँ ने उकसाया, क्योंकि वे धन के लोभ में आकर अमित की शादी सरिता से कराना चाहती थीं, ताकि वह दहेज में अधिक-से-अधिक धन प्राप्त कर सकें और अपना जीवन सभी सुख-सुविधाओं के साथ व्यतीत कर सकें, इसलिए उन्होंने अमित के पिताजी को उकसाकर इससे संबंधित पत्र लिखवाया।

(iii) **पिताजी को मीनू के घरवालों के दुःख का आभास क्यों हो रहा था, यह आभास उनके लिए किस प्रकार के मानसिक संघर्ष का कारण बना? (3)**

उत्तर पिताजी ने मीनू के घरवालों को रिश्ते के लिए मना करने के लिए पत्र लिखा था। पत्र लिखने के पश्चात् उन्हें अत्यंत आत्मग्लानि हो रही थी। यदि उनकी बेटी के साथ ऐसी क्रूर-योजना बनाई जाती, तो उन्हें भी उस पीड़ा व दुःख का आभास होता, जो मीनू के घरवालों को पत्र मिलने के बाद होना था, क्योंकि वह भी एक बेटी के पिता थे, इसलिए वह उस दुःख को भली-भाँति जानते थे।

(iv) **आपकी दृष्टि से, क्या पिताजी द्वारा ऐसा पत्र लिखना उचित था? अपने शब्दों में स्पष्ट कीजिए। (3)**

उत्तर मेरी दृष्टि से, अमित के पिताजी द्वारा मीनू के घरवालों को ऐसा पत्र लिखना किसी भी दृष्टि से उचित नहीं था। विवाह करने के लिए दो वयस्क एवं समझदार लोगों का होना आवश्यक है।
इसके अतिरिक्त, लड़की को सामान की तरह देखकर पसंद-नापसंद किया जाना बहुत ही ओछी प्रवृत्ति है, जिसे शीघ्र ही समाप्त कर देना चाहिए। बड़ी लड़की के विवाह का प्रस्ताव लेकर जाने वाले छोटी लड़की को पसंद कर लेने का तर्क देना और इसके पीछे दहेज का कारण हो, तो यह बात और भी निंदनीय है। दहेज जैसी सामाजिक कुप्रथा को समाज से पूरी तरह समाप्त किया जाना अत्यंत आवश्यक है।

# अध्याय 4

उपन्यास के इस अध्याय में मायाराम जी के परिवार की स्वीकृति की आशा में बैठे दयाराम जी के परिवार की आशाएँ टूट जाने, मीनू में हीन-भावना आने, किसी मित्र के समझाने पर अमित के साथ आशा का विवाह तय करने के लिए दयाराम जी का मानना और मेरठ जाने पर सच्चाई का पता चलने पर अमित के परिवार के प्रति घृणा से भरने का उल्लेख किया गया है।

## अध्याय का सार

सुबह ग्यारह बजे डाकिया का इंतजार था, क्योंकि मीनू के रिश्ते की खबर आनी थी। जब पत्र आया, तो घर में उदासी छा गई, जिससे मीनू समझ गई कि उसे फिर से नापसंद कर दिया गया है। वह हीन-भावना और उदासी से भर गई, फिर उसने शादी न करने का दृढ़ निश्चय किया। उसने अपने माता-पिता से कहा कि वे उसकी चिंता छोड़कर छोटी बहन आशा की शादी तय करें। माँ और पिताजी समाज और परंपराओं के बीच उलझे हुए थे, क्योंकि उनके लिए यह अस्वीकार्य था कि बड़ी बेटी के रहते छोटी की शादी हो। हालाँकि, मीनू ने उन्हें समझाया कि माँ, आप मेरी शादी की चिंता न करें।

आखिरकार, पिताजी ने आशा के रिश्ते की बात करने के लिए मेरठ जाने का फैसला किया। वहाँ पता चला कि अमित का रिश्ता पहले ही एक अमीर परिवार की बेटी से तय हो चुका है। यह जानकर दयाराम जी को गहरा धक्का लगा। घर लौटने पर उन्होंने सबको सच्चाई बताई। परिवार में निराशा और समाज के पैसे पर आधारित स्वार्थी व्यवहार के प्रति गुस्सा भर गया। मीनू ने अपने जीवन को आत्मनिर्भर बनाने का निर्णय लिया।

### शब्दार्थ

**मौन** *सन्नाटा, चुप्पी;* **कुरूप** *असुंदर;* **हीन-भावना** *पिछड़ेपन या वंचित होने की भावना;* **अभागन** *जिसका भाग्य अच्छा न हो;* **अंतर्द्वंद्व** *आंतरिक उथल-पुथल;* **सांत्वना** *धीरज, दिलासा;* **रीति-रिवाज** *परंपरा;* **अभिप्राय** *तात्पर्य, मतलब;* **उलझन** *असमंजस,* **घनिष्ठ** *गहरे;*
**ज़ालिम** *क्रूर, कठोर।*

# एग्जाम पैटर्न प्रश्न (10 अंक)

*निम्नलिखित अवतरणों को पढ़कर उसके नीचे दिए गए प्रश्नों के उत्तर हिंदी में लिखिए।*

**Q.1** पढ़ाई के परीक्षाफल में वह हमेशा प्रथम आती थी, परंतु इस परीक्षा में वह समझ नहीं पा रही थी कि वह पास भी हो सकेगी या नहीं। तभी उसे रोहित की आवाज़ सुनाई दी, जो कि ज़ोर-ज़ोर से बोल रहा था कि मेरठ से पत्र आ गया है।

पिताजी ने पत्र पढ़ा, एक-एक करके सबने पत्र पढ़ा, परंतु पत्र पढ़ने के बाद सबके चेहरों पर उदासी छा गई।

(i) **मीनू ने रोहित की आवाज़ सुनकर पत्र के बारे में क्या महसूस किया था और मीनू की भावनाओं में क्या बदलाव आया था?** **(2)**

उत्तर मीनू ने रोहित की आवाज़ सुनकर पत्र के बारे में डर और चिंता महसूस की थी। पत्र पढ़ने के बाद सबके चेहरे पर उदासी छा गई। मीनू समझ गई थी कि यहाँ से भी वह नापसंद कर दी गई है। यह कल्पना कर उसका दिल रो पड़ा और उसकी भावनाएँ निराशा और आत्मग्लानि में बदल गई।

(ii) **अमित के घरवालों ने पत्र में क्या लिखा था? स्पष्ट कीजिए।** **(2)**

उत्तर अमित के घरवालों ने पत्र में अमित की शादी मीनू की जगह उसकी छोटी बहन आशा से करने का प्रस्ताव रखा था। उनका कहना था कि उन लोगों को मीनू की अपेक्षा आशा अधिक पसंद आई है, इसलिए वे अमित की शादी आशा के साथ करना चाहते हैं, जबकि सच्चाई इसके विपरीत थी।

(iii) **मीनू का मानसिक संघर्ष किस प्रकार के सामाजिक दबावों को व्यक्त करता है और यह किस हद तक उसकी आत्म-स्वीकृति पर असर डालता है?** **(3)**

उत्तर मीनू का मानसिक संघर्ष सामाजिक दबावों और पारिवारिक अपेक्षाओं को व्यक्त करता है। मीनू को यह भय कि उसे रिश्ते के लिए नकार दिया जाएगा, जो यह दर्शाता है कि समाज और परिवार की स्वीकृति उसकी आत्ममूल्यता से जुड़ी हुई। इस संघर्ष के कारण मीनू का आत्मविश्वास कमज़ोर हो गया है और वह यह समझने में असमर्थ है कि आखिर उसमें क्या कमी है, जिससे उसकी आत्म-स्वीकृति प्रभावित होती है। यह वाक्यांश दिखाता है कि बाहरी मानकों के आधार पर अपने को परखना आत्म-मूल्य की कमी को जन्म देता है।

(iv) **मेरठ वालों द्वारा विवाह के प्रस्ताव को अस्वीकार किए जाने के बाद मीनू की क्या मानसिक स्थिति थी? इसके पीछे उसके विचार क्या थे?** **(3)**

उत्तर मेरठ वालों ने जब अमित के साथ मीनू के विवाह के प्रस्ताव को अस्वीकार कर दिया, तो मीनू के अंदर एक हीन-भावना बैठ गई। उसे लगने लगा कि संभवतः वह विवाह के योग्य है ही नहीं। वह विवाह के लिए प्रयास करके अनावश्यक ही स्वयं को एवं अपने घरवालों को दुःखी कर रही है। इसी हीन-भावना के प्रभाव में आकर उसने मन ही मन निश्चय कर लिया कि अब वह कभी विवाह नहीं करेगी।

**Q.2** **उसके हृदय में अंतर्द्वंद्व चल रहा था कि वह जो निर्णय ले रही है, वह उचित है कि नहीं। अंत में इसी निर्णय को उचित मानकर वह कमरे से बाहर निकली। पिताजी व माताजी के उदास चेहरे को देखकर उसकी आँखें दुःख से बोझल हो गईं। वह उनके दुःख को भली-भाँति समझ रही थी। कितनी अभाग्य थी वह, जिसके कारण उसके माता-पिता इतने परेशान थे।**

(i) **किसके हृदय में अंतर्द्वंद्व चल रहा था और वह अंतर्द्वंद्व क्या था?** **(2)**

उत्तर मीनू के हृदय में अंतर्द्वंद्व चल रहा था और अंतर्द्वंद्व यह था कि इतने लड़के वालों द्वारा नापसंद कर दिए जाने के बाद भी वह आगे अपने विवाह के लिए प्रयास करे या नहीं? वह इसी तरह नापसंद किए जाने के दुःख एवं क्षोभ को सहने के लिए तैयार रहे या नहीं? इन्हीं दुविधाओं के बीच उसके मन में अंतर्द्वंद्व चल रहा था। वह सोचने लगी कि उसके नापसंद किए जाने पर उसके माता-पिता को कितना दुःख होता होगा। वह उनके दुःख का कारण नहीं बनना चाहती थी।

(ii) **मीनू द्वारा लिया गया निर्णय क्या था? क्या उसके निर्णय से आप सहमत हैं?** **(2)**

उत्तर मीनू ने विवाह नहीं करने का निर्णय लिया था। मीनू का निर्णय बहुत तार्किक है, क्योंकि किसी व्यक्ति के जीवन का उद्देश्य केवल विवाह तक सीमित नहीं हो सकता। उसे अपने जीवन का एक व्यापक एवं ऊँचा लक्ष्य निर्धारित करना चाहिए। मीनू ने अपनी योग्यता एवं क्षमता को समझते हुए उचित निर्णय लिया। मीनू द्वारा लिए गए निर्णय से मैं पूर्ण रूप से सहमत हूँ।

(iii) **मीनू ने अपने माता-पिता के उदास चेहरो में क्या देखा? उसके माता-पिता क्यों दुःखी थे?** **(3)**

उत्तर मीनू ने अपने माता-पिता के उदास चेहरों में उनकी पीड़ा और चिंता को महसूस किया। मीनू के माता-पिता को मीनू का विवाह न हो पाने का अत्यधिक दुःख था। जीवन के पड़ाव में एक पड़ाव विवाह का भी होता है, जिसे उसके माता-पिता सफलतापूर्वक संपन्न करना चाहते थे, लेकिन मीनू को विवाह के लिए देखने आने वाले लड़कों के परिवार वाले उसे पसंद नहीं कर रहे थे, जिसके कारण वे अत्यंत दुःखी थे।

(iv) **क्या उसका स्वयं को अभागिन मानना उचित है? यदि नहीं, तो क्यों?** **(3)**

उत्तर मीनू को लगने लगा कि वह अत्यंत दुर्भाग्यशाली है, जिसके कारण उसकी शादी नहीं हो पा रही है। उसकी शादी नहीं होने से उसके माता-पिता चिंतित एवं परेशान रहते हैं। अपने माता-पिता की चिंता या परेशानी का कारण मीनू स्वयं को मान रही है।

इसी भावना के कारण वह स्वयं को अभागिन मानती है, जो किसी भी दृष्टि से उचित नहीं है। मीनू की शादी नहीं होने का एक बड़ा कारण दहेज भी है, लेकिन इस सामाजिक कुप्रथा के लिए वह दोषी नहीं है।

**Q.3** ''आप समाज की चिंता न करते हुए आशा की शादी कर दीजिए।'' तभी पास बैठी माँ बोल पड़ी, "बेटी, हमारे यहाँ इस तरह रिवाज़ नहीं है कि बड़ी बेटी के घर में रहते हुए छोटी की शादी हो।"

"माँ, तुम मेरी शादी की चिंता न करो। मैंने तो निश्चय कर लिया है कि मैं शादी नहीं करूँगी। मैं अपने पैरों पर खड़ी होना चाहती हूँ, जिससे मैं बोझ न बन सकूँ।" मीनू भरे कंठ से बोली।

(i) **समाज की चिंता नहीं करने का परामर्श कौन दे रहा है और क्यों** **(2)**

उत्तर समाज की चिंता नहीं करने का परामर्श मीनू द्वारा अपने पिताजी को दिया जा रहा है, क्योंकि मीनू का तर्क है कि यह समाज जब हम लोगों के बारे में नहीं सोचता है, तो फिर हम लोगों को भी उसके बारे में अधिक नहीं सोचना चाहिए।

(ii) **माँ किस तरह की परंपरा का हवाला दे रही थी? स्पष्ट कीजिए।** **(2)**

उत्तर माँ सामाजिक परंपरा का हवाला दे रही थी कि हमारे समाज में बड़ी बेटी के अविवाहित रहते हुए छोटी बेटी की शादी नहीं होती। यह रिवाज़ हमारे यहाँ समाज में बहुत पहले से ही प्रचलन में है।

(iii) **मीनू ने क्या दृढ़ निश्चय किया? और वह किसके समक्ष व्यक्त किया?** **(3)**

उत्तर मीनू ने विवाह न करने का दृढ़ निश्चय किया। उसने यह दृढ़ निश्चय कर लिया था कि अब वह अपने पैरों पर खड़ी होगी, आत्मनिर्भर बनेगी और समाज में अपना एक स्थान प्राप्त करेगी। वह विवाह के लिए परेशान न होकर अपनी ऊर्जा, क्षमता एवं समय को अपने लक्ष्य की प्राप्ति में लगाएगी। वह विवाह न करके इस समाज में अपना एक ऊँचा रुतबा व आदर-सम्मान स्थापित करेगी। मीनू ने विवाह न करने का निर्णय अपने माता-पिता के समक्ष प्रस्तुत किया।

(iv) **'बोझ' से मीनू का क्या तात्पर्य है? उसके माता-पिता ने इस पर क्या प्रतिक्रिया व्यक्त की?** **(3)**

उत्तर 'बोझ' से मीनू का तात्पर्य 'निर्भरता' से है। मीनू अब अपने पैरों पर खड़ी होकर आत्मनिर्भर और सफल बनना चाहती थी। वह इस समाज को अपनी योग्यता एवं क्षमता से परिचित कराना चाहती थी। मीनू द्वारा 'बोझ' शब्द का प्रयोग किए जाने पर उसके माता-पिता को अच्छा नहीं लगा। उसकी माँ ने कहा कि तुमने ऐसा कैसे सोच लिया कि एक बेटी अपने माता-पिता के लिए बोझ है। मीनू ने माँ को समझाते हुए कहा कि उसका तात्पर्य उस आत्मनिर्भरता से है, जो मनुष्य को स्वावलंबी बनाती है।

# अध्याय 5

उपन्यास के इस अध्याय में मीनू द्वारा विपरीत परिस्थितियों में हिम्मत न हारने, वकील बनने के सपने को पूरा करने के लिए वकालत की पढ़ाई के लिए दाखिला लेने, हॉस्टल में अकेला होने पर बचपन की स्मृतियों में खोने, दो दिन बाद ही पिता से मिलकर खुश होने एवं घर के स्नेहपूर्ण यादों में डूबने का उल्लेख किया गया है।

## अध्याय का सार

मीनू के जीवन में कई उतार-चढ़ाव आए, जिससे कभी उसे अपने जीवन का मूल्य हीन-सा प्रतीत हुआ, लेकिन उसकी दृढ़ता और साहस ने उसे हर कठिनाई से पार कराया। उसने विवाह का सपना छोड़कर वकील बनने का निर्णय लिया, जिसे पहले उसके माता-पिता ने मंजूरी नहीं दी थी, लेकिन अब उन्होंने उसकी लगन को देखकर उसे वकालत पढ़ने की अनुमति दी। मीनू ने मेरठ में दाखिला लिया और खुद को समाज में सम्मानित करने के लिए कड़ी मेहनत करने की ठानी। हॉस्टल जाने से पहले मीनू को घर छोड़ने का विचार भी अजीब लग रहा था, परंतु उसका सपना उसे प्रेरित कर रहा था। माँ और पिताजी से आशीर्वाद लेकर वह नए जीवन की शुरुआत करने हॉस्टल पहुँची। पहले कुछ समय तक वह अकेली महसूस करती थी, लेकिन फिर उसकी यादों में पिताजी से किया गया वादा ताज़ा हुआ। एक दिन पिताजी उससे मिलने आए और घर की यादें फिर से ताज़ा हो गईं।

### शब्दार्थ

**परिस्थितियाँ** *हालात;* **व्यर्थ** *बेकार;* **दृढ़ता** *मजबूती;* **लगन** *इच्छाशक्ति;* **पुलकित** *प्रसन्न;* **व्यंजन** *पकवान;* **दैदीप्यमान** *चमकता हुआ;* **प्रकाशमय** *प्रकाश से परिपूर्ण;* **उद्‌देश्य** *लक्ष्य;* **ठेस** *गहन दुःख, चोट।*

# एग्ज़ाम पैटर्न प्रश्न (10 अंक)

***निम्नलिखित अवतरणों को पढ़कर उसके नीचे दिए गए प्रश्नों के उत्तर हिंदी में लिखिए।***

**Q.1** वह स्वयं ही दृढ़ता व साहस की मूर्ति थी। उतार-चढ़ाव तो हर इंसान की ज़िंदगी में आते ही रहते हैं। उसने साहस से काम लिया। उसने विवाह का सपना देखना ही छोड़ दिया। उसके सामने इतनी लंबी ज़िंदगी पड़ी थी, जिसको वह एक क्षण भी व्यर्थ नहीं होने देना चाहती थी।

(i) **दृढ़ता एवं साहस की मूर्ति किसे कहा गया है और क्यों?** **(2)**

उत्तर दृढ़ता एवं साहस की मूर्ति मीनू को कहा गया है, क्योंकि मीनू समाज के विरुद्ध उठ खड़ी हुई थी, उसने स्पष्ट घोषणा कर दी थी कि अभी वह विवाह नहीं करेगी और वकील बनकर समाज में स्वयं को प्रतिष्ठित करेगी।

(ii) **मीनू ने अपने जीवन का लक्ष्य क्या बनाया और वह दुनिया को क्या दिखाना चाहती थी? (2)**

उत्तर मीनू ने अपने जीवन का लक्ष्य एक प्रतिष्ठित वकील के रूप में प्रसिद्ध होने का बनाया। विवाह न होने की चिंता में पड़कर वह अपना समय व्यर्थ नहीं होने देना चाहती थी। पैसों के पीछे भागने वाली दुनिया को वह इतने पैसे कमाकर दिखाना चाहती थी कि दुनिया उसे स्वतः ही आदर सम्मान देने लगे।

(iii) **मीनू समाज के आवरण को हटाकर क्या सत्य दिखाना चाहती थी? उसका क्या उद्देश्य था? (3)**

उत्तर मीनू अपने पैरों पर खड़ा होकर समाज में अपना व अपने माता पिता का सर ऊँचा करना चाहती थी। वह समाज के आवरण को हटाकर एक सत्य दिखाना चाहती थी कि समाज में सब कुछ पैसा ही नहीं होता। योग्यता और दृढ़ शक्ति के बल पर इस दुनिया में सब-कुछ पाया जा सकता है। उसका उद्देश्य कुछ बनकर यह दिखाना था कि लड़कियाँ लड़कों से किसी भी प्रकार से कम नहीं हैं।

(iv) **क्या उसके माता-पिता उसे हॉस्टल में रखने के लिए तैयार थे? यदि नहीं, तो क्यों? (3)**

उत्तर मीनू के माता-पिता मीनू को हॉस्टल में नहीं भेजना चाहते थे, क्योंकि बाल्यावस्था से ही मीनू घर में रहकर पढ़ी थी। वह कभी अपने माता-पिता से दूर नहीं रही। मीनू के माता-पिता के लिए यह एक नया अनुभव था कि उनकी बेटी उनसे तथा घर से दूर हॉस्टल में रहे। वे आज के समय में समाज में फैली अव्यवस्थाओं से भी डरते थे। उन्हें हॉस्टल में बेटी को रखना सुरक्षित नहीं लग रहा था, इसलिए वे उसे हॉस्टल नहीं भेजना चाहते थे।

**Q.2 अपने पाँव पर खड़े होकर वह इतना पैसा कमा लेना चाहती थी कि वह समाज में सिर ऊँचा करके रह सके। इस समाज में चारों ओर पैसे वालों की तो इज्जत है... हर जगह पैसे का ही बोल-बाला है। बस पैसा, पैसा, पैसा... हर व्यक्ति इसी होड़ में जुटा है।**

(i) **मीनू के हॉस्टल जाने से पहले उसकी माँ ने उसे किस प्रकार से तैयार किया था, और यह उसके मन में किस प्रकार के भाव पैदा कर रहा था? (2)**

उत्तर मीनू के हॉस्टल जाने से पहले उसकी माँ ने उसे स्नेहपूर्वक तैयार किया। उन्होंने मीनू के पसंदीदा व्यंजन बनाए और उसे एक-एक करके खिलाए। माँ का यह ध्यान और प्रेम यह दिखाता था कि उन्हें अपनी बेटी के घर छोड़ने का दुःख था। मीनू के मन में उत्सुकता के साथ-साथ भावुकता भी थी, क्योंकि वह पहली बार अपने परिवार से अलग हो रही थी।

(ii) **मीनू समाज में सर ऊँचा क्यों करना चाहती थी? इसका क्या प्रमुख कारण था? (2)**

उत्तर मीनू अपनी योग्यता के बलबूते एक बड़ी वकील बनकर तथा पैसा कमाकर समाज में अपना सिर ऊँचा करना चाहती थी, क्योंकि वह अच्छी तरह समझ गई थी कि जब तक पैसा नहीं आएगा, तब तक वह समाज में प्रतिष्ठित नहीं हो पाएगी। इसका प्रमुख कारण यह था कि मीनू को विवाह के लिए लड़के वालों के द्वारा अनेक बार ठुकराया जा चुका था। मीनू अब पैसे कमाकर उच्च पद व यश प्राप्त करना चाहती थी।

(iii) **मीनू किस बात को अच्छी तरह जान गई थी और उसके अनुसार हर व्यक्ति किस होड़ में जुटा है? स्पष्ट कीजिए। (3)**

उत्तर मीनू यह बात अच्छी तरह जान गई थी कि यदि उसके पिताजी के पास दहेज में देने के लिए पाँच लाख रुपये होते, तो अमित के घरवाले कभी भी उसे नापसंद नहीं करते। समाज का हर व्यक्ति पैसा कमाने की होड़ में जुटा है। चारों ओर केवल पैसे का ही बोल-बाला है, जिसे देखो, वही पैसे के पीछे भागा जा रहा है। बिना पैसे वाले योग्य होते हुए भी हाशिए (किनारे पर होना) पर पड़े हैं।

(iv) **मीनू के हॉस्टल जाने के निर्णय से उसके मन में कौन-कौन सी भावनाएँ थीं और उसके परिवार के व्यवहार का उस पर क्या प्रभाव पड़ा? (3)**

उत्तर मीनू के मन में हॉस्टल जाने के समय मिश्रित भावनाएँ थीं। वह अपने सपने को पूरा करने के लिए उत्साहित थी, लेकिन घर और परिवार से दूर जाने के विचार से चिंतित भी थी। उसकी कल्पना मात्र से वह सिहर उठती थी, लेकिन वकील बनने का सपना उसे प्रेरित करता था। इसके बावजूद, मीनू के परिवार ने उसे स्नेह और समर्थन दिया। पिताजी ने उसे मानसिक रूप से सशक्त बनाने के लिए प्रयास किए। परिवार का यह प्यार उसे आत्मविश्वास और उत्साह से भर देता था, जिससे वह अपने नए सफ़र की शुरुआत कर सकी।

**Q.3 आखिर मीनू का हॉस्टल जाने का दिन आ ही गया उसके सामने एक उद्देश्य था, एक सपना था, जो पूरा करना ही था। घर छोड़ते समक्ष मीनू की आँखों में आँसू छलछला पड़े। कितना अजीब लग रहा था उसे घर छोड़ना। अपनी माँ से, भाई-बहन से पहली बार अलग हो रही थी।**

**(ICSE 2025)**

(i) **मीनू अपने किस उद्देश्य की पूर्ति के लिए कहाँ जा रही थी? (2)**

उत्तर मीनू अपने सपने को पूरा करने के लिए हॉस्टल जा रही थी। यद्यपि उसे घर छोड़ना अच्छा नहीं लग रहा था तथापि उसे अपने सपने को पूरा करने हेतु हॉस्टल जाना ही था।

(ii) **हॉस्टल जाने से पूर्व मीनू के मन में क्या भाव उठे? उसकी आँखें क्यों छलछला पड़ीं? (2)**

उत्तर हॉस्टल जाने से पूर्व मीनू भावुक हो गई। उसे घर छोड़ना अजीब लग रहा था, क्योंकि वह पहली बार अपने परिवार से दूर जा रही थी अपने परिवार से दूर जाने के कारण उसकी आँखें छलछला पड़ीं।

(iii) **मीनू के जाने से पहले उसकी माँ और पिताजी हर रोज क्या बनाकर एवं क्या लाकर अपना स्नेह प्रदर्शित करते थे? माँ ने जाते समय मीनू को क्या आशीर्वाद दिया? (3)**

उत्तर मीनू के जाने से पहले उसकी माँ और पिताजी हर रोज़ उसके लिए विशेष नाश्ता व लंच बनाते थे और उसके लिए कुछ विशेष चीज़ें जैसे पसंदीदा खिलौने, किताबे आदि लाकर अपना स्नेह प्रकट करते थे। वे उससे प्यार से बातें करते थे और उसकी हर बात को ध्यान से सुनते थे। माँ ने जाते समय मीनू को सीने से लगाकर आशीर्वाद और उज्जवल भविष्य की शुभकामनाएँ दीं।

(iv) **मीनू ने विवाह का सपना देखना क्यों छोड़ दिया था? उसका यह फैसला उसकी किस चारित्रिक विशेषता की ओर संकेत करता है? (3)**

उत्तर मीनू ने विवाह का सपना देखना इसलिए छोड़ दिया था, क्योंकि वह अपने जीवन में आत्मनिर्भर बनना चाहती थी। वह एक मजबूत, दृढ़ व स्वतंत्र महिला थी, जो अपने लक्ष्यों को प्राप्त करने के लिए प्रतिबद्ध थी। मीनू का फैसला निम्नलिखित चारित्रिक विशेषताओं की ओर संकेत करता है

**Q.4 "बेटी, एक दैदीप्यमान नक्षत्र बनकर तुम जग को प्रकाशमय कर दो। जीवन की सारी खुशियाँ तुम्हारे पास हों, तुम अपने उद्देश्य की प्राप्ति में सफल हो, यही ईश्वर से मेरी प्रार्थना है।"**

**अपने माता-पिता का आशीर्वाद और छोटे भाई-बहन का प्यार साथ लिए मीनू ऐसी डगर पर चली जा रही थी, जहाँ उसे यह ज्ञात नहीं था कि कितने परिश्रम के बाद उसे सफलता मिल सकेगी, परंतु अपने जीवन का एक उद्देश्य बनाकर उसकी पूर्ति के लिए वह अपने कदम बढ़ाए जा रही थी।**

(i) **माँ ने अपनी बेटी को क्या आशीर्वाद दिया और क्यों? (2)**

उत्तर माँ ने अपनी बेटी मीनू को नक्षत्र की भाँति चमकने का आशीर्वाद दिया, ताकि वह अपनी चमक से दुनिया के अँधेरे को दूर कर सके, क्योंकि अब वही मीनू के जीवन का उद्देश्य था। माँ चाहती थी कि उसकी बेटी के पास जीवन की सारी खुशियाँ हों तथा वह अपने लक्ष्य को प्राप्त करने में सफल हो जाए।

(ii) **मीनू किस सफलता की खोज में थी? और वह कहाँ जा रही थी? (2)**

उत्तर मीनू वकालत की पढ़ाई के लिए घर से निकल कर हॉस्टल जा रही थी, क्योंकि वह एक प्रसिद्ध वकील बनकर इस दुनिया में खूब पैसा एवं यश कमाना चाहती थी। वह अपने जीवन के लक्ष्य को प्राप्त करने में सफल होना चाहती थी।

(iii) **जग को प्रकाशमय करने से क्या अभिप्राय है? इसे विस्तृत रूप में समझाइए? (3)**

उत्तर 'जग को प्रकाशमय' करने से तात्पर्य यह है कि मीनू एक चमकता हुआ सितारा बनकर अपने उज्ज्वल प्रकाश से इस संसार को प्रकाशित करे। इस जग में अनेक क्षेत्रों में अंधकार व्याप्त है। सामाजिक कुरीतियाँ, संकीर्ण परंपराएँ, अमीर-गरीब का अंतर, स्त्री-पुरुष का लिंग भेद आदि क्षेत्रों में अत्यंत अंधकार व्याप्त है। मीनू द्वारा आत्मनिर्भरता व स्वावलंबन की ओर बढ़ना इन सामाजिक कुरीतियों के क्षेत्र में प्रकाश फैलाने की ओर एक नया कदम है।

(iv) **मीनू के जीवन के संघर्षों से क्या संदेश मिलता है और यह हमारे अंदर समाज के प्रति किस तरह की जागरुकता उत्पन्न करता है? (3)**

उत्तर मीनू के जीवन के संघर्षों से यह संदेश मिलता है कि कठिनाइयाँ और आलोचनाएँ अस्थायी होती हैं, लेकिन जब किसी के पास स्पष्ट उद्देश्य और दृढ़ निश्चय हो, तो वह उन्हें पार कर सकता है। मीनू की यात्रा समाज के पारंपरिक विचारों और परिधियों को चुनौती देने की एक प्रेरणा है। यह हमें सिखाता है कि शिक्षा और आत्मनिर्भरता के लिए लड़ाई व्यक्तिगत नहीं, बल्कि सामाजिक परिवर्तन की दिशा में भी महत्त्वपूर्ण होती है। मीनू का संघर्ष हमें यह भी याद दिलाता है कि लड़कियाँ भी अपनी पूरी क्षमता को पहचानकर, समाज की परिभाषाओं को पार कर, किसी भी क्षेत्र में सफलता प्राप्त कर सकती हैं।

**Q.5 "अरे हट ! वकील वगैरह कुछ नहीं बनना है। कौन पढ़ाएगा तुझे इतना? बस, अट्ठारह साल की उम्र में शादी कर देंगे। फिर लड़कियों को कौन पढ़ाता है इतना? लड़कों की बात और है।"**

(i) **वकील बनने की इच्छा किसकी है और किसे यह पसंद नहीं है? (2)**

उत्तर वकील बनने की इच्छा मीनू की है। जब भी बचपन में उसके पिताजी उससे पूछते थे कि वह बड़ी होकर क्या बनना चाहती है? तो वह हमेशा अपनी वकील बनने की इच्छा व्यक्त करती थी। मीनू की वकील बनने की इच्छा उसकी माँ को बिलकुल पसंद नहीं थी।

(ii) **"लड़कों की बात और है" यह किसने, किससे कहा? प्रस्तुत पंक्ति का अभिप्राय स्पष्ट करें। (2)**

उत्तर "लड़कों की बात और है" यह मीनू की माँ ने मीनू से कहा। पंक्ति का अभिप्राय यह है कि लड़कों की स्थिति लड़कियों की अपेक्षा अधिक उच्च है, क्योंकि लड़कियों को तो अंततः घर गृहस्थी ही सँभालनी है। लड़के घर के उत्तराधिकारी होते हैं। लड़कों एवं लड़कियों की स्थिति में बहुत अंतर है।

(iii) **गद्यांश की पंक्तियाँ कौन कह रहा है तथा उसकी मानसिकता किस प्रकार की है? (3)**

उत्तर गद्यांश में उपर्युक्त पंक्तियाँ मीनू की माँ द्वारा कही जा रही हैं। उनकी मानसिकता लड़कियों की अपेक्षा लड़कों को अधिक महत्त्व देने की है। वे पुरुष प्रधान समाज की मानसिकता से जुड़ी हुई हैं, जहाँ लड़कियों को निम्न स्तर का नागरिक माना जाता है। इसी कारण लड़के एवं लड़कियों के बीच भेद-भाव किया जाता है। उनकी नैतिकता दोनों के लिए अलग-अलग है।

(iv) **लड़के-लड़कियों में भेदभाव से समाज की उन्नति पर क्या प्रभाव पड़ता है? क्या यह समाज के लिए हितकर है? (3)**

उत्तर समाज के दोनों अंग स्त्री एवं पुरुष समान हैं तथा सभ्य समाज में उनका महत्त्व भी समान है। यदि समाज के आधे भाग को समाज की मुख्यधारा से काट दिया जाएगा, तो वह समाज कभी भी उन्नति नहीं कर सकता है, इसलिए लड़के-लड़कियों के बीच भेदभाव करना किसी भी दृष्टि से समाज के लिए हितकर नहीं है।

# अध्याय 6

उपन्यास के इस अध्याय में अमित की माँ द्वारा बार-बार सरिता की प्रशंसा करने, घरवालों का इस तरह सरिता के प्रति झुकाव न समझ पाने की अमित की मनोदशा तथा माँ को मीनू में बहू के अच्छे लक्षणों को दिखाने, धनीमल का कश्मीरी सेब लेकर आना, अमित की नाराज़गी और सरिता को दिखाने के लिए तिथि तय करने का उल्लेख किया गया है।

## अध्याय का सार

मायाराम जी के घर में चर्चा का विषय धनीमल जी और उनकी बेटी सरिता थे। अमित को इन सब बातों में कोई रुचि नहीं थी, क्योंकि वह धनी घर की लड़की से शादी नहीं करना चाहता था। उसने हाल ही में एक फैक्ट्री शुरू की थी धन के लालच में और पैसे की कोई कमी नहीं थी। अमित को मीनू से प्यार था, जो पढ़ी-लिखी और काम में कुशल थी। वह चाहता था कि मीनू को बहू बनाया जाए, लेकिन धन के लालच में माँ सरिता को ही पसंद करती थी। अमित ने माँ से मीनू की तारीफ़ की, जबकि माँ सरिता को बड़े घर की लड़की मानती थीं। अमित ने उदाहरण देते हुए बताया कि कैसे बड़े घर की लड़की घर का काम नहीं करती और केवल क्लब जाती है। वह अपने मौसी के घर की स्थिति का हवाला देता है, जहाँ घर का सारा काम मौसी करती हैं। तभी धनीमल जी फल की पेटी लेकर आए, जो अमित को अप्रिय लगा। वह गुस्से में कहता है कि रिश्ते की बात पक्की नहीं हुई, फिर भी फल क्यों लाए? माँ ने इसे सामान्य समझा, पर अमित नाखुश था।

## शब्दार्थ

**स्वाभिमान** *आत्मसम्मान*; **सलोनी** *प्यारी*; **उतावलापन** *व्याकुल होना*; **गृहिणी** *पत्नी*; **आकर्षित** *मनमोहित करना, मोह लेना*; **सिलसिला** *क्रम*; **कुशल-क्षेम** *हाल-चाल, खैरियत*; **अनुपस्थिति** *गैर-हाजिरी*; **कर्त्तव्य** *दायित्व*; **भाना** *अच्छा लगना, पसंद आना*; **कुशल** *निपुण, पारंगत*।

# एग्जाम पैटर्न प्रश्न (10 अंक)

***निम्नलिखित अवतरणों को पढ़कर उसके नीचे दिए गए प्रश्नों के उत्तर हिंदी में लिखिए।***

**Q.1 अमित की माँ के मुँह से तो हमेशा धनीमल जी की ही प्रशंसा सुनाई देती, परंतु अमित को इन बातों में कोई रुचि नहीं थी।**

**अमित धनी घर की लड़की से शादी करके स्वयं को बेचना नहीं चाहता था। आखिर उसका भी तो कोई स्वाभिमान है। अभी हाल ही में उसने एक फैक्ट्री लगाई है। ईश्वर की कृपा से पैसे की भी कमी नहीं। फिर सब पैसे वाले घर की लड़की क्यों लाना चाहते हैं?**

(i) **अमित के घर में धनीमल जी और उनकी बेटी सरिता की चर्चा क्यों होती रहती थी और अमित का विवाह सरिता से क्यों कराए जाने का विचार किया जा रहा था?** **(2)**

उत्तर अमित के घर में धनीमल जी और उनकी बेटी सरिता की चर्चा इसलिए होती रहती थी, क्योंकि धनीमल जी शहर के धनी व्यक्तियों में शामिल थे और उनकी संपत्ति से आकर्षित होकर ही अमित का विवाह सरिता से कराए जाने का विचार किया जा रहा था।

(ii) **धनीमल जी की बेटी के बारे में अमित की क्या सोच थी और वह किसे श्रेष्ठ मानता था?** **(2)**

उत्तर धनीमल जी की बेटी सरिता के बारे में अमित की सोच नकारात्मक थी, क्योंकि अमित, मीनू को सरिता की तुलना में श्रेष्ठ पाता था, इसी कारण उसे सरिता पसंद नहीं थी। उसे संदेह था कि बड़े घर की लड़की होने के कारण सरिता अच्छी बहू शायद ही बन पाए।

(iii) **अमित ने मीनू के बारे में अपनी माँ से क्या कहा? मीनू को लेकर अमित के क्या विचार थे?** **(3)**

उत्तर अमित मीनू के पक्ष में अपना मत प्रकट करते हुए माँ से कहता है कि मीनू में ऐसी कौन-सी कमी है, जिसके कारण वे उसका विवाह मीनू से नहीं करना चाहती हैं? जबकि मीनू हर तरह से अच्छी है। वह सुशिक्षित है, अच्छे परिवार से संबंध रखती है एवं प्रत्येक कार्य को करने में निपुण भी है, जिस वजह से मीनू एक सुशील गृहिणी की भूमिका बेहतर ढंग से निभा सकती है।

(iv) **अमित अपनी इच्छा अपने माता-पिता से किस प्रकार प्रकट करता था और क्यों?** **(3)**

उत्तर अमित अपने मन की इच्छा को अप्रत्यक्ष रूप से उजागर करता था, लेकिन अपने माता-पिता के सामने खुलकर नहीं बोल पाता था। उसे अपनी माँ एवं पिताजी से अपनी भावी पत्नी के बारे में बातें करते हुए संकोच होता था। यही कारण है कि वह अपने घर में अपनी पसंद की लड़की मीनू का भी खुलकर पक्ष नहीं ले सका और मीनू को घरवालों द्वारा नापसंद कर दिया गया।

**Q.2 एक दिन उसने माँ के सामने कहने का साहस किया "माँ, तुम सरिता से ही मेरी शादी क्यों करना चाहती हो। क्या तुमने उसे देखा है, जो तुम इतनी उतावली हो उसे घर में लाने के लिए?"**

**"नहीं, मैंने उसे देखा नहीं है, परंतु उसकी फोटो तो अच्छी है। क्या बुरी है देखने में?" माँ ने जवाब दिया।**

(i) **अमित की माँ अमित की शादी सरिता से क्यों करना चाहती थी और उन्हें क्या आशा थी?** **(2)**

उत्तर अमित की माँ अमित की शादी सरिता से ही करने के पक्ष में इसलिए थी, क्योंकि सरिता एक अमीर पिता की बेटी थी। शादी में अमित की माँ को दहेज के रूप में अत्यधिक धन मिलने की आशा थी। इतना ही नहीं, धनीमल जी की केवल तीन बेटियाँ ही थीं। अतः उनके मरणोपरांत उनकी संपत्ति बेटियों के बीच ही बटेगी। यह प्रलोभन भी अमित की माँ को था।

(ii) **मीनू के व्यक्तित्व में कौन-कौन-सी प्रमुख विशेषताएँ थीं? (2)**

उत्तर मीनू के व्यक्तित्व में कई विशेषताएँ मौजूद थीं। मीनू न केवल पढ़ने-लिखने में बहुत तेज़ थी, बल्कि सिलाई, कढ़ाई-बुनाई आदि सभी कामों में भी वह अधिक निपुण थी। वह बहुत समझदार थी। पारिवारिक रिश्तों के महत्त्व को अच्छी तरह समझती थी। इस आधार पर कहा जा सकता है कि वह संयुक्त परिवार के माहौल में अच्छी तरह तालमेल बिठा सकने वाली एक कुशल गृहिणी साबित होती।

(iii) **अमित, सरिता से विवाह करने का इच्छुक क्यों नहीं था और इसका क्या कारण था? (3)**

उत्तर अमित, सरिता से विवाह करने का इच्छुक इसलिए नहीं था, क्योंकि मीनू को देखने के बाद उसका साँवला-सलोना चेहरा अमित को आकर्षित कर चुका था। अमित उसे मन-ही-मन पसंद करने लगा था। इसके अतिरिक्त, उसे यह भी लगता था कि मीनू उसके घर को अधिक बेहतर तरीके से सँभाल सकती है। उसकी शिक्षा, गुण, योग्यता सब कुछ सरिता से बेहतर है। उसे लगता था कि सरिता विवाह के बाद उसके घर के माहौल में ताल-मेल नहीं बिठा पाएगी और उसके माता-पिता की सेवा भी नहीं कर पाएगी।

(iv) **अमित ने मीनू का पक्ष लेते हुए क्या कहा? उसे किस बात का अफसोस था? (3)**

उत्तर अमित ने मीनू का पक्ष लेते हुए उसके पढ़ी-लिखी होने एवं प्रत्येक कार्य को करने में उसकी निपुणता जैसे उसके गुणों एवं योग्यताओं को तो सामने रखा ही, साथ ही उसने अपनी माँ से कहा कि हम लोगों के घर में जितनी अच्छी तरह मीनू रम सकती है, उतनी अच्छी तरह सरिता नहीं। इसके अतिरिक्त, अमित को इस बात का भी अफसोस था कि मीनू को नापसंद किए जाने से उसके दिल को अत्यधिक ठेस पहुँची होगी।

**Q.3 "बस इतनी सी बात सोच रहा है। अमित, तुम हमारे एकमात्र पुत्र हो। एक ही बहू घर में आनी है। दो-चार जगह से पसंद करके ही तो लाई जाएगी और फिर शादी गुड्डे-गुड़िया का खेल तो नहीं है, जो जब चाहे कर ले और जब चाहे छोड़ दे? ज़िंदगी में एक बार ही होता है विवाह?" माँ ने गर्दन हिलाते हुए कहा।**

(i) **प्रस्तुत पंक्तियों में किसकी तरफदारी की जा रही है और क्यों? (2)**

उत्तर प्रस्तुत पंक्तियों में अमित की माँ द्वारा अप्रत्यक्ष रूप से सरिता की तरफ़दारी की जा रही है। अमित की माँ, अमित को समझाते हुए कहती है कि आखिर विवाह तो एक ही बार होता है, तो उसे ठीक से जाँच-परखकर करना चाहिए। धन की लोलुपता के कारण उन्हें सरिता में कोई कमी दिखाई नहीं दे रही है. इसलिए वे बार-बार सरिता का पक्ष ले रही हैं।

(ii) **"दो-चार जगह से पसंद करने" से क्या तात्पर्य है? स्पष्ट कीजिए। (2)**

उत्तर "दो-चार जगह से पसंद करने" से तात्पर्य यह है कि शादी करने से पहले कुछ प्रस्तावों पर विचार अवश्य करना चाहिए, उन्हें देखना भी चाहिए और उसके बाद सभी का मूल्यांकन करके उनमें से किसी एक का चयन करना चाहिए। शादी तो जीवन में एक ही बार होती है, जिसे पूर्णतः जाँच-परखकर करना चाहिए।

(iii) **अमित विवाह करने के संबंध में क्या तर्क देता है और तर्क देने के पीछे उसका क्या उद्देश्य था? (3)**

उत्तर अमित विवाह करने के संबंध में तर्क देता है कि शादी जीवन में एक बार ही होती है। अतः शादी वहीं करनी चाहिए, जहाँ लड़की अधिक पसंद हो, क्योंकि लड़की का गुणवान एवं सुशील होना अधिक जरूरी है। वह घर के कार्यों में हाथ बटाए तथा घर के लोगों का ध्यान रखे। बड़े घर की लड़की यह सब नहीं कर पाती। अमित यह तर्क इसलिए रखता है, क्योंकि वह मीनू से विवाह करना चाहता था, लेकिन उसके माता-पिता उसका विवाह धनीमल जी की बेटी सरिता से करवाने के पक्ष में थे, इसलिए अमित अप्रत्यक्ष रूप से अपनी इच्छा प्रकट करते हुए यह तर्क प्रस्तुत करता है।

(iv) **अमित की माँ अपने पक्ष में क्या तर्क देती है और क्यों? (3)**

उत्तर अमित की माँ अपने पक्ष में यह तर्क देती है कि शादी कोई गुड्डे-गुड़िया का खेल नहीं है कि जब मन करे और जिससे मन करे उससे शादी कर ली जाए। शादी करने से पहले लड़की के घर वालों एवं उनकी हैसियत को देखना भी आवश्यक है। माँ यह तर्क इसलिए रखती हैं, क्योंकि वे अमित का विवाह शहर के धनी व्यक्तियों में शामिल सेठ धनीमल की बेटी से करवाना चाहती थीं। वे गुणों की अपेक्षा धन को अधिक महत्त्व दे रही थी, क्योंकि सेठ धनीमल जी ने विवाह में पाँच लाख रुपये खर्च करने का भी वचन दिया था।

**Q.4 धनीमल जी के साथ आई फल की पेटी अमित को एक आँख भी नहीं भा रही थी। वह समझता था कि वे अपने पैसे का जादू डालकर सबको मोह लेना चाहते हैं। जब अभी रिश्ता पक्का नहीं हुआ तो फल किस बात के। अमित से रहा नहीं गया। उसने धनीमल से पूछ ही लिया, "ये फल क्यों ले आये हैं आप! इस सब की क्या जरूरत थी?" (ICSE 2025)**

(i) **धनीमल जी कौन हैं तथा वे वहाँ क्यों आए थे? (2)**

उत्तर धनीमल जी शहर के एक धनी व्यक्ति हैं। वे अपनी पुत्री सरिता का रिश्ता मायाराम जी के पुत्र अमित से पक्का करने के लिए उनके घर आए थे।

(ii) **अमित का परिचय देते हुए बताएँ कि उसे फल की पेटी एक आँख भी क्यों नहीं भा रही थी? (2)**

उत्तर अमित युवक था, जो धनीमल जी द्वारा लाए गए उपहार (फलों की पेटी) को देखकर असहज महसूस कर रहा था। उसे लग रहा था कि धनीमल जी अपने पैसों का दिखावा कर रहे हैं और सबको प्रभावित करने का प्रयास कर रहे हैं, क्योंकि जब अभी रिश्ता तय ही नहीं हुआ है, तो उन्हें यह लाने की क्या आवश्यकता थी। उसे वह प्रलोभन समझ रहा था।

(iii) **यहाँ किस रिश्ते की बात हो रही है? क्या अमित इस रिश्ते से प्रसन्न था? यदि नहीं, तो क्यों? स्पष्ट करें। (3)**

उत्तर यहाँ अमित के विवाह के रिश्ते की बात हो रही है अमित धनीमल की बेटी सरिता के विवाह संबंधी प्रस्ताव से प्रसन्न नहीं था, क्योंकि उसे लग रहा था कि धनीमल जी पैसे का दिखावा कर रहे हैं और रिश्ता पक्का होने से पहले ही उपहार देकर सबको लुभाने की कोशिश कर रहे हैं।

(iv) **अमित द्वारा फल की पेटी लाने के पीछे उद्देश्य पूछने पर धनीमल जी ने क्या उत्तर दिया? उनके उत्तर को सुनकर अमित की क्या प्रतिक्रिया हुई?**

उत्तर अमित द्वारा फल की पेटी लाने के पीछे उद्देश्य पूछने पर धनीमल जी ने उत्तर दिया कि वह केवल एक सामान्य उपहार है, जो वह अपने संभावित दामाद के परिवार के लिए लाए हैं। यह मात्र एक सामान्य शिष्टाचार है, इसमें कोई विशेष उद्देश्य नहीं है। धनीमल जी के इस जवाब को सुनकर अमित को और भी बुरा लगा और वह उनके पास से उठकर अपनी माँ के पास चला गया।

# अध्याय 7

उपन्यास के इस अध्याय में सरिता को देखने के लिए अमित के परिवार की उत्सुकता, स्वयं को बेचे जाने की बात सोचकर अमित की उदासी, माँ और सरिता का हँसकर बातें करना, सरिता की रुचियाँ जानकर अमित को आश्चर्य होने, घर आने पर माँ द्वारा सरिता का पक्ष लेने, अमित की अरुचि जानने पर उस पर व्यंग्य करने तथा अमित द्वारा विरोध न कर पाने का उल्लेख किया गया है।

## अध्याय का सार

अमित के घर में सरिता को देखने का दिन था और परिवार के सभी सदस्य उत्साहित थे, लेकिन अमित उदास था। उसे यह कल्पना ही दु:ख दे रही थी कि उसके माता-पिता उसे एक धनी लड़की से शादी करने के लिए मजबूर करना चाहते थे। घर के सभी लोग धनीमल जी की कोठी पहुँचे, जहाँ सरिता को देखा गया। सरिता के बारे में सभी ने प्रशंसा की, लेकिन अमित के दिल में कई सवाल थे। सरिता ने अमित से कहा कि उसे घर के कामों में रुचि नहीं है, क्योंकि उसके पास नौकर हैं। उसकी शिक्षा भी सीमित थी, लेकिन फिर भी परिवार ने सरिता के बारे में सकारात्मक विचार व्यक्त किए। अमित के पिता ने पाँच लाख रुपये की बात की और माँ ने कहा कि शादी के बाद रंग-रूप में सुधार आ सकता है। अमित ने अपनी असहमति व्यक्त की, लेकिन पिता ने उसे चुप कर दिया। अमित से उसकी राय पूछे जाने पर उसने कहा कि यदि आप सभी ने सरिता से मेरा विवाह कराने का ठान ही लिया है तो कर लीजिए अपने मन की, पर मुझे सरिता बिलकुल पसंद नहीं है। यह सुनकर पिताजी को अनुभव होता है कि क्या वे अमित के साथ जबरदस्ती करके उसकी ज़िंदगी से खिलवाड़ तो नहीं कर रहे। माँ अमित पर व्यंग करती है और अमित चुपचाप कमरे में चला गया। उसके दिल में एक बड़ा तूफ़ान था, लेकिन वह साहस नहीं जुटा सका कि अपनी भावनाओं को प्रकट कर सके।

### शब्दार्थ

**उत्सुक** *इच्छुक*; **तपाक्** *शीघ्रता से*; **नि:संकोच** *बिना किसी हिचकिचाहट के*; **भौचक्का** *आश्चर्यचकित*; **आग्रह** *अनुरोध करना*; **व्यंग्य** *ताना कसना*।

## एग्जाम पैटर्न प्रश्न (10 अंक)

***निम्नलिखित अवतरणों को पढ़कर उसके नीचे दिए गए प्रश्नों के उत्तर हिंदी में लिखिए।***

**Q.1** **आखिर सरिता को देखने का दिन आ ही गया। अमित के घर में विशेष चहल-पहल थी। अमित की माताजी में विशेष उत्साह नज़र आ रहा था। माताजी के कहने में आकर उसके पिता भी इस रिश्ते में रुचि लेने लगे थे। अमित की बहन मधु भी अपनी होने वाली भाभी को देखने के लिए उत्सुक थी।** **[ICSE 2019]**

(i) **अमित कौन है? उसका संक्षिप्त परिचय दीजिए।** **(2)**

उत्तर अमित उपन्यास का प्रमुख पुरुष पात्र है, जो अपने माता-पिता का आज्ञाकारी पुत्र है। वह चाहकर भी मीनू से विवाह के लिए हाँ नहीं कर पाता, परंतु अंत में अपनी भूल सुधार लेता है। मीनू का हाथ माँगने वह मीनू के घर जाता है तथा उसी से विवाह करता है।

(ii) **विशेष चहल-पहल का क्या कारण था? इस अवसर पर अमित की स्थिति स्पष्ट कीजिए।** **(2)**

उत्तर घर में विशेष चहल-पहल का कारण अमित के विवाह के लिए सरिता को देखने जाना था। घर के सभी सदस्य खुश थे, किंतु इस अवसर पर अमित उदास था। वह इस रिश्ते के लिए निरुत्साहित था। उसे लग रहा था कि उसके माता-पिता कुछ पैसों के लिए उसे धनी घर की लड़की के हाथों बेच रहे हैं।

(iii) **मायाराम जी को स्वर्ग की अनुभूति कहाँ और कैसे होती है और क्यों होती है?** **(3)**

उत्तर मायाराम जी को स्वर्ग की अनुभूति धनीमल की कोठी देखकर हो रही थी। कोठी के लॉन में मखमल के समान बिछी घास व बेंत की रंग-बिरंगी कुर्सियाँ तथा फूलों के गमले कोठी की शोभा को बढ़ा रहे थे। उन्हें वहाँ स्वर्ग की अनुभूति इसलिए हो रही थी, क्योंकि उनके स्वागत के लिए विभिन्न प्रकार की मिठाइयाँ व फल रखे गए थे। वहाँ का वातावरण तथा वैभव उन्हें स्वर्ग की भाँति लग रहा था।

(iv) **अमित और सरिता के बीच हुई बातचीत को संक्षेप में लिखिए।** **(3)**

उत्तर अमित और सरिता के बीच बातचीत का आरंभ हुआ, तो अमित ने सरिता से उसकी पढ़ाई, शौक तथा काम से संबंधित प्रश्न पूछे। सरिता ने जो उत्तर दिए, उन्हें सुनकर अमित को काफी हैरानी हुई। सरिता

पढ़ाई में तो कमज़ोर थी ही, उसे घर के काम भी नहीं आते थे। वह पूरी तरह से नौकरों पर ही निर्भर थी।

**Q.2 कोठी का दरवाज़ा खुलते ही जैसे ही उन सबने अंदर प्रवेश किया, उन्हें लगा मानो स्वर्ग में आ गए हों। कोठी के बाहर लॉन में घास मखमल के समान बिछी थी। लॉन में बेंत की सुंदर रंग-बिरंगी कुर्सियाँ पड़ी थीं। रंग-बिरंगे फूलों के गमले कोठी की शोभा में चार चाँद लगा रहे थे।**

(i) **कोठी में किस-किस ने प्रवेश किया और क्यों? (2)**

उत्तर कोठी में मायाराम जी, उनकी पत्नी, उनका बेटा अमित व बेटी मधु ने प्रवेश किया। वे सभी धनीमल जी की बेटी सरिता को अमित के लिए देखने आए थे।

(ii) **माताजी व पिताजी इस रिश्ते से प्रसन्न क्यों थे? कारण देते हुए स्पष्ट कीजिए। (2)**

उत्तर इस रिश्ते से अमित को छोड़कर सभी लोग खुश थे। अमित की माताजी शादी में धनीमल जी द्वारा दिए जाने वाले पाँच लाख रुपये के खर्च की बात सुनकर खुश थीं तो पिताजी, माताजी के व्यावहारिक तर्कों के कारण रिश्ते में रुचि लेने लगे थे।

(iii) **अमित इस रिश्ते से असंतुष्ट क्यों था? उसे अपने माता-पिता के व्यवहार से कैसा प्रतीत हुआ? (3)**

उत्तर अमित इस रिश्ते से पूर्णतः असंतुष्ट था, क्योंकि अमित को मीनू, सरिता की अपेक्षा अधिक गुणकारी और संस्कारी लगती थी। उसकी आँखों में मीनू का साँवला- सलोना चेहरा समा गया था तथा मीनू उसे सुंदर व सुशील लगी। दूसरी ओर, वह अपने माता-पिता के व्यवहार से भी नाराज़ था, क्योंकि उसे ऐसा प्रतीत हो रहा था कि उसके माता-पिता शादी के नाम पर उसे एक धनी लड़की के हाथों बेच रहे हैं।

(iv) **कोठी के अंदर प्रवेश करने पर कैसा अनुभव होता था? कोठी का संक्षिप्त विवरण दीजिए। (3)**

उत्तर कोठी शहर के बहुत बड़े व्यक्ति धनीमल जी की थी। कोठी के अंदर प्रवेश करते ही ऐसा लगता था मानो स्वर्ग में आ गए हों। कोठी को बहुत सुंदर सजाया गया था। बाहर का लॉन अपनी खूबसूरती से मन को मोह रहा था। हर दिशा में सुव्यवस्थित बगीचा और हल्की सुगंध वातावरण को और सुंदर बना रही थी। ड्रॉइंग रूम की साज-सजावट अद्वितीय थी। दीवारों पर महंगे और पुराने चित्र टंगे थे।

मेज पर तरह-तरह के मिष्ठान, ताज़े फल और सूखे मेवे रखे हुए थे और घर के सभी नौकर खाकी वर्दी में थे।

**Q.3 धनीमल जी व मायाराम जी ने आपस में कुछ बातें की और सब वहाँ से उठकर चल दिए। अमित व सरिता को एकांत में बातें करने का अवसर दिया गया। अमित ने सरिता से कुछ प्रश्न किए। अमित ने पूछा, "आपकी किस चीज़ में रुचि है?"**

**सरिता ने तपाक् से जवाब दिया, "जी, मुझे पेंटिंग व कार ड्राइविंग में विशेष रुचि है।"**

(i) **धनीमल व मायाराम कौन हैं? उनके बीच क्या बातचीत हो रही है? (2)**

उत्तर धनीमल व मायाराम दोनों मेरठ के निवासी हैं। धनीमल जी शहर के एक धनी व्यक्ति हैं। वे अपनी पुत्री सरिता का रिश्ता मायाराम जी के पुत्र अमित से करना चाहते हैं। अतः उनके बीच इसी विषय पर बातचीत हो रही है।

(ii) **अमित को सरिता के उत्तर सुनकर किस बात की हैरानी हुई और उसे सरिता की पढ़ाई तथा घरेलू कार्यों की स्थिति के बारे में कौन-सी जानकारी मिली? (2)**

उत्तर अमित को सरिता के उत्तर सुनकर इस बात की हैरानी हुई कि सरिता की पढ़ाई में कोई खास रुचि नहीं थी और वह घर के कामों के लिए भी पूरी तरह से नौकरों पर निर्भर थी। इससे अमित को सरिता की पढ़ाई और घरेलू स्थिति के बारे में यह जानकारी मिली कि सरिता पढ़ाई में तो कमज़ोर थी ही, उसे घर के काम भी नहीं आते थे।

(iii) **"मुझे पेंटिंग व कार ड्राइविंग में विशेष रुचि है" सरिता के इस उत्तर से अमित ने क्या अनुमान लगाया और अमित के अनुसार सरिता कैसी लड़की है? (3)**

उत्तर अमित ने सरिता से जब यह पूछा कि आपकी किस चीज़ में रुचि है, तो सरिता ने बताया कि उसे पेंटिंग व कार ड्राइविंग में रुचि है। यह सुनकर अमित ने अनुमान लगा लिया कि वह व्यर्थ के कामों में समय व पैसे को खर्च करती है। उसकी रुचि घर के कामों में बिलकुल भी नहीं है। सरिता एक धनी पिता की बिगड़ी हुई लड़की है। वह केवल व्यर्थ घूमना तथा अपनी इच्छाओं की पूर्ति करना ही पसंद करती है।

(iv) **उनकी बातचीत का निष्कर्ष क्या होगा? क्या सरिता, अमित के माता-पिता की सेवा कर सकेगी? (3)**

उत्तर अमित और सरिता की बातचीत से यह निष्कर्ष निकलेगा कि अमित को सरिता पसंद नहीं आएगी, क्योंकि अमित को जो गुण अपनी होने वाली पत्नी में चाहिए, वे सरिता में बिलकुल भी नहीं हैं। अमित इस बात का अनुमान आसानी से लगा लेगा कि सरिता उसके माता-पिता की सेवा तो दूर, शायद उचित तरीके से उनका आदर-सत्कार भी नहीं करेगी। अतः वह निश्चित रूप से सरिता से विवाह करने के लिए तैयार नहीं होगा। नहीं, सरिता, अमित के माता-पिता की सेवा नहीं कर सकेगी।

**Q.4 पिताजी के मुँह से भी धनीमल जी के द्वारा दिए जाने वाले पाँच लाख रुपये बोल रहे थे, "देखो जी लड़की तो देखने में अच्छी है। क्या बुराई है उसमें, जहाँ तक रंग की बात है, इस दुनिया में दो ही रंग होते हैं-गोरा या काला। शादी तो सभी की होती है।"**

(i) **मायाराम जी और उनकी पत्नी ने किसे पसंद किया था और क्यों? (2)**

उत्तर अमित के विवाह के लिए मायाराम जी और उनकी पत्नी ने धनीमल जी की बेटी सरिता को पसंद किया था। सभी परिवार वाले सरिता को देखते हैं, किसी को भी वह पसंद नहीं आई थी, परंतु धन के लालच में सुंदर न होते हुए भी वह अमित के माता-पिता को सुंदर लगी।

(ii) **वक्ता कौन है और उसने अपनी क्या राय प्रकट की? (2)**

उत्तर वक्ता अमित के पिताजी मायाराम हैं। सरिता से मिलने के उपरांत उन्हें उसमें कोई दोष नज़र नहीं आया। उनका मानना था कि दुनिया में केवल दो ही रंग होते हैं और उसके आधार पर किसी के अच्छे या बुरे होने का निर्णय नहीं करना चाहिए, वैसे भी शादी सभी की होती है, चाहे काला हो या गोरा।

(iii) **माताजी ने अपनी क्या इच्छा प्रकट की और इसका क्या कारण था? (3)**

उत्तर सरिता से मिलने के बाद जब मायाराम जी व उनका परिवार घर पहुँचकर सरिता के प्रति अपने-अपने विचार प्रकट कर रहे थे, तब अमित की माताजी कहती हैं कि उन्हें सरिता दिखने में अच्छी लगी थी और केवल उसका रंग गहरा था, जो विवाह के उपरांत निखर जाएगा, इसलिए उन्हें सरिता से अमित का विवाह करवाने पर कोई आपत्ति नहीं है। माताजी के यह विचार केवल धनीमल जी द्वारा विवाह में किए जाने वाले पाँच लाख रुपये के खर्च के बारे में जानने के कारण थे, इसलिए उन्हें सरिता पसंद आई थी।

(iv) **सभी अपने-अपने विचार क्यों प्रकट कर रहे थे? अमित के सरिता के प्रति क्या विचार थे? (3)**

उत्तर सभी अपने-अपने विचार इसलिए प्रकट कर रहे थे, क्योंकि अमित व सरिता के माता-पिता उनका विवाह करवाना चाहते थे और वे आज ही सरिता को देखकर आए थे, इसलिए वे अपने विचार प्रकट कर रहे थे। अमित को सरिता बिलकुल भी पसंद नहीं थी। उसे वह न तो संस्कारी मालूम हुई और न ही गुणी, उसकी घर के कार्यों में भी रुचि नहीं थी, जिस कारण वह अमित को पसंद नहीं आई थी।

# अध्याय 8

उपन्यास के इस अध्याय में कॉलेज में छुट्टी होने, वर्षा की बूँदें पड़ने के उपरांत सुहावने मौसम में बाहर जाकर चाय-समोसे खाने, मीनू और माया का हँसी मज़ाक करने, मीनू की सहेली नीलिमा के आने, शादी का कार्ड देने, नीलिमा को विदा करने के बाद कमरे में लौटकर मीनू द्वारा पुनः निमंत्रण पत्र देखने और अतीत की स्मृतियों में खोने का उल्लेख किया गया है।

## अध्याय का सार

हॉस्टल में मीनू अपनी सखियों के साथ घूम रही थी। कॉलेज में हड़ताल थी और मौसम भी अच्छा था। वे चाय और समोसे खाने की योजना बना रही थीं, तभी डाकिया आया। सभी अपने-अपने पत्र लेने पहुँचे, परंतु मीनू का पत्र पहले ही आ चुका था, लेकिन मीनू की सहेली माया को एक महीना हो गया था कि उसका कोई पत्र नहीं आया था। मीनू ने उसे चुटकुले सुनाकर हँसाया। फिर बारिश तेज़ हो गई, तो उन्होंने कैंटीन से चाय और समोसे मँगवाए। इसी बीच, मीनू की सहेली नीलिमा टैक्सी से आई। मीनू खुशी से उससे गले लगी और वे सभी चाय-समोसे का आनंद लेने लगे। चाय के बाद नीलिमा ने मीनू को अपनी शादी का कार्ड दिया। मीनू को यह सुनकर हैरानी हुई और नीलिमा ने शादी में आने का वादा लिया। नीलिमा ने बताया कि उसका मंगेतर सुरेंद्र मेरठ का है और वह बहुत अमीर है। नीलिमा को विदा कर मीनू अपने कमरे में गई, शादी के कार्ड को देखकर वह अतीत की यादों में खो गई। उसने खुद को अभागा महसूस किया, फिर सहेलियों के साथ बाहर चली गई।

## शब्दार्थ

**झुंड** *समूह;* **घनिष्ठ** *बहुत गहरा;* **कल्पना** *सोचना;* **प्रफुल्लित** *बहुत खुश होना;* **सरप्राइज़** *आश्चर्यजनक बात;* **क्षण** *थोड़ा-सा समय;* **स्मृतियाँ** यादें; **अभागन** भाग्यहीन।

# एग्जाम पैटर्न प्रश्न (10 अंक)

***निम्नलिखित अवतरणों को पढ़कर उसके नीचे दिए गए प्रश्नों के उत्तर हिंदी में लिखिए।***

**Q.1 मीनू, माया की परेशानी भली-भाँति समझ रही थी। वह जानती थी कि बाहर हॉस्टल में माता-पिता से अलग रहकर सिर्फ़ चिट्ठियाँ ही तो एक मात्र सहारा रह जाती हैं। माया को प्रसन्न करने के लिए मीनू ने चुटकुले सुनाने शुरू कर दिए।**

(i) **डाकिया के आने के उपरांत मीनू को अन्य लड़कियों की तरह पत्र की प्रतीक्षा क्यों नहीं थी? स्पष्ट कीजिए। (2)**

उत्तर मीनू के लिए कल ही उसके माता-पिता का पत्र आ गया था, जिस कारण आज उसे किसी के पत्र की प्रतीक्षा नहीं थी, इसलिए आज मीनू डाकिए के आने के उपरांत भी अन्य लड़कियों की अपेक्षा निश्चित थी।

(ii) **लड़कियाँ हॉस्टल में क्यों घूम रही थीं और उन्होंने क्या योजना बनाई? (2)**

उत्तर कॉलेज में हड़ताल होने के कारण कॉलेज की छुट्टी थी, इसलिए लड़कियाँ हॉस्टल में घूम रही थीं। छुट्टी होने और मौसम सुहावना होने के कारण लड़कियों ने हॉस्टल के बाहर वाले कैंटीन में जाकर चाय और समोसे खाने की योजना बनाई थी।

(iii) **हॉस्टल में किसको आता देख सभी लड़कियाँ खुश थीं और क्यों? (3)**

उत्तर हॉस्टल में डाकिए को आता देखकर सभी लड़कियाँ खुश थीं, क्योंकि हॉस्टल में अपने घरवालों एवं परिजनों से दूर होने के कारण वे केवल चिट्ठियों के द्वारा ही अपने माता-पिता व सगे-संबंधियों की कुशल-क्षेम प्राप्त कर व भेज सकती थीं और डाकिया ही इसका एकमात्र माध्यम था, इसलिए उसे आता देख सभी लड़कियाँ खुश थीं।

(iv) **माया क्यों परेशान हो गई थी? मीनू ने उसे खुश करने के लिए क्या किया और माया के चहरे पर हँसी लौटाने के बाद उसकी चिंता में क्या परिवर्तन आया? (3)**

उत्तर हॉस्टल में डाकिए द्वारा लाए गए पत्रों में अपना पत्र न पाने के कारण माया अपने माता-पिता के स्वास्थ्य के प्रति चिंतित हो उठती है, जिस कारण से वह परेशान हो गई थी। माया को परेशान एवं अपने

माता-पिता के बारे में चिंतित देखकर मीनू ने माया को हँसाने की योजना बनाते हुए उसे चुटकुले सुनाने शुरू कर दिए, जिससे उसके चेहरे पर हँसी झलक आई।

**Q.2** चाय पीने के बाद मीनू, नीलिमा को अपने कमरे में ले गई। कमरे में पहुँचने पर नीलिमा ने अपना पर्स खोलकर एक कार्ड निकाला और मीनू को दिया।

(i) **मीनू ने नीलिमा का स्वागत किस प्रकार किया और नीलिमा की उस पर क्या प्रतिक्रिया थी?** **(2)**

उत्तर नीलिमा के आने पर मीनू ने प्रसन्नता से उसे गले लगाकर और चाय-समोसे खिलाकर उसका स्वागत किया। नीलिमा छात्रावास की लड़कियों के आदर भाव से अपनत्व को महसूस कर रही थी, जिस कारण वह अत्यधिक प्रसन्न हुई।

(ii) **नीलिमा का मीनू को अपनी शादी में आमंत्रित करने के पीछे किन मानसिक और भावनात्मक कारणों का योगदान था?** **(2)**

उत्तर नीलिमा का मीनू को अपनी शादी में आमंत्रित करने का कारण उसकी गहरी मित्रता और आत्मीयता थी। वह मीनू को अपनी सच्ची सहेली मानती थी, जिसके साथ वह अपनी निजी बातें साझा कर सकती थी। नीलिमा चाहती थी कि मीनू उसकी खुशी में शामिल हो, जिससे उसकी मित्रता का मूल्य और दोनों के बीच का संबंध और मजबूत हो सके।

(iii) **नीलिमा ने मीनू को क्या दिया था? मीनू उस पर अपनी नाराज़गी क्यों व्यक्त करती है?** **(3)**

उत्तर नीलिमा और मीनू बहुत ही घनिष्ठ सहेलियाँ थीं, जिस कारण नीलिमा, मीनू के छात्रावास आकर उसे अपने विवाह में आमंत्रित करने के लिए विवाह का निमंत्रण-पत्र देती है।

निमंत्रण-पत्र देखकर मीनू आश्चर्यचकित हो जाती है और नीलिमा द्वारा विवाह के बारे में न बताने पर वह अपनी नाराज़गी व्यक्त करती है।

(iv) **मीनू ने निमंत्रण-पत्र देखकर नीलिमा से अपनी उत्सुकता किस तरह प्रकट की और उसने नीलिमा से किस विषय में प्रश्न पूछे?** **(3)**

उत्तर मीनू, नीलिमा के विवाह के निमंत्रण-पत्र को देखकर आश्चर्यचकित हो उठी। मीनू ने नीलिमा से नाराज़गी प्रकट करते हुए उससे विवाह के बारे में न बताने का कारण पूछा, साथ ही उसने नीलिमा से उसके पति के संबंध में, उनके व्यवसाय, उनके रंग-रूप इत्यादि के विषय में भी जानना चाहा कि वह क्या करते हैं, कहाँ रहते हैं और दिखने में कैसे हैं? इस तरह मीनू ने अपनी उत्सुकता (जिज्ञासा) प्रकट की।

**Q.3** **तू ही मेरी एकमात्र सहेली है, जिसको कि मैं अपना सब कुछ समझती हूँ। तुझसे ही मैं अपने दिल की हर बात कह सकती हूँ।**

(i) **गद्यांश के वक्ता और श्रोता कौन हैं? स्पष्ट कीजिए।** **(2)**

उत्तर गद्यांश के वक्ता मीनू तथा श्रोता नीलिमा हैं। दोनों अत्यधिक घनिष्ठ सहेलियाँ हैं, जिस कारण नीलिमा, मीनू से मिलने के लिए उसके छात्रावास आ गई थी।

(ii) **नीलिमा ने मीनू से विवाह में आने के लिए क्या आग्रह किया और विवाह में न पहुँचने पर क्या शर्त रखी?** **(2)**

उत्तर नीलिमा ने मीनू को विवाह में आने का निमंत्रण देते हुए उससे विवाह में ज़रूर आने तथा कुछ दिन पहले आने का आग्रह किया था। नीलिमा ने मीनू से शादी में न पहुँचने पर उससे कभी बात न करने की बात भी कही थी।

(iii) **नीलिमा के आग्रह से मीनू पर क्या प्रभाव पड़ा? उसने नीलिमा से क्या कहा?** **(3)**

उत्तर मीनू, नीलिमा के आग्रह पर भावुक हो उठती है और उससे कहती है कि वह उसकी सबसे अच्छी सहेली है, जिससे वह अपने हृदय की प्रत्येक बात कह सकती है। मीनू ने नीलिमा से कहा कि ऐसा तो हो ही नहीं सकता, मैं तेरी शादी में न आऊँ। तू जब कहेगी तभी आ जाऊँगी। वे दोनों घनिष्ठ सहेलियाँ हैं, जिस कारण उनके संबंध अत्यधिक मधुर हैं।

(iv) **नीलिमा ने मीनू से अपनी शादी के बारे में क्यों नहीं बताया था और अंत में उसने मीनू को यह जानकारी किस रूप में दी?** **(3)**

उत्तर नीलिमा ने मीनू से अपनी शादी के बारे में पहले इसलिए नहीं बताया था, क्योंकि वह उसे सरप्राइज़ देना चाहती थी। वह चाहती थी कि मीनू को यह खुशखबरी अचानक मिले और उसे यह जानकारी उसके द्वारा दिए गए कार्ड के ज़रिए मिले। इस तरह से नीलिमा ने अपनी शादी के बारे में मीनू को विशेष रूप से सूचित किया, जो एक गहरी मित्रता और भावनात्मक जुड़ाव को व्यक्त करता है।

**Q.4** **तभी नीलिमा एक झटके के साथ खड़ी हो उठी। घड़ी में पाँच बज चुके थे। उसे मेरठ से अपने घर भी वापस आना था। मीनू उसे छोड़ने के लिए बाहर तक आई। चलते-चलते भी नीलिमा उससे वादा कराकर गई थी कि उसे शादी में ज़रूर आना है।**

(i) **नीलिमा ने मीनू से अपने घर के बारे में कौन-कौन सी महत्त्वपूर्ण बातें साझा की?** **(2)**

उत्तर नीलिमा ने मीनू को बताया कि उसके घर में सब कुछ ठीक है और कोई भी समस्या नहीं है। उसने यह भी बताया कि उसके बड़े भाई अशोक डॉक्टर बन गए हैं, जो अब दिल्ली में ही रहते हैं।

(ii) **नीलिमा ने क्या देखा और वह शीघ्रता से क्यों खड़ी हुई?** **(2)**

उत्तर नीलिमा बातों में मग्न थी, लेकिन अचानक उसने घड़ी की ओर देखा और पाया कि पाँच बज चुके हैं। वह शीघ्रता से उठकर मीनू से कहती है कि उसे देर हो रही है, इसलिए वह मेरठ से वापस घर लौटने के लिए निकल रही है।

(iii) **इस कहानी में नीलिमा और मीनू के रिश्ते को किस प्रकार दर्शाया गया है और दोनों के बीच का संबंध किस तरह की भावनाओं से प्रेरित है?** **(3)**

उत्तर इस कहानी में नीलिमा और मीनू के रिश्ते को स्नेह, समझ और सहयोग के रूप में दर्शाया गया है। मीनू का नीलिमा के परिवार के बारे में चिंता जताना और नीलिमा का मीनू से अपनी शादी में आने का वादा लेना यह दिखाता है कि उनका रिश्ता केवल दोस्ती तक सीमित नहीं है, बल्कि इसमें एक गहरी और विचारशील मित्रता है, जिसमें दोनों एक-दूसरे की खुशियों और जीवन के अहम हिस्सों में शामिल होते हैं।

(iv) **नीलिमा के जाने के बाद मीनू की मनोदशा किस प्रकार की थी? उसने अपने-आपको किस तरह सँभाला?** **(3)**

उत्तर नीलिमा के जाने के उपरांत मीनू अपनी अतीत की स्मृतियों में खो गई और विवाह के लिए उसे देखने आए युवकों द्वारा उसे नापसंद करने के विषय में सोचने लगी, जिससे वह अत्यधिक भावुक एवं अत्यंत दुःखी होकर स्वयं को भाग्यहीन समझने लगती है। इस दुःखी मनोदशा से मुक्त होने और खुद को सँभालने के लिए वह सहेलियों के साथ बाहर चली गई।

# अध्याय 9

उपन्यास के इस अध्याय में नीलिमा के विवाह में शामिल होने के लिए मीरापुर आने, नीलिमा के भाई अशोक द्वारा उसे घर छोड़ने, बाद में नीलिमा के घर जाने, वापस आकर माँ से बातें करते-करते सो जाने, नाश्ता करने के बाद नीलिमा के घर जाने, बारात आने, विवाह की रस्में पूरी होने, वहाँ अमित को देखकर मन घृणा से भरने तथा नीलिमा की विदाई के बाद दुःखी मन से मेरठ लौटने का उल्लेख किया गया है।

## अध्याय का सार

मीनू बचपन से ही पढ़ने की शौकीन थी और हमेशा अपनी कक्षा में प्रथम आती थी। उसने वकालत में भी प्रथम श्रेणी में पास होने का लक्ष्य रखा था। पढ़ाई में तल्लीन मीनू को अचानक नीलिमा की शादी की याद आई। उसने अपनी सहेली को उपहार में देने के लिए एक दीवार घड़ी खरीदी। अगले दिन मीरापुर पहुँचकर वह नीलिमा के घर गई। शादी की तैयारी में व्यस्त नीलिमा ने मीनू को अपने शादी के कपड़े और गहने दिखाए। दोनों सहेलियों ने ढेर सारी बातें की। रात्रि में मीनू ने नीलिमा के घर भोजन किया और अशोक ने उसे घर छोड़ दिया। अगले दिन बारात की तैयारियों में नीलिमा की खुशी और भावुकता मीनू ने करीब से देखी। मीनू ने उसे दीवार घड़ी उपहार में दी, जिसे देखकर नीलिमा बहुत खुश हुई।

बारात आने की सूचना मिलते ही नीलिमा का दिल तेज़ी से धड़कने लगा। वह नए जीवन-साथी से मिलने की खुशी और अपने घर से विदा होने के दुःख के बीच उलझी थी। तैयारियों के बीच नीलिमा को सजाया जा रहा था। लाल साड़ी में वह अप्सरा जैसी लग रही थी। बारात के आते ही सभी उत्साहित हो उठे। दूल्हा भी आकर्षक था। जयमाला के बाद मीनू ने गीत गाया, जिसे सभी ने सराहा। मीनू को एक परिचित आवाज़ सुनाई दी। वह अमित था, जो पहले उसे देखने मेरठ से आया था। उसकी प्रशंसा सुनकर भी मीनू खुश नहीं हुई। उसके मन में अतीत की कड़वी यादें ताज़ा हो गईं और वह बिना खाए-पिए घर लौट आई। माँ ने उसकी उदासी देखी, लेकिन कारण समझ नहीं पाई। अगली सुबह नीलिमा की विदाई हुई। मीनू ने उसे गले लगाकर विदा किया और फिर अपनी पढ़ाई के लिए मेरठ लौटने की तैयारी कर ली। शादी का माहौल और पुरानी यादें मीनू के दिल में गहरी छाप छोड़ गए।

### शब्दार्थ

**तल्लीन** एकाग्र होना, ध्यान-मग्न; **साक्षात्** सामने से; **आभास** किसी बात को महसूस करना; **आग्रहपूर्वक** हठ के साथ, जोर देकर कहना; **निःस्वार्थ** बिना किसी लालच के; **निश्छल** बिना किसी छल-कपट के; **सलोना** सुंदर; **हीन-भावना** स्वयं को दूसरों से कमतर मानते हुए तनावग्रसित होना; **पुलकित** रोमांचित; **सांत्वना** ढांस बंधाना, तसल्ली; **उमंग** उत्साह, **आश्चर्यचकित** हैरानी; **द्वेष** घृणा; **अकुला** दुःखी; **मस्तिष्क** दिमाग;
**निवृत** खाली।

# एग्जाम पैटर्न प्रश्न (10 अंक)

***निम्नलिखित अवतरणों को पढ़कर उसके नीचे दिए गए प्रश्नों के उत्तर हिंदी में लिखिए।***

**Q.1** **हमारे भारतीय समाज में क्या नारी सदैव पुरुषों की दासी बनकर ही रहेगी? क्या हर लड़की अपने माता-पिता के लिए अभिशाप बनकर रह जाएगी? क्या लड़की को यह भी अधिकार नहीं है कि वह अपना जीवन अपने ढंग से व्यतीत कर सके? ऐसे अनेक प्रश्न मीनू के मस्तिष्क में उठते। उसके हृदय में तूफान उठता कि वह एक लड़की ज़रूर है, परंतु उसके अंदर इतनी हिम्मत, इतना साहस अवश्य है कि वह भी कुछ बन सके।**

(i) **मीनू के अनुसार, भारतीय समाज में नारी की स्थिति कैसी है? वह किस अधिकार से वंचित रहती है?** **(2)**

उत्तर मीनू के अनुसार, भारतीय समाज में नारी की स्थिति अत्यंत दयनीय है। उसे सदा ही पुरुष की दासी और माता-पिता पर अभिशाप समझा जाता है तथा उसे इतना अधिकार भी नहीं दिया जाता कि वह अपना जीवन अपनी इच्छानुसार व्यतीत कर सके।

(ii) **मीनू का संयम और धैर्य उसके चरित्र को कैसे परिभाषित करता है और यह उसे अन्य लड़कियों से अलग कैसे बनाता है?** **(2)**

उत्तर मीनू साहसी, दृढ़ निश्चयी, अन्याय के विरुद्ध आवाज़ उठाने वाली एवं हिम्मती लड़की थी, क्योंकि मीनू को विवाह के लिए बार-बार लड़के वालों द्वारा नापसंद करने पर वह सहनशील व धैर्य और संयम से काम लेती है। वह अपने जीवन के लिए एक नया रास्ता चुनती है, जो उसको अन्य लड़कियों से भिन्न बनाता है।

(iii) **"क्या लड़की को यह अधिकार भी नहीं कि वह अपना जीवन अपने ढंग से व्यतीत कर सके?" पंक्ति का आशय स्पष्ट कीजिए।** **(3)**

उत्तर उपर्युक्त पंक्ति समाज में महिलाओं की दयनीय स्थिति को रेखांकित करती है। समाज में पुरुष सदैव ही महिलाओं पर अपना अधिकार जमाकर उनको अपनी उपभोग की वस्तु समझते आए हैं। हमारे पुरुष सत्तात्मक समाज में आज भी स्त्रियों को पुरुष अपने अनुकूल बनाना चाहते हैं। कहने भर के लिए ही महिलाओं के अधिकारों की चर्चा होती है अन्यथा व्यावहारिक रूप में तो उनका स्वरूप गौण ही है। महिलाओं को समाज की रूढ़ियों में बाँधकर उनको स्वयं की इच्छानुसार जीवन जीने का अधिकार तक नहीं देते।

(iv) **मीनू के व्यक्तित्व में किन गुणों का समावेश है और ये गुण समाज की रूढ़ियों के विरुद्ध उसके संघर्ष में कैसे सहायक सिद्ध होते हैं?** **(3)**

उत्तर मीनू उपन्यास की नायिका है। वह एक बुद्धिमान व संस्कारी लड़की है, जो परीक्षा में सदैव ही प्रथम श्रेणी से उत्तीर्ण होती है। मीनू समाज की रूढ़ियों के विरुद्ध खड़ी होने वाली नवयुवती है।

अपने इस स्वभाव के कारण ही रिश्ता टूटने के उपरांत वह विवाह करने से मना करते हुए पढ़ने के लिए मेरठ पहुँचती है। उसमें आत्मविश्वास कूट-कूटकर भरा हुआ है, उसी का परिणाम है कि वह कुछ बनकर दिखाने एवं अपने पैरों पर खड़ी होने की इच्छा रखती है। मीनू के गुण समाज की रूढ़ियों के विपरीत हैं, परंतु उसके संघर्ष में सहायक होते हैं। इस प्रकार, मीनू एक साहसी, परिश्रमी, दृढ़ निश्चयी, आत्मविश्वासी इत्यादि गुणों से परिपूर्ण युवती है।

**Q.2 उसके हृदय में तूफान उठता कि वह एक लड़की ज़रूर है, परंतु उसके अंदर हिम्मत तथा साहस है। मीनू अभी अपनी पढ़ाई में तल्लीन थी कि अचानक उसे ख्याल आया कि परसों उसे नीलिमा की शादी में जाना है।**

(i) **मीनू बचपन से पढ़ाई में कैसी थी? अभी वह कौन-सी पढ़ाई कर रही थी?** **(2)**

उत्तर मीनू बचपन से ही पढ़ाई में होशियार थी। उसे पढ़ने का बहुत शौक था। अभी वह वकालत की पढ़ाई कर रही थी, जिसमें प्रथम श्रेणी प्राप्त करने के लिए वह अपना अधिकतम समय अपनी पढ़ाई में ही व्यतीत करती थी।

(ii) **मीनू ने नीलिमा की शादी में कितने दिन पहले जाने का निश्चय किया तथा विवाहोपलक्ष्य में उसे भेंट देने के लिए मीनू ने क्या खरीदा?** **(2)**

उत्तर मीनू ने नीलिमा की शादी में एक दिन पहले जाने का निश्चय किया, क्योंकि वह अपनी पढ़ाई नहीं छोड़ सकती थी। विवाहोपलक्ष्य में नीलिमा को भेंट में देने के लिए मीनू ने दीवार घड़ी खरीदी थी।

(iii) **नीलिमा कौन थी? उसकी शादी कहाँ हो रही थी? मीनू के पूछने पर उसने अपने होने वाले पति के बारे में क्या-क्या बताया?** **(3)**

उत्तर नीलिमा और मीनू बहुत ही घनिष्ठ सहेलियाँ थीं। नीलिमा स्वभाव से बहुत अच्छी और समझदार लड़की थी। उसकी शादी मेरठ में हो रही थी। मीनू के पूछने पर उसने अपने होने वाले पति के बारे में बताया कि उनका नाम सुरेंद्र है एवं वे देखने में भी अच्छे हैं तथा मेरठ में रहते हैं और उनकी अपनी फैक्ट्री है।

(iv) **नीलिमा के विवाह में मीनू द्वारा गाए गए मधुर गीत की प्रशंसा करने वाला नवयुवक कौन था? उसके मुँह से अपनी प्रशंसा सुनकर मीनू प्रसन्न क्यों नहीं हुई?** **(3)**

उत्तर नीलिमा के विवाह में मीनू द्वारा गाए गए मधुर गीत की प्रशंसा करने वाला नवयुवक अमित था। अमित को देखकर उसे याद आ जाता है कि इनके परिवार वालों ने दहेज के लिए उसका रिश्ता अस्वीकार किया था। उसकी अतीत की स्मृतियाँ एक बार फिर ताज़ा हो गईं इसलिए वह अमित के मुँह से अपनी प्रशंसा सुनकर प्रसन्न नहीं हुई।

**Q.3 सड़क पर घोर अंधकार था। शायद सड़क पर लगी बिजली की ट्यूबें खराब हो गई थीं। अंधकार में मीनू अशोक के पीछे-पीछे चलने लगी, मीनू का पैर एक पत्थर पर पढ़ने से उसका संतुलन बिगड़ गया तभी उसने अपने को सँभाला, दो कदम पर उसका घर था।**

(i) **मीनू की रात में मानसिक स्थिति कैसी थी? उसे किस बात का डर था?** **(2)**

उत्तर मीनू की रात में मानसिक स्थिति तनावपूर्ण और चिंतित थी। उसे इस बात का डर था कि कहीं उसके पिताजी और माँ इतनी रात को घर लौटने पर नाराज़ न हो जाएँ, क्योंकि वे उसका इंतज़ार कर रहे थे।

(ii) **मीनू ने नीलिमा के घर पर क्या महसूस किया और उसने क्या निर्णय लिया?** **(2)**

उत्तर मेरठ से मीरापुर पहुँचने के उपरांत मीनू शीघ्र ही नीलिमा के घर पहुँच गई थी और अपने माता-पिता के साथ थोड़ा समय भी व्यतीत नहीं कर पाई थी, इसी बात का आभास मीनू को नीलिमा के घर पर हुआ था और वह नीलिमा को घर पर माता-पिता की प्रतीक्षा करने की बात कहकर घर के लिए लौट आई।

(iii) **मीनू को रात में घर छोड़ने के लिए नीलिमा ने किसे भेजा था और मीनू को रास्ते में किस प्रकार की समस्या का सामना करना पड़ा?** **(3)**

उत्तर मीनू को घर छोड़ने के लिए नीलिमा ने अपने बड़े भैया अशोक को उसके साथ भेजा था, जो पेशे से डॉक्टर थे और दिल्ली में कार्यरत थे। मीनू को रात को घर लौटते समय सड़क पर घोर अंधकार का सामना करना पड़ा, क्योंकि बिजली की ट्यूबें खराब हो गई थीं। इसके कारण उसे रास्ता ढूँढने में कठिनाई हुई और एक पत्थर पर पैर पड़ने से उसका संतुलन बिगड़ गया। हालाँकि, उसने अपने आपको सँभाला और धीरे-धीरे घर पहुँच गई।

(iv) **नीलिमा के घर पर मीनू और नीलिमा के बीच किस प्रकार की बातचीत हो रही थी और मीनू को घर लौटने में देर क्यों हो गई?** **(3)**

उत्तर मीनू अपनी प्रिय सखी नीलिमा के घर गई हुई थी, जहाँ दोनों ही आपस में खूब बातें कर रही थीं। नीलिमा ने मीनू को सुरेंद्र का फोटो और विवाह के लिए खरीदी गई साड़ियाँ दिखाई, जिससे दोनों के बीच खुशी और उत्साह का माहौल था। रात्रि के नौ बज चुके थे और बाहर पूरी तरह अंधकार छाया हुआ था। इसी बातचीत में समय का पता नहीं चला, जिस कारण मीनू को घर के लिए देर हो गई।

**Q.4 "सुंदर!" सुंदर शब्द सुनकर उसका हृदय प्रसन्नता से झूम उठा। वह गुनगुनाती हुई नीलिमा के घर की ओर चल दी। ऊपर के कमरे में नीलिमा को सजाया जा रहा था। मीनू भी ऊपर के कमरे में नीलिमा के पास पहुँच गई। रूप-रंग में सुंदर दिखने वाली नीलिमा का आज लाल रंग की साड़ी में रूप और अधिक निखरा हुआ लग रहा था।**

(i) **मीनू कहाँ जा रही थी? उसकी मनोदशा कैसी थी?** **(2)**

उत्तर मीनू, नीलिमा के विवाह समारोह में शामिल होने के लिए उसके घर जा रही थी। इस समय उसका मन अत्यधिक उत्साहित और प्रसन्न था। वह खुश होकर गुनगुनाती हुई नीलिमा के घर की ओर चली जा रही थी।

(ii) **नीलिमा की सजावट में कौन-कौन सी विशेषताएँ थीं और उसका रूप कैसा था?** **(2)**

उत्तर नीलिमा को लाल रंग की साड़ी पहनाकर सजाया जा रहा था, जिससे उसका रूप और भी निखर कर सामने आ रहा था। उसके बालों में फूलों के गजरे पहनाए गए थे। नीलिमा की सुंदरता और आकर्षण को देखकर सभी लोग उसकी प्रशंसा कर रहे थे। उसकी सजावट से वह अप्सरा जैसी लग रही थी।

(iii) **नीलिमा के विवाह के अवसर पर मीनू अधिक सुंदर क्यों लग रही थी? उस पर माँ ने क्या प्रतिक्रिया व्यक्त की?** **(3)**

उत्तर मीनू ने नीलिमा के विवाह के अवसर पर गुलाबी रंग की सुनहरी काम वाली साड़ी पहनी थी और चेहरे पर हल्का-सा मेकअप कर एक छोटी-सी बिंदी माथे पर लगाई थी। उसने अपने बाल खोलकर एक जूड़ा बनाया था, जिस कारण वह अत्यधिक सुंदर दिखाई दे रही थी। मीनू को इस प्रकार सजी-संवरी देखकर माँ ने उसकी प्रशंसा करते हुए कहा था कि वह अत्यधिक सुंदर लग रही है।

**(iv) मीनू ने नीलिमा को दुल्हन के रूप में देखकर क्या अनुभव किया और नीलिमा के रूप-सौंदर्य का वहाँ उपस्थित औरतों पर क्या प्रभाव पड़ा? (3)**

उत्तर मीनू जब नीलिमा के घर पहुँची, तो उसने देखा कि नीलिमा जो रूप-रंग में सुंदर दिखती ही थी, आज दुल्हन के कपड़े पहनने के बाद उसका रूप अत्यधिक निखर गया था। सभी औरतों का यही प्रयास था कि किस तरह वे नीलिमा के कमरे में प्रवेश कर उससे जा मिलें। पूर्णतः सजने के बाद वह अप्सरा-सी लग रही थी। इस समय हर कोई उसके रूप की प्रशंसा कर रहा था।

# अध्याय 10

उपन्यास के इस अध्याय में मीनू के कॉलेज में वार्षिकोत्सव की तैयारी, मीनू द्वारा कत्थक नृत्य में भाग लेने की स्वीकृति देने, बचपन में कत्थक नृत्य की प्रस्तुति, कॉलेज में कत्थक का पुन: अभ्यास करने का निर्णय और पिताजी की बीमारी का टेलीग्राम मिलने पर दु:खी होने का उल्लेख किया गया है।

## अध्याय का सार

मेरठ पहुँचने पर मीनू को पता चला कि उसके कॉलेज का वार्षिकोत्सव मनाया जा रहा है। हॉस्टल में चहल-पहल थी और सभी लड़कियाँ अपने-अपने कार्यक्रम की तैयारियों में व्यस्त थीं। मीनू की सहेली माया ने उसे वार्षिकोत्सव में कत्थक नृत्य प्रस्तुत करने के लिए प्रेरित किया। मीनू ने बचपन में कत्थक सीखा था और इसे कई बार मंच पर प्रस्तुत कर चुकी थी। हालाँकि, अब उसका उत्साह कम था, क्योंकि वह अपने लक्ष्य को पाने में व्यस्त थी। मीनू ने अतीत की स्मृतियों में खोकर वह समय याद किया, जब उसने पहली बार कत्थक सीखा था। मीरापुर में खुले नए नृत्य स्कूल में उसने लगन से अभ्यास किया और जल्द ही निपुण हो गई। उसने स्कूल और कॉलेज में कई बार मंच पर पुरस्कार जीते। वार्षिकोत्सव की तैयारियों के बीच उसे बचपन का वही जुनून याद आया। हालाँकि, अभ्यास के दौरान उसे मीरापुर से एक टेलीग्राम मिला, जिसमें पिताजी की गंभीर बीमारी की सूचना थी। यह सुनकर मीनू घबरा गई और तुरंत घर जाने का निर्णय लिया। माया ने रात में यात्रा करने से मना किया, लेकिन मीनू बेचैन थी। रातभर वह पिंजरे में बंद पक्षी की तरह छटपटाती रही, सुबह का इंतजार करते हुए।

### शब्दार्थ

**कुशलतापूर्वक** *दक्षता के साथ;* **ध्येय** *लक्ष्य;* **अभ्यास** *एक ही कार्य को बार-बार दोहराना;* **मुखरित** *प्रदर्शित हो जाना;* **मुद्रा** *भंगिमा;* **थिरकन** *नाचते समय पैरों को तेज़ी से चलाना;* **टेलीग्राम** *तार अर्थात् संदेश को अतिशीघ्र भेजने का माध्यम;* **परतंत्र** *गुलाम;* **छटपटाहट** बेचैनी, घबराहट।

# एग्जाम पैटर्न प्रश्न (10 अंक)

***निम्नलिखित अवतरणों को पढ़कर उसके नीचे दिए गए प्रश्नों के उत्तर हिंदी में लिखिए।***

**Q.1 यद्यपि वह अब इन सब बातों में विशेष रुचि नहीं रखती थी। इस समय उसके सामने एक ध्येय था, एक मंजिल थी, जिस पर पहुँचने के लिए उसे विशेष परिश्रम की आवश्यकता थी और फिर अब नीलिमा की शादी में भी उसके तीन दिन बेकार हो गए थे।**

**(i) छात्रावास पहुँचने पर मीनू को क्या ज्ञात हुआ? और उसने क्या दृश्य देखा? (2)**

उत्तर छात्रावास पहुँचने पर मीनू को ज्ञात हुआ कि कॉलेज का वार्षिकोत्सव मनाया जाना है और छात्रावास की लगभग सभी लड़कियाँ वार्षिकोत्सव में होने वाले विभिन्न कार्यक्रमों में भाग ले रही थीं, जिस कारण छात्रावास में अत्यधिक चहल-पहल का दृश्य था।

**(ii) मीनू ने बचपन में किस नृत्य के कारण पुरस्कार जीते थे और अब वह किन बातों पर विशेष रुचि नहीं रखती थी? (2)**

उत्तर मीनू ने बचपन में कत्थक नृत्य सीखा था और एक अच्छी नृत्यांगना होने के कारण उसने कई पुरस्कार भी जीते थे, किंतु वकालत की पढ़ाई करने के कारण अब उसकी रुचि नृत्य, गीत, नाटक इत्यादि में कम हो गई थी।

**(iii) अवतरण में मीनू की किन विशेषताओं को बताया गया है और उसके जीवन पर इसका क्या प्रभाव पड़ता है? (3)**

उत्तर अवतरण में मीनू की निम्न विशेषताओं का पता चलता है– वह एक कुशल नृत्यांगना, समय के महत्त्व को समझने वाली व अपने लक्ष्य की और दृढ़ निश्चयी होकर बढ़ने वाली युवती है। वह हमेशा प्रथम आती है, जिससे पता चलता है कि वह पढ़ाई में बहुत होशियार है। इसका प्रभाव यह है कि उसने अपने शौक और आराम को प्राथमिकता देना छोड़ दिया है और पूरी तरह अपने लक्ष्य पर केंद्रित हो गई है।

**(iv) मीनू के सामने क्या लक्ष्य था और वह क्या चाहती थी? (3)**

उत्तर मीनू का एकमात्र लक्ष्य वकालत प्रथम श्रेणी से उत्तीर्ण कर स्वयं को स्थापित करते हुए कुछ बनकर दिखाने का था, क्योंकि समाज में व्याप्त कुरीतियों के कारण नारी की स्थिति अत्यधिक दयनीय थी और बेटियों को माता-पिता पर अभिशाप समझा जाता था। मीनू अपने दम पर वकील बनकर समाज की इस धारणा को बदलना चाहती थी।

**Q.2 नृत्य करते समय उसके पैरों की ताल व हाथों की थिरकन विशेष देखने योग्य थी। अपने नाजुक बदन को वह हर दिशा में आसानी से मोड़ लेती थी। उसका नृत्य समाप्त होने पर पूरा हॉल तालियों की गड़गड़ाहट से गूँज उठा था। प्रत्येक उसके नृत्य की प्रशंसा कर रहा था।**

(i) **मीनू ने कत्थक नृत्य कहाँ सीखा था और पहले दिन क्या हुआ? (2)**

उत्तर मीनू ने अपने ही कस्बे मीरापुर में कत्थक नृत्य सीखा था। वह अपने कत्थक विद्यालय की प्रथम विद्यार्थी थी। जब पहले दिन गुरुजी ने नृत्य कराते हुए पैर चलाने सिखाए, तो मीनू ने बहुत देर अभ्यास किया, जिससे उसके पैरों में दर्द हो गया था।

(ii) **विद्यालय के वार्षिकोत्सव के लिए मीनू ने क्या-क्या तैयारियाँ की थीं? (2)**

उत्तर विद्यालय के वार्षिकोत्सव के लिए मीनू ने कई दिनों तक कत्थक नृत्य का अभ्यास किया और अपनी माँ की हरे रंग की जरी की सुनहरी साड़ी पहनकर, सज-सँवर कर वार्षिकोत्सव में नृत्य प्रस्तुत किया था।

(iii) **मीनू ने कौन-सा नृत्य किया था? दर्शकों ने उसके नृत्य पर कैसी प्रतिक्रियाएँ दी? (3)**

उत्तर मीनू ने विद्यालय के वार्षिकोत्सव पर कत्थक नृत्य प्रस्तुत किया था। दर्शक मीनू द्वारा कुशलतापूर्वक एवं निपुणता से किए गए नृत्य पर मंत्रमुग्ध हो उठे और पूरा हॉल उनकी तालियों की गड़गड़ाहट से गूँज उठा था। मुख्य अतिथि ने भी पुरस्कार देते हुए उसकी प्रशंसा की। इस प्रकार, दर्शकों की ओर से मिले सकारात्मक दृष्टिकोण ने मीनू का उत्साह और अधिक बढ़ा दिया।

(iv) **नृत्य की समाप्ति पर मीनू की मन:स्थिति कैसी थी? कोई दो कारण बताते हुए स्पष्ट कीजिए। (3)**

उत्तर नृत्य की समाप्ति पर मीनू अत्यधिक प्रसन्न एवं उत्साहित नज़र आ रही थी। मीनू की प्रसन्नता का एक कारण दर्शकों एवं मुख्य अतिथि द्वारा उसके नृत्य की प्रशंसा करना था, वहीं दूसरी ओर उसकी अध्यापिका ने मुख्य अतिथि से उसकी प्रशंसा करते हुए उसके सदैव पढ़ाई में प्रथम आने और प्रत्येक कार्य में कुशल होने की बात कही थी। अध्यापिका के मुख से अपनी प्रशंसा सुनकर मीनू का हृदय प्रसन्नता से झूम उठा।

**Q.3 काश, उसके पंख होते तो वह उड़कर अपने घर पहुँच जाती। इस समय उसकी दशा पिंजरे में बंद एक पक्षी की तरह थी। उसके हृदय में उड़ जाने के लिए छटपटाहट-सी थी। एक परतंत्र पक्षी के समान अपनी स्थिति जानकर उसकी आँखों में आँसू छलक आए।**

(i) **मीनू को अपने पिताजी के बारे में किस प्रकार और क्या मालूम हुआ? (2)**

उत्तर मीनू कॉलेज के वार्षिकोत्सव के लिए नृत्य का अभ्यास कर रही थी, तभी चपरासी मीनू को उसका टेलीग्राम देता है, जिसे पढ़कर उसे अपने पिताजी के बीमार होने की खबर मालूम हुई।

(ii) **मीनू को घर पहुँचने की जल्दी क्यों थी और वह टेलीग्राम का नाम सुनते ही क्यों घबरा गई? (2)**

उत्तर मीनू को घर पहुँचने की जल्दी थी, क्योंकि वह जानती थी कि यदि पिताजी की तबीयत अत्यधिक खराब न होती, तो उसे टेलीग्राम भेजकर न बुलाया जाता। इसलिए वह टेलीग्राम का नाम सुनते ही घबरा गई और उसके मन में अपने पिताजी से मिलने की तीव्र इच्छा होने लगी।

(iii) **मीनू की तुलना पिंजरे में बंद एक पक्षी से क्यों की गई है? इसके पीछे कौन-से कारण हैं? (3)**

उत्तर मीनू की तुलना पिंजरे में बंद पक्षी से इसलिए की गई है, क्योंकि वह परिस्थितिवश चाहकर भी घर नहीं जा पाती। बाहर अँधेरा होने और रास्ता खराब होने के कारण उसकी स्वतंत्रता सीमित हो जाती है, जैसे- पिंजरे में बंद पक्षी के पास उड़ने की क्षमता होते हुए भी वह मुक्त नहीं हो पाता, वैसे ही मीनू के पास घर जाने की इच्छा और सामर्थ्य होते हुए भी परिस्थितियाँ उसके मार्ग में बाधा बन जाती हैं।

(iv) **मीनू और माया के संवाद में दिखाई गई मुख्य असहमति क्या थी और इसका मीनू पर क्या मानसिक प्रभाव पड़ा? (3)**

उत्तर मीनू और माया के संवाद में मुख्य असहमति यह थी कि माया, मीनू को रात में अकेले यात्रा करने से रोक रही थी, जबकि मीनू को पिताजी से मिलने की अत्यधिक आवश्यकता थी। माया ने उसे बताया कि रात में यात्रा करना सुरक्षित नहीं है, पर मीनू ने अपनी चिंता को नजरअंदाज़ कर यात्रा का निर्णय लिया। माया के विरोध के बावजूद मीनू की मानसिक स्थिति में असंतुलन और बेचैनी बढ़ी, क्योंकि उसे घर जाने की तीव्र इच्छा थी, लेकिन निर्णय पर संकोच भी हो रहा था।

# अध्याय 11

उपन्यास के इस अध्याय में दिल का दौरा पड़ने से मीनू के पिता की तबीयत खराब होने, दो-दो बेटियों के विवाह की बात सोचकर माँ के दुःखी होने, मीनू को देख पिताजी के प्रसन्न होने, सप्ताह भर में उनकी तबीयत में सुधार आने, उन्हें देखने आए मीनू के फूफाजी और बुआजी की सलाह से पिताजी के दुःखी होने, माँ के चिंतित होने के बावजूद मीनू द्वारा अपने उद्देश्य की प्राप्ति से पूर्व विवाह के लिए मना करने का उल्लेख है।

## अध्याय का सार

मीनू के पिताजी की हालत नाजुक हो गई थी और डॉक्टरों ने पूर्ण आराम की सलाह दी थी। घर में माँ, रोहित और आशा उनकी सेवा में लगे हुए थे और पिताजी बार-बार मीनू को याद कर रहे थे। मीनू घर आई और माँ से पिताजी की हालत के बारे में पूछा। माँ ने बताया कि पिताजी को दिल का दौरा पड़ा था और डॉक्टरों ने बोलने से मना किया था। मीनू पिताजी के पास बैठी, पर उनकी हालत देखकर दुःखी हो गई। कुछ दिनों में उनकी तबीयत में थोड़ा सुधार गया। बुआजी और फूफाजी उनसे मिलने आए और बेटियों की शादी की बात छेड़ी। बुआजी ने पिताजी से कहा कि उनको दोनों बेटियों की शादी करनी चाहिए, ताकि उनकी जिम्मेदारी कम हो सके। यह सुनकर

पिताजी चिंता में डूब गए और माँ से बोले, यदि मुझे कुछ हो गया, तो मीनू और आशा की शादी कैसे होगी? उनकी बात बीच में ही काटते हुए माँ बोलीं, आपको कुछ नहीं होगा।

पिता की तबीयत खराब होने के कारण मीनू को शादी के बारे में पूछा गया। पिताजी ने कहा, ''मैं दो बेटियों का पिता हूँ, जब तक इनकी शादी न कर दूँ, चैन से नहीं मर सकता।'' माँ भी परेशान थी, लेकिन मीनू ने बताया कि वह वकालत पढ़ रही है और शादी के बाद पढ़ाई पूरी नहीं कर सकेगी। मीनू ने अपने माता-पिता से आग्रह किया कि वे आशा की शादी के लिए लड़का ढूँढे और उसकी शादी कर दें। पिताजी की तबीयत में काफी सुधार हो गया था। मीनू ने यह निर्णय लिया कि वह पढ़ाई के लिए मेरठ वापस जाएगी। मीनू के वापस मेरठ जाने के फैसले पर माँ ने समर्थन किया। अगले दिन वह पिताजी व माँ से आशीर्वाद लेकर मेरठ आ जाती है।

**शब्दार्थ**

**विचलित** *दुःखी;* **मंद** *धीरे से;* **तल्लीन** *ध्यानमग्न होना;* **मनःस्थिति** *मनोदशा;* **यत्न** *मेहनत;* **गवाही** *साक्षी;* **सायंकाल** *दिन ढलने का समय;* **प्रस्ताव** *सुझाव;* **नृत्यांगना** *नित्य कला में निपुण स्त्री;* **कुशल-क्षेम** *हाल-चाल, खैरियत।*

# एग्जाम पैटर्न प्रश्न (10 अंक)

***निम्नलिखित अवतरणों को पढ़कर उसके नीचे दिए गए प्रश्नों के उत्तर हिंदी में लिखिए।***

**Q.1 माँ रसोई में अपना काम कर रहीं थीं, परंतु उनकी नज़र दरवाज़े की ओर ही थी। उन्हें मीनू का इंतज़ार था। तभी उन्होंने मीनू को रिक्शे से उतरते हुए देखा। जैसे ही मीनू अंदर आई, माँ को देखकर उसका दिल भर आया।**

(i) **मीनू को पिताजी के बारे में क्या पता चला और उसने क्या निर्णय लिया?** **(2)**

उत्तर कॉलेज में मीनू को एक तार मिला था, जिसमें उसके पिताजी की स्थिति के बारे में बताया गया था। मीनू के पिताजी की तबीयत अत्यधिक खराब थी, उसका मन पिताजी से मिलने के लिए बेचैन हो उठा और उसने शीघ्र ही घर जाने का निर्णय लिया।

(ii) **मीनू घर क्यों आ रही थी और घर में सब उसका इंतज़ार क्यों कर रहे थे? ढ़** **(2)**

उत्तर कॉलेज में मीनू को तार के माध्यम से पता चल गया था कि उसके पिताजी की तबीयत खराब है, इसलिए वह कॉलेज से अपने घर पिताजी से मिलने आ रही थी। घर में मीनू का इंतज़ार हो रहा था, क्योंकि उसके पिताजी बार-बार उसके बारे में पूछ रहे थे और अभी तक वह घर नहीं पहुँची थी।

(iii) **पिताजी की बीमारी से संबंधित कौन-सी परिस्थितियाँ उत्पन्न हुईं, और इसका परिवार के सदस्यों पर क्या प्रभाव पड़ा?** **(3)**

उत्तर पिताजी को दिल का दौरा पड़ने के बाद डॉक्टरों ने उन्हें पूर्ण आराम की सलाह दी थी, लेकिन आस-पास के लोग उनकी बीमारी के बारे में सुनकर उनसे मिलने आते रहते थे, जिससे उन्हें पर्याप्त आराम नहीं मिल पा रहा था। पिताजी की बीमारी का परिवार के सदस्यों पर गहरा प्रभाव पड़ा। माँ अपना काम करते हुए मीनू का इंतज़ार कर रही थी और मीनू के आने पर उनकी आँखों में आँसू छलक आए।

(iv) **पिताजी ने थोड़ी-सी आँखें खोली और मंद स्वर में बोले... इस वाक्य से पिताजी के व्यक्तित्व और स्वास्थ्य की क्या जानकारी मिलती है?** **(3)**

उत्तर इस वाक्य में पिताजी के व्यक्तित्व और स्वास्थ्य की दो प्रमुख बातें स्पष्ट होती हैं। उनके धीमे और कमज़ोर स्वर से उनकी गंभीर स्वास्थ्य स्थिति का पता चलता है, जो उनकी शारीरिक कमज़ोरी को दर्शाता है। वहीं, मीनू के बारे में पूछने से यह संकेत मिलता है कि वे अपनी बीमारी के बावजूद अपने बच्चों से गहरा लगाव रखते हैं। यह उनके संवेदनशील और स्नेही स्वभाव को उजागर करता है।

**Q.2 मीनू को पिताजी के पास बैठाकर रोहित बाहर चला गया। मीनू चुपचाप बैठी समाचार-पत्र पढ़ने लगी। फिर भी उसकी एक नज़र समाचार-पत्र की ओर थी और दूसरी नज़र पिताजी की ओर। उसे इंतज़ार था कि कब वे जागें और वह उनसे मिले।**

(i) **मीनू किस कारण से कुर्सी से उठी?** **(2)**

उत्तर मीनू ने पिताजी के हल्के से गर्दन हिलाने के बाद आभास किया कि वे जाग गए हैं, इसलिए वह पिताजी के पास खड़ी होने और उनसे मिलने के लिए अपनी कुर्सी से उठी।

(ii) **मीनू ने पिताजी को क्यों नहीं जगाया और वह क्या कर रही थी जब रोहित ने उसे पिताजी के पास बैठने को कहा?** **(2)**

उत्तर मीनू ने पिताजी को इसलिए नहीं जगाया, क्योंकि उसने देखा कि उनकी आँखें बंद थीं और उसने पिताजी को जगाना उचित नहीं समझा। जब रोहित ने उसे पिताजी के पास बैठने को कहा, तो मीनू चुपचाप वहाँ बैठ गई और समाचार-पत्र पढ़ने लगी। वह इंतज़ार कर रही थी कि कब पिताजी जागें और वह उनसे मिल सके।

(iii) **मीनू की मानसिक स्थिति और उसके द्वारा महसूस की जा रही उलझन को कैसे व्याख्यायित किया जा सकता है?** **(3)**

उत्तर मीनू की मानसिक स्थिति उथल-पुथल और चिंता से भरी हुई है। पिताजी की अचानक बिगड़ती स्वास्थ्य स्थिति ने उसे दुविधा में डाल दिया है। पहले तो वह पिताजी के पास बैठी हुई थी, लेकिन जैसे ही उसे यह एहसास हुआ कि पिताजी की तबीयत कुछ ठीक नहीं है, वह गहरी चिंता में डूब गई।

(iv) **"उसकी एक नज़र समाचार-पत्र की ओर थी और दूसरी पिताजी की ओर।" पंक्ति से क्या अभिप्राय है?** **(3)**

उत्तर "उसकी एक नज़र समाचार-पत्र की ओर थी और दूसरी पिताजी की ओर।" पंक्ति का अभिप्राय है कि पिताजी से मिलने के लिए तथा उनसे बात करने के लिए मीनू व्याकुल, बेचैन व आतुर थी। मीनू जब घर पहुँची थी, तो माँ ने उसे पिताजी के द्वारा बार-बार याद करने के बारे में बताया था। मीनू जब पिताजी के कमरे में उनसे मिलने पहुँची, तो वे सो

रहे थे। अतः वह उनके पास बैठकर अखबार पढ़ने लगी। अखबार पढ़ते हुए वह बार-बार अपने पिताजी को भी देख रही थी।

**Q.3 लगभग एक सप्ताह यही क्रम चलता रहा। हर समय एक व्यक्ति उनके पास बैठा रहता। कभी माँ तो कभी मीनू, कभी रोहित तो कभी आशा। उन सबकी सेवा व ईश्वर के आशीर्वाद से पिताजी की दशा में काफी सुधार हो गया। अब वे धीरे-धीरे अपने आप बैठने भी लगे थे और थोड़ी देर बातें भी कर लेते थे। प्रातः लगभग नौ बजे का समय था। उस समय हल्की-हल्की वर्षा की बूँदें पड़ रही थी। तभी घर के बाहर एक कार आकर रुकी।**
**[ICSE 2024]**

(i) **पिताजी को क्या हुआ था? डॉक्टर ने उन्हें क्या सलाह दी? (2)**

उत्तर पिताजी की तबीयत अत्यधिक खराब थी, उन्हें दिल का दौरा पड़ा था। डॉक्टर ने उन्हें अधिक बातें करने से मना किया था। पिताजी को आराम की आवश्यकता थी और अधिक बातचीत से उनकी सेहत पर प्रतिकूल प्रभाव पड़ सकता था।

(ii) **कार से कौन आए थे और क्यों? (2)**

उत्तर कार से मीनू की बुआजी और फूफाजी पिताजी की बीमारी की सूचना मिलने पर उनसे मिलने आए थे। वे पिताजी के कमरे में गए, पहले भैया से कुशलक्षेम पूछी और फिर इधर-उधर की बातें करने लगे। मीनू को यह उचित नहीं लगा, क्योंकि पिताजी को ज्यादा बात करने से मना किया गया था।

(iii) **बुआजी जाते-जाते अपने भैया को क्या सलाह दे गई? क्या उपयुक्त अवसर पर उनकी यह सलाह उचित थी? समझाइए। (3)**

उत्तर बुआजी जाते-जाते मीनू के पिताजी को जल्दी-से-जल्दी अपनी दोनों बेटियों का विवाह करके अपनी ज़िम्मेदारी से मुक्त होने की सलाह दे गई। यह सलाह अनुपयुक्त थी, क्योंकि एक बीमार व्यक्ति को उनकी ज़िम्मेदारियों से निपटने के लिए कहना उन्हें और परेशान कर सकता था, जिससे उनके स्वास्थ्य सुधार में और अधिक समय लग सकता था।

(iv) **पिताजी द्वारा मीनू को शादी का सुझाव दिए जाने पर मीनू ने उन्हें क्या कहकर समझाया? (3)**

उत्तर पिताजी द्वारा मीनू को शादी का सुझाव दिए जाने पर मीनू ने विनम्रतापूर्वक उन्हें समझाया कि वह अपनी पढ़ाई अधूरी छोड़कर शादी नहीं करना चाहती। उसने कहा कि अपनी मंजिल तक पहुँचने के लिए उन्हें भी उसका साथ देना होगा। साथ ही, मीनू ने यह भी आग्रह किया कि उसकी वजह से आशा की शादी में देरी न की जाए और अच्छा-सा लड़का देखकर वे आशा की शादी कर दें।

**Q.4 उन्हें देखकर वे बोले, "मीनू की माँ, यदि मुझे कुछ हो गया, तो मीनू और आशा की शादी कैसे करोगी तुम? रोहित लड़का है। उसकी शादी की मुझे इतनी चिंता नहीं।"**

(i) **कमरे में कौन आया था और उसने क्या देखा? (2)**

उत्तर कमरे में माँ आई और उन्होंने देखा कि पिता चिंतित होकर मीनू और आशा की शादी के बारे में सोच रहे थे। वह इस चिंता को लेकर परेशान थे कि अगर कुछ हो गया, तो उनकी बेटियों का क्या होगा।

(ii) **माँ के द्वारा कहे गए वाक्य "आप ऐसा क्यों सोचते हैं? आपको कुछ नहीं होगा" का मानसिक दृष्टिकोण क्या है? (2)**

उत्तर माँ का वाक्य दर्शाता है कि वह अपने पति की चिंता को समझने की कोशिश कर रही हैं, लेकिन पूरी तरह से नहीं समझ पाती। वह आशावादी हैं और उम्मीद करती हैं कि उनके पति स्वस्थ रहेंगे। उनका दृष्टिकोण चिंता से बचने और मानसिक शांति देने की कोशिश है।

(iii) **उपर्युक्त पंक्तियों का वक्ता कौन है? ये पंक्तियाँ उसकी किस मनोदशा को प्रकट करती हैं? (3)**

उत्तर उपर्युक्त पंक्तियों का वक्ता मीनू के पिता दयाराम जी हैं। प्रस्तुत पंक्तियों से दयाराम जी की चिंताग्रस्त, निराशा एवं हताशा भरी मनोदशा प्रकट होती है, जिसका कारण उनका स्वयं का स्वास्थ्य और दोनों बेटियों का अभी तक अविवाहित होना था, जिस विषय पर बुआजी भी उन्हें समझाकर गई थीं।

(iv) **प्रस्तुत अवतरण समाज में लड़के-लड़कियों के भेदभाव और बेटियों को बोझ समझने की मानसिकता को कैसे उजागर करता है? इस पर अपने विचार प्रस्तुत करें। (3)**

उत्तर प्रस्तुत अवतरण समाज की एक अपरिपक्व मानसिकता को प्रकट करता है, जिसमें लड़के-लड़कियों में अंतर समझा जाता है, बेटियों को माता-पिता पर बोझ व ज़िम्मेदारी समझा जाता है। बेटियों के विवाह को उनके आत्मनिर्भर बनने और उनके शिक्षित होने से अधिक महत्त्व दिया जाता है। महिलाओं को पुरुषों की अपेक्षा कमज़ोर व असमर्थ समझा जाता है। पिताजी को रोहित की चिंता नहीं थी, क्योंकि वह एक लड़का है, समाज की इसी मानसिकता को पुष्ट करता है।

# अध्याय 12

उपन्यास के इस अध्याय में अमित के विवाह की तैयारियाँ, कपड़े, गहने खरीदने तथा बहू के लिए ज्यादा-से-ज्यादा साड़ियाँ चढ़ाने, मायाराम जी अपनी हैसियत के अनुसार खर्च करने, धनीमल जी के आने तथा पाँच लाख रुपये खर्च करने के विषय में मायाराम जी से बातें करने तथा तीन लाख का फ्लैट देने की बात सुनते ही मायाराम जी और उनकी पत्नी की नाराज़गी का उल्लेख हुआ है।

## अध्याय का सार

मायाराम जी के घर में उनके इकलौते बेटे अमित की शादी की तैयारियाँ ज़ोरों पर थीं। जेवर, कपड़े और दावत के इंतज़ाम की चर्चाएँ चल रही थीं। मायाराम जी और उनकी पत्नी शादी के हर छोटे-बड़े फैसले पर चर्चा कर रहे थे। पत्नी ने सोने के गहनों और साड़ियों की मात्रा पर ज़ोर दिया, जबकि मायाराम जी ने बजट का हवाला देते हुए सीमित खर्च की बात की। शादी के खर्च को लेकर धनीमल जी (लड़की के पिता) मायाराम जी के घर आए। उन्होंने अपनी बेटी सरिता के लिए तीन लाख का फ्लैट देने की बात कही और बताया कि आजकल के बच्चे अलग रहकर अपनी गृहस्थी बसाना चाहते हैं। यह सुनकर मायाराम जी को गहरा आघात लगा। उन्होंने इसे अपने बेटे को उनसे अलग करने के प्रयास के रूप में देखा।

धनीमल जी ने ज़ोर देकर कहा कि फ्लैट देना उनकी परंपरा है और बाकी रकम खर्च करने के लिए सुझाव माँगे। मायाराम जी ने स्पष्ट किया कि उन्हें बस एक सुशील बहू चाहिए और पैसे की कोई ज़रूरत नहीं। इस बातचीत से मायाराम जी असमंजस और चिंता में पड़ गए।

जब अमित को यह सब पता चला, तो उसने अपने माता-पिता से बात की। मायाराम जी ने अमित से कहा कि अब फैसला उसे ही लेना होगा। अमित इस परिस्थिति से परेशान हो गया और बालकनी में टहलते हुए अपने जीवन के सबसे महत्त्वपूर्ण निर्णय पर विचार करने लगा।

### शब्दार्थ

**प्रीतिभोज** *दावत;* **बिरादरी** *जाति;* **उत्तेजित** *क्रुद्ध, गुस्से में होना;* **जेवर** *गहने;* **आमंत्रित** *बुलाना;* **अभिवादन** *आदर करना;* **गृहस्थी** *परिवार;* **दोराहे** *दुविधा।*

# एग्जाम पैटर्न प्रश्न (10 अंक)

***निम्नलिखित अवतरणों को पढ़कर उसके नीचे दिए गए प्रश्नों के उत्तर हिंदी में लिखिए।***

**Q.1** **''परंतु तुम ये तो सोचो कि आजकल शादी के बाद ही दावत दी जाती है। यदि हम प्रीतिभोज नहीं देंगे, तो दुनिया वाले क्या कहेंगे और फिर बड़े घर की लड़की आ रही है। दावत नहीं देंगे, तो सब लोग बात बनाएँगे।''** **[ICSE 2018]**

(i) **उपर्युक्त कथन किसने, किस अवसर पर कहा था?** **(2)**

उत्तर उपर्युक्त कथन मायाराम जी ने अपनी पत्नी से कहा था। उन्होंने अपने बेटे अमित के विवाह की तैयारियों के अवसर पर विवाह के उपरांत प्रीतिभोज के संदर्भ में यह कथन कहा था।

(ii) **'बड़े घर की लड़की' किसको कहा गया है? उसका संक्षिप्त परिचय दीजिए।** **(2)**

उत्तर 'बड़े घर की लड़की' सरिता को कहा गया है। सरिता सेठ धनीमल जी की बेटी है। वह केवल व्यर्थ घूमना तथा अपनी इच्छाओं की पूर्ति करना ही पसंद करती है। उसकी घर के काम- काज में कोई विशेष रुचि नहीं है। उसका विचार है कि वह शादी के बाद उसके पिता उसके साथ एक नौकर भेज देंगे, जो घर का काम करेगा।

(iii) **उपर्युक्त कथन के विषय में अमित के क्या विचार हैं? वह इस शादी से सहमत क्यों नहीं है? धनीमल जी ने शादी के प्रस्ताव के साथ क्या लालच दिया था?** **(3)**

उत्तर उपर्युक्त कथन के विषय में अमित के विचार यह थे कि वे सरल स्वभाव का व्यक्ति था तथा दिखावा करने का सख्त विरोधी था। वह नहीं जानता था कि लोगों को दिखाने के लिए विवाह के उपरांत प्रतिभोज कराया जाए। वह इस शादी से सहमत नहीं था, क्योंकि वह दहेज का विरोधी था। वह सरिता के पिता की ललचाने वाली प्रवृत्ति से भी नाराज़ था, क्योंकि वह अलग फ्लैट देकर सरिता को सास-ससुर से अलग रखने का षड्यंत्र करना चाहता है।

(iv) **आजकल के मध्यमवर्गीय परिवारों में विवाह आदि रीति-रिवाज़ों के अवसर पर होने वाली फिजूलखर्ची पर अपने विचार लिखिए।** **(3)**

उत्तर आजकल के मध्यवर्गीय परिवारों में विवाह आदि रीति- रिवाज़ों के अवसर पर बहुत फिजूलखर्चे किए जाते हैं। पंडाल की सजावट में चंद घटों की चकाचौंध के लिए हज़ारों रुपए खर्च करके पैसों की बर्बादी की जाती है। रीति-रिवाज़ों का मूल उद्देश्य खुशी और सामूहिकता है, जिसे सादगी से पूरा किया जा सकता है। आवश्यकता है कि लोग सरलता अपनाएँ, बजट बनाएँ और सामाजिक जागरुकता फैलाएँ, ताकि फिजूलखर्ची पर नियंत्रण हो सके।

**Q.2** **वैसे हमारे यहाँ शादी के बाद तो दावत होती नहीं है। पहले ही मढ़े पर सब बिरादरी वालों और जान-पहचान वालों को खाना खिला देते हैं।** **[ICSE 2023]**

(i) **वक्ता कौन है? उनके यहाँ किसकी शादी की क्या-क्या तैयारियाँ चल रही हैं?** **(2)**

उत्तर वक्ता मायाराम जी की पत्नी हैं। उनके बेटे अमित की शादी की तैयारियाँ चल रही थीं। शादी में एक महीना बचा था, इसलिए जेवर-कपड़े बनवाने, कार्ड छपवाने और मेहमानों को निमंत्रित करने की तैयारी हो रही थीं, साथ ही, यह तय किया जा रहा था कि रिश्तेदारों और मेहमानों को क्या देना है।

(ii) **मायाराम जी और उनकी पत्नी के बीच किस विषय पर विचार-विमर्श हुआ और इसका क्या निष्कर्ष निकला? (2)**

उत्तर मायाराम जी और उनकी पत्नी विवाहोपरांत किए जाने वाले प्रीतिभोज पर चर्चा करते हैं। मायाराम जी पूछते हैं कि प्रीतिभोज रखा जाए या नहीं। उनकी पत्नी प्रीतिभोज की रस्म न होने की बात कहते हुए कहती हैं कि उनके यहाँ मढ़े पर ही रिश्तेदारों और परिचितों को भोजन कराया जाता है। विचार-विमर्श के बाद वे प्रीतिभोज की दावत देने का निर्णय करते हैं।

(iii) **धनीमल ने अपनी बेटी के विवाह में दहेज देने के लिए मायाराम जी के समक्ष क्या प्रस्ताव रखा? मायाराम जी को उनकी किस बात पर क्रोध आ गया और क्यों ? (3)**

उत्तर धनीमल जी ने अपनी बेटी के विवाह में तीन लाख का फ्लैट देने और बच्चों को अलग रहकर गृहस्थी बसाने का सुझाव दिया। उनकी स्वार्थ, दिखावे और अभिमान भरी बातें मायाराम जी को अपमानजनक लगीं। उन्हें महसूस हुआ कि धनीमल जी का इरादा शादी के बाद अमित को उनसे अलग करने का है। इस प्रस्ताव ने मायाराम जी को आहत और क्रोधित कर दिया।

(iv) **'नया रास्ता' उपन्यास में लेखिका ने किस सामाजिक कुप्रथा पर प्रकाश डाला है? आपके अनुसार इसे रोकने में महत्त्वपूर्ण भूमिका किसकी हो सकती है? उदाहरण सहित बताइए। (3)**

उत्तर 'नया रास्ता' उपन्यास में लेखिका ने विवाह के अवसर पर दहेज प्रथा और लड़का-लड़की के बीच भेदभाव पर प्रकाश डाला है। इन सामाजिक बुराइयों को दूर करने के लिए माता-पिता को लड़का-लड़की दोनों की परवरिश में समानता बरतनी होगी। लड़कियों को आत्मनिर्भर बनाकर उनकी शिक्षा और कौशल को बढ़ावा देना आवश्यक है। साथ ही, उन्हें रंग-रूप और काले-गोरे के भेदभाव से ऊपर उठना होगा। लड़कियों और लड़कों, दोनों को दहेज़ के मामले में अपने विचार बदलने होंगे, तभी समाज की सोच धीरे-धीरे बदल सकती है।

**Q.3 ''कुछ सोना में अपने पास से दे दूँगी। सरिता के लिए नए फैशन के जेवर उस सोने से बनवा देना।''**

**"तुम अपना सोना दोगी चढ़ाने के लिए? नहीं-नहीं अपने बुढ़ापे के लिए रखो अपना सोना।"**

(i) **मायाराम जी की पत्नी ने अपने पास से सोना देने का प्रस्ताव क्यों रखा? इस निर्णय के पीछे क्या उद्देश्य था? (2)**

उत्तर मायाराम जी की पत्नी (वक्ता) ने कुछ सोना अपने पास से देने की बात इसलिए कही, ताकि दुल्हन को विवाह में दिया जाने वाला जेवर ज्यादा भी चढ़ा दिया जाए और उन पर खर्च का अत्यधिक बोझ भी न पड़े। इसके साथ ही समाज में उनका सम्मान भी बना रहे।

(ii) **सरिता कौन थी? उसके लिए जेवर क्यों बनवाए जा रहे थे? (2)**

उत्तर सरिता, धनीमल जी की बेटी थी। सरिता के लिए जेवर इसलिए बनवाए जा रहे थे, क्योंकि उसका विवाह अमित से तय हुआ था और विवाह के अवसर पर बहू को गहने दिए जाने की परंपरा है।

(iii) **"अपने बुढ़ापे के लिए रखो अपना सोना" किसने कहा? वक्ता ने उसे यह सलाह क्यों दी? (3)**

उत्तर "अपने बुढ़ापे के लिए रखो अपना सोना'' यह मायाराम जी (वक्ता) ने कहा, क्योंकि अमित का विवाह सरिता से सुनिश्चित हुआ था और उसको देने के लिए जेवर बनाए जाने थे। मायाराम जी द्वारा सरिता के लिए बनाए जाने वाले गहने उनकी पत्नी को कम लग रहे थे, इसलिए वह अपने गहने देने की बात करती हैं। मायाराम जी का मानना था कि जब बुढ़ापे में उनके पास धन होगा, तभी बच्चे उनकी सेवा करेंगे अन्यथा नहीं, इसलिए वे अपनी पत्नी को सोना बुढ़ापे के लिए बचाए रखने की सलाह देते हैं।

(iv) **''तुम अपना सोना दोगी चढ़ाने के लिए?'' इस पंक्ति से क्या अभिप्राय है? स्पष्ट कीजिए। (3)**

उत्तर विवाह में दुल्हन को उसके ससुराल वाले जो गहने देते हैं, उसे जेवर चढ़ाना कहा जाता है। मायाराम जी जब सरिता के लिए सोने के दो सेट और चार कंगन देने की बात कहते हैं, तो उनकी पत्नी को ये जेवर कम लगते हैं। वह एक-दो किलो सोना देने की बात कहती हैं, पर इतना सोना ढाई लाख से कम का न बनेगा, यह बात सुनकर उनकी पत्नी अपने गहने देकर सरिता के लिए नए फैशन के जेवर बनाने को कहती है, तब मायाराम जी कहते हैं कि तुम अपना सोना दोगी चढ़ाने के लिए।

**Q.4 जितना जेवर तुम खरीद सकते हो, उतना ही चढ़ा देना। पर हाँ, एक बात का ध्यान रखना, बड़े घर की लड़की आ रही है। थोड़ा ज्यादा जेवर ही खरीद लेना। कम जेवर चढ़ाएँगे, तो हमारी नाक नहीं कटेगी?**

(i) **वक्ता और श्रोता कौन हैं तथा मायाराम जी दुल्हन को कितना जेवर देना चाह रहे थे? (2)**

उत्तर वक्ता मायाराम जी की पत्नी हैं तथा श्रोता स्वयं मायाराम जी हैं। घर में शादी के अवसर पर दुल्हन को जेवर चढ़ाए जाते हैं, इसलिए मायाराम जी सरिता को सोने के दो सेट और चार कंगन देना चाह रहे थे।

(ii) **मायाराम जी की पत्नी ने अपने बेटे के विषय में क्या कहा था? (2)**

उत्तर मायाराम जी ने अपनी पत्नी से कहा कि अपने जेवर तुम बुढ़ापे के लिए बचाकर रखना। यह सुनकर उनकी पत्नी ने अपने बेटे अमित के बारे में कहा था कि वह एक अच्छा लड़का है। वह उनका ध्यान रखता है और वह लालची नहीं है। वह बुढ़ापे में हमारी सेवा करेगा।

(iii) **मायाराम जी की पत्नी को क्या समझ आ गया था? उसके उपरांत उन्होंने क्या कहा? (3)**

उत्तर मायाराम जी की पत्नी अपने बेटे को एक अच्छा बेटा सिद्ध करते हुए कहती हैं कि वह बुढ़ापे में भी हमारी सेवा करेगा। यह सुनकर मायाराम जी कहते हैं कि वह अवश्य सेवा करने वाला है, किंतु घर में प्रवेश करने वाली बहू के विषय में कुछ नहीं कहा जा सकता। अगर वह तेज़ हुई, तो बेटा भी कुछ नहीं कर पाएगा। उनकी यह बात समझते हुए उनकी पत्नी सामर्थ्य के अनुसार जेवर देने की बात करते हुए कहती हैं कि अगर हम जेवर कम चढ़ाएँगे, तो हमारा सम्मान कम होगा, इसलिए जेवर थोड़ा अधिक ही खरीदना।

(iv) **"कम जेवर चढ़ाएँगे, तो हमारी नाक नहीं कटेगी?" पंक्ति से वक्ता का क्या अभिप्राय है? (3)**

उत्तर "कम जेवर चढ़ाएँगे, तो हमारी नाक नहीं कटेगी?'' उक्त पंक्ति से वक्ता का अभिप्राय यह है कि सरिता एक धनी एवं संपन्न परिवार की लड़की है। अगर विवाह में हमारे द्वारा उसको जेवर कम चढ़ाया गया तो समाज में हमारे सम्मान में कमी होगी, क्योंकि सरिता एक अमीर परिवार की बेटी है और उसके पिता विवाह में पाँच लाख रुपये भी खर्च कर रहे हैं, इसलिए कम जेवर देने पर हमारी इज्ज़त कम हो सकती है।

# अध्याय 13

उपन्यास के इस अध्याय में हॉस्टल के वातावरण में आई शांति, मीनू की तबीयत ठीक न होने, उसे माँ की याद आने, माया द्वारा मीनू के लिए दवाई और चाय का प्रबंध करने, मीनू का बुखार उतरने और परीक्षा समाप्त होते ही घर जाने की उत्सुकता का उल्लेख है।

## अध्याय का सार

मीनू के हॉस्टल का वातावरण शांत हो गया था। परीक्षा नज़दीक थीं और सभी लड़कियाँ पढ़ाई में व्यस्त थीं। मीनू पढ़ाई में गहरी रुचि रखती थी और परीक्षा के दिनों में खाने-पीने की भी सुध नहीं रहती थी। वह इन दिनों कमरे में रहकर ही पढ़ाई कर रही थी। एक दिन मीनू को तेज़ बुखार हो गया। उसका शरीर दर्द से टूट रहा था और उसे अपनी माँ की याद आने लगी। बचपन में जब उसे तेज़ बुखार हुआ था, माँ ने रातभर बर्फ की पट्टियाँ रखकर उसकी सेवा की थी, लेकिन अब माया ने उसका पूरा ध्यान रखा। वह दवाई लेने गई और मीनू के लिए चाय बनाकर लाई। माया ने सिर दबाया, जिससे मीनू को आराम मिला और वह सो गई। सुबह मीनू का ज्वर कम हो गया था और उसने माया के प्रति गहरा स्नेह महसूस किया। जल्द ही मीनू की परीक्षा शुरू हो गई। उसने मेहनत से सभी पेपर दिए और आखिरी परीक्षा के बाद घर जाने की तैयारियों में जुट गई।

माया और मीनू दोनों अपनी-अपनी छुट्टियों के लिए तैयार थीं। उन्होंने हॉस्टल से विदा ली और अपने-अपने घरों के रास्ते निकल पड़ीं। मीनू के दिल में घर जाने का उत्साह और अपनों से मिलने की खुशी थी।

### शब्दार्थ

**महसूस** *अनुभव करना;* **ज्वर** *बुखार;* **तमतमाना** *तपना;* **बड़बड़ाना** *अपने आप से ही बातें करना;* **स्पष्ट** *साफ़;* **स्नेह** *प्रेम;* **प्रात:काल** *सुबह;* **पश्चात्** *बाद में;* **उत्साह** *जोश।*

## एग्जाम पैटर्न प्रश्न (10 अंक)

***निम्नलिखित अवतरणों को पढ़कर उसके नीचे दिए गए प्रश्नों के उत्तर हिंदी में लिखिए।***

**Q.1 वह अपनी किताब पेट पर रखकर तकिए के सहारे लेट-सी गई। मीनू का चेहरा बुखार के कारण तमतमा रहा था। माया अपने पलंग से उठकर मीनू के पास आई और उसके माथे पर हाथ रखा, तो दंग रह गई। उसका शरीर ज्वर से तप रहा था।**

(i) **मीनू के हॉस्टल का वातावरण कैसा था और इसका क्या कारण था? (2)**

उत्तर मीनू के हॉस्टल का वातावरण शांत था। इसका कारण यह था कि सभी लड़कियाँ परीक्षा की तैयारी में व्यस्त थीं और अपने-अपने कमरों में पढ़ाई कर रही थीं।

(ii) **मीनू का परीक्षा के प्रति क्या दृष्टिकोण था और यह उसके व्यवहार में कैसे प्रकट होता है? (2)**

उत्तर मीनू पढ़ाई में विशेष रुचि रखती थी और परीक्षा के प्रति गंभीर थी। यह उसके व्यवहार में इस प्रकार प्रकट होता है कि वह परीक्षा के दिनों में खाने-पीने की सुध तक नहीं रखती थी और अपने कमरे में पुस्तकों के साथ अधिकतर समय बिताती थी।

(iii) **मीनू की बीमारी के दौरान अतीत की कौन-सी घटना उसकी स्मृतियों में उभर आई और इसका उसके भावनात्मक स्थिति पर क्या प्रभाव पड़ा? (3)**

उत्तर मीनू की बीमारी के दौरान उसे आठवीं कक्षा में हुई एक घटना याद आई, जब उसे तेज़ ज्वर हुआ था और उसने बड़बड़ाना शुरू कर दिया था। उसकी यह हालत देखकर माँ की आँखों में आँसू आ गए थे। इस स्मृति ने मीनू के दिल में माँ की ममता और देखभाल की यादें ताज़ा कर दीं, जिससे वह अकेला और भावनात्मक रूप से कमज़ोर महसूस करने लगी।

(iv) **मीनू की तबीयत खराब होने पर माया ने क्या किया? इस प्रसंग से माया के व्यक्तित्व का कौन-सा पक्ष उजागर होता है? (3)**

उत्तर मीनू की तबीयत खराब देखकर माया तुरंत उसकी मदद के लिए आगे बढ़ी। उसने मीनू का माथा छूकर उसकी हालत को समझा और ज्वर से तपते देखकर चिंतित हो गई। मीनू की स्थिति को गंभीर पाकर माया ने बिना समय गँवाए स्वयं दवा लाने का निर्णय लिया और तुरंत दवाई लेने चली गई। इस घटना से माया का संवेदनशील, मददगार और ज़िम्मेदार स्वभाव उजागर होता है, जो उसकी सहृदयता को दर्शाता है।

**Q.2 सारी रात माँ उसी के पास बैठी रहीं। सुबह जब उसकी आँखें खुलीं, तो माँ के चेहरे पर सारी रात जागने की थकान स्पष्ट दिखाई दे रही थी, परंतु उस समय तक मीनू का ज्वर उतर चुका था। इस बात का उन्हें संतोष था।**

(i) **माया का मीनू के प्रति व्यवहार कैसा था? मीनू को उसके व्यवहार में क्या विशेषता दिखाई दी? (2)**

उत्तर माया का मीनू के प्रति व्यवहार बहुत ही स्नेहपूर्ण और देखभाल करने वाला था। मीनू को ज्वर से पीड़ित देखकर माया ने खुद दवाई लाने की पहल की, उसे चाय दी और सिर दबाकर आराम दिया। मीनू को माया के व्यवहार में एक प्रकार का अपनापन और स्नेह महसूस हुआ।

(ii) **माँ सारी रात मीनू के पास क्यों बैठी रहीं और उन्होंने मीनू की किस तरह से देखभाल की? (2)**

उत्तर मीनू जब आठवीं कक्षा में पढ़ती थी, तब उसे अत्यधिक तेज़ बुखार हुआ था, जिस कारण बेटी की नाजुक हालत को देखते हुए वे सारी रात जागकर उसके समीप बैठी रहीं और डॉक्टर के कहे अनुसार उसके माथे पर बर्फ की पट्टियाँ रखकर उसकी सेवा करती रहीं।

(iii) **माँ के लिए मीनू की तबीयत को लेकर किस प्रकार की मानसिक और शारीरिक स्थिति थी और इसने उनके स्वास्थ्य पर क्या असर डाला? (3)**

उत्तर माँ को मीनू के ज्वर के कम होने के कारण उसके स्वास्थ्य में आई स्थिरता से संतोष था, क्योंकि रात को बहुत अधिक तबीयत खराब होने के कारण उसने बड़बड़ाना शुरू कर दिया था, जिस कारण माँ बहुत परेशान एवं व्याकुल हो उठी थीं और माँ ने पूरी रात जागकर मीनू की देखभाल की थी, जिसकी थकान उनके चेहरे पर स्पष्ट रूप से दिखाई दे रही थी। माँ के अथक् परिश्रम के कारण ही उन्होंने अपनी बेटी के प्राणों की रक्षा की थी, इसलिए माँ संतुष्ट दिखाई दे रही थीं।

(iv) **मीनू की मानसिक स्थिति को ध्यान में रखते हुए क्या माया की उपस्थिति उसे अधिक आराम और सहारा देती है? मीनू के विचारों में क्या बदलाव आया है, जब उसने माया के प्रति अपनापन महसूस किया? (3)**

उत्तर मीनू की मानसिक स्थिति बहुत अस्थिर थी, क्योंकि वह बुखार से जूझ रही थी और अकेलेपन का सामना कर रही थी। माया की उपस्थिति ने उसे शारीरिक रूप से तो आराम दिया ही, साथ ही मानसिक रूप से भी सहारा मिला। माया की देखभाल और उसके व्यवहार में नयापन और अपनापन देखकर मीनू के विचारों में बदलाव आया। पहले वह अपनी माँ की यादों में खोई हुई थी, लेकिन माया के प्रति स्नेह और प्रेम से भरकर उसने महसूस किया कि दूसरे लोग भी उसे अपने जैसा महसूस करा सकते हैं।

**Q.3 प्रातःकाल जब मीनू की आँखें खुलीं, तो उसके शरीर का दर्द समाप्त हो गया था। ज्वर भी कम लग रहा था। माया अभी सो रही थी। शायद रात देर तक पढ़ी होगी। मीनू ने करवट बदली और माया की ओर मुँह करके लेट गई। सोती हुई माया को देखकर मीनू के हृदय में उसके लिए प्यार उमड़ पड़ा।**

(i) **किसे व क्यों लगा कि माया देर रात तक पढ़ी होगी? (2)**

उत्तर माया द्वारा मीनू का सिर दबाने पर उसे अत्यधिक आराम हुआ था और उसे नींद आ गई थी, किंतु सुबह उठने पर उसने माया को सोया हुआ पाया, जिस कारण मीनू को लगा कि माया देर रात तक पढ़ी होगी।

(ii) **मीनू के हृदय में किसके लिए प्यार उमड़ पड़ा और क्यों? (2)**

उत्तर मीनू के हृदय में माया के लिए प्यार उमड़ आया था, क्योंकि जब मीनू बीमार थी और ज्वर से तप रही थी, तब माया ने निःस्वार्थ भाव से उसकी देखभाल की थी। माया की इस सेवा और अपनत्व ने मीनू के दिल में उसके लिए प्यार जागृत किया।

(iii) **मीनू को किस प्रकार की शारीरिक और मानसिक स्थिति का सामना करना पड़ा था और उसे इससे उभरने में किसकी मदद मिली? (3)**

उत्तर मीनू को शारीरिक रूप से ज्वर और शरीर के दर्द का सामना करना पड़ा था, जिससे वह काफी कमज़ोर हो गई थी। मानसिक रूप से भी परीक्षा की चिंता और बीमारी ने उसे प्रभावित किया था। उसे इस स्थिति से उभरने में माया की मदद मिली, जिन्होंने न केवल उसे शारीरिक रूप से आराम दिया, बल्कि मानसिक सहारा भी दिया। माया के स्नेहपूर्ण व्यवहार और देखभाल ने मीनू को जल्दी ठीक होने में मदद की।

(iv) **मीनू के स्वास्थ्य और परीक्षा के परिणामों के संदर्भ में उसकी आत्म-प्रेरणा और संघर्ष को किस प्रकार से प्रदर्शित किया गया है? (3)**

उत्तर मीनू के स्वास्थ्य और परीक्षा के परिणामों के संदर्भ में उसकी आत्म-प्रेरणा और संघर्ष को इस प्रकार प्रदर्शित किया गया है कि उसने अपने शरीर के दर्द और बीमारी के बावजूद परीक्षा में अच्छे परिणाम प्राप्त करने के लिए कड़ी मेहनत की। उसकी मानसिक स्थिति यह दर्शाती है कि उसने कभी हार नहीं मानी और परीक्षा के दौरान हर प्रकार की कठिनाई का सामना किया। माया की मदद से मीनू शारीरिक रूप से स्वस्थ हुई और उसकी कठिनाइयों के बावजूद उसने मानसिक दृढ़ता दिखाई, जो उसकी आत्म-प्रेरणा का परिचायक था।

# अध्याय 14

उपन्यास के इस अध्याय में मीनू के घर लौटने, पिताजी द्वारा दिल्ली में इंजीनियर लड़के से उसके रिश्ते की बात चलाने, मीनू द्वारा आशा की शादी करने का सुझाव देने, आशा की शादी तय होने, नीलिमा के आने की खबर सुनकर उससे मिलने जाने, वहाँ अशोक से विवाह की बात नीलिमा द्वारा करने और मीनू द्वारा वकालत की पढ़ाई पूरी होने तक विवाह न करने का निश्चय नीलिमा को बताने आदि का उल्लेख किया गया है।

## अध्याय का सार

मीनू जब घर पहुँची, तो पिताजी पूरी तरह स्वस्थ हो चुके थे और काम पर भी जाने लगे थे। माँ ने मीनू को सीने से लगाया, जबकि आशा और रोहित खुशी से झूम उठे। माँ ने मीनू से परीक्षा के बारे में पूछा और मीनू ने बताया कि पेपर अच्छे हुए हैं। पिताजी ने मीनू को बुआजी का पत्र दिखाया, जिसमें एक लड़के का जिक्र था, जो दिल्ली में इंजीनियर है। मीनू ने कहा कि वह अपनी पढ़ाई छोड़कर शादी नहीं करेगी, लेकिन उसने आशा के लिए लड़के से बात करने की सलाह दी। पिताजी दिल्ली गए और आशा का रिश्ता तय हो गया।

एक दिन मीनू ने अपनी पुरानी सखी नीलिमा से मुलाकात की, जिसने बताया कि वह गर्भवती है। नीलिमा ने मीनू से उसकी शादी के बारे में पूछा, तो मीनू ने बताया कि वह अभी अपनी पढ़ाई पूरी करना चाहती है। नीलिमा ने उसे अशोक से शादी करने की सलाह दी, लेकिन मीनू ने अपने लक्ष्य को प्राथमिकता दी। इस समय मीनू को नीलिमा के शब्दों ने गहरे विचार में डाल दिया, लेकिन उसने अपने उद्देश्य से नहीं भटकने का निर्णय लिया।

**शब्दार्थ**

**प्रेरणा** *उत्साह;* **समर्थन** *सहयोग करना;* **बेचैन** *उत्सुक;* **संकोच** *शर्म;* **प्रशंसा** *तारीफ करना;* **हठ** *ज़िद;* **झंकृत** *झंकार उत्पन्न करने वाला।*

## एग्जाम पैटर्न प्रश्न (10 अंक)

***निम्नलिखित अवतरणों को पढ़कर उसके नीचे दिए गए प्रश्नों के उत्तर हिंदी में लिखिए***

**Q.1 पिताजी अभी वाक्य पूरा कर भी न पाए थे कि मीनू बोल पड़ी, 'पिताजी, मैंने आपसे पहले भी कहा था कि मैं अभी अपनी पढ़ाई बीच में ही छोड़कर शादी नहीं करूंगी।' 'बेटी यह बात तो ठीक है, परंतु लड़का बहुत अच्छा है। ऐसे लड़के रोज-रोज कहाँ मिलते हैं।'**

(i) **पिताजी मीनू को किसके बारे में और क्या बता रहे थे? (2)**

उत्तर पिताजी मीनू को बुआजी द्वारा भेजे गए पत्र के विषय में बता रहे थे, जिसमें बुआजी ने दिल्ली में रहने वाले एक लड़के का वर्णन किया था, जो इंजीनियर था और तीन हज़ार रुपये महीना वेतन पाता था। पिताजी चाहते थे कि मीनू उस लड़के से विवाह के लिए अपनी सहमति दे दे।

(ii) **मीनू के घर आने पर पिताजी का स्वास्थ्य किस स्थिति में था और इससे मीनू को कैसा महसूस हुआ? (2)**

उत्तर मीनू के घर आने पर पिताजी का स्वास्थ्य अब पूरी तरह से ठीक हो चुका था। वह पहले की तरह पूर्ण रूप से स्वस्थ हो गए थे और अब अपने काम पर भी जाने लगे थे। पिताजी की इस स्वस्थ स्थिति को देखकर मीनू को अत्यधिक राहत और खुशी महसूस हुई।

(iii) **मीनू ने विवाह न करने की इच्छा क्यों प्रकट की और इसका क्या कारण था कि उसने आशा के विवाह का प्रस्ताव पिताजी के सामने रखा? (3)**

उत्तर पिताजी के द्वारा पुनः विवाह के विषय में चर्चा करने पर मीनू ने विवाह न करने की इच्छा इसलिए प्रकट की, क्योंकि वह अपनी पढ़ाई को बीच में छोड़कर विवाह नहीं करना चाहती थी। वह नहीं चाहती थी कि उसकी वजह से उसकी छोटी बहन आशा के विवाह में कोई देरी हो, इसलिए उसने पिताजी के सामने आशा का विवाह करवाने का प्रस्ताव रखा था।

(iv) **मीनू के पिताजी ने आशा के लिए रिश्ता तय करने के बाद क्या प्रतिक्रिया व्यक्त की और इसका समाज और पारिवारिक मूल्य व्यवस्था से क्या संबंध है? (3)**

उत्तर मीनू के पिताजी ने शुरुआत में आशा के लिए रिश्ता तय करने में संकोच किया, लेकिन परिवार के सभी सदस्यों की सलाह और समर्थन को मानते हुए उन्होंने इस निर्णय को स्वीकार किया। समाज और पारिवारिक मूल्य व्यवस्था से इस घटना का संबंध यह है कि परिवार में निर्णय लेने की प्रक्रिया अक्सर सामूहिक रूप से होती है और इसमें माता-पिता का आशीर्वाद और समर्थन महत्त्वपूर्ण होता है।

**Q.2 नीलिमा का नाम सुनते ही वह खुशी से झूम उठी और अपनी प्रिय सखी से मिलने के लिए बेचैन हो गई। इस समय माँ घर में नहीं थी। पड़ोस में किसी के घर गई थी, इसलिए इस समय उसका जाना संभव न था।**

(i) **मीनू ने नीलिमा की स्वास्थ्य स्थिति के बारे में किस प्रकार प्रतिक्रिया व्यक्त की और इसका कारण क्या था? (2)**

उत्तर मीनू ने नीलिमा के स्वास्थ्य के बारे में चिंता व्यक्त करते हुए पूछा कि क्या वह ठीक है, क्योंकि नीलिमा कुछ कमजोर सी दिख रही थी। जब नीलिमा ने उल्टियों के बारे में बताया, तो मीनू ने हँसी के साथ इसे खुशखबरी समझा, क्योंकि उसे लगा कि नीलिमा गर्भवती हो सकती है।

(ii) **मीनू के संकोच और घुल-मिलकर बात करने की प्रक्रिया में क्या परिवर्तन आया और उसका कारण क्या था? (2)**

उत्तर मीनू को अशोक के साथ बातचीत करने में संकोच होता था, क्योंकि वह शर्मीली थी, लेकिन हॉस्टल में रहने के बाद उसका आत्मविश्वास बढ़ा और उसका संकोच कम हो गया था, जिससे वह अशोक से सहजता से बात करने लगी थी।

(iii) **मीनू, नीलिमा का नाम सुनते ही क्यों झूम उठी? नीलिमा कहाँ से आई थी और उसके आने की सूचना किसने दी? (3)**

उत्तर नीलिमा का नाम सुनते ही मीनू खुशी से झूम उठी, क्योंकि वे दोनों घनिष्ठ सहेलियाँ थीं और उन्हें एक-दूसरे से मिले हुए काफ़ी समय हो गया था। नीलिमा अपने ससुराल मेरठ से मायके आई थी। नीलिमा के आने की सूचना उसके भाई अशोक ने मीनू को दी, जिससे वह उससे मिलने के लिए अत्यधिक उत्साहित हो गई।

(iv) **'खुशी से झूम उठी' प्रस्तुत पंक्ति से क्या अभिप्राय है? (3)**

उत्तर 'खुशी से झूम उठी' प्रस्तुत पंक्ति से अभिप्राय है- बहुत अधिक आनंदित या प्रसन्नता का अनुभव करना। उपन्यास में नायिका अर्थात् मीनू जब कॉलेज में अवकाश होने के कारण घर आई हुई थी, तब उसे उसकी सहेली के भैया बताते हैं कि उसकी सहेली नीलिमा घर आई हुई है और उसे याद कर रही है। इस खबर को सुनते ही मीनू अत्यधिक प्रसन्नता का अनुभव करती हुई खुशी से झूम उठती है।

**Q.3 तभी नीलिमा ने मीनू से शादी के बारे में पूछ लिया, 'मीनू, तू शादी नहीं कर रही है अभी? मैंने सुना है आशा का रिश्ता हो गया है।' 'हाँ नीलिमा! आशा का रिश्ता हो गया है। लड़का इंजीनियर है। घर भी अच्छा है।'**

**'पर मीनू, तू अभी शादी के लिए तैयार क्यों नहीं है?' नीलिमा ने पूछा। 'नीलिमा अब मैं कुछ निराश-सी हो गई हूँ। कौन करेगा मुझसे शादी?'**

(i) **नीलिमा ने मीनू से शादी के बारे में क्यों पूछा और मीनू का क्या उत्तर था? (2)**

उत्तर नीलिमा ने मीनू से शादी के बारे में पूछा, क्योंकि उसे जानकारी मिली थी कि आशा का रिश्ता हो गया है। मीनू का उत्तर था कि वह अभी शादी के लिए तैयार नहीं है, क्योंकि वह वकालत पढ़ रही है और अपनी पढ़ाई में ध्यान केंद्रित करना चाहती है।

(ii) **अशोक की मीनू के प्रति प्रशंसा का नीलिमा ने किस तरह उल्लेख किया और इसका मीनू पर क्या प्रभाव पड़ा? (2)**

उत्तर नीलिमा ने बताया कि अशोक हमेशा मीनू की प्रशंसा करता रहता है और उससे शादी करने के लिए तैयार है। यह सुनकर मीनू थोड़ी मुस्कुराई और बोली चल कोई तो है अपनी प्रशंसा करने वाला भी, लेकिन शादी को लेकर गंभीरता नहीं दिखाई।

(iii) **मीनू के मन में कौन-सी उलझन पैदा हुई और अंत में उसे क्या निर्णय लेने की स्थिति उत्पन्न हुई और क्यों? (3)**

उत्तर मीनू के मन में यह उलझन थी कि क्या वह अपने लक्ष्य को छोड़कर शादी कर ले या फिर अपनी पढ़ाई पूरी करके अपने लक्ष्य की प्राप्ति के लिए मेहनत करे। नीलिमा के शब्दों ने उसे विचार करने पर मजबूर कर दिया। अंत में उसने यह निर्णय लिया कि वह अपनी पढ़ाई पूरी करके एक काबिल वकील बनेगी।

(iv) **मीनू के व्यक्तित्व के किन पहलुओं को उजागर किया गया है और ये पहलू समाज में सामान्यतः किस तरह से देखे जाते हैं? (3)**

उत्तर मीनू के व्यक्तित्व के निम्न पहलू उजागर किए गए हैं; जैसे- उसकी आत्मनिर्भरता, शिक्षा के प्रति समर्पण और पारंपरिक विवाह के दबावों से परे अपने लक्ष्य की ओर बढ़ने की इच्छा। समाज में इस तरह के व्यक्तित्व को सामान्यतः प्रेरणादायक और आधुनिक माना जाता है, लेकिन यह भी देखा जाता है कि समाज में पारम्परिक दृष्टिकोण से जुड़ी कड़ी अपेक्षाएँ होती हैं, जो महिलाओं को शादी के बाद के जीवन की ओर अधिक प्रेरित करती हैं।

# अध्याय 15

उपन्यास के इस अध्याय में मीनू के प्रथम श्रेणी में पास होने, दो महीने बाद हॉस्टल लौटने और वहाँ माया से मिलने, अपनी बहन आशा के लिए बाज़ार में चप्पलें खरीदते हुए अमित को देखते ही मन घृणा से भर जाने, हॉस्टल लौटने पर मीनू के हाथ में साड़ियों का डिब्बा देखकर लड़कियों द्वारा तरह-तरह के प्रश्न पूछने और सच्चाई जानने पर वापस अपने-अपने कमरे में चले जाने का उल्लेख (वर्णन) किया गया है।

## अध्याय का सार

मीनू का परीक्षाफल आ चुका था और उसने प्रथम श्रेणी में परीक्षा उत्तीर्ण की थी। आज वह प्रसन्न थी, क्योंकि वह अपनी मंज़िल की पहली सीढ़ी चढ़ चुकी थी। दो महीने की छुट्टियाँ समाप्त होने पर मीनू छात्रावास जाने की तैयारी करने लगी। छात्रावास पहुँचने पर उसे माया मिली, जिसने उसे बधाई दी। कॉलेज में मीनू ने नियमित पढ़ाई शुरू की और हमेशा प्रथम श्रेणी में पास होती रही। एक रविवार को मीनू बाज़ार गई, जहाँ माया उसके साथ थी। दोनों चप्पलें खरीदने के लिए दुकान पर पहुँचीं, तभी मीनू ने अमित को देखा। अमित उसे देखता रह गया, लेकिन मीनू ने जल्दी से चप्पलें खरीदीं और माया के साथ वहाँ से चली आई। मीनू के मन में अमित को लेकर अतीत की यादें ताज़ा हो गईं। छात्रावास वापस लौटने पर उसकी सहेलियाँ साड़ियाँ देखकर मज़ाक करने लगीं। मीनू ने शांत स्वर में बताया कि साड़ियाँ उसने अपनी छोटी बहन के लिए खरीदी हैं। एक महीने बाद उसकी शादी है। यह बात सुनकर सभी चुप हो गईं।

## शब्दार्थ

**व्यस्त** *किसी कार्य में पहले से लगे हुए होना*; **मोह** *लगाव* ; **आग्रह** *निवेदन*; **एकटक** *लगातार*; **यद्यपि** *फिर भी*; **घृणा** *द्वेषभाव*; **उत्तेजित** *जोश*; **कटाक्ष** *व्यंग्य*; **एकत्रित** *इकट्ठा*; **संयम** *साहस, ढाँढस*; **अव्यवस्थित** *बिगड़ा हुआ स्वरूप*; **स्मृतियाँ** *यादें*।

# एग्जाम पैटर्न प्रश्न (10 अंक)

***निम्नलिखित अवतरणों को पढ़कर उसके नीचे दिए गए प्रश्नों के उत्तर हिंदी में लिखिए।***

**Q.1 आखिर मेरठ जाने का दिन आ ही गया। दो महीने घर में सबके साथ रहने पर घर के प्रति मोह और अधिक बढ़ गया था। कितना अजीब-सा लग रहा था, उसे घर छोड़कर जाना।**

(i) **मीनू को अपने परीक्षाफल के बारे में क्या जानकारी मिली थी और वह किस श्रेणी में उत्तीर्ण हुई थी? (2)**

उत्तर मीनू को यह जानकारी मिली कि उसने प्रथम श्रेणी में परीक्षा उत्तीर्ण कर ली थी। वह अपने परीक्षाफल से बहुत प्रसन्न थी और उसे लगा कि उसने अपनी मंजिल की पहली सीढ़ी चढ़ ली है।

(ii) **कहाँ जाने का दिन आ गया था और क्यों? (2)**

उत्तर मीनू के मेरठ जाने का दिन आ गया था, क्योंकि उसकी परीक्षाओं का परिणाम आने के साथ-साथ उसकी परीक्षाओं के उपरांत का अवकाश भी समाप्त हो गया था और उसकी वकालत की कक्षाएँ आरंभ होने वाली थीं।

(iii) **मीनू की छुट्टियाँ समाप्त होने के बाद के समय में क्या परिवर्तन आया और वह किन मानसिक द्वंद्वों से गुजर रही थी? (3)**

उत्तर मीनू की छुट्टियाँ समाप्त होने के बाद उसे घर छोड़ने पर बहुत कठिनाई महसूस हो रही थी। दो महीने घर में बिताने और आशा के विवाह की तैयारियों में शामिल होने से घर के प्रति उसका मोह बढ़ गया था। छात्रावास लौटने का समय आने पर वह भावनात्मक रूप से उलझन में थी और उसे घर छोड़कर छात्रावास जाना मानसिक रूप से चुनौतीपूर्ण लग रहा था।

(iv) **मीनू के घर छोड़ने के अनुभव से क्या यह संकेत मिलता है कि उसे स्वतंत्रता की आवश्यकता थी? इसके मनोवैज्ञानिक पहलू पर चर्चा करें। (3)**

उत्तर मीनू के घर छोड़ने का अनुभव इस बात का संकेत है कि उसे स्वतंत्रता की आवश्यकता थी, हालाँकि यह उसके लिए मानसिक संघर्ष भी था। दो महीने घर में रहने के बाद घर का मोह बढ़ गया था, लेकिन उसे महसूस हुआ कि वह अपनी शैक्षिक यात्रा को आगे बढ़ाने के लिए छात्रावास जाने की आवश्यकता महसूस करती है। यह मानसिक संघर्ष उसके आत्मविकास और स्वतंत्रता की ओर बढ़ने की प्रक्रिया का हिस्सा था।

**Q.2 उसने आशा के लिए चार साड़ियाँ खरीदीं। उसके बाद वे दोनों चप्पलों की दुकान पर पहुँचीं। अभी वे दोनों चप्पल पसंद कर ही रही थीं कि मीनू को सामने अमित दिखाई दे गया।**

(i) **माया, मीनू के साथ कहाँ गई थी और क्यों? (2)**

उत्तर माया, मीनू के साथ बाज़ार गई थी, क्योंकि मीनू को अपनी छोटी बहन आशा के विवाह के लिए सामान खरीदना था और वह अकेले जाकर खरीदारी नहीं कर सकती थी, इसलिए मीनू ने माया से साथ चलने का आग्रह किया था।

(ii) **मीनू को कौन दिखाई दिया और वह कहाँ आया हुआ था? (2)**

उत्तर मीनू जब साड़ियाँ खरीदने के उपरांत चप्पलें खरीदने के लिए दुकान में प्रवेश करती है, तो मीनू को अमित दिखाई देता है। अमित स्वयं अपनी छोटी बहन मधु को चप्पल दिलवाने के लिए बाज़ार आया हुआ था।

(iii) **माया क्या बात नहीं समझ पाई थी? अमित किसे एकटक देख रहा था और क्यों? (3)**

उत्तर माया यह बात नहीं समझ पाई थी कि मीनू क्यों असहज महसूस कर रही थी, क्योंकि वह अमित की उपस्थिति और उसके व्यवहार को ठीक से नहीं समझ पा रही थी। दरअसल, अमित मीनू को लगातार देख रहा था। वह मीनू से अपने द्वारा किए गए कुकृत्य के लिए माफ़ी माँगना चाहता था और उसके प्रति अपनी भावनाएँ व्यक्त करना चाहता था। मीनू को देखकर वह यह अवसर पाने के लिए बेचैन था, लेकिन अवसर न मिलने के कारण वह उसे लगातार एकटक देखता रहा।

(iv) **मीनू के मन में अमित के प्रति जो घृणा उत्पन्न हुई थी, उसके पीछे क्या कारण थे और यह घृणा उसके मानसिक स्वास्थ्य पर किस प्रकार असर डाल रही थी? (3)**

उत्तर मीनू के मन में अमित के प्रति घृणा के कारण उस घटना से जुड़े थे, जब अमित और उसके परिवार ने मीनू और उसके परिवार के साथ छल किया था। झूठ बोलकर उन्होंने उनसे छल किया, जिसके कारण मीनू का विश्वास टूट गया। यह घृणा मीनू के मानसिक स्वास्थ्य पर नकारात्मक असर डाल रही थी, क्योंकि वह अपने अतीत के दुःखद अनुभवों को बार-बार याद करके मानसिक तनाव और बेचैनी महसूस कर रही थी।

**Q.3 इतने सारे प्रश्नों की एक साथ बौछार ! मीनू को बोलने का किसी ने अवसर ही नहीं दिया। जब सब चुप हो गईं, तब मीनू ने शांत स्वर में बताया कि ये साड़ियाँ मैंने अपनी छोटी बहन के लिए खरीदी हैं।**

(i) **लड़कियों ने किससे प्रश्न किए थे और क्यों? (2)**

उत्तर मीनू के छात्रावास पहुँचने पर सभी लड़कियाँ उससे कई प्रश्न पूछती हैं, क्योंकि मीनू जब साड़ियाँ खरीदकर छात्रावास पहुँचती है, तो लड़कियों में उसके द्वारा साड़ियाँ खरीदने का कारण जानने की उत्सुकता थी।

(ii) **मीनू के हाथ में साड़ियों के डिब्बे देखकर लड़कियाँ क्या मान बैठी थीं और इसके बाद मीनू ने उनका भ्रम कैसे दूर किया? (2)**

उत्तर लड़कियाँ मीनू के हाथ में साड़ियों के डिब्बे देखकर यह मान बैठी थीं कि मीनू ने अपनी शादी के लिए ये साड़ियाँ खरीदी हैं। उन्होंने इसी संदर्भ में मज़ाक भरी बातें की, लेकिन मीनू ने शांत स्वर में जवाब देकर उनका भ्रम दूर किया और बताया कि ये साड़ियाँ उसकी छोटी बहन आशा के विवाह के लिए खरीदी गई हैं।

(iii) **'इतने सारे प्रश्नों की एक साथ बौछार!' से लेखिका ने क्या संकेत देने का प्रयास किया है? स्पष्ट कीजिए। (3)**

उत्तर साड़ियाँ खरीदने के उपरांत जब मीनू उन्हें लेकर छात्रावास पहुँचती है, तो सभी लड़कियाँ साड़ियाँ देखते हुए उससे लगातार कई प्रश्न पूछती हैं। कुछ साड़ी की प्रशंसा करते हुए स्वयं के लिए खरीदी हुई होने का प्रश्न पूछती हैं, तो कुछ विवाह तय होने की बात न बताने का कारण पूछती हैं। लड़कियाँ ऐसे ही कई प्रश्न उससे बिना किसी विराम के पूछ डालती हैं, इसलिए लेखिका लगातार पूछे गए प्रश्नों के कारण 'इतने सारे प्रश्नों की एक साथ बौछार' होने की बात कहती है।

(iv) **मीनू ने क्या बताया था और उसके उपरांत उनकी क्या प्रतिक्रिया हुई? (3)**

उत्तर छात्रावास की लड़कियाँ जब मीनू से साड़ियों के खरीदे जाने का कारण जानने के लिए कई सारे प्रश्न एक साथ ही पूछती हैं, तब मीनू सबके शांत होने के उपरांत उन्हें बताती है कि उसने यह साड़ियाँ अपनी छोटी बहन आशा के विवाह के लिए खरीदी हैं। मीनू का जवाब पाकर सभी लड़कियाँ चुप हो जाती हैं और कोई उससे और प्रश्न पूछने का साहस भी नहीं जुटा पाती और अपने-अपने कमरों में चली जाती हैं।

# अध्याय 16

उपन्यास के इस अध्याय में आशा के विवाह की तैयारियाँ, मीनू की बुआजी को समझाने, बड़ी बहन द्वारा कुछ रस्में निभाने, मीनू द्वारा कुछ कटु बातें सुनने, उसके दुःखी होने, आशा को तैयार करने, मीनू को देखकर कुछ महिलाओं की बातचीत, आशा की विदाई होने, माँ को सांत्वना देने तथा छात्रावास लौटने की अनुमति लेने का उल्लेख किया गया है।

## अध्याय का सार

आशा की शादी के दो दिन पहले मीनू मेरठ से घर आ गई थी। मीनू को कभी यह एहसास नहीं हुआ कि उसकी छोटी बहन की शादी उससे पहले हो रही है। बुआजी ने शादी से पहले मीनू से कुछ ऐसे शब्द कहे, जिससे मीनू का हृदय दुःख गया। बुआजी ने सवाल उठाया कि मीनू कैसे शादी की रस्में निभा सकती है, क्योंकि उसकी शादी नहीं हुई। मीनू का चेहरा मुरझा गया, लेकिन उसने संयम बनाए रखा और अपनी बहन की शादी की सारी रस्में पूरी की। शादी के दिन मीनू ने एक साड़ी पहनी, जिसमें वह सुंदर लग रही थी, लेकिन घर में कुछ महिलाओं ने उसकी शादी न होने पर टिप्पणी की, जिससे मीनू का हृदय और दुःखी हो गया। फिर भी उसने चुप रहते हुए हर कार्य में भाग लिया। जयमाला के कार्यक्रम के दौरान मीनू ने खुशी-खुशी सभी कार्य किए, लेकिन अपनी पीड़ा चेहरे से नहीं झलकने दी।

आशा की विदाई के समय मीनू ने माँ को सांत्वना दी और कहा कि वह कभी भी माँ से दूर नहीं जाएगी। इस पर माँ ने उसे गले लगा लिया और कहा कि बेटी तो पराया धन होती है। मीनू ने घर के कामों में माँ की सहायता की और फिर अपनी पढ़ाई की चिंता शुरू की। उसने मेरठ जाने से पहले माँ से अनुमति ली, क्योंकि अब उसे अपनी पढ़ाई पर ध्यान देना था।

### शब्दार्थ

**शंका** *संदेह*; **नम्रतापूर्वक** *प्रेम से*; **मुरझाना** *उदास होना*; **कटाक्ष** *तंज, ताना*; **मनःस्थिति** *मनोदशा*; **संयम** *धैर्य*; **एकांत** *अकेले होना*; **संयत** *नियंत्रित करना*; **विचित्र** *अजीब*; **सांत्वना** *ढाँढस बंधाना*; **अव्यवस्थित** *अस्त-व्यस्त होना*।

# एग्जाम पैटर्न प्रश्न (10 अंक)

***निम्नलिखित अवतरणों को पढ़कर उसके नीचे दिए गए प्रश्नों के उत्तर हिंदी में लिखिए।***

**Q.1** ***'मीनू......अरे मीनू कैसे कर सकती है? यह रस्म तो शादीशुदा बहन ही कर सकती है। मीनू की तो अभी शादी भी नहीं हुई।'*** **[ICSE 2019]**

(i) **उपर्युक्त कथन की वक्ता कौन है? उसका परिचय दीजिए।** **(2)**

उत्तर उपर्युक्त कथन की वक्ता मीनू की बुआजी हैं। मीनू की बुआजी पुराने एवं दकियानूसी विचारों वाली महिला हैं, जिनके कटु और निराशाजनक शब्द मीनू को मानसिक रूप से आहत कर देते हैं। वह बोलते समय यह नहीं सोचती कि उनकी बातों से मीनू को कितना दुःख होगा।

(ii) **वक्ता ने क्यों कहा कि मीनू यह रस्म नहीं कर सकती? यहाँ किस रस्म की बात हो रही है?** **(2)**

उत्तर वक्ता ने इसलिए कहा कि मीनू यह रस्म नहीं कर सकती, क्योंकि मीनू का विवाह नहीं हुआ था और विवाहित महिला ही यह रस्म कर सकती थी। यहाँ मीनू की बहन के विवाह के समय आरती उतारने की रस्म की बात हो रही है।

(iii) **वक्ता की बात सुनकर मीनू तथा मीनू की माँ की स्थिति का वर्णन करते हुए बताइए कि क्या उसके द्वारा वह रस्म पूरी की गई थी? स्पष्ट कीजिए।** **(3)**

उत्तर वक्ता की बात सुनकर मीनू उदास हो जाती है तथा माँ उसकी उदासी को समझते हुए कहती है कि आजकल कौन मानता है इन सब बातों को, मीनू ही सारी रस्में करेगी। अंत में मीनू द्वारा ही वह रस्म पूरी की गई थी, परंतु रस्म पूरी करने के बाद वह अपने कमरे में जाकर रोने लगती है। बुआजी की कटु बातें उसे अंदर तक दुःखी कर देती हैं।

(iv) **'एक अविवाहित स्त्री को समाज में उचित सम्मान नहीं मिलता।' उपन्यास के आधार पर अपने विचार लिखिए।** **(3)**

उत्तर 'एक अविवाहित स्त्री को समाज में उचित सम्मान नहीं मिलता' यह बात सत्य है। उपन्यास में अविवाहित मीनू को अनेक समस्याओं का सामना करना पड़ता है और उसे हेय दृष्टि से देखा जाता है। उसे अपनी बहन के विवाह में होने वाली रस्में करने से रोका जाता है, जो कि किसी भी दृष्टि से उचित नहीं है। अतः उसे समाज में वह सम्मान नहीं मिलता, जो मिलना चाहिए।

**Q.2** **एकांत में उसका हृदय रो पड़ा। उसके नेत्रों से आँसू टपक पड़े। इतने में ही आशा ने कमरे में प्रवेश किया। आशा को देखकर उसने झटपट अपने आँसू पोंछे और अपने को संयम करके आशा से बातें करनी शुरू कर दीं।**

(i) **कौन एकांत में रो रहा था और क्यों?** **(2)**

उत्तर मीनू एकांत में रो रही थी, क्योंकि आशा के विवाह में उसके द्वारा की गई रस्म को करते समय सभी महिलाएँ उसे कटाक्ष भरी नज़रों से देख रही थीं, जिस कारण वह अत्यंत दुःखी हो उठी और स्वयं को न सँभालते हुए कमरे में चली जाती है, जहाँ उसका धैर्य व संयम का बाँध टूट जाता है।

(ii) **कमरे में किसने प्रवेश किया और उस पर मीनू की क्या प्रतिक्रिया हुई?** **(2)**

उत्तर कमरे में मीनू की छोटी बहन आशा ने प्रवेश किया। आशा के कमरे में

प्रवेश करते ही मीनू जल्दी से अपने आँसू पोंछती है और स्वयं को संयमित करते हुए आशा से बातें करना शुरू कर देती है। वह नहीं चाहती थी की आशा को पता चले कि उसकी बड़ी बहन दुःखी है।

(iii) **आशा के विवाह में आई दूसरी महिलाएँ मीनू के बारे में क्या बातें कर रही थीं और क्यों? (3)**

उत्तर आशा के विवाह में आई दूसरी महिलाएँ मीनू के बारे में बातें कर रही थीं कि दयाराम जी की बड़ी बेटी कौन-सी है, जो अभी तक अविवाहित है। उसका विवाह अब तक क्यों नहीं हुआ है। पढ़ाई के चक्कर में कौन अपनी बेटियों को घर में रखता है, उनकी आधी उम्र तो पढ़ाई के चक्कर में ही निकल जाती है। वे महिलाएँ इस प्रकार की बातें इसलिए कर रही हैं, क्योंकि उनकी सोच रूढ़िवादी है।

(iv) **'एकांत में उसका हृदय रो पड़ा।' पंक्ति से क्या अभिप्राय है? स्पष्ट कीजिए। (3)**

उत्तर 'हृदय के रोने' से अभिप्राय है–जब व्यक्ति अत्यधिक दुःख और पीड़ा के कारण भावावेश में बहते हुए अनियंत्रित होकर रो पड़े। मीनू जब अपनी छोटी बहन आशा के विवाह की रस्में पूरी कर रही थी, तो बुआजी और विवाह में सम्मिलित अन्य महिलाओं द्वारा उसके अविवाहित होने की बात कहने तथा उसे कटाक्ष भरी नज़रों से देखने के कारण मीनू अत्यंत दुःखी और आहत होती है। रस्म पूरी करते ही कमरे में जाकर वह भावावेश में आकर रोने लगती है।

**Q.3 इस तरह की बातें सुनकर मीनू का चंचल हृदय बेचैन हो उठा। उसके हृदय की पीड़ा को कोई नहीं समझ पाता था। फिर भी मीनू के अंदर बहुत सहन शक्ति थी। अपने दिल की पीड़ा को वह चेहरे तक न आने दे रही थी।**

(i) **मीनू के मन में समाज के प्रति क्या असंतोष था और वह क्यों परेशान थी? (2)**

उत्तर मीनू समाज के उन दबावों से परेशान थी, जो महिलाओं से विवाह और पारंपरिक भूमिकाओं की अपेक्षाएँ रखते थे। वह महसूस करती थी कि समाज किसी को अपनी तरह से जीने का अधिकार नहीं देता और उसकी शादी न करने को लेकर लोग बातें करते थे, जिससे वह मानसिक रूप से परेशान थी।

(ii) **मीनू का हृदय क्यों बेचैन हो उठा और उसके माता–पिता पर कौन सा आरोप लगाया गया था? (2)**

उत्तर मीनू का हृदय बेचैन हो उठा था, क्योंकि आशा के विवाह में आई हुई कुछ महिलाएँ मीनू के द्वारा विवाह न करने पर विभिन्न प्रकार की बातें कर रहीं थीं, साथ ही उसके माता-पिता पर पढ़ाई करवाने के कारण बेटियों का विवाह न करवाने का आरोप भी लगा रही थीं, जिससे दुःखी होकर मीनू का हृदय बेचैन हो गया।

(iii) **'मीनू के अंदर बहुत सहनशक्ति थी' लेखिका ने ऐसा क्यों कहा? (3)**

उत्तर 'मीनू के अंदर बहुत सहनशक्ति थी', लेखिका ने यह बात इसलिए कही है, क्योंकि मीनू अपने अंदर के दुःख और पीड़ा को चेहरे पर कभी व्यक्त नहीं करती है। विवाह में सम्मिलित महिलाओं की व्यर्थ की बातें और माता-पिता पर लगाए जाने वाले आरोपों से वह आहत अवश्य होती है। यह उसकी सहनशीलता का ही परिणाम था कि वह किसी को पलटकर जवाब नहीं देती और मन-ही-मन दुःखी होकर सब बात सहन कर लेती है।

(iv) **महिलाओं की बातें सुनकर मीनू ने क्या सोचा? मीनू के विचार के अनुसार समाज के हस्तक्षेप का कारण क्या है और वह इसे कैसे देखती है? (3)**

उत्तर महिलाओं की बातें सुनकर मीनू यह सोचती है कि समाज किसी को भी अपनी इच्छानुसार जीवन जीने का अधिकार नहीं देता। उसके अनुसार, समाज हमेशा किसी न किसी रूप में लोगों के जीवन में हस्तक्षेप करता रहता है। चाहे कोई विवाह करे या न करे, इसे लेकर समाज को चिंता करने का कोई हक नहीं है, लेकिन समाज अपनी हस्तक्षेप की प्रवृत्ति के कारण किसी भी व्यक्ति को शांति से जीने का अवसर नहीं देता। मीनू के दृष्टिकोण में यह हस्तक्षेप व्यक्तिगत स्वतंत्रता और निर्णय लेने के अधिकार का उल्लंघन है।

**Q.4 'यह कैसी विचित्र घड़ी होती है। माता–पिता जिस बेटी का लालन–पालन इतने वर्षों तक लाड–प्यार से करते हैं, उसी बेटी को सदा के लिए दूसरे के हाथों सौंप देते हैं। हर पल साथ रहने वाली बेटियों के लिए घर पराया हो जाता है। घर ही क्या बेटियाँ भी तो पराया धन हो ही जाती हैं।**

**[ICSE 2025]**

(i) **प्रस्तुत अवतरण का उल्लेख किसकी शादी के संदर्भ में किया गया है? उसकी शादी कहाँ और किसके साथ हो रही थी? (2)**

उत्तर प्रस्तुत अवतरण का उल्लेख आशा की शादी के संदर्भ में किया गया है। उसकी शादी दिल्ली के एक इंजीनियर लड़के आलोक के साथ होती है।

(ii) **'बेटी पराया धन होती है' भारतीय परंपरा को आधार मानकर इस कथन का अर्थ स्पष्ट कीजिए। (2)**

उत्तर भारतीय परंपरा में 'बेटी पराया धन होती है' इसका अर्थ है कि विवाह के बाद बेटी अपने माता-पिता का घर छोड़कर अपने पति के घर चली जाती है। हिंदू धर्म में इस विवाह को एक संस्कार माना जाता है। माता-पिता कन्यादान करके मोक्ष प्राप्ति करते हैं। इसलिए बेटी को पराया धन कहा जाता है।

(iii) **विदाई के बाद माँ को फूट–फूटकर रोता देख मीनू के मस्तिष्क में कौन–से विचार घूमने लगे? (3)**

उत्तर विदाई के बाद माँ को फूट-फूटकर रोता हुआ देख मीनू के मस्तिष्क में ये विचार घूमने लगे कि यह कैसी विचित्र घड़ी है जब माता-पिता अपनी बेटी को इतने सालों तक प्यार से पालने के बाद हमेशा के लिए किसी और को सौंप देते हैं। जिस बेटी के साथ वे हर पल रहते थे वे सब लोग व उसका अपना घर पराया हो गया तब उसे महसूस हुआ कि बेटी को पराया धन क्यों कहा जाता है।

(iv) **'आशा के विवाह में मीनू एक आदर्श बहन तथा योग्य बेटी की भूमिका निभाने में पूर्णतया सफल रही' – इस कथन को उदाहरण देकर स्पष्ट कीजिए। (3)**

उत्तर **बहन के रूप में** आशा के विवाह में मीनू ने एक आदर्श बहन की भूमिका बखूबी निभाई। वह अपनी बहन की खुशियों के लिए हर संभव प्रयास करती है व उसे आत्मनिर्भर बनने में सहायता करती है।

**बेटी के रूप में** मीनू हमेशा से ही अपने परिवार के प्रति समर्पित रहीं है। मीनू अपनी माँ और बहन के प्रति संवेदनशील है और उनकी ज़रूरतों का ध्यान रखती है। आशा की विदाई के समय वह माँ को सँभालती है व बहन आशा के लिए भी एक मजबूत भावनात्मक सहारा बनती है। इस प्रकार आशा के विवाह में मीनू एक आदर्श बहन तथा योग्य बेटी की भूमिका निभाने में पूर्णतया सफल रही है।

# अध्याय 17

उपन्यास के इस अध्याय में माँ द्वारा मीनू का उत्साह बढ़ाने वाले पत्रों को भेजने, सुरेंद्र के आने, मीनू को अपने पुत्र के नामकरण का निमंत्रण-पत्र देने, वहाँ जाने पर अमित को देखकर चकित होने, नीलिमा द्वारा अमित और सरिता का रिश्ता टूटने तथा मीरापुर में कोई लड़की पसंद आने, अमित की सच्चाई जानकर उसके प्रति व्यवहार बदलने, अमित द्वारा मीनू से मिलने की इच्छा प्रकट करने तथा उससे न मिल पाने पर आत्मग्लानि होने का उल्लेख किया गया है।

## अध्याय का सार

आशा के विवाह को पाँच महीने हो चुके थे और मीनू को माँ के कई पत्र मिले थे, जिनसे उनका अकेलापन और प्यार झलकता था। एक दिन सुरेंद्र जी मीनू के पास आए और बताया कि नीलिमा ने बेटे को जन्म दिया है और परसों नामकरण संस्कार है। मीनू को विशेष रूप से बुलाया गया था। वह उपहार खरीदने के बाद नीलिमा के घर पहुँची। वहाँ नीलिमा और मीनू बहुत घुल-मिल कर बातें करने लगीं। तभी अमित, सुरेंद्र जी के मित्र, कमरे में आए। मीनू उन्हें पहचान गई और मन में घृणा महसूस हुई। नीलिमा ने बताया कि अमित का रिश्ता टूट चुका था, क्योंकि लड़की वालों ने उसे अपने माता-पिता से अलग रहने की शर्त रखी थी। नीलिमा ने आगे बताया कि अमित ने मीरापुर में एक लड़की को पसंद किया था और अब वह उसी लड़की से शादी करना चाहता था।

मीनू चुपचाप सब सुनती रही, लेकिन उसे अमित के बारे में अब कुछ बुरा नहीं लग रहा था। रात को मीनू को छात्रावास जाना था, इसलिए सुरेंद्र जी उसे छोड़ने गए। अमित ने नीलिमा से मीनू के बारे में पूछा और जब उसे पता चला कि मीनू निराश होकर अपने पाँव पर खड़ा होने की लगन में है, तो उसे आत्मग्लानि महसूस हुई। उसने नीलिमा को नहीं बताया कि वह वही लड़का है, जिसने मीनू का हृदय तोड़ा था।

## शब्दार्थ

**आभास** *प्रतीत;* **व्याकुल** *बेचैन;* **आश्चर्यचकित** *हैरान होना;* **भाग्यशाली** *सौभाग्य;* **तल्लीन** *किसी कार्य में मग्न होना;* **भंग** *टूटना;* **विरुद्ध** *विरोध में;* **दुर्भाग्यवश** *बदकिस्मती से;* **आत्मग्लानि** *पछतावा।*

# एग्जाम पैटर्न प्रश्न (10 अंक)

***निम्नलिखित अवतरणों को पढ़कर उसके नीचे दिए गए प्रश्नों के उत्तर हिंदी में लिखिए।***

**Q.1 जिस समय भी माँ या पिताजी का कोई पत्र उसके पास आता, उस समय उसका हृदय व्याकुल हो उठता। उसे घर जाने की बेचैनी होने लगती, परंतु माँ सदैव उसे अपने पत्र में यही शिक्षा देती थीं कि उसे लगन से पढ़कर अपने पाँव पर खड़ा होना होगा।**

(i) **किसका हृदय क्यों व्याकुल हो उठता और कब?** **(2)**

उत्तर जब भी मीनू को माँ अथवा पिताजी के द्वारा भेजा गया पत्र प्राप्त होता, तो मीनू का हृदय व्याकुल हो उठता था और उसे घर जाने की बेचैनी होने लगती थी।

(ii) **पत्र कौन भेजता था और उसमें क्या लिखा होता था?** **(2)**

उत्तर मीनू के माता-पिता उसे पत्र भेजा करते थे। माँ जब भी पत्र भेजा करती, तो सदैव ही मीनू को लगन से पढ़कर अपने पाँव पर खड़े होने की शिक्षा देती थीं। माँ के लिखे एक-एक शब्द में मीनू को प्यार झलकता प्रतीत होता, जिन्हें पढ़कर उसके हृदय में माँ के प्रति श्रद्धा उमड़ आती थी।

(iii) **'पाँव पर खड़े होने' से क्या तात्पर्य है? माँ सदैव मीनू को यह शिक्षा क्यों देती थी?** **(3)**

उत्तर 'पाँव पर खड़े होने' से तात्पर्य है- आत्मनिर्भर एवं स्वावलंबी बनना। अवतरण में कहा गया है कि मीनू की माँ सदैव पत्र में उसे मन लगाकर पढ़ने और अपने पैरों पर खड़े होने की बात लिखती थीं, ताकि मीनू का मनोबल बना रहे और वह अपने लक्ष्य को प्राप्त कर सके। वह किसी पर बोझ नहीं बनना चाहती थी और समाज में आत्मसम्मान के साथ जीना चाहती थी।

(iv) **मीनू को छात्रावास से घर लौटने की बेचैनी और आतुरता क्यों महसूस होती थी और यह भावनाएँ उसके मन में किस प्रकार जागृत होती थीं?** **(3)**

उत्तर जब भी मीनू को उसकी माँ या पिताजी का पत्र मिलता, तो उसका हृदय व्याकुल हो उठता और वह छात्रावास छोड़कर घर पहुँचने के लिए बेचैन होने लगती। मीनू की घर पहुँचने की इस बेचैनी और आतुरता का कारण उसकी माँ के भेजे हुए पत्र थे, जिन्हें पढ़कर उसे यह आभास होता था कि मीनू और आशा के बिना उसके माता-पिता दोनों अकेले और उदास हो गए हैं। इस अकेलेपन का एहसास मीनू के मन में घर लौटने की तीव्र इच्छा और भावनात्मक ज़रूरत को जागृत करता था।

**Q.2 'इतने में नीलिमा के पति सुरेंद्र जी ने कमरे में प्रवेश किया। उन्हें देखकर मीनू आश्चर्यचकित रह गई।** **[ICSE Specimen 2023]**

(i) **मीनू इस समय कहाँ पर है? नीलिमा के पति को देखकर वह आश्चर्यचकित क्यों हो गई?** **(2)**

उत्तर अवतरण के अनुसार, मीनू इस समय अपने छात्रावास के कमरे में बैठकर अपनी माँ का पत्र पढ़ रही है। नीलिमा के पति को देखकर वह आश्चर्यचकित इसलिए हो गई, क्योंकि वह अकेले आए थे।

(ii) **क्यों, क्या हुआ नीलिमा को? मीनू के इस प्रश्न का सुरेंद्र ने क्या उत्तर दिया?** **(2)**

*उत्तर* नीलिमा के पति सुरेंद्र को अकेला देखकर मीनू ने सुरेंद्र से पूछा कि नीलिमा कैसी है? इस प्रश्न के उत्तर में सुरेंद्र ने उत्तर दिया कि वह पूर्ण आराम में है। यह सुनकर मीनू घबरा गई कि क्यों, क्या हुआ नीलिमा को, तब सुरेंद्र ने बताया कि नीलिमा ने एक पुत्र को जन्म दिया है। यह बात सुनकर मीनू खुश हो गई।

(iii) **यह शुभ समाचार सुनकर मीनू की क्या प्रतिक्रिया हुई और मीनू ने नीलिमा को भाग्यशाली क्यों माना?** **(3)**

*उत्तर* जब मीनू को पता चला कि नीलिमा ने पुत्र को जन्म दिया है, तो वह अत्यधिक खुश हुई और सुरेंद्र द्वारा उसके बेटे का नामकरण संस्कार में आने का निमंत्रण तुरंत स्वीकार कर लिया और आने का वादा भी किया। मीनू ने नीलिमा को भाग्यशाली माना, क्योंकि उसे एक सुंदर और चाहने वाला पति मिला और वह एक पुत्र की माँ बनने का सौभाग्य प्राप्त कर चुकी थी।

(iv) **मीनू ने नीलिमा के घर जाने से पहले क्या तैयारी की? वहाँ किसे देखकर मीनू आश्चर्यचकित रह गई?** **(3)**

*उत्तर* मीनू ने नीलिमा के घर जाने से पहले कॉलेज से छुट्‌टी ली और बाज़ार से नन्हें बालक के लिए उपहार खरीदा। जब मीनू नामकरण संस्कार के दिन नीलिमा के घर पहुँची, तो उसे देखकर नीलिमा बहुत प्रसन्न हुई। बाद में सुरेंद्र जी के मित्रों के साथ अमित को देखकर मीनू आश्चर्यचकित रह गई। अमित वही व्यक्ति था, जिसे मीनू पहले बाजार में देखकर बचने की कोशिश कर चुकी थी। उसे अमित के प्रति घृणा और असहजता महसूस हुई।

**Q.3 अमित का नाम सुनते ही दरवाज़े की ओर पीठ किए बैठी मीनू ने मुड़कर देखा, तो वह आश्चर्यचकित रह गई। मीनू जब भी अमित को देखती, उसके मन में अजीब-सी घृणा उत्पन्न हो जाती। अमित व उसके सभी मित्र वहाँ आ चुके थे, परंतु मीनू अभी भी सोच में डूबी हुई थी।**

**[ICSE 2017]**

(i) **मीनू इस समय कहाँ थी? वहाँ अमित से उसकी मुलाकात कैसे हो गई?** **(2)**

*उत्तर* मीनू इस समय अपनी सहेली नीलिमा के बेटे के नामकरण में उसके घर आई हुई थी। नीलिमा के मुँह से अमित का नाम सुनते ही जब मीनू ने पीछे मुड़कर दरवाज़े की ओर अमित को खड़ा देखा, तो आश्चर्यचकित रह गई। इस प्रकार वहाँ अमित से उसकी मुलाकात हुई।

(ii) **मीनू और अमित के बीच क्या संबंध था? वह उससे घृणा क्यों करती थी?** **(2)**

*उत्तर* मीनू के विवाह के लिए अमित और उसके परिवार के सदस्य उसे देखने आए थे। उन्होंने झूठ बोलकर मीनू का विवाह प्रस्ताव त्याग दिया था। मीनू को जब पता चला कि धनी सेठ की लड़की से विवाह करने के लिए उससे तथा उसके परिवार से झूठ बोला गया है, तब वह दुःखी और निराश हो गई। इसी कारण वह अमित से घृणा करती थी।

(iii) **उसे वहाँ किस सच्चाई का पता चला? उन बातों का उस पर क्या प्रभाव पड़ा?** **(3)**

*उत्तर* मीनू को नीलिमा ने अमित के विवाह टूटने के विषय में बताया कि किस प्रकार लड़की वालों की अनुचित इच्छाएँ व्यक्त करने पर अमित का विवाह टूट गया था। इस प्रकार उसे इस सच्चाई का पता चला कि अमित धनी लड़की से विवाह नहीं करना चाहता था और लड़की पक्ष की ओर से फ्लैट देने तथा अलग गृहस्थी बसाने की बात पर अमित द्वारा रिश्ता तोड़ दिया गया। इन बातों का मीनू पर यह प्रभाव पड़ा कि उसकी नज़रों में अमित का स्थान ऊँचा हो गया। अब मीनू का व्यवहार अमित के प्रति बदल रहा था।

(iv) **लेखिका ने क्यों लिखा कि 'दुकान से तो वह झटपट निकल भागी थी, परंतु अब घर से कहाँ जाएगी?' स्पष्ट कीजिए।** **(3)**

*उत्तर* मीनू जब कभी भी अमित के विषय में कोई बात सुनती या उसे देखती, तो उसके मन में अमित के प्रति घृणा भाव उत्पन्न हो जाता था और वह दुःखी हो उठती थी। कुछ समय पहले जब मीनू अपनी बहन के लिए सामान खरीदने दुकान में गई थी, तो वहाँ उसे अमित दिखाई दिया था, लेकिन उस समय उसे देखकर मीनू झटपट दुकान से बाहर निकल गई थी, किन्तु आज उसका नीलिमा के घर से निकलना मुश्किल था, क्योंकि वह नीलिमा के बेटे के नामकरण में आई हुई थी, इसलिए लेखिका ने कहा कि दुकान से तो वह झटपट निकल भागी थी, परंतु अब घर से कहाँ जाएगी।

**Q.4 'परंतु अमित भैया उस लड़की से शादी करने के इच्छुक नहीं थे। जब उस लड़की से रिश्ता हुआ था, तब वे अपने माता-पिता के विरुद्ध न बोल सके, परंतु लड़की वालों की ये सब हरकतें देखकर अमित के पिताजी ने अमित के ऊपर ही सौंप दिया था कि वह इस बात का निर्णय स्वयं ही करे कि यहाँ शादी करनी है या नहीं।'**

(i) **मीनू के लिए अमित का नाम सुनते ही उस पर क्या मानसिक प्रभाव पड़ा और इसके पीछे का कारण क्या था?** **(2)**

*उत्तर* अमित का नाम सुनकर मीनू के मस्तिक पर अच्छा प्रभाव नहीं पड़ा। अमित के कारण ही मीनू को अनेक मुश्किलों का सामना करना पड़ा था। उसे न जाने कितने अपमानजनक शब्द सुनने पड़े थे, इसलिए उसे अमित से घृणा हो गई थी।

(ii) **पिताजी ने अमित को क्या निर्णय लेने के लिए कहा था और क्यों?** **(2)**

*उत्तर* पिताजी ने अमित को विवाह करने या न करने के लिए निर्णय लेने के लिए कहा था, क्योंकि लड़की वालों के द्वारा विवाह में अपनी बेटी को फ्लैट देने की इच्छा प्रकट करने के उपरांत पिताजी को उनके कृत्य अनुचित जान पड़े थे और इसलिए उन्होंने अमित के ऊपर ही निर्णय छोड़ दिया था कि वह सरिता से शादी करना चाहता है या नहीं।

(iii) **मीनू की तल्लीनता किस परिस्थिति में भंग हुई और यह घटना कैसे मीनू के मानसिक विचारों में बदलाव का कारण बनी?** **(3)**

*उत्तर* मीनू की तल्लीनता तब भंग हुई, जब नीलिमा ने उसे अमित के बारे में बताया कि वह उस लड़की से शादी करना चाहता था, जिसे उसने मीरापुर में देखा था। मीनू का मन इस बात को सुनकर बदलने लगा और उसे अब पहले जैसी घृणा नहीं महसूस हो रही थी। मीनू के विचारों में बदलाव का कारण यह था कि उसे यह समझ में आया था कि अमित ने अपनी इच्छाओं और परिवार की अपेक्षाओं के बीच संतुलन बनाने का प्रयास किया था।

(iv) **नीलिमा ने मीनू को अमित के बारे में क्या जानकारी दी, जो मीनू के विचारों को बदलने में सहायक रही? इस जानकारी से मीनू के मनोभावों में क्या परिवर्तन आया?** **(3)**

उत्तर नीलिमा ने मीनू को यह जानकारी दी कि अमित का रिश्ता मेरठ में एक लड़की से तय हुआ था, लेकिन लड़की वालों ने कुछ शर्तें रखी थीं। यह शर्त अमित के परिवार के लिए अस्वीकार्य थी, क्योंकि अमित अपने माता-पिता का इकलौता बेटा था। नीलिमा ने बताया कि अमित ने अपने माता-पिता के खिलाफ़ जाकर उस लड़की से शादी नहीं की। इस जानकारी ने मीनू के मनोभावों में बदलाव लाया, क्योंकि उसने अब अमित की स्थिति को समझा और उसे नापसंद करने की बजाय सहानुभूति महसूस की।

# अध्याय 18

उपन्यास के इस अध्याय में महाविद्यालय में खेलकूद की प्रतियोगिताएँ आयोजित किए जाने के कारण छुट्टियाँ होने, मीनू का नीलिमा के घर जाने, वहाँ दोनों की बातचीत होने, नीलिमा द्वारा उसे अशोक के विषय में बताए जाने तथा छात्रावास लौटने का उल्लेख किया गया है।

## अध्याय का सार

मीनू ने वकालत की परीक्षा प्रथम श्रेणी में उत्तीर्ण की और तीसरे वर्ष की परीक्षा के लिए कड़ी मेहनत कर रही थी। एक दिन, जब कॉलेज में खेलकूद प्रतियोगिताएँ चल रही थीं, तब उसने नीलिमा के घर जाने का सोचा, क्योंकि वह पढ़ाई से थक चुकी थी। नीलिमा बिस्तर पर पड़ी थी और बुखार से तप रही थी। उसके पति सुरेंद्र जी दवाई लेने गए थे और घर में केवल नन्हा अनूप था, जो रो रहा था। मीनू ने उसे पालने में सुला दिया। सुरेंद्र जी ने मीनू से अनुरोध किया कि वह कुछ देर नीलिमा के पास बैठे, ताकि वह फैक्ट्री देख सकें। मीनू ने सहर्ष स्वीकार कर लिया और नीलिमा के पास बैठकर पत्रिका पढ़ने लगी। कुछ समय बाद नीलिमा को आराम मिला और उसने मीनू से उसकी पढ़ाई के बारे में पूछा। मीनू ने बताया कि उसने दोनों वर्ष की परीक्षा प्रथम श्रेणी में उत्तीर्ण की है और इस वर्ष भी सफलता की उम्मीद जताई। नीलिमा ने उसकी मेहनत की सराहना की और अशोक भैया के अमेरिका जाने का ज़िक्र किया।

मीनू ने विदेशों में बसने का विरोध किया और देश की उन्नति के लिए शिक्षा पर ध्यान देने की बात की। इसी बीच नन्हा अनूप रोने लगा और मीनू उसे गोद में उठाकर घुमाने लगी। कुछ समय बाद मीनू ने छात्रावास जाने का निर्णय लिया और नीलिमा को अकेला छोड़ने से बचते हुए खुद ही चली गई।

### शब्दार्थ

**कँपकँपाती आवाज़** *स्वर में कंपन होना;* **आग्रहपूर्ण** *निवेदन करना;* **सहर्ष** *प्रसन्नतापूर्वक;* **बुद्धिजीवी** *बुद्धिमान;* **वार्तालाप** *बातचीत।*

## एग्जाम पैटर्न प्रश्न (10 अंक)

***निम्नलिखित अवतरणों को पढ़कर उसके नीचे दिए गए प्रश्नों के उत्तर हिंदी में लिखिए।***

**Q.1 उसने सोचा कि आज नीलिमा के घर जाकर मिल आँऊ। पढ़ते-पढ़ते थक चुकी थी, इसलिए वह उठी और नीलिमा के घर पहुँचने पर उसने देखा कि नीलिमा बिस्तर पर पड़ी थी। मीनू ने उसके सिर पर हाथ रखकर देखा, उसका शरीर ज्वर से तप रहा था।**

(i) **मीनू कॉलेज क्यों नहीं जा रही थी और उसने क्या किया?** **(2)**

उत्तर कॉलेज में खेलकूद प्रतियोगिताएँ चल रही थीं, जिसके कारण कॉलेज में पढ़ाई नहीं हो रही थी, इसलिए मीनू कॉलेज नहीं जा रही थी। पढ़ाई में थकावट महसूस करने के बाद मीनू ने अपनी प्रिय सहेली नीलिमा से मिलने का निर्णय लिया, जो मेरठ में ही रहती थी।

(ii) **नीलिमा की तबीयत कैसी थी और मीनू ने उसकी मदद कैसे की?** **(2)**

उत्तर नीलिमा की तबीयत खराब थी और वह बिस्तर पर पड़ी हुई थी। उसके शरीर में ज्वर था। मीनू ने उसकी सहायता करते हुए पहले उसके सिर पर हाथ रखा और फिर उसके बच्चे अनूप को पालने में झुलाकर सुला दिया। मीनू ने नीलिमा की स्थिति को देखते हुए उसका ख्याल रखा।

(iii) **मीनू के जीवन में सफलता की सीढ़ियाँ पार करने के संदर्भ में अवतरण में कौन-सी प्रमुख विशेषताएँ उजागर होती हैं?** **(3)**

उत्तर मीनू की सफलता की सीढ़ियाँ पार करने के संदर्भ में उसकी दृढ़ता, समर्पण और कठिन परिश्रम की प्रमुख विशेषताएँ उजागर होती हैं। वह अपनी पढ़ाई में उत्कृष्टता प्राप्त करने के लिए कठिन मेहनत करती है, साथ ही अपने मित्रों और परिवार की देखभाल में भी तत्पर रहती है। मीनू का यह संतुलित जीवन उसकी बहुमुखी क्षमताओं और ज़िम्मेदारी को दर्शाता है।

(iv) **सुरेंद्र जी का मीनू से अनुरोध करना और मीनू का सहर्ष स्वीकार करना, दोनों के चरित्र को कैसे उजागर करता है?** **(3)**

उत्तर सुरेंद्र जी का मीनू से अनुरोध करना और मीनू का उसे सहर्ष स्वीकार करना, दोनों के चरित्र को उनके आपसी विश्वास और सहयोग को दर्शाता है। सुरेंद्र जी ने मीनू से नीलिमा की देखभाल करने का अनुरोध किया, जो यह बताता है कि उन्हें मीनू पर विश्वास था और वह जानते थे कि मीनू नीलिमा की अच्छी देखभाल करेगी। मीनू का सहर्ष स्वीकार करना यह दर्शाता है कि वह अपनी ज़िम्मेदारी निभाने में विश्वास करती है और अपने दोस्तों एवं रिश्तेदारों की सहायता करने के लिए हमेशा तैयार रहती है।

**Q.2** मीनू को लगा कि नीलिमा तीव्र ज्वर से पीड़ित है, इसलिए उससे बातें करना उचित नहीं। उसने पास पड़ी एक पत्रिका उठाकर पढ़नी शुरू कर दी। नीलिमा को दवाई मिलने से कुछ आराम हुआ और उसे झपकी आ गई। मीनू उस पत्रिका को पढ़ने में व्यस्त रही।

(i) **नीलिमा को अस्वस्थ होने के बाद कौन-सी दवाइयाँ दी गईं और उनसे उसे किस प्रकार का आराम महसूस हुआ?** **(2)**

उत्तर नीलिमा को अस्वस्थ होने के बाद सुरेंद्र द्वारा लाई गई दवाइयाँ खाने के बाद दी गई, जिससे उसे थोड़ा आराम महसूस हुआ। इन दवाइयों के प्रभाव से नीलिमा की शारीरिक स्थिति में सुधार हुआ और इसके बाद उसे झपकी आ गई।

(ii) **नीलिमा ने किससे कहा कि 'आजकल तो खूब व्यस्त होगी पढ़ने में और क्यों?'** **(2)**

उत्तर नीलिमा ने मीनू से कहा था कि 'आजकल तो खूब व्यस्त होगी पढ़ने में।' नीलिमा का मीनू को ऐसा कहने से यह अभिप्राय था कि मीनू की वकालत की पढ़ाई का यह अंतिम वर्ष था और मीनू को अपने लक्ष्य को प्राप्त करने के लिए अत्यधिक परिश्रम करने की आवश्यकता थी।

(iii) **जागने के बाद नीलिमा की क्या प्रतिक्रिया थी और मीनू ने उससे क्या पूछा?** **(3)**

उत्तर नीलिमा जागी, तो मीनू को अपने पास बैठा हुआ पाकर उसे आश्चर्य हुआ। दवाई खाने के उपरांत नींद आने से वह मीनू से अकेले बैठने के कारण बोर होने के विषय में पूछती है। मीनू ने नीलिमा की तबीयत के बारे में पूछा कि वह अब कैसा महसूस कर रही है? नीलिमा ने पहले से आराम महसूस होने और बदन दर्द भी कम होने की बात कही।

(iv) **नीलिमा के घर में मीनू के आगमन पर सुरेंद्र ने क्या प्रस्ताव रखा? मीनू ने समय काटने के लिए क्या किया? स्पष्ट कीजिए।** **(3)**

उत्तर सुरेंद्र अस्वस्थ नीलिमा के लिए दवाई लेने गया था। इसी बीच मीनू आई और नीलिमा के पास बैठ गई। मीनू को देखकर सुरेंद्र के मस्तिष्क में विचार आया था कि वह मीनू को नीलिमा के पास बैठने के लिए कहकर अपनी फैक्ट्री का निरीक्षण कर आए, जिसे मीनू ने सहर्ष ही स्वीकार कर लिया था। इस प्रकार नीलिमा के झपकी लेने और सुरेंद्र के कारखाने के लिए जाने के कारण मीनू घर में अकेली थी। ऐसे में समय काटने के लिए उसने पास में ही रखी पत्रिका उठाकर पढ़नी शुरू कर दी थी।

**Q.3** 'परंतु मैं तो इस पक्ष में जरा भी नहीं हूँ। हमारी भारत सरकार हमारी पढ़ाई पर कितना पैसा खर्च करती है और हम चंद पैसों के कारण विदेशों में जाकर बस जाएँ? यदि सभी बुद्धिजीवी विदेशों में जाकर बस जाएँगे, तो हमारे देश की उन्नति किस प्रकार संभव हो सकेगी।' **[ICSE 2024]**

(i) **वक्ता इस समय किस से मिलने आई है ? वक्ता के यहाँ आने का कारण भी बताइए।** **(2)**

उत्तर वक्ता, अर्थात् मीनू अपनी सहेली नीलिमा से मिलने आई है। नीलिमा इस समय कॉलेज में पढ़ाई नहीं कर रही थी। मीनू अपनी छात्रावास के कमरे में पढ़ाई कर रही थी। जब वह पढ़ाई करते-करते थक गई, तब उसने नीलिमा के घर जाकर उससे मिलने का निर्णय लिया।

(ii) **इस समय यहाँ किस व्यक्ति के विषय में और क्या बात की जा रही है, जिसे सुनकर वक्ता ने यह सब कहा था?** **(2)**

उत्तर यहाँ नीलिमा के भाई अशोक के बारे में बात की जा रही है। नीलिमा का बड़ा भाई अशोक एक होशियार छात्र है, जिसने हमेशा अपनी पढ़ाई में उत्कृष्टता हासिल की। अब वह अपनी आगे की उच्च शिक्षा के लिए अमेरिका गया हुआ है, जहाँ उसे दो साल तक वहाँ पढ़ाई करनी होगी।

(iii) **प्रस्तुत पंक्तियों के आधार पर वक्ता के चरित्र की 'तीन' विशेषताओं पर प्रकाश डालिए।** **(3)**

उत्तर इस उपन्यास की केंद्र-बिंदु मीनू है, जो एक मेधावी, कुशाग्र बुद्धि और होनहार युवती है। मीनू का देशप्रेम भी स्पष्ट है, क्योंकि वह अपने कर्त्तव्यों का पालन करते हुए देश के विकास में योगदान देने का संकल्प लेती है। मीनू प्रतिभा पलायन को गलत मानती है और यह सिद्ध करती है कि कठिन परिस्थितियों में भी वह अपने रास्ते खुद बनाने में सक्षम है और मंजिल को प्राप्त करने में सफल रहती है।

(iv) **विद्यार्थियों में अपने देश के बजाय विदेश में शिक्षा प्राप्त करने की बढ़ती चाह के कारण भविष्य में देश को किन-किन समस्याओं का सामना करना पड़ सकता है? समझाकर लिखिए।** **(3)**

उत्तर विद्यार्थियों में विदेश में शिक्षा प्राप्त करने की बढ़ती चाह के कारण देश को भविष्य में कई समस्याओं का सामना करना पड़ सकता है। विदेशों में पलायन के कारण देश में युवाओं की संख्या में कमी हो रही है, जबकि युवाजन देश की प्रगति के लिए अत्यंत महत्त्वपूर्ण होते हैं। इस पलायन से देश में मानव संसाधन की कमी हो सकती है, जिससे विकास कार्य प्रभावित हो सकते हैं। इसके अतिरिक्त, विदेश जाने से देश में कौशल की कमी उत्पन्न हो रही है, जो आर्थिक विकास को रोक सकती है।

# अध्याय 19

उपन्यास के इस अध्याय में अमित के विवाह संबंधी माँ द्वारा देखे गए सपने, अमित द्वारा विवाह की बात अनदेखा (अनसुना करते हुए) कर जाने, अपने भतीजे दीपक के विवाह का निमंत्रण-पत्र पाकर माँ के प्रसन्न होने, विवाह में न आ पाने के कारण मधु की उदासी, दोपहर में अमित के आने और उसकी माँ के विचारों में खोए होने का उल्लेख किया गया है।

## अध्याय का सार

अमित का रिश्ता टूटने के बाद मायाराम जी के घर में उदासी छा गई थी। अमित की माँ को उम्मीद थी कि बहू के आने से घर में रौनक बढ़ेगी। अमित और उनके पिताजी फैक्ट्री चले जाते, मधु कॉलेज और माँ अकेलेपन में बहू की कमी महसूस करतीं। उन्होंने कई बार अमित को शादी के लिए मनाने का प्रयास किया, परंतु अमित टाल देता। एक दिन डाकिया शादी का कार्ड लाया। यह उनके भतीजे दीपक की शादी का न्योता था। माँ खुशी से भर गईं, लेकिन मधु ने परीक्षा के कारण शादी में जाने में असमर्थता जताई। माँ चिंतित थीं कि वे शादी में जा पाएँगी या नहीं। अमित ने जब कार्ड देखा, तो माँ ने उसे शादी के लिए तैयार करने की बात छेड़ी। अमित ने साफ़ कहा कि उसका अभी शादी का इरादा नहीं है और माँ को मधु की शादी पर ध्यान देने को कहा।

माँ चिंतित थी कि अमित शादी से क्यों कतराता है? उन्होंने सोचा कि सुरेंद्र, जो अमित का करीबी मित्र है, उससे इस बारे में बात करेंगी। अमित के बदले व्यवहार ने उन्हें कई सवालों में उलझा दिया था।

### शब्दार्थ

**रौनक** *चमक;* **अरमान** *इच्छाएँ;* **अखरना** *चुभना;* **एकटक** *निरंतर;* **निहारना** *देखना;* **तल्लीनता** *ध्यानमग्न होना;* **दृढ़तापूर्वक** *निश्चय के साथ;* **विस्मित-सी** *आश्चर्यपूर्वक;* **अवगत** *जानना।*

## एग्जाम पैटर्न प्रश्न (10 अंक)

***निम्नलिखित अवतरणों को पढ़कर उसके नीचे दिए गए प्रश्नों के उत्तर हिंदी में लिखिए।***

**Q.1 अकेलेपन में उन्हें बहू की कमी विशेष रूप से अखरती थी। कितनी ही बार उन्होंने अमित को शादी के लिए तैयार करने का प्रयास किया, परंतु अमित चुपचाप उनकी बातें सुनकर इधर-उधर हो जाता। उनकी बातों का सही ढंग से उत्तर नहीं देता था।**

(i) **अवतरण के आधार पर माँ के स्वभाव और उनकी इच्छाओं का वर्णन कीजिए।** **(2)**

उत्तर अवतरण के अनुसार, माँ संवेदनशील और परिवार के प्रति समर्पित हैं। वे घर में रौनक चाहती थीं और इसलिए अमित के विवाह को लेकर सपने देख रही थीं। परिवार के सदस्य व्यस्त रहते थे, जिससे उन्हें अकेलापन महसूस होता था और वे चाहती थीं कि बहू आए, जिससे उनका अकेलापन दूर हो सके।

(ii) **माँ ने अमित के विवाह को लेकर क्या सपने सँजोए थे और उन्हें किस समय किसकी कमी विशेष रूप से अखरती थी?** **(2)**

उत्तर माँ ने अमित के विवाह का सपना सँजोया था, क्योंकि उन्हें उम्मीद थी कि बहू के आने से घर में रौनक बढ़ेगी और उनकी कई अधूरी इच्छाएँ पूरी होंगी। जब अमित और मायाराम जी कारखाने चले जाते और मधु कॉलेज, तो माँ अकेली रह जाती थीं और उन्हें बहू की कमी खलती थी।

(iii) **'बातें सुनकर इधर-उधर हो जाने' से क्या अभिप्राय है? स्पष्ट कीजिए।** **(3)**

उत्तर 'बातें सुनकर इधर-उधर हो जाने' से अभिप्राय है– किसी की बात को अनसुना करना या उस पर ध्यान न देना। इस संदर्भ में अमित विवाह के लिए तैयार नहीं था और माँ द्वारा बार-बार विवाह का सुझाव देने पर वह उनकी बातों को सुनने के बाद भी कोई प्रतिक्रिया नहीं देता था। वह उनकी बातों को टालते हुए ध्यान न देकर इधर-उधर हो जाता था।

(iv) **अमित की माँ के मनोभावों का विश्लेषण कीजिए। क्या वे केवल बहू की कमी महसूस कर रही थीं या इसके पीछे कोई और गहरी भावना थी?** **(3)**

उत्तर अमित की माँ केवल बहू की कमी महसूस नहीं कर रही थीं, बल्कि उनके मन में एक अधूरे सपने और भविष्य की चिंता भी थी। वे चाहती थीं कि परिवार में एक नया सदस्य जुड़े, जिससे घर की नीरसता दूर हो और उनका अकेलापन मिटे। इसके अतिरिक्त, वे माँ के रूप में अमित के भविष्य को सुरक्षित और व्यवस्थित देखना चाहती थीं, लेकिन अमित की बेरुखी से वे निराश हो जाती थीं।

**Q.2 मैं यहाँ पर ही रुक जाऊँगी। परीक्षा होने के कारण मेरा तो जाना संभव नहीं हो सकेगा। वैसे मैं तो बहुत दिनों से प्रतीक्षा कर रही थी कि दीपक भैया की शादी में ज़रूर जाऊँगी।**

(i) **मधु की परीक्षा का दीपक की शादी से क्या संबंध था और इसका उसके परिवार पर क्या प्रभाव पड़ा?** **(2)**

उत्तर मधु की परीक्षा दीपक की शादी में उसकी उपस्थिति को बाधित कर रही थी। इससे उसकी माँ असमंजस में थीं कि वे शादी में जाएँ या मधु के साथ रुकें। इस कारण परिवार में दुविधा की स्थिति उत्पन्न हो गई।

(ii) **मधु ने विवाह में शामिल होने का निर्णय क्यों नहीं लिया और इसके पीछे कौन से कारण थे?** **(2)**

उत्तर मधु ने विवाह में शामिल होने का निर्णय इसलिए नहीं लिया, क्योंकि उसकी परीक्षाएँ शुरू होने वाली थीं। उसने अपनी शिक्षा को प्राथमिकता देते हुए माँ से विवाह में शामिल होने का आग्रह किया, लेकिन स्वयं

यहीं रुकने का निर्णय लिया। यह निर्णय यह दर्शाता है कि मधु अपनी ज़िम्मेदारियों और भविष्य को लेकर गंभीर थी।

(iii) **माँ की प्रसन्नता का कारण क्या था और इस प्रसन्नता से उनका कौन सा भावनात्मक पक्ष उजागर होता है? (3)**

उत्तर माँ की प्रसन्नता का मुख्य कारण उनके भतीजे दीपक के विवाह का निमंत्रण-पत्र प्राप्त होना था। इस निमंत्रण के कारण उन्हें कई वर्षों के बाद अपने भाई के घर जाने का अवसर मिला था। इस प्रसन्नता से माँ का गहरा पारिवारिक प्रेम और संबंधों की महत्ता स्पष्ट होती है। वे अपने परिवार के साथ समय बिताने और पुराने रिश्तों को फिर से जीवित करने के लिए उत्साहित थीं।

(iv) **अमित की माँ ने शादी का कार्ड देखकर तुरंत अपने भाई के घर जाने का निर्णय क्यों लिया? यह निर्णय उनके व्यक्तित्व के किन पहलुओं को उजगार करता है? (3)**

उत्तर अमित की माँ ने शादी का कार्ड मिलते ही तुरंत वहाँ जाने का निश्चय किया, क्योंकि वह कई वर्षों से अपने भाई से नहीं मिली थीं और यह अवसर उन्हें पुराने संबंधों को पुनः जीवंत करने का लगा। यह उनके भावनात्मक जुड़ाव और पारिवारिक मूल्यों के प्रति उनकी गहरी आस्था को दर्शाता है। इसके अतिरिक्त, यह निर्णय उनके स्वभाव में छिपी सामाजिकता और रिश्तों को निभाने की प्रवृत्ति को भी दर्शाता है। वह अकेलेपन में जी रही थीं और यह अवसर उन्हें कुछ समय के लिए अपने मायके की खुशियों में शामिल होने का मिला, जिससे उनकी उदासी भी कुछ हद तक दूर हो सकती थी।

**Q.3 अमित मेज़ पर बैठा खाना खाने लगा। माँ भी उसके पास बैठ गई। बैठे-बैठे वह न जाने किन विचारों में खो गई और एकटक अमित की ओर ही देखती रहीं। [ICSE 2018]**

(i) **माँ अमित की तरफ़ देखते हुए क्या सोच रही थीं और क्यों? (2)**

उत्तर माँ अमित की तरफ़ देखते हुए यह सोच रही थीं कि दीपक, जो अमित से दो साल छोटा है, उसका विवाह हो रहा है, लेकिन अमित का विवाह अभी तक नहीं हो पाया है। यह सोचकर माँ चिंतित और उदास हो गईं। माँ को अमित के भविष्य की चिंता थी और वे उसका विवाह जल्दी करना चाहती थी।

(ii) **अमित ने माँ की चिंता पर क्या प्रतिक्रिया दी और वह इसका हल क्यों नहीं देख पा रहा था? (2)**

उत्तर अमित ने माँ की चिंता पर सहजता से प्रतिक्रिया दी और कहा, "आप इतनी परेशान क्यों हो रही हैं, मम्मी? इसमें परेशानी की क्या बात है?" वह इस मुद्दे को उतना गंभीर नहीं ले रहा था और सोचता था कि इसमें कोई बड़ी बात नहीं है। उसका नज़रिया था कि विवाह के लिए कोई जल्दबाजी नहीं होनी चाहिए। अमित अपनी माँ की चिंता समझ नहीं पा रहा था। वह नहीं जानता था कि एक माँ का सपना होता है कि उसके पुत्र का विवाह हो और वह गृहस्थ जीवन का सुख उठाएँ।

(iii) **माँ ने मधु के विवाह को अमित के विवाह से क्यों जोड़ा? उनके विचारों के पीछे क्या कारण थे? (3)**

उत्तर माँ ने मधु के विवाह को अमित के विवाह से इसलिए जोड़ा, क्योंकि वे चाहती थी कि अमित का विवाह पहले हो, क्योंकि वह आयु में मधु से बड़ा है। इसके अतिरिक्त, माँ का यह मानना था कि मधु के विवाह के कार्य में उनकी सहायता करने के लिए घर में बहू का होना ज़रूरी है, जिससे वे अकेले सभी कार्य न करें। इस कारण उन्होंने अमित से शीघ्र विवाह करने की इच्छा जताई।

(iv) **माँ और अमित के संवाद से यह कैसे स्पष्ट होता है कि माँ के मन में बेटे के विवाह को लेकर गहरी चिंता थी और अमित का इस पर दृढ़ रवैया माँ को क्यों भ्रमित कर रहा था? (3)**

उत्तर माँ के मन में बेटे के विवाह को लेकर गहरी चिंता थी, क्योंकि वह उसे ज़िम्मेदार और परिपक्व समझते हुए उसकी शादी के लिए तत्पर थीं। उनके लिए यह पारिवारिक परंपराओं और समाज के हिसाब से ज़रूरी था कि पहले अमित का विवाह हो, जबकि अमित का दृढ़ रवैया और विवाह के प्रति अनिच्छा माँ को भ्रमित कर रहा था, क्योंकि वह यह नहीं समझ पा रही थीं कि उनका बेटा विवाह के विषय में क्यों संकोच कर रहा है, जबकि वह आयु में बड़ा है और विवाह के लिए तैयार होना चाहिए।

**Q.4 मधु भी अब शादी के योग्य हो गई है। उसकी भी अब शादी करना चाहती हूँ। परंतु मैं यह चाहती हूँ कि पहले तुम्हारी शादी हो जाती तो अच्छा था, क्योंकि तुम आयु में भी मधु से सात वर्ष बड़े हो और दूसरी बात यह है कि मधु की शादी में भी मैं सब काम अकेले नहीं कर पाऊँगी। बहू घर में होगी, तो काफी काम कर देगी।**

(i) **"उसने अभी विवाह का विचार छोड़ दिया है" यह कथन किसने कहा और क्यों? (2)**

उत्तर अमित ने माँ से कहा कि "उसने अभी विवाह का विचार छोड़ दिया है", क्योंकि माँ अमित के विवाह न करने के कारण परेशान रहती थीं और वे उससे बार-बार विवाह करने के लिए आग्रह करती थीं।

(ii) **"मधु भी अब शादी के योग्य हो गई है" यह किसने कहा और क्यों? (2)**

उत्तर अमित ने जब माँ से अभी विवाह न करने की अपनी इच्छा प्रकट की, तो माँ ने उसे समझाते हुए कहा कि "मधु भी अब शादी के योग्य हो गई है।" माँ चाहती है कि अमित का विवाह होने के बाद मधु का विवाह भी कर दें।

(iii) **वक्ता अमित को विवाह के लिए क्यों समझा रही हैं? उनकी माँ के दृष्टिकोण में कौन से दो मुख्य कारण हैं, जो अमित के विवाह के लिए महत्त्वपूर्ण हैं? (3)**

उत्तर वक्ता अमित को विवाह के लिए इस कारण समझा रही हैं कि उनकी छोटी बहन मधु भी विवाह योग्य हो गई है और वे उसका विवाह कराना चाहती हैं। पहला कारण यह है कि अमित, मधु से सात वर्ष बड़ा है और वे चाहती है कि पहले अमित का विवाह हो, जिससे उसका विवाह आयु के दृष्टिकोण से उचित लगे। दूसरा कारण यह है कि वे मधु के विवाह के सारे कार्य अकेले नहीं सँभाल पाएँगी और अमित का विवाह करने से उन्हें मधु के विवाह में सहायता मिल सकेगी।

(iv) **माँ को अमित के व्यवहार में अचानक परिवर्तन पर क्यों आश्चर्य हुआ? क्या कारण हो सकते हैं, जिसके कारण अमित का व्यवहार इस तरह से परिवर्तित हो गया? (3)**

उत्तर माँ को अमित के व्यवहार में अचानक परिवर्तन पर आश्चर्य हुआ, क्योंकि वह पहले कभी अपनी माँ की बातों को इस तरह से टालता नहीं था। अब उसके व्यवहार में यह परिवर्तन दिखा, जो माँ के लिए एक चौंकाने वाली स्थिति थी। संभवतः अमित ने शादी के बारे में कोई ठोस निर्णय लिया है, जैसे कि उसने शादी का विचार त्याग दिया हो या उसने किसी विशेष लड़की को पसंद किया हो। माँ को यह परिवर्तन समझ में नहीं आ रहा था और यही कारण था कि वह चिंतित हो उठीं।

# अध्याय 20

उपन्यास के इस अध्याय में परीक्षा समाप्त होने से छात्राओं की प्रसन्नता, मीनू और माया के चेहरे पर आई विशेष खुशी, पिक्चर देखने जाने का कार्यक्रम बनाने, अचानक नीलिमा और सुरेंद्र के आने एवं अमित का एक्सीडेंट होने की बात बताने, मीनू का व्याकुल होकर अस्पताल पहुँचने, अमित की व्याकुलता देख मीनू के मन में उसके प्रति लगाव उत्पन्न होने, अमित द्वारा अपनी गलती के लिए क्षमा माँगने, अमित की माँ के आने और मीनू द्वारा अमित को सांत्वना देने का उल्लेख किया गया है।

## अध्याय का सार

मीनू ने पूरे वर्ष उत्साह और मेहनत से पढ़ाई की। अंतिम परीक्षा के बाद वह स्वयं को स्वतंत्र महसूस कर रही थी। परीक्षा समाप्त होने के बाद माया ने मीनू को पिक्चर देखने के लिए मनाया। दोनों सखियाँ पिक्चर देखकर होटल में खाना खाने गईं और वापस छात्रावास लौट आईं। वहाँ नीलिमा और उसके पति सुरेंद्र जी ने बताया कि तीन दिन पहले अमित के साथ दुर्घटना हो गई है और उसकी हालत गंभीर है। यह सुनकर मीनू व्याकुल हो गई और उसने तय किया कि अगले दिन अस्पताल जाकर अमित से मिलेगी। सुबह मीनू मेडिकल कॉलेज पहुँची। इंतज़ार के बाद वह अमित के कमरे में गई। उसे देखकर अमित के मुरझाए चेहरे पर हल्की मुस्कान आई। उसने मीनू से अपने हृदय की बात साझा की और कहा कि परिस्थितियों के कारण वह उससे दूर हो गया। उसने अपनी गलतियों के लिए माफ़ी माँगी और स्वीकार किया कि मीनू के साथ न्याय नहीं कर पाया। मीनू ने उसे सांत्वना देते हुए कहा कि इसमें उसकी कोई गलती नहीं है।

अमित ने अपनी चोटों और भविष्य की अनिश्चितता के बारे में बात की। उसकी स्थिति देखकर मीनू का हृदय भर आया। इस दौरान अमित की माँ भी वहाँ आईं। मीनू ने उन्हें साहस बँधाया और अमित के जल्द ठीक होने का विश्वास दिलाया। मीनू ने महसूस किया कि अमित के प्रति उसके मन में स्नेह और दया है। हालाँकि वह उसके पास रहकर उसकी सेवा करना चाहती थी, लेकिन परिस्थितियों को देखते हुए उसने वहाँ से जाने का निर्णय लिया। चलते समय अमित की उदासी ने उसे भीतर तक छू लिया, पर वह अपने हृदय में एक अनकहा जुड़ाव और स्नेह लेकर लौट आई।

### शब्दार्थ

**परतंत्र** *दूसरे पर आश्रित होना;* **दृष्टिगोचर** *दिखाई पड़ने योग्य;* **विघ्न** *बाधा;* **निर्दोष** *दोष रहित;* **वर्जित** *प्रतिबंधित;* **व्यतीत** *बिताना;* **दुर्भाग्यवश** *दुर्भाग्य से;* **प्रतिष्ठित** *माननीय;* **जीवन संगिनी** *पत्नी;* **सहपाठी** *साथ पढ़ने वाले।*

## एग्जाम पैटर्न प्रश्न (10 अंक)

***निम्नलिखित अवतरणों को पढ़कर उसके नीचे दिए गए प्रश्नों के उत्तर हिंदी में लिखिए।***

**Q.1 ''माया, मैंने अपनी माँ को पत्र में लिख दिया था कि मैं परीक्षा समाप्त होने के दो दिन बाद मीरापुर आऊँगी, क्योंकि एक दिन नीलिमा के पास मिलने के लिए जाना है और दूसरे दिन घर के लिए कुछ सामान खरीदना है।''**

(i) **मीनू से दो दिन बाद घर वापस जाने की बात सुनकर माया कैसे प्रतिक्रिया देती है और वह मीनू से क्या कहती है? (2)**

उत्तर मीनू से दो दिन बाद घर वापस जाने की बात सुनकर माया उदास हो जाती है और कहती है, ''मीनू, यह अच्छा है कि तुम दो दिन और यहाँ रुकोगी, इससे हमें कुछ समय और एक साथ रहने का अवसर मिलेगा, क्योंकि इसके बाद हम अलग हो जाएँगे और न जाने फिर कब मिल पाएँगे।''

(ii) **मीनू और माया ने परीक्षाओं के समाप्त होने के बाद क्या निर्णय लिया और मीनू क्यों घर जा रही थी? (2)**

उत्तर मीनू की वकालत की अंतिम वर्ष की परीक्षाएँ समाप्त हो गई थीं, जिसके बाद उसे परीक्षा उपरांत की छुट्टियाँ मिलने वाली थीं, इसलिए मीनू घर जा रही थी। वहीं, माया और मीनू दोनों ही परीक्षाओं के समाप्त होने पर अत्यधिक प्रसन्न थीं और लगातार पढ़ाई से हुई थकावट को दूर करने के लिए दोनों ने मिलकर फिल्म देखने का निर्णय लिया।

(iii) **माया ने मीनू से उसके घर जाने के बारे में क्या प्रश्न किया और मीनू ने घर जाने के बारे में क्या जानकारी दी? (3)**

उत्तर माया ने मीनू से उसके घर जाने के विषय में पूछा, जिसके उत्तर में मीनू ने बताया कि उसने अपनी माँ को पहले ही पत्र भेजकर सूचित कर दिया था कि वह परीक्षा के समाप्त होने के दो दिन बाद मीरापुर आएगी। मीनू ने यह भी बताया कि उसे अपनी सहेली नीलिमा से मिलना है और अपने घर के लिए कुछ सामान भी खरीदना है।

(iv) **माया और मीनू के बीच के संवाद में जो उदासी का भाव उभरता है, वह क्या दर्शाता है और इसका जीवन पर क्या प्रभाव पड़ता है? (3)**

उत्तर माया और मीनू के संवाद में मीनू के मीरापुर वापस जाने की बात पर माया के चेहरे पर जो उदासी का भाव उभरता है, वह इस बात को दर्शाता है कि वे एक-दूसरे के साथ बिताए गए समय को वह बहुत महत्त्व देती हैं और उनके बीच एक गहरा भावनात्मक जुड़ाव है। यह उदासी यह भी दर्शाती है कि जीवन में समय की सीमाएँ होती हैं और हर अच्छा पल बीत जाता है। माया की उदासी जीवन के परिवर्तन और मिलन-संयोग की अनिश्चितता का प्रतीक है।

**Q.2 ''मीनू, मैं तो पहले ही तुम्हारे पास आ गई होती, परंतु इसलिए नहीं आई, क्योंकि मेरे आने पर तुम्हारी पढ़ाई में विघ्न पड़ता। वैसे मैं यहाँ बहुत देर से तुम्हारी प्रतीक्षा कर रही थी।'' सुरेंद्र जी को कुछ उदास देखकर मीनू से रहा**

न गया। वह नीलिमा से पूछ ही बैठी, "नीलिमा, आज तुम लोग कुछ उदास लग रहे हो, क्या बात है स्वास्थ्य तो ठीक है न सबका।"

**(i) मीनू ने सुरेंद्र की उदासी को लेकर नीलिमा से क्या सवाल पूछा और क्यों? (2)**

उत्तर मीनू, सुरेंद्र की उदासी को देखकर स्वयं को रोक नहीं पाती और नीलिमा से सुरेंद्र की उदासी का कारण जानने का प्रयास करते हुए सबके स्वास्थ्य के विषय में पूछती है कि "नीलिमा, आज तुम लोग कुछ उदास लग रहे हो, क्या बात है स्वास्थ्य तो ठीक है न सबका।"

**(ii) नीलिमा से मिलने पर मीनू की क्या प्रतिक्रिया थी और नीलिमा ने मीनू से क्या कहा? (2)**

उत्तर नीलिमा से मिलने पर मीनू अत्यधिक प्रसन्नता का अनुभव करती है और उसकी प्रसन्नता उसके चेहरे पर स्पष्ट रूप से नज़र आती है। नीलिमा, मीनू से कहती है कि वह उसकी परीक्षाएँ होने के कारण उससे मिलने नहीं आई, क्योंकि उसकी परीक्षाएँ चल रही थीं। यदि वह मीनू से मिलती, तो उसकी पढ़ाई में विघ्न उत्पन्न होता।

**(iii) नीलिमा ने मीनू को सुरेंद्र की उदासी के कारण के बारे में क्या बताया? विस्तृत रूप से विवरण करें। (3)**

उत्तर मीनू के द्वारा सुरेंद्र की उदासी का कारण पूछने पर नीलिमा, मीनू को बताती है कि सुरेंद्र के मित्र अमित का तीन दिन पूर्व कार के ब्रेक फेल होने के कारण अत्यधिक गंभीर रूप से एक्सीडेंट हुआ था, जिसमें उनके हाथ-पैरों की हड्डियाँ टूट गई हैं और अन्य कई गंभीर चोटें भी लगी हैं। अमित की इसी गंभीर स्थिति के कारण सुरेंद्र उदास था।

**(iv) मीनू का अमित के प्रति घृणा और स्नेह के बीच का मानसिक परिवर्तन किस प्रकार का संकेत देता है? (3)**

उत्तर मीनू का अमित के प्रति घृणा से स्नेह के प्रति परिवर्तन यह संकेत देता है कि मनुष्य की भावनाएँ समय और परिस्थितियों के अनुसार परिवर्तित हो सकती हैं। मीनू के हृदय में पहले अमित के लिए नकारात्मक भावनाएँ थीं, लेकिन अब उसकी मानसिक स्थिति में परिवर्तन आया है। यह परिवर्तन यह दर्शाता है कि मीनू ने अपने पूर्व विचारों को चुनौती दी और अब उसे अमित के लिए सहानुभूति और लगाव महसूस हो रहा था, जो रिश्तों के विकसित होने और मानसिक परिपक्वता की ओर इशारा करता है।

**Q.3 जैसे ही मीनू सोने का प्रयास करती, उसकी आँखों के सामने अमित का वह चेहरा घूम जाता, जो उससे कुछ कहने के लिए बेचैन था। उसके वे नेत्र, जो अपनी मूक भाषा में कहना चाहते थे कि वह निर्दोष है। रातभर मीनू इसी तरह बेचैनी में करवटें बदलती रही। कभी झपकी लग जाती, तो कभी चौंककर आँखें खुलतीं और उसके सामने अमित का वही चेहरा घूम जाता।**

**(i) मीनू के मन में अमित के प्रति स्नेह भाव कैसे उत्पन्न हुआ और अमित का चेहरा मीनू की आँखों के सामने बार-बार क्यों आ जाता था? (2)**

उत्तर मीनू के मन में अमित के प्रति स्नेह भाव उस समय उत्पन्न हुआ, क्योंकि उसने अमित की अत्यधिक गंभीर स्थिति के बारे में जाना। अमित, मीनू से अपनी गलती के लिए क्षमा याचना कर चुका था। मीनू ने अमित की आँखों में अपने लिए एक विशेष भाव भी देखा। मीनू के हृदय में अमित के लिए सहानुभूति और स्नेह की भावना जागृत हुई जिसके कारण अमित का चेहरा मीनू की आँखों के सामने बार-बार आ जाता था।

**(ii) मीनू के हृदय में अमित के प्रति द्वेष और घृणा का भाव क्यों उत्पन्न हुआ था? उस भाव में परिवर्तन के कारण क्या थे? (2)**

उत्तर मीनू के हृदय में अमित के प्रति द्वेष और घृणा का भाव इस कारण उत्पन्न हुआ था कि अमित के परिवार ने विवाह के प्रस्ताव को झूठ बोलकर अस्वीकार कर दिया था, जिससे मीनू को गहरी चोट पहुँची थी, लेकिन समय के साथ मीनू ने अमित की स्थिति को समझा और इस कारण उसके हृदय में स्नेह का भाव उत्पन्न हो गया।

**(iii) अमित के चेहरे को देखकर मीनू के मन में कौन-सा आभास उत्पन्न होता है और वह किस प्रकार की मानसिक स्थिति का अनुभव करती है? (3)**

उत्तर मीनू जब भी अपने विश्राम की स्थिति में प्रवेश करने का प्रयास करती, तो अमित का चेहरा उसकी दृष्टि में उभर आता। यह दृश्य मीनू को सदा यह आभास कराता है कि अमित अपनी अंतरात्मा से कुछ अनकहा व्यक्त करने के लिए अत्यधिक बेचैन है, साथ ही मीनू को यह प्रतीत होता कि अमित के नेत्र अपनी मूक अभिव्यक्ति के माध्यम से यह सिद्ध करना चाहते हैं कि वह स्वयं निर्दोष है और उसकी पीड़ा और दुःख का कारण नहीं था।

**(iv) अमित का यह कहना है कि "मैंने जो पाप किए थे, उनका फल मिला है मुझे", क्या दर्शाता है और वह किस प्रकार अपनी गलतियों को स्वीकार कर रहा है? (3)**

उत्तर अमित का यह कहना है कि "मैंने जो पाप किए थे, उनका फल मिला है", इस बात का संकेत है कि वह अपनी गलतियों को पूरी तरह से स्वीकार कर रहा है। वह यह महसूस करता है कि उसने मीनू के साथ जो गलत किया था, उसका ही परिणाम उसे अब भुगतना पड़ रहा है। यह बयान उसकी आत्म-ग्लानि और पश्चाताप को दर्शाता है, जिसमें वह अपने किए गए कार्यों को खुद ही अपनी परेशानी और दुःख का कारण मानता है।

**Q.4 "एक घंटे का समय कहाँ व्यतीत करे, उसकी कुछ समझ में नहीं आ रहा था। तभी उसने एक पत्रिका खरीदी और पास में पड़ी एक बेंच पर बैठकर पढ़ने लगी। हर दस मिनट के बाद उसकी नजर घड़ी पर चली जाती। एक-एक पल काटना कठिन हो रहा था।"**

**(i) मीनू के लिए अमित के कमरे में प्रवेश करने का अनुभव कैसा था और उसने कमरे में प्रवेश करने के बाद क्या किया? (2)**

उत्तर मीनू के लिए अमित के कमरे में प्रवेश करने का अनुभव थोड़ा तनावपूर्ण था, क्योंकि उसे यह समझ में नहीं आ रहा था कि वह अमित से कैसे बात शुरू करे। कमरे में प्रवेश करने के बाद वह चुपचाप स्टूल पर बैठी रही, क्योंकि वह जानती थी कि अमित की तबीयत ठीक नहीं है और इस समय ज्यादा बात करना उचित नहीं था।

**(ii) अमित, मीनू से क्या कहना चाहता था और मीनू ने उसकी बात का क्या उत्तर दिया? (2)**

उत्तर अमित, मीनू से यह कहना चाहता था कि उसने अपनी नासमझी के कारण मीनू की भावनाओं को ठेस पहुँचाई थी और मीनू के हृदय में उसके लिए घृणा है। मीनू ने उसकी बात को चुप कराते हुए कहा कि वह इस समय आराम करे, क्योंकि उसकी तबीयत ठीक नहीं थी और इस विषय पर बाद में बात की जा सकती थी।

(iii) **मीनू ने अमित से मिलने के लिए मेडिकल कॉलेज पहुँचने के बाद किस समस्या का सामना किया और उसने इसका समाधान कैसे किया?** **(3)**

उत्तर मीनू ने मेडिकल कॉलेज पहुँचने के बाद यह जाना कि मरीज़ों से दस बजे से पहले मिलना वर्जित था। इसके बाद उसे समझ में नहीं आ रहा था कि वह एक घंटे का समय कैसे व्यतीत करे। उसने पत्रिका खरीदी और एक बेंच पर बैठकर पढ़ना शुरू किया। वह बार-बार घड़ी देख रही थी, क्योंकि समय बहुत धीरे-धीरे बीत रहा था।

(iv) **उपन्यास "नया रास्ता" के शीर्षक की सार्थकता को सिद्ध कीजिए।** **(3)**

उत्तर 'नया रास्ता' उपन्यास, जिसे 'सुषमा अग्रवाल' ने लिखा है, दहेज प्रथा जैसी कुरीतियों पर गहरी चोट करता है और प्रभावित युवतियों को इससे उभरने के लिए प्रेरित करता है। उपन्यास में न केवल सामाजिक जागरुकता और परिवर्तन की आवश्यकता को रेखांकित किया गया है, बल्कि यह स्त्रियों को आत्मनिर्भर बनने और अपने अधिकारों के लिए आवाज उठाने की प्रेरणा भी देता है। शीर्षक 'नया रास्ता' उपन्यास एक नई दिशा, एक नई सोच और सामाजिक बुराइयों के खिलाफ़ आवाज़ उठाने की प्रेरणा प्रदान करता है।

# अध्याय 21

उपन्यास के इस अध्याय में अमित की दशा देखकर मीनू के मन में आई उदासी, हॉस्टल में मन न लगने पर मीरापुर आ जाने, दो महीने बीतने पर भी प्रसन्न न रह पाने, माँ के पूछने पर बात टाल देने, लेकिन अधिक जोर देने पर सारी बातें बताने, रोहित द्वारा परीक्षाफल के बारे में बताने पर खुशी में डूब जाने, मेरठ में वकालत के लिए रजिस्ट्रेशन कराने और महरी की लड़की के साथ ही मेरठ में किराए पर मकान लेकर रहने का उल्लेख किया गया है।

## अध्याय का सार

मीनू आज नीलिमा के घर जाने वाली थी, लेकिन वह उदास और परेशान थी। वह खुद समझ नहीं पा रही थी कि जिस व्यक्ति से वह नफ़रत करती थी, अब उसी के लिए परेशान क्यों है। छात्रावास पहुँचकर उसने अपना सामान समेटा और मीरापुर के लिए रवाना हो गई। घर पहुँचने पर माँ ने उसकी उदासी का कारण पूछा। मीनू ने थकान का बहाना किया, लेकिन उसकी उदासी सभी को महसूस हो रही थी। माँ ने उसे समझाया कि वह अपनी परेशानी उनके साथ साझा कर सकती है। बातों-बातों में पिताजी ने मीनू से शादी का जिक्र किया। मीनू ने कहा कि माँ अमित है न जो तीन वर्ष पहले हमारे यहाँ आए थे, उनका एक्सीडेंट हुआ है। उसी दिन रोहित ने मीनू के परीक्षा परिणाम की खुशखबरी सुनाई। मीनू की सफलता से घर में खुशी छा गई। पिताजी मिठाई लेकर आए और मीनू को आशीर्वाद दिया।

मीनू ने मेरठ में अभ्यास शुरू करने के लिए रजिस्ट्रेशन करा लिया। माँ ने उसकी देखभाल के लिए राजो को साथ भेजने का निर्णय लिया। मीनू अब एक नए जीवन की शुरुआत करने जा रही थी, जिसमें उसने अपने आत्मविश्वास और मेहनत के दम पर सफलता पाने का लक्ष्य तय किया।

### शब्दार्थ

**कुशल-क्षेम** *हाल-चाल;* **सांत्वना** *ढाँढस;* **धूमिल-सी** *अस्पष्ट;* **आत्मग्लानि** *हीन-भावना;* **प्रत्यनशील** *आगे की ओर बढ़ने वाला;* **प्रेरणा** *उत्साह बढ़ना;* **उज्ज्वल** *प्रकाशमय;* **प्रस्थान** *जाना/छोड़ना;* **महरी** *नौकरानी।*

## एग्जाम पैटर्न प्रश्न (10 अंक)

***निम्नलिखित अवतरणों को पढ़कर उसके नीचे दिए गए प्रश्नों के उत्तर हिंदी में लिखिए।***

**Q.1** **आज मीनू को नीलिमा के घर जाना था, पर वह आज कुछ अधिक उदास-सी थी। उसके मस्तिष्क में एक अजीब सी परेशानी थी, जिससे आज तक वह इतनी घृणा करती थी, उसी के लिए आज इतनी परेशान क्यो.........? वह स्वयं ही कुछ नहीं समझ पा रही थी। हॉस्टल पहुँचने पर उसने अपना सब सामान एकत्रित करना प्रारंभ कर दिया। अब उसका यहाँ एक पल के लिए भी दिल नहीं लग रहा था। वह अपने सब सामान सहित मीरापुर के लिए चल दी।**

(i) **मीनू को कहाँ जाना था, लेकिन वह क्यों न गई?** **(2)**

उत्तर मीनू को अपनी सहेली नीलिमा के घर उससे मिलने जाना था, लेकिन एक दिन पूर्व अमित से मिलने के कारण आज वह उदास एवं परेशान थी, जिसके कारण वह नीलिमा से मिलने के लिए नहीं गई।

(ii) **मीनू की माँ का क्या दृष्टिकोण है और वह किस प्रकार अपनी बेटी का मनोबल बढ़ाने का प्रयास करती हैं?** **(2)**

उत्तर मीनू की माँ का दृष्टिकोण यह है कि वह अपनी बेटी की मित्र के रूप में उसे सहारा देने का प्रयास करती हैं। वह मीनू की परेशानी को समझने के लिए संवेदनशील हैं और उसे विश्वास दिलाने का प्रयास करती हैं कि वह उसकी किसी भी परेशानी में सहायता कर सकती हैं।

(iii) **मीनू ने मीरापुर जाने का निर्णय क्यों लिया और इस निर्णय में उसकी मनःस्थिति का क्या प्रभाव था?** **(3)**

उत्तर मीनू ने मीरापुर जाने का निर्णय इसलिए लिया, क्योंकि वह स्वयं को दुविधा की स्थिति में महसूस कर रही थी। इस मानसिक अवस्था के कारण वह अपनी सहेली नीलिमा से मिलने उसके घर भी नहीं जा पाई। साथ ही, उसकी मनःस्थिति ऐसी थी कि अब उसका एक पल के लिए भी छात्रावास में रहने का मन नहीं था। इस निर्णय में उसकी

अस्थिर मानसिक स्थिति और मौजूदा परिस्थितियों से असहजता का गहरा प्रभाव दिखाई देता है।

(iv) **मीनू किससे घृणा करती थी और उसकी परेशानी का क्या कारण था? स्पष्ट कीजिए। (3)**

उत्तर मीनू, अमित से घृणा करती थी, जिसके कारण उसके माता-पिता के द्वारा झूठ बोलकर विवाह के लिए मीनू को अस्वीकार करना था, परंतु आज मीनू, अमित के लिए परेशान थी, क्योंकि अमित से अस्पताल में मिलने के कारण उसने अमित के पश्चाताप एवं आत्मग्लानि के भाव को महसूस किया था, जिस वजह से अमित के प्रति उसके हृदय में दया एवं प्रेम भाव उत्पन्न हो गया था और इसलिए आज तक जिस अमित से वह घृणा करती थी, उसी के लिए आज वह परेशान थी।

**Q.2 "एक बार तो नीलिमा ने ही मुझे अमित के विषय में बताया था। वैसे जिस दिन मैं यहाँ आई थी, उस दिन अमित से अस्पताल में मिलकर आई थी। उस दिन उसने मुझे सारी बातें बताई थीं।" "अच्छा, पर इस बात को तो तीन वर्ष हो चुके हैं। उसने अभी तक शादी क्यों नहीं की?"**

(i) **मीनू की माँ से हुई बातचीत में अमित की शादी न होने के पीछे के कारण पर विस्तृत विचार करें। (2)**

उत्तर मीनू की माँ से हुई बातचीत में मीनू ने बताया कि अमित का रिश्ता अस्वीकार हो जाने के बाद वह बहुत आत्मग्लानि महसूस कर रहा था। इसके बाद अमित ने शादी के बारे में फिर कभी नहीं सोचा। इस घटना ने उसे मानसिक रूप से प्रभावित किया और उसके बाद वह अकेला महसूस करने लगा। अमित की शादी न हो पाने का एक प्रमुख कारण यह भी था कि अमित, मीनू को बहुत पसंद करता था और वह मीनू के स्थान पर किसी और को जीवन साथी के रूप में कल्पना नहीं कर पा रहा था।

(ii) **मीनू ने अपनी सफलता के प्रति कौन-सा दृष्टिकोण अपनाया और यह दृष्टिकोण उसके भविष्य को कैसे प्रभावित करेगा? (2)**

उत्तर मीनू ने महसूस किया कि वह अबला नारी नहीं है, बल्कि उसमें अपने लक्ष्य को हासिल करने की पूरी क्षमता है। उसने खुद को आगे बढ़ने और अपने भविष्य को उज्ज्वल बनाने के लिए प्रेरित किया। उसका यह दृष्टिकोण उसे आत्मनिर्भर बनने और अपनी कड़ी मेहनत से सफलता पाने के लिए प्रेरित करेगा।

(iii) **किस बात को तीन वर्ष हो गए थे और किसने अभी तक विवाह नहीं किया था? (3)**

उत्तर अमित व उसके माता-पिता मीनू को देखने के लिए उसके घर तीन वर्ष पहले आए थे और उन्होंने मीनू के परिवार से झूठ बोलकर मीनू से विवाह के लिए मना कर दिया था, इस बात को तीन वर्ष हो गए थे। माता-पिता के द्वारा मीनू से विवाह के लिए मना किए जाने के उपरांत अमित ने भी अभी तक विवाह नहीं किया था।

(iv) **अमित अपने माता-पिता द्वारा तय किए गए विवाह प्रस्ताव के बारे में क्या बताता है और उसने इसे अस्वीकार करने का क्या कारण बताया? (3)**

उत्तर मीनू, अमित से मिलने अस्पताल गई थी, जहाँ अमित उसे अपने गहरे लगाव के बारे में बताता है। वह यह भी बताता है कि उसके माता-पिता ने एक धनी सेठ की बेटी से विवाह का प्रस्ताव दिया था, जिसे उसने अपनी इच्छाओं के खिलाफ़ अस्वीकार कर दिया। अमित अपनी इस अस्वीकार्यता के कारण को समझाते हुए कहता है कि उसने मीनू के साथ अपना रिश्ता अस्वीकार करके उसे दुःख पहुँचाया, जिससे उसे आत्मग्लानि और पछतावा हो रहा है।

**Q.3 मीनू पिताजी के इस प्रश्न का तुरंत उत्तर न दे सकी। वह कुछ क्षण बाद सोच-विचार कर बोली, "पिताजी, मैं अपना अभ्यास शुरू करने के बाद ही विवाह के बारे में विचार करूँगी।" "बेटी, यह बात ठीक है, परंतु हम चाहते हैं कि तुम्हारा विवाह हो जाता, तो हम अपनी चिंता से मुक्त हो जाते। मेरी भी तबीयत कुछ ठीक-सी नहीं रहती है।"**

(i) **पिताजी ने मीनू से क्या प्रश्न पूछा था और मीनू ने उसका क्या उत्तर दिया था? (2)**

उत्तर पिताजी ने मीनू से उसके विवाह के संबंध में प्रश्न पूछा था। यह पूछते हुए कि अब उसकी पढ़ाई समाप्त हो गई है और अब वह विवाह करने के विषय में क्या विचार रखती है। इस पर मीनू ने उत्तर दिया कि वह अभी अपनी वकालत की प्रैक्टिस करना चाहती है और विवाह के बारे में विचार तब करेगी, जब वह अपने करियर में आगे बढ़ चुकी होगी।

(ii) **पिताजी को क्या चिंता थी और क्यों? उनका समाज के प्रति दृष्टिकोण क्या था? (2)**

उत्तर पिताजी को मीनू के विवाह की चिंता थी, क्योंकि उनका मानना था कि यदि मीनू विवाह कर ले, तो वह एक पिता होने के नाते विवाह करवाने के उपरांत चिंता मुक्त हो जाते, क्योंकि अब उनकी तबीयत भी ठीक नहीं रहती थी। वे समाज के बंधनों में बँधे होने के कारण कहते हैं कि समाज के भी अपने कुछ नियम हैं, जिनके अनुरूप सभी को चलना होता है और जब तक माता-पिता अपनी बेटियों का विवाह नहीं करते, तब तक उन्हें चैन नहीं मिलता।

(iii) **मीनू ने वकालत की पढ़ाई पूरी करने के बाद मेरठ जाकर अभ्यास करने का निर्णय क्यों लिया? इस निर्णय के पीछे उसके विचार क्या थे? (3)**

उत्तर मीनू ने वकालत की पढ़ाई पूरी करने के बाद मेरठ जाकर अभ्यास करने का निर्णय इसलिए लिया, क्योंकि उसने अपने पैरों पर खड़ा होकर आत्मनिर्भर बनने का लक्ष्य निर्धारित किया था। वकालत की पढ़ाई पूरी करने के बाद वह इस लक्ष्य की ओर एक ठोस कदम बढ़ाना चाहती थी। मेरठ जाने का निर्णय उसकी वकालत के क्षेत्र में खुद को स्थापित करने और अपने पेशेवर करियर को मजबूत करने की दिशा में एक महत्त्वपूर्ण कदम था।

(iv) **मीनू द्वारा पहले मेरठ जाने और इस बार मेरठ जाने पर क्या अंतर था? स्पष्ट कीजिए। (3)**

उत्तर मीनू, पिछली बार मेरठ वकालत की पढ़ाई करने गई थी, जहाँ उसे छात्रावास में रहना था और खाने-पीने की सभी सुविधाएँ थी, किंतु इस बार मीनू स्वयं को सिद्ध करने एवं समाज में अपना एक अलग स्थान बनाने के उद्देश्य से मेरठ जा रही थी। मीनू जब पहले मेरठ गई थी, तो माँ मीनू के प्रति अत्यधिक चिंतित एवं उसके जाने से दुःखी थी, लेकिन इस बार माँ अत्यधिक प्रसन्न थीं, क्योंकि इस बार उनकी बेटी इस काबिल बनकर मेरठ जा रही थी कि वह समाज में अपना एक अलग अस्तित्व बना सके।

# अध्याय 22

उपन्यास के इस अध्याय में मीनू द्वारा मेरठ में कमरा लेने, कभी-कभी नीलिमा के घर चले जाने, अस्पताल जाकर अमित को देखने, उसकी माँ के साथ हुई बातचीत, अमित को अभी चार महीने और अस्पताल में रहने, शाम को कमरे पर देर से पहुँचने, राजो के साथ खाना खाने तथा अमित के बारे में सोचने से उत्पन्न मीनू की बेचैनी का उल्लेख किया गया है।

## अध्याय का सार

मेरठ की एक छोटी-सी बस्ती में मीनू का कमरा व्यवस्थित था, जिसमें वह और राजो रहती थीं। मीनू कचहरी में काम करती थी और कभी अकेलापन महसूस होने पर नीलिमा के घर चली जाती थी। एक दिन, उसने अमित से अस्पताल में मिलने का निर्णय लिया। अस्पताल में अमित को देखकर वह थोड़ी देर बैठी और अमित की माँ से वकालत की पढ़ाई के बारे में बातें कीं। मीनू ने बताया कि उसने मेरठ में अभ्यास शुरू किया है, जिससे अमित को खुशी हुई, लेकिन अमित की उदासी देख मीनू ने पूछा, ''अब आपकी तबीयत कैसी है?'' अमित की माँ ने बताया कि डॉक्टर पूरी कोशिश कर रहे थे, पर परिणाम ईश्वर के हाथ में था। अमित को चार महीने और अस्पताल में रहना था। मीनू ने घड़ी देखी और मीनू जल्दी से घर लौटी, जहाँ राजो ने स्नेहपूर्वक खाना तैयार किया था। राजो की देखभाल ने मीनू को सुखद महसूस कराया। रात को मीनू अमित के बारे में सोचते हुए परेशान थी कि यदि अमित अपाहिज हो गया, तो क्या वह उससे विवाह करेगी? इस सोच ने उसे बेचैन कर दिया। फिर भी, कुछ देर बाद मीनू को नींद आ गई और सुबह उसकी आँखें देर से खुलीं।

### शब्दार्थ

**स्मृति** *यादें;* **अंतर्द्वंद्व** *दुविधा की स्थिति;* **अंतःप्रेरणा** *सहज प्रवृत्ति;* **व्याकुल** *बेचैन, परेशान;* **कचहरी** *अदालत।*

# एग्जाम पैटर्न प्रश्न (10 अंक)

***निम्नलिखित अवतरणों को पढ़कर उसके नीचे दिए गए प्रश्नों के उत्तर हिंदी में लिखिए।***

**Q.1 "मीनू ने अमित के कमरे में प्रवेश किया, तो देखा कि अमित अपने पलंग पर लेटा हुआ है। मीनू को देखकर उन्होंने उसे प्रेमपूर्वक बैठाया। उसे देखकर अमित के मुरझाए चेहरे पर भी खुशी की लहर दौड़ गई।"**

**[ICSE 2017]**

(i) **मीनू, अमित को देखने कहाँ गई थी? जाते समय वह मन में क्या सोच रही थी?** **(2)**

उत्तर मीनू, अमित को देखने अस्पताल गई थी। वहाँ जाते समय वह मन में सोच रही थी कि उसका अमित से मिलने के लिए अस्पताल जाना उचित होगा या नहीं। मीनू की अंतरात्मा उसे वापस घर जाने के लिए प्रेरित करती, तो वहीं दूसरी ओर उसने अमित से मिलने का निश्चय किया हुआ था। इस प्रकार उसके मन में अंतर्द्वंद्व चल रहा था।

(ii) **कमरे में प्रवेश करते ही उसने क्या देखा? अमित की माँ ने मीनू से क्या पूछा? उसने क्या उत्तर दिया?** **(2)**

उत्तर कमरे में प्रवेश करते ही मीनू ने देखा कि अमित पलंग पर लेटा हुआ है और अपनी माँ से बातें कर रहा है। अमित की माँ ने मीनू से पूछा कि "तुम्हारी वकालत पूरी हो गई है न?'' मीनू ने उत्तर दिया, "हाँ आंटी ! मैंने प्रथम श्रेणी में वकालत पास कर ली है और अब यहाँ मेरठ में ही अभ्यास शुरू कर दिया है।''

(iii) **मीनू के वकालत पास करने पर अमित की माँ को विशेष खुशी क्यों हो रही थी? क्या उन्हें अपनी गलती का अहसास हो गया था? तर्कपूर्ण उत्तर दीजिए।** **(3)**

उत्तर मीनू के वकालत पास करने पर अमित की माँ को विशेष खुशी इसलिए हो रही थी, क्योंकि अब मीनू अपने पैरों पर खड़ी हो गई थी। उन्हें लगा कि अब वह उनके बेटे अमित से विवाह कर लेगी।

अमित की माँ को अपनी गलती का अहसास हो गया था, उन्हें अब आभास हो रहा था कि दहेज के लालच में आकर उन्होंने मीनू जैसी सुयोग्य, कुशल तथा होनहार लड़की को ठुकराकर बहुत गलत किया, इसलिए वे भाग्य को कोसती हुई कहती हैं कि समय का चक्र किसी को समझ नहीं आता। वे अत्यंत दुःखी हो जाती हैं। उन्हें उदास देखकर मीनू भी उदास हो जाती है।

(iv) **मीनू के हृदय में बचपन से ही किसके प्रति दया की भावना थी? वह उनकी किस प्रकार सहायता करने का निश्चय कर रही है?** **(3)**

उत्तर मीनू के हृदय में बचपन से ही अपाहिजों के प्रति दया की भावना थी। वह उनकी सहायता करने के लिए निश्चय करती है कि अपने विवाह में होने वाले फिजूल खर्च के पैसे बचाकर अपाहिज मनोहर की सहायता करेगी। मनोहर के लिए दुकान खुलवाकर मीनू ने उसका जीवन सुधार दिया था। वह सोचती है कि हमारे देश में कितने ही अपाहिज लोग हैं। यदि प्रत्येक सम्पन्न व्यक्ति किसी एक अपाहिज की सहायता कर दे, तो देश से अपंग व्यक्तियों की बेरोज़गारी की समस्या समाप्त हो जाएगी।

**Q.2 मीनू ने मेरठ में ही प्रैक्टिस शुरू कर दी है, यह जानकर अमित ने भी प्रसन्नता का अनुभव किया, परंतु दूसरे ही क्षण उसके हृदय की हीन-भावना ने उसे उदास कर दिया। अब क्या वह पूर्णरूप से स्वस्थ हो सकेगा? क्या उसके शरीर के सभी अंग पहले की तरह कार्य कर सकेंगे? आदि अनेक प्रश्न उसके मस्तिष्क में घूमने लगे।**

(i) **अमित से मिलने कौन आया था और क्यों?** **(2)**

उत्तर अमित से मिलने के लिए मीनू अस्पताल आई थी, क्योंकि उसे अमित से मिले हुए भी काफ़ी समय हो गया था एवं आज उसकी याद आने पर उसने अमित से मिलने का निर्णय लिया था। मीनू कचहरी के बाद अमित से मिलने गई।

(ii) **"समय का चक्र किसी की समझ में नहीं आता" इस वाक्य से लेखक ने किस जीवन सत्य को उजागर किया है?** **(2)**

उत्तर "समय का चक्र किसी की समझ में नहीं आता" इस वाक्य में लेखक ने जीवन की अनिश्चितता और भाग्य के प्रभाव को व्यक्त किया है। यह बताने की कोशिश की जा रही है कि हम जितना भी प्रयास करें, अंततः जीवन की घटनाएँ और समय हमारे नियंत्रण से बाहर होती हैं। यह वाक्य यह भी दर्शाता है कि लोग अपने भाग्य के अनुसार जीवन जीते हैं और इसके आगे वे बेबस होते हैं।

(iii) **अमित की मानसिक स्थिति और भावनाओं के बारे में विस्तार से समझाइए। उसकी मानसिक स्थिति के कारण उसे किन नकारात्मक विचारों का सामना करना पड़ा?** **(3)**

उत्तर अमित हीन-भावना से ग्रसित होने के कारण उदास हो गया था और उसके मस्तिष्क में कई नकारात्मक विचार आने लगे थे। अपने स्वास्थ्य के प्रति चिंतित होने के कारण उसके मस्तिष्क में स्वयं के पूर्ण रूप से स्वस्थ होने एवं उसके शरीर के सभी अंग पहले की तरह कार्य करने में समर्थ होंगे या नहीं, जैसे अनेक विचार आने लगे थे।

(iv) **अवतरण में ईश्वर पर विश्वास को लेकर अमित की माँ का दृष्टिकोण क्या है और यह उनके जीवन के दृष्टिकोण को कैसे प्रकट करता है?** **(3)**

उत्तर अवतरण में अमित की माँ का ईश्वर पर विश्वास स्पष्ट रूप से दिखता है। उनका कहना है कि सब कुछ ईश्वर के हाथ में है और डॉक्टर अपनी ओर से पूरा प्रयास कर रहे हैं, परंतु यदि अमित की हड्डियाँ ठीक से जुड़ती हैं, तो यह ईश्वर की इच्छा होगी। उनका यह दृष्टिकोण जीवन में पराजय और सफलता के बीच एक संतुलन बनाए रखने का प्रयास है, जिसमें वे अपनी समस्याओं को ईश्वर के समर्पण में देखती हैं और अपनी उम्मीदों को ईश्वर की इच्छा पर छोड़ देती हैं।

**Q.3 जैसे ही मीनू कमरे पर पहुँची तो राजो ने उससे पूछा, "दीदी आज आपको बहुत देर हो गई है। क्या आज कचहरी में बहुत काम था आपको?" राजो की यह बात सुनकर मीनू को क्रोध भी आया कि यह नन्हीं बच्ची कौन होती है उससे ये बात पूछने वाली। दूसरे ही क्षण उसे ध्यान आया कि राजो ही तो इस समय उसका एकमात्र सहारा है। यदि राजो न होती तो क्या वह अकेली यहाँ रह सकती थी?**

(i) **राजो कौन थी और वह मीनू के साथ क्यों रहती थी?** **(2)**

उत्तर राजो मीनू के घर की नौकरानी की छोटी बेटी थी। मीनू के वकालत का अभ्यास करने के लिए मेरठ आते समय माँ ने मीनू के अकेले मेरठ में रहने के कारण राजो को मीनू के साथ भेज दिया था, जिस वजह से वह मीनू के साथ रहती थी।

(ii) **मीनू कहाँ गई थी और वह घर देरी से क्यों आई थी?** **(2)**

उत्तर मीनू को कचहरी में बहुत काम था और कई मुकदमे मिल गए थे। कचहरी का काम समाप्त करने के बाद वह अमित से मिलने के लिए अस्पताल गई थी। अमित की तबीयत खराब थी, इसलिए मीनू ने उसे अस्पताल में देखने का फैसला किया। अस्पताल में समय बिताने के कारण उसे घर आने में देरी हो गई।

(iii) **राजो किस प्रकार मीनू का एकमात्र सहारा थी? स्पष्ट कीजिए।** **(3)**

उत्तर मीनू अपने घर से दूर मेरठ में अकेली रहती थी। उसके प्रत्येक सुख-दुःख में उसके साथ केवल राजो ही थी, जिसे माँ ने मीनू के साथ भेजा था, ताकि मीनू को मेरठ में अकेलेपन का अहसास न हो और वह उसकी घर के कार्यों में भी सहायता कर सके। राजो घर का काम करते हुए उसका ध्यान रख रही थी, इससे मीनू को उसके व्यवहार से अपनेपन का अहसास होता था, इसलिए मीनू को लगा कि वही तो मेरठ में उसका एकमात्र सहारा है।

(iv) **मीनू के मन में अमित के बारे में कौन-से विचार आए और वे उसे किस दुविधा में डालते हैं?** **(3)**

उत्तर मीनू के मन में अमित के बारे में कई विचार आए, जैसे कि अमित ने केवल मीनू के कारण विवाह नहीं किया मीनू सोचने लगी कि क्या उसे अमित के साथ विवाह करना चाहिए, जबकि वह जानती थी कि शादी के बाद भी ऐसी दुर्घटनाएँ हो सकती हैं। मीनू यह भी सोच रही थी कि क्या वह अमित के अरमानों को ठुकरा दे, क्योंकि उसने वर्षों तक उसकी प्रतीक्षा की थी। ये विचार मीनू को मानसिक दुविधा और बेचैनी में डालते हैं, क्योंकि वह सही निर्णय नहीं ले पा रही थी।

# अध्याय 23

उपन्यास के इस अध्याय में वकालत करते हुए मीनू की प्रसिद्धि बढ़ने, आशा और उसके पति का उससे मिलने आने, आशा द्वारा मीनू को समझाने तथा घर का हाल-चाल बताने के साथ-साथ दिल्ली जाकर रोहित से मिलने का उल्लेख किया गया है।

## अध्याय का सार

मीनू को वकालत करते हुए आठ महीने हो गए थे और इन महीनों में उसने अपनी धाक जमा ली थी। पतली और साधारण दिखने वाली मीनू की आवाज़ में ऐसा जोश और उत्साह था कि लोग उसकी बुलंदी के चर्चे करने लगे। इन आठ महीनों में वह अमित से चार बार मिली थी, पर केवल मरीज़ की हितैषी बनकर। पिछले दो महीनों से वह उससे मिल भी नहीं पाई थी। रविवार को मीनू ने नीलिमा के साथ समय बिताने का सोचा, परंतु तभी उसकी छोटी बहन आशा अपने पति और बेटे के साथ आ गई। आठ महीने बाद मिल रही मीनू ने देखा कि माँ बनने के बाद आशा में काफ़ी परिवर्तन आ गया था। माँ बनने के बाद आशा मोटी हो गई थी। उसका बेटा बेहद प्यारा था, पर मीनू की गोद में आते ही रोने लगा। आशा ने उसे सुलाया और मीनू मातृत्व की भावना से भर उठी।

बातों के दौरान आशा ने मीनू से विवाह के बारे में पूछा, पर मीनू ने इसे टाल दिया। फिर माँ, पिताजी और रोहित की कुशल-क्षेम पूछने पर मीनू ने बताया कि रोहित की दिल्ली में नौकरी लग गई है। अगले दिन आशा दिल्ली चली गई। उसके जाने के बाद घर में सन्नाटा छा गया।

### शब्दार्थ

**उत्साह** *जोश;* **हितैषी** *हित चाहने वाला;* **मातृत्व** *ममत्व;* **लापरवाही** *असावधानी।*

# एग्जाम पैटर्न प्रश्न (10 अंक)

***निम्नलिखित अवतरणों को पढ़कर उसके नीचे दिए गए प्रश्नों के उत्तर हिंदी में लिखिए।***

**Q.1 इन आठ महीनों में उसने अपनी धाक जमा ली थी। दिखने में पतली, छोटी-सी लगने वाली मीनू की आवाज़ में कितना जोश था, कितना उत्साह था, उसकी बुलंदी के चर्चे चारों ओर फैल गए थे। उसकी रौबीली आवाज सबके मन को मोह गई थी। मीनू को साधारण रूप से देखने वाला व्यक्ति विश्वास ही नहीं कर सकता था कि वह इतनी साहसी होगी।**

(i) **उपर्युक्त कथन के अनुसार, किसने व कहाँ अपनी धाक जमा ली थी?** **(2)**

उत्तर मीनू ने मेरठ में अपनी वकालत का अभ्यास आरंभ किया और आठ माह के अल्प समय में ही उसने अपनी मेहनत एवं लगन से वकालत के क्षेत्र में अपनी धाक जमा ली थी।

(ii) **रविवार के दिन मीनू ने क्या योजना बनाई थी और वह क्यों पूरी न हो सकी?** **(2)**

उत्तर मीनू ने रविवार के दिन नीलिमा के साथ समय व्यतीत करने की योजना बनाई थी, लेकिन उसकी छोटी बहन आशा अपने पति और बेटे के साथ वहाँ आ गई, जिससे उसकी योजना पूरी न हो सकी।

(iii) **एक साधारण व्यक्ति क्या विश्वास नहीं कर सकता था और क्यों?** **(3)**

उत्तर मीनू को देखकर कोई व्यक्ति यह विश्वास नहीं कर सकता था कि वह इतनी साहसी होगी कि आठ माह के भीतर वकालत के क्षेत्र में अपनी धाक जमा लेगी, क्योंकि एक साधारण-सी, छोटी एवं दुबली-पतली-सी दिखने वाली लड़की को देखकर कोई भी यह विश्वास नहीं कर सकता था कि उसमें वह जोश, वह उत्साह और जुनून होगा, जो वकालत के क्षेत्र के लिए अनिवार्य है।

(iv) **मीनू के साधारण रूप में असाधारण व्यक्तित्व को किस प्रकार परिभाषित किया गया है और यह उसके लक्ष्य प्राप्ति के लिए कैसे सहायक है?** **(3)**

उत्तर मीनू एक साधारण रूप में असाधारण व्यक्तित्व वाली युवती थी। वह अपने कर्त्तव्य के प्रति निष्ठा, ईमानदारी एवं लगन के कारण ही आज वकालत के क्षेत्र की बुलंदियों पर पहुँची थी। मीनू अपनी जोशीली एवं प्रभावमयी आवाज़ से सबको अपने वश में कर लेती थी, सभी उसकी रौबीली आवाज़ पर मोहित थे। मीनू का अपने लक्ष्य तक पहुँचने के लिए उत्साह एवं उमंग उसके लक्ष्य तक पहुँचने की ललक को उजागर करते थे। अतः उपर्युक्त तथ्यों के आधार पर कह सकते हैं कि मीनू साधारण रूप में असाधारण व्यक्तित्व की धनी युवती थी।

**Q.2 तभी मज़ाक करते हुए आशा के पति बोले, "बेटे रोते नहीं हैं। आप इस समय मौसी की गोद में हो और मौसी तो माँ-सी ही होती है।" उनकी इस बात को सुनकर सब हँस पड़े, परंतु वह बच्चा रोता ही रहा। फिर आशा ने उसे अपनी गोद में लेकर सुला दिया। आशा की गोद में उस नन्हें को देखकर मीनू का हृदय मातृत्व की भावना से अभिभूत हो उठा। कितना भला लगता है माँ बनना भी! आशा कितनी भाग्यशाली है।**

(i) **मीनू और आशा कितने समय बाद मिलीं और मीनू को आशा में क्या परिवर्तन नज़र आया?** **(2)**

उत्तर मीनू और आशा लगभग आठ महीने बाद मिलीं। मीनू ने देखा कि माँ बनने के बाद आशा काफ़ी मोटी हो गई थी। हालाँकि आशा उम्र में मीनू से छोटी थी, फिर भी वह मीनू के सामने बड़ी लग रही थी।

(ii) **आशा की गोद में बच्चे को देखकर मीनू ने क्या महसूस किया और इसका उसके हृदय पर क्या प्रभाव पड़ा?** **(2)**

**उत्तर** आशा ने रोते हुए बच्चे को गोद में लेकर सुला दिया। अतः आशा की गोद में बच्चे को देखकर मीनू का हृदय मातृत्व की भावना से अभिभूत हो गया था, उसमें मातृत्व का भाव जाग उठा था। मीनू सोचने लगी थी कि माँ बनना कितना सुखद अनुभव है एवं आशा कितनी भाग्यशाली है।

(iii) **मीनू ने बच्चे को गोद में क्यों उठाया और बच्चे की क्या प्रतिक्रिया थी? इस प्रतिक्रिया पर आशा के पति ने ऐसा क्या कहा, जो सब हँस पड़े?** **(3)**

**उत्तर** आशा का बेटा बहुत ही प्यारा था। उसे देख मीनू उसे (बच्चे) अपनी गोद में उठाए बिना नहीं रह सकी और उसने बच्चे को गोद में उठा लिया। बच्चे ने मीनू की गोद में जाते ही रोना शुरू कर दिया, तब आशा के पति ने कहा कि "बेटे, रोते नहीं हैं। आप इस समय मौसी की गोद में हो और मौसी तो माँ-सी ही होती है।" आशा के पति द्वारा यह उक्ति कहने पर सभी हँसने लगे थे।

(iv) **मीनू और आशा के बीच विवाह और पारिवारिक जीवन के विषय पर संवाद को क्यों टाला गया और इसका प्रभाव क्या था?** **(3)**

**उत्तर** मीनू और आशा के बीच विवाह और पारिवारिक जीवन पर संवाद तब टाला गया, जब मीनू ने आशा के सवाल का जवाब दिया कि "अभी इतनी जल्दी क्या है?" मीनू का यह जवाब इस बात को सूचित करता है कि उसे इस विषय पर कोई तात्कालिक चर्चा करना पसंद नहीं था। यह संभवतः मीनू की मानसिकता में विवाह और पारिवारिक जीवन को लेकर कोई अनिश्चितता या असहजता को दर्शाता है। इस स्थिति में आशा ने मीनू के उत्तर से यह महसूस किया कि शायद वह विवाह के विचार पर तैयार नहीं है, इसलिए उसने तुरंत विषय बदल दिया।

**Q.3 बातों-बातों में आशा मीनू से पूछ बैठी, "दीदी, अब तो आपकी वकालत पूरी हो गई है और आपने प्रैक्टिस भी शुरू कर दी है। अब आगे आपका क्या विचार है?" "आगे क्या विचार है, इस बारे में तो अभी मैंने कुछ सोचा नहीं है।" मीनू ने बड़ी लापरवाही से आशा के प्रश्न का उत्तर दिया। "दीदी, इतनी लंबी जिंदगी पड़ी है। एक अवस्था ऐसी आती है, जब अपने पति और बच्चों का ही सहारा होता है।" आशा ने मीनू को समझाते हुए कहा।**

(i) **आशा ने मीनू से किस विषय पर बात की और मीनू ने क्या उत्तर दिया?** **(2)**

**उत्तर** आशा ने मीनू से उनके परिवार की कुशल-क्षेम पूछी। मीनू ने बताया कि पिताजी का स्वास्थ्य ठीक है, माँ भी ठीक हैं और घर के कामों में व्यस्त रहती हैं। उसने यह भी बताया कि रोहित ने इंजीनियरिंग पूरी कर ली है और अब उसकी दिल्ली में नौकरी लग गई है, जिसमें वह शुरू में तीन हज़ार रुपये महीना पा रहा है।

(ii) **आशा ने मीनू को विवाह करने के लिए क्यों प्रेरित किया और उसकी इस सलाह का क्या उद्देश्य था?** **(2)**

**उत्तर** आशा ने मीनू को विवाह करने के लिए प्रेरित किया, क्योंकि वह मानती थी कि जीवन के एक निश्चित चरण में व्यक्ति को अपने परिवार, विशेषकर पति और बच्चों का सहारा होता है। आशा का उद्देश्य मीनू को यह समझाना था कि विवाह केवल एक पारंपरिक प्रक्रिया नहीं है, बल्कि यह जीवन का महत्त्वपूर्ण पहलू है, जो बाद में संजीवनी की तरह काम करता है।

(iii) **"इतनी लंबी ज़िंदगी पड़ी है। एक अवस्था ऐसी आती है, जब अपने पति और बच्चों का ही सहारा होता है।" उक्त पंक्ति किसने, किससे व क्यों कही? स्पष्ट कीजिए।** **(3)**

**उत्तर** उपर्युक्त पंक्ति आशा ने मीनू से कही, क्योंकि वह मीनू के भविष्य को लेकर चिंतित थी तथा चाहती थी कि मीनू भी विवाह के लिए तैयार हो जाए, इसलिए वह वृद्धावस्था की ओर इशारा करते हुए मीनू को समझाने का प्रयास करती है कि एक समय (अवस्था) ऐसा आता है, जब अपने पति व बच्चों का ही सहारा होता है, इसलिए उसे विवाह के विषय में सोचना चाहिए।

(iv) **मीनू और आशा के बीच विवाह के विषय में क्या बातचीत हुई थी? मीनू ने विवाह के प्रति क्या दृष्टिकोण अपनाया था और आशा ने उसे क्या समझाया?** **(3)**

**उत्तर** मीनू, आशा से बड़ी थी, लेकिन अभी तक उसने विवाह नहीं किया था और अपने लक्ष्य को प्राप्त करने के लिए पूरी लगन से जुटी हुई थी। मीनू से जब आशा ने विवाह करने के विषय में उसकी इच्छा पूछी, तो उसने बड़ी ही लापरवाही के साथ कुछ न सोचने की बात कही थी। मीनू की विवाह के प्रति उदासीनता को देखते हुए आशा उसे विवाह करने के लिए समझाती है कि जीवन बहुत बड़ा है और उसमें कोई-न-कोई ऐसी अवस्था या क्षण ऐसा आता है, जब व्यक्ति को केवल अपने पति या बच्चों का ही भरोसा होता है, इसलिए उसे भी विवाह के प्रति उदासीनता को छोड़कर विवाह करने के विषय में सोचना चाहिए।

# अध्याय 24

उपन्यास के इस अध्याय में रोहित की नौकरी लगने के बाद विवाह के लिए रिश्ते वालों का आना, माता-पिता के सामने उसकी बड़ी बहन के कुँवारी होने की समस्या होना, माँ द्वारा मीनू को समझाना, संयोग से इसी बीच अमित एवं मायाराम जी का आना, अपनी भूल के लिए खेद प्रकट करना एवं अमित के विवाह का प्रस्ताव दयाराम जी के सामने रखना, दयाराम जी द्वारा मीनू की सहमति लेकर जवाब देने आदि का उल्लेख किया गया है।

## अध्याय का सार

रोहित की दिल्ली में नौकरी लगने के बाद उसके रिश्ते आने लगे थे, लेकिन मीनू के पिताजी हर बार यही कहते, ''बड़ी बेटी की शादी के बाद ही छोटे बेटे की करेंगे।'' एक बार दिल्ली से एक सज्जन रोहित के लिए रिश्ता लेकर आए, पर दयाराम जी ने उन्हें टालते हुए कहा कि रोहित अभी शादी के लिए तैयार नहीं है। इसके बाद मीनू के माता-पिता चिंतित थे कि मीनू शादी के लिए सहमत नहीं थी। दयाराम जी ने मीनू की माँ से कहा, ''तुम मीनू को समझाओ।''

इसी बीच मायाराम जी और अमित दयाराम जी के घर पहुँचे। अमित की तबीयत ठीक हो गई थी मायाराम जी ने दयाराम जी से कहा, ''हमने मीनू के रिश्ते को ठुकराया था, आज हम अमित के लिए मीनू का हाथ माँगने आए हैं।'' दयाराम जी ने कहा, ''मीनू की स्वीकृति के बिना हम शादी नहीं कर सकते।'' मायाराम जी ने समझाया कि विवाह बिना स्वीकृति के नहीं होना चाहिए। दयाराम जी ने कहा, ''जब मीनू आएगी, तब उससे बात कर लेंगे।'' मायाराम जी और अमित चले गए और दयाराम जी को महसूस हुआ कि जैसे किसी ने उनके हृदय को सांत्वना दी हो।

**शब्दार्थ**

**स्वाभिमानी** *आत्मसम्मान वाला;* **आत्मीयता** *अपनेपन का भाव;* **नाजुक** *कमज़ोर, असामान्य;* **संकोच-सा** *हिचकिचाहट;* **क्षमा प्रार्थी** *क्षमा माँगने वाला।*

# एग्जाम पैटर्न प्रश्न (10 अंक)

***निम्नलिखित अवतरणों को पढ़कर उसके नीचे दिए गए प्रश्नों के उत्तर हिंदी में लिखिए।***

**Q.1 तभी चिंतित स्वर में दयाराम बोले, "मीनू की माँ, समझाकर तुम ही मीनू को विवाह करने के लिए तैयार करो।" "मीनू को मैं समझाने की कोशिश तो करूँगी, पर वह बहुत स्वाभिमानी लड़की है। पता नहीं वह विवाह के लिए तैयार होगी या नहीं।" "उसको तुम समझाकर तो देखो। हो सकता है, अब उसका विचार बदल गया हो। वह अब शादी के लिए तैयार हो जाए।"**

(i) **दयाराम जी और उनकी पत्नी मीनू के विवाह को लेकर क्यों चिंतित थे? स्पष्ट कीजिए।** **(2)**

उत्तर दयाराम जी और उनकी पत्नी मीनू के विवाह को लेकर चिंतित थे, क्योंकि वे मीनू की सहमति के बिना उसका विवाह नहीं करना चाहते थे और मीनू अभी विवाह के लिए पूर्ण रूप से सहमत नहीं थी। साथ ही, वे समाज और परिवार के दबाव से भी परेशान थे, जो मीनू के विवाह की चिंता कर रहे थे।

(ii) **मीनू के माता-पिता को किस प्रकार की सामाजिक आलोचना का सामना करना पड़ रहा था और क्यों?** **(2)**

उत्तर मीनू के माता-पिता को सामाजिक आलोचना का सामना इस कारण करना पड़ रहा था, क्योंकि मीनू विवाह के लिए तैयार नहीं हो रही थी और वह विवाह नहीं करना चाहती थी। समाज के लोग मीनू की शादी न होने पर उसके माता-पिता को दोषी मान रहे थे और सवाल कर रहे थे कि मीनू के लिए कोई योग्य लड़का नहीं मिल रहा है। कुछ लोग यह भी कह रहे थे कि लड़कियों को अधिक पढ़ाई नहीं करानी चाहिए, क्योंकि इससे उनका दिमाग खराब हो जाता है और वे लड़कों को पसंद नहीं करतीं।

(iii) **दरवाज़े पर कौन आया था और उसे देखने पर वक्ता की क्या प्रतिक्रिया हुई?** **(3)**

उत्तर दयाराम जी व उनकी पत्नी मीनू के विवाह के विषय में चर्चा कर रहे थे कि तभी दरवाज़े की घंटी बजती है। दयाराम जी दरवाज़ा खोलते हैं, तो देखते हैं कि मायाराम जी और उनका बेटा अमित उनके घर आए हैं। मायाराम जी व अमित को देखकर वे आश्चर्यचकित हो जाते हैं, उन्हें विश्वास ही नहीं हो रहा था कि ये वास्तविकता है या स्वप्न, वे स्तब्ध होकर खड़े रह जाते हैं।

(iv) **वक्ता ने क्यों कहा कि "हो सकता है अब उसका विचार बदल गया हो?" स्पष्ट कीजिए।** **(3)**

उत्तर वक्ता अर्थात् दयाराम जी ने यह कथन इसलिए कहा, क्योंकि उन्हें आशा थी कि उन्होंने अभी तक मीनू की सभी बातें अर्थात् वकालत की पढ़ाई करने एवं उसके उपरांत अभ्यास करने की इच्छाओं को सहजता से स्वीकार कर लिया था एवं मीनू को विवाह के लिए अस्वीकार किए जाने वाली घटना को भी काफ़ी समय हो गया था, इसलिए दयाराम जी को संदेह था कि हो सकता है, अब उसका विचार बदल गया हो और वह अब विवाह के लिए तैयार हो जाए।

**Q.2 मायाराम जी को दयाराम जी से बात करने में कुछ संकोच-सा हो रहा था। फिर उन्होंने साहस एकत्र करके बात करनी शुरू की। "...... भाई साहब, लगभग चार वर्ष पहले जो कुछ भी हुआ था, उसके लिए हम क्षमा-प्रार्थी हैं। आशा है, आप हमें क्षमा कर देंगे।" "नहीं, भाई साहब! इसमें क्षमा की क्या बात है।" दयाराम जी बात को सँभालते हुए बोले। "नहीं, हमसे जो कुछ भूल हुई थी, उसके लिए हमें बहुत समय तक पछतावा रहा, परंतु जैसी होनी होती है, वैसा ही दिमाग भी हो जाता है।"**

(i) **मायाराम जी को संकोच क्यों हो रहा था? स्पष्ट कीजिए।** **(2)**

उत्तर मायाराम जी अपने बेटे अमित के लिए चार वर्ष पूर्व मीनू का रिश्ता अस्वीकार कर चुके थे, लेकिन आज वह फिर से दयाराम जी के समक्ष अमित के साथ मीनू का विवाह करवाने का प्रस्ताव लेकर आए थे, इसलिए विवाह का प्रस्ताव रखने में मायाराम जी को संकोच हो रहा था।

(ii) **चार वर्ष बाद मायाराम जी को अपने कृत्य के लिए क्षमा क्यों माँगनी पड़ी और उनमें क्या परिवर्तन आया था?** **(2)**

उत्तर मायाराम जी ने चार वर्ष पूर्व झूठ बोलकर अमित के साथ मीनू का विवाह करने से मना कर दिया था, जिससे मीनू के साथ-साथ दयाराम जी व उनके परिवार को अत्यधिक दुःख एवं पीड़ा की अनुभूति हुई थी। आज मायाराम जी अपने इसी कुकृत्य के लिए क्षमा माँग रहे थे और चाहते थे कि अमित की शादी मीनू से हो जाए। उनके अंदर यह परिवर्तन आया कि उन्हें अपनी गलती का आभास हो गया था।

(iii) **अवतरण में मायाराम जी का दयाराम जी से 'मीनू का हाथ माँगने' का प्रस्ताव देना, उनके व्यक्तित्व का कौन-सा पहलू उजागर करता है?** **(3)**

उत्तर मायाराम जी का दयाराम जी से मीनू का हाथ माँगने का प्रस्ताव देना, उनके व्यक्तित्व में विनम्रता और आत्मविश्लेषण की गहरी भावना को उजागर करता है। वे अपनी पुरानी गलती को समझते हुए उसे सुधारने का प्रयास कर रहे हैं, जो उनके विनम्रता, पछतावे और सुधार की इच्छा को दर्शाता है। इसके साथ ही यह उनके आत्मविश्वास को भी दर्शाता है, क्योंकि वे अपनी गलतियों को स्वीकार कर और सुधार कर आगे बढ़ने के लिए तैयार हैं।

(iv) **मायाराम जी से क्या भूल हुई थी? चार वर्ष पूर्व मायाराम जी ने मीनू को क्यों अस्वीकार किया और इसके परिणामस्वरूप क्या हुआ था?** **(3)**

उत्तर चार वर्ष पूर्व मायाराम जी से जो भूल हुई थी, वह यह थी कि उन्होंने मीनू के गुणों को पहचानने के बजाय केवल दहेज के लालच में आकर उसे विवाह के लिए अस्वीकार कर दिया था। मीनू एक पढ़ी-लिखी, समझदार और सुशील लड़की थी, जो बड़ों का आदर करती थी, लेकिन मायाराम जी ने इन गुणों को नज़रअंदाज किया। उन्होंने मीनू का रिश्ता इस कारण से तोड़ा, क्योंकि वे एक धनी सेठ की बेटी से अमित का रिश्ता तय करना चाहते थे। बाद में वह रिश्ता भी टूट गया। इसके परिणामस्वरूप मायाराम जी को अब पछतावा हो रहा था, क्योंकि उन्होंने लालच के कारण दयाराम जी के परिवार को दुःख पहुँचाया था और मीनू के असली गुणों को समझने में विफल रहे थे।

**Q.3 दयाराम जी आश्चर्ययुक्त स्वर में बोले, "अच्छा .... ऐसी बात है। ठीक है, जब मीनू यहाँ आएगी, तब उससे बातें कर लेंगे और जैसा भी निश्चित होगा, हम आपको सूचना दे देंगे।" मायाराम जी ने कहा, "ठीक है, मीनू की स्वीकृति लेना अनिवार्य है। उसके बाद आप हमें सूचित कर दें।" कुछ देर बैठने के बाद मायाराम जी और अमित चले गए, परंतु आज दयाराम जी को अवश्य यह एहसास हो रहा था कि जैसे किसी ने उनके दुःखी हृदय को सांत्वना दे दी हो।**

(i) **दयाराम जी और मायाराम जी के बीच क्या बातचीत हो रही थी और दयाराम जी आश्चर्यचकित क्यों हुए थे?** **(2)**

उत्तर दयाराम जी और मायाराम जी के बीच अमित और मीनू के विवाह को लेकर बातचीत हो रही थी। मायाराम जी ने यह बताया कि अमित के लिए कई रिश्ते आए, लेकिन उसने किसी भी रिश्ते के लिए हाँ नहीं की। यह सुनकर दयाराम जी आश्चर्यचकित हो गए थे।

(ii) **मायाराम जी और दयाराम जी के बीच इस संवाद से रिश्तों के बारे में क्या सामाजिक संदेश मिलता है?** **(2)**

उत्तर इस संवाद से यह सामाजिक संदेश मिलता है कि रिश्तों में पारस्परिक सम्मान, सहमति और समझदारी महत्त्वपूर्ण हैं। किसी भी रिश्ते, विशेषकर विवाह में एकतरफा निर्णय नहीं लिया जा सकता। यह भी समझ में आता है कि समाज में विवाह के मामले में हर व्यक्ति की स्वतंत्र इच्छा और स्वीकृति को प्राथमिकता दी जानी चाहिए।

(iii) **दयाराम जी को क्यों लगा कि "जैसे किसी ने उनके दुःखी हृदय को सांत्वना दे दी हो"? स्पष्ट कीजिए।** **(3)**

उत्तर दयाराम जी मीनू के विवाह को लेकर हमेशा ही चिंतित रहते थे, लेकिन आज जब मायाराम जी पुनः अपने बेटे अमित के लिए मीनू के विवाह का प्रस्ताव लेकर उनके घर आए, तो दयाराम जी के हृदय में मीनू का विवाह न करने का दुःख व्याप्त था। आज उस दुःख को मायाराम जी ने अमित और मीनू के विवाह को करवाने की इच्छा व्यक्त करते हुए कम कर दिया था, इसलिए आज उन्हें लग रहा था कि जैसे किसी ने उनके दुःखी हृदय को सांत्वना दे दी हो।

(iv) **मायाराम जी ने अमित से मीनू के विवाह का प्रस्ताव क्यों रखा और दयाराम जी ने मीनू से विवाह के लिए उसकी इच्छा जानने की बात क्यों कही? मीनू के व्यक्तित्व के संदर्भ में यह निर्णय क्या संकेत देता है?** **(3)**

उत्तर मायाराम जी ने अमित से मीनू के विवाह का प्रस्ताव इस कारण रखा क्योंकि वे अमित और मीनू के रिश्ते को उचित समझते थे, परंतु दयाराम जी ने मीनू से उसकी इच्छा जानने की बात कही, क्योंकि मीनू अभी विवाह नहीं करना चाहती थी और वह एक स्वाभिमानी लड़की थी, जो अपने पैरों पर खड़ी होना चाहती थी। यह निर्णय मीनू के आत्मनिर्भर और स्वतंत्र व्यक्तित्व का परिचायक है, जो यह संकेत देता है कि वह अपने जीवन के महत्त्वपूर्ण निर्णयों में अपनी इच्छाओं और लक्ष्यों को प्राथमिकता देती है।

# अध्याय 25

उपन्यास के इस अध्याय में दो दिन का अवकाश होने पर मीनू और राजो द्वारा बस से घर जाने, उसी बस में पड़ोस की मौसी के मिलने पर उनसे अभिवादन कर अगली सीट पर बैठने, मौसी के पूछने पर मेरठ में प्रैक्टिस करने की बात कहने, मौसी की व्यंग्यपूर्ण बातें सुनकर भी अनसुना करने और असहनीय बातों के प्रति भी संयम बनाए रखने, मीरापुर पहुँचने पर माँ की प्रसन्नता और मेरठ में अच्छी प्रैक्टिस चलने का उल्लेख किया गया है।

## अध्याय का सार

मीनू का कचहरी में शनिवार और रविवार का अवकाश था, इसलिए उसने मीरापुर जाने का निश्चय किया। वह अपने माँ-पिताजी से मिलने जा रही थी और साथ में राजो भी थी। बस में चढ़ते ही मीनू ने अपनी पड़ोसन मौसी को देखा, जो उसके साथ बैठी महिला से बातें करने लगी। मौसी ने मीनू से पूछा कि क्या उसने वकालत का अभ्यास प्रारम्भ किया है और पूछा कि वह मेरठ में अकेले कैसे रह रही है। मीनू ने जवाब दिया कि वह अकेली नहीं, राजो के साथ रहती है। फिर मौसी ने उसकी शादी की बात की, यह कहते हुए कि वह शादी नहीं कर रही है, जबकि उसकी बहन की शादी हो चुकी हैं।

मीनू ने यह सब चुपचाप सुना, लेकिन मौसी की यह बातें उसके हृदय में चुभ गईं। वह सोच रही थी कि समाज में लड़कों और लड़कियों के बीच भेद क्यों है? फिर मीरापुर पहुँचते ही मीनू घर गई और माँ से बातचीत की। माँ ने मीनू से विवाह के बारे में पूछा और बताया कि मायाराम जी और अमित ने उसका हाथ माँगा था। मीनू ने अंततः माँ की इच्छा के अनुसार निर्णय लिया और कहा कि वह जैसा उचित समझें, वैसा ही करें।

### शब्दार्थ

**अभिवादन** *बधाई देना;* **संक्षिप्त-सा** *अतिलघु;* **दोषारोपण** *दोष लगाना;* **तल्लीन** *विचारमग्नता;* **प्रतिध्वनि** *अनुगूँज;* **गुनाह** *पाप;* **प्रायश्चित्त** *पछतावा होना।*

# एग्जाम पैटर्न प्रश्न (10 अंक)

***निम्नलिखित अवतरणों को पढ़कर उसके नीचे दिए गए प्रश्नों के उत्तर हिंदी में लिखिए।***

**Q.1 मौसी की यह बात मीनू के हृदय में चुभ गई। शायद उन्हें मीनू पर विश्वास नहीं था। मीनू ने सोचा कि यदि मौसी से थोड़ी देर बात की गई, तो वे कुछ-न-कुछ और ऐसी बात कह देंगी, जो उसके हृदय को पीड़ा पहुँचाएगी, इसलिए उसने अपने बैग से उपन्यास निकालकर पढ़ना शुरू कर दिया।**

(i) **दो दिन की छुट्टियाँ देखकर मीनू ने क्या निश्चय किया और क्यों? (2)**

उत्तर शनिवार व रविवार की छुट्टियाँ होने के कारण कचहरी दो दिन के लिए बंद थी। मीनू को घर गए हुए भी बहुत समय हो गया था, इसलिए मीनू ने राजो के साथ अपने घर मीरापुर जाने का निश्चय किया था। राजो घर जाते हुए बहुत प्रसन्न थी, क्योंकि मेरठ आने के बाद वह पहली बार घर जा रही थी।

(ii) **राजो की प्रसन्नता का क्या कारण था? (2)**

उत्तर राजो मीनू के परिवार की महरी की छोटी बेटी थी, जो मेरठ में मीनू के साथ ही रहती थी। राजो की प्रसन्नता का कारण उसका मेरठ आने के उपरांत पहली बार घर वापस जाना था। उसकी माँ ने उसे कई बार पत्र लिखकर बुलाया भी था, लेकिन वह मीनू को छोड़कर घर जाने का साहस न कर पाती थी।

(iii) **"कुछ भी हो, जब तक अपने घर का कोई न रहता हो तब तक क्या?" प्रस्तुत पंक्ति किसने किससे व क्यों कही? (3)**

उत्तर "कुछ भी हो, जब तक अपने घर का कोई न रहता हो, तब तक क्या?" प्रस्तुत पंक्ति मीनू के पड़ोस में रहने वाली मौसी ने मीनू से कही थी। मीनू को बस में मौसी मिली थी, उनके पूछने पर मीनू ने उन्हें बताया था कि वह मेरठ में अकेले नहीं रहती, बल्कि राजो उसके साथ रहती है।

(iv) **मौसी की कौन-सी बात मीनू के हृदय में चुभ गई? उसके बाद मीनू ने क्या किया? (3)**

उत्तर मौसी की यह बात मीनू के हृदय में चुभ गई जब वह राजो की उपेक्षा करते हुए परिवार के किसी सदस्य के बिना मेरठ में रहने के कारण मीनू से व्यंग्यपूर्वक कहती है कि 'कुछ भी हो, जब तक अपने घर का कोई न रहता हो तब तक क्या?' मीनू समझ गई थी कि यदि उसने कुछ अधिक समय तक उनसे बातें कीं, तो वह कोई-न-कोई अप्रिय बात अवश्य कह देंगी, जिससे उसको दुःख होगा, इसलिए मीनू ने उनसे बात न करना ही उचित समझकर अपने बैग से उपन्यास निकालकर पढ़ना शुरू कर दिया था।

**Q.2 वह समझ नहीं पा रही थी कि हमारे समाज में स्त्री व पुरुष में इतना भेद क्यों? यदि कोई लड़का अकेला रहता है, तो समाज उस पर अँगुलियाँ नहीं उठाता, चाहे वह कितना ही अपराध क्यों न करता हो, परंतु एक लड़की चाहे वह कितनी ही संयमशील जीवन क्यों न व्यतीत करती हो, फिर भी समाज उस पर दोषारोपण करता है। [ICSE Specimen 2017]**

(i) **साथ बैठी हुई महिला को मौसी ने मीनू के विषय में क्या बताया था? स्पष्ट कीजिए। (2)**

उत्तर मौसी ने साथ बैठी महिला को बताया कि मीनू उनके पड़ोस की लड़की है, जिसे माता-पिता ने अधिक स्वतंत्रता दी है। इसी कारण वह विवाह के लिए तैयार नहीं होती। मौसी ने यह भी कहा कि उन्होंने मीनू के लिए एक रिश्ता बताया था, जिसे उसने मना कर दिया।

(ii) **'मीनू का हृदय क्यों रो पड़ा?' यह समाज में महिलाओं के प्रति धारणा को कैसे दर्शाता है? (2)**

उत्तर मीनू का हृदय मौसी और उनके साथ बैठी महिला की बातें सुनकर रो पड़ा, जो उसके विवाह और कुँवारी रहने की आलोचना कर रही थीं। मौसी के ताने, जैसे 'इसकी छोटी बहन की शादी हो गई, बस यही कुँवारी बैठेगी,' मीनू के हृदय को गहरा आघात पहुँचाते हैं। इन शब्दों ने उसे समाज में नारी की दयनीय स्थिति पर सोचने पर मजबूर कर दिया।

(iii) **मीनू किस बात से परेशान है और समाज में स्त्री और पुरुष के बीच भेदभाव क्यों है? (3)**

उत्तर मीनू जब बस से मीरापुर अपने घर जा रही थी, तो उसी बस में मौसी और उनके पास बैठी महिला ने मीनू पर दोषारोपण करती बातें कीं, जिन्हें सुनकर मीनू बहुत परेशान हो गई। हमारे समाज में यह भेदभाव इसलिए है, क्योंकि यह पुरुष प्रधान है, जहाँ महिलाओं को पुरुषों से निम्न समझा जाता है। पुरुष अपना वर्चस्व बनाए रखने के लिए महिलाओं को लज्जायुक्त होने, दूसरों पर आश्रित रहने और घर की शोभा कहकर घर तक सीमित रखना चाहता है, ताकि वे अपने अधिकारों के प्रति आवाज़ न उठा सकें।

(iv) **लड़की के जीवन में इतनी कठिनाइयाँ क्यों आती हैं और समाज में लैंगिक असमानता पर क्या भाव प्रकट किया गया है? विवरण कीजिए। (3)**

उत्तर लड़की के जीवन में कठिनाइयाँ इसलिए आती हैं, क्योंकि उसे शुरू से ही सिखाया जाता है कि वह सबका कहा माने और सहनशील बने। इस कारण लड़कियाँ अपने अधिकारों के प्रति सचेत नहीं हो पातीं और पुरुषों की मनमानी सहन करती रहती हैं। यदि वे कभी आवाज़ उठाती हैं, तो समाज इसे सहन नहीं करता और उनका जीवन दूभर कर देता है। इन पंक्तियों के माध्यम से समाज में लैंगिक असमानता पर खेद प्रकट किया गया है। पुरुष प्रधान समाज में लड़कों के अनैतिक कृत्य भी माफ कर दिए जाते हैं, जबकि लड़की के संयमित जीवन पर संदेह करने में देर नहीं की जाती। दुर्भाग्यवश, आज एक औरत ही दूसरी औरत की सबसे बड़ी दुश्मन बन गई है।

**Q.3 अभी वह इन विचारधाराओं में तल्लीन थी कि बस मीरापुर के बस स्टेशन पर आकर रुक गई। जैसे ही उसने अपना सूटकेस उठाया, उसकी नज़र मौसी पर पड़ी। उन्हें देख मीनू का हृदय घृणा से भर गया। उनकी ओर बिना देखे ही वह अपने घर की ओर चल दी।**

(i) **मीनू के मस्तिष्क में मौसी और उनके साथ बैठी महिला के शब्द क्यों गूँजने लगे? (2)**

उत्तर मीनू समाज द्वारा लगाए जाने वाले दोषारोपण के प्रति आक्रोश और मौसी की बातों से उत्पन्न घृणा के कारण मानसिक रूप से विचलित हो गई। मौसी और उनके साथ बैठी महिला की बातें उसके मस्तिष्क में गूँजती रहीं, जिससे उसे शाँति नहीं मिली।

(ii) **मीनू का हृदय किसकी बातों से बेचैन हो रहा था और क्यों? स्पष्ट कीजिए।** **(2)**

उत्तर मौसी और उनके साथ बैठी महिला जब मीनू के अकेले मेरठ में रहने के विषय में बात करते हुए कहती हैं कि उसके माता-पिता ने जवान लड़की को अकेले मेरठ में छोड़ रखा है, यदि कल को कोई ऊँच-नीच हो गई, तो जीवनपर्यंत किसी को मुँह न दिखा पाएँगे। उनकी इन नकारात्मक बातों को सुनकर मीनू का हृदय बेचैन हो रहा था।

(iii) **मीनू किन विचारों में तल्लीन थी और मौसी को देखकर उसका हृदय घृणा से क्यों भर गया था?** **(3)**

उत्तर मीनू, मौसी और उसके साथ बैठी महिला द्वारा निरंतर उसकी आलोचना किए जाने तथा समाज में स्त्री-पुरुष के बीच होने वाले भेदभाव के विषय में विचारों में तल्लीन थी। वह और मौसी एक ही बस से मीरापुर आ रहे थे और पूरे रास्ते में मौसी ने मीनू के विवाह न करने, उसके माता-पिता द्वारा उसे स्वतंत्रता दिए जाने और उसके मेरठ में अकेले रहने जैसी बातों पर उसकी आलोचना की। इन आलोचनाओं के कारण मीनू को अत्यधिक दुःख हुआ और इस घृणास्पद व्यवहार के कारण उसके हृदय में मौसी के प्रति घृणा भर गई थी।

(iv) **"फिर भी समाज उस पर दोषारोपण करता है।" प्रस्तुत पंक्ति किसने व क्यों कही तथा पंक्ति में 'उस' शब्द किसके लिए प्रयोग किया गया है?** **(3)**

उत्तर "फिर भी समाज उस पर दोषारोपण करता है।" प्रस्तुत पंक्ति मीनू के द्वारा कही गई। यह उक्ति समाज में स्त्री-पुरुष के बीच भेदभाव को दर्शाती है। मौसी व उनके साथ बैठी महिला मीनू के मेरठ में अकेले रहने के कारण उस पर विभिन्न प्रकार की शंकाएँ प्रकट करती हैं, जिन्हें सुनकर मीनू सोचने लगती है कि एक पुरुष अगर अकेले रहता है, तो उस पर कोई प्रश्न नहीं उठाता, भले ही वह कितने ही अपराध क्यों न करे, लेकिन एक महिला कितने ही संयम के साथ अपना जीवन व्यतीत करे, लेकिन फिर भी उस पर समाज दोषारोपण करना आरंभ कर देता है। प्रस्तुत पंक्ति में 'उस' शब्द नारी समाज के लिए प्रयोग किया गया है।

# अध्याय 26

उपन्यास के इस अंतिम अध्याय में मीनू के विवाह की तैयारियाँ होने, पंडाल की सजावट के खर्च में से पाँच हज़ार रुपये किसी गरीब-बेसहारा को देने, राजो के चचेरे भाई मनोहर के आने और अपने विकलांग होने का कारण बताने, मीनू द्वारा किसी-न-किसी रूप में मनोहर की सहायता करने, अंत में पान की दुकान खुलवाने का निर्णय करने, विवाह के बाद मीनू की विदाई और उसके स्वयं द्वारा तलाश की गई मंजिल तक पहुँचने का उल्लेख किया गया है।

## अध्याय का सार

मीनू के विवाह की तैयारियाँ शुरू हो चुकी थीं और पंडाल की सजावट के लिए दस हज़ार रुपये तय हुए थे। मीनू को यह खर्चा व्यर्थ लगा और उसने अपने पिता से कहा कि इन रुपयों को किसी गरीब को दे देना चाहिए, ताकि वह अपना काम शुरू कर सके। मीनू का यह विचार सुनकर दयाराम जी थोड़े विचलित हुए, लेकिन मीनू ने स्पष्ट रूप से अपनी राय रखी। मीनू के विवाह में दस दिन शेष थे और एक दिन वह चौक में सिलाई कर रही थी, तभी उसने मनोहर, राजो के चचेरे भाई को देखा। मनोहर का एक पैर और दोनों अंगुलियाँ कट चुकी थीं। उसने बताया कि एक फैक्ट्री में काम करते हुए वह हादसे का शिकार हो गया। मीनू ने उसकी हालत देखकर उसकी सहायता करने का निश्चय किया। मीनू ने सोचा कि मनोहर के लिए पान की दुकान खोलना उचित होगा, क्योंकि वह चल-फिर नहीं सकता था, लेकिन पान की दुकान वह तीन अंगुलियों से चला सकता था। मीनू ने यह विचार अपने माता-पिता से साझा किया और उन्होंने इसे स्वीकार किया। मीनू ने मनोहर को पान की दुकान खुलवाकर उसकी सहायता की। विवाह के दिन मीनू दुल्हन के रूप में बहुत सुंदर लग रही थी। समाज के ताने झेलने वाली मीनू अब एक प्रसिद्ध वकील बन चुकी थी। उसकी मेहनत और दया भावना ने उसे अपनी मंजिल तक पहुँचाया।

आज मीनू ने न केवल समाज में अपनी जगह बनाई, बल्कि एक प्रेरणा बनकर एक उदाहरण प्रस्तुत किया कि आत्मनिर्भरता और दया से समाज में परिवर्तन लाया जा सकता है।

**शब्दार्थ**

**रौनक** *चमक;* **विस्मित-सी** *आश्चर्यपूर्वक;* **संकल्प** *किसी कार्य को दृढ़तापूर्वक करने का निश्चय करना;* **सुझाव** *प्रस्ताव;* **उदार** *दयालु;* **अपशब्द** *कड़वे शब्द;* **ख्याति** *प्रसिद्धि।*

# एग्जाम पैटर्न प्रश्न (10 अंक)

***निम्नलिखित अवतरणों को पढ़कर उसके नीचे दिए गए प्रश्नों के उत्तर हिंदी में लिखिए।***

**Q.1 उसकी ये सब बातें सुनकर दयाराम जी कुछ सोच-विचार में पड़ गए। कुछ क्षण बाद वे बोले, "मीनू बेटी, दुनियादारी के लिए भी बहुत कुछ करना पड़ता है। बिना सजावट के आजकल शादी में रौनक कहाँ आती है?"**

(i) **पैसों की बर्बादी किसे पसंद नहीं थी? स्पष्ट कीजिए। (2)**

उत्तर मीनू को पैसों की बर्बादी पसंद नहीं थी, क्योंकि उसका मानना था कि पैसों को कुछ समय की चकाचौंध के लिए सजावट इत्यादि पर खर्च कर देने से कुछ प्राप्त नहीं होता, इसलिए पैसों की बर्बादी नहीं करनी चाहिए।

(ii) **किसकी बातें सुनकर दयाराम जी सोच-विचार में पड़ गए व क्यों? (2)**

उत्तर दयाराम जी के घर आने पर मीनू ने उनसे पंडाल पर किए जाने वाले अत्यधिक खर्च को पैसों की बर्बादी कहते हुए उनसे कहा था कि इसे किसी ज़रूरतमंद को देकर उसकी सहायता की जा सकती है। मीनू के इस मत को सुनकर दयाराम जी सोच-विचार में पड़ गए थे क्योंकि वे सोचते थे कि विवाह का उत्सव धूमधाम से होना चाहिए। पंडाल में सजावट के बिना रौनक नहीं हो पाएगी।

(iii) **मीनू के पिता दयाराम जी ने मीनू के विचारों पर क्या प्रतिक्रिया दी और मीनू ने उनका जवाब किस तरह दिया? (3)**

उत्तर मीनू के पिता दयाराम जी ने मीनू के विचारों पर शुरुआत में संकोच किया। उन्होंने कहा कि "दुनियादारी के लिए भी बहुत कुछ करना पड़ता है," और यह कि शादी में सजावट की रौनक बिना संभव नहीं होती। हालाँकि, मीनू ने स्पष्ट रूप से अपने दृष्टिकोण को रखा और कहा कि वह चंद घंटों की सजावट के लिए दस हज़ार रुपये खर्च करने की बजाय उस पैसे का किसी गरीब की सहायता के लिए उपयोग करना चाहती थी। मीनू ने यह भी कहा कि वह इस तरह की बेवजह बर्बादी नहीं स्वीकार करेगी।

(iv) **"दुनियादारी के लिए भी बहुत कुछ करना पड़ता है।" प्रस्तुत पंक्ति का अर्थ स्पष्ट करते हुए बताइए कि यह किसने, किससे व क्यों कहा था? (3)**

उत्तर मनुष्य एक सामाजिक प्राणी है और उसे मनुष्य को समाज में अपनी उपस्थिति बनाए रखने के लिए कई इच्छित एवं अनिच्छित कार्य करने पड़ते हैं। प्रस्तुत पंक्तियों के माध्यम से दयाराम जी अपनी बेटी को यही समझाना चाहते हैं। दयाराम जी ने मीनू से यह इसलिए कहा, क्योंकि मीनू दयाराम जी द्वारा पंडाल के लिए खर्च किए जाने वाले दस हज़ार रुपयों को पैसों की बर्बादी एवं फिजूल खर्च बताती है, इसलिए उन्होंने कहा कि दुनियादारी के लिए भी बहुत कुछ करना पड़ता है।

**Q.2 "यह सब समय का फेर है, दीदी! मेरे भाग्य में यही सब लिखा था। मुझे एक फैक्ट्री में नौकरी मिल गई थी। मैं अपने को बहुत खुशनसीब समझ रहा था कि मुझे इतनी छोटी उम्र में ही नौकरी मिल गई।" [ICSE 2024]**

(i) **'दीदी' कहकर किसे संबोधित किया गया है? वक्ता का संक्षिप्त परिचय दीजिए। (2)**

उत्तर उपर्युक्त पंक्ति में 'दीदी' शब्द का प्रयोग मीनू को संबोधित करने के लिए किया गया है। वक्ता का नाम मनोहर है, जो एक किशोर लड़का है और राजो का चचेरा भाई है। इस समय वह मीनू के घर पर आया हुआ है।

(ii) **'समय का फेर' किसे कहा जा रहा है और इस समय के फेर से वक्ता पर क्या प्रभाव पड़ा था? (2)**

उत्तर 'समय का फेर' का अर्थ है– समय में बदलाव। वक्ता को एक फैक्ट्री में नौकरी मिल गई थी और वह खुद को भाग्यशाली मान रहा था कि इतनी कम उम्र में उसे काम मिल गया, लेकिन ईश्वर को यह सब मंजूर नहीं था। एक दिन काम करते हुए उसका पैर मशीन में आ गया और उसके सीधे हाथ की दो उँगलियाँ भी कट गईं।

(iii) **'दीदी' ने वक्ता की सहायता क्यों, कब और किस प्रकार से की थी ? (3)**

उत्तर 'दीदी' अर्थात् मीनू ने मनोहर की सहायता उसकी अपाहिज स्थिति को देखते हुए की। विवाह के खर्चे में से कुछ पैसे बचाकर उसने मनोहर की सहायता करने का संकल्प लिया। अपने माता-पिता की सहायता से मीनू ने शादी के खर्चे में से पाँच हज़ार रुपए बचाए और अपने घर के पास ही मनोहर के लिए एक पान की दुकान खुलवायी, ताकि वह आत्मनिर्भर हो सके और जीवन में कुछ संजीवनी पा सके।

(iv) **अवतरण में दी गई पंक्तियों के आधार पर उदाहरण सहित सिद्ध कीजिए कि मुसीबत में पड़े व्यक्ति की सहायता करना ही मनुष्य का सब से बड़ा धर्म और कर्त्तव्य होता है। (3)**

उत्तर मुसीबत में पड़े व्यक्ति की सहायता करना मनुष्य का सबसे बड़ा धर्म और कर्त्तव्य है; जैसा कि मीनू ने किया। उसने शादी के खर्च में से पैसे बचाकर अपाहिज मनोहर की सहायता की। इस उदाहरण से यह सिद्ध होता है कि हमें अपनी सुख-सुविधाओं में कटौती करके दूसरों की सहायता करनी चाहिए। हमारे थोड़े से प्रयास से किसी असहाय व्यक्ति का जीवन सुधर सकता है और उसे पुनः आत्मनिर्भर बनने का अवसर मिल सकता है। यह ही सच्चे मानवता का परिचायक है।

**Q.3 मीनू के हृदय में बचपन से ही अपंगों के लिए दया की भावना थी, परंतु मनोहर को तो वैसे भी वह बचपन से जानती थी, इसलिए उसकी यह हालत उससे देखी नहीं जा रही थी। मीनू ने मन ही मन निश्चय किया कि वह किसी-न-किसी रूप में मनोहर की सहायता अवश्य करेगी। विवाह के फालतू खर्च में से कुछ रुपये बचाकर अपाहिज मनोहर की सहायता करने का उसने संकल्प लिया। [ICSE 2019]**

(i) **मनोहर कौन था? वह मीनू के पास क्यों आया था? (2)**

उत्तर मनोहर राजो का चचेरा भाई था, जो फैक्ट्री में काम करते हुए अपाहिज हो गया था। वह मीनू के पास इसलिए आया था, क्योंकि मीनू का विवाह था, उसने सोचा कि शादी वाले घर में काम होगा तो वह भी कुछ काम कर देगा।

(ii) **उसकी यह दशा कैसे हो गई थी? संक्षेप में समझाइए। (2)**

उत्तर उसकी (मनोहर) यह दशा फैक्ट्री में काम करते हुए एक दुर्घटना के कारण हो गई थी। एक दिन काम करते समय उसका पैर और हाथ की अंगुलियाँ मशीन में आने से कट गई थीं। इस कारण वह अपाहिज हो गया था।

(iii) **मीनू ने मन ही मन क्या निश्चय किया और मनोहर की सहायता कैसे की? (3)**

उत्तर मीनू ने मन ही मन यह निश्चय किया कि वह किसी-न-किसी रूप से मनोहर की सहायता अवश्य करेगी, इसलिए मीनू संकल्प लेती है कि वह विवाह में होने वाले फ़िज़ूल के खर्चों में से पैसा बचाकर मनोहर की सहायता अवश्य करेगी। इस प्रकार मीनू ने मनोहर के लिए पान की दुकान खुलवाकर उसकी सहायता की।

(iv) **मीनू के इस कार्य से आपको क्या प्रेरणा मिलती है? क्या आपने भी कभी किसी की इस प्रकार से सहायता की है समझाइए। (3)**

उत्तर मीनू के इस कार्य से हमें यह प्रेरणा मिलती है कि विवाह आदि उत्सवों में होने वाले फ़िज़ूल खर्चों को कम करके उन पैसों से किसी असहाय व्यक्ति की सहायता की जा सकती है। हाँ, मैंने भी इस प्रकार से किसी की सहायता की है। दीपावली के अवसर पर पिताजी ने मुझे पटाखों के लिए पाँच सौ रुपये दिए, जिसमें से मैंने कुछ रुपयों से मिठाई खरीद कर फुटपाथ पर घूमने वाले असहाय व बेसहारा बच्चों में बाँट दी। यह कार्य करके मुझे आत्मिक संतुष्टि हुई।

**Q.4 मीनू आज दुल्हन के रूप में कितनी सुंदर लग रही थी, मीनू दुल्हन बनी, उसकी डोली सजी और अपने पिया संग ससुराल को चल दी।**

**[ICSE 2020]**

(i) **मीनू के विवाह के विषय में क्या विचार थे और क्यों वह अब शादी करने के लिए तैयार हुई थी? (2)**

उत्तर मीनू के विचार से विवाह सामाजिक व्यवस्था का एक पवित्र बंधन था। स्वयं को वर पक्ष द्वारा नापसंद किए जाने पर उसके विचार बदल गए थे और उसने विवाह न करने का निर्णय लिया था, लेकिन मीनू अब शादी के तैयार इसलिए हो गई थी, क्योंकि वह प्रतिष्ठित वकील एक सशक्त महिला बन गई थी। वह अब अपने पैरों पर खड़ी थी। उसने अपने बचपन का सपना पूरा कर लिया था। इसके कारण ही जब उसकी माताजी विवाह के विषय में पूछती हैं, तो वह उसके लिए तैयार हो जाती है।

(ii) **मीनू के पहले और अब के व्यक्तित्व में क्या परिवर्तन आया है और ये परिवर्तन कैसे हुए? (2)**

उत्तर पहले की मीनू भावात्मक रूप से कमज़ोर थी और स्वयं को कमतर मानती थी। उसे लगता था कि उसका रंग-रूप ही उसके दुर्भाग्य का कारण है, जिससे वह हीन-भावना से ग्रस्त रहती थी। अब की मीनू आत्मविश्वास से परिपूर्ण है। वह एक प्रतिष्ठित वकील बन चुकी है और अब स्वाभिमान से जीती है। उसकी पहचान एक मजबूत और उदार महिला के रूप में बन चुकी है।

(iii) **हमारे समाज में फैली 'दहेज की कुप्रथा' पर एक टिप्पणी लिखिए। (3)**

उत्तर हमारे समाज में दहेज एक अभिशाप है। यह एक ऐसी बुराई है, जो विष की भाँति फैल रहा है। समाज में दहेज के कारण विवाह दो व्यक्तियों या परिवार के मिलने की अपेक्षा व्यापार का रूप लेता जा रहा है। प्राचीन काल में व्यक्ति अपनी पुत्री को स्वेच्छानुसार उपहार स्वरूप कुछ धन, आभूषण या ज़मीन उसकी शादी में देते थे, जिसे 'स्त्री धन' कहा जाता था। यही प्रथा आगे चलकर कुप्रथा बन गई। अब विवाह लड़के या लड़की की इच्छानुसार नहीं अपितु वर पक्ष के दहेज के अनुसार किया जाता है। वर पक्ष के लोग कन्या पक्ष से विवाह में धनराशि या वस्तु दहेज के रूप में देने के लिए कहते हैं।

(iv) **अवतरण के आधार पर मीनू की दया-भावना और उदारता के कारण मनोहर की ज़िंदगी में क्या परिवर्तन आया और मीनू के विवाह के अवसर पर उसकी उपलब्धियों को किस प्रकार दर्शाया गया है? (3)**

उत्तर मीनू की दया-भावना और उदारता ने मनोहर की ज़िंदगी को बदल दिया। मीनू ने उसे पान की दुकान खोलने का सुझाव दिया, जिससे वह आत्मनिर्भर बन सका और अपनी जीविका कमा पाया। मीनू का यह कदम मनोहर के लिए एक नई शुरुआत सिद्ध हुआ। मीनू के विवाह के अवसर पर उसकी उपलब्धियाँ स्पष्ट रूप से दिखती हैं। वह अब एक प्रसिद्ध वकील बन चुकी थी, जिसने आत्मविश्वास और मेहनत से अपने जीवन में सफलता प्राप्त की थी। विवाह के दिन वह एक साधारण लड़की नहीं, बल्कि एक आत्मनिर्भर और ख्यातिप्राप्त महिला के रूप में सजी हुई थी।

# सैम्पल पेपर

# सेम्पल पेपर

(हल सहित)

# हिंदी

**समय : 3 घंटे** **पूर्णांक : 80**

**निर्देश** 1. इस प्रश्न-पत्र में दो खंड हैं-'क' और 'ख'।

2. खंड 'क' के सभी प्रश्न करने अनिवार्य हैं।

3. खंड 'ख' से कोई भी चार प्रश्न करने अनिवार्य हैं, जिनमें दो प्रश्न पाठ्यपुस्तक के होंगे तथा अन्य दो किसी अन्य पुस्तक से होंगे।

## खंड 'क'

[40 *अंक*]

**1. निम्नलिखित विषयों में से किसी एक विषय पर हिंदी में लगभग *250* शब्दों में संक्षिप्त लेख लिखिए** **(15)**

(i) बढ़ती हुई जनसंख्या भयावह समस्या है। इसके कारण एवं निदान पर अपने विचार लिखिए।

(ii) अनुशासन सफलता का आधार है। मानव जीवन में अनुशासन का महत्त्व स्पष्ट करते हुए समझाइए।

(iii) अपने जीवन की किसी एक अविस्मरणीय यात्रा का वर्णन कीजिए।

(iv) 'जैसी करनी वैसी भरनी' उक्ति को आधार बनाकर एक कहानी लिखिए।

(v) प्रस्तुत चित्र को ध्यान से देखिए और चित्र को आधार बनाकर कोई लेख अथवा कहानी लिखिए, जिसका सीधा व स्पष्ट संबंध चित्र से होना चाहिए।

**2. निम्नलिखित में से किसी एक विषय पर हिंदी में लगभग *120* शब्दों में पत्र लिखिए** **(7)**

(i) छोटे भाई को पत्र लिखकर समझाइए कि 'स्वस्थ शरीर में ही स्वस्थ मस्तिष्क निवास करता है।' उसे यह भी बताइए कि स्वस्थ रहने के लिए किन-किन नियमों का पालन करना आवश्यक है।

(ii) अपने नगर के स्वास्थ्य अधिकारी को पत्र लिखकर चारों ओर व्याप्त गंदगी, उसके दुष्परिणाम और उससे छुटकारा पाने के उपायों के बारे में बताइए।

**3. नीचे लिखे गद्यांश को ध्यानपूर्वक पढ़िए और उसके नीचे लिखे गए प्रश्नों के उत्तर हिंदी में लिखिए। उत्तर यथासंभव आपके अपने शब्दों में ही होने चाहिए।**

एक बार रोम का राजा एक भीषण रोग से पीड़ित हो गया। उस समय के देश-विदेश के प्रख्यात एवं निपुण चिकित्सक राजा के उपचार के लिए बुलाए गए, किंतु अच्छी-से-अच्छी औषधियों के प्रयोग से भी वे राजा के रोग का निदान न कर सके। राजा का रोग पहले की अपेक्षा दिन-प्रतिदिन बढ़ता चला गया। असाध्य रोग के कारण राजा के हृदय में विकलता और राज्य में उदासी छा गई। एक दिन एक वृद्ध पुरुष राजा के पास आया और उसने रोगग्रस्त राजा को कहा-''राजन! एक विशेष औषधि के सेवन से आपका रोग ठीक हो सकता है। यह विशेष औषधि किसी अन्य व्यक्ति के पित्ताशय (पित्त की थैली) से तैयार की जाती है। यह औषधि आपके रोग को मूल से उखाड़ने की क्षमता ही नहीं रखती, अपितु आपको चिरंजीवी भी बना सकती है।'' वृद्ध के वचनों को सुनकर राजा के निराश मन में आशा का संचार हो गया।

उसने वृद्ध के प्रति मन-ही-मन कृतज्ञता अभिव्यक्त करते हुए राज्य के चिकित्सकों को एक ऐसे व्यक्ति को तलाश करने का आदेश दिया, जिसके पित्त की थैली से वह औषधि बनाई जा सके। अंततः चिकित्सकों को एक ऐसा परिवार मिल गया, जिसे आर्थिक तंगी के कारण भरपेट भोजन भी उपलब्ध नहीं होता था। इस परिवार में केवल तीन सदस्य थे-एक लड़का और उसके माता-पिता। चिकित्सकों ने लड़के के माता-पिता को प्रभूत धन का प्रलोभन देकर उनके एकमात्र पुत्र को खरीदने का प्रस्ताव रखा। धन की लालसा ने माता-पिता की आँखों पर पर्दा डाल दिया। उनकी दृष्टि में धन मोह के सम्मुख पुत्र मोह फीका पड़ गया और उन्होंने अपने घर के दीपक को चिकित्सकों के हाथों बेच दिया। चिकित्सक लड़के को राजा के सामने लेकर आए। राजा ने लड़के के पित्त की थैली को लेने के विषय में राज्य पुरोहित से विचार-विमर्श किया।

पुरोहित ने कहा-''राजन! यद्यपि देश सर्वोपरि होता है, किंतु उसका शासक उससे भी बड़ा होता है, क्योंकि वह देश की रक्षा करता है तथा हर संभव उसकी समृद्धि के लिए प्रयास करता है। ऐसे शासक के लिए किसी व्यक्ति के जीवन की बलि देना कोई अपराध नहीं है।'' पुरोहित के वचनों को सुनकर लड़के को राजा के सम्मुख खड़ा कर दिया गया। जल्लाद भी तलवार लेकर वहाँ आ पहुँचे। चिकित्सक औषधि तैयार करने वाले उपकरणों को लेकर वहाँ खड़े हो गए। अब राजा के आदेश की प्रतीक्षा थी। उसी क्षण लड़का आकाश की ओर देखकर जोर-जोर से हँसने लगा। उसे हँसते देखकर, सम्राट ने लड़के से हँसने का कारण पूछा। लड़के ने कहा, ''जिस देश में माँ-बाप धन के लिए संतान को बेचें, पुरोहित निरपराध मनुष्य की हत्या को उचित ठहराए, देश और प्रजा की रक्षा करने वाला शासक निर्दोष प्राणी की जान लेकर अपनी जान बचाए, वहाँ तो ऊपर वाले के न्याय पर ही भरोसा करना पड़ेगा।''

लड़के की बातों को सुनकर राजा की आँखें खुल गईं, उसे अपनी भूल पर पश्चाताप होने लगा। उसका मन ग्लानि से भर गया, उसके अंतराल में मानवता के अंकुर फूट पड़े। उसने जल्लादों को वापस भेज दिया।

(i) राजा को रोग से छुटकारा दिलाने के लिए क्या-क्या प्रयास किए गए? उन प्रयासों का क्या परिणाम निकला? **(2)**

(ii) राजा के प्रासाद में कौन आया? उसने किस औषधि का सुझाव दिया? **(2)**

(iii) उस व्यक्ति की बात सुनकर राजा को कैसा अनुभव हुआ? उसके प्रति राजा ने क्या किया? **(2)**

(iv) राजा के चिकित्सकों को तलाश करने पर कैसा परिवार मिला? राजा के चिकित्सकों ने उस परिवार को क्या प्रलोभन दिया? **(2)**

(v) राजा और पुरोहित में किस विषय पर विचार-विमर्श हुआ? पुरोहित ने राजा को क्या सलाह दी? **(2)**

**4. निम्नलिखित प्रश्नों के उत्तर निर्देशानुसार लिखिए**

(i) 'आचार' का विलोम बताइए **(1)**

(a) दुराचार (b) प्रचार (c) अनाचार (d) अचार

(ii) उत्तम का पर्यायवाची बताइए **(1)**

(a) अच्छा (b) उचित (c) श्रेष्ठ (d) उपयुक्त

(iii) 'नाक रगड़ना' मुहावरे का अर्थ बताइए **(1)**

(a) खुशामद करना (b) प्रयास करना (c) लालच करना (d) नष्ट करना

(iv) 'ईश्वर' से भाववाचक संज्ञा बनाइए **(1)**

(a) ऐश्वर्य (b) ईश्वरत्व

(c) 'a' और 'b' दोनों (d) ईश्वरता

(v) 'बछिया' का लिंग बदलिए (1)

(a) बाछी (b) बछड़ा (c) बाछा (d) बाछड़े

(vi) 'कर्म' का विशेषण बनाइए (1)

(a) सुकर्म (b) कर्माणी (c) सुकर्म (d) कर्मे

(vii) धार्मिक एक ग्रंथ है बाइबिल (1)

(a) बाइबिल एक धार्मिक ग्रंथ है (b) बाइबिल एक ग्रंथ धार्मिक है

(c) धार्मिक ग्रंथ बाइबिल है (d) इनमें से कोई नहीं

(viii) निम्नलिखित दिए गए शब्द के वचन बदलें। दीवार (1)

(a) दीवारें (b) दिवार (c) दीवारों (d) परत

# खंड 'ख'

[40 *अंक*]

## साहित्य सागर-संक्षिप्त कहानियाँ

**5. निम्नलिखित गद्यांश को पढ़िए और उसके नीचे लिखे प्रश्नों के उत्तर हिंदी में लिखिए**

"कोई गिराक आ गया समझो। उसको चौड़े चौखट चाहिए, तो कैप्टन किदर से लाएगा? तो उसे मूर्तिवाला दे दिया। उदर दूसरा बैठा दिया।"

(i) कैप्टन चश्मे वाला कौन था? (2)

(ii) कैप्टन चश्मेवाला क्या करता था? हालदार साहब क्या नहीं समझ पा रहे थे? (2)

(iii) पानवाले ने हालदार साहब को बदले में चश्मों का क्या राज बताया? (3)

(iv) प्रस्तुत कहानी का उद्देश्य स्पष्ट कीजिए। (3)

**6. निम्नलिखित गद्यांश को पढ़िए और उसके नीचे लिखे प्रश्नों के उत्तर हिंदी में लिखिए**

जिस तरह सूखी लकड़ी जल्दी से जल उठती है, उसी तरह सुधा से बावला मनुष्य ज़रा-ज़रा-सी बात पर तिनक जाता है।

(i) धर्मसंकट की स्थिति में कौन था व क्यों? (2)

(ii) लालबिहारी कौन था? उसने आनंदी को क्या पकाने को कहा? (2)

(iii) आनंदी के नए घर की स्थिति का वर्णन अपने शब्दों में कीजिए। (2)

(iv) लालबिहारी के क्रोध का क्या कारण था? सूखी लकड़ी की तुलना किससे की गई है? (3)

**7. निम्नलिखित गद्यांश को पढ़िए और उसके नीचे लिखे प्रश्नों के उत्तर हिंदी में लिखिए** (3)

मेरे एक अभिन्न मित्र हैं-बाबू श्यामला कांत। सीधे-सादे, परिश्रमी, ईमानदार, किंतु निजी जिंदगी में बड़े लापरवाह। आयु में मुझसे छोटे हैं, पर अपने घर में बच्चों की फौज खड़ी कर ली है।

(i) लेखक ने अपने मित्र को लापरवाह क्यों कहा है? (2)

(ii) 'बच्चों की फौज खड़ी करने' से लेखक का क्या आशय है? (2)

(iii) आपके अनुसार क्या सच में अधिक संतान निजी जीवन में लापरवाही है? (3)

(iv) 'भीड़ में खोया आदमी' पाठ के आधार पर बताइए कि लेखक ने किस समस्या को उजागर किया है? (3)

## साहित्य सागर - पद्य भाग

**8. निम्नलिखित पद्यांश को पढ़िए और उसके नीचे लिखे प्रश्नों के उत्तर हिंदी में लिखिए**

पेड़ झुक झाँकने लगे गरदन उचकाए,
आँधी चली, धूल भागी घाघरा उठाए,

बाँकी चितवन उठा नदी ठिठकी, घूँघट सरके।
मेघ आए बड़े बन-ठन के सँवर के।

(i) मेघों के आने पर पेड़ कैसे प्रतीत हो रहे हैं? (2)

(ii) ''आँधी चली, धूल भागी घाघरा उठाए'' धूल भागती हुई किसके समान प्रतीत हो रही है? (2)

(iii) नदियाँ किसकी भाँति बादलों को निहार रही हैं व क्यों? (3)

(iv) प्रस्तुत कविता का केंद्रीय भाव लिखिए। (3)

**9. निम्नलिखित पद्यांश को पढ़िए और उसके नीचे लिखे प्रश्नों के उत्तर हिंदी में लिखिए**

सात समंद की मसि करौं, लेखनि सब बनराय।
सब धरती कागद करौं, हरि गुन लिखा न जाय।।

(i) 'मसि' शब्द का क्या अर्थ होता है? उपरोक्त साखी का प्रसंग लिखिए। (2)

(ii) कबीरदास जी के काव्य में अधिकतर क्या देखने को मिलता है? (2)

(iii) कवि ने ईश्वर की महानता का वर्णन किस प्रकार किया है तथा क्यों? (3)

(iv) प्रस्तुत दोहे के आधार पर कबीरदास जी की भक्ति भावना को स्पष्ट कीजिए। (3)

**10. निम्नलिखित पद्यांश को पढ़िए और उसके नीचे लिखे प्रश्नों के उत्तर हिंदी में लिखिए**

वह जन्मभूमि मेरी, वह मातृभूमि मेरी
ऊँचा खड़ा हिमालय, आकाश चूमता है,
नीचे चरण तले पड़, नित सिंधु झूमता है।
गंगा, यमुना, त्रिवेणी नदियाँ लहर रही हैं,
जगमग छटा निराली, पग-पग पर छहर रही हैं।
वह पुण्यभूमि मेरी, वह स्वर्णभूमि मेरी।
वह जन्मभूमि मेरी, वह मातृभूमि मेरी।

(i) प्रस्तुत पंक्तियों के माध्यम से कवि किसका बखान करता है? (2)

(ii) भारतभूमि पर स्थित हिमालय तथा समुद्र की प्रशंसा कवि ने किस प्रकार की है? अपने शब्दों में स्पष्ट कीजिए। (2)

(iii) कवि ने अपनी जन्मभूमि को पुण्यभूमि व स्वर्णभूमि कहकर क्यों संबोधित किया है? (3)

(iv) प्रस्तुत पद्यांश के कवि कौन हैं? उनका साहित्यिक परिचय दीजिए। (3)

## (नया रास्ता - सुषमा अग्रवाल)

**11. निम्नलिखित अवतरण को पढ़िए और उसके नीचे लिखे प्रश्नों के उत्तर हिंदी में लिखिए**

पिताजी व माताजी के उदास चेहरों को देखकर उसकी आँखें दुःख से बोझल हो गईं। वह उनके दुःख को भली-भाँति समझ रही थी। कितनी अभागन थी वह, जिसके कारण उसके माता-पिता इतने परेशान थे।

(i) किसके हृदय में अंतर्द्वंद्व चल रहा था और अंतर्द्वंद्व क्या था? (2)

(ii) मीनू द्वारा लिया गया निर्णय क्या था? क्या उसके निर्णय से आप सहमत हैं? (2)

(iii) उसके माता-पिता का दुःख क्या था? (3)

(iv) उसका स्वयं को अभागन मानना क्या उचित है? यदि नहीं, तो क्यों? (3)

**12. निम्नलिखित अवतरण को पढ़िए और उसके नीचे लिखे प्रश्नों के उत्तर हिंदी में लिखिए**

अकेलेपन में उन्हें बहू की कमी विशेष रूप से अखरती थी, कितनी ही बार उन्होंने अमित को शादी के लिए तैयार करने की कोशिश की, परंतु अमित चुपचाप उनकी बातें सुनकर इधर-उधर हो जाता।

(i) माँ ने किसके लिए तथा क्या सपने सँजोए थे? (2)

(ii) माँ को कब व किसकी कमी अखरती थी? (2)

(iii) माँ अमित पर किस बात का दबाव डालती थीं? उस पर अमित की क्या प्रतिक्रिया होती? (3)

(iv) प्रस्तुत उपन्यास का उद्देश्य स्पष्ट कीजिए। (3)

**13. निम्नलिखित अवतरण को पढ़िए और उसके नीचे लिखे प्रश्नों के उत्तर हिंदी में लिखिए**

**कई बार अंत:प्रेरणा ने उसे वापस मुड़ जाने के लिए प्रेरित किया, परंतु वह इस अंतर्द्वंद्व में फैसला नहीं कर पाई।**

(i) मीनू कहाँ जा रही थी और क्यों? (2)

(ii) अस्पताल पहुँचने पर मीनू के प्रति सबकी क्या प्रतिक्रिया थी? (2)

(iii) मीनू के हृदय में अंतर्द्वंद्व क्यों था? (3)

(iv) मीनू क्या फैसला नहीं कर पाई थी? (3)

## एकांकी संचय

**14. निम्नलिखित अवतरण को पढ़िए और उसके नीचे लिखे प्रश्नों के उत्तर हिंदी में लिखिए**

**यदि कोई शिकायत थी, तो उसे मिटा देना चाहिए था।**

**हल्की-सी खरोंच भी, यदि उस पर तत्काल दवाई न लगा दी जाए, बढ़कर एक बड़ा घाव बन जाता है और यही घाव नासूर हो जाता है, फिर लाख मरहम लगाओ ठीक नहीं होता।**

(i) अवतरण में शिकायत किसको थी और क्यों? (2)

(ii) श्रोता कौन है? श्रोता की चारित्रिक विशेषताएँ बताइए। (2)

(iii) श्रोता ने ऐसा क्या कहा कि वक्ता को उपरोक्त वक्तव्य कहने के लिए विवश होना पड़ा? (3)

(iv) 'घाव का नासूर होना' पंक्ति का अर्थ बताते हुए इसे अवतरण के संदर्भ में स्पष्ट कीजिए। (3)

**15. निम्नलिखित अवतरण को पढ़िए और उसके नीचे लिखे प्रश्नों के उत्तर हिंदी में लिखिए**

**जितना जी चाहे हँस लो, पर यह न भूलना कि मैं अभी जीवित हूँ। मेरी भुजाओं का बल अभी नष्ट नहीं हुआ है।**

(i) प्रस्तुत कथन में वक्ता कौन है? वह किससे व क्या कह रहा है? (2)

(ii) ''मेरी भुजाओं का बल अभी नष्ट नहीं हुआ है।'' यह कथन वक्ता द्वारा किससे व किस संदर्भ में कहा गया है? (2)

(iii) दुर्योधन सरोवर में क्यों छिपा था? (3)

(iv) प्रस्तुत एकांकी के शीर्षक का औचित्य स्पष्ट कीजिए। (3)

**16. निम्नलिखित अवतरण को पढ़िए और उसके नीचे लिखे प्रश्नों के उत्तर हिंदी में लिखिए**

**तुम्हारी बहन के सपने कभी पूरे नहीं होंगे और उसके सपनों के खून का दाग तुम्हारे हाथों और तुम्हारी माँ के आँचल पर होगा।**

(i) श्रोता ने वक्ता की बात से अपमानित होकर क्या प्रतिक्रिया व्यक्त की? (2)

(ii) श्रोता कौन था? उसकी बहन के क्या सपने थे? (2)

(iii) ''तुम्हारी बहन के सपने कभी पूरे नहीं होंगे।'' प्रस्तुत पंक्ति किसने व किससे कही? (3)

(iv) ''उसके सपनों के खून का दाग तुम्हारे हाथों और तुम्हारी माँ के आँचल पर होगा।'' वक्ता ने यह कथन क्यों कहा? पंक्ति में 'उसके' शब्द किसके लिए प्रयोग किया गया है? (3)

# व्याख्या *सहित* उत्तर

**1.** (i) **प्रस्तावना**

भारत की बढ़ती हुई जनसंख्या राष्ट्र की भयावह समस्या है। स्वाधीन भारत में देश की समृद्धि के लिए किए गए सरकार के सभी निर्णय और श्रेष्ठ कार्यों में गतिरोध उत्पन्न होने का एक प्रमुख कारण जनसंख्या में निरंतर वृद्धि है। महान् विचारक गार्नर ने कहा भी है–

''किसी भी राज्य के लिए उसकी साधन–संपन्नता से अधिक जनसंख्या अहितकर है।''

**वर्तमान स्थिति**

वर्ष 2011 की जनगणना के अनुसार, भारत की जनसंख्या लगभग 121 करोड़ है। भारत इस समय आबादी की दृष्टि से दुनिया का दूसरा सबसे बड़ा देश है। वस्तुत: किसी देश की जनसंख्या ही उसकी शक्ति का आधार होती है, परंतु अनियंत्रित गति से इसका बढ़ते जाना निश्चय ही देश के लिए बोझ बन जाता है। स्वाधीनता के उपरांत भारत ने सभी क्षेत्रों में प्रगति की है, किंतु वास्तविक तथ्य यह है कि जब तक आर्थिक विकास होता है, तब तक जनसंख्या इतनी बढ़ चुकी होती है कि वह समग्र विकास को निगल जाती है। परिणामत: प्रगति की सभी योजनाएँ धरी–की–धरी रह जाती हैं।

**दुष्परिणाम**

जनसंख्या के बढ़ने से परिवार का जीवन स्तर गिरता है। जीवन का विकास रुक जाता है और नैतिक एवं चारित्रिक पतन बढ़ता जाता है। जनसंख्या के बढ़ते जाने से माँग अधिक होती जाती है और उसके सापेक्ष उत्पादन पूर्ति नहीं बढ़ पाती, जिसके कारण महँगाई बढ़ती जाती है तथा देश की अर्थव्यवस्था बिगड़ जाती है। इस प्रकार जनसंख्या वृद्धि गरीबी, बेकारी, अशिक्षा, बीमारी जैसी कई समस्याओं को जन्म देती है।

**उपसंहार**

भारत जैसे विकासशील देश में बढ़ती जनसंख्या पर नियंत्रण पाना अत्यंत आवश्यक है अन्यथा इसके परिणामस्वरूप देश में अशिक्षा, गरीबी, बीमारी, भूख, बेरोजगारी, आवासहीनता जैसी कई समस्याएँ उत्पन्न होंगी और देश का विकास अवरुद्ध हो जाएगा। अत: जनसंख्या को नियंत्रित करने के लिए केंद्र एवं राज्य सरकारों के साथ–साथ देश के प्रत्येक नागरिक को इस विकट समस्या से लड़ना होगा। समाजसेवी संस्था तथा मीडिया को भी इस कार्य में बढ़–चढ़कर हिस्सा लेने की आवश्यकता है।

इन सब बातों पर ध्यान देकर जनसंख्या विस्फोट पर निश्चय ही नियंत्रण पाया जा सकता है। केंद्रीय एवं राज्य स्तरों पर जनसंख्या परिषद् स्थापित करना भी इस समस्या का उपयुक्त उपाय हो सकता है। आज प्रत्येक देशवासी को उनकी बातों से प्रेरणा लेकर देश को समृद्ध एवं विकसित राष्ट्र बनाने का संकल्प लेना चाहिए।

(ii) **प्रस्तावना**

'अनुशासन' शब्द 'शासन' में 'अनु' उपसर्ग के जुड़ने से बना है। इस प्रकार अनुशासन का शाब्दिक अर्थ हुआ–शासन के पीछे चलना, किंतु व्यापक रूप से देखा जाए तो स्वयं को नियंत्रण में रखना भी अनुशासन ही है। अत: व्यक्ति के संदर्भ में अनुशासन का अर्थ है–जीवन को आदर्श रूप में जीना।

**अनुशासन का महत्त्व**

अनुशासन का महत्त्व न केवल मानव जगत, बल्कि पूरे ब्रह्मांड में एक समान है। चाँद, सूरज, तारे सभी अनुशासन में बँधकर निश्चित गति का पालन करते हैं। पृथ्वी पर विभिन्न ऋतुएँ निश्चित समय पर आती हैं। बीज के पनपने, पेड़–पौधों में फल–फूल लगने व उनके झड़ जाने की भी एक निश्चित अवधि होती है। जिस प्रकार प्रकृति के कण–कण में अनुशासन व्याप्त है, उसी प्रकार मानव जगत की छोटी–बड़ी प्रत्येक इकाई में अनुशासन की अपनी महत्ता है। साहित्य, समाज, धर्म, राजनीति सभी क्षेत्रों में अनुशासन का पालन करना आवश्यक है। सेनापति की बात मानने वाले अनुशासित सैनिक रणभूमि में विजयश्री को प्राप्त करते हैं। कप्तान के आदेश का पालन करने वाले खिलाड़ी खेल के मैदान में जीत की पताका फहराते हैं। गुरु के बताए मार्ग पर चलने वाले विद्यार्थी जीवन में विद्या, धन और यश के अधिकारी बनते हैं। भगवान बुद्ध ने कहा है ''उत्तम स्वास्थ्य का आनंद पाने के लिए, परिवार में खुशी लाने के लिए और सबको शांति प्रदान करने के लिए सबसे पहले अनुशासित बनने और मस्तिष्क पर नियंत्रण प्राप्त करने की आवश्यकता है।''

**सफलता हेतु अनुशासन**

अनुशासन सफलता की कुंजी है। अनुशासन के बल पर साधारण–से–साधारण व्यक्ति भी सफलता की ऊँचाइयों को छू लेता है। अपने जीवन में नियम और अनुशासन का पालन करके ही महात्मा गाँधी, स्वामी विवेकानंद, सुभाष चंद्र बोस, लोकमान्य तिलक, डॉ. भीमराव अंबेडकर ने विश्व में अपनी पहचान बनाई और सबके प्रेरणास्रोत बने। नियम व अनुशासन पर चलने वाले विद्यार्थी की सफलता कभी संदिग्ध नहीं रहती। शिक्षकों के निर्देशों का पूर्णत: अनुसरण करने वाला विद्यार्थी आदर्श विद्यार्थी के रूप में सहपाठियों, शिक्षकों के साथ–साथ सबका प्रिय हो जाता है।

**उपसंहार**

किसी भी राष्ट्र की प्रगति तभी संभव है, जब वहाँ के नागरिक अनुशासित हों। देश के प्रति नागरिक–कर्तव्यों का पालन अनुशासित रहकर ही किया जा सकता है। देश के प्रत्येक नागरिक को संकल्प लेना चाहिए कि वह जीवन में अनुशासन को महत्त्व देते हुए अपने आप को राष्ट्र सेवा में पूर्णत: समर्पित कर देगा। हमें गाँधीजी की यह बात हमेशा याद रखनी होगी

''अनुशासन के बिना न तो परिवार चल सकता है और न ही संस्था या राष्ट्र।''

(iii) **भूमिका**

मैं शुरू से ही घुमक्कड़ प्रवृत्ति का हूँ। पिछले पाँच वर्षों में मैंने भारत के लगभग बीस राज्यों की यात्रा की है, इनमें दिल्ली, मुंबई, राजस्थान, मध्य प्रदेश, ओडिशा, गोवा आदि शामिल हैं। शहरों में भुवनेश्वर ने मुझे सर्वाधिक प्रभावित किया है। पिछले वर्ष ही गर्मी की सप्ताह भर की छुट्टी में मैं इस शहर की यात्रा पर था। यह यात्रा मेरे लिए अविस्मरणीय है।

**यात्रा का आनंद**

मैं दिल्ली से रेल यात्रा का आनंद उठाते हुए अपने सभी साथियों के साथ सुबह लगभग दस बजे भुवनेश्वर पहुँच गया था। भुवनेश्वर के बारे में जैसा हमने सुना था, उससे कहीं अधिक दर्शनीय पाया।

भुवनेश्वर, भारत के खूबसूरत एवं हरे-भरे प्रदेश ओडिशा की राजधानी है। यहाँ की प्राकृतिक सुंदरता देखते ही बनती है। ऐतिहासिक ही नहीं धार्मिक दृष्टिकोण से भी यह शहर भारत के प्रमुख दर्शनीय स्थलों में से एक है। इसे 'मंदिरों का शहर' भी कहा जाता है। हम जिस होटल में ठहरे थे, उसके निकट ही राजा-रानी मंदिर है, इसलिए सबसे पहले हम उसी के दर्शनों के लिए पहुँचे। इस मंदिर की स्थापना ग्यारहवीं शताब्दी में हुई थी। अगली सुबह हम लोग जल्दी तैयार होकर लिंगराज मंदिर देखने गए। इस मंदिर के आस-पास सैकड़ों छोटे-छोटे मंदिर बने हुए हैं, इसलिए इसे 'लिंगराज मंदिर समूह' कहा जाता है। 185 फीट लंबा यह मंदिर भारत की प्राचीन शिल्पकला का अप्रतिम उदाहरण है। मंदिरों की दीवारों पर निर्मित मूर्तियाँ शिल्पकारों की कुशलता की परिचायक हैं।

**भुवनेश्वर की अविस्मरणीय यात्रा**

भुवनेश्वर की यात्रा इतिहास की यात्रा के समान है। इस शहर की यात्रा करते हुए ऐसा लगता है मानो हम उस काल में चले गए हों, जब इस शहर का निर्माण किया जा रहा था। शहर के मध्य स्थित भुवनेश्वर संग्रहालय में प्राचीन मूर्तियों एवं हस्तलिखित ताड़पत्रों का अनूठा संग्रह इस आभास को और भी अधिक बल प्रदान करता है। सैर के बाद हम लोगों ने ओडिशा के स्थानीय भोजन का आनंद उठाया। भुवनेश्वर की यात्रा को अविस्मरणीय बनाने के लिए हमने जमकर फोटोग्राफी की थी, किंतु फोटो के साथ-साथ हम सबने कई प्रकार की वस्तुएँ खरीदीं। ये वस्तुएँ हमें हमेशा भुवनेश्वर की प्राचीन कला की याद दिलाती हैं।

**उपसंहार**

भुवनेश्वर की यात्रा मेरे लिए ही नहीं मेरे सभी साथियों के लिए भी एक अविस्मरणीय यात्रा बन गई, वस्तुतः किसी भी व्यक्ति की यात्रा का उद्देश्य केवल मनोरंजन ही नहीं, बल्कि मानसिक शांति प्राप्त करना भी होता है। सचमुच भुवनेश्वर के वातावरण में अजीब-सी पवित्रता घुली हुई है। इस यात्रा से हमारी मित्र-मंडली को जिस मानसिक शांति का अनुभव हुआ, उसे शब्दों में वर्णित नहीं किया जा सकता।

(iv) **उक्ति का अर्थ**

'जैसी करनी वैसी भरनी' उक्ति का अर्थ है कि मनुष्य जैसा कर्म करता है, वैसा ही फल उसे भोगना पड़ता है। सत्कर्मी तथा परिश्रमी मानव सदैव श्रेष्ठ लक्ष्यों को प्राप्त करता है तथा बुरे कर्म करने वाला मानव सदैव कर्मानुरूप व्यर्थ भटकता रहता है। तुलसीदास जी ने 'रामचरितमानस' में कहा भी है कि

''कर्म प्रधान विश्व कर राखा। जो जस करइ तो तस फल चाखा।''

अर्थात् पूरा विश्व अपने कर्मों पर ही आधारित है, जो जैसा कर्म करता है, वह वैसा ही फल पाता है। इसी तरह एक गीत भी रचा गया है

''जो बोएगा वही पाएगा, तेरा किया आगे आएगा।
सुख-दुःख है क्या, फल कर्मों का, जैसी करनी वैसी भरनी।।''

**कहानी**

इसी विषय से संबंधित एक कहानी प्रस्तुत है

दो भाई थे। दोनों कुशाग्र बुद्धि, परंतु दोनों के आचरण, व्यवहार और जीवन-शैली में बहुत अंतर था। उनमें राम धैर्यवान व परिश्रमी था, परंतु श्याम अधीर, चंचल एवं आलसी था। उनके पिताजी ने उन्हें वार्षिक परीक्षा में श्रेष्ठ अंकों से उत्तीर्ण होने का लक्ष्य दिया, ताकि दोनों का देश के प्रतिष्ठित कॉलेज में दाखिला हो सके। राम ने पूरी मेहनत और योजना के साथ पूरे समय परीक्षा की तैयारी की और परीक्षा में प्रथम स्थान के साथ पास हुआ। तदुपरांत उसने श्रेष्ठ कॉलेज में भी दाखिला पाया और परिश्रम से प्रशासनिक सेवा (आईएएस) में शानदार भविष्य बनाया।

इसके विपरीत श्याम ने अपना समय व्यर्थ के कार्यों व मित्र मंडली में व्यतीत किया, जिससे वह विद्यालय की परीक्षा तक उत्तीर्ण न कर सका। इस प्रकार श्याम ने खुद के भविष्य पर प्रश्नचिन्ह लगा दिया और राम कामयाबी की बुलंदियों को प्राप्त कर गया। दोनों ने अपने कर्मों के अनुसार ही फल पाया। इसलिए इस घटना से यह कहावत सही सिद्ध हो गई कि

''जैसी करनी वैसी भरनी''

शास्त्रों में भी एक दोहा द्रष्टव्य है कि ''बोए पेड़ बबूल का, आम कहाँ से होए।'' अर्थात् मानव अपने कर्मानुसार ही फल प्राप्त करता है।

**सीख** इस कहानी से यह शिक्षा मिलती है कि मनुष्य जैसा कर्म करता है, उसे वैसा ही फल भोगना पड़ता है।

(v) प्रस्तुत चित्र में एक युवा अध्यापिका कुछ प्रौढ़ लोगों को शिक्षा दे रही है। यह दृश्य ग्रामीण प्रतीत होता है, क्योंकि स्त्री-पुरुषों की वेशभूषा ग्रामीण शैली की है। अध्यापिका श्यामपट्ट पर अ, आ, इ, ई (हिंदी की वर्णमाला) लिखकर समझा रही है। वहीं मेज़ पर दो पुस्तकें भी रखी हुई हैं, जो अध्यापिका की पढ़ने की पुस्तकें होंगी। एक व्यक्ति के हाथ में एक पुस्तक है, जिस पर अ, आ इत्यादि लिखित है। वैसे तो समूचे देश में ही, पर प्रमुखतः ग्रामीण परिवेश में प्रौढ़ शिक्षा की अत्यंत आवश्यकता है, क्योंकि पुरानी पीढ़ी के बहुत से लोग अशिक्षित हैं। इस कारण उन्हें दैनिक जीवन में अनेक समस्याओं का सामना करना पड़ता है। सुदूर किसी यात्रा पर जाना हो, किसी पुस्तक आदि को पढ़ना हो, ज़मीन-जायदाद या उपज इत्यादि का क्रय-विक्रय करना हो, तो इन सभी क्षेत्रों में उन्हें किसी अन्य पर आश्रित रहना पड़ता है। इसी कारणवश अनेक बार उन्हें आर्थिक हानि तक उठानी पड़ती है तथा कभी-कभी सामाजिक रूप से तिरस्कृत भी होना पड़ता है।

इन सब कठिनाइयों को महसूस करते हुए मेरी बहन सीता ने, जो आयु में मुझसे पाँच वर्ष बड़ी है, गाँव के वृद्ध लोगों को शिक्षित करने का निश्चय किया। सभी आदरणीय बुज़ुर्गों तथा प्रौढ़ों को इसकी सूचना दे दी गई। जो भी ग्रामीण पढ़ने में रुचि रखते थे, उन्हें एक निश्चित स्थान पर, निश्चित समय पर शिक्षा देना आरंभ कर दिया गया। प्रारंभ में गाँव के पाँच-सात लोगों ने शिक्षा लेना आरंभ किया, परंतु धीरे-धीरे इस संख्या में वृद्धि हो गई। परिणामस्वरूप कुछ दिनों के प्रयास के उपरांत ही उन लोगों ने पढ़ना-लिखना भी सीख लिया और जोड़-घटाव भी करने लगे। इस प्रयास के द्वारा इन लोगों के आत्मविश्वास में वृद्धि होने लगी थी। वे सही-गलत के अंतर को पहचानने लगे और स्वयं निर्णय लेने में सक्षम हो गए। इस शिक्षा से वे आर्थिक वृद्धि के साथ-साथ, सामाजिक रूप से भी खुद को सम्मानित अनुभव करने लगे। पूरा गाँव सीता के इस मानवीय प्रयास की हृदय से प्रशंसा कर रहा था। सीता स्वयं भी इस उपलब्धि और सराहना से गौरवान्वित अनुभव कर रही थी। भारतीय प्रशासन और सामाजिक संगठनों को प्रौढ़ शिक्षा नीति में वृद्धि के लिए और अधिक प्रयास करने चाहिए। किसी ने सही कहा है कि

''पढ़ा लिखा हो हर इंसान।
तब ही होगा, देश महान्।।''

**2.** (i) सेक्टर 16, द्वारका, दिल्ली।

**दिनांक** : 15 जुलाई, 20XX

प्रिय अनुज राम,

सस्नेह आशीष।

आज तुम्हारे मित्र द्वारा ही तुम्हारे कुशलमंगल की जानकारी मिली। मुझे बहुत खुशी है कि तुम विद्यार्जन के साथ-साथ खेलों पर भी ध्यान दे रहे हो। वर्तमान समय में खेल भी विद्या के समान ही आवश्यक हैं। ये भविष्य-निर्माण में अत्यंत उपयोगी सिद्ध होते हैं तथा साथ ही शरीर के स्वास्थ्य के लिए भी लाभदायक हैं। इससे तो तुम भी परिचित हो कि स्वस्थ तन में ही स्वस्थ मस्तिष्क का निवास होता है।

अतः स्वास्थ्य पर विशेष ध्यान रखना, जिसके लिए निम्न सुझाव लाभप्रद हो सकते हैं

1. सुबह जल्दी उठना तथा रात को जल्दी सोना।
2. समय पर तथा सीमित भोजन करना।
3. नियमित व्यायाम करना।
4. सदैव प्रसन्नचित्त रहो तथा फल, दूध आदि का सेवन करो।
5. तैराकी भी उत्तम व्यायाम है।
6. समय-सारणी बनाकर नियमित रूप से विद्यार्जन करो।

उम्मीद है तुम उपरोक्त सुझावों के अनुसार कार्य करोगे। अच्छा अब पत्र समाप्त करता हूँ। माताजी-पिताजी की ओर से आशीर्वाद। पत्र का जवाब शीघ्र देना।

तुम्हारा अग्रज
श्याम

(ii) सेवा में,
स्वास्थ्य अधिकारी महोदय,
दरियागंज, दिल्ली।

**दिनांक** : 13 अप्रैल, 20XX

**विषय** : अपने क्षेत्र में व्याप्त गंदगी की समस्या के संदर्भ में।

माननीय महोदय,

मैं राकेश, कमला नगर का निवासी हूँ। पिछले 10-12 दिनों से हमारे आस-पास के क्षेत्रों में गंदगी तथा कूड़े के ढेर सर्वत्र नजर आ रहे हैं एवं इनमें निरंतर वृद्धि हो रही है। सफ़ाई-कर्मचारी भी कई दिनों से नजर नहीं आ रहे हैं। भयंकर गंदगी व कूड़े आदि के कारण यहाँ के निवासियों का जीवन दूभर हो गया है तथा साथ ही संक्रामक बीमारियाँ होने का खतरा भी उत्पन्न हो गया है। अतः आपसे विनम्र अनुरोध है कि अविलंब इस समस्या का समाधान करें तथा संबंधित कर्मचारियों को त्वरित कार्यवाही हेतु आवश्यक निर्देश दें। मैं आपकी इस त्वरित प्रतिक्रिया के लिए आपका अत्यंत आभारी रहूँगा।

सधन्यवाद।

भवदीय
राकेश त्यागी
ब-210, कमला नगर,
दिल्ली।

**3.** (i) राजा को रोग से छुटकारा दिलाने के लिए देश-विदेश के प्रख्यात एवं निपुण चिकित्सक बुलाए गए, परंतु किसी भी प्रकार की औषधि से राजा का स्वास्थ्य ठीक न हो सका, बल्कि पहले की अपेक्षा राजा का रोग अत्यधिक बढ़ता चला गया। इस असाध्य रोग के कारण राजा अत्यंत दुःखी हुए तथा प्रजा भी राजा की दशा के कारण निराश और उदास हो गई।

(ii) एक वृद्ध पुरुष राजा के महल में आया तथा राजा को रोगमुक्त करने के लिए विशेष औषधि के बारे में बताया। वह औषधि किसी अन्य व्यक्ति के पित्ताशय को निकालकर ही तैयार हो सकती थी। उस औषधि में एक गुण यह भी था कि वह न केवल इस रोग को जड़ से समाप्त करती, अपितु राजा को चिरंजीवी भी बना देती।

(iii) वृद्ध व्यक्ति की बातों ने राजा के हृदय में नई आशा का उदय कर दिया और उन्होंने वृद्ध व्यक्ति से अत्यंत कृतज्ञता प्रकट की तथा साथ ही सभी चिकित्सकों को ऐसे व्यक्ति की तलाश करने का आदेश दिया, जिसकी पित्त की थैली से यह औषधि बनाई जा सके।

(iv) खोज करते हुए चिकित्सकों को एक अत्यंत गरीब परिवार मिल गया, जो एक वक्त का भोजन तक प्राप्त करने में असमर्थ था। चिकित्सकों ने माता-पिता को ढेर सारा धन देने का प्रलोभन देकर, उनका इकलौता पुत्र खरीदने का प्रस्ताव रखा। सहसा वे माता-पिता धन के लालच में अंधे हो गए तथा उन्होंने अपने पुत्र को बेच दिया।

(v) लड़के की पित्त की थैली लेने के विषय में राजा ने राज पुरोहित से विचार-विमर्श किया। पुरोहित ने कहा कि राजा देश का रक्षक है तथा देश से भी बड़ा है। ऐसे शासक की ज़िंदगी के लिए किसी व्यक्ति की बलि देना कोई अपराध नहीं है। पुरोहित के वचनों के बाद लड़के और जल्लाद को प्रस्तुत किया गया। इस पूरे घटनाक्रम को देखकर लड़का ज़ोर-ज़ोर से हँसने लगा।

**4.** (i) (c) अनाचार
(ii) *(c)* श्रेष्ठ
(iii) (a) खुशामद करना
(iv) (c) 'a' और 'b' दोनों
(v) *(b)* बछड़ा
(vi) *(c)* सुकर्म
(vii) *(a)* बाइबिल एक धार्मिक ग्रंथ है
(viii) *(a)* दीवारें

**5.** (i) कैप्टन चश्मेवाला एक बूढ़ा-लँगड़ा चश्मेवाला था। पैर से अपाहिज होने के बावजूद भी वह नेताजी को नया चश्मा पहना देता था। वह बहुत ही परिश्रमी एवं सच्चा देशभक्त था।

(ii) कैप्टन चश्मेवाला नेताजी की मूर्ति का चश्मा बदल दिया करता था। मूर्ति के बदलते चश्मे की बात ही हालदार साहब समझ नहीं पा रहे थे।

(iii) पानवाले ने हालदार साहब को बताया कि कैप्टन की कोई दुकान नहीं है, वह फेरी लगाकर अपने चश्मे बेचता है। देशभक्ति की भावना भरी होने के कारण वह मूर्ति पर कोई-न-कोई चश्मा लगा देता है, किंतु जब कोई ग्राहक कैप्टन से उसी चश्मे का फ्रेम माँगता है, जो नेताजी की मूर्ति पर लगा होता है, तो कैप्टन वही चश्मा उतारकर दे देता है और मूर्ति को नया चश्मा पहना देता है।

(iv) प्रस्तुत कहानी 'नेता जी का चश्मा' के माध्यम से लेखक ने इस तथ्य को उजागर किया है कि देश के सभी छोटे-बड़े, बच्चे-बूढ़े देशभक्ति की भावना से ओत-प्रोत रहते हैं, किंतु उन सबका अपनी देशभक्ति प्रकट करने का तरीका भिन्न-भिन्न होता है।

लेखक ने यह भी समझाने का प्रयास किया है कि हमें किसी के छोटे प्रयासों का मजाक नहीं उड़ाना चाहिए अपितु उनकी सराहना करनी चाहिए। कैप्टन के चरित्र द्वारा लेखक ने उन असंख्य देशभक्तों को स्मरण करने का कार्य किया है, जिन्होंने देशहित के लिए कार्य किया और देशभक्तों को सम्मान दिलाने में अपना महत्त्वपूर्ण योगदान दिया।

**6.** (i) आनंदी के पिता भूपसिंह धर्मसंकट में थे, क्योंकि भूपसिंह अपनी पुत्री आनंदी का विवाह ऐसी जगह करना चाहते थे, जिससे न तो उन पर अधिक ऋण का बोझ हो और न ही स्वयं को भाग्यहीन समझना पड़े।

(ii) लालबिहारी, बेनीमाधव सिंह का छोटा बेटा व आनंदी का देवर था। वह स्वभाव से अत्यंत ही कठोर प्रवृत्ति का था। एक दिन लालबिहारी ने आनंदी को मांस बनाने को कहा।

(iii) आनंदी के नए घर की स्थिति कुछ अलग ही थी। जिस प्रकार के वातावरण में वह बचपन से रही थी, वैसा वातावरण उसके नए घर (ससुराल) में नाममात्र को भी नहीं था। उसका नया घर किसी देहाती घर से कम न था। वहाँ घोड़े-हाथी तथा सैर करने के लिए बाग नहीं थे तथा न ही जमीन पर फर्श था, न ही दीवारों पर तस्वीरें थीं।

(iv) लालबिहारी जब खाना खाने बैठा तो उसे दाल में घी न मिला। पूछने पर पता चला कि घी तो खत्म हो गया है। इसी कारण लालबिहारी को गुस्सा आ गया और उसने आनंदी के घरवालों को बुरा-भला बोल दिया। सूखी लकड़ी की तुलना भूख से पीड़ित व्यक्ति से की गई है।

**7.** (i) लेखक ने अपने मित्र को लापरवाह इसलिए कहा है, क्योंकि वे परिवार नियोजन के प्रति सतर्क नहीं थे। लेखक के मित्र श्यामला कांत की बहुत-सी संतानें थीं। बड़ा परिवार होने के कारण वे सुख-सुविधाओं से वंचित थे। इसलिए लेखक ने उन्हें सीधे-सादे, परिश्रमी तथा ईमानदार होने के बाद भी निजी जीवन में लापरवाह कहा है।

(ii) 'बच्चों की फौज खड़ी करने' से लेखक का आशय हैकिसी व्यक्ति की दो से अधिक संतान होना या परिवार नियोजन को न अपनाना। परिवार नियोजन की जानकारी न होने पर परिवार को बढ़ाना जनसंख्या वृद्धि में योगदान देना है।

(iii) अधिक संतान निजी जीवन में लापरवाही ही है, क्योंकि संतान अधिक होने के कारण प्रत्येक बच्चे का लालन-पालन उचित प्रकार से नहीं हो पाता। परिवार बड़ा होने के कारण सभी सदस्यों को आवश्यक सुख-सुविधाएँ भी उपलब्ध नहीं हो पातीं जिससे उनके जीवन में अनेक समस्याएँ उत्पन्न हो जाती हैं।

(iv) 'भीड़ में खोया आदमी' पाठ के आधार पर लेखक ने जनसंख्या वृद्धि की समस्या को उजागर किया है। इसके माध्यम से लेखक ने वर्तमान समय में बढ़ती 'जनसंख्या के कारण तथा उसके समाधान' पर विचार व्यक्त किया है। लेखक के अनुसार जनसंख्या वृद्धि के कारण आज व्यक्ति अपनी शक्ति एवं धन व्यय करने पर भी सुविधाएँ प्राप्त नहीं कर पा रहा है।

**8.** (i) मेघों के आने पर पेड़ ऐसे प्रतीत होते हैं, मानो वे अपनी गर्दन उठा-उठाकर लगातार मेघों की ओर देख रहे हों अर्थात् मेघों को देखकर पेड़ उत्सुकतापूर्ण अवस्था में नजर आते हैं।

(ii) ''आँधी चली, धूल भागी घाघरा उठाए'' जिस प्रकार अतिथि के आने पर गाँव की महिलाएँ स्वयं को छिपाने का प्रयास करते हुए इधर-उधर भागती हैं, ठीक उसी प्रकार धूल भी गाँव की स्त्रियों की भाँति ऐसी प्रतीत होती है, मानो घाघरा उठाकर भाग रही हो।

(iii) जिस प्रकार गाँव में अतिथि के आने पर गाँव की महिलाएँ अपने घूँघट से ही अतिथि को निहारती हैं, ठीक उसी प्रकार नदियाँ भी जैसे बादलों को निहार रही हैं, क्योंकि बादलों को देखकर ऐसा लग रहा है जैसे बादल अतिथि के रूप में सज-धज कर काफी दिनों के बाद गाँव में आ रहे हों।

(iv) प्रस्तुत कविता का केंद्रीय भाव यह है कि मेघों के आगमन से पूरी प्रकृति उत्सुकतापूर्ण अवस्था में प्रसन्नचित्त दिखाई देती है। पेड़ गर्दन उठाकर मेघों को देखने लगे। आँधी के चलने पर धूल स्वयं ही भागने लगी तथा नदी भी प्रसन्नचित्त अवस्था में मेघों को निहारती हुई सी प्रतीत होने लगी।
भाव यह है कि वर्षा ऋतु के आने पर प्राकृतिक वातावरण में विभिन्न गतिविधियाँ होने लगती हैं। उन्हीं गतिविधियों का मानवीकरण यहाँ कवि ने अपनी कविता में किया है। वर्षा ऋतु में चारों तरफ वातावरण हर्षमय और खुशनुमा हो जाता है। प्रकृति मनोरम दिखाई पड़ती है।

**9.** (i) 'मसि' शब्द का अर्थ 'स्याही' होता है। प्रस्तुत साखी में कबीरदास जी ने ईश्वर के अनेक गुणों के विषय में बताया है कि किसी भी तरह से उनका उल्लेख नहीं किया जा सकता।

(ii) कबीरदास जी के काव्य में अधिकतर समाज में व्याप्त कुरीतियों, बाह्य आडंबरों, मूर्ति-पूजा, कर्मकांडों आदि का विरोध देखने को मिलता है। कबीरदास जी निर्गुण ईश्वर के उपासक थे। अत: उनके काव्य में निर्गुण ईश्वर की उपासना के रूप में स्पष्ट रहस्यवाद के भी दर्शन होते हैं।

(iii) कवि ईश्वर की महानता का वर्णन करते हुए कहते हैं कि यदि सातों समुद्रों की स्याही बनाई जाए, सारे वनों की लकड़ी की कलम बनाई जाए तथा सारी धरती का प्रयोग कागज के रूप में किया जाए, तो भी ईश्वर के गुणों का बखान नहीं किया जा सकता। कवि ऐसा इसलिए कह रहा है, क्योंकि ईश्वर के अनेक गुण हैं। उनकी कोई सीमा नहीं है। अत: ईश्वर के गुणों का वर्णन केवल शब्दों के माध्यम से नहीं किया जा सकता।

(iv) यह स्पष्ट ही है कि कबीरदास जी ईश्वर के निराकार व निर्गुण स्वरूप के उपासक थे। अत: प्रस्तुत दोहे में कबीरदास जी ने ईश्वर के अनंत गुणों का बखान किया है। उन्होंने, अपनी साखी में ईश्वर की अनंत महिमा का वर्णन किया है। इन्होंने अपने काव्य के माध्यम से समाज में निर्गुण भक्ति की धारा प्रवाहित की। कबीरदास जी निराकार पार-ब्रह्म की ही उपासना करने पर जोर देते थे, इसीलिए प्रस्तुत दोहे में कबीरदास जी ने निराकार ईश्वर की भक्ति करते हुए बताया है कि हरि अर्थात् उनके गुण अपार हैं, जिन्हें लिखा नहीं जा सकता।

**10.** (i) प्रस्तुत पंक्तियों के माध्यम से कवि अपनी मातृभूमि की भौगोलिक सुंदरता का बखान कर रहा है अर्थात् वह अपनी जन्मभूमि में उपस्थित पर्वत, झरने, नदियों, सागरों आदि की प्रशंसा कर रहा है।

(ii) हिमालय की प्रशंसा करते हुए कवि कहते हैं कि हिमालय पर्वत अपनी ऊँचाई के कारण आसमान को चूमता हुआ प्रतीत होता है। इस प्रकार वह देश की सुंदरता को बढ़ाता है और भारत की दक्षिण दिशा में हिलोरे भरता समुद्र मातृभूमि के चरण चूमता प्रतीत होता है।

(iii) कवि ने अपनी जन्मभूमि को पुण्यभूमि व स्वर्णभूमि कहकर इसलिए संबोधित किया है, क्योंकि भारत एक कृषि प्रधान देश है, यहाँ की भूमि अत्यधिक उपजाऊ भूमि है, दूसरी ओर यहाँ पर्वत, पहाड़, नदियाँ आदि को पूजा जाता है अर्थात् यहाँ पर्वत, पहाड़, पठार, नदियाँ सभी को पवित्र माना जाता है, इसलिए कवि ने भारतभूमि को पुण्यभूमि व स्वर्णभूमि कहकर संबोधित किया है।

(iv) इस कविता के रचयिता सोहनलाल द्विवेदी जी हैं। उन्होंने अपनी कविताओं के माध्यम से जन-जन में राष्ट्रीय चेतना को जगाने का कार्य किया। उनकी कविताएँ राष्ट्र प्रेम से प्रेरित तथा ओजपूर्ण हैं। उन्हें 'राष्ट्रकवि' की ख्याति प्राप्त है।
अपनी कविताओं के माध्यम से उन्होंने देश के नवयुवकों को देशप्रेम का संदेश दिया। सोहनलाल द्विवेदी जी की भाषा शैली सरल एवं परिष्कृत खड़ी बोली है। कहीं-कहीं इन्होंने संस्कृत भाषा का भी प्रयोग किया है। इन्होंने प्रबंध व मुक्तक दोनों ही शैलियों में रचनाएँ की हैं।

**11.** (i) मेरठ वालों द्वारा अमित के साथ रिश्ते के लिए इनकार किए जाने के कारण मीनू के ह्दय में अंतर्द्वंद्व चल रहा था और अंतर्द्वंद्व यह था कि इतने लड़के वालों द्वारा नापसंद कर दिए जाने के बाद वह आगे अपने विवाह के लिए कोशिश करे या नहीं? वह इसी तरह नापसंद किए जाने के दुःख एवं क्षोभ को सहने के लिए तैयार रहे या नहीं?

(ii) मीनू ने विवाह नहीं करने का निर्णय लिया था। मीनू का निर्णय बहुत तार्किक है, क्योंकि किसी व्यक्ति के जीवन का उद्देश्य सिर्फ विवाह तक सीमित नहीं हो सकता। उसे अपने जीवन का एक व्यापक एवं ऊँचा लक्ष्य निर्धारित करना चाहिए। मीनू ने अपनी योग्यता एवं क्षमता को समझते हुए उचित निर्णय लिया था और मैं उसके इस निर्णय से पूर्णतया सहमत हूँ।

(iii) मीनू के माता-पिता को मीनू के विवाह न हो पाने का अत्यधिक दुःख था। उन्होंने अपनी बेटी को पढ़ाया-लिखाया और योग्य बनाया। जीवन के पड़ाव में एक पड़ाव विवाह का भी होता है, जिसे उसके माता-पिता सफलतापूर्वक संपन्न करना चाहते थे, लेकिन दुर्भाग्य से मीनू को विवाह के लिए देखने आने वाले लड़के या उसके परिवार वाले उसे पसंद नहीं कर रहे थे, जिसके कारण मीनू के माता-पिता अत्यंत दुःखी थे।

(iv) मीनू को लगने लगा कि वह अत्यंत दुर्भाग्यशाली है, जिसके कारण उसकी शादी नहीं हो पा रही है। उसकी शादी नहीं होने से उसके माता-पिता चिंतित एवं परेशान हैं। अपने माता-पिता की चिंता या परेशानी का कारण मीनू स्वयं को मान रही है। इसी कारण वह स्वयं को अभागन मानती है, जो किसी भी दृष्टि से उचित नहीं है। मीनू की शादी नहीं होने का एक बड़ा कारण दहेज भी है और इस सामाजिक कुप्रथा के लिए वह कदापि दोषी नहीं है।

**12.** (i) माँ ने अमित के विवाह को लेकर सपने सँजोए थे कि अगर उसका विवाह हो जाएगा, तो घर में बहू के आने से रौनक बढ़ जाएगी। बहू आने से घर के अन्य सदस्यों के बाहर चले जाने पर उनका अकेलापन खत्म हो जाएगा।

(ii) अमित व मायाराम जी के कारखाने के लिए चले जाने एवं मधु के कॉलेज जाने के पश्चात् माँ को अकेलेपन में बहू की कमी विशेष रूप से अखरती थी।

(iii) माँ अमित पर विवाह करने के लिए दबाव डालती थीं, क्योंकि माँ ने अमित के विवाह को लेकर कई सपने सँजोए हुए थे। परिवार के सदस्यों के अपने-अपने कार्यों में व्यस्त होने के कारण उन्हें अकेलापन अखरता था। माँ ने कितनी ही बार अमित को विवाह करने के लिए मनाने की कोशिश की थी, लेकिन अमित उनकी बातों को सुनकर उन्हें महत्त्व न देते हुए उन्हें नजरअंदाज (अनसुना) कर जाता था। वह उनकी बातों का जवाब भी नहीं देता था।

(iv) 'नया रास्ता' उपन्यास का प्रमुख उद्देश्य समाज में फैली दहेज की समस्या, उसके दुष्प्रभाव, दहेज लोभियों को कुछ सोचने के लिए विवश करना है।
इसके अतिरिक्त दहेज की व्यथा झेल रही नवयुवतियों को साहस, धैर्य एवं विवेक बनाए रखने की सीख देते हुए उनकी योग्यताओं को उभारना है, जिससे वे आत्मनिर्भरता की ओर कदम बढ़ाकर स्वावलंबी बनें और दहेज लोभियों को अपनी भूल के लिए पछताने पर विवश कर दें।

**13.** (i) मीनू, अमित से मिलने के लिए अस्पताल जा रही थी, क्योंकि मीनू को नीलिमा से ज्ञात हुआ था कि अमित की तबीयत में ज्यादा सुधार न हो पाने के कारण वह अभी भी अस्पताल में है।

(ii) अस्तपाल पहुँचने पर मीनू ने देखा कि अमित पलंग पर लेटा हुआ अपनी माँ से बातें कर रहा था। मीनू को अस्पताल आया हुआ देखकर अमित व उसकी माँ दोनों प्रसन्न हो गए।

(iii) मीनू अंतर्द्वंद्व की स्थिति में थी कि अमित से मिलने अस्पताल जाना उसके लिए उचित होगा या नहीं। मीनू की अंतरात्मा उसे वापस घर जाने के लिए प्रेरित करती, परंतु उसने आज अमित से मिलने का निश्चय किया था। इस कारण वह स्वयं को दुविधा की स्थिति में महसूस कर रही थी। वह इस बात का फैसला नहीं कर पा रही थी कि उसे अमित से मिलने जाना चाहिए या नहीं।

(iv) कचहरी में आज अत्यधिक व्यस्त होने के कारण मीनू बहुत थक गई थी। उसका मन हुआ कि वह जाकर आराम करे, लेकिन अमित से मिलने के लिए जाने का फैसला करने से वह अंतर्द्वंद्व की स्थिति में थी कि वह उससे मिलने जाए या नहीं। एक ओर वह घर जाना चाहती थी, तो वहीं दूसरी ओर अमित से मिलने अस्पताल। इस प्रकार वह दुविधा की स्थिति में कोई निर्णय ले पाती, इससे पहले उसने स्वयं को अस्पताल के सामने खड़ा पाया।

**14.** (i) अवतरण में घर की छोटी बहू (बेला) को घर के सभी सदस्यों से शिकायत थी, क्योंकि उसे घर की नौकरानी रजवा व अपने प्रति अन्य महिलाओं का व्यवहार पसंद नहीं था। बेला को लगता है कि घर के लोग उसके साथ परायों-सा व्यवहार करते हैं, जिसके कारण उसका घर में मन नहीं लगता, इसीलिए वह अपनी अलग गृहस्थी बसाना चाहती थी।

(ii) श्रोता दादा जी का मँझला बेटा कर्मचंद है। वह पितृभक्त, शांत स्वभाव और पिताजी का आज्ञाकारी पुत्र है। कर्मचंद घर की

समस्याओं को पिताजी के सम्मुख रखकर उनका समाधान खोजने की कोशिश करता है।

(iii) श्रोता अर्थात् कर्मचंद दादा जी को बताता है कि घर का माहौल बिगड़ रहा है, जिसका कारण छोटी बहू का अहंकारी स्वभाव और उसका घर के सदस्यों के साथ समायोजित (तालमेल) न होना है। कर्मचंद बताता है कि छोटी बहू शायद परिवार से अलग रहने का विचार बना रही है, जिसको सुनकर दादाजी ने छोटी बहू की शिकायत का समाधान ढूँढने और समस्या को शीघ्र खत्म करने के संदर्भ में यह वक्तव्य कहा।

(iv) 'घाव का नासूर' होने का अर्थ है, ऐसा घाव, जो कभी ठीक न होता हो।

अवतरण में इसे घर के सदस्यों के बीच उत्पन्न हुई दूरियों और उनके मध्य के द्वेष-भाव के संदर्भ में प्रयोग किया गया है। दादा जी का मानना है कि छोटी बहू बेला व घर के अन्य सदस्यों के बीच द्वेष-भाव को यदि शुरुआत में ही नहीं सुलझाया गया, तो यह कभी ठीक न होने वाले घाव के समान हो जाएगा, इसलिए इनकी समस्याओं का समाधान करना आवश्यक है।

**15.** (i) प्रस्तुत कथन में वक्ता दुर्योधन है। जब दुर्योधन मृत्यु के भय से जलाशय में छिप जाता है तो युधिष्ठिर और भीमसेन उस पर हँसते हैं, तब दुर्योधन, युधिष्ठिर से ये कथन उसे कमजोर न समझने के लिए कहता है।

(ii) प्रस्तुत कथन वक्ता (दुर्योधन) युधिष्ठिर से कह रहा है। दुर्योधन द्वारा जल में छिपने पर युधिष्ठिर के उपहास करने पर दुर्योधन उसे ललकारते हुए यह कथन उसके उत्तर में कहता है।

(iii) युद्ध में दुर्योधन के सभी भाई मारे जा चुके थे, सारी सेना का संहार हो चुका था तथा उसकी युद्ध संबंधी सभी कूटनीतियाँ सफल नहीं हुई थीं। भीमसेन ने दुर्योधन को मारने की प्रतिज्ञा ली थी, जिस कारण दुर्योधन अपनी आत्मरक्षा का और कोई उपाय न देखकर स्वयं को महाबली कहने वाला द्वैत वन के सरोवर में घुसकर उसके जल स्तंभ में छिपकर बैठ गया था।

(iv) भारत भूषण अग्रवाल द्वारा प्रस्तुत एकांकी 'महाभारत की एक साँझ' का शीर्षक अत्यंत प्रासंगिक है। महाभारत के युद्ध में कौरव पक्ष में दुर्योधन के अतिरिक्त सभी लोग मारे जा चुके हैं। दुर्योधन द्वारा अपनी जान बचाने के लिए जलाशय में छिपने पर युधिष्ठिर व भीमसेन उसे बाहर आने के लिए ललकारते हैं, जिसे सुनकर दुर्योधन बाहर आ जाता है, तत्पश्चात् भीमसेन और दुर्योधन के मध्य भीषण युद्ध होता है, जिसमें दुर्योधन घायल अवस्था में युद्ध क्षेत्र में पड़ा है और कहता है ''साँझ हो रही है। मेरे जीवन की अंतिम साँझ।'' अत: यह शीर्षक उचित है।

**16.** (i) श्रोता (प्रमोद) ने वक्ता जीवनलाल की बात से अपमानित होकर प्रतिक्रिया व्यक्त करते हुए कहा कि बाबू जी बेटी वाला समझकर आप मेरा अपमान कर रहे हैं, परंतु यह मत भूलिए कि आप भी बेटी वाले हैं अर्थात् यदि आपके साथ भी ऐसा ही व्यवहार किया जाए, तो आपको कैसा लगेगा।

(ii) श्रोता प्रमोद था। प्रमोद की बहन अर्थात् कमला का सपना था कि वह भी अन्य नव वधुओं की तरह अपने विवाह के पहले सावन का त्योहार अपने मायके में अपनी सखियों के साथ मनाए।

(iii) ''तुम्हारी बहन के सपने कभी पूरे नहीं होंगे।'' प्रस्तुत पंक्ति जीवनलाल ने प्रमोद से कही है। जीवनलाल ने यह कथन इसलिए कहा, क्योंकि उसने प्रमोद के समक्ष पाँच हजार रुपये दहेज के रूप में देने की माँग रखी थी और कहा था कि जब तक वह पाँच हजार रुपये नहीं देगा, तब तक वह कमला को विदा अर्थात् मायके ले जाने की अनुमति नहीं देंगे, इसलिए जीवनलाल ने कहा कि तुम्हारी बहन के सपने कभी पूरे नहीं होंगे।

(iv) वक्ता अर्थात् जीवनलाल ने यह कथन इसलिए कहा, क्योंकि उसने प्रमोद और उसके परिवार पर विवाह में पूरा दहेज न देने का आरोप लगाया। साथ ही प्रमोद के समक्ष प्रस्ताव रखा कि वह दहेज के रूप में पाँच हजार रुपये देकर अपनी बहन के सपनों अर्थात् विवाह के बाद के पहले सावन का त्योहार अपने घर में मनाने की इच्छा को पूरा कर सकते हैं, किंतु यदि वे दहेज देने में असमर्थ होते हैं, तो कमला के सपनों को तोड़ने का पूरा कसूर उन्हीं का होगा, इसलिए वक्ता ने कहा कि उसके सपनों के खून का दाग तुम्हारे हाथों और तुम्हारी माँ के आँचल पर होगा। प्रस्तुत पंक्ति में 'उसके' शब्द 'कमला' के लिए प्रयोग किया गया है।

# ICSE सॉल्वड पेपर 2025

# ICSE सॉल्वड पेपर 2025

# हिंदी

**समय : 3 घंटे** **पूर्णांक : 80**

**निर्देश :**

1. इस प्रश्न-पत्र में दो खंड हैं–'क' और 'ख'।
2. खंड 'क' के सभी प्रश्न करने अनिवार्य हैं।
3. खंड 'ख' से कोई भी चार प्रश्न करने अनिवार्य हैं, जिनमें दो प्रश्न पाठ्यपुस्तक के होंगे तथा अन्य दो प्रश्न किसी अन्य पुस्तक से होंगे।

## खंड 'क'

**1. निम्नलिखित विषयों में से किसी एक विषय पर हिंदी में लगभग 250 शब्दों में संक्षिप्त लेख लिखिए। (15)**

(i) आधुनिक समय में विज्ञापन हमें कहाँ-कहाँ किस रूप में दिखाई देते हैं? उनका हमारे जीवन पर क्या प्रभाव पड़ता है? इस विषय पर अपने विचार निबंध रूप में लिखिए।

(ii) वर्षा ऋतु मनुष्यों के साथ-साथ सभी प्राणियों के मन को खुशियों से भर देती है। आप भी किसी ऐसे वर्षा ऋतु के दिन का वर्णन कीजिए जब आपने अपने परिवार और मित्रों के साथ खूब आनंद मनाया।

(iii) आधुनिक युग में भूमंडलीय ऊष्मीकरण (Global Warming) किसे कहा गया है? यह हमारी धरती के साथ-साथ मनुष्यों के लिए भी अत्यंत हानिकारक है। इस ग्लोबल वार्मिंग को मनुष्यों तथा सरकार के संयुक्त प्रयासों से कैसे नियंत्रित किया जा सकता है? इसके कारण तथा इससे होने वाले नुकसानों पर अपने विचार प्रस्ताव रूप में लिखिए।

(iv) एक मौलिक कहानी लिखिए, जिसका आरंभ इस वाक्य से हो- 'यह मेरे लिए अत्यंत खुशी का पल था।

(v) नीचे दिए गए चित्र को ध्यान से देखिए और चित्र को आधार बनाकर उसका परिचय देते हुए कोई लेख, घटना अथवा कहानी लिखिए, जिसका सीधा संबंध चित्र से होना चाहिए।

**2. निम्नलिखित में से किसी एक विषय पर हिंदी में लगभग 120 शब्दों में पत्र लिखिए। (7)**

(i) आपके विद्यालय में 'विज्ञान प्रदर्शनी' का आयोजन किया गया था जिसमें आपने भी बढ़-चढ़कर भाग लिया था, इसके परिणामस्वरूप आपको क्या लाभ मिला था? इस विषय पर अपने मित्र को पत्र लिखकर बताइए।

(ii) आपको आधार कार्ड बनवाने की आवश्यकता पड़ गई है, उस आवश्यकता को स्पष्ट करते हुए अपना आधार कार्ड बनवाने के लिए जनसेवा केंद्र के अधिकारी को अनुरोध-पत्र लिखिए।

**3. निम्नलिखित गद्यांश को ध्यानपूर्वक पढ़कर उसके नीचे दिए गए प्रश्नों के उत्तर हिंदी में दीजिए। उत्तर यथासंभव आपके अपने शब्दों में होने चाहिए।**

एक उथला तालाब मछलियों से भरपूर था। उसमें तीन विशालकाय मछलियाँ भी रहती थीं, जो पक्की सखियाँ थीं। इनमें पहले वाली मछली दूरदर्शी एवं दीर्घकाल की बात सोचने वाली थी, दूसरी मछली की प्रतिभा ठीक समय पर काम करने वाली थी, परंतु तीसरी मछली आलसी और प्रत्येक काम को देरी से करने वाली थी। एक दिन कुछ मछुआरों ने इस कम गहराई वाले तालाब से पानी की छोटी-बड़ी नालियाँ बनाकर पानी को नीचे वाली भूमि की ओर प्रवाहित करना प्रारंभ कर दिया, ताकि पानी कम होने से वे सुगमता से वहाँ की मछलियाँ तथा दूसरे जल-जीवों को पकड़ सकें।

सरोवर के घटते जलस्तर को देखकर दूरदर्शी मछली ने अपनी दोनों सखियों से कहा-"सखियों! ऐसा जान पड़ता है कि हमारे ऊपर संकट के बादल घिरने लगे हैं। जब तालाब का पानी कम हो जाएगा, तो मछुआरे हमें शेष मछलियों के साथ आसानी से पकड़ सकते हैं, अतः हमें जलाशय का पानी कम होने से पूर्व ही किसी अन्य सरोवर में पहुँचने का मार्ग ढूँढना चाहिए। बुद्धिमान वही है, जो आने वाले संकट को पहले से ही अपनी नीति द्वारा मिटा देता है।" इस पर साधारण बुद्धि वाली मछली कहने लगी- "हे सखियों! तुम्हारी बात सर्वथा उचित है, परंतु मेरे विचारानुसार हमें अभी तालाब छोड़ने की शीघ्रता नहीं करनी चाहिए।" उसी समय तीसरी मछली अपनी सखियों से कहने लगी— "जब मेरे ऊपर संकट आएगा तो उसी समय मैं अपने बचाव का उपाय करूँगी। अभी तो मैं जी भरकर अन्य छोटे जीवों तथा मछलियों को खाकर आराम से सोना चाहती हूँ। बाद में जो होगा देखा जाएगा।"

जब तीनों सखियाँ संकट की इस घड़ी में भी एक मत नहीं हो सकीं, तो परम बुद्धिमान दूरदर्शी मछली रात को ही वहीं से पानी की नालियों द्वारा निकलकर किसी दूसरे गहरे जलाशय में चली गई। कुछ समय पश्चात् मछुआरों ने देखा कि तालाब का सारा पानी लगभग बाहर निकल चुका है, तो उन्होंने अपना जाल बिछाकर अनेक मछलियों सहित दोनों मछलियों को भी उसमें फँसा लिया। दूसरी मछली जब जाल में फँस गई तो उसने जान-बूझकर अपनी श्वास रोक ली तथा निश्चल होकर मरने का ढोंग करने लगी। जब मछुआरों ने देखा कि वह मछली तो मर चुकी है, तो उन्होंने उसे अपने जाल से निकालकर फेंक दिया। वह किसी तरह घिसटती हुई एक जलाशय में समा गई और इस प्रकार उसने अपने प्राणों की रक्षा की, परंतु आलसी तथा मूर्ख तीसरी मछली भाग्य पर भरोसा करती हुई जाल में फँसी तड़पती रही। मुसीबत के समय उसे अपनी मृत्यु को निकट आते देख कुछ भी सूझ नहीं रहा था। मछुआरों ने आते ही अन्य मछलियों के साथ उसे भी जाल से निकाला और उसे उठाकर बाजार में बेचने के लिए चल पड़े।

ऋषियों तथा विद्वानों ने धर्म शास्त्रों में लिखा है, जो प्राणी संकट आने से पहले ही अपने बचाव के लिए उपाय सोचे, उसे दूरदर्शी और जो ठीक समय आने पर आत्मरक्षा के बारे में विचार करे, उसे साधारण बुद्धि कहा जाता है। एक अन्य प्रकार का जीव भी होता है जिसे दीर्घसूत्री कहा जाता है। ऐसा व्यक्ति अपने आलस्य के कारण घोर संकट को प्राप्त करता है।

जो व्यक्ति सोच समझकर सावधान होकर कार्य करता है वह निश्चय ही अपनी इच्छानुसार फल प्राप्त करता है। कार्य को भविष्य पर छोड़ने वाला व्यक्ति जीवन में उन्नति नहीं कर सकता। सच है 'आलस्य मनुष्य का सबसे बड़ा शत्रु है।'

**निम्नलिखित प्रश्नों के उत्तर यथासंभव अपने शब्दों में लिखिए**

(i) तीनों मछलियाँ कहाँ रहती थीं? प्रत्येक की विशेषता बताइए। (2)

(ii) मछुआरों ने जलाशय के जल को किस ओर प्रवाहित कर दिया और क्यों ? (2)

(iii) दूरदर्शी मछली ने अपनी दोनों सखियों को क्या सलाह दी? क्या उन्होंने उसकी बात मानी? स्पष्ट कीजिए। (2)

(iv) पहली और दूसरी मछली ने अपनी जान कैसे बचाई? (2)

(v) तीसरी मछली को किस संकट का सामना करना पड़ा? प्रस्तुत गद्यांश में निहित संदेश भी लिखिए। (2)

**4. निम्नलिखित प्रश्नों के उत्तर निर्देशानुसार लिखिए।**

(i) 'निर्मल' का विलोम चुनकर लिखिए (1)

(a) कोमल (b) निर्बल (c) दुर्बल (d) मलिन

(ii) 'वस्त्र' के उचित पर्यायवाची शब्दों का जोड़ा चुनकर लिखिए : (1)

(a) पट - वसन (b) आवरण - पर्दा (c) अस्त्र - शस्त्र (d) अंबर - आकाश

(iii) 'मूर्ख' की भाववाचक संज्ञा चुनकर लिखिए : (1)

(a) अज्ञानी (b) बेवकूफ (c) मौखिक (d) मूर्खता

(iv) 'शक्ति' का विशेषण चुनकर लिखिए : (1)

(a) शक्तिपूर्वक (b) शक्तिशाली (c) शक्तिदायी (d) शक्तिमय

(v) 'मिठाईयाँ' शब्द का शुद्ध रूप चुनकर लिखिए : (1)

(a) मीठाइयाँ (b) मिठाईया (c) मीठाइया (d) मिठाइयाँ

(vi) 'रंग उड़ना' मुहावरे का अर्थ चुनकर लिखिए : (1)

(a) उड़कर भाग जाना (b) रंग चला जाना (c) भाग जाना (d) चेहरा फीका पड़ना

(vii) निम्नलिखित रेखांकित वाक्यांश हेतु उचित एक शब्द चुनकर लिखिए: (1)

ताजमहल <u>देखने योग्य</u> है।

(a) ताजमहल दर्शनीय है। (b) ताजमहल अद्भुत है। (c) ताजमहल अदर्शनीय है। (d) ताजमहल प्रदर्शनी है।

(viii) निर्देशानुसार उचित वाक्य बताइए : (1)

'आजकल महँगाई <u>चर्म</u> सीमा पर है।'

(रेखांकित शब्द के स्थान पर उचित शब्द का प्रयोग चुनकर लिखिए।)

(a) ऊँची (b) चरम (c) चोटी (d) नीची

# खंड 'ख'

## साहित्य सागर–संक्षिप्त कहानियाँ

**5. निम्नलिखित गद्यांश को पढ़िए और उसके नीचे लिखे प्रश्नों के उत्तर हिंदी में लिखिए।**

सोचने लगा, 'यह दुनिया न्याय नगरी नहीं, अंधेर नगरी है। चोरी पकड़ी गई तो अपराध हो गया। असली अपराधी बड़ी बड़ी कोठियों में बैठकर दोनों हाथों से धन बटोर रहे हैं। उन्हें कोई नहीं पकड़ता।'

**बात अठन्नी की - सुदर्शन**

(i) उपर्युक्त कथन को सोचने वाला व्यक्ति कौन है? इस कथन का संदर्भ स्पष्ट कीजिए। (2)

(ii) किस व्यक्ति से क्या अपराध हो गया था? कारण स्पष्ट कीजिए। (2)

(iii) दोनों हाथों से धन बटोरने वाले लोग कौन हैं? पाठ के आधार पर उनकी मानसिकता पर प्रकाश डालते हुए बताइए कि उनके न पकड़े जाने का क्या कारण है? (3)

(iv) 'यह दुनिया न्याय नगरी नहीं, अंधेर नगरी है' इस कथन का अर्थ स्पष्ट करते हुए कहानी का उद्देश्य बताइए। (3)

**6. निम्नलिखित गद्यांश को पढ़िए और उसके नीचे लिखे प्रश्नों के उत्तर हिंदी में लिखिए।**

आज चित्रा को जाना था। अरुणा सवेरे से ही उसका सारा सामान ठीक कर रही थी। एक-एक करके चित्रा सबसे मिल आई। बस, गुरुजी से मिलना रह गया था सो उनका आशीर्वाद लेने चल पड़ी। तीन बज गए थे पर, वह लौटी नहीं। पाँच बजे की गाड़ी से वह जाने वाली थी। अरुणा ने सोचा वह स्वयं जाकर देख आए कि आखिर बात क्या हो गई। तभी बड़बड़ाती-सी चित्रा ने प्रवेश किया, 'बड़ी देर हो गई ना।'

**दो कलाकार - मन्नू भण्डारी**

(i) चित्रा को कहाँ जाना था और क्यों? (2)

(ii) चित्रा तथा अरुणा का परिचय दीजिए। (2)

(iii) चित्रा को आने में देर क्यों हो गई थी? विस्तार से लिखिए। (3)

(iv) पाठ के शीर्षक के अनुसार चित्रा और अरुणा दोनों कलाकार हैं। कहानी के माध्यम से स्पष्ट कीजिए कि आपकी दृष्टि में कौन सच्चा कलाकार है। (3)

**7. निम्नलिखित गद्यांश को पढ़िए और उसके नीचे लिखे प्रश्नों के उत्तर हिंदी में लिखिए।**

भोला ने कहा, 'इन्होंने मँगाई थी। कहते थे, इनसे पतंग तानकर काकी को राम के यहाँ से नीचे उतारेंगे।' विश्वेश्वर हतबुद्धि होकर वहीं खड़े रह गए। उन्होंने फटी हुई पतंग उठाकर देखी। उस पर चिपके हुए कागज पर लिखा हुआ था — काकी।

**काकी - सियारामशरण गुप्त**

(i) भोला कौन था? उसके अनुसार किसने पतंग मँगाई थी? (2)

(ii) पतंग माँगने का क्या कारण था? स्पष्ट करें। (2)

(iii) मृत्यु के बाद विश्वेश्वर का परिचय देते हुए बताएँ कि उनके हतबुद्धि होकर खड़े रह जाने का क्या कारण था? (3)

(iv) यह कहानी बच्चों के स्वभाव की किन विशेषताओं को प्रकट करती है? उदाहरण सहित बताइए। (3)

## साहित्य सागर : पद्य भाग

**8. निम्नलिखित पद्यांश को पढ़िए और उसके नीचे लिखे प्रश्नों के उत्तर हिंदी में लिखिए।**

"जब मैं या तब हरि नहीं, अब हरि हैं मैं नाहि।
प्रेम गली अति साँकरी, तामे दो न समाहि।।"

**साखी - कबीरदास**

(i) ये पंक्तियाँ किस भाषा में रचित हैं? उक्त पंक्ति में 'मैं' शब्द का प्रयोग किस अर्थ में हुआ है? (2)

(ii) प्रथम पंक्ति में कवि ने क्या कहना चाहा है? स्पष्ट करें। (2)

(iii) 'तामे दो न समाहि' का क्या अभिप्राय है? कवि यहाँ किस बात पर बल देते हैं? (3)

(iv) कबीरदास को कवि से अधिक समाज सुधारक क्यों माना जाता है? पठित पाठ के आधार पर बताइए कि उनकी भक्ति भावना कैसी थी? (3)

**9. निम्नलिखित पद्यांश को पढ़िए और उसके नीचे लिखे प्रश्नों के उत्तर हिंदी में लिखिए।**

लेकिन विघ्न अनेक अभी
इस पथ पर अड़े हुए हैं
मानवता की राह रोककर
पर्वत अड़े हुए हैं।

न्यायोचित सुख सुलभ नहीं
जब तक मानव-मानव को
चैन कहाँ धरती पर तब तक
शांति कहाँ इस भव को?

**स्वर्ग बना सकते हैं - रामधारी सिंह 'दिनकर'**

(i) इस कविता में 'धर्मराज' कहकर किसे संबोधित किया गया है तथा धर्मराज को यह संदेश कौन दे रहा है? (2)

(ii) कवि के अनुसार मनुष्य का जीवन कैसा होना चाहिए? कविता के आधार पर बताइए। (2)

(iii) मानव जीवन के विकास में कौन-कौन सी बाधाएँ और आशंकाएँ उपस्थित हैं? ये बाधाएँ और आशंकाएँ कैसे दूर हो सकती हैं? (3)

(iv) 'भव' शब्द का अर्थ लिखकर कविता का उद्देश्य स्पष्ट कीजिए। (3)

**10. निम्नलिखित पद्यांश को पढ़िए और उसके नीचे लिखे प्रश्नों के उत्तर हिंदी में लिखिए।**

व्यथित है मेरा हृदय प्रदेश,
चलूँ उसको बहलाऊँ आज।
बताकर अपना सुख-दु:ख उसे,
हृदय का भार हटाऊँ आज।।

चलूँ माँ के पद पंकज पकड़,
नयन जल से नहलाऊँ आज।
मातृ-मंदिर में मैने कहा...
चलूँ दर्शन कर आऊँ आज।।

**मातृ मंदिर की ओर - श्रीमती सुभद्रा कुमारी चौहान**

(i) 'व्यथित' शब्द का अर्थ लिखकर बताइए कि यहाँ किसका हृदय व्यथित है? (2)

(ii) कवयित्री अपना सुख-दु:ख किसके साथ साझा करना चाहती हैं और किस प्रकार? (2)

(iii) कविता के आधार पर बताइए कि मातृ मंदिर का मार्ग दुर्गम किस प्रकार है? उसे पार करने हेतु कवयित्री किससे सहायता की प्रार्थना करती है? (3)

(iv) कविता का मूल-भाव बताते हुए इसमें निहित संदेश लिखिए। (3)

## एकांकी संचय

**11. निम्नलिखित अवतरण को पढ़िए और उसके नीचे लिखे प्रश्नों के उत्तर हिंदी में लिखिए।**

'शिकायत आपको हमसे है, उस भोली-भाली लड़की ने आपका क्या बिगाड़ा है, जो विदा न करके आप उससे बदला ले रहे हैं।'

**बहू की विदा - विनोद रस्तोगी**

(i) जीवनलाल को किस व्यक्ति से शिकायत थी और क्या शिकायत थी? (2)

(ii) भोली-भाली लड़की कौन है? उसके पति का नाम बताइए। (2)

(iii) क्या जीवनलाल ने अपनी बहू को विदा किया? यदि हाँ, तो उनके हृदय परिवर्तन का कारण बताइए। (3)

(iv) जीवनलाल की पत्नी कौन थी? जीवनलाल एवं उनकी पत्नी के चरित्र का तुलनात्मक विश्लेषण कीजिए। (3)

**12. निम्नलिखित अवतरण को पढ़िए और उसके नीचे लिखे प्रश्नों के उत्तर हिंदी में लिखिए।**

ताकत की बात छोड़ो, अभय सिंह! प्रत्येक राजपूत को अपनी ताकत पर नाज़ है। इतने बड़े दंभ को मेवाड़ अपने प्राणों में आश्रय न दें, इसी में उसका कल्याण है। रह गई बात एक माला गूँथने की, तो वह माला तो बनी हुई है। हाँ, उस माला को तोड़ने का श्रीगणेश हो गया है।

**मातृभूमि का मान - हरिकृष्ण 'प्रेमी'**

(i) अभय सिंह कौन है? वे राव हेमू के पास किसका, क्या संदेश लेकर आए हैं? (2)

(ii) उपर्युक्त कथन का वक्ता कौन है? इस कथन के पीछे उनका क्या आशय है? (2)

(iii) राव हेमू की तीन चारित्रिक विशेषताओं पर प्रकाश डालिए। (3)

(iv) 'मातृभूमि का मान' एकांकी का उद्देश्य स्पष्ट कीजिए। (3)

**13. निम्नलिखित अवतरण को पढ़िए और उसके नीचे लिखे प्रश्नों के उत्तर हिंदी में लिखिए।**

'चली गई। ऐसा मैं नहीं सुन सकूँगी। जो मुझे करना है वह सामली सुन भी न सकेगी। भवानी तुमने मेरे हृदय को कैसा कष्ट दिया? मुझे बल दो कि मैं राजवंश की रक्षा में अपना रक्त दे सकूँ।'

**दीपदान - डॉ. रामकुमार वर्मा**

(i) यहाँ किस राजवंश की बात की जा रही है? उस पर कौन-सा संकट आया था? (2)

(ii) वक्ता क्या करना चाहता था तथा क्यों करना चाहता था? (2)

(iii) राजवंश की रक्षा किसने किस प्रकार की? वर्णन कीजिए। (3)

(iv) 'दीपदान' का अर्थ क्या है? एकांकीकार ने 'दीपदान' से क्या संदेश देना चाहा है? (3)

## नया रास्ता – सुषमा अग्रवाल

**14. निम्नलिखित अवतरण को पढ़िए और उसके नीचे लिखे प्रश्नों के उत्तर हिंदी में लिखिए।**

आखिर मीनू का हॉस्टल जाने का दिन आ ही गया उसके सामने एक उद्देश्य था, एक सपना था, जो पूरा करना ही था। घर छोड़ते समक्ष मीनू की आँखों में आँसू छलछला पड़े। कितना अजीब लग रहा था उसे घर छोड़ना। अपनी माँ से, भाई-बहन से पहली बार अलग हो रही थी।

(i) मीनू अपने किस उद्देश्य की पूर्ति के लिए कहाँ जा रही थी? (2)

(ii) हॉस्टल जाने से पूर्व मीनू के मन में क्या भाव उठे? उसकी आँखें क्यों छलछला पड़ीं? (2)

(iii) मीनू के जाने से पहले उसकी माँ और पिताजी हर रोज क्या बनाकर एवं क्या लाकर अपना स्नेह प्रदर्शित करते थे? माँ ने जाते समय मीनू को क्या आशीर्वाद दिया? (3)

(iv) मीनू ने विवाह का सपना देखना क्यों छोड़ दिया था? उसका यह फैसला उसकी किस चारित्रिक विशेषता की ओर संकेत करता है? (3)

**15. निम्नलिखित अवतरण को पढ़िए और उसके नीचे लिखे प्रश्नों के उत्तर हिंदी में लिखिए।**

'यह कैसी विचित्र घड़ी होती है। माता-पिता जिस बेटी का लालन-पालन इतने वर्षों तक लाड-प्यार से करते हैं, उसी बेटी को सदा के लिए दूसरे के हाथों सौंप देते हैं। हर पल साथ रहने वाली बिटिया के लिए घर पराया हो जाता है। घर ही क्या बिटिया भी तो पराया धन ही हो जाती है।

(i) प्रस्तुत अवतरण का उल्लेख किसकी शादी के संदर्भ में किया गया है? उसकी शादी कहाँ और किसके साथ हो रही थी? (2)

(ii) 'बेटी पराया धन होती है' भारतीय परंपरा को आधार मानकर इस कथन का अर्थ स्पष्ट कीजिए। (2)

(iii) विदाई के बाद माँ को फूट-फूटकर रोता देख मीनू के मस्तिष्क में कौन-से विचार घूमने लगे? (3)

(iv) 'आशा के विवाह में मीनू एक आदर्श बहन तथा योग्य बेटी की भूमिका निभाने में पूर्णतया सफल रही' — इस कथन को उदाहरण देकर स्पष्ट कीजिए। (3)

**16. निम्नलिखित अवतरण को पढ़िए और उसके नीचे लिखे प्रश्नों के उत्तर हिंदी में लिखिए।**

धनीमल जी के साथ आई फल की पेटी अमित को एक आँख भी नहीं भा रही थी। वह समझता था कि वे अपने पैसे का जादू डालकर सबको मोह लेना चाहते हैं। जब अभी रिश्ता पक्का नहीं हुआ तो फल किस बात के। अमित से रहा नहीं गया। उसने धनीमल से पूछ ही लिया, "ये फल क्यों ले आये हैं आप! इस सब की क्या जरूरत थी?"

(i) धनीमल जी कौन हैं तथा वे वहाँ क्यों आए थे? (2)

(ii) अमित का परिचय देते हुए बताएँ कि उसे फल की पेटी एक आँख भी क्यों नहीं भा रही थी? (2)

(iii) यहाँ किस रिश्ते की बात हो रही है? क्या अमित इस रिश्ते से प्रसन्न था? यदि नहीं, तो क्यों? स्पष्ट करें। (3)

(iv) अमित द्वारा फल की पेटी लाने के पीछे उद्देश्य पूछने पर धनीमल जी ने क्या उत्तर दिया? उनके उत्तर को सुनकर अमित की क्या प्रतिक्रिया हुई? (3)

# उत्तर सहित व्याख्या

**1.** (i) आधुनिक समय में विज्ञापन और उनका प्रभाव

**प्रस्तावना**

आज के समय में विज्ञापन हमारे जीवन का एक अभिन्न अंग बन चुके हैं। हम जहाँ भी जाते हैं, किसी न किसी रूप में विज्ञापन हमें दिखाई दे जाते हैं। ये केवल अखबारों और टेलीविज़न तक ही सीमित नहीं रहे, बल्कि अब सोशल मीडिया, मोबाइल एप्लिकेशन, वेबसाइट्स, होर्डिंग्स, बसों, ट्रेनों, रेडियो और यहाँ तक कि मोबाइल नोटिफिकेशन के माध्यम से भी हम तक पहुँच जाते हैं।

**विज्ञापन के विभिन्न रूप**

विज्ञापन अनेक रूपों में हमारे सामने आते हैं। टीवी और रेडियो पर ये ऑडियो-वीडियो के माध्यम से हमें आकर्षित करते हैं। सोशल मीडिया और गूगल जैसे प्लेटफार्म पर ये हमारी रुचि के अनुसार प्रदर्शित होते हैं। शॉपिंग मॉल में डिस्काउंट ऑफ़र, न्यूज़पेपर में बड़े-बड़े विज्ञापन, सड़कों पर लगे विशाल होर्डिंग्स हर जगह हमें इनका प्रभाव दिखता है।

**विज्ञापनों का हमारे जीवन पर प्रभाव**

विज्ञापनों का हमारे जीवन पर गहरा प्रभाव पड़ता है। ये हमें नई चीज़ों से परिचित कराते हैं, लेकिन कई बार हमें अनावश्यक खर्चे के लिए भी प्रेरित कर देते हैं।

**सकारात्मक प्रभाव**

- विज्ञापनों के कारण उपभोक्ताओं को नए उत्पादों की जानकारी मिलती है।
- व्यापार और उद्योग का विकास होता है, जिससे रोज़गार के अवसर बढ़ते हैं।
- सामाजिक संदेशों वाले विज्ञापन; जैसे–स्वच्छता अभियान, पर्यावरण संरक्षण आदि जन-चेतना बढ़ाते हैं।

**नकारात्मक प्रभाव**

- आकर्षक विज्ञापन हमें ज़रूरत से ज्यादा खर्च करने के लिए प्रेरित कर सकते हैं।
- कई बार भ्रामक विज्ञापनों के कारण लोग ग़लत उत्पाद खरीद लेते हैं।
- बच्चों पर कार्टून और जंक फूड के विज्ञापनों का नकारात्मक प्रभाव पड़ता है।

विज्ञापन हमारे आधुनिक जीवन का एक महत्त्वपूर्ण हिस्सा बन गए हैं। यदि इन्हें सही तरीके से उपयोग किया जाए, तो ये उपभोक्ताओं और कंपनियों दोनों के लिए लाभदायक हो सकते हैं। लेकिन हमें यह समझदारी रखनी होगी कि हम इनके प्रभाव में आकर अनावश्यक खर्च न करें और जागरूकता के साथ सही उत्पादों का चुनाव करें।

(ii)**वर्षा ऋतु का आनंददायक दिन**

वर्षा ऋतु प्रकृति का वह अनुपम उपहार है, जो सभी प्राणियों के मन को प्रसन्नता से भर देता है। तपती गर्मी के बाद जब पहली बारिश की फुहार धरती पर पड़ती है, तो चारों ओर हरियाली छा जाती है और मौसम सुहावना हो जाता है। वर्षा न केवल खेतों और जंगलों को जीवन देती है, बल्कि हमारे मन को भी उत्साह और उल्लास से भर देती है। मुझे वर्षा ऋतु का हर दिन प्रिय है, लेकिन एक विशेष दिन की याद आज भी मेरे मन में ताजा है, जब मैंने अपने परिवार और मित्रों के साथ वर्षा का खूब आनंद लिया था।

यह घटना पिछले वर्ष की है। जुलाई का महीना था और आसमान में काले-काले बादल उमड़ रहे थे। मैं अपने परिवार के साथ घर की छत पर खड़ा होकर बारिश का इंतजार कर रहा था। कुछ ही देर में तेज हवाएँ चलने लगीं और अचानक मूसलाधार बारिश शुरू हो गई। जैसे ही पानी की बूँदें हम पर पड़ीं, हमारा मन आनंद से झूम उठा। मैंने और मेरे छोटे भाई-बहनों ने छत पर ही भीगने का निश्चय किया और नाचने-कूदने लगे। हमारे माता-पिता भी हमारी खुशी देखकर मुस्कुरा रहे थे।

कुछ देर बाद हमने योजना बनाई कि पास के हरे-भरे मैदान में जाकर वर्षा का आनंद लिया जाए। मेरे कुछ मित्र भी वहाँ पहले से ही मौजूद थे। हमने मिलकर बारिश में फुटबॉल खेला और कीचड़ में लोटपोट होकर खूब मस्ती की। चारों ओर पानी की बूँदें मोतियों की तरह चमक रही थीं, पक्षी भी बारिश में नहाकर चहक रहे थे। चारों तरफ का नजारा ही कुछ निराला था।

घर लौटने के बाद माँ ने हमारे लिए गरमा-गरम पकौड़े बनाएँ। बारिश में गरम पकौड़े खाने का आनंद ही कुछ और था। हम सभी बरामदे में बैठकर बारिश की रिमझिम फुहारों का आनंद लेते रहे और हँसी-मजाक करते रहे। वह दिन मेरे जीवन के सबसे यादगार दिनों में से एक है। वर्षा ऋतु न केवल प्रकृति को हरा-भरा बनाती है, बल्कि हमारे जीवन में भी खुशियों की वर्षा कर देती है।

(iii) **भूमंडलीय ऊष्मीकरण (Global Warming) : एक गंभीर संकट**

भूमंडलीय उष्मीकरण (Global Warming) आधुनिक युग की एक गंभीर समस्या है, जो पूरे विश्व को प्रभावित कर रही है। यह वह प्रक्रिया है जिसमें पृथ्वी का औसत तापमान धीरे-धीरे बढ़ रहा है, जिससे जलवायु परिवर्तन और प्राकृतिक आपदाएँ उत्पन्न हो रही हैं। इसका मुख्य कारण मानव गतिविधियों से निकलने वाली ग्रीनहाउस गैसें (कार्बन डाइऑक्साइड, मीथेन, नाइट्रस ऑक्साइड आदि) हैं, जो वायुमंडल में गर्मी को रोककर पृथ्वी के तापमान को बढ़ाती हैं।

**ग्लोबल वार्मिंग के प्रमुख कारण**

- **औद्योगीकरण और प्रदूषण** कारखानों, वाहनों और बिजली संयंत्रों से निकलने वाले धुएँ में ग्रीनहाउस गैसें होती हैं, जो वायुमंडल को हानि पहुँचाती हैं।
- **वनों की कटाई** पेड़-पौधे कार्बन डाइऑक्साइड को अवशोषित करते हैं और ऑक्सीजन गैस छोड़ते हैं, लेकिन वनों की अत्यधिक कटाई के कारण ग्रीनहाउस गैसें वायुमंडल में अधिक मात्रा में फैलती जा रही हैं।
- **प्राकृतिक संसाधनों का अत्यधिक दोहन** कोयला, पेट्रोल और डीजल जैसे ईंधनों का अधिक प्रयोग ग्लोबल वार्मिंग को बढ़ाता है।
- **वाहनों और परिवहन का अत्यधिक उपयोग** आधुनिक जीवनशैली में निजी वाहनों का उपयोग बढ़ गया है, जिससे कार्बन उत्सर्जन भी बढ़ रहा है। पेट्रोल-डीजल आधारित वाहनों से निकलने वाला धुआँ ग्लोबल वार्मिंग को बढ़ाने में महत्त्वपूर्ण भूमिका निभाता है।

**ग्लोबल वार्मिंग के दुष्परिणाम**

- **जलवायु परिवर्तन** ग्लोबल वार्मिंग के कारण अत्यधिक गर्मी, असामान्य वर्षा और बर्फबारी की घटनाएँ बढ़ रही हैं।
- **ग्लेशियरों का पिघलना** हिमखंडों के पिघलने से समुद्र का जलस्तर बढ़ रहा है, जिससे तटीय शहरों के डूबने का खतरा है।
- **सूखा और बाढ़** असंतुलित जलवायु के कारण कहीं सूखा पड़ रहा है, तो कहीं भारी बाढ़ आ रही है।
- **जीव-जंतुओं पर प्रभाव** ग्लोबल वार्मिंग के कारण जीव-जंतुओं पर बहुत नकारात्मक प्रभाव पड़ रहा है तथा कई प्रजातियाँ तो विलुप्त होने के कगार पर हैं, जिससे पारिस्थितिक संतुलन भी बिगड़ रहा है।

**ग्लोबल वार्मिंग को नियंत्रित करने के उपाय**

- **पेड़-पौधे अधिक लगाएँ** ग्लोबल वार्मिंग को नियंत्रित करने के लिए वनों की रक्षा करनी चाहिए और अधिक-से-अधिक पेड़-पौधे लगाए जाने चाहिए।
- **नवीकरणीय ऊर्जा अपनाएँ** सौर और पवन ऊर्जा का उपयोग करें, ताकि जीवाश्म ईंधन की खपत कम हो।
- **प्रदूषण को नियंत्रित करें** वाहनों का कम उपयोग करें, सार्वजनिक परिवहन अपनाएँ और कार्बन उत्सर्जन को कम करें।
- **प्लास्टिक का कम उपयोग करें** ग्लोबल वार्मिंग को नियंत्रित करने के लिए प्लास्टिक का कम उपयोग करना चाहिए और पुनः उपयोग और पुनर्चक्रण (Recycling) को बढ़ावा देना चाहिए।
- **सरकार के प्रयास** सरकार को पर्यावरण संरक्षण कानूनों को सख्ती से लागू करना चाहिए और जागरुकता अभियान चलाने चाहिए।

भूमंडलीय उष्मीकरण आज एक वैश्विक समस्या है, जिसका समाधान केवल सरकार ही नहीं, बल्कि प्रत्येक नागरिक की जिम्मेदारी भी है। यदि हम सभी मिलकर अपने पर्यावरण की रक्षा करें और जागरूक बनें, तो इस संकट को नियंत्रित किया जा सकता है। यह न केवल हमारी धरती बल्कि आने वाली पीढ़ियों के लिए भी आवश्यक है।

(iv) **यह मेरे लिए अत्यंत खुशी का पल था।**

आज मेरी मेहनत रंग लाई और मैं अपनी आँखों पर विश्वास नहीं कर पा रहा था। मैं हमेशा से एक अच्छा चित्रकार बनना चाहता था, लेकिन आर्थिक समस्याओं के कारण महँगे रंग और कैनवास खरीद पाना मेरे लिए संभव नहीं था। फिर भी, जहाँ मौका मिलता, मैं दीवारों पर, पुराने कागज़ों पर और कभी-कभी मिट्टी पर भी चित्र बनाता। मेरी कला के प्रति यह जुनून मेरे अंदर आत्मविश्वास भरता था।

एक दिन हमारे स्कूल में चित्रकला प्रतियोगिता की घोषणा हुई। यह मेरे लिए एक सुनहरा अवसर था, लेकिन समस्या यह थी कि मेरे पास अच्छे रंग और कैनवास नहीं थे। माँ ने अपनी छोटी-सी बचत से मुझे कुछ रंग और एक सफेद कागज़ दिलाया। मैंने अपनी पूरी मेहनत और लगन से एक चित्र बनाया, जिसमें प्रकृति की सुंदरता और इंसान के संघर्ष को दर्शाया गया था। लेकिन मन में संशय था कि क्या मेरा चित्र दूसरों से अच्छा होगा? क्या मेरी मेहनत रंग लाएगी? यही सोचकर मेरा आत्मविश्वास कभी बढ़ता, तो कभी डगमगा जाता।

प्रतियोगिता के परिणाम के दिन मेरी धड़कनें तेज हो गई थीं। जब परिणाम घोषित हुआ, तो मैं स्तब्ध रह गया, क्योंकि मुझे पहला स्थान प्राप्त हुआ था। मेरी खुशी का तो कोई ठिकाना ही नहीं रहा। मंच पर मेरा नाम पुकारा गया और प्रधानाचार्य जी ने मुझे ट्रॉफी और प्रमाणपत्र दिया। सभी ने ताली बजाकर मेरा हौसला बढ़ाया।

घर पहुँचकर जब मैंने यह खबर माँ-पापा को सुनाई, तो उनकी आँखों से खुशी के आँसू छलक आए। वह दिन मेरे जीवन का सबसे अनमोल पल था, जिसने मुझे सिखाया कि मेहनत, जुनून और आत्मविश्वास से कोई भी सपना पूरा किया जा सकता है।

(v) इस चित्र में दो छोटे बच्चे सीढ़ियों पर बैठे हैं। एक बच्चा दूसरे बच्चे के बालों में कंघी कर रहा है, जिससे यह प्रतीत होता है कि वे एक-दूसरे की देखभाल कर रहे हैं। यह चित्र स्नेह, अपनापन और संघर्ष भरे जीवन की झलक को दर्शाता है।

रवि और उसकी छोटी बहन गुड़िया सड़क के किनारे बनी सीढ़ियों पर बैठे थे। उनके माता-पिता रोज़ की तरह काम पर चले गए थे और घर की सारी ज़िम्मेदारी रवि पर आ गई थी। हालाँकि वह खुद भी बहुत छोटा था, लेकिन अपनी बहन की देखभाल में कोई कमी नहीं छोड़ता था।

गुड़िया सुबह से परेशान थी, उसके बाल उलझे हुए थे और वह बार-बार रो रही थी। रवि को समझ नहीं आ रहा था कि वह अपनी बहन को कैसे शांत कराए। तभी उसे पास में पड़ी एक पुरानी कंघी मिली। उसने बड़े प्यार से गुड़िया के बाल सँवारने शुरू कर दिए। गुड़िया भी चुपचाप बैठी रही। बाल सँवारते-सँवारते रवि ने हल्के से गुड़िया के सिर पर थपकी दी और मुस्कुराकर बोला, 'देख, अब तू कितनी सुंदर लग रही है!' यह सुनकर गुड़िया बहुत खुश हो गई। शायद यही दुनिया का सबसे अनमोल व बिना किसी स्वार्थ का रिश्ता था।

रवि को यह एहसास था कि जीवन कठिन है, लेकिन अपनी बहन की मुस्कान उसकी सबसे बड़ी खुशी थी। उसे पढ़ाई भी करनी थी, घर के छोटे-छोटे काम भी सँभालने थे, लेकिन उसके लिए सबसे महत्त्वपूर्ण था - अपनी बहन का ख्याल रखना। उसे यह पता था कि उसके माता-पिता कड़ी मेहनत कर रहे हैं, इसलिए वह उनके काम में किसी भी तरह की परेशानी नहीं बढ़ाना चाहता था। भले ही वे बच्चे थे, लेकिन परिस्थितियों ने उन्हें समय से पहले ही बड़ा बना दिया था। उनके पास महँगे खिलौने या शानदार कपड़े नहीं थे, लेकिन उनके पास आपसी प्रेम, समझदारी और एक-दूसरे के प्रति समर्पण की भावना थी।

**2.** (i) गली नंबर 15, शास्त्री नगर, जयपुर।

**दिनांक** 11 मार्च, 20XX

प्रिय मयंक,

सस्नेह नमस्ते!

कैसे हो मित्र? आशा करता हूँ तुम और तुम्हारा परिवार कुशलपूर्वक होंगे। मैं तुम्हें हमारे विद्यालय में आयोजित विज्ञान प्रदर्शनी के बारे में बताना चाहता हूँ, जिसमें मैंने बढ़-चढ़कर भाग लिया।

इस प्रदर्शनी में मैंने 'सौर ऊर्जा से चलने वाली कार' का मॉडल प्रस्तुत किया। इसे तैयार करने में काफी मेहनत लगी, लेकिन इससे मुझे विज्ञान के व्यावहारिक पहलुओं को समझने का अवसर मिला। मेरे प्रदर्शन को निर्णायकों ने खूब सराहा और मुझे सर्वश्रेष्ठ मॉडल का पुरस्कार भी मिला।

इस अनुभव ने मेरा आत्मविश्वास और बढ़ा दिया है । अब विज्ञान के प्रति मेरी रुचि और गहरी हो गई है। मैं अब और नए-नए प्रयोग करने के लिए उत्साहित हूँ। अगली बार तुम भी इसमें जरूर भाग लेना। तुम्हारे पत्र की प्रतीक्षा रहेगी।

तुम्हारा मित्र

मोहित।

(ii) परीक्षा भवन, नई दिल्ली।

**दिनांक** 11 मार्च, 20XX

सेवा में,

जनसेवा केंद्र अधिकारी,

कश्मीरी गेट, नई दिल्ली।

**विषय** आधार कार्ड बनवाने हेतु अनुरोध-पत्र।

मान्यवर,

सविनय निवेदन है कि मुझे अपने व्यक्तिगत और शैक्षणिक कार्यों के लिए आधार कार्ड बनवाने की आवश्यकता है। मेरा नाम रवींद्र कुमार शर्मा है और मैं दरियागंज, दिल्ली का निवासी हूँ। अभी तक मेरा आधार कार्ड नहीं बना है, जिसके कारण मुझे विभिन्न सरकारी और निजी कार्यों में कठिनाइयों का सामना करना पड़ रहा है।

आज के समय में आधार कार्ड एक आवश्यक दस्तावेज़ बन चुका है। मुझे बैंक खाता खोलने, परीक्षा फॉर्म भरने, सरकारी योजनाओं का लाभ प्राप्त करने तथा अन्य महत्त्वपूर्ण कार्यों के लिए इसकी आवश्यकता पड़ रही है।

अतः आपसे अनुरोध है कि कृपया मुझे आधार कार्ड बनवाने की प्रक्रिया में सहायता करें तथा आवश्यक दस्तावेज़ों की जानकारी प्रदान करें।

कृपया मेरे आवेदन को शीघ्र स्वीकृत करने की कृपा करें। आपकी सहायता के लिए मैं सदा आभारी रहूँगा।

सधन्यवाद।

भवदीय

क.ख.ग ।

**3.** (i) तीनों मछलियाँ एक उथले तालाब में रहती थीं। पहली मछली दूरदर्शी थी और भविष्य में आने वाले संकट को पहले से भाँपकर उसका हल निकालने में सक्षम थी। दूसरी मछली साधारण बुद्धि वाली थी, जो समय आने पर निर्णय लेने में सक्षम थी। तीसरी मछली आलसी और लापरवाह थी, जो हर कार्य को टालती रहती थी और संकट आने पर ही उपाय करने की सोचती थी।

(ii) मछुआरों ने जलाशय के जल को नालियों द्वारा नीचे की ओर प्रवाहित कर दिया, ताकि तालाब का जलस्तर कम हो जाए और वे वहाँ की मछलियों तथा अन्य जलजीवों को आसानी से पकड़ सकें।

(iii) दूरदर्शी मछली ने अपनी सखियों को सलाह दी कि तालाब का जल कम होने से पहले ही किसी अन्य सुरक्षित जलाशय में चले जाना चाहिए, क्योंकि जब पानी सूख जाएगा तो मछुआरे उन्हें पकड़ लेंगे। दूसरी मछली ने उसकी बात को आंशिक रूप से माना और तालाब छोड़ने में जल्दबाज़ी नहीं की। तीसरी मछली ने उसकी बात को पूरी तरह नज़रअंदाज़ कर दिया और आलस्य में पड़कर कहा कि वह संकट आने पर उपाय करेगी।

(iv) पहली मछली ने अपनी दूरदर्शिता का परिचय देते हुए रात में ही जल की नालियों के माध्यम से दूसरे जलाशय में पहुँचकर अपनी जान बचा ली। दूसरी मछली ने संकट के समय अपनी चतुराई का परिचय दिया। जब वह जाल में फँसी, तो उसने अपनी श्वास रोककर मरी हुई होने का ढोंग किया। मछुआरों ने उसे मरा समझकर जाल से निकालकर फेंक दिया और वह किसी तरह घिसटती हुई जलाशय में जाकर बच गई।

(v) तीसरी मछली आलसी और लापरवाह थी, उसने संकट को पहले से भाँपकर कोई उपाय नहीं किया। जब मछुआरों ने जाल डाला, तो वह उसमें फँसकर तड़पती रही, उसे कोई उपाय न सूझा। अंततः मछुआरों ने उसे पकड़ लिया और उसे बाज़ार में बेचने के लिए ले गए।

इस गद्यांश का मुख्य संदेश यह है कि हमें आने वाले संकट का पूर्वानुमान लगाकर पहले से ही उसका समाधान ढूँढ लेना चाहिए। दूरदर्शी व्यक्ति ही सफलता प्राप्त करता है, जबकि आलसी और लापरवाह व्यक्ति संकट में फँसकर नष्ट हो जाता है। कार्य को टालने वाला आलसी व्यक्ति जीवन में उन्नति नहीं कर सकता, क्योंकि आलस्य मनुष्य का सबसे बड़ा शत्रु है।

**4.** (i) (d) मलिन।

निर्मल का अर्थ होता है- स्वच्छ या पवित्र, जबकि मलिन का अर्थ होता है- गंदा या अशुद्ध। अतः 'निर्मल' का विलोम 'मलिन' होगा।

(ii) (a) पट-वसन

वस्त्र के पर्यायवाची शब्द पट और वसन होते हैं, जिनका अर्थ कपड़ा या परिधान होता है। अन्य विकल्प इस संदर्भ में असंगत हैं।

(iii) (d) मूर्खता

मूर्खता भाववाचक संज्ञा है, जो मूर्ख होने की अवस्था को दर्शाती है। अन्य विकल्प विशेषण या संज्ञा शब्द के रूप में प्रयुक्त होते हैं। जिस संज्ञा शब्द से वस्तुओं की अवस्था, गुण-दोष, धर्म आदि का बोध हो, उसे भाववाचक संज्ञा कहते हैं; जैसे – मोटापा, सुंदरता, मित्रता आदि।

(iv) (b) शक्तिशाली

शक्तिशाली वह होता है जिसमें शक्ति होती है, जो विशेषण के रूप में प्रयुक्त होता है। अन्य तीनों विकल्प भिन्न अर्थ रखते हैं। विशेषण, संज्ञा या सर्वनाम की विशेषता बताता है। यह संज्ञा या सर्वनाम के गुण, मात्रा, अवस्था, रंग, रूप आदि का बोध कराता है।

(v) (d) मिठाइयाँ

मिठाईयाँ शब्द का सही वर्तनी रूप मिठाइयाँ ही होता है। अन्य तीनों विकल्प अशुद्ध हैं।

(vi) (d) चेहरा फीका पड़ना।

रंग उड़ना का अर्थ होता है भय या चिंता के कारण चेहरा फीका पड़ जाना। वाक्य प्रयोग- परीक्षा में आए कठिन प्रश्नपत्र को देखते ही छात्रों के रंग उड़ गए।

(vii) (a) ताजमहल दर्शनीय है

दर्शनीय का अर्थ होता है देखने योग्य, इसलिए सही विकल्प 'ताजमहल दर्शनीय है' होगा, जबकि अन्य तीनों विकल्प असंगत हैं।

(viii) (b) चरम

यहाँ 'चर्म' शब्द का प्रयोग गलत है, सही शब्द चरम होगा, जिसका अर्थ होता है उच्चतम स्तर, जबकि चर्म का अर्थ होता है - त्वचा (खाल) या चमड़ा।

साहित्य सागर – संक्षिप्त कहानियाँ

**5.** (i) उपर्युक्त कथन को सोचने वाला व्यक्ति 'रसीला' है। प्रस्तुत कथन उस समय का है जब रसीला को अपने मालिक इंजीनियर बाबू जगत सिंह के लिए मिठाई लाने हेतु उसमें से अठन्नी चुराए जाने के आरोप में गिरफ्तार कर लिया जाता है, तब इस कथन द्वारा रसीला दुनिया की अन्यायपूर्ण न्याय व्यवस्था पर अपनी निराशा व्यक्त करता है।

(ii) रसीला से अपराध हो गया था, क्योंकि उसने अपने मालिक के लिए मिठाई लाने के समय अठन्नी चुराई थी। अठन्नी चुराए जाने का कारण यह था कि रसीला का वेतन बहुत कम था, जिससे उसके परिवार की जरूरतें पूरी नहीं हो पा रही थीं। वह अपने मालिक से वेतन बढ़ाने की गुहार लगा चुका था, किंतु फिर भी उन्होंने उसकी बात नहीं सुनी थी, इसलिए विवशतावश उसने अठन्नी चुराई थी।

(iii) दोनों हाथों से धन बटोरने वाले लोग समाज के भ्रष्ट व शक्ति संपन्न वर्ग के लोग हैं, जो अपनी शक्ति का दुरुपयोग करके अनुचित तरीके से धन कमाते हैं जैसे कि इंजीनियर बाबू जगतसिंह। वे स्वयं को कानून से ऊपर मानते हैं उन्हें विश्वास है कि वे अपनी शक्ति के प्रभाव से बच सकते हैं। उनके न पकड़े जाने का कारण यही है कि उनके पास शक्ति, पैसा व प्रभुत्व है, जिसके कारण वे कानून को अपने अनुरूप चला सकते हैं।

(iv) 'यह दुनिया न्याय नगरी नहीं, अंधेर नगरी है' प्रस्तुत कथन का आशय यह है कि दुनिया में न्याय व्यवस्था निष्पक्ष है, क्योंकि यहाँ गरीबों व कमजोर वर्ग को छोटे-से-छोटे अपराध के लिए भी दंडित किया जाता है, जबकि अमीर शक्तिशाली व प्रभुत्वसम्पन्न वर्ग बड़े-से-बड़े अपराध के लिए भी बच जाते हैं।

प्रस्तुत कहानी का उद्देश्य समाज में व्याप्त न्याय व्यवस्था व भ्रष्टाचार को उजागर करना है। यह कहानी हमें यह सोचने पर विवश करती है कि क्या वास्तव में हमारी न्याय व्यवस्था निष्पक्ष है?

**6.** (i) चित्रा को चित्रकारी में महारत हासिल करने के लिए विदेश जाना था। अरुणा उसके लिए सवेरे से ही सामान ठीक कर रही थी।

(ii) **चित्रा** वह एक चित्रकार है। उसके जीवन का उद्देश्य है कि वह विश्व प्रसिद्ध चित्रकार बने (वह अरुणा की अच्छी मित्र है पर अरुणा की समाज सेवा उसे समझ नहीं आती।)

**अरुणा** वह चित्रा की सहेली व एक व्यावहारिक लड़की है। (वह भौतिकता को महत्त्व न देकर व्यावहारिक जीवन को महत्त्व देती है। छात्रा होते हुए भी वह समाज सेवा के प्रति समर्पित दिखाई देती है।)

(iii) चित्रा को विदेश जाना है उसकी गाड़ी पाँच बजे की थी। वह गुरुजी का आशीर्वाद लेने गई थी लेकिन वह तीन बजे तक भी नहीं आई थी, इस कारण चित्रा को बहुत देर हो गई थी।

(iv) पाठ के शीर्षक के अनुसार चित्रा व अरुणा दोनों ही कलाकार हैं चित्रा जो कि चित्रकार है वह अपनी कला में डूबी रहती है व अपनी भावनाओं को कैनवस पर उतारती है तथा अरुणा एक ऐसी महिला है, जो दूसरों की सहायता करने में विश्वास रखती है, वह जीवन को सेवा भाव से पूरा करती है। मेरी दृष्टि में अरुणा एक सच्ची कलाकार है, क्योंकि वह दूसरों की सेवा व मदद करके अपनी कला का प्रदर्शन करती है। वह परोपकारी है, इस कारण अरुणा सार्थक कलाकार के रूप में सामने आती है।

**7.** (i) भोला सुखिया दासी का लड़का व श्यामू का समवयस्क था। उसके अनुसार पतंग श्यामू ने मंगवाई थी, ताकि काकी को राम के यहाँ से नीचे उतारा जा सके।

(ii) पतंग माँगने का कारण काकी को राम को यहाँ से अर्थात् स्वर्ग से वापस नीचे उतारना था। बच्चों को लगा था कि वे पतंग की सहायता से काकी को नीचे वापस ला पाएँगे।

(iii) विश्वेश्वर काकी के पति व श्यामू के पिता थे। वे भी अपनी पत्नी की असमय मृत्यु से दुःखी थे।

विश्वेश्वर के हतबुद्धि होकर खड़े रह जाने का कारण यह था कि जब उन्होंने श्यामू की मासूमियत, अकेलेपन व काकी के प्रति अटूट प्यार देखा तो वे आश्चर्यचकित व भावुक हो गए। उन्हें यह देखकर गहरा आघात लगा कि श्यामू अपनी दिगवंत माँ को वापस लाने के लिए कितना व्याकुल था कि उसने पतंग से अपनी माँ को नीचे लाने की योजना बनाई।

(iv) यह कहानी बच्चों के निम्न स्वभाव को व्यक्त करती है-

**मासूमियत व भोलापन** बच्चों का पतंग के द्वारा अपनी काकी को स्वर्ग से वापिस नीचे लाना उनकी मासूमियत व भोलेपन को दर्शाता है।

**भावात्मक लगाव** बच्चों का अपनी काकी से बहुत प्यार था। वे उनकी मृत्यु से बेहद दुःखी हैं, इसलिए उन्हें वापस लाने का प्रयास करते हैं।

**कल्पनाशीलता** बच्चे कल्पना करते हैं कि वे काकी को राम के यहाँ स्वर्ग में देखते हैं और उन्हें वापस लाने के लिए पतंग का सहारा लेते हैं।

**8.** (i) ये पंक्तियाँ सधुक्कड़ी भाषा में रचित हैं। उक्त पंक्ति में 'मैं' शब्द का प्रयोग अहंकार अथवा अभिमान के अर्थ में हुआ है।

(ii) प्रथम पंक्ति में कवि कहना चाहते हैं कि जब तक उनके हृदय में 'मैं' अर्थात् अहंकार था तब तक उन्हें ईश्वर का साक्षात्कार नहीं हुआ था और अब जब उनके भीतर से अहंकार समाप्त हो गया है, तब उन्हें ईश्वर की प्राप्ति हुई है अर्थात् अहंकार और ईश्वर का साथ-साथ वास नहीं हो सकता।

(iii) 'तामे दो न समाहि' का अभिप्राय है कि प्रेमरूपी गली इतनी सँकरी अर्थात् तंग है कि उसमें दो चीजें एक साथ नहीं समा सकती। यहाँ कवि अहंकार और ईश्वर दोनों के एक साथ रहने की असंभवता पर बल देते हैं। कवि यहाँ यह समझाना चाहते हैं कि ईश्वर को पाने के लिए अहंकार का त्याग करना अनिवार्य है।

(iv) कबीरदास को कवि से अधिक समाज-सुधारक इसलिए माना जाता है, क्योंकि उन्होंने अपनी रचनाओं के माध्यम से समाज में व्याप्त बुराइयों; जैसे– आडंबर, पाखंड, जातिवाद, धार्मिक भेदभाव पर तीखे प्रहार किए हैं। उन्होंने समाज की विसंगतियों को देखकर अपनी वाणी द्वारा समाज को सुधारने का प्रबल आग्रह किया। पठित पाठ में भी कबीरदास जी ने निर्गुण भक्ति पर बल देते हुए आडंबर और कर्मकांडों का विरोध किया है। वे ईश्वर को निराकार, निर्विकार व सर्वव्यापी मानते हैं तथा प्रेम व समर्पण को ईश्वर प्राप्ति का मार्ग बताते हैं।

**9.** (i) इस कविता में कवि ने भीष्म पितामह के माध्यम से धर्मराज कहकर 'युधिष्ठिर' को संबोधित किया है। धर्मराज को यह उपदेश भीष्म पितामह दे रहे हैं।

(ii) कवि रामधारी सिंह 'दिनकर' के अनुसार, मनुष्य का जीवन न्याय और समानता पर आधारित होना चाहिए। जब तक इस धरती पर रहने वाले सभी प्राणियों को न्यायोचित सुख प्राप्त नहीं होगा, तब तक विकास का मार्ग अवरूद्ध ही रहेगा। मनुष्य को मानवता के मार्ग पर चलते हुए सभी बाधाओं को पार करना चाहिए।

(iii) मानव जीवन के विकास में अनेक बाधाएँ हैं; जैसे- न्याय व समानता की कमी, मनुष्यों के बीच आपसी भेदभाव व असमानता की स्थिति। इन बाधाओं के कारण मनुष्य के विकास का मार्ग रूका हुआ है। ये बाधाएँ और आशंकाएँ मनुष्य के आपसी सहयोग, न्यायपूर्ण व्यवहार और मानवता के मार्ग पर चलने से दूर हो सकती हैं।

(iv) 'भव' शब्द का अर्थ है- संसार। प्रस्तुत कविता का उद्देश्य यह है कि कवि मनुष्य को न्याय और समानता के महत्त्व को समझाना चाहते हैं। इस संसार में शांति स्थापित तब तक नहीं होगी जब तक इस संसार में व्यक्ति को न्याय का सुख प्राप्त नहीं होगा तब तक शांति व चैन संभव नहीं है। कवि प्रस्तुत कविता के माध्यम से मनुष्य को एक आदर्श जीवन जीने और समाज को बेहतर बनाने की प्रेरणा देते हैं।

**10.** (i) 'व्यथित' शब्द का अर्थ- दुःख, परेशान आदि है। यहाँ कवयित्री 'सुभद्रा कुमारी चौहान' का हृदय व्यथित है।

(ii) कवयित्री अपना सुख-दुःख अपनी माँ अर्थात् मातृभूमि के साथ साझा करना चाहती हैं। यह अपनी माँ के चरणों को पकड़कर अपने आँसुओं से उनके चरणों को धोकर और उनसे अपने मन की बात को कहकर अपने हृदय का भार हल्का करना चाहती हैं।

(iii) कविता में मातृ मंदिर के मार्ग को दुर्गम बताया गया है, क्योंकि कवयित्री कहती हैं कि मैं तो दीन हूँ, छोटी हूँ और अज्ञानी हूँ इसलिए यह मातृ-मंदिर का मार्ग बड़ा ही दुर्गम है। उसे पार करने हेतु कवयित्री ईश्वर को संबोधित करते हुए सहायता की प्रार्थना करती है कि हे भगवान! अब इस दुर्गम मार्ग को पार करने का मार्ग अर्थात् भारत माता की सेवा करने का उचित मार्ग आप ही दिखाओ।

(iv) प्रस्तुत कविता में कवयित्री आशा-निराशा के झूले में झूलती अत्यंत दुःखी है। वे अपने मन को शांत करने के लिए भारत माता के मंदिर जाकर उनके दर्शन करना चाहती है। उनके कमल रूपी चरणों को अपने अश्रु जल से धोना चाहती है। वे कहती हैं कि वह भारतमाता की एक आवाज पर अपना संपूर्ण जीवन बलिदान कर सकती हैं। इस कविता द्वारा कवयित्री ने जन-जन में देश भक्ति की भावना को जाग्रत करने का प्रयास किया है।

**11.** (i) जीवनलाल को कमला के भाई प्रमोद से शिकायत थी। उसे यह शिकायत थी कि उसने दहेज के रूप में कम पैसे दिए हैं, जिससे जीवनलाल की समाज में इज्जत कम हो रही है।

(ii) भोली-भाली लड़की जीवनलाल की बहू है। उसके पति का नाम रमेश है।

(iii) हाँ जीवनलाल ने अपनी बहू कमला को विदा किया था। उसके हृदय परिवर्तन का कारण उनकी पत्नी राजेश्वरी का भावनात्मक दबाव, बहू की मासूमियत व उसकी बेटी के साथ भी हुआ वही व्यवहार था। राजेश्वरी ने समझाया कि जो तुम्हारी बेटी के साथ उसके ससुराल वालों ने किया है वही

व्यवहार तुम अपनी बहू के साथ भी कर रहे हो तब जीवनलाल को अपनी गलती का अहसास होता है।

(iv) जीवनलाल की पत्नी राजेश्वरी थी।

जीवनलाल एक कठोर व अहंकारी व्यक्ति है, तो उसकी पत्नी दयालु व समझदार महिला है। जीवनलाल अपनी बात मनवाने और बदला लेने के स्वभाव का है, तो दूसरी ओर राजेश्वरी अपनी बहू के साथ सहानुभूति रखती है वह भावनात्मक रूप से मजबूत है, तभी वह जीवनलाल को प्रभावित कर उसका हृदय-परिवर्तन कर पाती है।

**12.** (i) अभयसिंह मेवाड़ के शासक महाराणा लाखा के विश्वसपात्र सेनापति हैं। वे शव हेमू के पास मेवाड़ के महाराणा का संदेश लेकर आए हैं। संदेश में उन्होंने मेवाड़ के गौरव को बनाए रखने और दंभ को त्यागने की बात कही है।

(ii) उपर्युक्त कथन का वक्ता राव हेमू है। इस कथन के पीछे उनका आशय है कि प्रत्येक राजपूत अपनी ताकत पर गर्व करता है, लेकिन मेवाड़ को अपने गौरव को बनाए रखने के लिए दंभ त्याग देना चाहिए। 'माला' से उनका तात्पर्य राजपूतों की एकता बनी रहने से है, लेकिन वह अब टूटने लगी हैं।

(iii) **स्पष्टवादी** राव हेमू अपनी बात को स्पष्ट रूप से कहने में संकोच नहीं करते हैं, चाहे वह कितना भी कठोर क्यों न हो।

**दूरदर्शी** वे भविष्य की चुनौतियों को समझते हैं, साथ ही मेवाड़ की एकता को बनाए रखने के महत्त्व को जानते हैं।

**स्वाभिमानी** राव हेमू स्वाभिमानी राजपूत हैं, जो अपनी ताकत और गौरव पर गर्व करते हैं।

(iv) 'मातृभूमि का मान' एकांकी का उद्देश्य देशभक्ति और त्याग की भावना जागृत करना है। यह एकांकी हमें सिखाती है कि हमें अपनी मातृभूमि के सम्मान के लिए हमेशा तत्पर रहना चाहिए, साथ ही व्यक्तिगत अहंकार का त्याग कर देना चाहिए। यह एकांकी हमें राजपूतों की एकता और गौरव की याद दिलाती है।

**13.** (i) यहाँ मेवाड़ के राजवंश की बात की जा रही है। उस पर बनवीर का संकट आया था।

(ii) वक्ता पन्ना धाय अपने राजकुमार उदयसिंह की रक्षा करना चाहती थी। वह ऐसा इसलिए करना चाहती थी, क्योंकि वह राजकुमार की धाय माँ थी और उसे राजवंश की रक्षा का दायित्व सौंपा गया था।

(iii) राजवंश की रक्षा पन्ना धाय ने की। उसने अपने पुत्र चंदन का बलिदान देकर राजकुमार उदय सिंह को बचाया। पन्नाधाय ने कुँवर को कीरत बानी की टोकरी में छिपाकर महल से बाहर निकलवा दिया तथा चंदन को उनकी शैय्या पर सुलाकर कुँवर के प्राणों की रक्षा की। इस प्रकार पन्ना ने अपने पुत्र चंदन का बलिदान देकर राजवंश की रक्षा की।

(iv) दीपदान का अर्थ है- दीपों का दान। एकांकीकार डॉ. रामकुमार वर्मा ने 'दीपदान' एकांकी के माध्यम से त्याग, बलिदान और कर्त्तव्यनिष्ठा का संदेश देना चाहा है। साथ ही उन्होंने यह भी दिखाया है कि एक माँ अपने बच्चे के प्रति कितना त्याग कर सकती है और किस प्रकार पुत्र के प्राणों के बलिदान से कर्त्तव्य को निभा सकती है।

**14.** (i) मीनू अपने सपने को पूरा करने के लिए हॉस्टल जा रही थी। यद्यपि उसे घर छोड़ना अच्छा नहीं लग रहा था तथापि उसे अपने सपने को पूरा करने हेतु हॉस्टल जाना ही था।

(ii) हॉस्टल जाने से पूर्व मीनू भावुक हो गई। उसे घर छोड़ना अजीब लग रहा था, क्योंकि वह पहली बार अपने परिवार से दूर जा रही थी अपने परिवार से दूर जाने के कारण उसकी आँखें छलछला पड़ीं।

(iii) मीनू के जाने से पहले उसकी माँ और पिताजी हर रोज उसके लिए विशेष नाश्ता व लंच बनाते थे और उसके लिए कुछ विशेष चीजें जैसे पसंदीदा खिलौने, किताबे आदि लाकर अपना स्नेह प्रकट करते थे। वे उससे प्यार से बातें करते थे और उसकी हर बात को ध्यान से सुनते थे। माँ ने जाते समय मीनू को सीने से लगाकर आशीर्वाद और उज्जवल भविष्य की शुभकामनाएँ दीं।

(iv) मीनू ने विवाह का सपना देखना इसलिए छोड़ दिया था, क्योंकि वह अपने जीवन में आत्मनिर्भर बनना चाहती थी। वह एक मजबूत, दृढ़ व स्वतंत्र महिला थी, जो अपने लक्ष्यों को प्राप्त करने के लिए प्रतिबद्ध थी। मीनू का फैसला निम्नलिखित चारित्रिक विशेषताओं की ओर संकेत करता है

**दृढ़ इच्छाशक्ति** मीनू अपने लक्ष्यों को प्राप्त करने के लिए दृढ़ थी, उसने विवाह के दबाव के आगे झुकने से मना कर दिया था।

**आत्मनिर्भरता** मीनू जीवन में आत्मनिर्भर बनना चाहती थी। वह किसी और पर निर्भर नहीं रहना चाहती थी।

**15.** (i) प्रस्तुत अवतरण का उल्लेख आशा की शादी के संदर्भ में किया गया है। उसकी शादी दिल्ली के एक इंजीनियर लड़के आलोक के साथ होती है।

(ii) भारतीय परंपरा में 'बेटी पराया धन होती है' इसका अर्थ है कि विवाह के बाद बेटी अपने माता-पिता का घर छोड़कर अपने पति के घर चली जाती है। हिंदू धर्म में इस विवाह को एक संस्कार माना जाता है। माता-पिता कन्यादान करके मोक्ष प्राप्ति करते हैं। इसलिए बेटी को पराया धन कहा जाता है।

(iii) विदाई के बाद माँ को फूट-फूटकर रोता हुआ देख मीनू के मस्तिष्क में ये विचार घूमने लगे कि यह कैसी विचित्र घड़ी है जब माता-पिता अपनी बेटी को इतने सालों तक प्यार से पालने के बाद हमेशा के लिए किसी और को सौंप देते हैं। जिस बेटी के साथ वे हर पल रहते थे वे सब लोग व उसका अपना घर पराया हो गया तब उसे महसूस हुआ कि बेटी को पराया धन क्यों कहा जाता है।

(iv) **बहन के रूप में** आशा के विवाह में मीनू ने एक आदर्श बहन की भूमिका बखूबी निभाई। वह अपनी बहन की खुशियों के लिए हर संभव प्रयास करती है व उसे आत्मनिर्भर बनने में सहायता करती है।

**बेटी के रूप में** मीनू हमेशा से ही अपने परिवार के प्रति समर्पित रहीं है। मीनू अपनी माँ और बहन के प्रति संवेदनशील है और उनकी जरूरतों का ध्यान रखती है। आशा की विदाई के समय वह माँ को सँभालती है व बहन आशा के लिए भी एक मजबूत भावनात्मक सहारा बनती है।

इस प्रकार आशा के विवाह में मीनू एक आदर्श बहन तथा योग्य बेटी की भूमिका निभाने में पूर्णतया सफल रही है।

**16.** (i) धनीमल जी शहर के एक धनी व्यक्ति हैं। वे अपनी पुत्री सरिता का रिश्ता मायाराम जी के पुत्र अमित से पक्का करने के लिए उनके घर आए थे।

(ii) अमित युवक था, जो धनीमल जी द्वारा लाए गए उपहार (फलों की पेटी) को देखकर असहज महसूस कर रहा था। उसे लग रहा था कि धनीमल जी अपने पैसों का दिखावा कर रहे हैं और सबको प्रभावित करने का प्रयास कर रहे हैं, क्योंकि जब अभी रिश्ता तय ही नहीं हुआ है, तो उन्हें यह लाने की क्या आवश्यकता थी। उसे वह प्रलोभन समझ रहा था।

(iii) यहाँ अमित के विवाह के रिश्ते की बात हो रही है अमित धनीमल की बेटी सरिता के विवाह संबंधी प्रस्ताव से प्रसन्न नहीं था, क्योंकि उसे लग रहा था कि धनीमल जी पैसे का दिखावा कर रहे हैं और रिश्ता पक्का होने से पहले ही उपहार देकर सबको लुभाने की कोशिश कर रहे हैं।

(iv) अमित द्वारा फल की पेटी लाने के पीछे उद्देश्य पूछने पर धनीमल जी ने उत्तर दिया कि वह केवल एक सामान्य उपहार है, जो वह अपने संभावित दामाद के परिवार के लिए लाए हैं। यह मात्र एक सामान्य शिष्टाचार है, इसमें कोई विशेष उद्देश्य नहीं है। धनीमल जी के इस जवाब को सुनकर अमित को और भी बुरा लगा और वह उनके पास से उठकर अपनी माँ के पास चला गया।